Kurz und gut

Einbautiefe nur 13,5 mm

Die geringe Einbautiefe garantiert Ihnen kompakte Bauweise Ihrer Bedieneinheiten.

LED-Ausleuchtung

Die Ausleuchtung ist auch seitlich sehr gut zu erkennen. Die variable Anschlussspannung von 5 bis 30 VDC passt sich Ihrer Applikation an.

Monoblockbauweise

Betätiger, Vorsatz und Schaltelement bilden eine Einheit. Daher für den robusten Einsatz bestens geeignet.

EAO Lumitas GmbH, Langenberger Straße 570, 45277 Essen, Telefon (0201) 85 87 - 151

www.eao.de

eao

ESV

Taschenbuch Arbeitssicherheit

Von

Dr.-Ing. habil. Günter Lehder

Universitätsprofessor für Sicherheitstechnik/Arbeitssicherheit
an der Bergischen Universität – Wuppertal

Begründet von

Dr.-Ing. Reinald Skiba

Em. Universitätsprofessor für Sicherheitstechnik/Produktion
an der Bergischen Universität – Wuppertal

11., vollständig neu bearbeitete Auflage

ERICH SCHMIDT VERLAG

Bibliografische Information der Deutschen Bibliothek
Die Deutsche Bibliothek verzeichnet diese Publikation in der Deutschen Nationalbibliografie; detaillierte bibliografische Daten sind im Internet über dnb.ddb.de abrufbar.

Weitere Informationen zu diesem Titel finden Sie im Internet unter
esv.info/3 503 08321 9

1. Auflage 1973
2. Auflage 1975
3. Auflage 1976
4. Auflage 1979
5. Auflage 1985
6. Auflage 1990
7. Auflage 1991
8. Auflage 1994
9. Auflage 1997
10. Auflage 2000
11. Auflage 2005

ISBN 3 503 08321 9

www.ESV.info

Gesamtherstellung: Danuvia Druckhaus, Neuburg

Vorwort zur 11. neu bearbeiteten Auflage

Das Taschenbuch Arbeitssicherheit wurde von SKIBA, R. im Jahr 1973 in der ersten Auflage veröffentlicht und ist mit inzwischen 10 Auflagen bis zum Jahr 2000 ein Bestseller.

Wie schon beim Taschenbuch Betriebliche Sicherheitstechnik im Jahr 2001 hat mir SKIBA, mein Vorgänger im Amt als Universitätsprofessor an der Bergischen Universität Wuppertal, auch die Weiterführung dieser Publikation übertragen. Für das mir entgegengebrachte Vertrauen bedanke ich mich.

Die nun vorliegende 11. Auflage des Taschenbuches verfolgt das gleiche Anliegen wie bisher, den Leser mit den wesentlichen Fragestellungen der Sicherheit und des Gesundheitsschutzes bei der Arbeit (Arbeitssicherheit) vertraut zu machen. Der Inhalt der Publikation richtet sich sowohl an die in der Praxis tätigen Fachleute, wie Fachkräfte für Arbeitssicherheit, Führungskräfte und Unternehmer, als auch an die Auszubildenden in den verschiedenen Ausbildungs- und Studienrichtungen, wo sicherheitstechnische Fragestellungen zum Ausbildungsinhalt gehören.

Schwerpunkte der Neubearbeitung der 11. Auflage sind zum einen die Aktualisierung der Inhalte, besonders vor dem Hintergrund der europäischen Rechtsangliederung und der nationalen Maßnahmen zur Deregulierung des Arbeitssicherheitsrechts. Aufgenommen wurden daher das Geräte- und Produktsicherheitsgesetz, die Betriebssicherheitsverordnung, aber auch die novellierten Arbeitsstätten- und Gefahrstoffverordnungen.

Zum anderen wurde das Gesamtkonzept des Taschenbuches den gegenwärtigen Rahmenbedingungen des Sicherheits- und Gesundheitsschutzes angepasst, d.h. die Einheit von Erhaltung und Förderung der Gesundheit bei der Arbeit.

Der komplexen Materie, die dem Fachgebiet der Arbeitssicherheit zugrunde liegt, wird durch das in den Mittelpunkt gestellte methodische Vorgehen, gepaart mit exemplarischen Ergebnissen, Rechnung getragen. Die Publikation behandelt europäische und nationale Rechtsgrundlagen, Gefährdungsbeurteilungen als Grundlage des Tätigwerdens in der Arbeitssicherheit, den Abbau typischer arbeitsbedingter Gesundheitsgefährdungen und Belastungen, die Gestaltung technischer Elemente des Arbeitssystems sowie Fragestellungen der Befähigung und Motivation der Beschäftigten zum sicheren Verhalten.

Der Dank des Autors gilt den Mitarbeitern und studentischen Hilfskräften des Fachgebietes Sicherheitstechnik/Arbeitssicherheit der Bergischen Universität Wuppertal für die Unterstützung beim Anfertigen des Manuskriptes.

Wuppertal, im Juli 2004 *Günter Lehder*

Inhaltsübersicht

Hinweise

Die Benutzung folgender weiterer Unterlagen wird in Verbindung mit diesem Taschenbuch empfohlen:

1. **Betriebswacht:** Jährlich neu erscheinendes Vormerkbuch der gewerblichen Berufsgenossenschaften. Das Vormerkbuch enthält außer dem Vormerkkalender – z.T. jahrweise wechselnd – u.a.:

   - Anschriften aller für den Arbeitsschutz wichtigen Stellen.
   - Hersteller von Arbeitsmitteln und Schutzausrüstungen.
   - ABC wichtiger behördlicher Arbeitsschutzvorschriften.
   - Übersicht über prüfungsbedürftige Einrichtungen.
   - Kennzahlen brennbarer Gase und Dämpfe.
   - Liste der MAK-Werte.

   Da sich diese Angaben ständig ändern, wurden sie nicht in dieses Taschenbuch aufgenommen. Das Vormerkbuch ist zu beziehen bei der Universum-Verlagsanstalt, 65175 Wiesbaden.

2. **DIN Katalog** für technische Regeln Bd. 1, Teil 1 u. 2 (deutsche Normen), Bd. 2 (internationale Normen). Beuth Verlag Berlin. Erscheint jährlich.

3. **BGVR-Verzeichnis:** Enthält ein Schlagwortverzeichnis der BG-Vorschriften, BG-Regeln, BG-Informationen und sonstige Informationen der gewerblichen Berufsgenossenschaften. Zu beziehen bei der Berufsgenossenschaftlichen Zentrale für Sicherheit und Gesundheit des Hauptverbandes der gewerblichen Berufsgenossenschaften, Alte Heerstraße 111, 53757 Sankt Augustin oder im C. Heymanns Verlag, Luxemburger Straße 449, 50939 Köln.

4. **Bundesarbeitsblatt (BArbBl.):** Enthält alle amtlichen Bekanntmachungen, insbesondere bei Erlass neuer Vorschriften, und die Titel neuer Literatur. Kohlhammer-Verlag Stuttgart.

5. **Sicherheit und Gesundheit bei der Arbeit:** Der jährliche Unfallverhütungsbericht Arbeit der Bundesregierung ist zu beziehen beim Wirtschaftsverlag NW, PF 101 27511 Bremerhaven.

6. **Arbeitsunfallstatistik:** Die jährliche Arbeitsunfallstatistik des HVBG ist zu beziehen beim HVBG, Alte Heerstraße 1, 53754 Sankt Augustin.

Abkürzungsverzeichnis

AMS	=	Arbeitsschutzmanagementsystem
ArbSchG	=	Arbeitsschutzgesetz
ArbStättV	=	Arbeitsstättenverordnung
Art.	=	Artikel
ASiG	=	Arbeitssicherheitsgesetz
ASR	=	Arbeitsstätten-Richtlinien
AÜG	=	Arbeitnehmerüberlassungsgesetz
BArbBl.	=	Bundesarbeitsblatt (Zeitschrift)
BAuA	=	Bundesanstalt für Arbeitsschutz und Arbeitsmedizin
BauStellV	=	Baustellenverordnung
BetrSichV	=	Betriebssicherheitsverordnung
BetrVG	=	Betriebsverfassungsgesetz
BG	=	Die BG (Zeitschrift der Berufsgenossenschaft)
BGB	=	Bürgerliches Gesetzbuch
BGBl.	=	Bundesgesetzblatt
BGG	=	Berufsgenossenschaftliche Grundsätze
BGI	=	Berufsgenossenschaftliche Information
BGR	=	Berufsgenossenschaftliche Regeln
BGV	=	Berufsgenossenschaftliche Vorschriften
BIA	=	Berufsgenossenschaftliches Institut für Arbeitsschutz
BImSchG	=	Bundesimmissionsschutzgesetz
BImSchV	=	Bundesimmissionsschutzverordnung
BildscharbV	=	Bildschirmarbeitsverordnung
BioStoffV	=	Biostoffverordnung
BKV	=	Berufskrankheitenverordnung
BMWA	=	Bundesministerium für Wirtschaft und Arbeit
CEN	=	Kommission der Europäischen Normen
ChemG	=	Chemikaliengesetz
DIN	=	Deutsches Institut für Normung
EN	=	Europäische Norm
EU	=	Europäische Union
GefstoffV	=	Gefahrstoffverordnung
GewO	=	Gewerbeordnung
GG	=	Grundgesetz
GPSG	=	Geräte- und Produktsicherheitsgesetz
GPSGV	=	Verordnungen zum GPSG
GUV	=	Vorschriften der Gemeindeunfallversicherung
HAG	=	Heimarbeitsgesetz
HGB	=	Handelsgesetzbuch

Hrsg.	= Herausgeber
ISO	= Internationale Norm (Internationale Standardisierungsorganisation)
LasthandhabV	= Lastenhandhabungsverordnung
OwiG	= Ordnungswidrigkeitengesetz
PSA-BV	= Persönliche Schutzausrüstungen – Benutzungsverordnung
ProdHaftG	= Produkthaftungsgesetz
QMS	= Qualitätsmanagementsystem
QSS	= Qualitätssicherungssystem
RAB	= Regeln für Arbeitsschutz auf Baustellen
RVO	= Reichsversicherungsordnung
SGB	= Sozialgesetzbuch
S.i.s.	= Sicher ist sicher (Zeitschrift)
StGB	= Strafgesetzbuch
TRBA	= Technische Regeln für biologische Arbeitsstoffe
TRGS	= Technische Regeln für Gefahrstoffe
TÜ	= Technische Überwachung (Zeitschrift)
TÜV	= Technischer Überwachungsverein
VDE	= Verband Deutscher Elektrotechniker
VDI	= Verband Deutscher Ingenieure
VO	= Verordnung
WHO	= Weltgesundheitsorganisation
Zbl.Arbmed.	= Zentralblatt für Arbeitsmedizin, Arbeitsschutz, Prophylaxe und Ergonomie (Zeitschrift)

1 Geschichtliche Entwicklung der Arbeitssicherheit

Gefahren und deren Abwehr gehören in allen Lebensbereichen, so auch im Beruf, von alters her zum menschlichen Dasein. Entsprechende Aussagen finden wir bereits in den ersten überlieferten Berichten über berufliche Tätigkeiten:

Altes Testament: „Wenn du ein neues Haus baust, so mache ein Geländer ringsum auf Deinem Dache, damit Du nicht Blutschuld auf Dein Haus lädst, wenn jemand herabfällt“ (5. Buch Moses, Kapitel 22, Vers 8).

Um 400 v. Christus: HIPPOKRATES weist darauf hin, dass beim Ausüben bestimmter Handwerke und Künste gesundheitliche Schäden auftreten. Er hält es bei der ärztlichen Untersuchung für erforderlich, nach der beruflichen Beschäftigung zu fragen.

Um 1300: In den ältesten Bergordnungen befinden sich die ersten Arbeitssicherheitsbestimmungen.

1531: PARACELSUS befasst sich mit der „Bergsucht“ (Silikose) und „anderen Bergkrankheiten“ sowie mit Krankheiten durch Einwirken von Blei und Quecksilber.

1746: Ein holländischer Goldschmied erfindet zum Schutz des Fingers vor Nadelstichen bei Näharbeiten den Fingerhut.

1785: Beginn der Industrialisierung in England durch Einführung der Dampfmaschine in die Textilindustrie. Aus der mittelalterlichen Werkstatt wurde der Betrieb. Dadurch Beginn der Verlagerung der Unfallgefahren.

Ab 1800: Verstärkte Industrialisierung in Deutschland, besonders im Rheinland. Spinnereien und Webereien werden mechanisiert, um der englischen Konkurrenz zu begegnen. Wegen der wirtschaftlichen Überlegenheit der Unternehmer können sehr lange Beschäftigungszeiten der Arbeitnehmer durchgesetzt werden. Kinder und Frauen werden in Großbetrieben bis zu 14 Stunden täglich und auch nachts beschäftigt. Darunter sind sogar Kinder im Alter von 4–6 Jahren. Rücksichtslose Ausbeute der Arbeitskräfte und mangelnder Gefahrenschutz haben oft schwere gesundheitliche Schädigungen zur Folge.

1802: In England erstes Gesetz zum Schutz der Kinder, das 1833/34 durch Hinzunahme des Frauenschutzes ergänzt wird.

1828: Der preußische General VON HORN berichtet dem König von Preußen (Friedrich Wilhelm III.), dass in Industriegebieten die Rekrutenkontigente zum Ersatz der Armee nicht mehr voll aufgebracht würden. Die Ursache sieht er u.a. in der Schädigung der Jugendlichen durch Beschäftigung im Kindesalter in Fabriken, insbesondere durch nächtliche Arbeit. Gleichzeitig und schon Jahre vorher wird vom preußischen Kultusminister VON ALTENSTEIN über den mangelnden Schulbesuch der Kinder Klage geführt. Beide Interventionen haben zunächst keinen Erfolg.

1831: Erste PolizeiVO „zur Wahrnehmung des technisch polizeilichen Interesses“ über Anlage und Gebrauch von Dampfkesseln.

1835: Der Oberpräsident der Rheinprovinz VON BODELSCHWINGH verlangt wegen der untragbaren Unterrichtsverhältnisse eine VO zum Schutz der Kinder vor Ausbeutung durch Fabrikarbeit. Dieser später auch von anderer Seite unterstützte Vorstoß ist der Anlass für den Erlass des preußischen Regulativs.

1839: Preußisches Regulativ über Beschäftigung jugendlicher Arbeiter in Fabriken. Erstes deutsches Arbeitsschutzgesetz, in dem Kinderarbeit unter 9 Jahren völlig verboten wird. Bei Kindern im Alter von 9–15 Jahren wird die tägliche Arbeitszeit neben 5 Stunden Schulpflicht auf höchstens 10 Stunden begrenzt. Nachtarbeit wird von 21–5 Uhr verboten. Mittagspause 1 Stunde. Frühstück und Vesper 15 Minuten. Die Ressortminister werden ermächtigt, sanitätspolizeiliche und baupolizeiliche Anordnungen zur Erhaltung der Gesundheit zu erlassen. Die zur Durchführung der Arbeitsschutzbestimmungen bestimmte Ortspolizeibehörde und 1845 eingesetzte ehrenamtliche Lokalkommissionen können sich gegenüber den privatwirtschaftlichen Interessen nicht durchsetzen.

1845: Erlass der GewO für Preußen. Sie enthält u.a. Bestimmungen über genehmigungspflichtige Anlagen und einen Katalog gefährlicher Anlagen (z.B. Feuerwerkerei, Schießpulver, Hochöfen usw.).

1853: Ergänzungsgesetz zum preußischen Regulativ. Kinder im Alter unter 12 Jahren dürfen nicht beschäftigt werden.12- bis 14jährige Kinder dürfen einschließlich der Pausen bis zu 6 Stunden, Jugendliche im Alter von 14–16 Jahren bis zu 10 Stunden täglich arbeiten. Mindestpause für Jugendliche: 2 Stunden. Zwischen 20.30 und 5.30 Uhr dürfen sie nicht arbeiten. Einsetzung einer Fabrikinspektion nach Bedarf. In den Ausführungsbestimmungen befinden sich Arbeitssicherheitsbestimmungen, z.B. Prüfung von Bauplänen, Abführung schädlicher Hitze, Erhaltung reiner Luft.

Gesetz über Fabrikinspektoren. Einsatz der ersten 3 Fabrikinspektoren 1854 bei den Regierungen in Aachen, Düsseldorf und Arnsberg. Sie erhalten als Sonderbevollmächtigte alle Befugnisse der Ortspolizeibehörden.

1865: Preußisches Berggesetz. In ihm wird der Schutz vor Gefahren des Bergbaus und die Organisation der Bergpolizei geregelt.

1866: Gründung des ersten Dampfkesselüberwachungsvereins.

1869: GewO für den Norddeutschen Bund. Sie wird nach Gründung des deutschen Reiches 1871 auch in den süddeutschen Staaten als Reichs-GewO übernommen. Enthält ebenfalls die Institution der Fabrikinspektion. Ferner enthält sie Bestimmungen zum Schutz von Kindern und Jugendlichen. Sie verpflichtet den Gewerbeunternehmer zum technischen Arbeitsschutz zwecks Sicherung der Beschäftigten gegen Gefahren für Leben und Gesundheit. Die Aufsicht liegt zunächst bei der ordentlichen Polizei.

1871: Reichshaftpflichtgesetz. Erweiterung der zivilrechtlichen Verschuldenshaftung des Unternehmers auf Beauftragte und Aufsichtspersonen. Die Mehrzahl der Betriebsunfälle bleibt immer noch ohne Entschädigung.

1878: Novelle zur GewO. Neuregelung der Beschäftigung von Jugendlichen. Schonzeit für Frauen nach der Geburt eines Kindes: 3 Wochen. Einführung der obligatorischen Fabrikinspektion gegen den Willen Bismarcks.

1884: Unfallversicherungsgesetz. Ablösung der zivilrechtlichen Verschuldenshaftung des Unternehmers durch Zwangsgenossenschaften.Beiträge werden allein vom Unternehmer aufgebracht. Die Berufsgenossenschaften erhalten als Versicherungsträger das Recht, Unfallverhütungsvorschriften mit Genehmigung des Reichsversicherungsamtes zu erlassen und ihre Beachtung durch eigene technische Aufsichtsbeamte zu kontrollieren.

1891: Arbeitsschutznovelle zur GewO.Sie enthält u.a. Vorschriften über die Sonntagsarbeit. Begrenzung der Arbeitszeit von Arbeiterinnen auf 65 Stunden. Schonzeit für Wöchnerinnen: 6 Wochen. Verbot der Nachtarbeit für Frauen und der Beschäftigung von Kindern im Alter unter 13 Jahren. Präzisierung der Vorschriften über den betrieblichen Gefahrenschutz in §§ 120a bis e GewO. Umwandlung der Fabrikinspektion in Gewerbeinspektion und Beginn der Neuorganisation in eine technische Sonderbehörde. Erweiterung des Aufgabenkreises um Überwachung der Sonntagsarbeit. Gewerbeaufsichtsbeamte erhalten die Befugnisse der Ortspolizeibehörden zur Durchsetzung des Gefahrenschutzes.

1906: Berner internationale Konferenz von Regierungsvertretern. Erste Beschlüsse auf internationaler Ebene, die durch entsprechende Gesetze von verschiedenen Ländern übernommen werden, u.a. über gewerbliche Verwendung von weißem Phosphor und Nachtarbeit der Frauen.

1911: Die bisherige Unfallversicherungsgesetzgebung wird als besonderes Drittes Buch in die RVO übernommen.

1918: DemobilmachungsVO. Begrenzung der täglichen Arbeitszeit auf 8 Stunden.

1920: Betriebsrätegesetz, nach dem der Betriebsrat u.a. auf die Bekämpfung der Unfall- und Gesundheitsgefahren zu achten und die Durchführung der gesetzlichen Vorschriften im Betrieb zu überwachen hat.

1925: Erstmals werden Berufskrankheiten und unter einschränkenden Voraussetzungen auch Wegeunfälle als Arbeitsunfälle im Sinne der RVO behandelt.

1938: Arbeitszeitordnung. Begrenzung der Arbeitszeit und Regelung der Pausen.
Jugendarbeitsschutzgesetz. Schutz der Gesundheit der arbeitenden Jugend.

1948: Grundgesetz. Danach gehört der Arbeitsschutz zur konkurrierenden Gesetzgebung zwischen Ländern und Bund.

1949: Gründung des Zentralinstituts für Arbeitsschutz in Soest.

1951: Gründung des Bundesinstituts für Arbeitsschutz in Soest anstelle des Zentralinstituts für Arbeitsschutz. Wurde 1957 nach Koblenz verlegt.

Heimarbeitsgesetz. Vorschriften über den Arbeitsschutz der in Heimarbeit Beschäftigten.

Mutterschutzgesetz. Beschäftigungsbeschränkungen und -verbote für werdende Mütter.

1953: Erster deutscher Kongress für Arbeitsschutz und Arbeitsmedizin in Homburg.Die Kongresse finden heute alle 2 Jahre statt.

1959: Atomgesetz. Schutz der Gesundheit und Sachgüter vor den Gefahren der Kernenergie und der Wirkung ionisierender Strahlen.

1963: Unfallversicherungs-Neuregelungsgesetz. U.a. Einführung von Sicherheitsbeauftragten in Unternehmen mit mehr als 20 Beschäftigten, Regelung der Rechte und Pflichten der Berufsgenossenschaften, Pflicht der Bundesregierung zur jährlichen Vorlage eines Unfallverhütungsberichtes an den Deutschen Bundestag.

1968: Gerätesicherheitsgesetz. Hersteller oder Einführer dürfen technische Arbeitsmittel nur in den Verkehr bringen oder ausstellen, wenn sie ungefährlich sind. Mit Rücksicht auf die Eröffnung des europäischen Binnenmarktes 1992 neu gefasst. Ergänzt durch zahlreiche Verordnungen.

1971: Änderung der RVO. Einführung der gesetzlichen Pflichtversicherung für Schüler, Studenten und Kinder in Kindergärten.

ArbeitsstoffVO. 1986 abgelöst durch GefahrstoffVO. Enthält Vorschriften über Inverkehrbringen und Umgang mit gefährlichen Stoffen.

1972: Gründung der Bundesanstalt für Arbeitsschutz und Unfallforschung (BAU) in Dortmund anstelle des Bundesinstituts für Arbeitsschutz in Koblenz. Der Zusatz „und Unfallforschung“ wurde 1983 gestrichen.

1973: Arbeitssicherheitsgesetz. Pflicht des Arbeitgebers zur Bestellung von Betriebsärzten und Fachkräften für Arbeitssicherheit.

1974: Beginn Hochschulausbildung zu Diplom-Ingenieuren der Fachrichtung Sicherheitstechnik in Wuppertal.

1975: ArbeitsstättenVO. Vorschriften über das sicherheitsgerechte Einrichten und Betreiben von Arbeitsstätten.

1980: Chemikaliengesetz. Schutz des Menschen und der Umwelt vor gefährlichen Chemikalien. Anmeldepflicht für neue Stoffe bei der BAU.

Bundesberggesetz. Löst die Länderfassungen des ehemaligen Preußischen Berggesetzes ab.

1989: Produkthaftungsgesetz. Einführung der verschuldensunabhängigen Haftung des Herstellers für Produktfehler.

1991: Gründung der Bundesanstalt für Arbeitsmedizin (BAfAM) in Berlin.

Nachfolgeeinrichtung des Zentralinstituts für Arbeitsmedizin (ZAM) der DDR.

1993: Eröffnung des europäischen Binnenmarktes. Beseitigung von Handelshemmnissen durch Vereinheitlichung der Sicherheitsvorschriften in Form von verbindlichen Richtlinien der EU, insbesondere der Maschinen-Richtlinie (89/392/EWG).

Gentechnikgesetz. Schutz vor Gefahren bei gentechnischen Arbeiten und durch gentechnisch veränderte Organismen.

1994: Arbeitszeitrechtsgesetz. Ablösung der Arbeitszeitordnung von 1938 durch Vereinheitlichung und Flexibilisierung des Arbeitszeitrechts.

1996: Arbeitsschutzgesetz. Setzt u.a. die Arbeitsschutz-Rahmenrichtlinie 89/391/EWG in deutsches Recht um. Regelt in erster Linie Rechte und Pflichten von Arbeitgeber und Beschäftigten.

Unfallversicherungs-Einordnungsgesetz. Überführung des 3. Buches der Reichsversicherungsordnung in das 7. Buch des Sozialgesetzbuches. Erweiterung des Zuständigkeitsbereichs der Träger der gesetzlichen Unfallversicherungsträger auf den Gesundheitsschutz.

Gründung der Bundesanstalt für Arbeitsschutz und Arbeitsmedizin (BAuA) durch Zusammenlegen der Bundesanstalt für Arbeitsschutz und der Bundesanstalt für Arbeitsmedizin, Hauptsitz in Dortmund, Sitz in Berlin, Außenstellen in Bremen und Dresden.

1998: Gesetz über die elektromagnetische Verträglichkeit von Geräten.

1999: Biostoffverordnung. Regelung der Arbeit mit gefährlichen Mikroorganismen.

2002: Betriebssicherheitsverordnung. Regelungen zum Benutzen von Arbeitsmitteln und überwachungsbedürftigen Anlagen.

Literatur

DEUTSCHBEIN, E. u. VOGLER, H. (1954): Gewerbeaufsicht. Vorgeschichte und Rechtsentwicklung einer technischen Sonderbehörde. In: Sonderheft 100 Jahre Gewerbeaufsicht. Kohlhammer Verlag Stuttgart S. 19–28

HARTMANN, K. (1910): Berufsgenossenschaftliche Unfallverhütung in ihrer Entwicklung 1885–1910. In: Schlesinger, G.: Unfallverhütungstechnik. Heymanns Verlag Berlin S. 3–38

MERTENS, A. (1979): Der Arbeitsschutz und seine Entwicklung. BAU-Schriftenreihe Arbeitsschutz Bd. 15. Wirtschaftsverlag NW Bremerhaven. SYRUP, F. u. NEULOH, O. (1957): Hundert Jahre Staatliche Sozialpolitik 1839–1939. Kohlhammer Verlag Stuttgart

2 Grundlagen der Arbeitssicherheit

Inhaltsverzeichnis

2.1 Notwendigkeit der Arbeitssicherheit

Arbeitssicherheit ist der Zustand der Arbeitsbedingungen, bei dem die Beschäftigten keinen oder nur vertretbaren arbeitsbedingten Gefährdungen und Belastungen (Risiken) ausgesetzt sind. Ziel der Arbeitssicherheit ist der Schutz der Beschäftigten vor Verletzungen (Unfällen), Erkrankungen (Berufskrankheiten) und Arbeitserschwernissen (negativen Belastungen), d.h. die Erhaltung der Gesundheit aber auch die Förderung der Gesundheit der Beschäftigten bei der Arbeit.

Die Vermeidung berufsbedingter gesundheitlicher Schädigungen ist ein Interesse, das jeder Beschäftigte von Natur aus besitzt, weil davon sein Wohlbefinden und seine wirtschaftliche Existenz abhängen. Insofern liegt zunächst ein grundlegendes Bedürfnis der Selbsterhaltung vor.

Davon ausgehend ergibt sich auch die gesellschaftsorientierte Begründung der Notwendigkeit des Schutzes vor arbeitsbedingten Personenschäden. Zu unterscheiden sind humane (moralisch-ethische) sowie wirtschaftliche und volkswirtschaftliche Gründe.

Humane Gründe: In unserer Gesellschaftsordnung steht die Achtung der Menschenwürde an erster Stelle. Entsprechend ist die Vermeidung arbeitsbedingter Personenschäden eine selbstverständliche menschliche Aufgabe aller Beteiligten. Denn hinter jedem Unfall steht das Schicksal unmittelbar und mittelbar betroffener Personen.

Der *Staat* hat diese humane Verpflichtung im Grundgesetz der Bundesrepublik Deutschland vom 23. Mai 1949 bekräftigt. Dort heißt es:

Artikel 1 Ziffer 1: „Die Würde des Menschen ist unantastbar. Sie zu achten und zu schützen ist Verpflichtung aller staatlicher Gewalt."

Artikel 2 Ziffer 2: „Jeder hat das Recht auf Leben und körperliche Unversehrtheit. Die Freiheit der Person ist unverletzlich."

Dieses Grundrecht bindet die Gesetzgebung, vollziehende Gewalt und Rechtssprechung. Auch in einigen Länderverfassungen wird das im Grundgesetz verankerte Recht in ähnlicher Weise ausgedrückt.

Arbeitgeber und Arbeitnehmer haben als die an der Arbeitssicherheit unmittelbar Beteiligten in gleicher Weise die Pflicht, für sichere Arbeitsplätze zu sorgen. Für den Arbeitgeber ist ein wirtschaftlicher Einfluss nicht nur ein Vorrecht, es verpflichtet auch sozial zur Gewährung der Sicherheit der Beschäftigten bei der Arbeit. Auch dem Arbeitnehmer erwächst aus seinem Beschäftigungsverhältnis die Verpflichtung, im Rahmen seiner Möglichkeiten zur Arbeitssicherheit beizutragen. Letztenendes entspricht diese Verpflichtung der Verantwortung für den Mitmenschen.

Wirtschaftliche Gründe: Im Sinne der auf die Wertschöpfung ausgerichteten Funktion des Betriebes hat die wirtschaftliche Begründung der Notwendigkeit von Arbeitssicherheit große Bedeutung. Störfälle und die mit ihnen oft verbundenen Personen- und Sachschäden beeinflussen die betrieblichen Produktionsfaktoren Organisation, Arbeit und Kapital. Gelingt es, Häufigkeit und Schwere von Störfällen und Personenschäden zu vermindern oder den Wirkungsgrad von Maßnahmen zur Vermeidung von Störungen und zur Verbesserung der Arbeitssicherheit zu erhöhen, so wird damit im Betrieb der wirtschaftliche Erfolg unmittelbar vergrößert. Hier liegt eine wesentliche Triebfeder für die Intensivierung der betrieblichen Störungsvermeidung und damit der Unfallverhütung durch den Unternehmer.

Volkswirtschaftliche Gründe: Kosten für arbeitbedingte Personenschäden (Unfälle, Berufskrankheiten) und für damit zusammenhängende Sachschäden sind im Rahmen einer volkswirtschaftlichen Erfolgsrechnung eine Verschleuderung von Werten. Jede Verhütung von Personen- und Sachschäden – und hier setzt das besondere Interesse des Staates ein – hat eine Verbesserung der Wertschöpfung und damit des Nettosozialproduktes und letztlich des Volkseinkommens zur Folge.

2.2 Arbeitssystem als Untersuchungsgegenstand

Fragen der Arbeitssicherheit sind komplexer Natur. Sie berühren nicht nur viele Fachgebiete, sondern sind auch in sich häufig mehrschichtig. Daher ist es schwierig, die vielgestaltigen Probleme zu systematisieren. Gerade das ist aber notwendig, um die Einzelfrage nach Bedeutung und Zusammenhang richtig einzuordnen und um die Mittel zur Erhöhung der Arbeitssicherheit wirkungsvoll zu gestalten.

Fragen der Arbeitssicherheit sind Teilfragen der Arbeitswissenschaft. Diese befasst sich mit dem Gesamtbereich der Beziehungen zwischen Mensch und Arbeit. Das Ziel der Arbeitswissenschaft besteht in einer Optimierung dieser Beziehungen unter Berücksichtigung humaner und wirtschaftlicher Gesichtspunkte. Für den Menschen soll die Arbeit gesundheitlich nicht schädlich sein und unzumutbare Arbeitserschwernisse vermeiden. Aus wirtschaftlichen Gründen muss eine möglichst hohe Wertschöpfung erreicht werden.

Die Systemgrafik (→Abb. 2.2.1) zeigt die zur Erstellung von Wertschöpfung durch die Organisation erfolgende Verknüpfung von Mensch und Gegenstand, dargestellt als kausales Ablaufsystem Einsatz – Arbeitsprozess – Ergebnis.

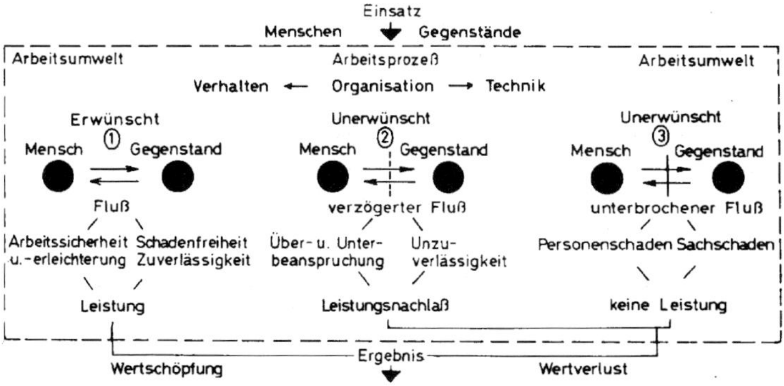

Abb. 2.2.1: System Mensch – Gegenstände im Arbeitsprozess

In den Arbeitsprozess fließen Menschen und Gegenstände mit ihren Eigenschaften ein. Dabei ist der Begriff Gegenstand in weitem Sinn als Bestandteil der gegenständlichen Umwelt des Beschäftigten gemeint, wie in der gebräuchlichen Bezeichnung „Mensch-(Maschine-)Umwelt-System" zum Ausdruck kommt. Unter den Begriff „Gegenstand" fallen also nicht nur technische Arbeitsmittel einschließlich Maschinen und zu verarbeitende Objekte, sondern alle umgebenden Objekte wie Fußboden, Treppe usw., ferner elektrischer Strom, Gase, Stäube usw.

Im Arbeitsprozess sind drei Möglichkeiten zu unterscheiden:

Fall 1: Die Flussbeziehungen zwischen Mensch und gegenständlicher Arbeitsumwelt sind optimal. Dies bedeutet Arbeitssicherheit und Arbeitserleichterung für den Beschäftigten sowie Zuverlässigkeit der gegenständlichen Systemteile und in ihrem Zusammenwirken Schadensfreiheit. Die Folge ist Leistung.

Fall 2: Mangelnde gegenseitige Anpassung von Mensch (z.B. mangelnde Eignung) und gegenständlicher Arbeitsumwelt (z.B. unangepasste Gestaltung von Bedienungselementen) bewirkt einen verzögerten Fluss. Der Mensch wird entsprechend unerwünscht über- oder unterbeansprucht. Gegenständliche Systemteile (z.B. Maschinen) werden unzuverlässig. Die Folge ist nachlassende Leistung.

Fall 3: Die Flussbeziehungen werden ganz unterbrochen, es liegt eine Störung vor, die Personen- oder Sachschaden, machmal auch beides, zur Folge hat und damit eine Leistung verhindert.

Entsprechend kann das Arbeitsergebnis positiv Wertschöpfung oder negativ Wertverlust sein.

Die Darstellung der Zusammenhänge im Arbeitssystem zeigt, dass Personenschäden – besonders Unfälle – und unerwünschte Beanspruchungen nicht gewollte Nebenerscheinungen beim Zusammenwirken von Mensch und gegenständlicher Arbeitsumwelt zum Zwecke der Erstellung von Wertschöpfung sind. Mit Fall 2 beschäftigt sich vorwiegend die Ergonomie, Fall 3 ist Angelegenheit arbeitssicherheitlicher Fragestellungen. Beide Fälle betreffen das Gebiet des Arbeitsschutzes.

Es zeigt sich also:

- Arbeitssicherheitliche Fragestellungen können nicht isoliert, sondern nur im Rahmen der Arbeitswissenschaft gelöst werden.
- Ungestörter Produktionsfluss bedeutet nicht nur Zuverlässigkeit und Schadensfreiheit, sondern ebenso Arbeitserleichterung und Arbeitssicherheit.
- Unfallverhütung muss in das Produktionsdenken mit dem Ziel der Vermeidung von Störungen eingebaut werden. Sie ist kein soziales Anhängsel des Arbeitsprozesses.

Literatur

BURGER, H.: Das Wissenschaftsbild des Arbeitsschutzes. BAU Bericht 144. Selbstverlag Dortmund, 1975

KUHLMANN, A.: Einführung in die Arbeitssicherheitswissenschaft. 2. Aufl. Verlag TÜV Rheinland Köln, 1995

LEHDER, G.: Arbeitssicherheit als akademische Disziplin. Siching. Nr. 6 S. 12–15, 1998

RENTZSCH, M. u. LEHDER, G.: Arbeitswissenschaftliche Grundlagen für die betriebliche Praxis. ecomed Verlagsgesellschaft mbH Landsberg, 1997

THIELE, B. u. GOTTSCHALK, F.: Literaturexpertise über theoretische Grundlagen des Arbeitsschutzes, BAU Bericht 111. Verlag Hug + Co. Wilhelmshaven, 1973

2.3 Ziele arbeitssicherheitlicher Bemühungen

Erhaltung der Gesundheit der Beschäftigten

Um Arbeitssicherheit zu erreichen (→Fall 1 in der Grafik Abschnitt 2.2), muss das Arbeitssystem mit Hilfe einer entsprechenden Organisation folgende sicherheitsgerechte Zieleigenschaften besitzen (→Abb. 2.3.1):

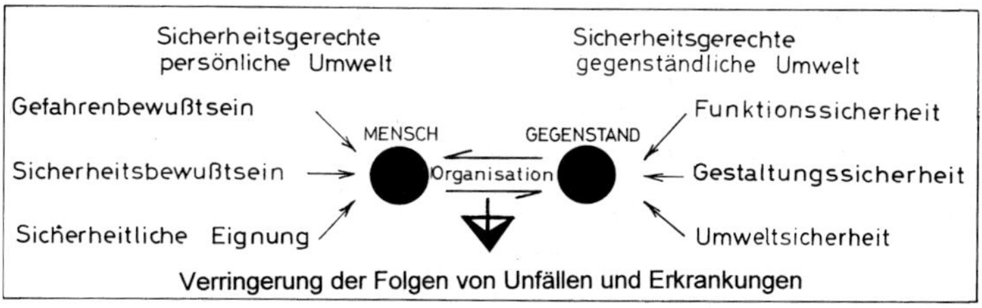

Abb. 2.3.1: Zieleigenschaften bei der Gewährleistung von Arbeitssicherheit

1. Menschen müssen über Gefährdungen *informiert (gefahrenbewusst)* sein, z.B. durch Ausbildung.
2. Menschen müssen zu sicherheitsgerechtem Verhalten*motiviert (sicherheitsbewusst)* sein, z.B. durch Prämiensysteme.
3. Menschen müssen für sicherheitsgerechtes Verhalten geeignet sein. Dies wird durch *Auswahl*, *Training* und *Ausbildung* erreicht.
4. Die *persönliche Arbeitsumwelt* muss sicherheitsgerecht sein, z.B. durch entsprechende Organisation.
5. Gegenstände müssen sicher *funktionieren*, z.B. durch sicherheitstechnische Verriegelung mit Zuhaltung.
6. Gegenstände müssen sicherheitsgerecht *gestaltet* sein, z.B. durch Anpassung der Bedienungselemente von Maschinen an die menschlichen Fähigkeiten.

7. Gegenstände müssen frei von gefährlichen Emissionen auf die *Arbeitsumwelt* und die *außerbetriebliche Umwelt* sein, z.B. frei von schädigenden Staubemissionen.
8. Die *gegenständliche Arbeitsumwelt* muss sicherheitsgerecht sein, z.B. durch ausreichende Beleuchtung.
9. *Unfallfolgen* müssen verringert werden, z.B. durch genügende Erste-Hilfe-Einrichtungen.

Diese Ziele, die durch Maßnahmen untersetzt werden müssen, sind die Verhütung von Arbeitsunfällen und arbeitsbedingten Erkrankungen. Erforderlich sind aber auch Maßnahmen der menschengerechten Arbeitsgestaltung (§ 2 ArbSchG), die zur Förderung der Gesundheit beitragen sollen.

Betriebliche Gesundheitsförderung

Anliegen der Arbeitssicherheit ist nicht nur die Erhaltung der Gesundheit der Beschäftigten (Schutz vor Arbeitsunfällen und arbeitsbedingten Erkrankungen) sondern auch die Förderung der Gesundheit der Beschäftigten bei der Arbeit.

Gesundheit nach der Definition der Weltgesundheitsorganisation (WHO) ist nicht nur der Zustand von Abwesenheit von Krankheiten sondern auch der Zustand körperlichen und geistigen Wohlbefindens.

Zentrale Elemente der Gesundheitsförderung im Betrieb sind deshalb das Betriebsklima, die menschengerechte Gestaltung der Arbeit (Arbeitsplatz-, Arbeitsaufgaben-, Arbeitsorganisations-, Arbeitszeitgestaltung), die betriebliche Personalpolitik und eine aktive Mitarbeit und Mitbestimmung der Beschäftigten bei der Arbeit.

Besonderes Augenmerk ist auch auf Maßnahmen zum Abbau von psychischen Beanspruchungen zu legen, die in Form von Stress, psychischer Ermüdung bis hin zum Mobbing besonders das Wohlbefinden beeinträchtigen (→Kapitel 6.2).

Auch durch die Aufnahme des Nichtraucherschutzes in die ArbeitsstättenVO wird ein wichtiger Beitrag zur Gesundheitsförderung im Betrieb geleistet.

Unterstützt werden können die Ziele der betrieblichen Gesundheitsförderung auch durch Aktivitäten der Krankenkassen, die nach § 20 SGB V „Prävention und Selbsthilfe" die Möglichkeit haben, die Arbeitssicherheit ergänzende Maßnahmen der betrieblichen Gesundheitsförderung durchzuführen. Damit sind auch die Krankenkassen ein weiterer Partner für die Aufgaben der betrieblichen Gesundheitsförderung.

Literatur

Sozialgesetzbuch (SGB) Fünftes Buch (SGB V) – Gesetzliche Krankenversicherung von 20. 12. 1988, zuletzt geändert durch Art. 4 des Gesetzes vom 27. 12. 2003 (BGBl. I S. 3022)

Gesetz über die Durchführung von Maßnahmen des Arbeitsschutzes zur Verbesserung der Sicherheit und des Gesundheitsschutzes der Beschäftigten bei der Arbeit (Arbeitsschutzgesetz – ArbSchG) vom 7. 8. 1996, zuletzt geändert durch Art. 2b des Gesetzes vom 23. 4. 2004 (BGBl. I S. 602)

2.4 Termini und Definitionen

Für die Verständigung in einer Disziplin ist es erforderlich, Begriffe (Termini) festzulegen und diese durch die Angabe ihrer wesentlichen Merkmale zu bestimmen (Definitionen).

In diesem Kapitel werden nur einige Grundbegriffe beschrieben und Zusammenhänge aufgezeigt. Weitere Termini und Definitionen sind in den jeweiligen Kapiteln enthalten, wie die Begriffe und Definitionen Arbeitsunfall, Wegeunfall, Berufskrankheit, Lärm, Strahlung, biologische Arbeitsstoffe, ...

Arbeitsschutz: Maßnahmen, Mittel und Methoden, die darauf gerichtet sind, Leben und Gesundheit der Beschäftigten im Rahmen ihrer Arbeitstätigkeit vor schädigenden Einflüssen zu schützen, vor Beeinträchtigungen zu bewahren und ihre Gesundheit im Betrieb zu fördern. Maßnahmen des Arbeitsschutzes im Sinne des Arbeitsschutzgesetzes sind solche zur Verhütung von Unfällen bei der Arbeit und arbeitsbedingte Gesundheitsgefahren einschließlich Maßnahmen der menschengerechten Gestaltung der Arbeit (§ 2 ArbSchG).

Arbeitssicherheit: Zustand der Arbeitsbedingungen, bei dem keine oder nur vertretbare arbeitsbedingte Gesundheitsgefährdungen und Belastungen auftreten.

Arbeitsbedingte Belastungen: Anforderungen (Einwirkungen) aus der Arbeitstätigkeit und den Ausführungsbedingungen, die auf die Beschäftigten bei der Arbeit einwirken und als Arbeitserschwernis zu gesundheitlichen Beeinträchtigungen führen können.

Arbeitsbedingte Beanspruchung: Individuelle Reaktion des Körpers des Beschäftigten auf die aus dem Arbeitsprozess wirkenden physischen und psychischen Anforderungen (Belastungen).

Arbeitsbedingte Gefahr: Sachlage im Arbeitsprozess, die bei ungehindertem Ablauf des objektiv zu erwartenden Ereignisses (Geschehens) zu einem Schaden (Gesundheitsschaden) führt (nicht akzeptables Risiko), wobei für den Schadenseintritt eine hinreichende Wahrscheinlichkeit verlangt wird und von einem Schaden erst gesprochen werden kann, wenn eine nicht unerhebliche Beeinträchtigung vorliegt (Erläuterungen zum ArbSchG) – akute Sachlage –.

Arbeitsbedingte Gefährdung: Möglichkeit eines Schadens (Gesundheitsschadens) oder einer gesundheitlichen Beeinträchtigung ohne bestimmte Anforderungen an deren Ausmaß oder Eintrittswahrscheinlichkeit – latente Sachlage –.

Gesundheit: Zustand des Freiseins von Krankheit und Gebrechen sowie des vollständigen physischen und sozialen Wohlbefindens des Menschen (WHO-Definition).

Risiko: Eine Kombination der Wahrscheinlichkeit und des Schweregrades (Schadensausmaß) einer Schädigung (Gesundheitsschädigung) in einer Gefährdungssituation.

Grenzrisiko: Größtes noch vertretbares Risiko eines bestimmten technischen Vorganges oder Zustandes.

Sicherheit: Zustand, dass für eine Sachlage (Produkt, Verfahren, Arbeitssystem, ...) innerhalb eines bestimmten Zeitraumes keine Schädigung von Personen, der Umwelt und von Sachwerten eintritt, d.h. Sicherheit ist ein Zustand, bei dem das Risiko einer Gefährdung kleiner als das Grenzrisiko ist.

Sicherheitskultur: Gesamtheit von Eigenschaften und Haltungen von Organisationen und Personen, die dafür sorgen, dass der Sicherheit mit vordringlicher Priorität hohe Aufmerksamkeit gewidmet wird.

Sicherheitstechnik: Anwendung technischer Maßnahmen zum Schutz der Menschen, der Umwelt und von Sachwerten vor möglichen negativen Folgen durch Emissionen, Ausfälle, fehlerhaftem Verhalten oder Störfällen von Arbeitsmitteln und Anlagen.

Sicherheitswissenschaft: Interdisziplinäre angewandte Wissenschaft, die sich mit Gesetzmäßigkeiten und Wirkungsbedingungen des Risikos befasst, denen Menschen, die Unwelt und Sachwerte ausgesetzt sind. Gegenstände der Betrachtung innerhalb der Sicherheitswissenschaft sind die Arbeit, die Umwelt, Haus- und Freizeit, der Verkehr sowie Sachwerte und Kulturgüter.

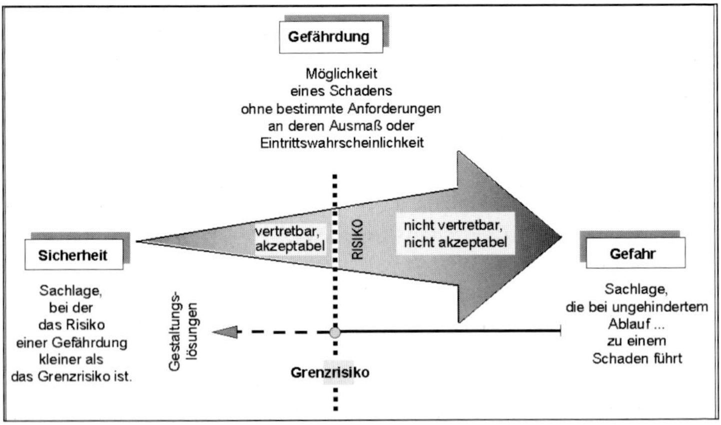

Abb. 2.4.1: Zusammenhang Risiko, Gefahr, Gefährdung und Sicherheit

Der Zusammenhang zwischen einzelnen erläuterten Begriffen ist in Abb. 2.4.1 dargestellt. Daraus wird ersichtlich, dass der Zustand der Arbeitssicherheit bzw. Sicherheit nicht nur ein „gefahrloser" Zustand ist, sondern auch ein Zustand mit einem vertretbaren, akzeptablen Restrisiko, für das Maßnahmen festgelegt werden müssen zum Abbau des Restrisikos.

Literatur

Gesetz über die Durchführung von Maßnahmen des Arbeitsschutzes zur Verbesserung der Sicherheit und des Gesundheitsschutzes der Beschäftigten bei der Arbeit (Arbeitsschutzgesetz – ArbSchG) vom 7. 8. 1996; zuletzt geändert durch Art. 2 b des Gesetzes vom 23. 4. 2004 (BGBl. I S. 602)

Erläuterungen zum Arbeitsschutz in SCHMATZ/NÖTHLICHS (LB): Sicherheitstechnik, Erich Schmidt Verlag, Berlin

Weltgesundheitsorganisation (Hrsg.): Ottawa-Charta zur Gesundheitsförderung, in: Grenzen der Prävention, Argumente; Sonderband 178, Argument-Verlag, Hamburg 1988

DIN EN ISO 12100-1 Sicherheit von Maschinen; Grundbegriffe; allgemeine Gestaltungsleitsätze; Teil 1: Grundsätzliche Terminologie, Methodologie

2.5 Rechtsgrundlagen der Arbeitssicherheit

Recht der Europäischen Union

Aufgabe der EU ist es, durch die Errichtung eines gemeinsamen Marktes und die schrittweise Annäherung der Wirtschaftspolitik der Mitgliedstaaten eine harmonisierte Entwicklung des Wirtschaftslebens innerhalb der Gemeinschaft, eine größere Stabilität, eine beschleunigte Hebung der Lebenshaltung und engere Beziehungen zwischen Staaten zu fördern, die in der Gemeinschaft zusammengeschlossen sind. Neben dem Abbau von Handelshemmnissen, der Durchsetzung des freien Warenverkehrs und der Freizügigkeit für den freien Dienstleistungs- und Kapitalverkehr, haben die sozialen Aspekte in Bezug auf die Abstimmung der Sozialordnung und die Zusammenarbeit in sozialen Fragen Vorrang.

Um die hierfür erforderliche Rechtsangleichung in den Mitgliedstaaten zu erreichen, werden u. a. Richtlinien der EU erarbeitet. Diese Rechtsangleichung soll keine „Totalvereinheitlichung" weder der Rechtssysteme noch der Rechtsinhalte sein. In Artikel 3 b des Vertrages zur Gründung der Europäischen Gemeinschaft ist deshalb das regulativ wirkende Subsidaritätsprinzip festgeschrieben.

Sozial-Richtlinien nach Artikel 137 EG-Vertrag: Diese Richtlinien enthalten nur Mindestanforderungen, die die Verbesserung der Arbeitsumwelt fördern sollen, um die Sicherheit und den Gesundheitsschutz der Beschäftigten verstärkt zu schützen (→ Abb. 2.5.1).

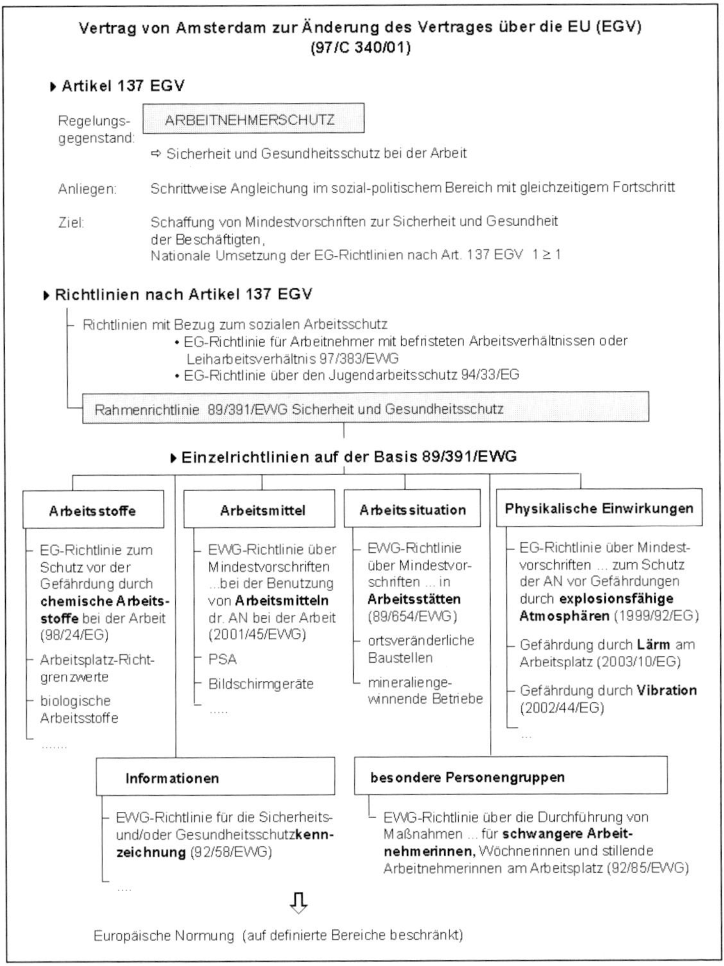

Abb. 2.5.1: EU-Sozialrichtlinien nach Artikel 137 EGV

Binnenmarkt-Richtlinien nach Artikel 94 und 95 EG-Vertrag: Diese Richtlinien beinhalten grundlegende einheitliche Sicherheitsanforderungen für Produkte (→ Abb. 2.5.2).

Vertrag von Amsterdam zur Änderung des Vertrages über die EU (EGV) (97/C 340/01)

▸ **Artikel 95 EGV**

Regelungsgegenstand: PRODUKTSICHERHEIT

⇨ Inverkehrbringen von Technischen Arbeitsmitteln (Konstruktion, Bau / Ausrüstung) von Stoffen / Zubereitungen, ...

Anliegen: Schaffung eines einheitlichen Binnenmarktes durch Beseitigung von
- steuerlichen,
- materiellen und
- technischen Schranken.

Ziel: Harmonisierung technischer Vorschriften und Normen,
Nationale Umsetzung der EG-Richtlinien nach Art. 95 EGV 1 : 1

▸ **Richtlinien nach Artikel 95 EGV**

Regelungsgegenstände der Richtlinien (Auszug)	Richtlinien-Nr.
• **Grundlegende Richtlinien**	
Niederspannungsrichtlinie	73/23/EWG
Elektromagnetische Verträglichkeit	89/336/EWG
Maschinen	98/37/EG
Produktsicherheitsrichtlinie	2001/95/EG
• **Emissionen**	
Umweltbelastende Geräuschemissionen durch Geräte im Freien	2000/14/EG
• **Medizinisch-technische Geräte**	
Aktive implantierbare Geräte	90/385/EWG
Medizinprodukte	93/42/EWG
• **Kraftfahrzeuge, Aufzüge und Hebezeuge**	
Aufzüge	95/16/EG
Hebezeuge und Fördergeräte	88/665/EWG
Seilbahnen für den Personenverkehr	2000/9/EG
• **Druckbehälter**	
Ortsbewegliche Druckgeräte	1999/36/EG
Druckgeräte	97/23/EWG
einfache Druckbehälter	87/404/EWG
• **Gefährliche Stoffe**	
Einstufung, Verpackung und Kennzeichnung gefährlicher Stoffe	2001/59/EG
Europäisches Büro für chemische Stoffe	1993/C 1/02
• **Gefährliche Zubereitungen**	
Zubereitungs-Richtlinie	1999/45/EG
Informationssystem für gefährliche Zubereitungen	2001/58/EG
Biozid-Richtlinie	1998/8/EG
...	

⇩

Europäische Normung (EN)

Abb. 2.5.2: EU-Binnenmarktrichtlinien nach Artikel 95 EGV

Die in den Richtlinien nach Artikel 94 und 95 EG-Vertrag sowie Artikel 137 enthaltenen Forderungen sind an die Regierungen der Mitgliedsstaaten der

Europäischen Union gerichtet und nicht an die Bürger. Deshalb muss der Staat diese Richtlinien erst in nationales Recht umsetzen, damit die Forderungen für die Arbeitgeber und die Beschäftigten verbindliche Wirkung erhalten. Die Richtlinien nach 137 EG-Vertrag können bei der nationalen Umsetzung in den Mitgliedsstaaten durch Maßnahmen zum verstärkten Schutz der Beschäftigten ergänzt werden (Mindestvorschriften). Die Richtlinien nach Artikel 94 und 95 EG-Vertrag dagegen enthalten verbindliche Vorgaben, die in nationales Recht umgesetzt werden müssen (Harmonisierung).

Recht der Bundesrepublik Deutschland

Der Arbeitsschutz ist im Grundgesetz verfassungsrechtlich verankert (GG Art. 2, Abs. 2 Schutz von Leben und Gesundheit der Bürger). Pflichten und Rechte des Arbeitsschutzes sind festgelegt im

- öffentlich-rechtlichen Arbeitsschutzrecht
- privatrechtlichen Arbeitsschutzrecht (→Abb. 2.5.3).

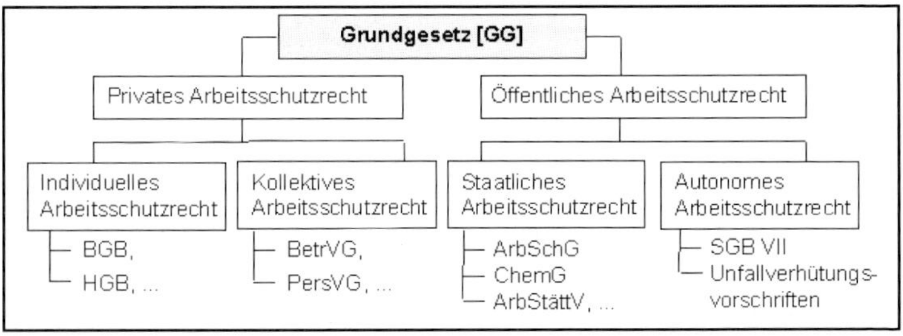

Abb. 2.5.3: Struktur des nationalen Arbeitsschutzrechts

Regelungen zum Arbeitsschutz sind Teil des Arbeitsrechtes und Gegenstand der konkurrierenden Gesetzgebung, d.h. die Bundesländer haben die Möglichkeit zur Gesetzgebung, solange und soweit der Bund von seiner Gesetzgebungszuständigkeit keinen Gebrauch macht.

Öffentlich-rechtlicher Arbeitsschutz: Dieses Rechtsgebiet wird durch das duale Arbeitsschutzsystem (staatliches und autonomes Arbeitsschutzrecht) gekennzeichnet (→Abb.2.5.4). Im dualen System hat der Staat die Aufgabe sowohl als Gesetzgeber zu wirken als auch durch Kompetenzfestsetzung für die Träger der gesetzlichen Unfallversicherung die Grundlagen für das autonome Arbeitsschutzrecht zu schaffen.

Staatliches *Arbeitsschutzrecht*: Zentrale Stellung in diesem Rechtsteil hat das „Gesetz zur Umsetzung der EG-Rahmenrichtlinie Arbeitsschutz und weiterer Arbeitsschutz-Richtlinien“ – Artikelgesetz Arbeitsschutz. Das Ar-

Deutsches Arbeitsschutz-Rechtssystem (Duales System)

Staatliches Arbeitsschutzrecht

- Gesetz über die Durchführung von Maßnahmen des Arbeitsschutzes zur Verbesserung der Sicherheit und des Gesundheitsschutzes der Beschäftigten bei der Arbeit

Artikel 1: ▸ **Arbeitsschutzgesetz (ArbSchG)**

- **Verordnungen:**
  - Baustellenverordnung (BaustellV)
  - Biostoffverordnung (BioStoffV)
  - PSA-Benutzungsverordnung (PSA-BV)
  - Lastenhandhabungsverordnung (LasthandhabV)
  - Bildschirmarbeitsverordnung (BildscharbV)
  - Arbeitsstättenverordnung (ArbStättV)
  - Betriebssicherheitsverordnung (BetrSichV)

weitere Gesetze :

- **Arbeitssicherheitgesetz (ASiG)**
  - Bestellung von Betriebsärzten § 2
  - Bestellung von Fachkräften für Arbeitssicherheit § 5
  - Aufgaben der Fachkräfte für Arbeitssicherheit § 6
  - Zusammenarbeit mit dem Betriebsrat § 9
  - Arbeitsschutzausschuss § 11
  - Ermächtigungserlässe §§ 14, 15
  - Überbetriebliche Dienste § 19
- **Geräte- und Produktsicherheitsgesetz (GPSG)**
  1. -14. Verordnung zum GPSG
- **Produkthaftungsgesetz (ProdhaftG)**
- **Chemikaliengesetz (ChemG)**
- **Medizinproduktegesetz (MPG)**

...

autonomes Unfallverhütungsrecht der Unfallversicherungsträger

- Gesetz zur Einordnung des Rechts der gesetzlichen Unfallversicherung in das Sozialgesetzbuch (UVEG)

Artikel 1: ▸ **Sozialgesetzbuch VII (SGB VII)**

- **Verordnungen:**
  Berufskrankheitenverordnung (BKV)
- **Berufsgenossenschaftliche Vorschriften (BGV)**

Auszug

- BGV A:
  - BGV A1 Grundsätze der Prävention
  - BGV A6 Fachkräfte für Arbeitssicherheit
- BGV B:
  - BGV B2 Laserstrahlung
  - BGV B11 Elektromagnetische Felder
- BGV C:
  - BGV C5 Abwassertechnische Anlagen
  - BGV C10 Luftfahrt
- BGV D:
  - BGV D27 Flurförderzeuge

⇩

Auszug

Berufsgenossenschaftliche Regeln (BGR)
- praktische Umsetzung -
(BGR-Bezeichnung = BGV-Bezeichnung)

- BGR B11 Elektromagnetische Felder

- beispielhafte Lösungsansätze -

- BGR 137 Umgang mit Hydraulikflüssigkeiten
- BGR 143 Umgang mit Kühlschmierstoffen
- BGR 157 Fahrzeug-Instandhaltung

Berufsgenossenschaftliche Informationen (BGI)
- spez. Informationen, Merkblätter, Checklisten -

- BGI 505 anerkannte Analyseverfahren
- BGI 614 Formaldehyd
- BGI 622 Belastungstabellen für Anschlagmittel

Berufsgenossenschaftliche Grundsätze (BGG)
- Prüfgrundsätze -

- BGG 905 Prüfung von Kranen
- BGG 918 Prüfung von Flurförderzeugen
- BGG 945 Prüfung von Hebebühnen

Abb. 2.5.4: Duales Arbeitsschutz-Rechtssystem

beitsschutzgesetz (ArbSchG) – Artikel 1 des Artikelgesetzes – enthält das einheitliche Schutzkonzept für die Beschäftigten bei der Arbeit in allen Tätigkeitsbereichen. Im Mittelpunkt dieses Gesetzes stehen die Pflichten des Arbeitgebers als natürliche und juristische Person oder als rechtsfähige Personengesellschaft, die Personen nach § 2 (2) ArbSchG beschäftigt. Das Arbeitsschutzgesetz ist eine direkte Übernahme von Teilen der EG-Rahmenrichtlinie Arbeitsschutz (89/391/EWG). Für diejenigen Forderungen der Rahmenrichtlinie, wo im bestehenden deutschen Arbeitsschutzrecht bereits detaillierte Forderungen bestanden, erfolgte nur eine Anpassung der bestehenden Regelungen (→Abb. 2.5.5)

▸ Gesetz zur Umsetzung der EG-Rahmenrichtlinie Arbeitsschutz und weiterer Arbeitsschutz-Richtlinien (Artikelgesetz)

- Artikel 1: Gesetz über die Durchführung von Maßnahmen des Arbeitsschutzes zur Verbesserung der Sicherheit und des Gesundheitsschutzes der Beschäftigten bei der Arbeit — **▸ Arbeitsschutzgesetz - ArbSchG -**
  - • Grundpflichten der Arbeitgeber § 3
  - • Beurteilung der Arbeitsbedingungen § 5
  - • Dokumentation § 6
  - • Übertragung von Aufgaben § 7
  - • Arbeitsmedizinische Vorsorge § 11
  - • Unterweisung § 12
  - • Pflichten der Beschäftigten § 15
  - • Verordnungsermächtigungen § 18
  - • ...
  - auf der Basis von § 19 ArbSchG erlassene **Verordnungen:**
    - Baustellenverordnung (BaustellV)
    - Biostoffverordnung (BioStoffV)
    - **Artikelverordnung Anlagensicherheit**
      - Artikel 1: Betriebssicherheitsverordnung (BetrSichV)
      - Artikel 2 ... Artikel 8
- Artikel 2: Änderung ASiG
- Artikel 3: Änderung BetrVG
- Artikel 4: Änderung GewO
- Artikel 5: Änderung AÜG
- ...

Verordnung zur Umsetzung der EG-Einzelrichtlinien zur EG-Rahmenrichtlinie Arbeitsschutz

- PSA-Benutzungsverordnung (PSA-BV)
- Lastenhandhabungsverordnung (LasthandhabV)
- Bildschirmarbeitsverordnung (BildscharbV)
- Arbeitsstättenverordnung (ArbStättV)

Abb. 2.5.5: Artikelgesetz Arbeitsschutz und Verordnung zum Arbeitsschutzgesetz

Untersetzt wird das Arbeitsschutzgesetz durch Rechtsverordnungen, die ihre Entsprechungen in den §§ 18–20 ArbSchG haben. Danach gibt es zum einen die „Verordnungen zur Umsetzung von EG Einzelrichtlinien zur EG-Rahmenrichtlinie Arbeitsschutz“ – Artikelverordnung „Arbeitsschutz“ (Artikel 1–4) und zum anderen Einzelverordnungen zum Arbeitsschutzgesetz.

Weitere Gesetze und Verordnungen im staatlichen Arbeitsschutzrecht gelten für das Gebiet *Produktsicherheit*, u.a. das Geräte- und Produktsicherheitsgesetz (GPSG), das Medizinproduktegesetz (MPG) und für den *sozialen Arbeitsschutz*, d.h. den Schutz bestimmter Personengruppen, u.a. das Mutterschutzgesetz (MuSchG), das Jugendarbeitsschutz-Gesetz (JArbSchG) und Regelungen der Arbeitszeit, u.a. das Arbeitszeitgesetz (ArbZG).

Autonomes Arbeitsschutzrecht: Nach § 15 SGB VII sind die Träger der gesetzlichen Unfallversicherungsträger – ausgenommen der Bund mit seinen

Ausführungsbehörden – ermächtigt, Unfallverhütungsvorschriften als autonomes Recht zu erlassen. Dieses autonome Recht gliedert sich in verschiedene Bereiche, wie den gewerblichen und landwirtschaftlichen Bereich sowie den Bereich der Öffentlichen Hand. Adressat der Unfallverhütungsvorschriften sind grundsätzlich nur die Unternehmer und Versicherten, für die der Unfallversicherungsträger zuständig ist (z.B. einer Berufsgenossenschaft). Das Vorschriften- und Regelwerk wird zurzeit neu geordnet. Ziel dieser Neuordnung ist eine bessere Anpassung an das staatliche Arbeitsschutzrecht (vor dem Hintergrund des europäischen Arbeitsschutzrechts) und damit der Straffung (Deregulierung) der Vorschriften. Vorgesehen ist eine Reduzierung der Unfallverhütungsvorschriften auf ca. 10 Basis-Vorschriften.

Die Unfallverhütungsvorschriften sind nach Kategorien geordnet. Am Beispiel der berufsgenossenschaftlichen Vorschriften betrifft dies folgende Kategorien (vgl. auch Abb. 2.5.4):

Kategorie A 1 ff. – Allgemeine Vorschriften/Betriebliche Arbeitsschutzorganisation
z.B. BGV A 1 – Grundsätze der Prävention
Kategorie B 1 ff. – Einwirkungen
z.B. BGV B 3 – Lärm
Kategorie C 1 ff. – Betriebsort/Tätigkeit
z.B. BGV C 22– Bauarbeiten
Kategorie D 1 ff. – Arbeitsplatz/Arbeitsverfahren
z.B. BGV D 6 – Krane

Das deutsche Arbeitsschutzrecht kann auch eingeteilt werden in

- harmonisiertes Recht (nationale Übernahme von Europäischen Richtlinien),
- nichtharmonisiertes Recht (nur nationale Vorschriften).

Privatrechtliches Arbeitsschutzrecht: Dieses Recht leitet sich aus den Pflichten des Arbeitgebers im Zusammenhang mit dem Arbeitsvertrag (Arbeitsvertragsrecht) ab. Danach ist der Arbeitgeber dem Arbeitnehmer privatrechtlich zum Schutz von Leben und Gesundheit verpflichtet (z.B. BGB § 618 verpflichtet den Arbeitgeber Arbeitsräume, Arbeitsmittel und Arbeitsablauf so zu regeln, dass der Arbeitnehmer gegen Gefahren für Leben und Gesundheit ... geschützt ist). Gleichzeitig ist der Arbeitgeber aber auch verpflichtet, die Regelungen des öffentlich-rechtlichen Arbeitsschutzes zu beachten und die genannten Pflichten gegenüber den Arbeitnehmern zu erfüllen (→vgl. Abb. 2.5.3).

Technisches Regelwerk

Das Technische Regelwerk (untergesetzliches Regelwerk) dient der Konkretisierung und Ausfüllung von rechtsverbindlichen Forderungen, die meist nur Schutzziele enthalten.

Europäische Normung: Die Normung – vertreten durch die Normungsgremien CEN und CENELEC – hat die Aufgabe, die grundlegenden Anforderungen in den EG-Richtlinien vorrangig nach Art. 95 EG-Vertrag durch anerkannte technische Lösungen auszufüllen. Europäische Normen (EN) sind in der Regel keine rechtsverbindlichen Regelungen, können aber mit Rechtsvorschriften verknüpft werden, wenn der Gesetzgeber dies beschließt. Sie müssen von der nationalen Normungsorganisation DIN in nationale Normen übertragen werden (DIN EN) und werden danach als „harmonisierte Normen“ bezeichnet. Abb. 2.5.6 enthält die Struktur Europäischer Normen am Beispiel der Sicherheit von Maschinen

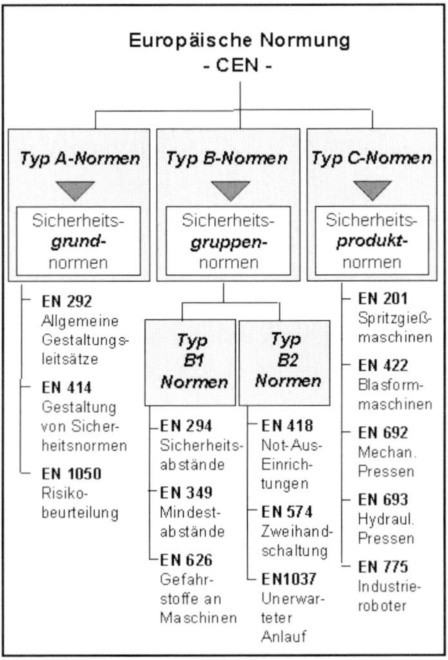

Abb. 2.5.6: Struktur Europäischer Normen (EN) für die Maschinensicherheit

Nationale technische Regelwerke: Diese Regelwerke verfolgen das Ziel, Gesetze, Verordnungen und Unfallverhütungsvorschriften durch sicherheitstechnische und arbeitsmedizinische Hinweise auszufüllen. Damit werden die oftmals als Schutzziel formulierten Anforderungen in den gesetzlichen Regelungen konkretisiert. Diese technischen Regelwerke werden erarbeitet durch

- private Institutionen, z. B. Deutsches Institut für Normung →DIN, DIN EN,
- öffentlich-rechtliche Ausschüsse, z. B. Ausschuss für Gefahrstoffe →TRGS,
- Unfallversicherungsträger, z. B. Berufsgenossenschaft →BGR.

Gemeinsam ist den Regelwerken, dass sie rechtlich nicht unmittelbar verbindlich sind, sondern Hinweise für die Erfüllung von Schutzzielen geben.

Private Normungsorganisationen: Diese Gremien geben technische Regelwerke heraus in Form von *Normen* (DIN; DIN EN; VDE-Bestimmungen), *Richtlinien* (z. B. VDI-Richtlinien) oder *Arbeitsblätter* (z. B. DVGW/DVS-Arbeitsblätter), von denen die Sicherheitsnormen und -hinweise von besonderer Bedeutung sind.

Öffentlich-rechtliche Ausschüsse: Die Ausschüsse erarbeiten technische Regeln zur Ausfüllung/Konkretisierung einzelner Rechtsverordnungen, z. B. TRGS (Technische Regeln für Gefahrstoffe), TRBA (Technische Regeln für biologische Arbeitsstoffe), TRA (Technische Regeln für Aufzüge) oder RAB (Regeln zum Arbeitsschutz auf Baustellen).

Gesetzliche Unfallversicherungsträger: Diese Träger untersetzen ihr Vorschriftenwerk (Unfallverhütungsvorschriften) durch praxisnahe berufsgenossenschaftliche Regelwerke (→vgl. auch Abb. 2.5.4):

BGR – Berufsgenossenschaftliche Regeln, die einer bestimmten Vorschrift als praktische Untersetzung zugeordnet sind (BGR-Bezeichnung ist identisch mit der BGV-Bezeichnung),
BGR – BG-Regeln allgemeiner Art, die Schutzziele verschiedener Vorschriften konkretisieren und erläutern (BGR 100–499),
BGI – BG-Informationen (BGI 500–899),
BGG – BG-Grundsätze (BGG 900–999).

Technische Regeln können dann rechtliche Bedeutung erlangen, wenn ein Gesetz, eine Verordnung oder eine Unfallverhütungsvorschrift ihre Einhaltung durch Verweise ausdrücklich nennt und vorschreibt. In der betrieblichen Praxis kann davon ausgegangen werden, die Technischen Regeln zur Konkretisierung von Schutzzielen aus der Sicht der Überwachungsbehörden und der Gerichte anzuwenden.

Literatur

Aufgeführt sind nur die Benennungen der Rechtsvorschriften, die in den Abbildungen nur in der Kurzbezeichnung aufgeführt sind.

Gesetz zur Regelung der gewerbsmäßigen Arbeitnehmerüberlassung (Arbeitnehmerüberlassungsgesetz – AÜG) vom 3. 2. 1995

Betriebsverfassungsgesetz (BetrVG) vom 25. 9. 2001

Bürgerliches Gesetzbuch (BGB) vom 18. 8. 1896

Gesetz zum Schutz vor gefährlichen Stoffen (ChemG) vom 20. 6. 2002

Gewerbeordnung (GewO) vom 22. 2. 1999

Handelsgesetzbuch (HGB) vom 10. 5. 1897

Personalvertretungsgesetz (PersVG) vom 26. 7. 1974

2.6 Betriebliche Arbeitssicherheitsorganisation

Zur Planung und Durchführung der Maßnahmen des Arbeitsschutzes hat der Arbeitgeber nach § 3 (2) Arbeitsschutzgesetz (ArbSchG)

- für eine geeignete Organisation zu sorgen und die erforderlichen Mittel bereitzustellen sowie
- Vorkehrungen zu treffen, dass die Maßnahmen ... bei allen Tätigkeiten und eingebunden in die betrieblichen Führungsstrukturen beachtet werden und die Beschäftigten ihren Mitwirkungspflichten nachkommen können.

In Umsetzung dieser Forderung müssen die erforderlichen Aktivitäten des Arbeitsschutzes in die Gesamtorganisation des Betriebes und damit in alle Führungsstrukturen und Hierarchieebenen integriert werden (**Linienfunktion**).

Darüber hinaus wird der Arbeitgeber nach dem Arbeitssicherheitsgesetz (ASiG) verpflichtet, zu seiner Unterstützung bei der Erfüllung der Aufgaben auf dem Gebiet der Arbeitssicherheit Fachkräfte für Arbeitssicherheit und Betriebsärzte zu bestellen (**Stabsstellen**).

Die hierfür erforderlichen Maßnahmen des Arbeitsschutzes müssen daher

- in vorhandene betriebliche Strukturen und Prozesse der Wertschöpfung integriert werden, z. B. in die Beschaffungsprozesse einer Unternehmens,
- in spezifische Prozesse der Arbeitssicherheit aufgenommen werden, z. B. zur Durchführung von Gefährdungsbeurteilungen, zur Überprüfung von Arbeitsmitteln, für Erste-Hilfe-Prozesse, die in die Unternehmensorganisation zu integrieren sind.

Zur Realisierung dieser Anforderungen sind die innerbetrieblichen Verantwortlichkeiten eindeutig zu klären und eine effiziente Aufbau- und Ablauforganisation zu installieren.

Aufbauorganisation: System von Regeln zur Ermittlung der anfallenden (Arbeitssicherheits-) Aufgaben und deren Zuordnung zu Aufgabenträgern (Stellen) im Unternehmen (→Abb. 2.6.1). Mittels eines Organigramms, auch als Stellenplan bezeichnet, kann die Aufbauorganisation eines Betriebes grafisch dargestellt werden (→Abb. 2.6.2). Ziel der Aufbauorganisation ist es, dass alle Funktionsträger sämtlicher Hierarchiestufen eines Betriebes ihre Aufgaben, Zuständigkeiten, Kompetenzen und Verantwortung kennen.

Ablauforganisation: Art und Weise der Aufgabenerfüllung bei Beachtung sachlich-logischer, personeller und räumlich-zeitlicher Aspekte sowie Formen der Kontrolle. Festgelegt werden die Reihenfolge der Arbeitsabläufe, die Aufgabenwahrnehmung, der Kooperation und der Kommunikation u. a. durch bestimmte Ablauf-, Berichts- und Dokumentationsregeln.

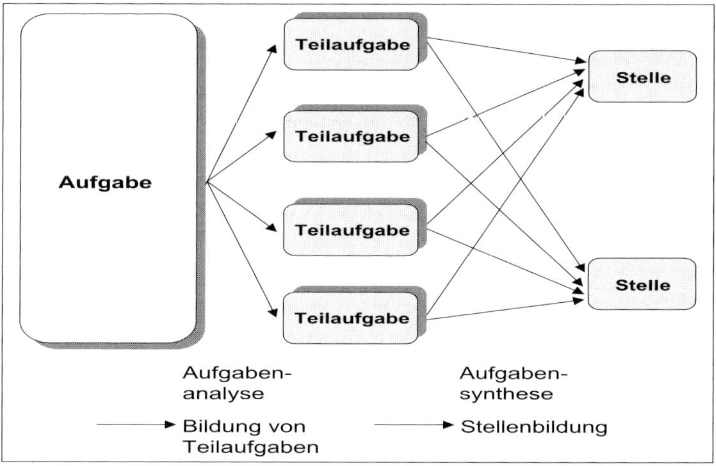

Abb. 2.6.1: Grundkonzeption der betriebswirtschaftlichen Organisationslehre

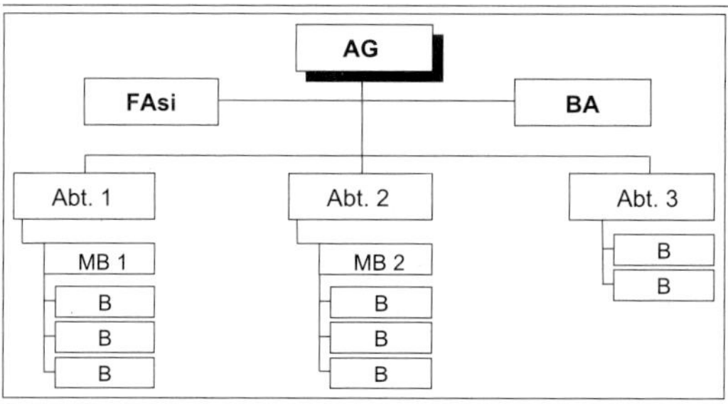

AG	Arbeitgeber
FAsi	Fachkraft für Arbeitssicherheit
BA	Betriebsarzt
Abt.	Abteilung
MB	Meisterbereich
B	Beschäftigte

Abb. 2.6.2: Aufbauorganisation/Organigramm

Die Arbeitsorganisation eines Betriebes ist abhängig:

1. Von den Vorschriften und sich daraus ergebenden Mindestanforderungen.
2. Vom Interesse der Unternehmensleitung an der Arbeitssicherheit.
3. Von der Größe und Struktur des Unternehmens.

Der Gesetzgeber verpflichtet den Arbeitgeber, die Beschäftigten gegen betriebliche Gefahren für Leben und Gesundheit zu schützen. Wie er im Einzelnen den Gesundheitsschutz organisiert, ist ihm weitgehend überlassen. Zur Beratung und Unterstützung stehen dem Arbeitgeber Personen zur Seite (→Abb. 2.6.3).

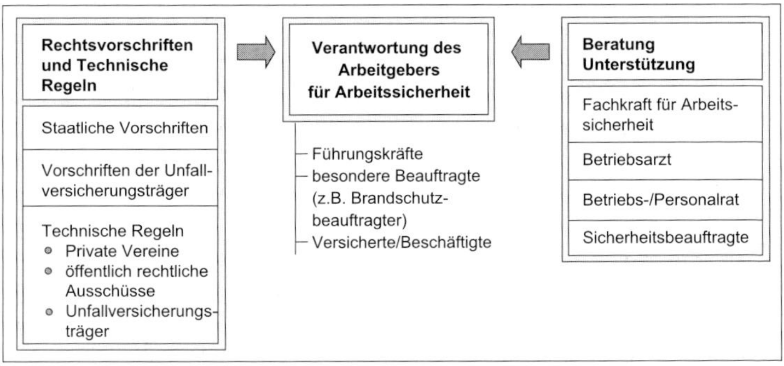

Abb. 2.6.3: Betriebliche Umsetzung der Regelwerke und Normen

Das Interesse an der Arbeitssicherheit ist in den einzelnen Unternehmen sehr unterschiedlich. Besonders in Großunternehmen ist Arbeitssicherheit ein echtes Anliegen der Unternehmensführung. So gibt es einige Unternehmen, in denen das arbeitssicherheitliche Verhalten bei der Beförderung ein wesentlicher Beurteilungsmaßstab ist. Andererseits gibt es auch heute noch Betriebe, besonders Familienbetriebe, die in den Bemühungen um Arbeitssicherheit noch rückständig sind. Hier sind ständige Aufklärung und notfalls auch Zwang erforderlich.

2.6.1 Arbeitgeber

Die Pflichten des Arbeitgebers (Unternehmers) ergeben sich aus seiner Stellung im Unternehmen, nämlich zu leiten, d.h. zu entscheiden, anzuordnen und über Menschen und Sachen zu disponieren. Entsprechend haftet er. Alle Entscheidungen beinhalten gewollt oder ungewollt Weichenstellungen für die Arbeitssicherheit und arbeitsbedingte Gesundheitsgefährdungen. Dabei ist eine positive Grundeinstellung des Arbeitgebers zur Arbeitssicherheit von entscheidender Bedeutung. Seine Aufgabe besteht allgemein darin, Beschäftigte gegen Gefährdungen und unerwünschte Belastungen so weit wie möglich zu schützen, d.h. Sicherheit und Gesundheitsschutz zu gewährleisten. Im einzelnen ist er u.a. verpflichtet:

ArbSchG: Das 1996 in Kraft getretene Arbeitsschutzgesetz gilt erstmals auch für den öffentlichen Dienst, nicht dagegen für Hausangestellte. Soweit öffentliche Belange dies zwingend erfordern, sind für einige Berufsgruppen, z.B. Bundeswehr und Polizei, durch Rechtsverordnung Ausnahmen möglich. Für Beschäftigte auf Seeschiffen und im Bergbau gelten spezielle Rechtsvorschriften.

Die Grundpflicht des Arbeitgebers besteht darin, die erforderlichen Maßnahmen des Arbeitsschutzes (Sicherheit und Gesundheitsschutz einschließlich engerechter Gestaltung der Arbeit) durchzuführen, auf Wirksamkeit prüfen, zu verbessern und erforderlichenfalls den sich ändernden Ge- eiten anzupassen. Dabei sind spezielle Gefährdungen für besonders edürftige Beschäftigungsgruppen zu berücksichtigen. Geschlechts- che Regelungen sind nur aus zwingenden biologischen Gründen zu- Gefahren sind an der Quelle zu bekämpfen. Der Arbeitgeber hat für geeignete Sicherheitsorganisationen zu sorgen und die erforderlichen Mittel zur Verfügung zu stellen.

Der Arbeitgeber hat durch eine Gefährdungsbeurteilung zu ermitteln, welche Maßnahmen des Arbeitsschutzes erforderlich sind. Bei gleichartigen Arbeitsbedingungen ist die Beurteilung eines Arbeitsplatzes oder einer Tätigkeit ausreichend. Die Gefährdungsbeurteilung muss sich auch darauf beziehen, welche Qualifikation und Unterweisung der Beschäftigten notwendig ist. Der Arbeitgeber muss das Ergebnis der Gefährdungsbeurteilung, die von im festgelegten Maßnahmen und das Ergebnis ihrer Überprüfung auf Wirksamkeit dokumentieren und hinterlegen. Letzteres gilt nicht für Arbeitgeber mit 10 oder weniger Beschäftigten.

Bei der Aufgabenübertragung muss sich der Arbeitgeber davon überzeugen, ob der Beschäftigte die erforderliche Qualifikation besitzt, um die für die Sicherheit und den Gesundheitsschutz zu beachtenden Bestimmungen und Maßnahmen einzuhalten.

Mehrere Arbeitgeber an einem Arbeitsplatz sind hinsichtlich des Arbeitsschutzes zur Zusammenarbeit verpflichtet. Sie müssen sich gegenseitig über die mit den Arbeiten verbundenen Gefahren unterrichten und die Maßnahmen abstimmen.

Zu besonders gefährlichen Bereichen darf nur entsprechend unterwiesenes Personal Zugang haben. In solchen Bereichen müssen die Beschäftigten im Falle der Nichterreichbarkeit von Vorgesetzten in der Lage sein, die notwendigen Maßnahmen zur Gefahrenabwehr und Schadensbegrenzung selbst treffen zu können. Dabei dürfen den Beschäftigten keine Nachteile entstehen, es sei denn, sie haben vorsätzlich oder grob fahrlässig zum Schaden des Arbeitgebers gehandelt.

Bei unmittelbarer erheblicher Gefahr muss es den Beschäftigten ermöglicht werden, die Arbeit einzustellen und sich in Sicherheit zu bringen. Den Beschäftigten dürfen hierdurch keine Nachteile entstehen. Hält die unmittelbare erhebliche Gefahr an, darf der Arbeitgeber die Beschäftigten nur in besonders begründeten Ausnahmefällen auffordern, ihre Tätigkeit wieder aufzunehmen.

Der Arbeitgeber hat Maßnahmen zur Ersten Hilfe, Brandbekämpfung und Evakuierung der Beschäftigten zu treffen. Das hierfür erforderliche Personal hat er nach Anhörung des Betriebs- oder Personalrats zu benennen. Außerdem hat er dafür zu sorgen, dass im Notfall die erforderlichen Verbindungen zu außerbetrieblichen Stellen vorhanden sind.

Unabhängig von anderen Rechtsvorschriften hat der Arbeitgeber einem Beschäftigten auf seinen Wunsch hin bei arbeitsbedingter Gefahr für Sicherheit und Gesundheit eine regelmäßige arbeitsmedizinische Untersuchung zu ermöglichen.

Der Arbeitgeber hat die Beschäftigten über Sicherheit und Gesundheitsschutz während der Arbeitszeit zu unterweisen. Die Unterweisung muss bei der Einstellung, bei Veränderungen im Aufgabenbereich, bei der Einführung neuer Arbeitsmittel oder neuer Technologien vor Aufnahme der Tätigkeit erfolgen und erforderlichenfalls regelmäßig wiederholt werden (nach § 4 BGV A1 mindestens einmal jährlich). Bei einer Arbeitnehmerüberlassung ist der Entleiher zur Unterweisung verpflichtet.

Für die Durchführung der Arbeitsschutzmaßnahmen sind außer dem Arbeitgeber verantwortlich: sein gesetzlicher Vertreter, das vertretungsberechtigte Organ einer juristischen Person, die vertretungsberechtigten Gesellschafter einer Personenhandelsgesellschaft, mit der Leitung beauftragte Personen sowie sonstige schriftlich beauftragte zuverlässige und sachkundige Personen.

Der Arbeitgeber ist verpflichtet, der zuständigen Behörde zu einem bestimmten Zeitpunkt die erforderlichen statistischen Mitteilungen zu machen.

SGB VII: Nach dem SGB VII hat der Unternehmer u.a. binnen einer Woche das Unternehmen dem zuständigen Unfallversicherungsträger zu melden (§ 192 Abs. 1 SGB VII). Er ist für die Durchführung der Maßnahmen zur Verhütung von Unfällen, Berufskrankheiten und arbeitsbedingten Gesundheitsgefahren verantwortlich (§ 21 SGB VII) und muss die Versicherten über die Unfallverhütungsvorschriften unterrichten (§ 15 Abs. 5 SGB VII). Er hat den Unfallversicherungsträger bei der Durchführung der Arbeiten zu unterstützen und die erforderlichen Auskünfte zu erteilen (§ 19 SGB VII). In Unternehmen mit regelmäßig mehr als 20 Beschäftigten hat der Unternehmer unter Beteiligung (nicht Mitbestimmung!) des Betriebs- oder Personalrats Sicherheitsbeauftragte zu bestellen (§ 22 SGB VII). Er hat die Teilnahme an Lehrgängen der Unfallversicherungsträger zu ermöglichen und das Arbeitsentgelt während der Lehrgänge fortzuzahlen (§ 23 Abs. 3 SGB VII). Binnen 6 Wochen nach Ablauf des Kalenderjahres sind dem zuständigen Unfallversicherungsträger die Arbeitsentgelte und die geleisteten Arbeitsstunden (Lohnnachweis) in der geforderten Aufteilung vorzulegen (§ 165 Abs. 1 SGB VII). Unfälle mit mehr als 3 Kalendertagen Ausfallzeit hat er dem Unfallversicherungsträger binnen 3 Tagen anzuzeigen und eine Durchschrift der zuständigen Behörde (Gewerbeaufsichtsamt, Bergamt) zu übersenden. Ergeben sich Anhaltspunkte für das Vorliegen einer Berufskrankheit, ist ebenfalls eine Anzeige an den Unfallversicherungsträger erforderlich. Die Anzeige ist vom Betriebs-

oder Personalrat mit zu unterzeichnen. Sicherheitsfachkraft und Betriebsarzt sind von jeder Anzeige zu unterrichten. Der Versicherte kann eine Kopie der Anzeige vom Unternehmer verlangen (§ 193 SGB VII).

Der Arbeitgeber kann seine Pflichten, die sich aus ArbSchG und SGB VII ergeben, auf Angehörige seines Unternehmens durch schriftliche Erklärung übertragen. Eine Pflichtenübertragung ist neben den Meistern auch auf Vorarbeiter zulässig und erwünscht, da der Vorarbeiter hierdurch motiviert wird, Fragen der Arbeitssicherheit größere Bedeutung zuzumessen.

Soweit es sich um die Schaffung und Erhaltung von Einrichtungen auf Grund von Unfallverhütungsvorschriften handelt, können die Pflichten des Arbeitgebers nur auf Personen übertragen werden, die entsprechende Möglichkeiten zur Einflussnahme auf Schaffung und Erhaltung von Einrichtungen auf Grund von Unfallverhütungsvorschriften haben.

Die Auswahl der zu Beauftragenden muss in Hinblick auf deren Befähigung zur Wahrnehmung des Auftrages sorgfältig erfolgen. Erff. muss der Arbeitgeber dafür sorgen, dass entsprechende Qualifikation durch Schulung erworben werden.

Eine Pflichtenübertragung ist auf eine Fachkraft für Arbeitssicherheit nicht zulässig, da diese ihrer Funktion nach nur sachverständig beratend tätig ist, das delegierte Recht des Arbeitgebers jedoch Entscheidungen mit entsprechender Anordnungsbefugnis beinhaltet. Desgleichen gilt für den Sicherheitsbeauftragten.

Die Pflichtenübertragung kann erfolgen durch

- Arbeitsvertrag
- Stellenbeschreibung
- Formular (→Abb. 2.6.4).

Die Kenntnisnahme der Pflichtenübertragung muss vom Verpflichteten schriftlich bestätigt werden (§ 13 BGV A1). Nach arbeitsrechtlichen Grundsätzen kann die Übernahme der Pflichten nicht abgelehnt werden, wenn sie nach dem Arbeitsgebiet der zu verpflichtenden Person zumutbar ist.

Mit der Übertragung von Leitungsfunktionen im Betrieb durch den Unternehmer auf z.B. Direktoren, Betriebsleiter oder Meister ist auch automatisch eine Übertragung der Verantwortung für Sicherheit und Gesundheit der Beschäftigten und Dritter im Rahmen der übertragenen Kompetenzen verbunden. Einer gesonderten schriftlichen Übertragung von Unternehmerpflichten für Sicherheit und Gesundheitsschutz bedarf es dann nicht. Die schriftliche Pflichtenübertragung für den Arbeitsschutz ist jedoch in allen Fällen anzuraten, in denen der Umfang der übertragenen Unternehmerpflichten strittig ist oder sein kann. Im übrigen ist die Verantwortung des Beauftragten nur eine zusätzliche, keine ausschließliche. Neben dem Beauftragten bleibt der Unternehmer, wenn auch in geminderter Form, weiterhin verantwortlich (→BGI 508).

Übertragung von Arbeitgeberpflichten
(§§ 9 Abs. 2 Nr. 2 OWiG, § 15 Abs. 1 SGB VII, § 13 Abs. 2 ArbSchG

Herrn/Frau* ....

werden für den Betrieb/die Abteilung* ....

der Firma ....

die dem Arbeitgeber hinsichtlich des Arbeitsschutzes obliegenden Pflichten übertragen, in eigener Verantwortung

- Einrichtungen zu schaffen und zu erhalten,*
- Anordnungen und sonstige Maßnahmen zu treffen,*
- ärztliche Untersuchungen von Beschäftigten zu veranlassen,*
- eine wirksame Erste Hilfe sicherzustellen,*

soweit ein Betrag von .... DM nicht überschritten wird.*

Dazu gehören insbesondere:

....

.... den ....
(Ort) (Datum)

....
Unterschrift des Arbeitgebers — Unterschrift des Verpflichteten

* Nichtzutreffendes streichen

Abb. 2.6.4: Formular für die Übertragung von Pflichten des Arbeitgebers auf Betriebsangehörige

BGV A1: Der Unternehmer muss zur Verhütung von Arbeitsunfällen, Berufskrankheiten und arbeitsbedingten Gesundheitsgefahren Einrichtungen, Anordnungen und Maßnahmen treffen, die den Grundsätzen nach § 4 ArbSchG entsprechen. Die Berufsgenossenschaft kann im Einzelfall auf schriftlichen Antrag des Arbeitgebers Ausnahmen von Unfallverhütungsvorschriften zulassen, wenn der Arbeitgeber eine andere, ebenso wirksame Maßnahme trifft oder die Durchführung der Vorschrift im Einzelfall zu einer unverhältnismäßigen Härte führen würde und die Abweichung mit dem Schutz der Versicherten vereinbar ist. Sofern ein Mangel an einer Einrichtung entsteht, durch den für die Versicherten sonst nicht abzuwendende Gefahren entstehen, ist die Einrichtung stillzulegen. Die Unfallverhütungsvorschriften sind an geeigneter Stelle auszulegen.

BetrVG: Der Unternehmer muss den Arbeitnehmer vor Beginn der Beschäftigung und bei Veränderungen in seinem Arbeitsbereich über Unfall- und Gesundheitsgefahren, denen dieser bei der Beschäftigung ausgesetzt ist, sowie über die Maßnahmen und Einrichtungen zur Abwendung dieser Gefahren unterweisen (§ 81 Abs. 1 u. 2 BetrVG). Nach BVG A1 ist diese Unterweisung mindestens einmal jährlich zu wiederholen.

Der Arbeitnehmer ist über die auf Grund einer Planung von technischen Anlagen, von Arbeitsverfahren und Arbeitsabläufen oder der Arbeitsplätze vorgesehenen Maßnahmen und ihre Auswirkungen auf seinen Arbeitsplatz, die Arbeitsumgebung sowie auf Inhalt und Art seiner Tätigkeit zu unterrichten. Reichen bei einer Tätigkeitsänderung die Kenntnisse und Fähigkeiten des Arbeitnehmers zur Erfüllung der neuen Aufgaben nicht aus, so hat der Arbeitgeber mit dem Arbeitnehmer die Anpassung der Kenntnisse und Fähigkeiten an den neuen Arbeitsplatz zu erörtern (§ 81 Abs. 3 BetrVG).

Der Betriebsrat ist von Neu-, Um- und Erweiterungsbauten von Fabrikations-, Verwaltungs- und sonstigen betrieblichen Räumen, von technischen Anlagen und Arbeitsabläufen oder Arbeitsplätzen rechtzeitig unter Vorlage der erforderlichen Unterlagen zu unterrichten (§ 90 Abs. 1 BetrVG). Mit dem Betriebsrat sind rechtzeitig die vorgesehenen Maßnahmen und ihre Auswirkungen auf die Arbeitnehmer zu beraten. Arbeitgeber und Betriebsrat sollen dabei die gesicherten arbeitswissenschaftlichen Erkenntnisse über die menschengerechte Gestaltung der Arbeit berücksichtigen (§ 90 Abs. 2 BetrVG).

Der Betriebsrat ist bei allen in Zusammenhang mit dem Arbeitsschutz stehenden Besichtigungen und Fragen und bei Unfalluntersuchungen hinzuzuziehen (§ 89 Abs. 2 BetrVG). Ihm sind die den Arbeitsschutz betreffenden Auflagen und Anordnungen mitzuteilen (§ 89 Abs. 2 BetrVG) und eine Durchschrift der von ihm mit zu unterschreibenden Unfallanzeige auszuhändigen (§ 89 Abs. 5 BetrVG).

ASiG: Der Arbeitgeber hat Fachkräfte für Arbeitssicherheit und Betriebsärzte zu bestellen und das zur Erfüllung ihrer Aufgaben erforderliche Hilfspersonal sowie die notwendigen sachlichen Mittel zur Verfügung zu stellen.

Arbeiten im Fremdbetrieb und Arbeitnehmerüberlassung: Bei *Arbeiten im Fremdbetrieb*, z.B. zur Erfüllung eines Werk- oder Dienstvertrages, bleibt der Auftragnehmer Arbeitgeber mit allen Rechten und Pflichten. Der Auftraggeber hat sich mit dem Auftragnehmer hinsichtlich notwendiger Arbeitsschutzmaßnahmen abzustimmen und eine geeignete Person mit der Koordination der Arbeitssicherheitsmaßnahmen zu beauftragen. Diese Person muss Weisungsbefugnis gegenüber den Auftragnehmern und deren Beschäftigten besitzen (§ 6 BGV A1). Außerdem muss sich der Arbeitgeber oder sein Beauftragter vergewissern, dass die in seinem Betrieb Beschäftigten anderer Arbeitgeber angemessene Arbeitsschutzanweisungen erhalten.

Auch bei *Arbeitnehmerüberlassung* bleibt der Verleiher grundsätzlich Arbeitgeber, tritt jedoch einen Teil seiner Weisungsrechte dem Entleiher zur Ausführung der Arbeitsleistung ab. Inwieweit dabei Pflichten für den Arbeitsschutz vom Entleiher übernommen werden, hängt von der jeweiligen vertraglichen Vereinbarung ab. Auf jeden Fall ist der Entleiher dafür verantwortlich, dass der überlassene Arbeitnehmer über Sicherheit und Gesundheitsschutz sowie zusätzlich über die Notwendigkeit besonderer Qualifikationen und besonderer ärztlicher Überwachung und über erhöhte Gefahren des Arbeitsplatzes unterrichtet wird. In der Entleiherurkunde ist zu klären, welche besonderen Merkmale und welche Qualifikation die Tätigkeit des Leiharbeiters erfordert. Arbeitnehmerüberlassung ist nach dem Arbeitnehmerüberlassungsgesetz in der Regel erlaubnispflichtig. Die Arbeitnehmerüberlassung darf 6 Monate nicht überschreiten.

Literatur

GESETZ über die Durchführung von Maßnahmen des Arbeitsschutzes zur Verbesserung der Sicherheit und des Gesundheitsschutzes der Beschäftigten bei der Arbeit (Arbeitsschutzgesetz – ArbSchG) v. 7. 8. 1996, zuletzt geändert durch Art. 2b des Gesetzes vom 23. 4. 2004 (BGBl. I S. 602)

Betriebsverfassungsgesetz (BetrVG) vom 25. 9. 2001, zuletzt geändert durch Art. 5 Nr. 2 des Gesetzes vom 18. 5. 2004 (BGBl. I S. 974)

BGI 507: Formular Pflichtenübertragung

BGI 508: Merkblatt Pflichtenübertragung

BGI 580: Arbeitnehmer in Fremdbetrieben. Dort ist auch das Arbeitnehmerüberlassungsgesetz abgedruckt.

Siebtes Buch Sozialgesetzbuch – Gesetzliche Unfallversicherung (SGB VII) v. 7. 8. 1996, zuletzt geändert durch Art. 3 des Gesetzes vom 23. 4. 2004 (BGBl. I S. 606).

2.6.2 Beschäftigte

Beschäftigte (Arbeitnehmer) sind entsprechend ihren Möglichkeiten für die eigene Sicherheit und Gesundheit sowie die der Personen, die von ihren Handlungen oder Unterlassungen abhängen, verantwortlich. Sie dürfen die Arbeitsmittel nur bestimmungsgemäß benutzen, müssen die zur Verfügung gestellte persönliche Schutzausrüstung verwenden und dürfen Schutzvorrichtungen nicht außer Kraft setzen. Sie müssen jede erhebliche Gefahr für Sicherheit und Gesundheit und jeden an den Schutzsystemen festgestellten Defekt unverzüglich dem Arbeitgeber oder Vorgesetzten und außerdem der Fachkraft für Arbeitssicherheit, dem Betriebsarzt und dem Sicherheitsbeauftragten melden (§ 16 ArbSchG). Gemeinsam mit Fachkraft für Arbeitssicherheit und Betriebsarzt müssen Beschäftigte den Arbeitgeber bei der Verwirklichung des Arbeitsschutzes unterstützen.

Nach § 17 Abs. 2 ArbSchG haben Beschäftigte das Recht, sich an die zuständige Behörde zu wenden, wenn sie auf Grund konkreter Anhaltspunkte der Auffassung sind, dass die Maßnahmen des Arbeitgebers und die bereitgestellten Mittel nicht ausreichen, Sicherheit und Gesundheitsschutz am Arbeitsplatz zu gewährleisten, sofern der Arbeitgeber entsprechenden Beschwerden nicht abhilft. Dem Beschäftigten dürfen dadurch keine Nachteile entstehen. Nach BGV A1 dürfen Versicherte erkennbar gegen Sicherheit und Gesundheit gerichtete Weisungen nicht befolgen.

Literatur

GESETZ über die Durchführung von Maßnahmen des Arbeitsschutzes zur Verbesserung der Sicherheit und des Gesundheitsschutzes der Beschäftigten bei der Arbeit (Arbeitsschutzgesetz – ArbSchG) v. 7. 8. 1996, zuletzt geändert durch Art. 2b des Gesetzes vom 23. 4. 2004 (BGBl. I S. 602)

2.6.3 Betriebsrat, Personalrat

Der Betriebsrat ist die gewählte Arbeitnehmervertretung und hat nach dem Betriebsverfassungsgesetz (BetrVG) allgemein die Aufgabe, mit dem Arbeitgeber in Zusammenarbeit mit den im Betrieb vertretenen Gewerkschaften zum Wohle der Arbeitnehmer und des Betriebes zusammenzuarbeiten. Dazu gehören auch Fragen der Arbeitssicherheit und des Gesundheitsschutzes.

Der Betriebsrat wird in Betrieben mit in der Regel mindestens 5 ständigen wahlberechtigten Arbeitnehmern gebildet. Wahlberechtigt und wählbar sind alle Betriebsangehörigen, die das 18. Lebensjahr vollendet haben. Der Betriebsrat, dessen Größe sich nach der Zahl der Wahlberechtigten richtet, wird geheim und unmittelbar für eine Amtszeit von 4 Jahren gewählt. Die Geschlechter sollen entsprechend ihrem zahlenmäßigen Verhältnis vertreten sein. Der Betriebsrat wählt den Vorsitzenden und seinen Vertreter. Diese vertreten den Betriebsrat im Rahmen der von ihm gefassten Beschlüsse. Mitglieder des Betriebsrates sind von ihrer beruflichen Tätigkeit ohne Minderung des Arbeitsentgeltes zu befreien, falls dies die Aufgaben erfordern. Die durch die Tätigkeit des Betriebsrats entstehenden Kosten trägt der Arbeitgeber, der auch für Sitzungen, Sprechstunden und die laufende Geschäftsführung Räume, sachliche Mittel und Büropersonal zur Verfügung zu stellen hat.

In Betrieben mit mindestens 5 Arbeitnehmern, die das 18. Lebensjahr noch nicht vollendet haben, werden Jugend- und Auszubildendenvertretungen gewählt. U.a. haben diese darüber zu wachen, dass die zugunsten der jugendlichen Arbeitnehmer geltenden Vorschriften und Vereinbarungen für die Unfallverhütung eingehalten werden. Die Jugend- und Auszubildendenvertretung kann im Einvernehmen mit dem Betriebsrat und dem Arbeitgeber eigene Betriebsversammlungen einberufen.

Arbeitgeber und Betriebsrat sollen einmal im Monat zu einer Besprechung zusammentreten.

Der Betriebsrat hat hinsichtlich der Sicherheit und des Gesundheitsschutzes der Beschäftigten darüber zu wachen, dass die zugunsten der Arbeitnehmer geltenden Vorschriften und Vereinbarungen (z.B. Arbeitsordnung) für die Unfallverhütung eingehalten werden. Er hat arbeitssicherheitliche Maßnahmen beim Arbeitgeber zu beantragen und Anregungen von Arbeitnehmern und von der Jugend- und Auszubildendenvertretung entgegenzunehmen und, falls sie berechtigt erscheinen, durch Verhandlung mit dem Arbeitgeber auf Erledigung hinzuwirken. Er hat auch die Eingliederung Schwerbehinderter oder sonstiger besonders schutzbedürftiger Personen, z.B. älterer oder ausländischer Beschäftigter, in den Betrieb zu fördern.

Der Betriebsrat hat über Beginn und Ende der täglichen Arbeitszeit einschließlich der Pausen sowie Verteilung der Arbeitszeit auf die einzelnen Wochentage mitzubestimmen. Desgleichen gilt hinsichtlich vorübergehender Verkürzungen und Verlängerungen der betriebsüblichen Arbeitszeit. Bei Regelungen über die Verhütung von Arbeitsunfällen und Berufskrankheiten sowie über den Gesundheitsschutz im Rahmen der gesetzlichen Vorschriften oder der Unfallverhütungsvorschriften, bei Fragen der Lohngestaltung und Festsetzung der Akkord- und Prämiensätze und hinsichtlich der Grundsätze über das betriebliche Vorschlagwesen kann er mitbestimmen. Außerdem kann er Betriebsvereinbarungen über zusätzliche Maßnahmen zur Verhütung von Arbeitsunfällen und Gesundheitsschädigungen abschließen.

Er hat auf die Bekämpfung von Unfall- und Gesundheitsgefahren zu achten, die Gewerbeaufsichtsbeamten und die sonstigen in Betracht kommenden Stellen durch Anregung, Beratung und Auskunft zu unterstützen und muss sich für die Durchführung der Vorschriften über den Arbeitsschutz im Betrieb einsetzen.

Arbeitgeber, Gewerbeaufsicht bzw. staatliche Ämter für Arbeitsschutz und technische Aufsichtspersonen der Träger der gesetzlichen Unfallversicherung sind verpflichtet, den Betriebsrat bei allen mit dem Arbeitsschutz oder der Unfallverhütung im Zusammenhang stehenden Besichtigungen, Fragen und Unfalluntersuchungen hinzuzuziehen. An Besprechungen des Arbeitgebers mit den Sicherheitsbeauftragten oder dem Arbeitsschutzausschuss nehmen vom Betriebsrat beauftragte Betriebsratsmitglieder teil. Der Betriebsrat erhält die Niederschriften über die genannten Untersuchungen, Besichtigungen und Besprechungen. Außerdem hat er Anspruch auf einen Durchschlag der von ihm mit zu unterschreibenden Unfallanzeige.

Werden die Arbeitnehmer durch Änderungen der Arbeitsplätze, des Arbeitsablaufs oder der Arbeitsumgebung, die den gesicherten arbeitswissenschaftlichen Erkenntnissen über die menschengerechte Gestaltung der Arbeit offensichtlich widersprechen, in besonderer Weise belastet, so kann der Betriebsrat angemessene Maßnahmen zur Abwendung, Milderung oder zum Ausgleich der Belastungen verlangen. Kommt eine Einigung nicht zustande, so entscheidet die Einigungsstelle. Der Spruch der Einigungsstelle ersetzt die Einigung zwischen Arbeitgeber und Betriebsrat.

Für den öffentlichen Bereich gilt das Personalvertretungsgesetz, nach dem die Rechte und Pflichten der Personalräte ähnlich denen der Betriebsräte geregelt sind.

Der Betriebs- oder Personalrat hat bei der Bestellung und Abberufung von Sicherheitsbeauftragten mitzuwirken (§ 22 Abs. 1 SGB VII); bei der Bestellung und Abberufung von Betriebsärzten und Fachkräften für Arbeitssicherheit hat er mitzubestimmen (§ 9 Abs. 3 ASiG).

Betriebs- und Personalrat sind verpflichtet, mit Betriebsärzten und Fachkräften für Arbeitssicherheit zusammenzuarbeiten.

Die Unterrichtung und Anhörung der Arbeitnehmer in europaweit tätigen Unternehmen oder Unternehmensgruppen regelt das 1996 in Kraft getretene Europäische Betriebsrätegesetz.

Literatur

ALLGEMEINE VERHALTENSVORSCHRIFT über das Zusammenwirken der technischen Aufsichtsbeamten der Träger der Unfallversicherung mit den Betriebsvertretungen v. 21. 6. 1968. Bundesanzeiger Nr. 116 S. 1

BATTIS, U. u. ILBERTZ, W. (1992): Personalvertretungsrecht. dtv Nr. 5256. 2. Aufl. Verlag Beck, München

FITTING; K., KAISER, H., HEITHER, F. u. ENGELS, G. (1996): Betriebsverfassungsgesetz mit Wahlordnung. Handkommentar. 18. Aufl. Verlag F. Vahlen

MÜLLER, C. (1997): Europäisches Betriebsräte-Gesetz (EBRG). Kohlhammer Verlag, Stuttgart

2.6.4 Sicherheitsbeauftragter

Der Unternehmer hat in Unternehmen mit mehr als 20 Beschäftigten einen Sicherheitsbeauftragten oder mehrere Sicherheitsbeauftragte zu bestellen. Die Bestellung hat unter Mitwirkung des Betriebsrates zu erfolgen (§ 22 Abs. 1 SGB VII). Meister, leitende Angestellte und andere betriebliche Vorgesetzte sollen zwecks Vermeidung von Interessenkollision nicht zu Sicherheitsbeauftragten bestellt werden. Auch Fachkräfte für Arbeitssicherheit können nicht gleichzeitig Sicherheitsbeauftragte sein.

Die Aufgabe des Sicherheitsbeauftragten ist in § 22 Abs. 2 SGB VII allgemein umrissen. Danach hat er den Unternehmer bei der Verhütung von Unfällen und Berufskrankheiten zu unterstützen, insbesondere sich von dem Vorhandensein und der ordnungsgemäßen Benutzung der vorgeschriebenen Schutzvorrichtungen zu überzeugen und auf Unfall- und Gesundheitsgefahren für die Versicherten aufmerksam zu machen. Im wesentlichen ist der Sicherheitsbeauftragte im Auftrage des Arbeitgebers Kontaktmann auf unterer Ebene. Er hat keine Weisungsbefugnis. Sicherheitsbeauftragte müssen Gelegenheit erhalten, ihre Aufgaben während der Arbeitszeit zu erledigen. Sie dürfen nicht wegen ihrer Tätigkeit benachteiligt werden.

Die Zahl der Sicherheitsbeauftragten richtet sich nach Art und Größe der Unternehmen und den bestehenden Unfallgefahren. Im einzelnen ist die Zahl in Anlage 2 zu BGV A1 festgelegt.

Der Arbeitgeber darf nur solche Personen als Sicherheitsbeauftragte einstellen, die über die erforderliche sicherheitstechnische Fachkunde verfügen. Die Bestellung sollte stets durch schriftlichen Auftrag erfolgen (→Abb. 2.6.5).

Werden mehr als 3 Sicherheitsbeauftragte bestellt, so bilden sie einen Sicherheitsausschuss, in dem die Arbeit koordiniert wird. Sind Fachkräfte für Arbeitssicherheit oder Betriebsärzte bestellt, so wird statt des Sicherheitsausschusses ein Arbeitsschutzausschuss (→Abschnitt 2.6.5) gebildet.

Literatur

BGI 516: Der Sicherheitsbeauftragte in der chemischen Industrie

BGI 517: Der Sicherheitsbeauftragte in der Nahrungs- und Genussmittelindustrie

BGI 587: Arbeitsschutz will gelernt sein. Ein Leitfaden für den Sicherheitsbeauftragten

STIX, W. (1998): Neue Ausbildungskonzepte für Sicherheitsbeauftragte. Siching. Nr. 7 S. 16–19

Unternehmen — Ort, Datum

Herrn/Frau
Betrifft: Bestellung zum Sicherheitsbeauftragten

Sehr geehrte(r) . . .

Für die Abteilung .... werden Sie nach § 22 Abs. 1 7. Buch des Sozialgesetzbuches als

Sicherheitsbeauftragter

für die Zeit von .... bis .... bestimmt.

Ihre Aufgabe besteht darin, den Arbeitgeber bei der Gewährleistung der Arbeitssicherheit zu unterstützen.

Insbesondere obliegt es Ihnen, sich von dem Vorhandensein und dem ordnungsgemäßen Benutzen der vorgeschriebenen Schutzvorrichtungen fortlaufend zu überzeugen, Ihre Mitarbeiter auf Unfall- und Gesundheitsgefahren aufmerksam zu machen und zu arbeitssicherem Verhalten anzuhalten sowie festgestellte Mängel und Verbesserungsvorschläge Ihren Vorgesetzten zu melden.

Ihre Mitarbeit ist ehrenamtlich.

Wir wünschen Ihnen bei Ihrer Tätigkeit Erfolg.

Kenntnis genommen:
Betriebsrat:
Fachkraft für Arbeitssicherheit:

....
Arbeitgeber

Abb. 2.6.5: Muster für die Bestellung eines Sicherheitsbeauftragten nach § 22 Abs. 1 SGB VII

2.6.5 Fachkraft für Arbeitssicherheit

Der Arbeitgeber hat nach dem Arbeitssicherheitsgesetz (ASiG) von 1973 Fachkräfte für Arbeitssicherheit schriftlich zu bestellen, soweit dies nach der Betriebsart, Zahl der Beschäftigten, Zusammensetzung der Belegschaft, Betriebsorganisation und der Kenntnis und Schulung des Arbeitgebers oder sonstiger verantwortlicher Personen in Fragen des Arbeitsschutzes erforderlich ist. Das Arbeitssicherheitsgesetz wird im Bergbau durch gleichwertige Bergverordnungen ersetzt.

Allgemein umrissen haben Fachkräfte für Arbeitssicherheit die Aufgabe, den Arbeitgeber beim Arbeitsschutz und bei der Unfallverhütung in allen Fragen der Arbeitssicherheit und des Gesundheitsschutzes einschließlich der menschengerechten Gestaltung der Arbeit zu unterstützen.

Die Einstellung und Abberufung einer Fachkraft für Arbeitssicherheit bedarf der Zustimmung des Betriebsrates.

Im Einzelnen haben Fachkräfte für Arbeitssicherheit folgende Aufgaben:

den Arbeitgeber und die sonst für den Arbeitsschutz und die Unfallverhütung verantwortlichen Personen zu beraten, insbesondere bei

1. der Planung, Ausführung und Unterhaltung von Betriebsanlagen und von sozialen und sanitären Einrichtungen,
2. der Beschaffung von technischen Arbeitsmitteln und der Einführung von Arbeitsverfahren und Arbeitsstoffen,
3. der Auswahl und Erprobung von persönlicher Schutzausrüstung,
4. der Gestaltung der Arbeitsplätze, des Arbeitsablaufs, der Arbeitsumgebung und in sonstigen Fragen der Ergonomie,
5. der Beurteilung der Arbeitsbedingungen,

die Betriebsanlagen und die technischen Arbeitsmittel insbesondere vor der Inbetriebnahme und Arbeitsverfahren insbesondere vor ihrer Einführung sicherheitstechnisch zu überprüfen,

die Durchführung des Arbeitsschutzes und der Unfallverhütung zu beobachten und im Zusammenhang damit

1. die Arbeitsstätten in regelmäßigen Abständen zu begehen und festgestellte Mängel dem Arbeitgeber oder der sonst für den Arbeitsschutz und die Unfallverhütung verantwortlichen Person mitzuteilen, Maßnahmen zur Beseitigung dieser Mängel vorzuschlagen und auf deren Durchführung hinzuwirken,
2. auf die Benutzung der persönlichen Schutzausrüstung zu achten,
3. Ursachen von Arbeitsunfällen zu untersuchen, die Untersuchungsergebnisse zu erfassen und auszuwerten und dem Arbeitgeber Maßnahmen zur Verhütung dieser Arbeitsunfälle vorzuschlagen,

darauf hinzuwirken, dass sich alle im Betrieb Beschäftigten den Anforderungen des Arbeitsschutzes und der Unfallverhütung entsprechend verhalten, insbesondere sie über die Unfall- und Gesundheitsgefahren, denen sie bei der Arbeit ausgesetzt sind, sowie über die Einrichtungen und Maßnahmen zur Abwendung dieser Gefahren zu unterweisen und bei der Schulung der Sicherheitsbeauftragten mitzuwirken.

Die Fachkräfte für Arbeitssicherheit haben einen Rechtsanspruch auf eine angemessene Fortbildung, auf das zur Erfüllung der Aufgaben erforderliche Hilfspersonal, ferner auf Räumlichkeiten, Einrichtungen, Geräte und erforderliche Mittel (→Anhang I). Der Arbeitgeber hat die Fachkraft für Arbeitssicherheit über befristet eingestellte oder zur Arbeitsleistung überlassene Personen zu informieren.

Fachkräfte für Arbeitssicherheit sind bei der Anwendung ihrer sicherheitstechnischen Fachkunde weisungsfrei. Sie dürfen wegen der Erfüllung der ihnen übertragenen Aufgaben nicht benachteiligt werden und unterstehen unmittelbar dem Leiter des Betriebes. Können sie sich über eine Maßnahme nicht mit dem Leiter des Betriebes verständigen, so können sie ihren Vorschlag unmittelbar dem Arbeitgeber unterbreiten. Lehnt der Arbeitgeber den Vorschlag ab, so ist dies schriftlich mitzuteilen und zu begründen; der Betriebsrat erhält eine Abschrift.

Im Regelfall hat die Fachkraft für Arbeitssicherheit nur beratende Funktion. Stellt sie Mängel fest, hat sie die Beteiligten und die Aufsicht davon zu unterrichten. Lediglich bei akuter schwerer Gefährdung ist die Fachkraft für Arbeitssicherheit verpflichtet, zur Abwendung eines möglicherweise unverhältnismäßig großen Schadens Weisungen zu erteilen, sofern die Aufsicht nicht anwesend und der gefährliche Zustand nicht auf andere Art und Weise zu beseitigen ist. Es empfiehlt sich, die Frage der Weisungsbefugnis im Arbeitsvertrag zu regeln.

Fachkräfte für Arbeitssicherheit arbeiten mit allen im Betrieb für Angelegenheiten der technischen Sicherheit, des Gesundheits- und Umweltschutzes beauftragten Personen zusammen. Soweit in einer sonstigen Rechtsvorschrift nichts anderes bestimmt ist, hat der Arbeitgeber in Betrieben mit mehr als 20 Beschäftigten einen Arbeitsschutzausschuss zu bilden. Bei der Feststellung der Beschäftigtenzahl sind Teilzeitbeschäftigte $\leq$ 20 h/Woche mit 0,5, $\leq$ 30 h/Woche mit 0,75 zu berücksichtigen. Der Arbeitsausschuss setzt sich zusammen aus dem Arbeitgeber oder einem von ihm Beauftragten, zwei vom Betriebs- oder Personalrat bestimmten Mitgliedern, den Fachkräften für Arbeitssicherheit, den Betriebsärzten und den Sicherheitsbeauftragten.

Der Arbeitsschutzausschuss hat die Aufgabe, Anliegen des Arbeitsschutzes und der Unfallverhütung zu beraten. Der Arbeitsschutzausschuss hat mindestens einmal vierteljährlich zusammenzutreten.

In Groß- und Mittelbetrieben ergibt sich häufig die Notwendigkeit, für spezielle sicherheitliche Probleme zusätzlich Ausschüsse zu bilden. Dabei ist besonders auf folgendes zu achten:

- Aufgabenstellung eindeutig umreißen und für die Erledigung Termin setzen.
- Erfahrenen Verhandlungsführer, der ausgleichend wirken und die Ausschussarbeit auf das Wesentliche beschränken kann, einsetzen.
- Möglichst wenige und nur sachkundige Personen in den Ausschuss nehmen.
- Diejenigen im Ausschuss beteiligen, die das Ergebnis der Ausschussarbeit betrifft, z.B. erfahrene Vorarbeiter.
- Nach Lösung oder Nichtlösung der Aufgabenstellung den Ausschuss auflösen.

Die Einsatzzeit und die Mindestbelegschaftsgröße für die Tätigkeit von Fachkräften für Arbeitssicherheit werden branchenspezifisch unterschiedlich nach BGV A6 geregelt. Beurteilungsmaßstäbe sind die Unfall- und Gesundheitsgefahren und die Zahl der im Betrieb Beschäftigten (Zahl der Vollarbeiter). Richtwerte sind 0,2 (Verwaltung) – 5,0 (Bergbau unter Tage) Einsatzstunden/Jahr und Beschäftigten. Ergibt sich eine Einsatzzeit von 1 600 Stunden, so ist eine Fachkraft für Arbeitssicherheit vollamtlich notwendig. Die Berufsgenossenschaft kann im Einvernehmen mit der Aufsichtsbehörde die Bestellung eines Ingenieurs als Fachkraft für Arbeitssicherheit verlangen, soweit die Tätigkeit der Fachkraft im Betrieb eine ingenieurmäßige Ausbildung erfordert. Der Arbeitgeber kann in den vorgeschriebenen Fällen die Funktion einer Fachkraft für Arbeitssicherheit nicht selbst übernehmen. Desgleichen gilt für Personen, die an Stelle des Arbeitgebers für die Einhaltung der Arbeitsschutz- und Unfallverhütungsvorschriften verantwortlich sind. Im Rahmen der Deregulierung des Arbeitsschutzrechts (u.a. Reduzierung der Anzahl der Unfallverhütungsvorschriften →Kapitel 2.5) wird künftig die BGV A6 durch die BGV A2 abgelöst. Danach tritt für die Betriebe mit bis zu 10 Beschäftigten anstelle der Ersatzzeitberechnung eine regelmäßige sicherheitstechnische Grundbetreuung, die spätestens nach 3 Jahren wiederholt werden muss.

Für Betriebe ab 11 durchschnittlich beschäftigte Arbeitnehmern werden Ersatzzeiten je Arbeitnehmer und Jahr in Abhängigkeit von der Gefahrklasse errechnet (von 0,2 h – 3,0 h bei einer Gefahrklasse > 6).

Nach BGV A6 haben Ingenieure den Nachweis der erfolgreichen Fachkunde als Fachkraft für Arbeitssicherheit erbracht, wenn sie berechtigt sind, die Berufsbezeichnung Ingenieur zu führen, danach eine praktische Tätigkeit als Ingenieur mindestens 2 Jahre lang ausgeübt und eine staatlich anerkannte theoretische Ausbildung abgeschlossen haben. Durch ein erfolgreich abgeschlossenes Studium der Sicherheitstechnik gilt die Fachkunde nach bereits einjähriger praktischer Tätigkeit als Ingenieur als erbracht. Techniker und

Meister müssen außer Lehrgangsteilnahme und zweijähriger praktischer Tätigkeit eine Prüfung als staatlich anerkannter Techniker bzw. eine Meisterprüfung erfolgreich abgelegt haben. Anstelle der Prüfung kann auch für den Techniker 4 Jahre Tätigkeit als Techniker oder Sicherheitsmeister, für den Meister 4 Jahre Tätigkeit in Meisterfunktion gelten.

Betriebe, die keine Fachkraft für Arbeitssicherheit einstellen wollen, können überregionale sicherheitstechnische Dienste in Anspruch nehmen. Diese müssen über die erforderlichen Branchenkenntnisse verfügen. Fachlicher Leiter eines externen sicherheitstechnischen Dienstes muss ein Sicherheitsingenieur mit mindestens zweijähriger Berufspraxis als Sicherheitsingenieur sein (BArbBl 1994 Nr. 2 S. 70–71). Bei Verpflichtung eines externen sicherheitstechnischen Dienst haben Betriebs- oder Personalrat lediglich ein Recht auf Anhörung.

Die Ausbildung zur Fachkraft für Arbeitssicherheit wurde aufgrund einer konzeptionellen Vorgabe des BMA (BArbBl. Nr. 3 S. 71/72) den geänderten Erfordernissen angepasst. Sie gliedert sich ab 2001 in folgende Seminarabschnitte:

Ausbildungsstufe I (2 Wochen): Grundausbildung über arbeitsbedingte Belastungen und Gefährdungen sowie zur Gestaltung sicherer und gesundheitsgerechter Arbeitssysteme.

Ausbildungsstufe II (2 Wochen): Vertiefende Ausbildung u.a. anhand von Fallbeispielen.

Ausbildungsstufe III (maximal 2 Wochen): Bereichsbezogene Ausbildung, insbesondere über spezifische Gefährdungen, Maschinen, Geräte, Anlagen, Arbeitsverfahren, Arbeitsstätten und personalbezogene Themen.

Für Ingenieure einerseits und Techniker bzw. Meister andererseits werden getrennte Ausbildungslehrgänge durchgeführt. Die Inhalte der Ausbildungsstufen I und II sind von der BAuA und dem Hauptverband der gewerblichen Berufsgenossenschaften konzeptionell festgelegt. Für die Inhalte der Ausbildungsstufe III sind die einzelnen Versicherungsträger entsprechend den Anforderungen der branchenorientierten Anwendungsbereiche verantwortlich. Begleitend zur Seminarausbildung ist ein Praktikum von in der Regel 8 Wochen durchzuführen. Eine Lernerfolgskontrolle nach bundeseinheitlichen Kriterien ist zum Qualitätsnachweis erforderlich. Bei Branchenwechsel entscheidet die Berufsgenossenschaft über einen eventuell erforderlichen Umfang an bereichsbezogener Fortbildung.

Zur Gewinnung qualifizierten Nachwuchses muss der Unternehmer darauf bedacht sein, dass für betriebliche Fachkräfte für Arbeitssicherheit gute Aufstiegsmöglichkeiten bestehen.

Etwa 50% aller gewerblich Beschäftigten arbeiten in Kleinbetrieben, die bisher nicht unter die arbeitssicherheitliche Pflichtbetreuung nach BGV A6 fielen. Andererseits sind Beschäftigte in Kleinbetrieben überdurchschnittlich stark gefährdet (→Kapitel 3.2). Daher ist die Nichtbetreuung von Kleinbetrieben sachlich und sozialpolitisch ungerechtfertigt. Seit 1992 wird nunmehr auf Veranlassung des BMA die Kleinbetriebsbetreuung schrittweise durch die inzwischen erfolgte Änderung der BGV A6 verwirklicht. Danach hat der Unternehmer im Kleinbetrieb für die arbeitssicherheitliche Betreuung folgende Möglichkeiten:

- *Unternehmermodell:* Die Vorgehensweise ist bei den einzelnen Berufsgenossenschaften sehr unterschiedlich, beispielsweise: Unternehmerschulung in insgesamt zwei Wochen durch Grund- und Aufbauseminar, unterteilbar in einzelne Tage, auch Fernkurse möglich. Später bei Bedarf externe Beratung durch sicherheitstechnische Dienste oder sonstige Sicherheitsfachkräfte. Nach 3 Jahren halbwöchiges Fortbildungsseminar, ebenfalls zeitlich unterteilbar. Dokumentationspflicht über Schulungsteilnahme, Gefährdungsanalysen, Sicherheitsmaßnahmen, Inanspruchnahme und Ergebnis externer Betreuung. Die Anwendung des Unternehmermodells ist in der Regel auf Betriebe mit maximal 30–50 Beschäftigten begrenzt.
- Einsatz einer Fachkraft für Arbeitssicherheit mit einer Mindesteinsatzzeit von 160 h/Jahr, wobei sich mehrere Kleinunternehmen zusammenschließen können.
- *Externe sicherheitstechnische Betreuung:* Sie kann durch einen überbetrieblichen sicherheitstechnischen Dienst oder durch Beauftragung einer bestimmten Sicherheitsfachkraft erfolgen.

Qualitätssicherung: Der Verband Deutscher Sicherheitsingenieure hat in Abstimmung mit dem BMWA und den Unfallversicherungsträgern die Gesellschaft für Qualität im Arbeitsschutz (GQA) gegründet, die auf Antrag von Dienstleistern die personelle, fachliche, sachliche und organisatorische Qualität betrieblicher und überbetrieblicher sicherheitstechnischer Dienste prüft. Ein Fachbeirat unterstützt Kompetenz und Neutralität der Gesellschaft. Nach erfolgreicher Prüfung wird ein 3 Jahre geltendes Zertifikat und Gütesiegel ausgestellt, womit bestätigt wird, dass der Dienstleister die Voraussetzungen für eine qualifizierte sicherheitstechnische Betreuung erfüllt.

Literatur

BGV A6: Sicherheitsingenieure und andere Fachkräfte für Arbeitssicherheit. Unterschiedliche Fassungen für die einzelnen Berufsgenossenschaften

BGV A2. Betriebsärzte und Fachkräfte für Arbeitssicherheit (E. 2004)

ANZINGER, R. u. BIENECK, H. J. (1998): Kommentar zum Arbeitssicherheitsgesetz. Verlag Recht u. Wirtschaft, Heidelberg

BIENECK, H.-J. u. KNOSPE, U. (1998): Für hohe Anbieterqualität. BArbBl. Nr. 9 S. 17–19

BLUME, H.-J. (LB): Ausbildungs- und Unterweisungsfolien für die Sicherheitsfachkraft. WEKA Verlag, Augsburg

JANNINGER, R. u. VLEURINCK, M. (1999): Prävention von Anfang an. BArbBl. Nr. 12 S. 17–21

JENISCH, R., BULLA, E. u. BLUME, H.-C. (LB): Die Sicherheitsfachkraft in der betrieblichen Praxis. WEKA Verlag Augsburg

KIFARSKI, R. u. KENTNER, M. (2000): Lösungsansätze für effiziente Betreuungsformen. Siching. Nr. 2 S. 18–22

SCHEIL, M. (1996): Tätigkeitsanalyse des Sicherheitsingenieurs. SiS S. 172–180 u. 294–297

SCHULTE, A. (1999): 25 Jahre Arbeitssicherheitsgesetz – Eine Erfolgsgeschichte. Siching. Nr. 12 S. 18–25

VDSI (1999): Das Berufsbild des Sicherheitsingenieurs. Universum Verlagsanstalt Wiesbaden

2.6.6 Betriebsarzt

Der Arbeitgeber hat nach dem Arbeitssicherheitsgesetz (ASiG) von 1973 Betriebsärzte schriftlich zu bestellen, soweit dies nach Betriebsart, Zahl der beschäftigten Arbeitnehmer, Zusammensetzung der Arbeitnehmerschaft und Betriebsorganisation erforderlich ist. Die Betriebsärzte müssen berechtigt sein, den ärztlichen Beruf auszuüben und über die zur Erfüllung der ihnen übertragenen Aufgaben erforderlichen arbeitsmedizinischen Fachkunde verfügen.

Der Arbeitgeber kann zwischen folgenden Modellen medizinischer Betreuung wählen:

- Einstellung eines hauptberuflichen Arztes,
- Bestellung eines freiberuflich tätigen Arztes,
- Anschluss an einen überbetrieblichen arbeitsmedizinischen Dienst.

Betriebsärzte können nur mit Zustimmung des Betriebsrates bestellt oder abberufen werden. Auch die Wahl des Betreuungsmodells unterliegt dem Mitbestimmungsrecht des Betriebsrats (Beschluss des Bundesarbeitsgerichtes v. 10. 4. 1979/1 ABR 34/77, →BG 1979 S. 478).

Allgemein umrissen haben Betriebsärzte die Aufgabe, den Arbeitgeber beim Arbeitsschutz und bei der Unfallverhütung in allen Fragen des Gesundheitsschutzes zu unterstützen. Im Einzelnen haben Betriebsärzte folgende Aufgaben:

den Arbeitgeber und die sonst für den Arbeitsschutz und die Unfallverhütung verantwortlichen Personen zu beraten, insbesondere bei

1. Planung, Ausführung und Unterhaltung von Betriebsanlagen und von sozialen und sanitären Einrichtungen,
2. der Beschaffung von technischen Arbeitsmitteln und der Einführung von Arbeitsverfahren und Arbeitsstoffen,
3. der Auswahl und Erprobung von persönlicher Schutzausrüstung,

4. arbeitsphysiologischen, arbeitspsychologischen und sonstigen ergonomischen sowie arbeitshygienischen Fragen, insbesondere des Arbeitsrhythmus, der Arbeitszeit und der Pausenregelung, der Gestaltung der Arbeitsplätze, des Arbeitsablaufs und der Arbeitsumgebung,
5. der Organisation der Ersten Hilfe im Betrieb,
6. Fragen der Arbeitsplatzanpassung und des Arbeitsplatzwechsels sowie der Eingliederung Behinderter in den Arbeitsprozess,
7. der Beurteilung der Arbeitsbedingungen,

die Beschäftigten zu untersuchen, arbeitsmedizinisch zu beurteilen und zu beraten sowie die Untersuchungsergebnisse zu erfassen und auszuwerten,

die Durchführung des Arbeitsschutzes und der Unfallverhütung zu beobachten und im Zusammenhang damit

1. die Arbeitsstätten in regelmäßigen Abständen zu begehen und festgestellte Mängel dem Arbeitgeber oder der sonst für den Arbeitsschutz und die Unfallverhütung verantwortlichen Person mitzuteilen, Maßnahmen zur Beseitigung dieser Mängel vorzuschlagen und auf deren Durchführung hinzuwirken,
2. auf die Benutzung der persönlichen Schutzausrüstung zu achten,
3. Ursachen von arbeitsbedingten Erkrankungen zu untersuchen, die Untersuchungsergebnisse zu erfassen und auszuwerten und dem Arbeitgeber Maßnahmen zur Verhütung dieser Erkrankungen vorzuschlagen.

darauf hinzuwirken, dass sich alle im Betrieb Beschäftigten den Anforderungen des Arbeitsschutzes und der Unfallverhütung entsprechend verhalten, insbesondere sie über die Unfall- und Gesundheitsgefahren, denen sie bei der Arbeit ausgesetzt sind, sowie über die Einrichtungen und Maßnahmen zur Abwendung dieser Gefahren zu belehren und bei der Einsatzplanung und Schulung der Helfer in Erster Hilfe und des medizinischen Hilfspersonals mitzuwirken.

Zu den Aufgaben der Betriebsärzte gehört es nicht, Krankmeldungen der Beschäftigten auf ihre Berechtigung zu überprüfen.

Betriebsärzte sind bei der Anwendung ihrer arbeitsmedizinischen Fachkunde weisungsfrei und dürfen wegen der Erfüllung der ihnen übertragenen Aufgaben nicht benachteiligt werden. Sie sind nur ihrem ärztlichen Gewissen unterworfen und haben die Regeln der ärztlichen Schweigepflicht zu beachten. Sie haben auf Wunsch des Untersuchten diesem das Ergebnis der Untersuchung mitzuteilen. Betriebsärzte unterstehen unmittelbar dem Leiter des Betriebs. Können sie sich über eine Maßnahme nicht mit dem Leiter eines Betriebs verständigen, so können sie ihren Vorschlag unmittelbar dem Arbeitgeber unterbreiten. Lehnt der Arbeitgeber den Vorschlag ab, so ist dies schriftlich mitzuteilen und zu begründen: der Betriebsrat erhält eine Abschrift. Betriebsärzte sind im Arbeitsschutzausschuss vertreten.

In BGV A7 werden Einsatzzeit und Mindestbelegschaftsgröße für die Tätigkeit der Betriebsärzte nach Branchen unterschiedlich geregelt. Beurteilungsmaßstäbe sind die Gesundheitsgefährdungen. Dabei wird davon ausgegangen, dass der Betriebsarzt die anfallenden Pflichtuntersuchungen der Arbeitnehmer mit übernimmt, er also hierfür besonders ermächtigter Arzt für den Betrieb ist. Die Einsatzzeiten schwanken zwischen 0,2 und 0,6 Stunden/Jahr und Beschäftigten. Der Einsatz eines Betriebsarztes ist in allen Betrieben erforderlich, auch in Kleinbetrieben. Die BGV A7 wird künftig durch die BGV A2 abgelöst. Danach tritt für Betriebe mit bis zu 10 Beschäftigten anstelle der Einsatzzeitberechnung eine regelmäßige betriebsärztliche Grundbetreuung, die spätestens nach 3 Jahren zu wiederholen ist.

Qualitätssicherung: Vom Verband Deutscher Betriebs- und Werksärzte wurde aufgrund einer Initiative der BAM die Gesellschaft zur Qualitätssicherung in der betriebsärztlichen Betreuung (GQB) gegründet. Die Gesellschaft hat die Aufgabe, die Qualität in der betriebsärztlichen Tätigkeit zu gewährleisten und prüft entsprechend auf Anforderung betriebliche und überbetriebliche ärztliche Dienstleister. Die Inhalte der Güteprüfungen und die Beurteilungskriterien werden mit einem Beirat abgestimmt, in dem einschlägige Behörden, Verbände und Organisationen vertreten sind. Nach erfolgreichem Abschluss der Güteprüfung erhält der Dienstleister ein Gütesiegel.

Sicherheitstechnische und arbeitsmedizinische Betreuungsmodelle (→Abb. 2.6.6).

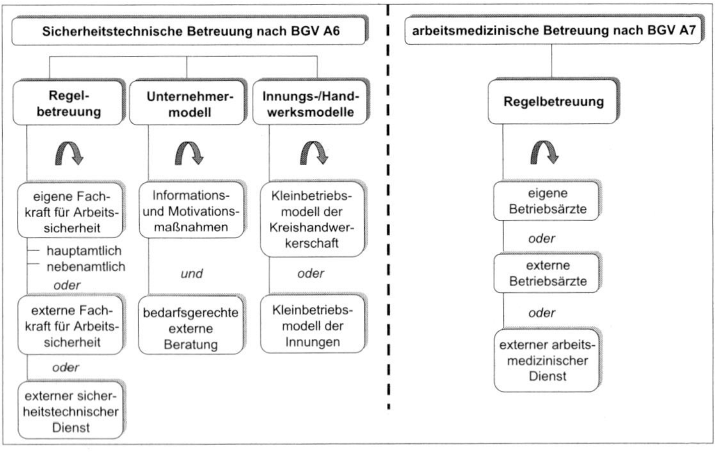

Abb. 2.6.6: Sicherheitstechnische und arbeitsmedizinische Betreuungsmodelle

Literatur

BAU, Hrsg. (1989): Ratgeber für die Erfüllung betriebsärztlicher Aufgaben. Dortmund

FLORIAN, H.-J., FRANZ, J. u. ZERLETT, G., Hrsg. (LB): Handbuch Betriebsärztlicher Dienst. Ecomed Verlag, Landsberg

HAUPTVERB. D. GEW. BERUFSGEN. (LB): Berufsgenossenschaftliche Grundsätze für arbeitsmedizinische Vorsorgeuntersuchungen. Gentner Verlag, Stuttgart

BGV A2 Betriebsärzte und Fachkräfte für Arbeitssicherheit (E 2004)

BGV A7: Betriebsärzte

2.6.7 Betriebsbeauftragte zum Schutz der Umwelt

In vielen Betrieben nimmt die Fachkraft für Arbeitssicherheit auch die Aufgaben eines Beauftragten für Immissionsschutz, Störfall, Gewässerschutz oder Abfall wahr, da diese Gebiete ebenfalls sicherheitstechnischen Inhalt haben. In Betrieben, in denen mehrere solcher Beauftragter erforderlich sind und die Aufgaben durch mehrere Personen wahrgenommen werden, ist der Unternehmer für die Koordinierung verantwortlich. Diese erfolgt in der Regel im Umweltausschuss.

Betriebsbeauftragter für Immissionsschutz: Grundlage für die Bestellung ist das Bundes-Immissionsschutzgesetz, dessen Zweck darin besteht, Menschen, Tiere, Pflanzen, den Boden, das Wasser, die Atmosphäre sowie Kultur- und sonstige Sachgüter vor schädlichen Umwelteinwirkungen und, soweit es sich um genehmigungsbedürftige Anlagen handelt, auch vor Gefahren, erheblichen Nachteilen und erheblichen Belästigungen zu schützen und dem Entstehen schädlicher Umwelteinwirkungen vorzubeugen, also insgesamt Immissionsschutz zu gewährleisten.

Unter Immissionen fallen Luftverunreinigungen, Geräusche, Erschütterungen, Licht, Wärme, Strahlen und ähnliche Erscheinungen.

Für bestimmte genehmigungsbedürftige Anlagen (→5. VO) haben die Betreiber Immissionsschutzbeauftragte schriftlich zu bestellen. Eine entsprechende Anzeige muss an die Gewerbeaufsicht erfolgen. Immissionsschutzbeauftragte haben nach § 54 BImSchG folgende Pflichten:

1. auf die Entwicklung und Einführung umweltfreundlicher Verfahren einschließlich Restverwertung und umweltfreundlicher Erzeugnisse einschließlich Wiedergewinnung und -verwertung hinzuwirken,
2. bei der Entwicklung und Einführung umweltfreundlicher Verfahren und Erzeugnisse mitzuwirken,
3. soweit dies nicht Aufgabe des Störfallbeauftragten ist, die Einhaltung der Vorschriften über den Immissionsschutz zu überwachen, insbesondere durch Inspektion, Messung von Emissionen und Immissionen nach Menge und Eigenschaften, Mängel und Vorschläge zur Mangelbeseitigung dem Betreiber mitzuteilen,

4. die Betriebsangehörigen über die von der Anlage verursachten schädlichen Umwelteinwirkungen sowie über Maßnahmen und Vorschriften, Auflagen usw. aufzuklären.

Der Immissionsschutzbeauftragte hat das Recht, Vorschläge oder Bedenken der Geschäftsleitung unmittelbar vorzutragen, wenn er sich mit dem Betriebsleiter nicht einigen kann.

Der Immissionsschutzbeauftragte hat dem Betreiber jährlich einen Bericht über getroffene und beabsichtigte Maßnahmen zu erstatten.

Der Betreiber hat vor Investitionsentscheidungen, die für den Immissionsschutz bedeutsam werden können, eine Stellungnahme des Immissionsschutzbeauftragten einzuholen.

Außerdem hat der Betreiber den Immissionsschutzbeauftragten bei der Erfüllung seiner Aufgaben zu unterstützen und ihm insbesondere, soweit dies zur Erfüllung seiner Aufgaben erforderlich ist, Hilfspersonal sowie Räume, Einrichtungen, Geräte und Mittel zur Verfügung zu stellen. Der Immissionsschutzbeauftragte darf wegen der Erfüllung der ihm übertragenen Aufgaben nicht benachteiligt werden.

In der 5. VO zum Bundes-Immissionsschutzgesetz werden die Anforderungen an Fachkunde und Zuverlässigkeit der Immissionsschutzbeauftragten geregelt. Im Regelfall muss der Immissionsschutzbeauftragte ein Hochschulstudium auf den Gebieten des Ingenieurwesens (insbesondere der Umwelttechnik), der Chemie oder Physik an einer Hochschule abgeschlossen und an einem anerkannten Kursus (Inhalt →5. VO, Anhang II) teilgenommen haben sowie 2 Jahre auf dem Gebiet des Immissionsschutzes praktisch tätig gewesen sein. Auf Antrag des Betreibers kann die zuständige Behörde Ausnahmen von dieser Regelung zulassen. Außer den fachlichen Voraussetzungen muss der Immissionsschutzbeauftragte auf Grund seiner persönlichen Eigenschaften, seines Verhaltens und seiner Fähigkeiten zur Erfüllung seiner Aufgaben geeignet sein. Die erforderliche Zuverlässigkeit ist in der Regel nicht gegeben, wenn der Immissionsschutzbeauftragte wegen gemeingefährlicher Delikte oder der Verletzung von Vorschriften des Immissionsschutzes oder angrenzender Gebiete, z.B. des Arbeitsschutzes und des Naturschutzes, mit Strafe oder Geldbuße belegt wurde.

Störfallbeauftragter: Nach dem Bundes-Immissionsschutzgesetz müssen Betreiber genehmigungspflichtiger Anlagen mit bestimmten Mengenschwellen gefährlicher Stoffe (→12. VO, Anhang I) Störfallbeauftragte bestellen, sofern dies wegen der bei einer Störung des bestimmungsgemäßen Betriebs auftretenden Gefahren für die Allgemeinheit und die Nachbarschaft erforderlich ist. Ein Störfall liegt vor, wenn bei bestimmungsgemäßem Betrieb ein gefährlicher Stoff (→12. VO, § 2 Nr. 3) durch größere Emissionen, Brände oder Explosionen eine ernste Gefahr hervorruft. Zu berücksichtigen sind auch Gefahren für die Belegschaft und solche, die durch Erdbeben, Hochwasser usw. sowie durch Eingriffe Unbefugter herrühren können.

Der Störfallbeauftragte hat nach § 58 b Bundes-Immissionsschutzgesetz folgende Aufgaben:

1. auf die Verbesserung der Anlagensicherheit hinzuwirken,
2. dem Betreiber Störungen des bestimmungsgemäßen Betriebs zu melden; die Meldungen sind schriftlich aufzuzeichnen und 5 Jahre aufzubewahren,
3. die Einhaltung der Vorschriften und Auflagen über den Immissionsschutz zu überwachen und Vorschläge zur Beseitigung der Mängel dem Betreiber mitzuteilen,
4. Mängel im Brandschutz sowie in der technischen Hilfeleistung dem Betreiber zu melden.

Der Störfallbeauftragte hat dem Betreiber jährlich einen Bericht über getroffene und beabsichtigte Maßnahmen vorzulegen. Für das Anfertigen eines Sicherheitsberichtes nach Anhang II 12. VO ist nicht der Störfallbeauftragte, sondern der Betreiber verantwortlich.

Die Bestellung des Störfallbeauftragten, die Anforderungen an Fachkunde und Zuverlässigkeit, seine Beteiligung, sein Vortragsrecht bei der Unternehmensleitung im Streitfall und das Verbot der Benachteiligung sind wie beim Immissionsschutzbeauftragten geregelt (→5. VO).

Der Betreiber kann nach § 58 c Bundesimmissionsschutzgesetz dem Störfallbeauftragten für die Beseitigung und die Begrenzung der Auswirkungen auf Nachbarschaft und Allgemeinheit Entscheidungsbefugnisse übertragen. Der Betreiber hat vor der Planung von Anlagen mit gefährlichen Stoffen eine Stellungnahme des Störfallbeauftragten einzuholen.

Betriebsbeauftragte für Gewässerschutz: Grundlage für die Bestellung ist das Wasserhaushaltsgesetz, dessen Zweck in der Vermeidung umweltschädlicher Belastungen des Wasserhaushaltes besteht.

Für Unternehmen, die als Benutzer von oberirdischen Gewässern $> 750\ m^3$ Abwasser/Tag in diese einleiten dürfen, müssen Betriebsbeauftragte für Gewässerschutz bestellt werden. Sie haben bezogen auf den Gewässerschutz sinngemäß die gleichen Pflichten und Rechte wie Immissionsschutzbeauftragte. Für den Nachweis der erforderlichen Fachkunde ist jedoch kein Hochschulstudium vorgeschrieben. Üblich ist der Besuch eines speziellen Fachlehrgangs von qualifiziertem Betriebspersonal.

Betriebsbeauftragter für Abfall: Grundlage für die Bestellung ist das Kreislaufwirtschafts- und Abfallgesetz, dessen Zweck die Förderung zur Schonung der natürlichen Ressourcen und die Sicherung der umweltverträglichen Beseitigung von Abfällen ist.

Betreiber ortsfester Abfallbeseitigungsanlagen und Betreiber von Anlagen, in denen regelmäßig besonders gefährliche Abfälle anfallen oder die Besitzer von gefährlichem Abfall sind (im einzelnen in einer VO festgelegt), müssen Betriebsbeauftragte für Abfall bestellen. Sie haben bezogen auf die Abfallbehandlung und -beseitigung sinngemäß die gleichen Pflichten und Rechte wie Immissionsschutzbeauftragte (Einzelheiten →§ 55 KrW-/AbfG). Für den Nachweis der erforderlichen Fachkunde ist jedoch kein Hochschulstudium vorgeschrieben. Üblich ist der Besuch eines speziellen Fachlehrganges von qualifiziertem Betriebspersonal. Die Funktion des Betriebsbeauftragten für Abfall kann auch vom Betriebsbeauftragten für Immissionsschutz oder Gewässerschutz wahrgenommen werden.

Literatur

GESETZ zum Schutz vor schädlichen Umwelteinwirkungen durch Luftverunreinigungen, Geräusche, Erschütterungen und ähnliche Vorgänge (Bundes-Immissionsschutzgesetz – BImSchG) v. 15. 3. 1974. Neufassung v. 29. 9. 2002, zuletzt geändert durch Art. 2 des Gesetzes vom 8. 7. 2004 (BGBl. I S. 1578)

1. VO (Kleinfeuerungsanlagen); 2. VO (leichtflüchtige Hologenkohlenwasserstoffe); 3. VO (Schwefel in Heizöl und Diesel); 4. VO (genehmigungsbedürftige Anlagen); 5. VO (Immissions- und Störfallbeauftragte); 7. VO (Holzstaub); 8. VO (Rasenmäherlärm); 9. VO (Genehmigungsverfahren); 10. VO (Beschaffenheit von Kraftstoffen); 11. VO (Emissionserklärung); 12. VO (Störfall); 13. VO (Großfeuerungsanlagen); 14. VO (Landesverteidigung); 15. VO (Baumaschinenlärm); 16. VO (Verkehrslärm); 17. VO (Abfall- und Verbrennungsanlagen); 18. VO (Sportanlagenlärm); 19. VO (Chlor- und Bromverbindungen im Kraftstoff); 20. VO (flüchtige organische Verbindungen beim Umfüllen und Lagern von Ottokraftstoffen); 21. VO (Kohlenwasserstoffemissionen beim Betanken von Kraftfahrzeugen); 22. VO (Immissionswerte); 23. VO (Konzentrationswerte Verkehr); 24. VO (Schallschutz Verkehrswege); 25. VO (Titandioxid); 26. VO (Elektromagnetische Felder); 27. VO (Feuerbestattung); 28. VO (Verbrennungsmotoren); 29. VO (Gebühren Verbrennungsmotorenprüfung); 30. VO (biologische Abfallbehandlung); 31. VO (flüchtige organische Verbindungen in Anlagen); 32. VO (Maschinen-, Lärmschutz)

Gesetz über die Umweltverträglichkeitsprüfung (UVZG) v. 12. 2. 1990, Neufassung v. 5. 9. 2001, zulett geändert durch Art. 3 des Gesetzes vom 24. 6. 2004 (BGBl. I S. 1359)

Gesetz zur Ordnung des Wasserhaushalts (Wasserhaushaltsgesetz – WHG). v. 27. 7. 1975, Neufassung v. 19. 8. 2002, zuletzt geändert durch Art. 6 des Gesetzes vom 6. 1. 2004 (BGBl. I S. 2)

Altölverordnung (AltölVO) v. 27. 10. 1987, Neufassung v. 16. 4. 2002 (BGBl. I S. 1368)

Gesetz zur Förderung der Kreislaufwirtschaft und Sicherung der umweltverträglichen Beseitigung von Abfällen (Kreislaufwirtschafts- und Abfallgesetz – KrW-/AbfG) v. 27. 9. 1994, zuletzt geändert durch Art. 2 des Gesetzes vom 25. 1. 2004 BGBl. I S. 82)

BAUER, M. J. u. PRINZ, W. R. (2000): Der Beauftragte im Umfeld der „Managementsysteme". Siching, Nr. 1 S. 18–25

BURHENNE, W. E. (LB): Umweltrecht. Erich Schmidt Verlag, Bielefeld

DREYHAUPT, F. J. (1986): Umweltbelastung und Umweltauswirkungen. In: PETERS, O. u. MEYNA, A.: Handbuch der Sicherheitstechnik. Bd. 2. S. 495–532

FELDHAUS, G. (LB): Bundesimmissionsschutzrecht. Deutscher Fachschriftenverlag, Wiesbaden

HÖSEL, G. u. v. LERSNER, H. (LB): Recht der Abfallbeseitigung. Erich Schmidt Verlag, Berlin

LANDMANN, VON, R., ROHMER, G. u. HAUSMANN, K., Hrsg. (LB): Umweltrecht. Kommentar. Beck'sche Verlagsbuchhandlung, München

PHILIPP, B., Hrsg. (1994): Einführung in die Umwelttechnik, 2. Aufl. Vieweg Verlag, Wiesbaden

SCHMATZ/NÖTHLICHS (LB): Sicherheitstechnik. Bd. 8. Erich Schmidt Verlag, Berlin

2.6.8 Arbeitsschutzmanagement (AMS)

Arbeitsschutzmanagementsystem: Ein Arbeitsschutzmanagementsystem ist die Organisationsform eines Unternehmens oder einer sonstigen Institution mit dem Ziel der Gewährleistung von Sicherheit und Gesundheitsschutz bei der Arbeit mit Hilfe von systematisierten und formalisierten Führungsprinzipien. Über die Notwendigkeit und die Art der Formalisierung hat es in Europa in den letzten Jahren eine eingehende Diskussion gegeben (→JÄCK 1999; LOCH et al. 1999). Im wesentlichen besteht das Ergebnis darin, dass ein Arbeitsschutzmanagementsystem besonders für Großbetriebe sinnvoll ist, aber auch für Klein- und Mittelbetriebe und selbst für Behörden und Unfallversicherungsträger von Nutzen sein kann. Während Übereinstimmung darin besteht, dass eine Systematik in Form von Leitlinien für die Installation eines Arbeitsschutzmanagements erforderlich ist, wird mehrheitlich eine Formalisierung in eine Norm abgelehnt. Auch besteht weitgehend Übereinstimmung darin, dass die Einführung eines Arbeitsschutzmanagementsystems freiwillig sein muss, externe Audits nicht gefördert und Zertifizierungszwänge ausgeschlossen werden sollen, damit statt einer Formalisierung die inhaltlichen Ziele und Gesichtspunkte stärker in den Vordergrund gerückt werden können. In diesem Rahmen haben Behörden, Träger der gesetzlichen Unfallversicherung und Sozialpartner unter Führung des BMA übergeordnete Leitlinien für Mindestanforderungen an ein Arbeitsschutzmanagementsystem entwickelt, um entsprechend der Organisationsverpflichtung des Unternehmers nach § 3 Abs. 2 ArbSchG dem einzelnen Unternehmen oder einer sonstigen Institution eine örtliche Anpassung auch im Sinne einer erfolgreichen Vorgehensweise zu überlassen (BMA 1999). Die Mindestanforderungen beziehen sich u.a. auf folgende Gesichtspunkte:

- Das System muss die Eigenverantwortung des Unternehmers fördern. Beschäftigte und betriebliche Interessenvertretungen sind einzubeziehen und problemorientiert zu motivieren.
- Prävention für Sicherheit und Gesundheitsschutz sind vorrangiges Ziel.
- Der Zusammenhang zwischen Arbeitsschutz, Umweltschutz (ISO 14000 ff.), Qualitätssicherung (ISO 9000 ff.) und Wirtschaftlichkeit muss herausgestellt werden. Das System ist in die Grundsätze für eine wirtschaftliche Produktion zu integrieren. (→Abb. 2.6.7).

- Struktur, Umsetzung und Ergebnisse des im speziellen Fall angewandten Arbeitsschutzmanagementsystems müssen bewertbar sein. Bewertungen und Kontrollen sind zu dokumentieren.
- Ein Arbeitsschutzmanagementsystem muss im speziellen Anwendungsfall plausibel, leicht verständlich, gut praktikabel und transparent sein. Für Klein- und Mittelbetriebe ist daher auch eine verbale Anpassung sinnvoll, z.B. statt „Arbeitschutzmanagementsystem“ besser „Leitfaden für die Organisation von Sicherheit und Gesundheitsschutz“.

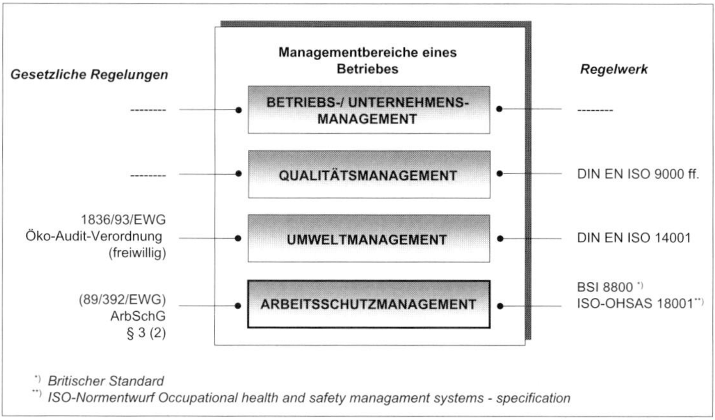

Abb. 2.6.7: Managementbereiche eines Betriebes

Deutsches Konzept für AMS: Ausgangspunkt für diese Konzeption ist der „gemeinsame Standpunkt zu Managementsystemen im Arbeitsschutz“ der Arbeitsschutzinstitutionen und Sozialpartner. Dieser Standpunkt formuliert Rahmenbedingungen für AMS, wie z.B.:

- Die Einführung von AMS muss freiwillig sein;
- Eine Auditierung und Zertifizierung durch Dritte ist nicht erwünscht;
- Der gesetzliche Auftrag für Überwachungsbehörden im Arbeitsschutz darf durch ein AMS nicht in Frage gestellt werden.

Ziel dieser AMS-Konzeption ist die Vorgabe von Kriterien zum Aufbau von AMS für die Betriebe. Die Art und Weise der Umsetzung des AMS im Betrieb bleibt aber dem Arbeitgeber überlassen (→Abb. 2.6.8).

Die Eckpunkte für AMS-Konzepte werden durch Elemente vorgegeben, die den Merkmalen von Managementsystemen allgemein entsprechen, aber bereits mit Zuschnitt auf den Arbeitsschutz. Der Arbeitgeber entscheidet, wie diese Eckpunkte im Betrieb rationell und wirkungsvoll umgesetzt werden können. Mit diesen Eckpunkten liegen Mindestanforderungen an AMS-Konzepte vor.

AMS-Konzepte in Form von Leitfäden oder internationalen Normen dienen zur Ausgestaltung eines AMS mit Systemelementen.

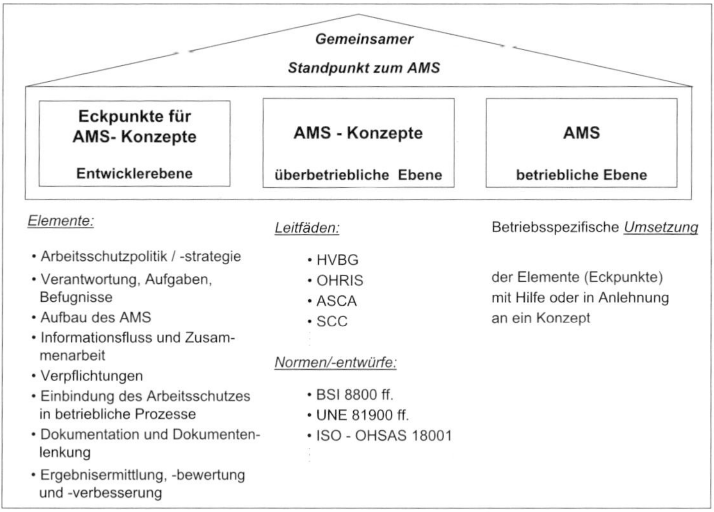

Abb. 2.6.8 Deutsche AMS-Konzeption [Bundesarbeitsblatt 2/99]

Folgende Konzepte stehen zur Auswahl:

- „Sicherheits-Certifikat-Contraktoren (SCC)", ein in den Niederlanden entwickeltes branchenspezifisches AMS-Konzept mit Anwendungsschwerpunkten auf Kontraktoren
- „ASCA-initiierte Arbeitsschutzmanagementsysteme"
  (ASCA: Arbeitsschutz- und sicherheitstechnischer Check in Anlagen), Konzept des Hessischen Ministeriums für Frauen, Arbeit und Sozialordnung (siehe HMFAS 1997)
- „Occupational Health- and Risk-Managementsystem (OHRIS)"
  das Bayrische Staatsministerium für Arbeit und Sozialordnung, Familie, Frauen und Gesundheit (siehe StMAS, 1998)
- „Occupational Health- and Safety Assessment (OHSAS)"
  OHSAS 18001: Occupational Health- and Safety Management System – Specification,
  „zertifizierungsfähiger" internationaler AMS-Standard (keine Norm), entwickelt durch ein Konsortium einiger nationaler Normungsinstitute (z.B. BSI) und namhafter Zertifizierungsgesellschaften)
- Arbeitsschutzmanagementsysteme „Spezifikation zur freiwilligen Einführung, Anwendung und Weiterentwicklung von Arbeitsschutzmanagementsystemen", LV 21 des Länderausschusses für Arbeitsschutz und Sicherheitstechnik (LASI)

- Arbeitsschutzmanagementsysteme „Handlungshilfe zur freiwilligen Einführung und Anwendung von Arbeitsschutzmanagementsystemen für kleine und mittlere Unternehmen (KMU)“, LV 22 des Länderausschusses für Arbeitsschutz und Sicherheitstechnik (LASI)
- „5 Bausteine für einen gut organisierten Betrieb – auch in Sachen Arbeitsschutz“, Leitfaden zur Organisation des Arbeitsschutzes im Betrieb des Hauptverbandes der gewerblichen Berufsgenossenschaften
- „Nationaler Leitfaden für Arbeitsschutzmanagementsysteme“ (NLF), (nationale Umsetzung des ILO-Leitfadens für AMS, 2001) → Abb. 2.6.9.

Das Arbeitsschutzmanagementsystem auf der Ebene der *Organisation*

Politik

1. Arbeitsschutzpolitik
2. Arbeitsschutzziele

Organisation

3. Bereitstellung von Ressourcen
4. Zuständigkeit und Verantwortung
5. Mitwirkung, Rechte und Pflichten der Beschäftigten
6. Qualifikation und Schulung
7. Dokumentation
8. Kommunikation und Zusammenarbeit

Planung und Umsetzung

9. Erstmalige Prüfung
10. Ermittlung von Verpflichtungen
11. Ermittlung von Arbeiten, Abläufen und Prozessen (Planung)
12. Beurteilung von Gefährdungen
13. Vermeidung von Gefährdungen
    - 13.1 Maßnahmen zur Vermeidung oder Minimierung von Gefährdungen
    - 13.2 Regelungen für Betriebsstörungen und Notfälle
    - 13.3 Beschaffungswesen
    - 13.4 Zusammenarbeit mit Kontraktoren
    - 13.5 Arbeitsmedizinische Vorsorge, Gesundheitsförderung
14. Änderungsmanagement

Messung und Bewertung

15. Leistungsüberwachung und -messung
16. Untersuchungen
17. Interne Audits
18. Bewertung durch die oberste Leitung

Verbesserungsmaßnahmen

19. Vorbeugungs- und Korrekturmaßnahmen
20. Kontinuierliche Verbesserung

Tabellen zu Verknüpfung des Leitfadens für AMS mit ISO 14001:1996 und ISO 9001:2000

Abb. 2.6.9: Nationaler Leitfaden für AMS [Grundlage: ILO-OSH 2001]

Die Umsetzung der Eckpunkte über ein Konzept liefert dann das betriebsspezifische AMS. Die Struktur eines betrieblichen AMS einschließlich der erforderlichen Dokumentation →Abb. 2.6.10. Ausgehend von der Sicherheitspolitik des Betriebes enthält das *ASM-Handbuch*

- Festlegung der Ziele und die Beschreibung der Aktivitäten;
- Festlegung der Zuständigkeiten und Verantwortlichkeiten.

Abb. 2.6.10 Aufbau eines Arbeitsschutzmanagement-Systems

Die *Arbeitsschutz-Richtlinien* konkretisieren die Vorgaben des Handbuches, indem sie Bezug nehmen auf bereichs- und abteilungsübergreifende Arbeitsabläufe und Arbeitsverfahren (z.B. Organisation der Unterweisung im Betrieb).

Arbeitsanweisungen zum Arbeitsschutz geben den Beschäftigten konkrete arbeitsplatz- oder arbeitstätigkeitsbezogene Handlungsanweisungen zum sicheren Arbeiten.

Literatur

BMA (1999): Arbeitsschutzmanagementsysteme. BArbBl. Nr. 2 S. 43–46.

BRAUN, M. (1999): Managementsysteme mit integriertem Arbeitsschutz in Ländern der EU. BAuA Bericht Fb 865. Wirtschaftsverlag NW, Bremerhaven

GRUNEWALD, R., MEGNIN, J., MÜLLER, H. u. SCHMAUDER, M. (2000): Gesundheitsmanagement in Klein- und Mittelbetrieben. Siching, Nr. 1 S. 14–16 u. Nr. 2 S. 28–30

JÄCK, S.: Management im Arbeitsschutz. Die BG. Heft 1/1999, S. 5, ERich Schmidt Verlag, Berlin

LOCH, H.-J., HILTENSPERGER, S., RÖTZER, M. u. SIKORA, S. (1999): Occupational health-and risk-management system (OHRIS). 2. Aufl. Bd. 1 der Schriftenreihe: Managementsysteme für Arbeitsschutz und Anlagensicherheit. Bayerisches Staatsministerium für Arbeit und Sozialordnung, Familie, Frauen und Gesundheit, München

RITTER, A. u. LANGHOFF, T. (1998): Arbeitsschutzmanagementsysteme – Vergleich ausgewählter Standards. BAuA Bericht Fb 792). Wirtschaftsverlag NW, Bremerhaven

THIEHOFF, R. (2000): Betriebliches Gesundheitsschutzmanagement. Erich Schmidt Verlag, Berlin

2.6.9 Vereinbarungen zur Arbeitssicherheit

In größeren Betrieben ist es nützlich, die Grundsätze zur Förderung der Arbeitssicherheit schriftlich zusammenzufassen. Dies kann u. a. durch Betriebsrichtlinie und durch Betriebsvereinbarung erfolgen.

Betriebsrichtlinie: Sie muss besonders folgende Hinweise enthalten:

- Aufgaben und Verantwortung auf dem Gebiet der Arbeitssicherheit des Arbeitgebers, Arbeitnehmers, sicherheitstechnischen und betriebsärztlichen Dienstes, Sicherheitsbeauftragten, Betriebsrates, der Arbeitskreise und Ausschüsse. Zuständige Berufsgenossenschaft, Gewerbeaufsicht und sonstige Dienststellen.
- Wichtige Gesetze, Verordnungen und sonstige Vorschriften einschließlich notwendiger Daueraushänge.
- Art der Gesundheitsüberwachung.
- Sicherheitsgerechte Arbeitsplatzgestaltung und Art der Überwachung.
- Tragen von persönlicher Schutzausrüstung und Verbindlichkeit der Benutzung.
- Alkoholverbot und Maßnahmen bei Trunkenheit.
- Verhalten bei Unfällen und Störungen einschließlich Meldewesen. Katastrophenschutz, insbesondere Alarmplan, Rettungsdienst, Brandschutz.
- Ausbildung von Fachkräften, z. B. Fachkräften für Arbeitssicherheit, Sicherheitsbeauftragten, Brandschutzbeauftragten, Betriebsbeauftragten für Immissionsschutz, Störfall, Gewässerschutz und Abfall, Ersthelfern, Neulingen, Fahrern von Kranen und Flurfördermitteln.

Betriebsvereinbarung: Sie ist ein organisatorischer Rahmen der Zusammenarbeit zwischen Unternehmensleitung und Belegschaft mit dem Ziel, bestmögliche Arbeitssicherheit zu gewährleisten (→ Muster).

Betriebsvereinbarung

In Ergänzung zu den bestehenden Regelungen wird zwischen Vorstand und Gesamtbetriebsrat zur Verhütung von Betriebsunfällen und Berufskrankheiten folgendes vereinbart:

1. Der Vorstand und der Gesamtbetriebsrat verpflichten sich, ein Höchstmaß an Arbeitssicherheit zu erreichen und zu erhalten. Die Gewährleistung von Arbeitssicherheit wird als eine Führungsaufgabe angesehen.
2. Der Vorstand schafft und erhält die Bedingungen für die Gewährleistung von Arbeitssicherheit.
3. Der Betriebsrat eines jeden Werkes betraut eines seiner Mitglieder mit der Wahrnehmung von Fragen der Arbeitssicherheit. Dieser Sicherheitsobmann wird, soweit dies für die Erfüllung seiner Aufgaben erforderlich ist, von der Arbeit ohne Verdienstausfall freigestellt.
4. Die nach § 22 SGB VII bestellten Sicherheitsbeauftragten werden, soweit dies für die Erfüllung ihrer Aufgaben im Rahmen des Arbeitsschutzes erforderlich ist, von der Arbeit ohne Verdienstminderung freigestellt.
5. Neue Mitarbeiter müssen bei Beginn ihrer Tätigkeit über eine sicherheitsgerechte Durchführung ihrer Arbeiten, die sie betreffenden Unfallverhütungsvorschriften und sonstige Arbeitssicherheitsbestimmungen unterrichtet werden. Bei Umsetzung von Mitarbeitern ist sinngemäß zu verfahren.
6. Alle Mitarbeiter müssen sich schriftlich verpflichten, die Arbeitssicherheits- und Unfallverhütungsvorschriften einzuhalten, die Hinweis- und Warntafeln zu beachten, die persönliche Schutzausrüstung zu tragen bzw. zu benutzen. Im Rahmen dieser schriftlichen Verpflichtung muss darauf hingewiesen werden, dass bei Verstößen Folgen nach der jeweils gültigen Arbeitsordnung bzw. den gesetzlichen Bestimmungen entstehen.
7. Geschäftsleitung und Betriebsrat eines jeden Werkes legen fest, wer für die Durchführung der vorgenannten Maßnahmen verantwortlich ist.
8. Vorschläge für die erforderliche persönliche Schutzausrüstung werden von der Aufsicht in Zusammenarbeit mit dem sicherheitstechnischen Dienst und dem Betriebsrat erarbeitet. Die Feststellung erfolgt durch die Geschäftsleitung. Diese persönliche Schutzausrüstung erhalten die Mitarbeiter kostenlos.
9. In jeder Betriebsversammlung wird von der Geschäftsleitung und/oder dem Betriebsrat ein Bericht über das Unfallgeschehen im Betrieb gegeben. Darüber hinaus muss eine laufende Unterrichtung über Fragen der Arbeitssicherheit, insbesondere über Beschlüsse und Maßnahmen, gewährleistet sein. In diesem Zusammenhang sind alle Mitarbeiter auf die möglichen Konsequenzen hinzuweisen, die sich bei Nichteinhaltung der Arbeitssicherheitsbestimmungen für den einzelnen ergeben.

Ort, den .... Gesamtbetriebsrat Vorstand

Muster einer Betriebsvereinbarung über Maßnahmen zur Gewährleistung von Arbeitssicherheit (verändert nach Krupp, Arbeitsschutzgrundsätze).

2.6.10 Arbeitssicherheitsaktionen

Arbeitssicherheitsaktionen dienen dazu, das Interesse an der Arbeitssicherheit zu erhöhen und allgemeinen wie speziellen Unfall- und Gesundheitsgefahren zu begegnen.

Derartige Aktionen sind überbetrieblich und betrieblich, ferner einmalig (z.B. Arbeitssicherheitswoche) wie auch periodisch üblich. Alle Aktionen müssen sorgfältig vorbereitet werden, wenn sie Wirksamkeit haben sollen. Vor allem müssen Ziele der Aktion und entsprechend Zielgruppen fest umrissen werden, weil sich danach die anzuwendenden Mittel richten. Außer dem speziellen Vorgehen ist dabei auch gezielte Werbung für die Aktion für den Erfolg von Bedeutung. Außerdem muss jede Aktion daraufhin geprüft werden, ob sie planmäßig abgelaufen ist und welche Wirksamkeit sie hat. Solche Überprüfungen besonders überregionaler Aktionen haben wiederholt ergeben, dass ihnen aus unterschiedlichen Gründen nur ein sehr geringer Erfolg beschieden war.

Zu den Arbeitssicherheitsaktionen gehören auch die Inspektionen. Umstritten ist die Frage, ob man Inspektionen ansagen soll oder nicht.

Unvermutete Inspektionen können für beide Seiten sachlich und psychologisch sehr unangenehm sein, dafür zeigen sie dann aber auch die tatsächlichen Verhältnisse. Auf betrieblicher Ebene werden durch nicht angesagte Inspektionen oft Fronten geschaffen, die sich durch Ansage der Inspektion – möglichst noch unter einem bestimmten Aspekt – hätten vermeiden lassen.

In der Regel hat die angesagte Inspektion größere Wirkung. Sie ist auch psychologisch sinnvoller. Dadurch besteht Gelegenheit, Mängel vor Beginn der Inspektion zu beseitigen. Da niemand gerne auffällt, bemühen sich die Betroffenen im allgemeinen sehr. Bei der Inspektion kann dann das Geleistete anerkannt werden. Kleine noch entdeckte Mängel lassen sich dann durch entsprechende Hinweise immer noch beseitigen.

In Großbetrieben hat es sich bewährt, in jedem Monat einen bestimmten Schwerpunkt für die arbeitssicherheitliche Tätigkeit zu setzen, z.B. Ordnung und Sauberkeit im Betrieb – Instandsetzungsarbeiten – Transportarbeiten – Schutz vor Absturz – Persönliche Schutzausrüstung – Schutzvorrichtungen an Maschinen (Schutzgitter, Sicherheitsventile usw.) – Explosionsschutz – Elektrische Anlagen – Brandschutz – Schutz vor gefährlichen Stoffen – Innerbetriebliche Verkehrswege – Beleuchtung – Lärmschutz – Verkehrssicherheit (Weg zwischen Wohnung und Arbeitsstätte) – Sicherheitskennzeichnung (Warn- und Hinweisschilder) bei Vorliegen besonderer Gefahren – Lagerung, Stapelung – Treppen, Laufstege, Rampen, Leitern, Fußböden – Handwerkzeug – Erste-Hilfe-Einrichtungen – Gasflaschen und Schweißgeräte – usw. Einige Sicherheitszeitschriften behandeln jeweils monatlich ein bestimmtes Thema. Diese Themen eignen sich ebenfalls gut zu zeitgleichen Arbeitssicherheitsaktionen.

Literatur

FRITZE, A., RIESENKÖNIG, H., SCHUBERT, G. u. STEBEL, E. (1973): Sicherheitsaktionen. Planung, Durchführung und Kontrolle. Schriftenreihe Arbeitsschutz der BAU Nr. 2. Wirtschaftsverlag NW, Bremerhaven

GEIS, W. (1988): Leitfaden Arbeitsschutz-Organisation. Betriebliche Sicherheitsprogramme mit Fallbeispielen aus der Praxis. Verlag TÜV Rheinland, Köln

2.6.11 Arbeitssicherheitsorganisation bei neuen Arbeitsformen

Grundlagen

Infolge der wirtschaftlichen Entwicklung und der weltweiten Globalisierung ergeben sich Veränderungen in den Arbeitsanforderungen (→Kapitel 3.2) und in den Arbeitsformen sowie – inhalten. Solche veränderten bzw. neuen Arbeitsformen sind u.a. Teilzeitarbeit, Telearbeit, Zeit- und Leiharbeit. Ferner ist auch eine Zunahme der Schichtarbeit, z.B. Arbeit in Call-Centern mit einer 24-Stunden-Hotline, und des Anteils Selbständiger Beschäftigter, besonders durch das Outsourcing von betrieblichen Bereichen, die nicht zum Kerngeschäft der Unternehmen zählen, zu beobachten. Damit zeichnet sich ein Trend ab von der bisher traditionellen Vollzeitarbeit zur Teilzeitarbeit, Tele- und Heimarbeit, Zeitarbeit und selbständige Arbeit. Damit verliert der Betrieb die Funktion des Zentrums der Arbeit zunehmend. Diese Entwicklung hat auch Konsequenzen auf die Organisation der Arbeitssicherheit; so werden z.B. selbständig Beschäftigte nicht von den Arbeitsschutzvorschriften erfasst.

Die Europäische Union hat deshalb in einer Gemeinschaftsstrategie „Gesundheit und Sicherheit am Arbeitsplatz 2002–2006“ Schwerpunktaufgaben formuliert, u.a. die verstärkte Berücksichtigung des Wandels bei den Beschäftigungsformen, der Arbeitsorganisation und der Arbeitszeitgestaltung.

Telearbeit

Mit Telearbeit wird die Tätigkeit bezeichnet, die unter Einsatz moderner Informations- und Kommunikationstechniken räumlich getrennt vom Betrieb des Arbeitgeber bzw. Auftraggebers erfolgt.

Orte der Telearbeit: Telearbeit kann ausgeführt werden

- zu Hause (Heimarbeit),
- alternierend (Kombination von Telearbeit im Betrieb und außerhalb)
- im Satellitenbüro (Zweigstelle des Betriebes meist in der Wohnnähe der Beschäftigten),
- im Nachbarschaftsbüro (Büro, wo unterschiedliche Arbeitgeber gemeinsam tätig sind),
- im Telezentrum (Einrichtung der Kommunen, in dem Telearbeit im Sinne von Nachbarschaftsbüros durchgeführt wird, gepaart mit Kultur- und Freizeitangeboten).

Formen der Telearbeit: Die Personen, die Telearbeit ausführen, können dies als abhängig Beschäftigte (Arbeitnehmer, Heimarbeiter) oder unabhängig Beschäftigte (freie Mitarbeiter, Selbständige) tun.

Arbeitnehmer: Diese Form der Telearbeit ist die gegenwärtig häufigste Beschäftigungsform. Für die Arbeitssicherheit dieser Arbeitnehmer gelten die staatlichen Arbeitsschutzvorschriften und die Vorschriften des jeweiligen Unfallversicherungsträgers. Dennoch sollte für diese Beschäftigungsform eine Zusatzvereinbarung abgeschlossen werden, in der u.a. folgende Sachverhalte zu regeln sind:

- Ort, Dauer und Zeit der Arbeit (z.B. tägliche Präsenzpflicht, Anwesenheit im Unternehmen),
- Haftung bei Beschädigung und Verlust von Arbeitsmitteln,
- Gefährdungsbeurteilung der Arbeitsplätze (z.B. arbeitsschutzbezogenen Zugangsrechte im häuslichen Bereich),
- Weg der Meldung von Arbeitsunfällen.

Heimarbeiter: Arbeitnehmer, der zu Hause erwerbsmäßig im Auftrag von Gewerbetreibenden arbeitet und diesen die Verwertung der Arbeitsergebnisse überlässt (§ 2 (1) HAG). Diese Form der Telearbeit ist relativ selten, da das HAG u.a. „Zeitsouveränität" fordert, d.h. wenn die Lage und die Dauer der Heimarbeit durch den Arbeitgeber vorgegeben wird, liegt keine Heimarbeit vor.

Die Arbeitssicherheit bei Heimarbeit wird durch das HAG, §§ 10–16a, geregelt (→Kapitel 13.7).

Freie Mitarbeiter: Freie Mitarbeiter arbeiten auf der Grundlage von Werk- oder Dienstverträgen. Die Arbeitssicherheit bei dieser Beschäftigungsform ist alleinige Angelegenheit dieses Mitarbeiters; allerdings können im Rahmen der Verträge für diese Arbeit soziale Aspekte vereinbart werden.

Selbständige: Diese Personen sind persönlich und wirtschaftlich unabhängig, sie tragen das unternehmerische Risiko. Die Arbeitssicherheit Selbständiger ist alleinige Angelegenheit dieser Personengruppe, solange keine Mitarbeiter beschäftigt werden. Arbeitsverträge werden in Form von Dienst- oder Werkverträgen abgeschlossen.

Werkvertrag: Vertrag, der einen Werkunternehmer (Auftragnehmer) zur Herstellung eines von einem Besteller (Auftraggeber) in Auftrag genommenen **Werkes** (Herstellung oder Veränderung einer Sache oder Dienstleistung) verpflichtet (§§ 631 ff BGB).

Dienstvertrag: Vertrag, wenn nur die Erbringung einer **Tätigkeit** (Dienst) vereinbart wird (§§ 611 ff. BGB).

Zeit-, Leiharbeit

Zeit- bzw. Leiharbeit ist jede gewerbsmäßige Überlassung (Entleihung) eines Arbeitnehmers zur Arbeitsleistung, z.B. um Personalengpässe im Betrieb zeitweise auszugleichen.

Das Unfallrisiko bei dieser Beschäftigungsform ist in der Regel höher als bei Arbeitnehmern an ständigen Arbeitsplätzen. Die Gründe hierfür liegen u.a. in

- wechselnden Arbeitsbedingungen,
- wechselnden Organisationsstrukturen(z.B. Ansprechperson),
- unbekannten Arbeitsplätzen,
- Koordinierungsproblemen.

Verleiher: Betrieb, der Arbeitnehmer überlässt.

Entleiher: Betrieb, der Arbeitnehmer zeitweise beschäftigt.

Arbeitnehmerüberlassungsvertrag (ANÜV): Voraussetzung für eine Arbeitnehmerüberlassung ist ein ANÜV. Der Vertragsinhalt regelt das gewerbsmäßige Überlassen von Leiharbeitnehmern durch einen Verleiher an Dritte (Entleiher), ohne dass damit Arbeitsvermittlung betrieben wird. Der Verleiher bleibt Arbeitgeber des Leiharbeitnehmers mit allen Rechten und Pflichten, der Entleiher erhält nur vertraglich bestimmtes Weisungsrecht. Daraus ergibt sich ein rechtliches „Dreiecksverhältnis“ (→Abb. 2.6.11), das auch für die Arbeitssicherheit gilt.

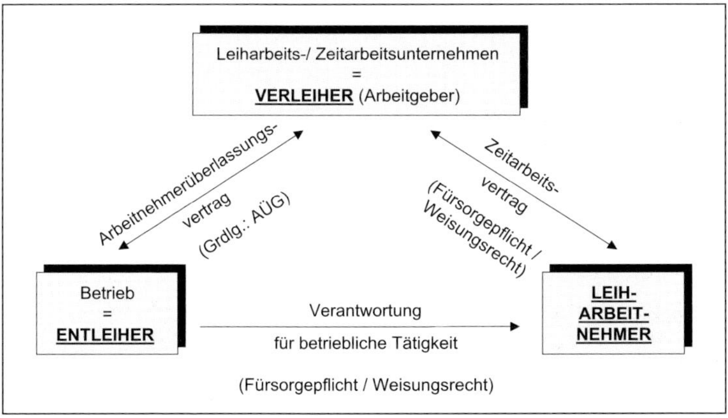

Abb. 2.6.11: Verantwortung bei Leiharbeitnehmern

Arbeitssicherheit: Die Tätigkeit des Leiharbeitnehmers bei dem Entleiher unterliegt den für den Betrieb geltenden Vorschriften des Arbeitsschutzes. Vor Beginn der Tätigkeit hat der Entleiher den Leiharbeitnehmer über Gefährdungen für Sicherheit und Gesundheitsschutz, denen er bei der Arbeit ausgesetzt sein kann, sowie über Maßnahmen und Einrichtungen zur Abwendung dieser Gefahren zu unterrichten.

Rechtsgrundlagen für den Gesundheitsschutz der Leiharbeitnehmer sind § 11 (6) AÜG; §§ 8, 12 ArbSchG; und § 5 ASiG.

Arbeitsschutzvereinbarung: In Form einer Vereinbarung zwischen Ver- und Entleiher sind Aspekte der Arbeitssicherheit zu regeln, u.a.

- zur Verfügungsteln erforderlicher persönlicher Schutzausrüstung,
- Erste-Hilfe-Einrichtungen und Maßnahmen,
- arbeitsmedizinische Vorsorge,
- Einweisung und Unterweisung für Arbeitstätigkeit am Arbeitsort,
- Meldungen von Arbeitsunfällen und arbeitsbedingten Erkrankungen.

Literatur

Entschließung des Rates vom 3. 6. 2002 über eine neue Gemeinschaftsstrategie für Gesundheitsschutz und Sicherheit am Arbeitsplatz 2002–2006 (2002/C 161/01)

Heimarbeitsgesetz (HAG) vom 14. 3. 1951, zuletzt geändert durch Art. 82 des Gesetzes vom 23. 12. 2003 (BGBl. I S. 2848)

Bürgerliches Gesetzbuch (BGB) vom 18. 8. 1896, zuletzt geändert durch Art. 4 Abs. 34 des Gesetzes vom 5. 5. 2004 (BGBl. I S. 718)

Gesetz zur Regelung der gewerbsmäßigen Arbeitnehmerüberlassung (Arbeitnehmerüberlassungsgesetz – AÜG) vom 7. 8. 1972, Neufassung v. 3. 2. 1995, zuletzt geändert durch Art. 11 Nr. 21 des Gesetzes vom 30. 7. 2004 (BGBl. I S. 1950)

Gesetz über die Durchführung von Maßnahmen des Arbeitsschutzes zur Verbesserung der Sicherheit und des Gesundheitsschutzes der Beschäftigten bei der Arbeit (ArbSchutzgesetz – ArbSchG) vom 7. 8. 1996, zuletzt geändert durch Art. 2 b des Gesetzes vom 23. 4. 2004 (BGBl. I S. 602)

Gesetz über Betriebsärzte, Sicherheitsingenieure und andere Fachkräfte für Arbeitssicherheit (Arbeitssicherheitsgesetz – ASiG) vom 12. 12. 1973, zuletzt geändert durch Art. 178 der Verordnung vom 25. 11. 2003 (BGBl. I S. 2304)

BGI 580 Arbeitnehmer in Fremdbetrieben

2.7 Außerbetriebliche Arbeitssicherheitsorganisation

2.7.1 Europäische Union

Entwicklung: 1951 wurde im Vertrag von Paris die Europäische Gemeinschaft für Kohle und Stahl (EGKS) unterzeichnet. 1957 folgten die beiden Römischen Verträge zur Gründung der Europäischen Atomgemeinschaft (Euratom) und Europäischen Wirtschaftsgemeinschaft (EWG). Den 6 Gründerstaaten der Europäischen Gemeinschaft (EG), Belgien (Einwohnerzahl 1999: 10 Mio.), Bundesrepublik Deutschland (82 Mio.), Frankreich (59 Mio.), Italien (58 Mio.), Luxemburg (0,4 Mio.), Niederlande (16 Mio.), schlossen sich 1973 Dänemark (5 Mio.), Großbritannien (60 Mio.) und Irland (4 Mio.), 1981 Griechenland (10 Mio.) sowie 1986 Spanien (39 Mio.) und Portugal (10 Mio.) an. 1995 folgten Österreich (8 Mio.), Schweden (9 Mio.) und Finnland (5 Mio.).

Seit dem 1. 5. 2004 sind weitere Staaten der EU beigetreten: Estland (1,4 Mio.), Lettland (2,4 Mio.), Litauen (3,7 Mio.), Malta (0,4 Mio.), Polen (39 Mio.), Slowakai (5,3 Mio.), Slowenien (2 Mio.), Tschechien (10,3 Mio.), Ungarn (10,8 Mio.) und Zypern (0,8 Mio.).

Das Ziel der Europäischen Gemeinschaft war der politische Zusammenschluss der europäischen Staaten, der u.a. die Errichtung eines gemeinsamen Binnenmarktes und damit den Abbau der Handelshemmnisse zwischen den Mitgliedstaaten voraussetzte. Solche Hemmnisse bestanden u.a. auch durch die unterschiedlichen Anforderungen der einzelnen Staaten auf dem Gebiete des Arbeitsschutzes, insbesondere der Sicherheit von Geräten.

Im Sinne dieser Zielsetzung waren die Organe der Europäischen Gemeinschaft bestrebt, die Sicherheitsanforderungen zu harmonisieren. Nach Art. 100 des EWG-Vertrages konnten Richtlinien zur Angleichung nationaler Regelungen, die den Warenverkehr zwischen den Mitgliedsstaaten behindern, vom Ministerrat auf Vorschlag der Kommission einstimmig beschlossen werden. Entsprechend wurden erste detaillierte EG-Richtlinien erlassen, die von den Mitgliedstaaten in nationales Recht umgesetzt werden mussten, z.B. eine solche über kraftbetriebene Flurförderzeuge (86/663/EWG). Es zeigte sich aber bald, dass die Notwendigkeit einstimmiger Beschlüsse die praktische Arbeit bei der Schaffung eines gemeinsamen Binnenmarktes stark behinderte und auch detaillierte Richtlinien zu technischen Einzelheiten unzweckmäßig waren.

Durch die 1986 unterzeichnete und 1987 in Kraft getretene Einheitliche Europäische Akte (EEA) wurden diese Schwierigkeiten überwunden. Zunächst wurde in der Akte u.a. die Verwirklichung des gemeinsamen Binnenmarktes bis Ende 1992 festgelegt.

Art. 100a EWG/95 EG-Vertrag: Nach dem seinerzeitigen Art. 100a konnten Richtlinien auf Vorschlag der Kommission in Zusammenarbeit mit dem Europäischen Parlament vom Europäischen Rat in qualifizierter Mehrheit beschlossen werden, also auch gegen den Willen eines einzelnen Staates, soweit dies zur Verwirklichung des Binnenmarktes erforderlich war. Die Sperrminorität betrug 27 Stimmen. Deutschland, Frankreich und Großbritannien besitzen je 10 Stimmen, die übrigen Mitgliedstaaten je nach Größe weniger Stimmen, insgesamt 87. 1997 wurde durch den Vertrag von Amsterdam der bisherige Art. 100a zu Art. 95 EG-Vertrag. Der Inhalt des neuen Artikels blieb unverändert.

Die inzwischen zahlreich erlassenen Binnenmarkt-Richtlinien und ihre Anhänge regeln nur die grundlegenden Anforderungen. Ihre Inhalte müssen in geeigneter Form in nationales Recht ohne das Sicherheitsniveau verändernde Zusätze übernommen werden.

Europäische Normung: Konkrete Einzelheiten werden unverbindlich in harmonisierten europäischen Normen festgelegt, und zwar durch die privatrechtlichen Organisationen CEN (europäisches Komitee für Normung) und CENELEC (Europäisches Komitee für elektrotechnische Normung).

Zur Straffung des Normenwesens, vor allem zur Vermeidung von Wiederholungen in Einzelnormen, werden die sicherheitstechnischen Europanormen wie folgt eingeteilt:

Typ A: Sicherheitsgrundnormen: Festlegung von Grundbegriffen, Gestaltungsgrundsätzen, z.B. in DIN EN ISO 12100-1 u. -2 – Sicherheit von Maschinen.

Typ B: Sicherheitsgruppennormen:

B1: Spezielle Sicherheitsaspekte, z.B. Regelungen für Sicherheitsabstände und zur Vermeidung von Quetschungen von Körperteilen.

B2: Sicherheitseinrichtungen, spezielle Anforderungen an Maschinengruppen, z.B. in DIN EN 201 Spritzgießmaschinen.

Über die Annahme einer Europa-Norm wird in technischen Komitees abgestimmt. Die Mitgliedstaaten der EU sind verpflichtet, die harmonisierten Normen in nationale Normen umzusetzen.

Art. 118a EWG/137 EG-Vertrag: Nach dem seinerzeitigen Artikel 118a EWG-Vertrag bzw. heutigen Art. 137 EG-Vertrag können sozialpolitische Richtlinien auf Vorschlag der Kommission in Zusammenarbeit mit dem Europäischen Parlament vom Europäischen Rat in qualifizierter Mehrheit beschlossen werden, die der Vereinheitlichung des Niveaus der Sicherheit und des Schutzes der Gesundheit in den Mitgliedstaaten dienen. Im Gegensatz zu den Binnenmarkt-Richtlinien nach Art. 95 handelt es sich bei solchen nach Art. 137 um Mindestvorschriften, deren Sicherheitsniveau in den Mitgliedstaaten bedarfsweise erhöht werden kann.

Richtlinien nach Art. 137 EG-Vertrag werden in der Regel nicht durch Europa-Normen konkretisiert (→BArbBl. 1993 S. 37). Lediglich zur allgemeinen Verständigung über Begriffe, Definitionen, Zeichen usw. und zur Sicherung der Vergleichbarkeit von Prüf- und Messverfahren usw. sind solche Normen sinnvoll.

Organe: 1993 wurde die Europäische Gemeinschaft (EG) aufgrund des Vertrages von Maastricht in Europäische Union (EU) umbenannt. Ihre wesentlichen Organe sind:

Europäisches Parlament: Beratende und kontrollierende Funktion. 732 Abgeordnete, davon 99 aus der Bundesrepublik Deutschland. Mandatszeit: 5 Jahre.

Rat (Ministerrat): Oberstes rechtssetzendes Organ (Legislative). Seine Verordnungen und Entscheidungen gelten unmittelbar in den Mitgliedstaaten. Seine Richtlinien müssen in das nationale Recht von den Mitgliedstaaten umgesetzt werden. Außerdem kann der Ministerrat durch Empfehlungen auf seine Mitgliedstaaten unverbindlich einwirken. Der Ministerrat besteht aus den Fachministern der Mitgliedstaaten. Die Präsidentschaft wechselt alle 6 Monate zwischen den Mitgliedstaaten in alphabetischer Reihenfolge. Die Zahl der Stimmen – insgesamt 87 – ist nach der Bedeutung der einzelnen Länder unterschiedlich gewichtet.

Kommission: Ausführende Funktion (Exekutive). Sie hat u.a. auch rechtsetzende Befugnisse im Rahmen der Durchsetzung von Ratsbeschlüssen. Sie besteht aus 30 Mitgliedern (ab 1. 11. 2004 werden es 27 Mitglieder sein), die von den Regierungen der Mitgliedstaaten im gegenseitigen Einvernehmen ernannt werden. Jedes Land muss vertreten sein, es dürfen jedoch nicht mehr als 2 Vertreter einem Land angehören. Die Ernennungen erfolgen von den Regierungen der Mitgliedstaaten nach Zustimmung des Europäischen Parlaments. Amtszeit: 5 Jahre, Verlängerung ist möglich. Der Kommission unterstehen die fachlich gegliederten Generaldirektionen, z.B. „Binnenmarkt" in Brüssel und „Soziale Angelegenheiten" in Luxemburg.

Gerichtshof: Entscheidet über Streitigkeiten bei der Auslegung und Anwendung des EG-Rechtes.

Wirtschafts- und Sozialausschuss: Wirkt beratend gegenüber Rat und Kommission. Besteht aus 222 Mitgliedern der verschiedenen Gruppen des wirtschaftlichen und sozialen Lebens.

Ausschuss der Regionen: Anhörung von Rat und Kommission in bestimmten Fällen. Besteht aus 222 Vertretern der regionalen und kommunalen Körperschaften.

Literatur

FRITZE, A. (LB): EG-Recht zu Arbeitsschutz, Gesundheitsschutz und Produktsicherheit. WEKA Verlag, Augsburg

OTTING, A. (1997): Von Maastricht nach Amsterdam. BArbBl. Nr. 11 S. 10–13

2.7.2 Staatliche Gesetzgebung und Aufsicht

Gesetzgebung: Nach Artikel 74 Ziffer 12 Grundgesetz gehört das Arbeitsrecht einschließlich der Betriebsverfassung, des Arbeitsschutzes und weiterer Bereiche zur konkurrierenden Gesetzgebung. Die Länder haben also die Befugnis zur Gesetzgebung, solange und soweit der Bund keinen Gebrauch von seinem Gesetzgebungsrecht macht. Der Bund hat insbesondere das Gesetzgebungsrecht, wenn aus Gründen der Wahrung der Einheitlichkeit und der Bedeutung der zu regelnden Materie ein Bedürfnis nach gesetzlicher Regelung besteht, wie das z.B. beim Gesetz über technische Arbeitsmittel oder beim Arbeitssicherheitsgesetz der Fall ist.

Beim Bund liegt die Federführung für Gesetzesentwürfe, die den Arbeitsschutz betreffen, beim Bundesminister für Wirtschaft und Arbeit.

In den Ländern sind die Arbeitsminister oberste Arbeitsbehörden, die die Landesvorschriften auf dem Gebiet des Arbeitsschutzes vorbereiten, z.T. auch erlassen und die Durchführung der Bundes und Landesvorschriften regeln und kontrollieren. Für den Bergbau sind die Wirtschaftsminister zuständig.

Die Bundesregierung erstattet dem Deutschen Bundestag und dem Bundesrat einen statistischen Bericht über den Stand von Sicherheit und Gesundheit bei der Arbeit und über das Unfall- und Berufskrankheitengeschehen. Alle vier Jahre gibt der Bericht einen umfassenden Überblick (§ 25 SGB VII).

Gewerbeaufsicht/Staatliches Amt für Arbeitsschutz: Die Kontrolle der Einhaltung der von Bund und Ländern erlassenen Arbeitsschutzvorschriften und eine entsprechende Beratung erfolgen in der Regel durch die staatlichen Gewerbeaufsichtsämter, die in einigen Bundesländern auch Ämter für Arbeitsschutz (und Sicherheitstechnik) oder ähnlich bezeichnet werden. Die Gewerbeaufsichtsämter sind regional zuständig und unterstehen den Arbeitsministern des jeweiligen Bundeslandes. In einigen Bundesländern sind die Bezirksregierungen (Regierungspräsidenten) Mittelinstanz. Außerdem besitzen die meisten Länder für übergreifende Aufgaben Landesinstitute.

Rechtsgrundlage für die Tätigkeit der Gewerbeaufsicht ist in erster Linie § 139 GewO und § 22 ArbSchG. Das weitgespannte Arbeitsgebiet der Gewerbeaufsicht umfasst im wesentlichen:

1. Technischer Arbeitsschutz und Gesundheitsschutz, z. B. Gerätesicherheit, Arbeitsstättengestaltung, gefährliche Stoffe, Strahlenschutz, Sprengstoffwesen.
2. Sozialer Arbeitsschutz, z.B. Sonntagsarbeit, Arbeitszeit, Jugendarbeitsund Mutterschutz usw.
3. Öffentliche Planung: Mitwirken beim Erstellen von Flächennutzungs- und Bauleitplänen usw.
4. Umweltschutz:Immissionsschutz, Abfallverwertung, Gewässerschutz usw. Diese umfangreichen Aufgaben werden nicht in allen Bundesländern von der Gewerbeaufsicht wahrgenommen. Beispielsweise wurde 1994 in Nordrhein-Westfalen die Gewerbeaufsicht in staatliche Ämter für Arbeitsschutz und staatliche Umweltämter geteilt.

Den Beamten der Gewerbeaufsicht stehen alle amtlichen Befugnisse der Ortspolizeibehörde zu, insbesondere das Recht zur jederzeitigen Revision der Betriebsanlagen. Sie können Auskünfte und Überlassung von Unterlagen verlangen. Falls sich ein Auskunftspflichtiger durch eine Auskunft einer Strafverfolgung aussetzen würde, darf die Auskunft verweigert werden. Auf dieses Recht ist der Auskunftspflichtige hinzuweisen. Gewerbeaufsichtsbeamte sind grundsätzlich zur Amtsverschwiegenheit verpflichtet, dürfen jedoch unter gesetzlich festgelegten Voraussetzungen Betriebsgeheimnisse weitergeben, z.B. an die zuständigen Behörden zum Schutz der Umwelt. Im Rahmen gesetzlich umgrenzter Fälle können zum Durchsetzen von Maßnahmen Anordnungen getroffen werden. In bestimmten Fällen können auch Betriebsstilllegungen erfolgen. Ordnungsverfügungen müssen die Rechtsgrundlagen erkennen lassen und eine Rechtsbehelfsbelehrung enthalten. Gegen Ordnungsverfügungen kann in der Regel innerhalb eines Monats Widerspruch schriftlich oder zur Niederschrift bei der Verwaltungsbehörde eingelegt werden, die die Ordnungsverfügung getroffen hat. Der Widerspruch hat aufschiebende Wirkung. Ausnahme: Anforderung öffentlicher Abgaben und Kosten, unaufschiebbare Anordnungen bei Gefahr im Verzug und Maßnahmen von Polizeivollzugsbeamten in durch Bundesgesetz vorgeschriebenen Fällen und wenn sofortige Vollziehung im öffentlichen Interesse liegt.

In der Gewerbeaufsicht sind auch staatliche Gewerbeärzte tätig. Sie unterstützen die technischen Beamten der Gewerbeaufsicht in arbeitsmedizinischen und arbeitshygienischen Fragen, besonders auch durch Ermittlungen bei angezeigten Berufskrankheiten. Für bestimmte Einstellungs- und Überwachungsuntersuchungen der Arbeitnehmer werden Ärzte besonders ermächtigt (staatlich ermächtigte Überwachungsärzte).

Über die Überwachungstätigkeit der Gewerbeaufsicht wird von den einzelnen Bundesländern jährlich ein Bericht veröffentlicht.

Bergaufsicht: Sie wird durch die Bergbehörde wahrgenommen, die eine staatliche Sonderbehörde u.a. zum Zwecke der Abwehr von Gefahren durch den Bergbau ist. Rechtsgrundlage ist das Bundesberggesetz, auf Grund dessen Bund und Länder spezielle Bergverordnungen erlassen. Die Zuständigkeit der Bergbehörde bezieht sich auf das Aufsuchen, Gewinnen und Aufbereiten von Bergbaumineralien, ferner auf Anlage und Betrieb von Untergrundspeichern und die Herstellung (nicht den Betrieb!) von Hohlräumen. Da im Bergbau Gefahren besonderer Art und Auswirkungen abzuwenden sind, hat der Gesetzgeber den Bergbehörden hierfür auch außerordentliche Mittel an die Hand gegeben. Dazu gehört vor allem das Betriebsplanverfahren, nach dem alle Arbeiten vor Beginn von der Bergbehörde zugelassen sein müssen. Außerdem müssen verantwortliche Aufsichtspersonen nach ihrer Bestellung der Bergbehörde angezeigt werden, die bei Vorliegen mangelnder Fachkunde, ungenügender körperlicher Eignung oder Unzuverlässigkeit die Beschäftigung untersagen kann.

Die Wahrnehmung der Bergaufsicht ist Ländersache. Als Mittelinstanz wirken – zum Teil für mehrere Bundesländer – Oberbergämter. Untere Instanz sind regional zuständige Bergämter. Die Beamten der Bergbehörde haben Befugnisse, die denen der Gewerbeaufsichtsbehörden ähneln.

Literatur

GESETZE: Bundesberggesetz, Gewerbeordnung, Verwaltungsgerichtsordnung, Ordnungswidrigkeitsgesetz, Verwaltungsverfahrensgesetz in heute gültigen Fassungen

Bergverornung zum gesundheitlichen Schutz der Beschäftigten (Gesundheitsschutz-Bergverordnung – GesBergV) v. 31. 7. 1991, zuletzt geändert durch Art. 2 Nr. 8 der Verordnung vom 18. 10. 1999 (BGBl. I S. 2059)

Bergverordnung für alle bergbaulichen Bereiche (Allgemeine Bundesbergverordnung-ABBergV) v. 23. 10. 1995, zuletzt geändert durch die Verordnung vom 10. 8. 1998 (BGBl I S. 2093)

DAPPRICH, G. u. RÖMERMANN, K. (1983): Bundesberggesetz. Heymanns Verlag; Köln

LANDMANN, VON, R. u. ROHMER, G., Hrsg. (LB): Gewerbeordnung – Kommentar

Beck'sche Verlags-Buchhandlung München. ZYDEK, H. u. HELLER, W. (LB): Deutsches Bergrecht. Verlag Glückauf; Essen.

2.7.3 Gesetzliche Unfallversicherung

Die Unfallversicherung gehört neben Kranken-, Renten-, Pflege- und Arbeitslosenversicherung zur Sozialversicherung.

Organisation: Zu unterscheiden sind folgende Gruppen von Trägern der gesetzlichen Unfallversicherung:

1. Gewerbliche Berufsgenossenschaften. Sie gliedern sich nach Branchen
2. Landwirtschaftliche Berufsgenossenschaften.
3. Unfallversicherungsträger der öffentlichen Hand. Diese betreffen die Gemeindeunfallversicherungsverbände, Ausführungsbehörden des Bundes, der Länder und die Eigenunfallversicherungen einiger Großstädte sowie die Feuerwehrunfallkassen.

Die Berufsgenossenschaft ist als Träger der gesetzlichen Unfallversicherung eine Körperschaft öffentlichen Rechts. Sie verwaltet sich selbst. Oberstes Organ ist die Vertreterversammlung, die sich aus Vertretern der Arbeitgeber und Arbeitnehmer paritätisch zusammensetzt. Der Vorstand vertritt die betreffende Berufsgenossenschaft nach außen, der Geschäftsführer leitet die laufenden Arbeiten und berät den Vorstand.

Rechtliche Grundlage für die Tätigkeit der Unfallversicherungsträger ist das SGB VII. Jeder Mitarbeiter eines Betriebes wird zwangsläufig gegen Unfall bei der Arbeit und auf dem Weg zwischen Arbeitsstätte und Wohnung sowie gegen Berufskrankheit bei der zuständigen Berufsgenossenschaft versichert. Unabhängig vom Beschäftigungsverhältnis ist eine Person kraft Gesetz (§ 2 SGB VII) gegen Unfall versichert u.a. bei Blut- oder Gewebespenden, Erste Hilfe, Verfolgung eines Strafverdächtigen, Selbsthilfe beim öffentlich geförderten Wohnungsbau und unter bestimmten Voraussetzungen beim Pflegen eines Pflegebedürftigen und bei ehrenamtlicher Tätigkeit. Ebenfalls sind Kinder bei Besuch einer erlaubnispflichtigen Tageseinrichtung sowie Schüler und Studenten bei Besuch der Aus- und Fortbildungsstätten in die gesetzliche Unfallversicherung einbezogen.

Aufgaben: Die Träger der gesetzlichen Unfallversicherung haben folgende Aufgaben:

Sicherheit und Gesundheitsschutz: Die Unfallversicherungsträger haben mit allen geeigneten Mitteln für die Verhütung von Arbeits- und Wegeunfällen, Berufskrankheiten und arbeitsbedingten Gesundheitsgefahren sowie für eine wirksame Erste Hilfe zu sorgen. Dabei sollen sie auch den Ursachen von arbeitsbedingten Gefahren nachgehen (§ 14 SGB VII).

Zu diesem Zweck entwickeln die Träger der gesetzlichen Unfallversicherung Unfallverhütungsvorschriften, die als autonome Rechtsnormen für die Mitglieder und Versicherten des betreffenden Unfallversicherungsträgers rechtsverbindlich sind. Die Unfallverhütungsvorschriften werden von der Vertreterversammlung der betreffenden Träger der gesetzlichen Unfallversicherung beschlossen und bedürfen zu ihrer Wirksamkeit der Genehmigung des BMWA. Die Unfallverhütungsvorschriften enthalten die Schutzziele und Grundsätze der Gefahrenabwehr, während in den Durchführungsanweisungen konkrete Einzelregelungen und Erläuterungen zu den Unfallverhütungsvorschriften enthalten sind. Bei den gewerblichen Berufsgenossenschaften sind diese Unfallverhütungsvorschriften durch BGV gekennzeichnet. Die gewerblichen Berufsgenossenschaften geben außerdem Berufsgenossenschaftliche Grundsätze (BGG), Informationen (BGI) und Regeln (BGR) heraus.

Ferner unterhalten die Träger der gesetzlichen Unfallversicherung Unfallverhütungsdienste, deren Aufsichtspersonen branchenspezifische Tätigkeitsfelder haben. Sie führen vorwiegend Beratungen und Revisionen technischer Anlagen durch, außerdem untersuchen sie Unfälle. Die technischen Aufsichtspersonen sind berechtigt, die Mitgliedsunternehmen während der Arbeitszeit zu besichtigen und Auskunft über Einrichtungen, Arbeitsverfahren und Arbeitsstoffe zu verlangen. Im Einzelfall können sie anordnen, welche Maßnahmen Arbeitgeber und Versicherte zu treffen haben, damit sie ihre Pflichten zur Verhütung von Arbeitsunfällen, Berufskrankheiten und arbeitsbedingten Gesundheitsgefahren erfüllen sowie welche Maßnahmen zur Abwendung besonderer Unfall- und Gesundheitsgefahren zu treffen sind. Sie sind u.a. zur Einsicht in Unterlagen des Unternehmers befugt, soweit dies zur Überwachung erforderlich ist, können Messungen durchführen oder deren Durchführung verlangen, Proben nehmen, Untersuchungen von Unfällen und Schadensfällen durchführen und Begleitung durch fachkundiges Personal verlangen.

Bei akuter Gefahr sind Anordnungen zur Beseitigung von Unfallgefahren sofort vollziehbar. Bei Zuwiderhandlung gegen die Anordnung sind Ordnungsstrafen möglich. Umittelbarer Zwang ist nur durch Amtshilfe der staatlichen Gewerbeaufsicht möglich.

Die Träger der gesetzlichen Unfallverhütung führen außerdem Schulungen durch, deren Kosten einschließlich Fahr-, Unterbringungs- und Verpflegungskosten sie zu tragen haben. Ferner beteiligen sie sich an Unfallverhütungsaktionen. Ein zentrales Informationssystem der gesetzlichen Unfallversicherung (ZIGUV) befindet sich beim Hauptverband der gewerblichen Berufsgenossenschaften. Es dient vorwiegend der Sammlung, Erfassung und inhaltlichen Erschließung der wichtigsten Daten, Dokumente und Veröffentlichungen aus dem Gesamtbereich der gesetzlichen Unfallversicherung.

Für den Bereich der gewerblichen Berufsgenossenschaften besteht beim Hauptverband der gewerblichen Berufsgenossenschaften die Berufsgenossenschaftliche Zentrale für Sicherheit und Gesundheit (BGZ). Sie dient der Intensivierung und Koordinierung der Arbeitssicherheit und Arbeitsmedizin. Der Zentralstelle sind Fachausschüsse angegliedert, die sich vorwiegend mit der Erarbeitung des Vorschriftenwerkes und sicherheitlichen Einzelfragen befassen. Die Federführung liegt jeweils bei der Berufsgenossenschaft. Außerdem unterhalten die Berufsgenossenschaften zahlreiche Prüfstellen für persönliche Schutzausrüstung und Fachinstitute.

Die Unfallversicherungsträger arbeiten mit der Gewerbeaufsicht eng zusammen. In jedem Bundesland besteht zur Förderung der Zusammenarbeit eine gemeinsame Stelle.

Unfallversicherungsträger können überbetriebliche arbeitsmedizinische und sicherheitstechnische Dienste einrichten. Ein Zwang zum Anschluss an solche Dienste besteht nicht, sofern der Unternehmer nachweist, dass er seine Pflichten nach dem Arbeitssicherheitsgesetz erfüllt.

Heilung von Unfallverletzten: Bei Verletzungen und Berufskrankheiten gewährt die Berufsgenossenschaft Heilbehandlung, um die durch den Unfall bewirkte Körperverletzung oder Gesundheitsstörung zu beseitigen und eine Verschlimmerung der Unfallfolgen zu verhüten. Seit 1991 sind die Berufsgenossenschaften allein für diese Kosten zuständig, es entfällt also ein ärztliches Heilverfahren der Krankenkassen.

Berufshilfe für Verletzte: Sie erfolgt mit dem Ziel, den Verletzten zur Wiederaufnahme seines früheren Berufes oder eines gleichwertigen anderen Berufs medizinisch und sozial zu befähigen.

Entschädigung durch Geldleistungen: Der Verletzte erhält bei Arbeitsunfähigkeit nach Beendigung der Lohnfortzahlung, also in der Regel nach 6 Wochen, Verletztengeld. Dies wird wie das Krankengeld berechnet, orientiert sich also am Nettoentgelt, jedoch ohne die in der Krankenversicherung geltende Beschränkung durch die Höchstgrenze. Erff. kann auch Pflegegeld bezahlt werden. Der Verletzte erhält Rente, wenn er länger als 26 Wochen um mindestens 20% in seiner Erwerbsfähigkeit gemindert ist. Bei Erwerbsunfähigkeit wird eine Vollrente in Höhe von $^2/_3$ des letzten Jahresarbeitsverdienstes gezahlt.

Wenn der Verletzte infolge des Arbeitsunfalles ohne Arbeitsentgelt und -einkommen ist, wird die Rente unter bestimmten Voraussetzungen vorübergehend erhöht.

Im Todesfall erhalten die Hinterbliebenen Sterbegeld ($^1/_{12}$ des Jahresarbeitsverdienstes, höchstens jedoch die Bestattungskosten), Ersatz der Kosten für die Überführung und Hinterbliebenenrente. Die Witwenrente beträgt $^3/_{10}$ des Jahresarbeitsverdienstes. Sie erhöht sich auf $^4/_{10}$, falls die Witwe das 45. Lebensjahr vollendet hat, berufs- oder erwerbsunfähig ist oder mindestens ein waisenrentenberechtigtes Kind erzieht. Die Vollwaisenrente beträgt $^4/_{10}$, die Halbwaisenrente $^2/_{10}$ des Jahresarbeitsverdienstes. Die Renten der Hinterbliebenen dürfen insgesamt $^8/_{10}$ nicht überschreiten. Weitere Einzelheiten → BGI 506 oder Betriebswacht.

Beiträge: Sie werden für die Unfallversicherung ausschließlich vom Unternehmer aufgebracht. Zu diesem Zweck legen die Berufsgenossenschaften ihre Aufwendungen am Schluss des Jahres auf ihre Mitglieder um. Die Beiträge ergeben sich aus der Lohn- und Gehaltssumme sowie dem Gefahrentarif, der das Risiko bei der Arbeit in dem betreffenden Unternehmen berücksichtigt.

Die Formel lautet: Versicherungsbeitrag VB = Lohn- und Gehaltssumme L mal Gefahrenklasse G mal Umlageziffer der Berufsgenossenschaft. Die Werte der Gefahrenklasse, die alle 5 Jahre überprüft und erff. neu festgesetzt werden, sind sehr unterschiedlich. In der Verwaltung beträgt der Wert etwa 1, in gefährlichen Betrieben etwa 5–20, doch kann er für sehr gefährliche Tätigkeiten noch wesentlich höher liegen, z.B. für Erprobungsflüge in der Flugzeugindustrie. Bei einigen Berufsgenossenschaften werden darüberhinaus jährliche Zu- und Abschläge je nach Unfallbelastung des Unternehmens gewährt und damit Anreize zur Unfallverhütung geschaffen.

Literatur

Siebtes Buch Sozialgesetzbuch – Gesetzliche Unfallversicherung (SGB VII) v. 7. 8. 1996, zuletzt geändert durch Art. 3 des Gesetzes vom 23. 4. 2004 (BGBl. I S. 606)

Berufskrankheitenverordnung (BKV) v. 31. 10. 1997, zuletzt geändert durch Art 1 der Verordnung vom 5. 9. 2002 (BGBl. I S. 3541)

ALLGEMEINE VERWALTUNGSVORSCHRIFT über das Zusammenwirken der Träger der Unfallversicherung und der Gewerbeaufsichtsbehörde v. 28. 11. 1977 (Bundesanzeiger Nr. 225)

ALLGEMEINE VERWALTUNGSVORSCHRIFT über das Zusammenwirken der technischen Aufsichtsbeamten der Träger der Unfallversicherung mit den Betriebsvertretungen v. 28. 11. 1977 (Bundesanzeiger Nr. 225)

BGI 506: Merkblatt über die gesetzliche Unfallversicherung

AICHBERGER, F. (LB): Sozialgesetzbuch, Reichsversicherungsordnung, Vorschriftensammlung. Beck'sche Verlags-Buchhandlung, München

BEREITER-HAHN, W., SCHIEKE, H. u. MEHRTENS, G. (LB): Gesetzliche Unfallversicherung. Schmidt Verlag, Berlin

HAUCK/NOFTZ (LB): Sozialgesetzbuch – SGB VII, Gesetzliche Unfallversicherung, Erich Schmidt Verlag, Berlin

PODZUN (LB): Der Unfallsachbearbeiter. Erich Schmidt Verlag, Berlin

WATERMANN, F. (LB): Unfallversicherung. Kohlhammer Verlag, Stuttgart

2.7.4 Sachverständige Überwachungsstellen

Zur erfolgreichen Lösung schwieriger Arbeitssicherheitsfragen sind Sachverständige erforderlich, deren Tätigwerden z.T. gesetzlich vorgeschrieben ist. Neben sachverständigen Spezialisten auf verschiedenen Gebieten bedient sich die Betriebsleitung in der betrieblichen Praxis häufig der Sachverständigen der technischen Überwachungsvereine. Die technischen Überwachungsvereine sind als eingetragene Vereine Selbstverwaltungskörperschaften der Industrie, deren Sachverständige amtlich anerkannt sind. Lediglich in Hamburg (Amt für Arbeitsschutz) und in Hessen (Staatliche Technische Überwachung) wird die Sachverständigentätigkeit durch staatliche Beamte wahrgenommen. Die technischen Überwachungsvereine sind zusammen mit einigen Industrieunternehmen als Eigenüberwacher in der Vereinigung der technischen Überwachungsvereine (VdTÜV) zusammengeschlossen.

Der Aufgabenbereich der Sachverständigen umfasst außer der Prüfung von Kraftfahrzeugen und Kraftfahrern in erster Linie die Prüfung besonders gefährlicher technischer Geräte und Anlagen, z.B. elektrischer und explosionsgeschützter Anlagen, Dampfkessel, Aufzüge, Druckbehälter, Seilfahrtanlagen im Bergbau usw. Heute haben die technischen Überwachungsvereine Spezialisten auf fast allen für die Arbeitssicherheit wichtigen Gebieten. Mit ihrem Fachwissen unterstützen sie Betriebe und Behörden. Dieses personenbezogene Prüfwesen wird bis zum 31. 12. 2005 durch organisationsbezogene Überwachungsstellen abgelöst (→Kapitel 7.1).

Weitere wichtige Sachverständige befinden sich besonders bei den staatlichen Instituten und Anstalten, z.B. den Materialprüfämtern, Landesinstituten, der Physikalisch-technischen Bundesanstalt, der Bundesanstalt für Materialforschung und -prüfung, der Bundesanstalt für Arbeitsschutz und Arbeitsmedizin, ferner beim Berufsgenossenschaftlichen Institut für Arbeitsschutz (BIA) des Hauptverbandes der gewerblichen Berufsgenossenschaften.

Literatur

WIESENACK, G. (1971): Wesen und Geschichte der Technischen Überwachungsvereine. Heymanns Verlag, Köln

2.7.5 Koordinierungsgremien, Forschungsinstitutionen

Koordinierungsgremien und Forschungsinstitutionen für Fragen der Arbeitssicherheit und des Gesundheitsschutzes werden von Staat, Berufsgenossenschaft und Sozialpartnern unterhalten.

Bundesanstalt für Arbeitsschutz und Arbeitsmedizin (BAuA): Sie ist Rechtsnachfolgerin der Bundesanstalt für Arbeitsschutz (BAU) in Dortmund und der Bundesanstalt für Arbeitsmedizin (BAfAM) in Berlin. Als nicht rechtsfähige Anstalt des öffentlichen Rechts untersteht sie unmittelbar dem Bundesminister für Wirtschaft und Arbeit (BMWA). Die Bundesanstalt ist fachlich zuständig für den Arbeits- und berufsbedingten Gesundheitsschutz und die technische Gefahrenabwehr bei der Hausarbeit und während der Freizeit (BArbBl. 1996 S. 63). In diesem Rahmen hat sie beratende, koordinierende und forschende Funktionen. U.a. berät sie den Bundesminister für Wirtschaft und Arbeit, z.B. bei der Vorbereitung von Gesetzen, Verordnungen usw. Ihr obliegt die Geschäftsführung gesetzlich vorgeschriebener technischer Ausschüsse, z.B. der Ausschüsse nach § 13 GPSG für technische Arbeitsmittel und Verbraucherprodukte. Außerdem ist sie Anmeldestelle nach dem Chemikaliengesetz. Sie unterhält eigene Laboratorien, auch fördert und koordiniert sie die einschlägige Forschung. Sie fördert die Aus- und Fortbildung, betreibt Öffentlichkeitsarbeit und unterhält eine öffentliche Fachbibliothek mit Dokumentation sowie eine ständige Arbeitsschutzausstellung.

Hauptsitz der Bundesanstalt ist Dortmund. Die Bundesanstalt für Arbeitsschutz und Arbeitsmedizin hat außerdem einen Sitz in Berlin. Dort ist sie fachlich zuständig für Aufgaben des medizinischen Arbeitsschutzes und hat in diesem Rahmen beratende, koordinierende und forschende Funktion besonders hinsichtlich der Verhütung und Bekämpfung von arbeitsbedingten Erkrankungen. Sie führt arbeitsmedizinische Forschungsvorhaben durch und koordiniert die einschlägige externe Forschung. Sie fördert die Fortbildung und Qualifizierung im medizinischen Arbeitsschutz und betreibt ebenfalls eine öffentliche Fachbibliothek.

Der BAuA angeschlossen ist die Deutsche Arbeitsschutzausstellung. Auf 13 000 m^2 Fläche werden den Besuchern in einer ständigen Erlebnisausstellung anschauliche Informationen über Geschichte und Gegenwart der Arbeitswelt und vor allem des Arbeitsschutzes nahe gebracht. Die als „bestes neues Industrie- und Technikmuseum in Europa“ ausgezeichnete Ausstellung wurde 1998 von über 150 000 Personen besucht. Die DASA besitzt auch als Seminar- und Kongresszentrum zunehmende Bedeutung.

Das ehemalige Zentralinstitut für Arbeitsschutz in Dresden ist seit der Wiedervereinigung am 3. Oktober 1990 Außenstelle der Bundesanstalt für Arbeitsschutz und Arbeitsmedizin, eine weitere Außenstelle besteht in Bremen.

Bundesanstalt für Materialforschung und -prüfung (BAM) in Berlin: Sie ist Rechtsnachfolgerin der chemisch-technischen Reichsanstalt und nicht rechtsfähige Anstalt des öffentlichen Rechts und untersteht unmittelbar dem Bundeswirtschaftsminister. Als Forschungs- und Prüfinstanz bezieht sich ihr Aufgabengebiet auf Werkstoff- und Materialprüfung, Brandschutz, chemische Sicherheitstechnik, Explosionsschutz, Sprengstoffwesen usw.

Physikalisch-technische Bundesanstalt (PTB) in Braunschweig und Berlin: Sie ist eine nicht rechtsfähige Anstalt des öffentlichen Rechts, die unmittelbar dem Bundeswirtschaftsminister untersteht. Sie befasst sich u.a. mit dem Mess- und Eichwesen, mit der Brennbarkeit und Explosionsfähigkeit von Stoffen und Gasen sowie mit der Zulassung explosionsgeschützter Betriebsmittel. Sie führt Forschungsarbeiten im physikalisch-technischen Bereich durch.

Länderinstitutionen: Staatlicherseits gibt es in einigen Ländern Koordinierungsinstitutionen in Form von Landesanstalten, Landesgewerbeaufsichtsämtern, Zentralstellen, Instituten, Prüf- und Messstellen, die auf Länderbasis Fragen des Arbeits-, Nachbarschafts- und Umweltschutzes wahrnehmen.

Berufsgenossenschaftliche Forschungsinstitute: Die Berufsgenossenschaften unterhalten eigene Forschungs- und Prüfinstitute, u.a. (weitere →Betriebswacht):

Berufsgenossenschaftliches Institut für Arbeitsschutz (BIA) in St. Augustin bei Bonn: Zentrales Prüfungs- und Forschungsinstitut der gewerblichen Berufsgenossenschaften mit den Schwerpunkten Gefahrstoffe, Lärm, Schwingungen, Staub, technische Arbeitsmittel, Schleifkörper, Schutzhauben und persönliche Schutzausrüstung.

Institut zur Erforschung elektrischer Unfälle der Berufsgenossenschaft der Feinmechanik und Elektrotechnik in Köln: Es befasst sich mit technischen und medizinischen Fragen des durch Elektrizität verursachten Unfalls.

Berufsgenossenschaftliches Institut für Arbeit und Gesundheit (BGAG) in Dresden: Die Aufgabenbereiche umfassen Qualifizierung, Forschung und Beratung.

TÜV-Institute: Auch die Technischen Überwachungsvereine unterhalten einige Forschungsinstitute. Für die Arbeitssicherheit ist das Institut für Unfallforschung beim TÜV-Rheinland in Köln von besonderer Bedeutung. Es befasst sich vorwiegend mit Fragen der Unfallursachenforschung und der Maßnahmenentwicklung zur Vermeidung von Unfällen.

Bundesarbeitsgemeinschaft für Sicherheit und Gesundheitsschutz bei der Arbeit (Basi) in St. Augustin: In ihr sind alle wichtigen Fachorganisationen und Verbände, Behörden und Sozialpartner vertreten. Sie verfolgt das Ziel, den Stand der Arbeitssicherheit in der Bundesrepublik Deutschland zu verbessern. Zu diesem Zweck hat sie in erster Linie Koordinierungsfunktion. Außerdem veranstaltet sie alle zwei Jahre den Deutschen Kongress für Arbeitsschutz und Arbeitsmedizin mit Ausstellung.

Hochschulen: An allen größeren Hochschulen mit technisch ausgerichteten Fachbereichen ist das Fach Arbeitswissenschaft in Forschung und Lehre vertreten. In diesem Rahmen werden auch arbeitssicherheitliche Fragestellungen behandelt. An einigen Hochschulen sind auch Sicherheitstechnik oder Arbeitssicherheit gesondert ausgewiesen.

An der Bergischen Universität Wuppertal Werden Studenten in einem eigenständigen Studiengang Sicherheitstechnik noch bis zum Jahre 2009 zum Diplomingenieur für Sicherheitstechnik ausgebildet. Seit dem Wintersemester 2003 werden in einem konsekutiven Studiengang (Bachelor- und Masterausbildung) Studenten der Sicherheitstechnik ausgebildet. Die Bachelorausbildung dauert 6 Semester und endet mit einem berufsqualifizierten Abschluss (Bachelor of safety Engineening). In weiteren 4 Semestern kann ein Masterabschluss erreicht werden in den Studienrichtungen Sicherheitstechnik (Vertiefung Arbeitssicherheit, Umweltsicherheit und Verkehrssicherheit), Brand- und Explosionsschutz und Qualitätsingenieurwesen. Nach dem Masterstudium ist eine Promotion zum Dr.-Ing. und Dr. rer. sec. (rerum securitatis – Sicherheitswissenschaft) möglich. Außerdem kann im Rahmen eines Habilitationsverfahrens die Lehrbefähigung für ein sicherheitstechnisches Fach nachgewiesen und die Lehrbefugnis erteilt werden.

Die Universität Magdeburg bietet ein Ergänzungsstudium Sicherheitstechnik an. An der Technischen Universität Bergakademie Freiburg kann ein Aufbau oder Anpassungsstudium Sicherheitstechnik absolviert werden. An der Technischen Fachhochschule Berlin wird im Fachbereich Maschinenbau die schwerpunktorientierte Ausbildung von Ingenieuren für Arbeitsschutz und Sicherheit sowie für Gefahrenabwehr und Schadenverhütung durchgeführt. An der Fachhochschule Darmstadt besteht ein Aufbaustudiengang Arbeit und Sicherheit. An der Fachhochschule Lübeck ist ein Ergänzungsstudium Technisches Gesundheitswesen, Fachrichtung Qualitäts- und Sicherheitstechnik möglich. Weitere Einzelheiten n SKIBA 1998.

Internationale Vereinigung für soziale Sicherheit (IVSS) in Genf: Ihre Aufgabe liegt in der Förderung der sozialen Sicherheit in der Welt. Dazu gehört auch die Förderung der Arbeitssicherheit. Mitglieder sind Regierungen, Zentralanstalten und Spitzenverbände.

Internationale Arbeitsorganisation = International Labour Organization (ILO) in Genf: Sie ist eine Sonderorganisation der Vereinten Nationen u.a. zur Förderung der sozialen Gerechtigkeit, der menschengerechten Arbeitsbedingungen und der Arbeitssicherheit. In der Internationalen Arbeitskonferenz (oberstes Organ) und im Verwaltungsrat sind Regierungen, Arbeitnehmer und Arbeitgeber im Verhältnis 2:1:1 vertreten. Sekretariat der ILO ist das Internationale Arbeitsamt.

Literatur

SKIBA, R. (1998): Diplomingenieur/Diplomingenieurin der Sicherheitstechnik – Diplom-Sicherheitsingenieur/Diplom-Sicherheitsingenieurin. In: Bundesanstalt für Arbeit (Hrsg.): Blätter zur Berufskunde. 3. Aufl. 3 – I Q 10, Bielefeld

2.7.6 Sozialpartner

Arbeitgeberverbände: Sie sind die Interessenvereine der Arbeitgeber zur Gestaltung der betrieblich-sozialen Struktur. U.a. besitzen sie nach Art. 9 Abs. 3 Grundgesetz die Koalitionsfreiheit und sind zum Abschluss von Kollektivvereinbarungen (Tarifverträgen) auf dem Gebiete des Arbeitsrechts und damit der Arbeitssicherheit befugt. Dachorganisation der fachlich und regional gegliederten Verbände ist die Bundesvereinigung der Deutschen Arbeitgeberverbände (BDA). Die Arbeitgeberverbände behandeln ebenfalls Fragen der Arbeitssicherheit. Der Bundesverband der Deutschen Industrie befasst sich im Gegensatz zur Bundesvereinigung der Deutschen Arbeitgeberverbände in erster Linie mit wirtschaftspolitischen Fragestellungen und der Vertretung gegenüber Bund und Parlament.

Gewerkschaften: Sie dienen als nicht rechtsfähige Vereine der Wahrnehmung von Arbeitnehmerinteressen zur Förderung der Arbeits- und Wirtschaftsbedingungen. Wie die Arbeitgeberverbände sind sie u.a. zu Kollektivvereinbarungen (Tarifverträgen) befugt. Spitzenverband der einzelnen nach Branchen gegliederten Gewerkschaften ist der Deutsche Gewerkschaftsbund (DGB). Neben sonstigen Aufgaben widmen sich die Gewerkschaften Fragen der Arbeitssicherheit und schulen ihre Mitglieder. Besonders der Deutsche Gewerkschaftsbund mit seinen angeschlossenen Gewerkschaften hat sich um den Ausbau des Arbeitsschutzes sehr verdient gemacht.

Literatur

DOMBROWSKI-JOHANNSON, K., GÜLDEN, K. u. ROTH, S. (1989): Humanisierung der Arbeit als Gegenstand gewerkschaftlicher Bildungsarbeit. BAU Bericht Fb 583. Wirtschaftsverlag NW, Bremerhaven

2.7.7 Normensetzer

Deutsches Institut für Normung (DIN) in Berlin: Laut Vertrag mit der Bundesregierung ist das DIN mit Sitz in Berlin zentrale Stelle für die Normungsarbeit in der Bundesrepublik Deutschland und nationale Normenorganisation im internationalen Bereich. Das DIN ist verpflichtet, bei seiner Normungsarbeit das öffentliche Interesse zu berücksichtigen. Die erarbeiteten Industrienormen sind gemeinschaftlich erarbeitete Festlegungen in Form von Empfehlungen. Das Verfahren der Normungsarbeit ist in den Teilen zu DIN 820 geregelt. Die Normen, die für die Arbeitssicherheit als allgemein anerkannte Regeln der Technik gelten, werden im Bundesarbeitsblatt veröffentlicht. Das DIN ist eingetragener Verein auf gemeinnütziger Grundlage. Mitglieder sind Firmen, Verbände und alle an der Normung interessierten Körperschaften, Behörden und Organisationen. Die Normungsarbeit erfolgt in Fachnormenausschüssen und selbständigen Arbeitsausschüssen.

Verein Deutscher Ingenieure (VDI) in Düsseldorf: Er ist ein technisch-wissenschaftlicher Verein auf dem Gebiet des Ingenieurwesens und Berufsorganisation deutscher Ingenieure. Für die Arbeitssicherheit liegt die wesentliche Bedeutung des Vereins in der Erarbeitung von VDI-Richtlinien, die auf einigen Fachgebieten – z.B. im Lärmschutz – große Bedeutung haben.

Verband Deutscher Elektrotechniker (VDE) in Frankfurt: Technisch-wissenschaftlicher Verein auf dem Gebiete der Elektrotechnik und Berufsorganisation deutscher Elektroingenieure. Dem VDE ist eine Prüfstelle in Offenbach angeschlossen.

Deutsche Elektrotechnische Kommission (DKE) in Frankfurt: Durch Vertrag zwischen DNA (Deutscher Normenausschuss, später in DIN umgewandelt) und VDE entstand 1970 die Deutsche Elektrotechnische Kommission. Sie ist die nationale Organisation für die Erarbeitung von Normen auf dem Gebiet der Elektrotechnik und vertritt die deutschen Interessen in den internationalen Normungsorganisationen der Elektrotechnik.

Europäisches Komitee für Normung (Comité Européen de Normalisation – CEN) in Brüssel: Organisation zur Erarbeitung europäischer Normen mit Ausnahme von Elektrovorschriften mit dem Ziel, die nationalen Normen in Europa zu harmonisieren und Handelshemmnisse zu beseitigen.

Europäisches Komitee für elektrotechnische Normung (Comité Européen de Normalisation Electrotechnique – CENELEC) in Brüssel: Die Organisation löste ab 1973 zwei vorhandene Organisationen (CENEL und CENELCOM) ab. Sie ist eine Vereinigung nationaler elektrotechnischer Komitees Europas. Ihr Ziel besteht darin, die nationalen elektrotechnischen Normen der Mitgliedsländer zu harmonisieren und Handelshemmnisse zu beseitigen.

Internationale Organisation für Normung (International Organization for Standardization – ISO) in Genf. Aufgabe der ISO ist die internationale Vereinheitlichung des technischen Normenwerkes u.a. auch der Sicherheitsvorschriften mit Ausnahme der Elektrovorschriften. Hierdurch werden Handelshemmnisse beseitigt. Mitglieder können alle Länder der Welt sein.

Internationale Elektrotechnische Kommission (International Electrotechnical Commission – IEC) in Genf: Sie wurde 1904 gegründet und hat die Vereinheitlichung der elektrotechnischen Vorschriften und Normen in ihren Mitgliedsländern sowie die Schaffung eines international anerkannten Normenwerkes durch Erstellen von Empfehlungen zum Ziel.

2.7.8 Wissenschaftliche Gesellschaften

Gesellschaft für Arbeitswissenschaft (GfA): Sie führt Personen zusammen, die sich mit der Erforschung der menschlichen Arbeit beschäftigen. Die

Gesellschaft organisiert jährlich einen arbeitswissenschaftlichen Kongress und fördert die Zusammenarbeit der Mitglieder sowie den Erfahrungsaustausch mit gleichartigen Vereinigungen im Ausland.

Gesellschaft für Sicherheitswissenschaft (GfS): Sie dient der Weiterentwicklung der Sicherheitswissenschaft durch Unterstützung der Forschung und durch Austausch von Erkenntnissen und Erfahrungen auf Tagungen und durch Veröffentlichungen.

2.7.9 Berufsständische Organisationen

Die folgenden Organisationen dienen vorwiegend dem Erfahrungsaustausch und der berufsständischen Interessenwahrnehmung:

Verband Deutscher Sicherheitsingenieure (VDSI): Mitgliederstärkste Organisation der Sicherheitsingenieure vorwiegend der Betriebe. Vertritt die Berufsinteressen der Sicherheitsingenieure. Fördert den Erfahrungsaustausch und organisiert alle zwei Jahre einen Kongress.

Bundesverband freiberuflicher Sicherheitsingenieure (BFSI): Zusammenschluss der freiberuflich wirkenden Sicherheitsingenieure, die z.B. in den sicherheitstechnischen Diensten arbeiten.

Verein Deutscher Revisionsingenieure (VDRI): Organisation der technischen Aufsichtsbeamten der Berufsgenossenschaft und der Technischen Überwachungsvereine.

Verein Deutscher Gewerbeaufsichtsbeamter (VDGAB): Organisation der Gewerbeaufsichtsbeamten.

Fachvereinigung Arbeitssicherheit: Die Fachvereinigung ist der Zusammenschluss des Vereins Deutscher Revisionsingenieure, des Vereins Deutscher Sicherheitsingenieure und des Vereins Deutscher Gewerbeaufsichtsbeamter in Form einer Arbeitsgemeinschaft.

Verband Deutscher Betriebs- und Werksärzte: Organisation der haupt- und nebenberuflich tätigen Betriebsärzte.

Berufsverband Deutscher Psychologen: Organisation der Betriebspsychologen in der Sektion Arbeits- und Betriebspsychologie.

3 Methodisches Vorgehen in der Arbeitssicherheit

Inhaltsverzeichnis

3.1 Gefährdungsbeurteilung

Beurteilung der Arbeitsbedingungen im Betrieb

Die *Gefährdungsbeurteilung* ist eine systematische Analyse und Bewertung aller Ursachen und Bedingungen, die die Sicherheit und Gesundheit der Beschäftigten bei der Arbeit beeinflussen; sie ist damit die Grundlage für einen **präventiven** Gesundheitsschutz der Beschäftigten. Gefährdungsbeurteilungen können aber auch eingesetzt werden, um **retrospektiv** die Ursachen und Bedingungen eingetretener gesundheitlicher Schädigungen (Arbeitsunfälle, arbeitsbedingte Erkrankungen) oder von Arbeitserschwernissen (negative Beanspruchungsfolgen) zu untersuchen.

Unter „Gefährdung im Arbeitsschutz“ wird die Möglichkeit eines Schadens oder einer gesundheitlichen Beeinträchtigung ohne bestimmte Anforderungen an deren Ausmaß oder Eintrittswahrscheinlichkeit verstanden. Der Begriff Gefährdung impliziert nur die Möglichkeit, dass irgendwann einmal die Gefahr akut wird und zum schädigenden Ereignis (Unfall, Erkrankung, Beanspruchung) führt.

Das Arbeitsschutzgesetz (§ 5) verpflichtet den Arbeitgeber in seinem Betrieb die Arbeitsbedingungen unter Arbeitsschutzgesichtspunkten zu beurteilen und im Ergebnis Maßnahmen zum Schutz der Beschäftigten festzulegen. Gefährdungen können sich insbesondere ergeben durch

- die Gestaltung und die Einrichtung der Arbeitsstätte und des Arbeitsplatzes,
- physikalische, chemische und biologische Einwirkungen,
- die Gestaltung, die Auswahl und den Einsatz von Arbeitsmitteln, insbesondere von Arbeitsstoffen, Maschinen, Geräten und Anlagen sowie den Umgang damit,

- die Gestaltung von Arbeits- und Fertigungsverfahren, Arbeitsabläufen und Arbeitszeit und deren Zusammenwirken,
- unzureichende Qualifikation und Unterweisung der Beschäftigten.

Ergänzende Gefährdungsbeurteilungen zum § 5 Arbeitsschutzgesetz werden in VO zum Arbeitsschutzgesetz gefordert, wie im
- § 3 BetriebssicherheitsVO für die sichere Bereitstellung und Benutzung von Arbeitsmitteln und für die sichere Bereitstellung und Benutzung von Arbeitsmitteln und für die Beurteilung möglicher Explosionsgefährdung,
- § 3 BildschirmarbeitsVO als Grundlage für Maßnahmen zum Schutz des Sehvermögens und zum Abbau von physischen und psychischen Belastungen der Beschäftigten,
- §§ 6 und 7 BiostoffVO für den sicheren Umgang mit biologischen Arbeitsstoffen bei gezielten und nichtgezielten Tätigkeiten.

Die Vorgehensweise bei der Beurteilung von arbeitsbedingten Gefährdungen und Belastungen ist in Abb. 3.1.1 dargestellt. Welche Arten von Gefährdungsbeurteilungen eingesetzt werden, ist sowohl vom Anwendungsfall als auch dem Untersuchungsobjekt abhängig. Nachfolgend werden einige Analyse- und Bewertungsverfahren beschrieben.
- *Faktorenspezifische Beurteilung*
  Mit dieser Beurteilungsart werden am Untersuchungsobjekt faktorenbezogene Defizite aufgedeckt. Hierzu werden Listen mit Gefährdungs- und Belastungsfaktoren eingesetzt, die vom Durchführenden systematisch abgearbeitet werden (→Tab. 3.1.1). Die Faktoren werden in Form von Haupt- und Unterfaktoren strukturiert, z.B. Gefährdungen durch elektrischen Strom als Hauptgefährdung, die nur bei Relevanz am Untersuchungsobjekt untersetzt wird durch Gefährdungen infolge betriebsmäßig unter Spannung stehender Teile, ... betriebsmäßig nicht unter Spannung stehender Teile (Körperschluss, Störlichtbögen und elektrostatische Aufladungen).
  Diese Beurteilungsart kann arbeitsbereichs-, tätigkeits- oder personenbezogen angewendet werden; auch eine Branchenbezug der Faktoren ist im Anwendungsfall sinnvoll (→GRUBER, MIERDEL).
- *Objektspezifische Beurteilung*
  Anliegen dieser Beurteilung ist das systematische Erkennen und Bewerten von Gestaltungsdefiziten an Arbeitssystemen bzw. deren Elementen, wie Arbeitsplatz, Arbeitsmittel, Arbeitsablauf und Arbeitsumgebung. Durch Abfragen objektbezogener sicherheitstechnischer Sachverhalte, z.B. „Ist das kraftbetriebene Arbeitsmittel mit einer Befehlseinrichtung zum sicheren Stillsetzen ... ausgerüstet? (Anhang 1, BetriebssicherheitsVO)" werden Defizite ermittelt und können Schutzmaßnahmen abgeleitet werden (→Abb. 3.1.2).
- *Tätigkeitsspezifische Beurteilung*
  Eine systematische Betrachtung ausgewählter, besonders sicherheitsrelevanter Arbeitsabläufe setzt eine Gliederung dieser Abläufe voraus, um

Defizite beim Zusammenwirken der Beschäftigten mit Arbeitsmitteln und Arbeitsgegenständen zu erkennen. Die Gliederung der Arbeitsabläufe kann dabei zeitlich (nach Zeitarten) oder sachlich (nach Ablaufarten) erfolgen. Untersucht werden die Inhalte der Arbeitsaufgabe, die Arbeitsorganisation und die Übereinstimmung der Leistungsvoraussetzungen der

Festlegung des Untersuchungsgegenstandes / -bereiches

- Was ist zu beurteilen (Arbeitstätigkeit, Arbeitsplatz, Arbeitsstätte, Arbeitsmittel, Beschäftigter)?
- Wer beurteilt (Verantwortlicher, Durchführender, Unterstützender)?
- Wie wird beurteilt (Betriebsbegehung, Mitarbeiterbefragung, Überprüfung von Zuständen und Objekten)?
- Wann erfolgt die Beurteilung (Beginn, Zeitraum der ersten Beurteilung und der Überprüfungstermine)?

Analyse arbeitsbedingter Gefährdungen und Belastungen

- faktorenspezifische Analyse (Unfallfaktoren, pathogene Faktoren, Belastungsfaktoren)
- objektspezifische Analyse (Arbeitsmittel, Arbeitsstätte, Arbeitsgegenstand, Arbeitsverfahren)
- tätigkeitsspezifische Analyse (Arbeitsaufgabe, Arbeitsablauf)
- nutzergruppenspezifische Analyse (Beschäftigte)
- ereignisspezifische Analyse (Komponentenausfall, Störfall)

Bewertung der arbeitsbedingten Gefährdungen und Belastungen

- Vergleich mit Schutzzielen in Rechtsvorschriften und Technischen Regeln
- Vergleich mit Grenz- und Richtwerten sowie Auslöseschwellen
- Akzeptanzbetrachtung (z.B. mittels Risikograph)

Ableitung von Schutzmaßnahmen

- Rangfolge von Maßnahmen
- Festlegen von Verantwortlichkeiten und Terminen
- Realisierung der Maßnahmen
- Prüfung der Wirksamkeit der Maßnahmen

Dokumentation der Ergebnisse der Gefährdungsbeurteilung

- erfasste Gefährdungen und Belastungen
- Schutzmaßnahen zum Abbau der Gefährdungen und Belastungen
- Ergebnisse der Wirksamkeitsüberprüfung

Abb. 3.1.1: Vorgehensweise bei der Gefährdungs- Belastungsbeurteilung

Beschäftigten mit den Arbeitsanforderungen aus der Arbeitsaufgabe, die bei Nichtübereinstimmung beim Beschäftigten u.a. Stresserleben, Zeitdruck und psychische Ermüdung hervorrufen können (→ vgl. Kap. 6.1 und 6.2). Ein Verfahren zur Beurteilung der psychischen Belastung bei der Ausführung von Arbeitstätigkeiten enthält Abb. 3.1.3. Diese Beurteilung wird so-

1. **Biologische Gefährdungen**
   - Mikroorganismen
   - Gentechnisch veränderte Organismen
   - Allergene
2. **Brand- und Explosionsgefährdungen**
   - Entzündlichkeit und Brennbarkeit von Stoffen
   - Zündinitial
   - Explosivstoffe
3. **Chemische Gefährdungen**
   - reizende / ätzende Stoffe
   - toxische Stoffe
   - krebserzeugende Stoffe
   - erbgutverändernde Stoffe
   - fortpflanzungsgefährdende Stoffe
4. **Elektrische Gefährdungen**
   - Berühren betriebsmäßig unter Spannung stehender Teile
   - Berühren betriebsmäßig nicht unter Spannung stehender Teile
   - Störlichtbogen
   - Elektrostatische Aufladung
5. **Mechanische Gefährdungen**
   - ungeschützt bewegte Maschinenteile / Gegenstände
   - bewegte Arbeitsmittel
   - Teile mit gefährlicher Oberfläche
   - unkontrolliert bewegte Teile
   - Sturz auf der Ebene
   - Absturz aus der Höhe
   - Verschüttet werden in der Tiefe
6. **Physikalische Gefährdungen**
   - Lärm
   - Vibration (mechanische Schwingungen)
   - ionisierende Strahlung (Röntgenstrahlung, radioaktive Strahlung)
   - nicht ionisierende Strahlung (optische Strahlung, Elektromagnetische Felder)
   - heiße und kalte Medien
7. **Physische Belastungen**
   - manuelles Handhaben von Lasten
   - erzwungene Körperhaltung
   - ungünstige Klimate (Kälte- ,Hitzearbeit)
   - ungenügende Beleuchtung (Gütekriterien)
   - Vernachlässigung sonstiger ergonomischer Grundsätze, wie bei der Wahrnehmung von Signalen, Handhaben von Stellteilen
8. **Psychische Belastungen**
   - Psychische Ermüdung
   - Monotonie
   - herabgesetzte Wachsamkeit
   - psychische Sättigung
   - Stress
   - Mobbing
9. **Sonstige Gefährdungen und Belastungen**
   Möglichkeit zur Aufnahme zusätzlicher Faktoren aufgrund spezieller Bedingungen am Arbeitsplatz, z.B. Belastungen durch Tiere und Pflanzen

Tab. 3.1.1: Faktorenspezifische Beurteilung (Gefährdungen / Belastungen)

wohl durch die zuständige Führungskraft vorgenommen (Fremdbeurteilung) als auch durch den Beschäftigten (Selbsteinschätzung).
Tätigkeitsspezifische Beurteilungen werden auch bei Arbeiten mit hohem Gefahrenpotential angewendet, um sicherzustellen, dass die erforderlichen Maßnahmen zum Schutz der Beschäftigten vor Ausführung der Arbeiten durchgeführt wurden, z.B. bei Arbeiten an elektrischen Anlagen unter Spannung (Verwendung isolierter Werkzeuge und persönlicher Schutzausrüstungen).

Kleine Drehmaschinen
mit NC / CNC-Steuerung und CE-Kennzeichnung
-- Wesentliche Sicherheitsanforderungen *--

(* gemäß DIN EN 12415 „Werkzeugmaschinen – Sicherheit – Kleine numerisch gesteuerte Drehmaschinen und Drehzentren" Ausgabe 03/2001 – zur Konkretisierung der EG-Maschinenrichtlinie 98/37/EG)

Checkliste für Sicht- und Funktionsprüfungen

Gültig für:

- Horizontal-Drehmaschinen mit einem Abstand zwischen Spitzen von 2000 mm mit Werkstückspannzeugen bis zu einem Außendurchmesser von 500 mm,
- Vertikal-Drehmaschinen

Diese Checkliste gilt nicht für folgende Zusatzeinrichtungen, die in DIN EN 12415 behandelt werden:

- von außen zugängliche Werkzeugmagazine, Werkzeugtransport- und Wechselmechanismen,
- zusätzliche Handhabungseinrichtungen,
- Stangenvorschubeinrichtungen.

Lfd. Nr.	Sicherheitsanforderungen	DIN EN 12415 Nr.	J/N
1	**Sicherung Arbeitsbereich**		
1.1	Ist der Arbeitsbereich mit **trennenden Schutzeinrichtungen (Vollschutz)** gesichert, die den Zugang zu gefahrbringenden Bewegungen verhindern? Sind die trennenden Schutzeinrichtungen so gestaltet und dimensioniert, dass vorhersehbaren Aufprallenergien widerstanden werden kann? *(gegebenenfalls Nachweis einer Aufprallprüfung)*	5.2.3.1 u. Anhang B	
1.2	Sind **Sichtscheiben** in trennenden Schutzeinrichtungen von innen vorgesetzt und mit einer Blechkonstruktion verschraubt? Werden **Verbund- oder Polycarbonatscheiben** verwendet, die mit einer Schutzschicht gegen Beschädigungen durch Kühlschmierstoffe und Späne beschichtet sind?	5.2.2 5.2.2 u. Anhang C	
1.3	Sind die beweglichen trennenden Schutzeinrichtungen für den Zugang zum Arbeitsbereich **elektrisch verriegelt und mit Zuhaltung** versehen?	5.2.4.2	
1.4	Ist die **Schließkraft** bei kraftbetätigten (angetriebenen) trennenden Schutzeinrichtungen auf 150 N begrenzt?	5.2.4.3	
2	**Betriebsarten**		
2.1	Erfolgt die Anwahl der Betriebsarten Produktionsbetrieb (Automatikbetrieb) und Einrichtbetrieb über einen verschließbaren **Betriebsartenwahlschalter**?	5.1.7	

Abb. 3.1.2: Checkliste zur Gefährdungsbeurteilung (Sicht- und Funktionsprüfung) von Maschinen – Auszug.

			ja	eher ja	eher nein	nein	Zusatzinformationen Beispiele
Tätigkeitsinhalt	Aufgabenvollständigkeit	Wird die auszuführende Arbeit vom Beschäftigten selbst vorbereitet, organisiert und geprüft?	(4)	(3)	(2)	(1)	**Vor- bzw. Nachbereiten:** z.B. Maschine einrichten, Reinigen, Instandhaltung, Teile holen **Organisieren:** z.B. Planen der Zeiteinteilung **Prüfen / Kontrolle:** z.B. nachmessen, selbst Qualität prüfen
	Wiederholungsgrad	Werden vom Beschäftigten über den ganzen Tag ständig wiederkehrende Verrichtungen / Arbeitsgänge ausgeführt?	(1)	(2)	(3)	(4)	**Hohe Wiederholfrequenz** (> 50 mal pro Schicht): z.B. bei Fließbandmontage, Schneiden von Teilen an der Schere, Dateneingabe am PC
	Körperliche Abwechslung	Wird die Tätigkeit fast ausschließlich in einförmiger Körperhaltung verrichtet?	(1)	(2)	(3)	(4)	z.B. ganztägig nur Sitzen oder nur Stehen
	Handlungsspielraum	Ist die Art und Weise der Tätigkeitsausführung fest vorgegeben, so dass für den Beschäftigten nur wenig Variationsmöglichkeit besteht?	(1)	(2)	(3)	(4)	**Keine Variationsmöglichkeiten:** z.B. für Tempo der Bearbeitung, Auswahl von Werkzeugen, Lage der Pausen
Organisation	Kooperation / Kommunikation	Arbeitet der Beschäftigte überwiegend allein?	(1)	(2)	(3)	(4)	z.B. Arbeiten an räumlich isoliert stehenden Maschinen, Kranführer
	Bestätigung	Erhält der Beschäftigte in angemessenem Maße Rückmeldung (Lob und Kritik) für seine Arbeit?	(4)	(3)	(2)	(1)	z.B. regelmäßige Informationen über Qualität der geleisteten Arbeit, Anerkennung durch Chef und Kollegen
	Konflikte	Gibt es manchmal zwischenmenschliche Spannungen / Konflikte bei der Arbeit?	(1)	(2)	(3)	(4)	z.B. angespannte Kundenbeziehung, angespannte Beziehung zwischen Abteilungen
	Entscheidungen	Sind vom Beschäftigten mitunter verantwortungsvolle Entscheidungen zu treffen, ohne dass die dafür benötigten organisatorischen und techn. Voraussetzungen gegeben sind?	(1)	(2)	(3)	(4)	**Unzureichende Voraussetzungen:** z.B. fehlende Informationen, Personalmangel, Chef nicht da (Stellvertretersituation), kein Material, zu wenig Zeit
	Arbeitszeit	Wird vom Beschäftigten erwartet, dass er oft länger als die vereinbarte Arbeitszeit arbeitet?	(1)	(2)	(3)	(4)	Richtwert: regelmäßige werktägliche Arbeitszeit max. 8 Std.; wöchentliche Arbeitszeit max. 48 Std.
Besondere Bedingungen	Störungen	Kommt es mitunter vor, dass der Arbeitsablauf geändert oder unterbrochen wird und ein kontinuierliches Arbeiten nicht möglich ist?	(1)	(2)	(3)	(4)	z.B. operativer Einsatz auf Baustellen, unvorhersehbarer Auftragseingang, Unterbrechungen durch Anrufe / Anfragen
	Zeitdruck	Arbeitet der Beschäftigte häufig unter Zeitdruck?	(1)	(2)	(3)	(4)	z.B. durch schwankende Auftragslage, hohe Qualitätsforderungen, Reklamation
	Gefährdungspotential	Treten bei der Arbeitsaufgabe besondere Gefahren / Risiken auf?	(1)	(2)	(3)	(4)	z.B. Absturzgefahr, Arbeiten unter elektrischer Spannung, Umgang mit Gefahrstoffen
	Qualifikationsnutzung	Entspricht die Qualifikation des Beschäftigten den Anforderungen, die durch diese Tätigkeit gestellt werden?	(4)	(3)	(2)	(1)	Beispiele für Fehlanforderungen: Ingenieur als Vorarbeiter, Schlosser als Hydraulikfachmann

Abb. 3.1.3: Tätigkeitsspezifische Beurteilung psychischer Belastungen [GRUBER, MIERDEL].

- *Ereignisspezifische Beurteilung*
  Zur Beurteilung komplexer Sachverhalte werden unerwünschte Ereignisse vorgegeben und die Ursachen bzw. Auswirkungen ermittelt und be-

wertet. Als in der Praxis bewährte Verfahren für die ereignisspezifische Beurteilung werden genannt:

1. *Fehlerbaum:* Bei diesem nach DIN 25 424-1 genormten Verfahren werden ein gefährlicher Zustand oder ein gefährliches Ereignis im Sinne einer möglichen Störung oder eines möglichen Unfalls vorgegeben, z.B. das Bersten eines Behälters (→Abb. 3.1.4). Gesucht werden die Ursachen, die zeitkonträr zu diesem Zustand oder Ereignis führen können. Dies geschieht durch stammbaumartige grafische Darstellung und Analyse der *logischen Verknüpfung von verursachenden Komponenten* bzw. Systemversagern. Quantitative Aussagen über die Eintrittswahrscheinlichkeit der Gefährdung sind möglich, wenn es gelingt, die Eintrittswahrscheinlichkeiten der Ursachen und Ursachenkombinationen zu erfassen.

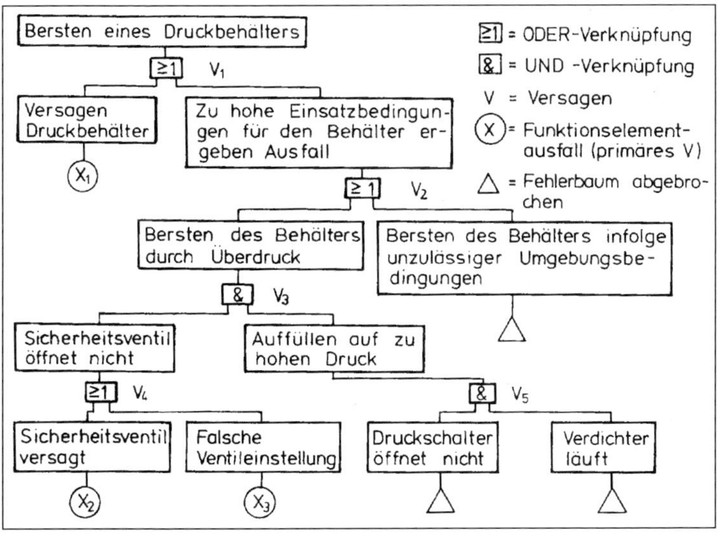

Abb. 3.1.4: Fehlerbaum für das Bersten eines Druckbehälters (nach DIN 25424-1).

Das Verfahren eignet sich zum systematischen Offenlegen – und späteren Unterbrechen – kausaler Zusammenhänge, die zu möglichen Störungen und arbeitsbedingten Gesundheitsschäden führen. Dieses Verfahren setzt gute Kenntnisse des zu untersuchenden Systems und seiner Bestandteile voraus.

2. *Ereignisablauf:* Bei diesem nach DIN 25 419 genormten Verfahren ist ein verursachendes Anfangsergebnis vorgegeben, d.h. die mögliche techni-

sche oder verhaltensgebundene Unregelmäßigkeit im System, z.B. der Ausfall der Pumpe des Reaktorkühlkreislaufes (→Abb. 3.1.5). Gesucht werden zeitkonform gefährliche Zustände oder Ereignisse, die das Anfangsereignis zur Folge hat. Dies geschieht durch stammbaumartige grafische Darstellung und Analyse der *logischen und zeitlichen Abläufe von Folgeereignissen* der Störung. Quantitative Aussagen über die Auswirkung von Anfangsereignissen sind möglich, wenn die Eintrittswahrscheinlichkeit der im Ablauf wirkenden Ereignisse erfasst werden können. Auch dieses Verfahren setzt eine genaue Kenntnis des zu analysierenden Systems und seiner Bestandteile voraus.

3. *Ausfalleffekt*: Bei diesem nach DIN 25 448 genormten Verfahren wird ein Arbeitssystem nach Festlegung seines Ausgangszustandes in Komponenten, z.B. Bauelemente, aufgegliedert. Für jede Komponente werden dann alle Möglichkeiten des Ausfalls (Versagen) angenommen und nach den Auswirkungen der einzelnen Ausfälle gefragt. Die Vorgehensweise muss erff. für alle möglichen Systemzustände wiederholt werden. Das der Ereignisablaufanalyse ähnliche Verfahren ist durch Tabellenvordrucke formalisiert. Die Bewertung der Ausfälle erfolgt zweckmäßigerweise nach Gesichtspunkten der Beeinträchtigung der Sicherheit. Empfehlenswert ist, obwohl dies die Norm nicht vorschreibt, entsprechende Ausfallfolgeklassen, z.B. von „keine Folgen" bis zu „schwerer bleibender Gesundheitsschaden" zu bilden. Mit Hilfe dieses einfachen Verfahrens lassen sich ohne rechnerischen Aufwand wesentliche Aussagen über die Gefährdung durch Ausfallmöglichkeiten von Komponenten der Arbeitssystems machen. Unberücksichtigt bleibt jedoch die Wirkung von Ausfallkombinationen.
4. *PAAG* (**P**rognose, **A**uffinden der Ursachen, **A**bschätzungen der Auswirkungen, **G**egenmaßnahmen): Aus dem Schrifttum sind zahlreiche Verfahren bekannt, die im Prinzip Ausfalleffektanalysen sind, jedoch meistenteils auf bestimmte Bereiche der Technik zugeschnitten sind. So wird z.B. in der Verfahrenstechnik die PAAG-Methode angewandt, mit deren Hilfe durch Infragestellen der Funktion jedes Anlagenteils mögliche Stör- und Unfälle sowie deren Ursachen und Auswirkungen gesucht werden. Die Leitworte für die Stör- und Unfallermittlung sind dabei:
   - Nein / nicht; kein / keine: Verneinung dieser Funktion.
   - Mehr / weniger: Zuwachs / Abnahme.
   - Sowohl als auch / teilweise: Außer der erfüllten Funktion geschieht etwas zusätzlich oder nur teilweise.
   - Umkehrung: Gegenteil der Sollfunktion.
   - Anders als: Statt der Funktion geschieht etwas völlig anderes.

   Spaltenweise werden dann in ein Formular Leitworte mit jeweiliger Funktion, mögliche Stör- und Unfälle, Ursachen, Auswirkungen und Gegenmaßnahmen eingetragen.

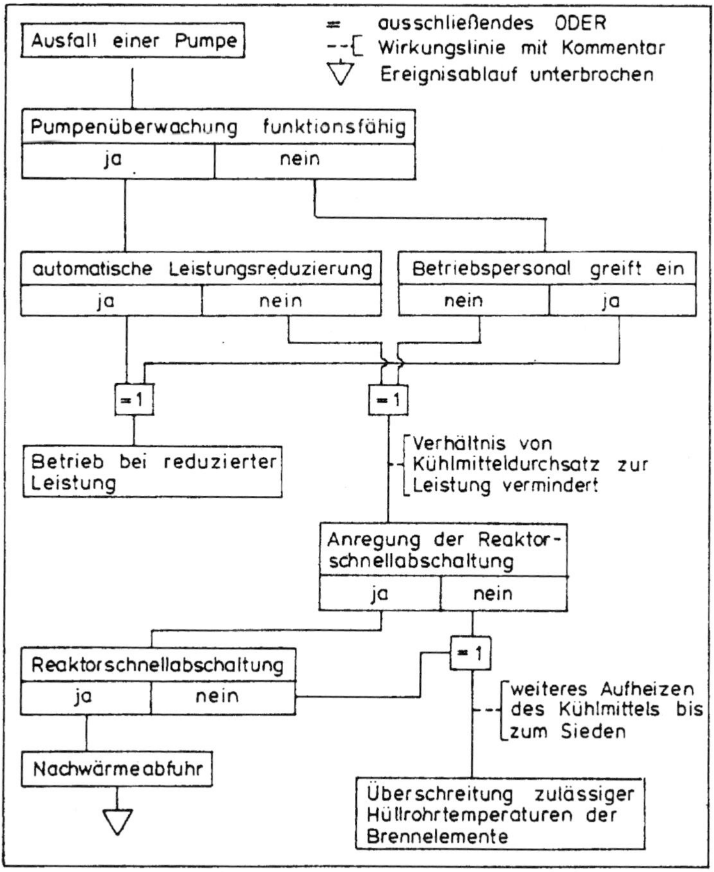

Abb. 3.1.5: Ereignisablaufprogramm für den Ausfall der Pumpe eines Reaktorkühlkreislaufs (nach DIN 25419).

Die PAAG-Analyse erfordert qualifizierte Analytiker (Konstrukteure, Techniker, Meister usw.), die ein hohes Maß an Erfahrung, Fachkenntnissen und Vorstellungsvermögen besitzen.

Die Verfahren der ereignisspezifischen Beurteilung sind vordergründig für schwer überschaubare technische Systeme entwickelt worden, um mögliche Folgen unerwünschter Ereignisse sichtbar zu machen. Oft werden derartige Analysen die verhaltensbedingten Gefährdungen zu wenig beachtet, obwohl gerade diese die überwiegende Zahl der Unfälle verursachen oder mitverursachen. Darum müssen die menschlichen Eigenschaften und Verhaltensweisen mit in die Gefährdungsbeurteilung einbezogen werden. Vor allem muss sich die Beurteilung bei der Planung auch darauf erstrecken, welche psychischen und physischen Belastungen zu erwarten sind, ob der Mensch nicht über- und unterfordert wird und welche Gefährdungen und Belastungen sich daraus ergeben.

– *Nutzerspezifische Beurteilung*
  Für die Beurteilung der Eignung von Arbeitssystemen für bestimmte Nutzergruppen, wie Jugendliche, werdende Mütter oder Behinderte ist dieses Verfahren anwendbar. Dabei erfolgt ein Profilvergleich zwischen den Anforderungen des Arbeitssystems und dem Fähigkeitsprofil des Nutzers. Im Ergebnis des Vergleiches werden Übereinstimmungen und Defizite festgestellt; letzteres kann dann durch Maßnahmen kompensiert werden (→Abb. 3.1.6).

Im Ergebnis der Gefährdungsbeurteilung sind bei Erfordernis Schutzmaßnahmen festzulegen. Bei diesen betrieblichen Maßnahmen zum Schutz der Beschäftigten bei der Arbeit müssen die allgemeinen Grundsätze der Gefahrenverhütung beachtet werden (→§ 4 Arbeitsschutzgesetz). Diese Grundsätze umfassen das Gebot der Gefährdungsminimierung, der Gefahrenbekämpfung an der Quelle und die Berücksichtigung des Standes der Technik, der Arbeitsmedizin und der Hygiene sowie sonstiger arbeitswissenschaftlicher Erkenntnisse.

Der Arbeitgeber muss den Betriebs- und Personalrat zu allen Maßnahmen des betrieblichen Arbeitsschutzes unterrichten. Wo es keine Beschäftigtenvertretung gibt, hat der Arbeitsgeber selbst die Beschäftigten zu allen Maßnahmen anzuhören, die Auswirkungen auf ihre Sicherheit und Gesundheit haben können.

Über das Ergebnis der Gefährdungsbeurteilung und die getroffenen Maßnahmen muss der Arbeitgeber Unterlagen verfügbar haben (Dokumentation), wobei für gleichartige Gefährdungssituationen die Angaben zusammengefasst werden können.

Alle Beschäftigten müssen dann über die Gefahren für Sicherheit und Gesundheit, denen sie bei der Arbeit ausgesetzt sein können, sowie über die Schutzmaßnahmen unterrichtet und in den konkreten Schutzvorkehrungen am Arbeitsplatz unterwiesen werden.

Ergänzend zur Vorgehensweise in Abb. 3.1.1 (→Gefährdungsmodelle Kapitel 4.1 und 5.1 sowie Belastungs- / Beanspruchungskonzept Kapitel 6.1).

Beurteilung der Produktsicherheit bei Konzeption und Bau

Der Hersteller (Inverkehrbringer) hat sicherzustellen, dass nur Produkte in den Verkehr gebracht werden, die Leben und Gesundheit der Benutzer oder Dritter bei bestimmungsgemäßer Verwendung nicht gefährden. In Rechtsverordnungen zum Inverkehrbringen von Produkten (z.B. MaschinenVO – 9. GPSGV) wird gefordert, *Gefahrenanalysen* durchzuführen, um alle mit den

(1) Anforderungsprofil des Arbeitssystems:

Beschreibung der Arbeitsaufgabe: ....

....

Geforderte Mindestqualifikation: .... Zusatzqualifikation: ....

....

....

Anforderungsmerkmale:	Anforderungen im Arbeitssystem	
	vorhanden (x/-)	Bemerkungen:
Konzentrationsfähigkeit		
Reaktionsvermögen		
Kreativität / Einfallsreichtum		
Arbeit mit Überwachungsfunktionen		
Arbeit mit hoher Verantwortung für andere		
Selbständiges Arbeiten		
⋮		
Organisieren / Planen		
Leiten		
Arbeiten in Gruppen		
Anleiten / Unterweisen		
⋮		
Schichtarbeit		
Nachtschicht		
⋮		

(2) Fähigkeitsprofil des Behinderten:

Name: .... Vorname: ....

Straße: .... Wohnort: ....

Geburtsdatum: .... Geburtsort: ....

Qualifikationsgrad: .... Zusatzqualifikation: ....

Anforderungen:	Fähigkeiten des Behinderten		
	Volle Fähigkeiten (uneingeschränkt ausführbar)	Eingeschränkte Fähigkeiten (eingeschränkt ausführbar)	Keine Fähigkeiten (Nicht ausführbar)
Konzentrationsfähigkeit			
Reaktionsvermögen			
⋮ *siehe Anforderungsmerkmale des Arbeitssystems*			

IMBA - Integration von Menschen mit Behinderung in die Arbeitswelt; BMA, Loseblattsammlung Essen, Siegen, 1996

Abb. 3.1.6: Profilvergleich Anforderungen aus Arbeitssystem und vorhandene Fähigkeiten behinderter Beschäftigter.

Produkten verbundenen Gefährdungen zu ermitteln und diese bei der Konzeption und den Bau zu vermeiden bzw. zu minimieren. Diese Gefahrenanalyse ist inhaltsgleich mit der Gefährdungsbeurteilung der Arbeitsbedingungen im Betrieb. Die Vorgehensweise am Beispiel der Konstruktion von Maschinen zeigt Abb. 3.1.7.

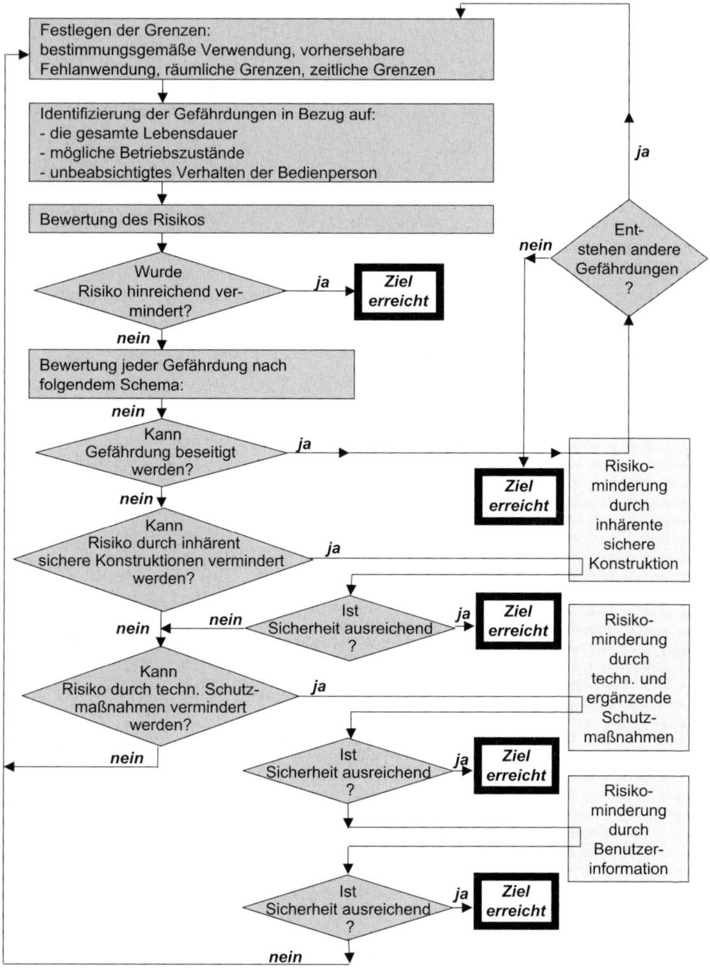

Abb. 3.1.7: Gefahrenanalyse in Verbindung mit der Konstruktion von Maschinen [nach DIN EN ISO 12100-1].

Im Zusammenhang mit der Produktentwicklung wird auch von einer Risikobeurteilung gessprochen (→DIN EN 1050). *Risikobeurteilung (-analyse und -bewertung)* als eine Form der Gefährdungsbeurteilung beinhaltet die Ermittlung der Wahrscheinlichkeit eines Schadenseintritts und der möglichen Schwere des Schadens in Verbindung mit der Konzeption und den Bau von

Produkten. Die Wahrscheinlichkeit des Schadenseintritts kann dabei durch die Häufigkeit und Dauer der Gefährdungsexposition, die Eintrittswahrscheinlichkeit des Ereignisses und die Beurteilung der Möglichkeit zur Vermeidung oder Begrenzung des Schadens bestimmt werden, z. B. in Form eines Risikograph (→DIN EN 954-1).

Die zu Beginn des Abschnittes beschriebenen Verfahren zur Gefährdungsbeurteilung (bes. die faktoren-, objekt- und ereignisspezifische Beurteilung) sind auch für die Anwendung in Verbindung mit der Beurteilung der Produktsicherheit geeignet.

Rechtsgrundlagen der Gefährdungsbeurteilung

Rechtliche Regelungen zur Durchführung von Beurteilungen von Gefährdungen, Gefahren, Risiken und Belastungen, die die Sicherheit und die Gesundheit beeinflussen können, existieren sowohl für Produkte (= Produktsicherheit) als auch für die Beschäftigten bei der Arbeit (= Arbeitssicherheit). Diese Regelungen sind europäisch harmonisiert. Eine Übersicht der Rechtsgrundlagen und technischen Regeln zur Durchführung von Gefährdungsbeurteilungen (→Tab. 3.1.2).

Regelungsgegenstand	**Rechtsgrundlagen**		**Technische Regeln**
	europäisch	**national**	
Produktsicherheit	1998/37/EG	9. GPSGV	DIN EN 954 - 1 DIN EN 1050 DIN EN ISO 12 100
Arbeitssicherheit	1989/391/EWG	ArbSchG BGV A1	BAuA S. 42 BGI 650
	1995/63/EG 1999/92/EG	BetrSichV	TR (in Vorbereitung)
	1990/270/EWG	BildscharbV	DIN EN ISO 9241
	2000/54/EG	BioStoffV	TRBA 400

Tab. 3.1.2: Rechtsgrundlagen und Regeln zur Durchführung von Gefährdungsbeurteilungen (Bezeichnung der Vorschriften und Regeln siehe Literatur).

Die MaschinenVO (9. GPSGV), Anhang I verpflichtet den Hersteller, eine Gefahrenanalyse vorzunehmen und die Maschine unter Berücksichtigung dieser Analyse zu entwerfen und zu bauen. Durch diese Analyse ermittelt der Hersteller die Gefährdungen, die an der Maschine auftreten können. Diese relevanten Gefährdungen muss der Hersteller bewerten und dadurch jene ermitteln, für die Maßnahmen zur Risikominderung erforderlich sind (→DIN EN ISO 12100 T. 1).

Das Arbeitsschutzgesetz (ArbSchG) fordert in § 5 vom Arbeitgeber, durch eine Beurteilung der für die Beschäftigten mit der Arbeit verbundenen Gefährdungen zu ermitteln, welche Maßnahme des Arbeitsschutzes erforderlich sind.

Die BetriebssicherheitsVO (BetrSichV) konkretisiert im § 3 die Verpflichtung des Arbeitgebers, gemäß § 5 ArbSchG eine Gefährdungsbeurteilung durchzuführen. Als Beurteilungsmaßstab wird der „Stand der Technik" bestimmt. Ziel dieser Beurteilung ist die Festlegung von Maßnahmen für die sichere Bereitstellung und Benutzung von Arbeitsmitteln und die Beachtung der Wechselwirkungen, die sich zwischen verschiedenen Arbeitsmitteln ergeben können oder durch Arbeitsstoffe bzw. aus der Arbeitsumgebung hervorgerufen werden können. Aber auch die Beurteilung des Auftretens von explosionsfähiger Atmosphäre, ihrer Zündwahrscheinlichkeit und letztendlich die Auswirkung möglicher Explosionen ist Gegenstand der Gefährdungsbeurteilung nach der BetriebssicherheitsVO.

Analoge unterstützende / ergänzende Gefährdungsbeurteilungen werden auch in weiteren Vorschriften gefordert, z.B. in der BiostoffVO und der BildschirmarbeitsVO.

Literatur

Richtlinie des Rates vom 12.06.1989 über die Durchführung von Maßnahmen zur Verbesserung der Sicherheit und des Gesundheitsschutzes der Arbeitnehmer bei der Arbeit (89 / 391 / EWG)

Richtlinie des Rates vom 20.05.1990 über die Mindestvorschriften bezüglich der Sicherheit und des Gesundheitsschutzes bei der Arbeit an Bildschirmgeräten (90 / 270 / EWG)

Richtlinie des Rates vom 30.11.1989 über Mindestvorschriften für Sicherheit und Gesundheitsschutz bei Benutzung von Arbeitsmitteln durch Arbeitnehmer bei der Arbeit (89 / 655 / EWG) und Änderungen / Ergänzungen (95 / 63 / EG)

Richtlinie des Europäischen Parlaments und des Rates vom 16.12.1999 über Mindestvorschriften zur Verbesserung des Gesundheitsschutzes und der Sicherheit der Arbeitnehmer, die durch explosionsfähige Atmosphäre gefährdet werden können (99 / 92 / EG)

Richtlinie des Europäischen Parlaments und des Rates vom 18.09.2000 über den Schutz der Arbeitnehmer gegen Gefährdungen durch biologische Arbeitsstoffe bei der Arbeit (2000 / 54 / EG)

Gesetz über die Durchführung von Maßnahmen des Arbeitsschutzes zur Verbesserung der Sicherheit und des Gesundheitsschutzes der Beschäftigten bei der Arbeit (Arbeitsschutzgesetz – ArbSchG) vom 7.08.1996, zuletzt geändert durch Art. 2b des Gesetzes vom 23. 4. 2004 (BGBl. I S. 602)

Neunte Verordnung zum Geräte- und Produktsicherheitsgesetz (Maschinenverordnung – 9. GPSGV) v. 12.5.1993, zuletzt geändert durch Ar. 1b des Gesetzes vom 6. 1. 2004 (BGBl. I S. 2)

Verordnung über Sicherheit und Gesundheitsschutz bei der Arbeit an Bildschirmgeräten (Bilschirmarbeitsverordnungen – BildscharbV) v. 4.12.1996, zuletzt geändert durch Art. 304 der Verordnung vom 25. 11. 2003 (BGBl. I S. 2304)

Verordnung über Sicherheit und Gesundheitsschutz bei Tätigkeiten mit biologischen Arbeitsstoffen (Biostoffverordnung – BiostoffV) v. 27.1.1999, zuletzt geändert durch Art. 305 der Verordnung vom 25. 11. 2003 (BGBl. I S. 2304)

Verordnung über Sicherheit und Gesundheitsschutz bei der Bereitstellung von Arbeitsmitteln und deren Benutzung bei der Arbeit, über Sicherheit beim Betrieb überwachungsbedürftiger Anlagen und über die Organisation des betrieblichen Arbeitsschutzes (Betriebssicherheitsverordnung – BetrSichV) v. 27. 9. 2002, zuletzt geändert durch Art. 22 des Gesetzes vom 6. 1. 2004 (BGBl. I S. 2)

BGV A1 Grundsätze der Prävention

TRBA 400 Handlungsanleitung zur Gefährdungsbeurteilung bei Tätigkeiten mit biologischen Arbeitsstoffen

BGI 650 Bildschirm- und Büroarbeitsplätze – Leitfaden für die Gestaltung

DIN EN 954-1 Sicherheit von Maschinen; Sicherheitsbezogene Teile von Steuerungen; Allgemeine Gestaltungsgrundsätze

DIN EN 1050 Sicherheit von Maschinen; Risikobeurteilung

DIN EN ISO 9241 Ergonomische Anforderungen für Bürotätigkeit mit Bildschirmgeräten

DIN EN ISO 12100 Sicherheit von Maschinen; Grundbegriffe, allgemeine T. 1 u. T. 2 Gestaltungsleitsätze

DIN 25419 Ereignisablaufanalyse; Verfahren, grafische Symbole und Auswertung; Fehlerbaumanalyse; Methode und Bildzeichen

DIN 25424-1 Fehlerbaumanalyse; Methode und Bildzeichen

DIN 25448 Ausfalleffektanalyse (Fehler-Möglichkeits-und Einfluss-Analyse)

DIN 33407 Arbeitsanalyse; Merkmale

Autorenkollektiv: Ermittlung gefährdungsbezogener Arbeitsschutzmaßnahmen im Betrieb – Ratgeber

GRUBER; MIERDEL: Leitfaden für die Gefährdungsbeurteilung Bochum: Verlag Technik & Information

Checkliste für Sicht- und Funktionsprüfungen von Maschinen Maschinenbau- und Metall-Berufsgenossenschaft [Masch-GB], Fachstelle „Flexible Fertigungssysteme 2000"

3.2 Anzeige und Untersuchung von Arbeitsunfällen und arbeitsbedingten Erkrankungen (Berufskrankheiten)

3.2.1 Stand der Arbeitssicherheit

Neben der Durchführung prospektiver Gefährdungsbeurteilungen (→Kapitel 3.1) ist der Arbeitgeber auch verpflichtet, Versicherungsfälle von arbeitsbedingten Gesundheitsschäden zu erfassen und die Gefährdungen, die zu Arbeitsunfällen und arbeitsbedingten Erkrankungen geführt haben, zu ermitteln und Maßnahmen festzulegen, um eine Wiederholung auszuschließen. Eine Übersicht der Rechtsvorschriften zum Gegenstand arbeitsbedingter Gesundheitsschäden enthält Tab. 3.2.1.

Unfälle

Arbeitsunfälle: Dabei handelt es sich um Unfälle von Versicherten infolge einer versicherten Tätigkeit (nach §§ 2, 3 und 6 SGB VII). Arbeitsunfälle (Verletzungen der Beschäftigten bei der Arbeit) sind zeitlich begrenzte (auf längstens eine Arbeitsschicht), von außen auf den Körper einwirkende Ereignisse (schließt organische Leiden aus), die zu einem Gesundheitsschaden oder zum Tod führen (§ 8(1) SGB VII).

Rechtsvorschrift		**Regelungsgegenstand**
SGB VII	§ 8	Versicherungsfall Arbeitsunfall / Wegeunfall
	§ 9	Versicherungsfall Berufskrankheit
	§ 12	Versicherungsfall Leibesfrucht (Mutterschutz)
	§ 103	Teilnahme des Versicherten an Untersuchung des Versicherungsfalles
	§ 191	Unterstützungspflicht der Unfallversicherungsträger durch Arbeitgeber
	§ 193	Anzeigepflicht von Versicherungsfällen durch Arbeitgeber
	§ 202	Anzeigepflicht von Ärzten bei Berufskrankheiten
ArbSchG	§ 5	Beurteilung der Arbeitsbedingungen
	§ 6	Anzeigepflicht von Unfällen durch Arbeitgeber
ASiG	§ 3	Untersuchung der Ursache arbeitsbedingter Erkrankungen durch den Betriebsarzt
	§ 6	Untersuchung der Ursache von Arbeitsunfällen durch Fachkräfte für Arbeitssicherheit
UVA V	§ 2	Anzeige von Unfällen für Beschäftigte durch Arbeitgeber nach Anlage 1 Anzeige von Unfällen für Kinder in Tageseinrichtung, Schüler und Studierende nach Anlage 2
	§ 3	Anzeige von Berufskrankheiten durch Ärzte nach Anlage 3 Anzeige von Berufskrankheiten durch Arbeitgeber nach Anlage 4

Tab. 3.2.1: Rechtsvorschriften zur Anzeige und Untersuchung arbeitsbedingter Gesundheitsschäden (Versicherungsfälle).
(Bezeichnung der Rechtsvorschriften siehe Literatur)

Das Gedankenmodell zum Begriff Unfall (→Abb. 3.2.1) verdeutlicht das Zustandekommen eines Unfalls, indem durch freiwerdende Energie Mensch und Gegenstand aufeinander wirken. Die Unfallursachen können in den Eigenschaften sowohl des verletzten Menschen (z.B. mangelnde Eignung) und des Unfallgegenstandes (z.B. herausragender spitzer Nagel) als auch anderer Menschen (z.B. erforderliche, aber nicht durchgeführte Einweisung am Arbeitsplatz) und anderer Gegenstände (z.B. beschädigte Leitersprosse, die den Absturz auf den Fußboden bewirkt) liegen.

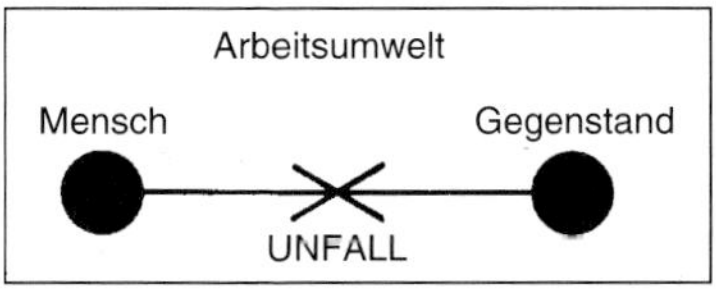

Abb. 3.2.1: Modell zum Begriff Unfall.

Häufig wird der Unfallbegriff der Bedeutung der Begriffe Störfall oder Schadensfall gleichgesetzt, d.h. der Begriff des Unfalls nicht an die Personenschädigung gebunden. Diese weit gefasste Unfalldefinition, die im Straßenverkehr zum Teil gebräuchlich ist, hat sich bisher im beruflichen Bereich nicht durchsetzen können, weil sie nicht unserem Sprachempfinden entspricht. Wenn beispielsweise ein Maschinenschaden auftritt, sprechen wir von einem Störfall oder Schadensfall, nicht aber von einem Unfall. Es wird daher für zweckmäßig gehalten, den Unfall als Verletzungsfall aufzufassen, dagegen die Begriffe Störfall und Schadensfall hiervon getrennt zu definieren.

Maßnahmen zur Verhinderung von Arbeitsunfällen (→Kapitel 4).

Wegeunfälle: Nach § 8(2) SGB VII werden Unfälle auf dem Weg zwischen Wohnung und Arbeitsstätte (Wegeunfälle) wie Arbeitsunfälle entschädigt. Danach sind Wegeunfälle Arbeitsunfälle, die Versicherte bei der versicherten Tätigkeit des Zurücklegens des unmittelbaren Weges nach und von dem Ort der (versicherten) Tätigkeit erleiden. Vom unmittelbaren Weg nach und von dem Ort der versicherten Tätigkeit darf abgewichen werden (§ 8(2) SGB VII)

- zur Unterbringung von Kindern der Versicherten, die arbeitsbedingt in fremde Obhut gegeben werden,
- bei Familienheimfahrten, wenn die Familienwohnung und der Ort der Tätigkeit wegen der Entfernung getrennt ist und der Versicherte vor Ort eine Unterkunft hat (doppelter Wohnsitz),
- bei Fahrgemeinschaften,
- bei Tätigkeiten des Verwahrens, Beförderns, Instandhaltens und Erneuerns eines Arbeitsgerätes oder einer Schutzausrüstung sowie dessen Erstbeschaffung, wenn dies auf Veranlassung des Arbeitgebers erfolgt.

Nach herrschender Rechtsauffassung sind auch der Gang zur Nahrungsaufnahme außerhalb des Betriebes während einer Arbeitspause unter Versicherungsschutz, nicht jedoch der Aufenthalt am Ort der Nahrungsaufnahme, z.B. in einer Gaststätte (Bundessozialgericht Kassel 2 RV 34/95).

Maßnahmen zur Verhinderung von Wegeunfällen sind nur eingeschränkt betrieblicherseits möglich. In erster Linie erfolgt dies durch die Beeinflussung des Verhaltens der Beschäftigten.

Darüber hinaus gibt es die Möglichkeit, Wegeunfälle zu bekämpfen, wobei die betrieblichen Besonderheiten (Geschlecht der Beschäftigten, ländlicher oder städtischer Betrieb, örtliche Lage und Anschluss an das Netz öffentlicher Verkehrsmittel usw.) zu berücksichtigen sind:

- Werkstore und sonstige gefährliche Ein- und Ausfahrten sicherheitsgerecht gestalten. Bei Einfahrt in vorfahrtsberechtigte Straße muss Übersichtlichkeit gewährleistet sein. Getrennten Fußgängerüberweg anlegen. Nachts für gute Ausleuchtung sorgen.
- Sicherheitsarbeit im Betrieb wirkt sich auch positiv auf das Unfallgeschehen auf dem Weg zur und von der Arbeitsstätte aus. Sicherheitsbewusstes Verhalten daher im Betrieb zur Gewohnheit machen. Belegschaft, besonders Neulinge und Lehrlinge, u.a. bei den betrieblichen und sicherheitlichen Unterweisungen oder in Sicherheitszirkeln über Verkehrsvorschriften informieren und zum Sicherheitsbewusstsein motivieren, z. B. nach dem Motto: Erfolgreiche vermeiden das Risiko, Könner fahren gelassen, Erfahrene halten Abstand usw.
- Teilnahme am Sicherheitstraining für PKW- und Motorradfahrer begünstigen.
- Wegeunfälle in Prämiensysteme für Unfallfreiheit einbeziehen, da hierdurch erfahrungsgemäß die Unfallhäufigkeit gesenkt wird.
- Auf dem Parkplatz Verkehrsmittel auf sicheren Zustand (z.B. der Reifen) überprüfen lassen. Helme für Motorrad- und Mopedfahrer verbilligt ausgeben.
- Einführung der gleitenden Arbeitszeit, um dem erhöhten Unfallrisiko während der Verkehrsspitzen zu entgehen. Überstunden vermeiden.
- In großen Betrieben Verkehrsausschuss bilden. Alle grundsätzlichen Fragen dort beraten und entscheiden.
- Eine Karte mit der Darstellung örtlicher Unfallschwerpunkte der Wegeunfälle und Erläuterungen dazu aushängen.
- Öffentlichen Personennahverkehr seitens der Unternehmensleitung begünstigen oder eigene Busse einsetzen.

Anerkennung von arbeitsbedingten Verletzungen als Arbeitsunfall: Für diese Anerkennung müssen folgende Zusammenhänge bestehen:

- Haftungsbegründender Zusammenhang (Versicherungsfall), d.h. die versicherte Person erleidet bei einer versicherten Tätigkeit eine Verletzung (Unfall).
- Haftungsausfüllender Zusammenhang (Leistungsfall), d.h. der Unfall führt zu Gesundheitsfolgen (-schäden), wodurch ein Entschädigungsanspruch besteht.

Neue Arbeits- und Wegeunfallrente: Versicherungsfälle, für die im Berichtsjahr erstmals Rente an Versicherte (bzw. Abfindung) oder eine Rente an Hinterbliebene (bzw. ein Sterbegeld) gezahlt wurde. Voraussetzung für eine Rentenzahlung an Versicherte ist eine Erwerbsminderung um mindestens 20% über die 26. Woche nach dem Unfallereignis hinaus.

Tödliche Unfälle: Unfälle mit Todesfolge, wenn der Tod sofort oder innerhalb von 30 Tagen nach dem Unfall eingetreten ist.

Anzeige von Unfällen: (→Kapitel 3.2.2)

Unfallpyramide: Unfälle können nach der Schwere eingeteilt werden in
- tödliche Unfälle,
- Unfälle mit Ausfallzeiten > 3 Kalendertage,
- Unfälle mit Ausfallzeiten ≤ 3 Kalendertage,
- Unfälle ohne Ausfallzeiten.

Je schwerer der Unfall ist, umso seltener ist dieses Ereignis. Dieser Sachverhalt kann in einer Unfallpyramide dargestellt werden, an deren Spitze der Unfall mit Todesfolge steht (→Abb. 3.2.2). Diese Pyramide kann noch um die sogenannten „Beinaheunfälle" (= Unfälle, die nur durch günstige Umstände nicht entstanden sind) ergänzt werden, die auch Hinweise auf betriebliche Schwachstellen geben, da sie häufiger als die eingetretenen Ereignisse (Unfälle) sind. Diese Beinaheunfälle bilden die Basis der Unfallpyramide. Die Unfallpyramide kann für die einzelnen Unfalltypen oder für die Klassen eines Merkmals sehr unterschiedlich sein. Beispielsweise sind Elektrounfälle überdurchschnittlich schwer. Oder: Beim Klassifizieren nach dem Lebensalter ist festzustellen, dass die Unfälle älterer Beschäftigter überdurchschnittlich schwer sind. In beiden Beispielen wird die Unfallpyramide durch den verhältnismäßig hohen Anteil an schweren und tödlichen Unfällen „kopflastig".

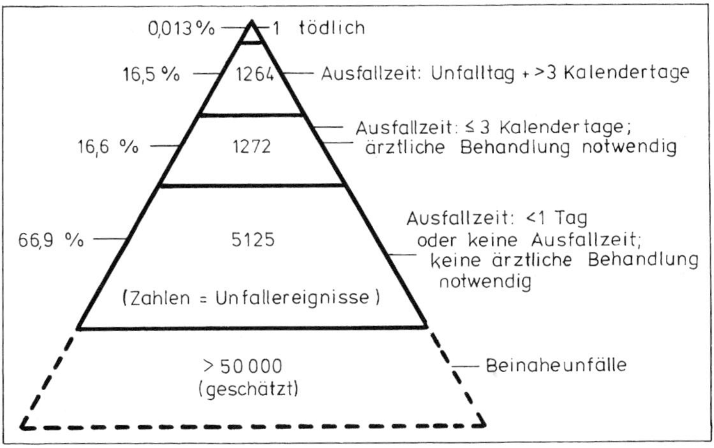

Abb. 3.2.2: Unfallpyramide für gewerbliche Arbeitsunfälle in der Bundesrepublik Deutschland (Werte nach berufsgenossenschaftlichen und gemittelten betrieblichen Angaben für 1998).

Die Unfallpyramide zeigt:

- Unfallverhütung beginnt mit der Vermeidung von Beinaheunfällen und unsicheren Handlungen,
- Die Beseitigung von leichten Unfällen wirkt sich in der Regel auch positiv auf die Beseitigung von schweren Unfällen aus.

Benutzen wir die Zeit des Arbeitsunfalls als Kriterien der Unfallschwere, so zeigt sich mit der Unfallpyramide weitgehend Übereinstimmung (→Abb. 3.2.3).

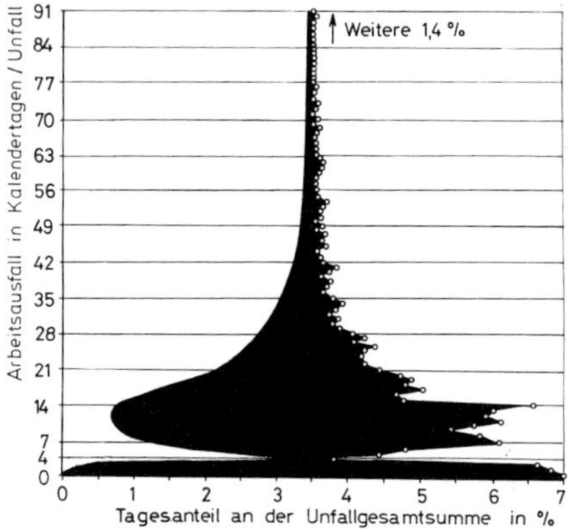

Abb. 3.2.3: Unfallpyramide, nach etwa 5000 repräsentativ ausgewählten Unfällen.

Unfallursache, Unfallhergang, Unfallfolge: Das Unfallereignis lässt sich einordnen in einer Ursache – Wirkung – Kausalität, wobei drei Ebenen unterschieden werden (→Abb. 3.2.4).

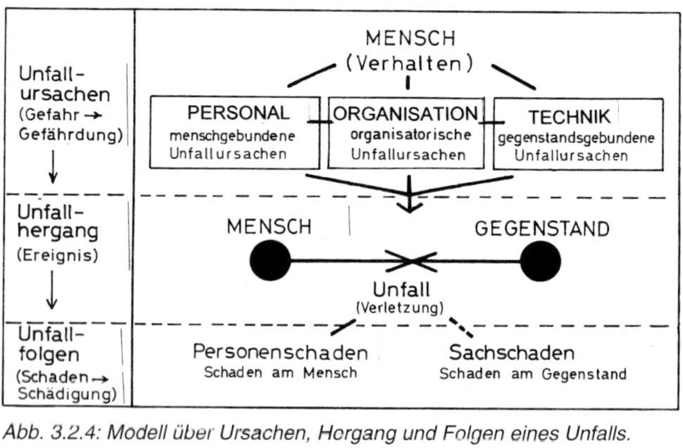

Abb. 3.2.4: Modell über Ursachen, Hergang und Folgen eines Unfalls.

1. Ebene der Ursachen möglicher und eingetretener Unfälle (subjektbezogene, organisatorische und / oder technische Unfallursachen),
2. Ebene des Unfallherganges (Unfall / Verletzung des Beschäftigten durch Gegenstände),
3. Ebene der Unfallfolge (gesundheitliche Schädigung).

Fast jeder Unfall hat mehrer Ursachen (Ketten, Kombinationen). Die Gründe der Unfälle liegen in gefährlichen Zuständen, Eigenschaften, Vorgängen, Unterlassungen usw.

Handelt es sich bei den Unfallursachen um Ursachenketten, so sind die Ursachen aufrecht gestellten Dominosteinen vergleichbar. Bringen wir den ersten Dominostein zu Fall, so fallen alle folgenden Steine (→Abb. 3.2.5 Fall 1). Ziehen wir jedoch einen Stein heraus, können die folgenden Steine nicht mehr fallen (→Abb. 3.2.5 Fall 2). Die Ursachenkette ist unterbrochen.

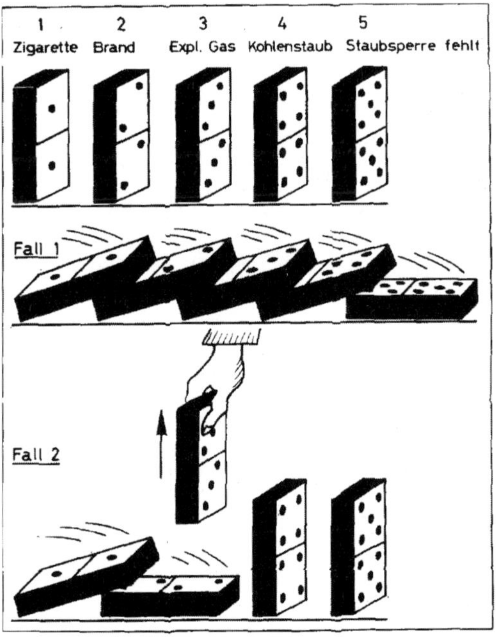

Abb. 3.2.5: Unfallursachenketten, versinnbildlicht mit Dominosteinen.

Beispiel (→Abb. 3.2.5): In einem Steinkohlenbergwerk mit Schlagwettern (bergmännischer Ausdruck für explosionsfähiges Methan-Luft-Gemisch) wird eine Zigarette (verboten!) geraucht und die Kippe achtlos weggeworfen (1).

Dadurch entsteht ein Brand (2). Der Brand löst eine Explosion aus (3). Diese wirbelt Kohlenstaub auf, so dass eine Kohlenstaubexplosion folgt (4). Da die vorgeschriebene Staubsperre (5) fehlt, pflanzt sich die Kohlenstaubexplosion in benachbarte Grubenräume fort, in denen einige Bergarbeiter verunglücken. Wenn nun beispielsweise keine Schlagwetter vorhanden sind, wird die Ursachenkette unterbrochen; der Unfall kann sich nicht mehr ereignen.

In dem Beispiel werden die Ursachen vereinfacht. In Wirklichkeit sind die Zusammenhänge oft komplizierter. Gehen wir z.B. der Frage nach, warum der Bergarbeiter verbotenerweise die Zigarette geraucht hat, so werden sich weitere Ursachen ergeben. Vielleicht kannte er das Verbot nicht, vielleicht auch die Gefährdung nicht. Vielleicht war es das schlechte Beispiel eines Kollegen usw. Es ergibt sich eine stammbaumartige Verzweigung von Unfallursachen (→Kapitel 3.1 Ausführungen zur Fehlerbaumanalyse).

Erfolgreiche Unfallverhütung besteht also darin, die zum Unfall führenden Kausalzusammenhänge zu erkennen und so zu unterbrechen, dass sich ein Unfall nicht mehr ereignen kann. Dabei sind Möglichkeiten der Einflussnahme, Wirksamkeit und Wirtschaftlichkeit zu berücksichtigen. Beispielsweise können familiäre Auseinandersetzungen wesentliche Unfallursachen sein, sind aber der Einflussnahme durch Maßnahmen der betrieblichen Unfallverhütung weitgehend entzogen.

Entwicklung des Unfallgeschehens: Der Stand der Arbeitssicherheit lässt sich aus statistischen Angaben der Unfälle (Arbeits- und Wegeunfälle) ableiten (→siehe auch 3.2.2). Bei der Statistik eingetretener Unfälle können verwendet werden

- absolute Unfallhäufigkeit; die Anzahl meldepflichtiger Arbeitsunfälle (z.B. im Jahre 2001 ca. 1,4 Mio.); die Anzahl tödlicher Arbeitsunfälle (z.B. im Jahre 2001 ca. 1.100); die Anzahl meldepflichtiger Wegeunfälle (z.B. im Jahre 2001 ca. 234.000),
- relative Unfallhäufigkeit; die Anzahl der Unfälle pro 1 Mio. geleistete Arbeitsstunden oder die Anzahl der Unfälle pro 1.000 Beschäftigte (z.B. im Jahre 2001 meldepflichtige Arbeitsunfälle je 1.000 Vollarbeiter = 37).

Arbeitsunfallgeschehen: Die Entwicklung der meldepflichtigen Arbeitsunfälle und der neuen Arbeitsunfallrenten seit 1960 enthält Abb. 3.2.6. Im Jahre 2001 sind danach 7,8% weniger Arbeitsunfälle als im Vorjahr eingetreten. Die Verteilung der Arbeitsunfälle über das Merkmal „wirtschaftszweigbezogene Gliederung der Unfallversicherungsträger" beträgt, bezogen auf die Unfallquote je 1.000 Vollarbeiter (Durchschnitt = 37),

83 im Bauwesen,

80 in der Holzindustrie,

61 in der Landwirtschaft,

55 im Bereich Steine und Erden sowie Nahrungs- und Genussmittel.

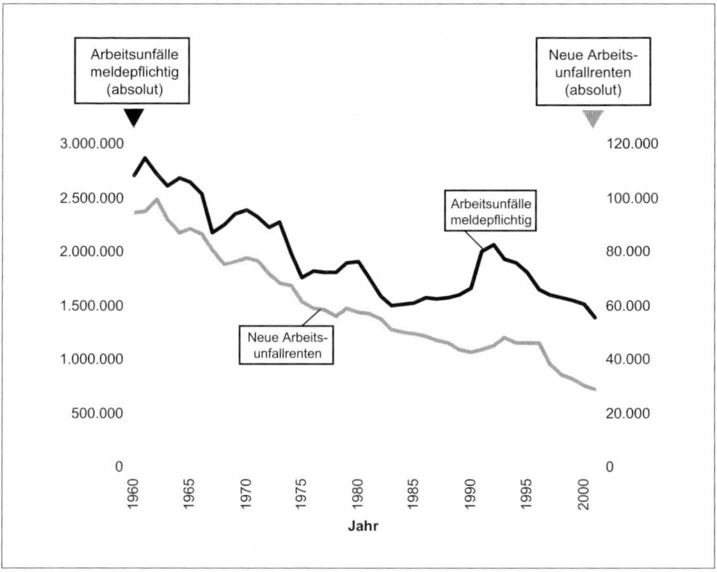

Abb. 3.2.6: Meldepflichtige Arbeitsunfälle und neue Arbeitsunfallrenten von 1960–2001.

Bei der Entwicklung neuer Arbeitsunfallrenten stimmt das Berichtsjahr nicht immer mit dem Ereignisjahr überein. (Grund: Die Entschädigung muss erst durch einen Verwaltungsakt festgestellt werden).

Die Entwicklung der meldepflichtigen Arbeitsunfälle nach den gesetzlichen Unfallversicherungsträgern seit 1960 (→Abb. 3.2.7). Danach hat sich auch die Zahl dieser Arbeitsunfälle im Jahre 2001 weiter verringert.

Wegeunfallgeschehen: Die Entwicklung der meldepflichtigen Wegeunfälle und der neuen Unfallrenten seit 1960 enthält Abb. 3.2.8. Im Jahre 2001 sind danach nur 0,4% weniger meldepflichtige Wegeunfälle gegenüber zum Vorjahr eingetreten.

Aus Teiluntersuchungen ist bekannt, dass etwa die Hälfte der nicht tödlichen Wegeunfälle Straßenverkehrsunfälle sind. Witterungsbedingt liegen die Spitzen der Wegeunfälle im Winter. Nach Verkehrsmitteln unterteilt ergeben sich folgende Unfalltypen (GEILER 1977; SCHLUTTER 1999):

- *Fußgänger-Wegeunfälle*: Sie ereignen sich überwiegend nicht im Straßenverkehr. Ausrutschen, Stolpern, Umknicken und Stürzen sind die häufigsten Unfallabläufe. Eis, Schnee, Wasserglätte, Unebenheiten sowie ungünstiges Schuhwerk von Frauen sind oft Unfallursache. Derartige Unfälle ereignen sich auch nicht selten auf dem Weg zwischen Verkehrsmittel und Arbeitsstätte oder Wohnung.

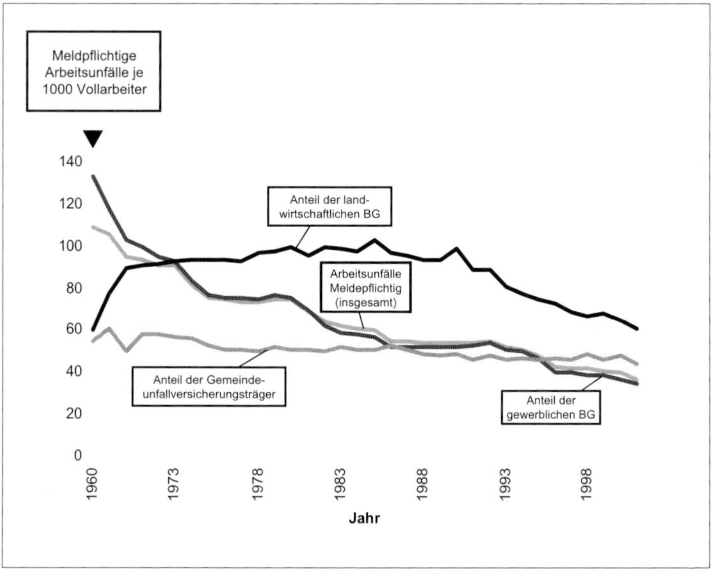

Abb. 3.2.7: Arbeitsunfälle nach gesetzlichen Unfallversicherungsträgern von 1960–2001.

- *Fahrrad-Wegeunfälle*: Mit zunehmendem Alter wird der Anteil der Frauen an diesem Unfalltyp größer, weil Männer häufiger als Frauen mit höherem Alter auf den PKW umsteigen. Fahrrad-Wegeunfälle sind überdurchschnittlich schwer und beruhen häufig auf Verletzung der Vorfahrt oder Mängeln des Verkehrsweges.
- *Motorrad-Wegeunfälle*: Sie konzentrieren sich vor allem auf typische Männerbetriebe, z. B. den Bergbau. Der Schweregrad der Unfälle vorwiegend jüngerer Personen, die oft risikoreich fahren, liegt erheblich über dem Durchschnitt.
- *PKW-Wegeunfälle*: Betroffen sind vor allem jüngere Fahrer. Dies lässt vermuten, dass geringe Erfahrung und hohe Risikobereitschaft die Unfälle zum Teil mitverursachen. In vielen Fällen handelt es sich um Auffahrunfälle bei Stau.
- *Wegeunfälle mit öffentlichen Verkehrsmitteln*: Sie sind äußerst selten. Das Unfallrisiko ist hier weitaus am geringsten.

Übereinstimmend wird festgestellt, dass die Zahl der Unfälle auf dem Hinweg zum Arbeitsplatz bedeutend größer ist als auf dem Heimweg. In der Regel liegt das Verhältnis bei 2,5 – 1,2 (Hinweg) : 1 (Rückweg). Die höhere Gefährdung auf dem Hinweg lässt sich durch folgende Gründe erklären:

- Zeitdruck, um den Arbeitsplatz noch rechtzeitig zu erreichen,
- Morgens Dunkelheit und im Winter Glätte (noch nicht gestreute Flächen),
- Mangelnde physiologische Umstellung morgens von der Nacht auf den Tag (z. B. Ermüdung, geringe Aufmerksamkeit, Reaktionsträgheit).

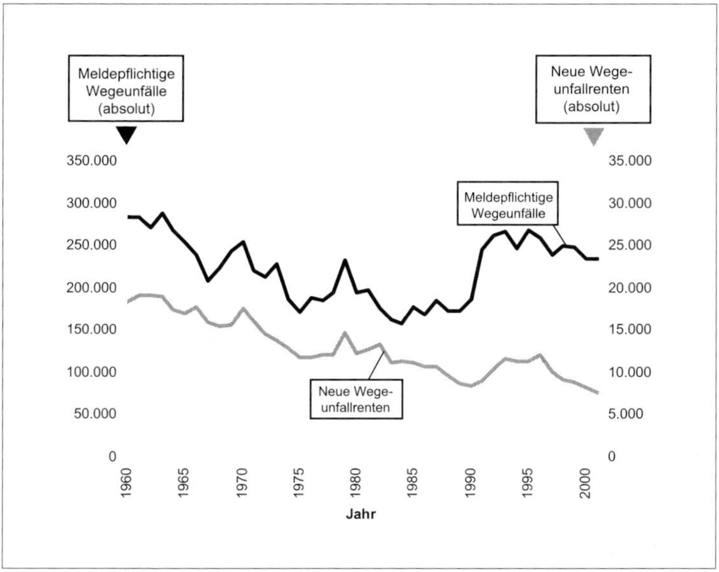

Abb. 3.2.8: Meldepflichtige Wegeunfälle und neue Wegeunfallrenten von 1960–2001.

Der Montag ist am stärksten unfallbelastet. Lange Anfahrwege von der Familie, erhöhte Verkehrsdichte, mangelnde physiologische Umstellung vom Wochenende auf den Arbeitstag, zum Teil auch ungenügende Erholung, müssen für diese Erscheinung als Gründe vermutet werden.

Sonstiges Unfallgeschehen: Unfälle treten auch in anderen Lebensbereichen außer der Arbeit auf. Im Jahre 2001 ereigneten sich in folgenden Bereichen Unfälle mit tödlichem Ausgang

- 1.107 tödliche Arbeitsunfälle, 767 tödliche Wegeunfälle,
- 5.905 tödliche Unfälle im Hausbereich,
- 6.977 tödliche Unfälle im Straßenverkehr,
- 120 tödliche Unfälle in Schulen, Hochschulen und Tagesstätten.

Die Unfallrisiken sind in den verschiedenen Lebensbereichen (→Tab. 3.2.2) und auch innerhalb dieser sehr unterschiedlich. Unfallrisiken werden von unserer Gesellschaft bewertet. Die Entwicklung unserer Gesellschaftsordnung ist dadurch gekennzeichnet, dass in ihr Unfallrisiken immer weniger zumutbar werden. Allerdings unterscheidet sich die Hinnahme (Akzeptanz) von Unfallrisiken stark in den verschiedenen Bereichen. Während beispielsweise die Gesellschaft ein hohes Unfallrisiko im Straßenverkehr in Kauf nimmt, ist dies auf dem Gebiet der Kerntechnik nicht der Fall.

Bereich	Unfälle/1 Mio. Risikostunden		Bemerkungen
	Tote	Verletzte	
Arbeit insgesamt	0,025	58,2	29,0 } Unfälle/1 Mio. Risikostunden bei einer Arbeitsunfähigkeit > 3 Tage
Gewerbe	0,021	51,9	25,9
Landwirtschaft	0,086	88,2	44,0
Öffentliche Hand	0,015	59,3	29,6
Weg zur u. von der Arbeit	0,076	27,6	20,6
PKW, Fahrer u. Beifahrer	0,297	17,8	5,9 Tote u. 355,2 Verletzte je 1 Mrd. Perskm
Bus, Fahrer u. Passagiere	0,006	1,9	0,2 Tote u. 55,2 Verletzte je 1 Mrd. Perskm
Schienenverkehr (Persbeförd.) Personal u. Reisende	0,107	0,4	2,1 Tote u. 8,4 Verletzte je 1 Mrd. Perskm
Luftverkehr (Persbeförd.) Personal u. Reisende	0,458	1,1	1,1 Tote u. 2,7 Verletzte je 1 Mrd. Perskm
Haus u. Freizeit	0,019	8,5	Ohne Straßenverkehr, mit Schlafzeit
Schulzeit	0,001	99,4	
Weg zur u. von der Schule	0,027	34,1	
Allgemeines Unfallrisiko	0,030	16,6	Risikozeit = Gesamtlebenszeit
Allgemeines Sterberisiko	1,197	–	Sterbefälle/1 Mio. Lebensstunden

Tab. 3.2.2: Relative Unfallhäufigkeit 1997 in verschiedenen Lebensbereichen der Bundesrepublik Deutschland.

Unfallzahlen (absolut) für die verschiedenen Lebensbereiche enthält Abb. 3.2.9.

Unfallrisiken sind vermeidbare Begleiterscheinungen im Arbeitssystem. Das Ziel arbeitssicherheitlicher Bemühungen besteht darin, die Wechselbeziehungen zwischen Mensch und Arbeit so zu gestalten, dass die Unfallrisiken so gering wie möglich sind.

Die detaillierte Entwicklung der Unfallzahlen ist im Anhang II des Buches enthalten.

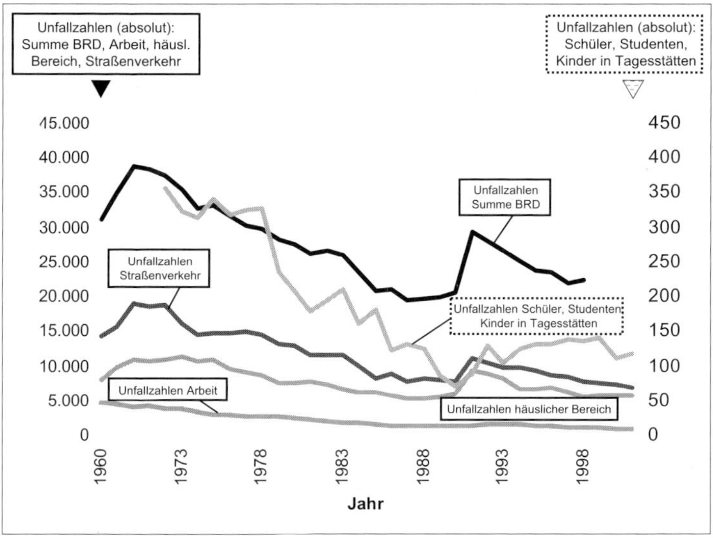

Abb. 3.2.9: Unfallzahlen in der BRD von 1960–2001.

Arbeitsbedingte Erkrankungen

Berufskrankheiten: Seit 1925 werden in Deutschland beruflich bedingte Krankheiten in die Unfallversicherung einbezogen. Eine Berufskrankheit ist eine Krankheit, die in der BerufskrankheitenVO als solche bezeichnet ist (→Liste der Berufskrankheiten Tab. 3.2.3) und die sich der Versicherte infolge einer versicherten Tätigkeit zuzieht (§ 9 SGB VII).

Als Berufskrankheit (BK) gelten nur Erkrankungen, die nach medizinischen Erkenntnissen durch besondere Einwirkungen verursacht werden, denen bestimmte Beschäftigungsgruppen bei der Arbeit in erheblich höherem Maße als die übliche Bevölkerung ausgesetzt sind.

In Einzelfällen ist auch eine nicht in der BerufskrankheitenVO bezeichnete Krankheit wie eine BK anzuerkennen, wenn zum Zeitpunkt der Entscheidung neuere medizinische Erkenntnisse über den Zusammenhang zwischen der schädigenden Einwirkung und der Erkrankung vorliegen (§ 9(2) SGB VII).

Eine Berufskrankheit wird durch längerfristige (meist über Jahre), von außen auf den Körper einwirkenden Ereignissen (Expositionshäufigkeit und -intensität) hervorgerufen, die in Form eines Gesundheitsschadens (Krankheit) auftritt oder zum Tod führt.

Maßnahmen zur Verhinderung von Berufskrankheiten (→Kapitel 5).

Lfd. Nr.	Krankheiten (Kurzfassung)	Meldepfl..-	neue Renten
1	**Durch chemische Einwirkungen verursachte Krankheiten**	2581	258
11	Metalle und Metalloide		
11 01	Erkrankungen durch Blei oder seine Verbindungen	112	6
11 02	Erkrankungen durch Quecksilber oder seine Verbindungen.....	38	1
11 03	Erkrankungen durch Chrom oder seine Verbindungen	105	19
11 04	Erkrankungen durch Cadmium oder seine Verbindungen	10	2
11 05	Erkrankungen durch Mangan oder seine Verbindungen	5	2
11 06	Erkrankungen durch Thallium oder seine Verbindungen	1	0
11 07	Erkrankungen durch Vanadium oder seine Verbindungen	1	0
11 08	Erkrankungen durch Arsen oder seine Verbindungen	23	10
11 09	Erkrankungen durch Phosphor oder seine anorganischen Verbindungen	21	1
1110	Erkrankungen durch Beryllium oder seine Verbindungen......	13	2
12	Erstickungsgase		
1201	Erkrankungen durch Kohlenmonoxid	148	2
1202	Erkrankungen durch Schwefelwasserstoff	12	0
13	Lösemittel, Schädlingsbekämpfungsmittel (Pestizide) usw.		
1301	Schleimhautveränderungen, Krebs oder andere Neubildungen der Harnwege durch aromatische Amine	400	98
1302	Erkrankungen durch Halogenkohlenwasserstoffe	385	25
1303	Erkrankungen durch Benzol oder seine Homologe	377	32
1304	Erkrankungen durch Nitro- oder Aminoverbindungen des Benzols oder seiner Homologe oder ihrer Abkömmlinge	39	0
1305	Erkrankungen durch Schwefelkohlenstoff	7	0
1306	Erkrankungen durch Methylalkohol (Methanol)	13	1
1307	Erkrankungen durch organische Phosphorverbindungen	21	0
1308	Erkrankungen durch Fluor oder seine Verbindungen	9	0
1309	Erkrankungen durch Salpetersäureester	6	0
1310	Erkrankungen durch halogenierte Alkyl-, Aryl-oder Alkylaryloxide	53	12
1311	Erkrankungen durch halogenierte Alkyl-, Aryl-oder Alkylarylsulfide	1	3
1312	Erkrankungen der Zähne durch Säuren	302	0
1313	Hornhautschädigungen des Auges durch Benzochinon	1	0
1314	Erkrankungen durch Para-tertiär-Butylphenol	2	0
1315	Erkrankungen durch Isocyanate	107	28
1316	Lebererkrankungen durch Dimethylformahid	23	0
1317	Polyneuropathie oder Enzephalopathie	346	14
2	**Durch physikalische Einwirkungen verursachte Krankheiten**	30231	1430
21	Mechanische Einwirkungen		
2101	Erkrankungen der Sehnenscheiden oder des Sehnengleitgewebes sowie der Sehnen-oder Muskelansätze	1048	8
2102	Meniskusschäden nach mehrjähriger Tätigkeit	2105	165
2103	Erkrankungen durch Erschütterung bei Arbeit mit Druckluftwerkzeugen oder gleichartig wirkenden Geräten	555	93
2104	Vibrationsbedingte Durchblutungsstörungen an den Händen.	119	10
2105	Chronische Schleimbeutelerkrankungen durch ständigen Druck	681	2
2106	Druckschädigung der Nerven	114	7
2107	Abriûbrüche der Wirbelfortsätze	8	0
2108 –2110	Bandscheibenbedingte Erkrankungen	12156	178
2111	Erhöhte Zahnabrasion	25	0
22	Druckluft		
2201	Erkrankungen durch Arbeit in Druckluft.................................	18	2

Lfd. Nr.	Krankheiten (Kurzfassung)	Meldepfl..- neue Renten	
23	Lärm		
2301	Lärmschwerhörigkeit	12114	789
24	Strahlen		
2401	Grauer Star durch Wärmestrahlung	14	0
2402	Erkrankungen durch ionisierende Strahlen	1294	176
3	**Durch Infektionserreger oder Parasiten verursachte Krankheiten sowie Tropenkrankheiten**		
3101	Infektionskrankheiten	3274	189
3102	Von Tieren auf Menschen übertragbare Krankheiten	1968	142
3103	Wurmkrankheiten der Bergleute	0	0
3104	Tropenkrankheiten, Fleckfieber	837	39
4	**Erkrankungen der Atemwege und der Lunge, des Rippenfells und Bauchfells**	16731	3323
41	Erkrankungen durch anorganische Stäube		
4101	Quarzstaublungenerkrankung (Silikose)	1748	397
4102	Quarzstaublungenerkrankung (Siliko-Tuberkulose)	47	37
4103	Asbeststaublungenerkrankung (Asbestose)	3814	407
4104	Lungen-oder Kehlkopfkrebs in Verbindung mit Asbest	2726	770
4105	Durch Asbest verursachtes Mesotheliom	1064	705
4106	Erkrankungen der tieferen Luftwege und der Lungen durch Aluminium oder seine Verbindungen	15	5
4107	Erkrankungen an Lungenfibrose durch Metallstäube	44	1
4108	Erkrankungen der tieferen Luftwege und der Lunge durch Thomasmehl (Thomasphosphat)	0	1
4109	Bösartige Neubildungen der Atemwege und der Lunge durch Nickel oder seine Verbindungen	34	5
4110	Dito durch Kokereirohgase	50	20
4111	Chron. obstruktive Bronchitis oder Emphysem von Bergleuten / Stein Kohle	1070	427
4112	Lungenkrankheiten durch kristallines Siliziumoxyd	– (ab 2002 in BKV)	–
42	Erkrankungen durch organische Stäube		
4201	Exogen-allergische Alveolitis	200	49
4202	Erkrankungen der tieferen Atemwege und der Lungen durch Rohbaumwoll-, Rohflachs-oder Rohhanfstaub (Byssinose)	8	1
4203	Adenokarzinome der Nasenhaupt-und Nasennebenhöhlen durch Stäube von Eichen-und Buchenholz	69	29
43	Obstruktive Atemwegserkrankungen		
4301	Durch allergisierende Stoffe verursachte obstruktive Atemwegserkrankungen	4039	275
4302	Durch chemisch-irritativ oder toxisch wirkende Stoffe verursachte obstruktive Atemwegserkrankungen	1797	149
5	**Hautkrankheiten**	21494	437
5101	Schwere oder wiederholt rückfällige Hauterkrankungen	21440	437
5102	Hautkrebs oder zur Krebsbildung neigende Hautveränderungen	54	8
6	**Krankheiten sonstiger Ursache**	5	0
6101	Augenzittern der Bergleute	5	0
–	Fälle nach § 9 Abs. 2 SGB VII	0	32
–	Sonstige Anzeigen	2276	0
–	DDR-BerufskrankheitenVO	0	73
	Summe:	76612	5750

Tab. 3.2.3: Meldepflichtige Berufskrankheiten (Verdachtsfälle) und Berufskrankheiten-Renten 2001 ohne Berufskrankheiten nach der BerufskrankheitenVO der ehemaligen DDR (nach Statistik des BMWA).

Anerkennung von arbeitsbedingten Erkrankungen als Berufskrankheit:

Für die Anerkennung müssen folgende Zusammenhänge bestehen:
- Haftungsbegründeter Zusammenhang, d.h. auf die versicherte Person wirkt bei der versicherten Tätigkeit eine schädigende Einwirkung längerfristig ein.
- Haftungsausfüllender Zusammenhang, d.h. die schädigende Einwirkung führt zu einer arbeitsbedingten Erkrankung, die in der BerufskrankheitenVO als solche aufgeführt ist.

Neue Berufskrankheitenrente: Versicherungsfälle, für die im Berichtsjahr erstmals Rente an Versicherte (bzw. Abfindung) oder eine Rente an Hinterbliebene (bzw. Sterbegeld) gezahlt wurde. Voraussetzung für die Zahlung der Rente an Versicherte ist eine Minderung der Erwerbsfähigkeit um mindestens 20 % über die 26. Woche nach Erkrankung hinaus.

Todesfälle infolge einer Berufskrankheit: Bei Todesfällen infolge einer BK sind zu unterscheiden:
- BK mit Todesfolge; Berufserkrankte, für die keine Versicherungsrente festgestellt wurde,
- BK, die nach Bezug von oft langjähriger Rente tödlich ausgehen.

Beträgt die Erwerbsminderung bei den BK Silikose, Silikotuberkulose oder Asbestose $\geq$ 50%, wird der Tod eines Rentenbeziehers als Folge der BK anerkannt, wenn nicht offensichtlich ein anderes Ereignis, z.B. Verkehrsunfall, den Tod verursacht hat. In den übrigen Fällen muss im Einzelfall der kausale Zusammenhang zur BK nachgewiesen werden.

Anzeige von Berufskrankheiten: (→ Kapitel 3.2.3)

Entwicklung des Berufskrankheitengeschehens: Der Stand der Arbeitssicherheit lässt sich auch aus statistischen Daten der Berufskrankheiten ableiten. Die Entwicklung der BK seit 1960 enthält Abb. 3.2.10. Bei der Statistik zu den BK werden unterschieden
- Anzeigen auf Verdacht einer BK,
- anerkannte BK,
- neue BK-Renten.

Im Jahre 2001 kamen insgesamt 18.599 Fälle zur Anerkennung als BK. Bezogen auf die einzelnen BK waren die am häufigsten anerkannten BK
- Lärmschwerhörigkeit (BK 2302),
- durch Asbest verursachte Asbestosen (BK 4103),
- Lungen- und Kehlkopfkrebs (BK 4104),
- Mesotheliom (BK 4105).

Nach wie vor sterben mehr Versicherte an den Folgen einer BK (2001: 1.904 Fälle) als an den Folgen eines Arbeitsunfalls (1.107 Fälle). Ca. 51% der Todesfälle infolge einer BK sind auf Einwirkungen asbesthaltiger Stäube zurückzuführen, ca. 25% auf die Einwirkung von Quarzstaub.

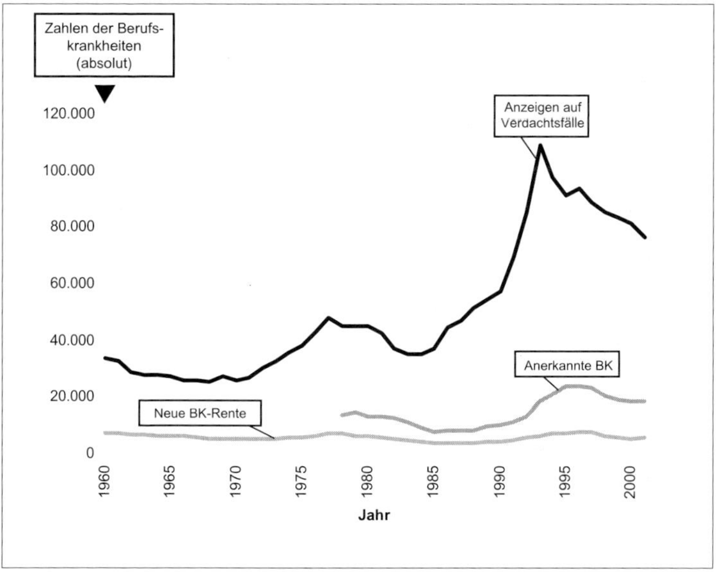

Abb. 3.2.10: Berufskrankheiten von 1960–2000.

Die große Differenz zwischen angezeigten BK (2001: 76.612 BK-Anzeigen) und anerkannten BK (2001: 18.599 BK) – nur 24% der angezeigten Fälle wurden anerkannt – hat folgende Gründe:

- Bei einer Reihe von BK hat der Verordnungsgeber neben den üblichen technisch / medizinischen Voraussetzungen zusätzlicher Bedingungen als zwingende Voraussetzung für die Anerkennung des Versicherungsfalles festgelegt. Das bedeutet, dass ein Gesundheitsschaden trotz nachgewiesener beruflicher Verursachung versicherungsrechtlich nicht als BK anerkannt wird, wenn die mit der Gefährdung verbundene Tätigkeit nicht unterlassen wurde. Dies betrifft insgesamt 9 Berufskrankheiten (BK 1315: Isocyanate, BK 2101: Sehnenscheiden, BK 2104: Vibrations-Hände, BK 2108 bis 2110: degenerative Wirbelsäulenerkrankungen, BK 4301: Asthma-allergisch, BK 4302: Asthma-toxisch, BK 5101: Hauterkrankungen).
- Die Anerkennungskriterien für BK müssen sich an gesicherten arbeitsmedizinischen Erkenntnissen über die ursächliche Arbeitsbelastung orientieren. Viele Erkrankungen haben aber multi-faktorielle, d.h. auch außerberufliche Ursachen, die bei längerfristiger Exposition zu diesen Gesundheitsschäden / Krankheiten führen können.

Den Arbeitsbedingungen entsprechend konzentrieren sich bestimmte Berufskrankheiten auf einige Berufe. Dies sind vor allem:

- Silikose und Tuberkulose auf Bergleute und in Gießereien Beschäftigte,
- Asbestose: ehemalige Beschäftigte im Hoch- und Tiefbau bei der Herstellung und Bearbeitung von Asbestzementprodukten,
- Hauterkrankungen auf Friseure, Maurer, Beschäftigte in der spanabhebenden Fertigung (Kühlflüssigkeit!) und Beschäftigte im Gesundheitsdienst,
- Infektionen auf Beschäftigte im Gesundheitsdienst, besonders Krankenschwestern,
- Lungenerkrankungen auf Bäcker.

Die detaillierte Entwicklung der Berufskrankheiten ist am Anhang II des Buches enthalten.

Die Entwicklung tödlicher Arbeits- und Wegeunfälle sowie der tödlichen Berufskrankheiten seit 1960 zeigt Abb. 3.2.11.

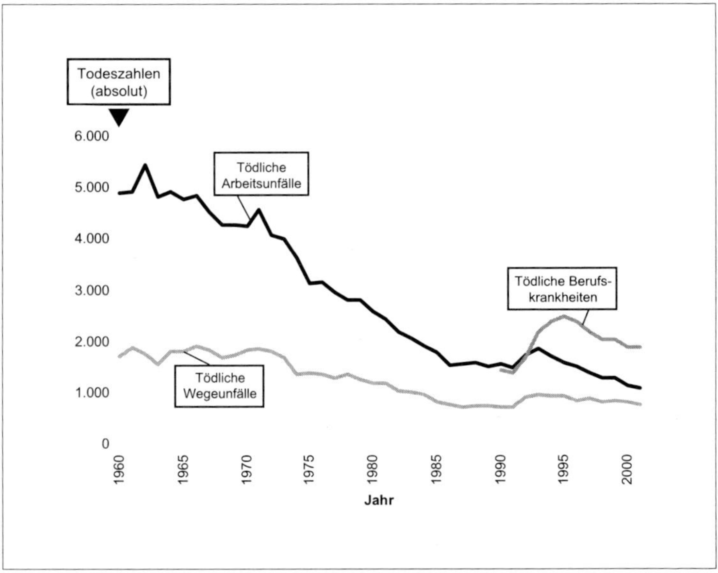

Abb. 3.2.11: Tödliche Arbeitsunfälle, tödliche Wegeunfälle und tödliche Berufskrankheiten von 1960–2001.

Sonstige arbeitsbedingte Erkrankungen: Die Abgrenzung zwischen Berufskrankheiten und sonstigen arbeitsbedingten Erkrankungen resultiert aus der Beweisbarkeit der Kausalität zwischen Exposition und Erkrankung. Danach sind diese Erkrankungen solche Krankheiten, die Versicherte bei der versicherten Tätigkeit erleiden und nicht als BK anerkannt werden. Gründe für die Nichtanerkennung können sein

- die Krankheit ist in der BerufskrankheitenVO nicht als solche bezeichnet,
- die Krankheit ist in der BerufskrankheitenVO als solche bezeichnet, die zusätzlichen Bedingungen, die für die Anerkennung festgelegt sind (→ Entwicklung BK), werden nicht erfüllt,
- die Krankheit ist sowohl durch arbeitsbedingte Faktoren als auch durch ein Spektrum spezifischer und unspezifischer Erkrankungsfaktoren außerhalb des Arbeitsprozesses entstanden.

Diese Erkrankungen werden statistisch mittels des allgemeinen Krankenstandes erfasst.

Gesundheitssituation der Beschäftigten

Die Beschreibung der Gesundheitssituation der Beschäftigten hat das Ziel, neben den Unfall- und Erkrankungsgeschehen auch die vorhandenen Arbeitsbedingungen zu erfassen, die Ursache für künftige Unfälle und Krankheiten sein können. Eine Erwerbstätigenbefragung [BIBB / IAB 1998 / 1999] ergab folgende Aussagen (Auszug).

Arbeitsunfähigkeit: Darunter wird ein durch Krankheit (infolge Unfall oder Erkrankung) bewirkter Ausfall von Arbeit verstanden. Bei der Arbeitsunfähigkeit treten Lohnfortzahlung und Leistungen der Kranken- oder Unfallversicherung ein. 11,3 % der abhängig Beschäftigten gaben in o. g. Befragung an, in den letzten 12 Monaten wegen Arbeitsunfall oder Erkrankung, die mit dem Beruf zusammenhängt, arbeitsunfähig gewesen zu sein. In Abhängigkeit ausgewählter Arbeitsbedingungen zeigen sich dabei folgende überdurchschnittlich hohe Anteilswerte bei

1. Männern und Frauen mit Arbeit in Wechselschicht,
2. Frauen mit Sonn- und Feiertagsarbeit,
3. Männer und Frauen mit Arbeit in Zeitarbeitsfirmen,
4. Männer, die sich der Gefahr der Entlassung ausgesetzt fühlen.

Bei der Verteilung der Arbeitsunfähigkeit nach Diagnosegruppen (ICD10) ergibt sich folgende Rangfolge [Unfallverhütungsbericht 2001]:

1. Krankheiten des Muskel-Skelett-Systems und des Bindegewebes (140,28 Mio. Arbeitsunfähigkeitstage -AUT-),
2. Verletzungen, Vergiftungen (76,61 Mio. AUT),
3. Krankheiten des Atemsystems (73,87 Mio. AUT),
4. Krankheiten des Verdauungssystems (33,74 Mio. AUT),
5. Psychische und Verhaltensstörungen (33,74 Mio. AUT),
6. Krankheiten des Kreislaufsystems (31,78 Mio. AUT),

Arbeitsbelastungen und Arbeitsanforderungen: In der Befragung [BIBB / IAB 1998 / 1999] wurden auch Arbeitsbelastungen und –anforderungen der Beschäftigten erfasst. Im Mittel der Befragten werden folgende Belastungen genannt:

1. Arbeit im Stehen (60,8 %),
2. Starker Termin- und Leistungsdruck (50,0%),
3. Ständig wiederkehrende Arbeitsvorgänge (45,1%),
4. Verschiedene Arbeiten gleichzeitig betreuen (42,4%),
5. Angestrengt hinsehen, Vorgänge genau beobachten (34,5%),
6. Konfrontation mit neuen Aufgaben (34,0%),

.
.
.

10. Heben und Tragen schwerer Lasten (27,2%) mit besonderer Häufigkeit im Baugewerbe und in der Landwirtschaft (> 10 kg Frauen; > 20 kg Männer).

Diese Arbeitsbelastungen rufen gesundheitliche Beschwerden während bzw. nach der Arbeit bei den Beschäftigten hervor, wie

- Schmerzen im Rücken-, Nacken- und Schulterbereich,
- Allgemeine Müdigkeit, Mattigkeit und Erschöpfung,
- Kopfschmerzen,
- Schmerzen in den Beinen und Füßen sowie in den Armen und Händen.

Renten wegen verminderter Erwerbsfähigkeit: Die bisherige Unterscheidung zwischen Berufs- und Erwerbsminderungsrente ist durch eine zweistufige Erwerbsminderungsrente abgelöst worden. Danach wird Rente gewährt als

- Rente wegen teilweiser Erwerbsminderung,
- Rente wegen voller Erwerbsminderung.

Nur ein Drittel aller Beschäftigten in Deutschland erreichen in Arbeit das Rentenalter. Am häufigsten führen chronische Krankheiten zur Frühberentung, gefolgt von Krankheiten des Skeletts, der Muskeln und des Bindegewebes, des Kreislaufsystems sowie psychiatrische Krankheiten und Neubildungen. Dabei ist festzustellen, dass psychiatrische Krankheiten ständig ansteigen, besonders bei Frauen. Im Jahre 2001 stellen die Gruppe psychiatrische Krankheiten die wichtigste Ursache für die Frühverrentung von Frauen dar.

Ökonomische Aspekte der Arbeitssicherheit

Wirtschaftliche Verluste entstehen der Gesellschaft durch Arbeitsunfälle und Berufskrankheiten (Kosten der gesetzlichen Unfallversicherung) aber auch durch Krankheiten und sonstige Unfälle (Haus-, Freizeit-, Straßenverkehrsunfälle). Volkswirtschaftlich besonders bedeutungsvoll sind dabei die Ausfälle durch Arbeitsunfähigkeit.

Volkswirtschaftliche Kosten: Die Schätzung der Produktionsausfälle durch Arbeitsunfähigkeit gibt volkswirtschaftlich gesehen ein Präventionspotential und mögliches Nutzungspotential an. Mit einer durchschnittlichen Arbeitsunfähigkeit von 14,6 Tagen je Beschäftigter ergaben sich z. B. im Jahr 2001 insgesamt 508,57 Mio. Arbeitsunfähigkeitstage. Auf der Grundlage dieses Volumens werden die volkswirtschaftlichen Ausfälle (Lohnkosten) auf insgesamt 44,76 Mrd. Euro bzw. der Ausfall an Bruttowertschöpfung (Verlust an Arbeitsproduktivität) auf ca. 70,75 Mrd. Euro geschätzt.

Im Durchschnitt aller Wirtschaftszweige kommen auf 100 Versicherte 118,8 Arbeitsunfälle im Jahr 2001. In diesem Jahr entfielen von der gesamten Arbeitsunfähigkeit der Beschäftigten (506,57 Mio. Tage)
- 32% auf die öffentlichen und privaten Dienstleistungen,
- 32,2% auf das produzierende Gewerbe,
- 23,2% auf Handel, Gastgewerbe und Verkehr.

Verwendetes Zahlenmaterial (→UNFALLVERHÜTUNGSBERICHT 2001).

Kosten der gesetzlichen Unfallversicherung: Die Nettoaufwendungen der Unfallversicherungsträger betrugen für das Jahr 2001 12,43 Mrd. Euro, darunter u. a. für Renten an Versicherte und Hinterbliebene, Heilbehandlung, Maßnahmen zur beruflichen Wiedereingliederung und für Verwaltungsaufwand.

Für Maßnahmen der Prävention und für die Erste Hilfe entfielen im gleichen Jahr 777,7 Mio. Euro (das entspricht 6,3% der Gesamtnettoaufwendungen), darunter zur Überwachung und Beratung, zur Ausbildung und für arbeitsmedizinische und sicherheitstechnische Dienste.

Diese kurze Übersicht zeigt eindrucksvoll die große Bedeutung von Unfällen und Berufskrankheiten in der Bundesrepublik Deutschland. Die Folgen sind unübersehbares menschliches Leid und erhebliche vermeidbare finanzielle Verluste, die die Geschädigten, die Betriebe und die Volkswirtschaft erleiden.

3.2.2 Unfallanalyse

Grundlage für die analytische Tätigkeit sind die Anzeigen von Unfällen.

Anzeige von Unfällen

Außerbetriebliche Unfallanzeige: Der Arbeitgeber ist verpflichtet, Unfälle von Versicherten im Betrieb dem zuständigen Unfallversicherungsträger anzuzeigen, wenn Versicherte getötet oder so verletzt sind, dass sie mehr als drei Tage arbeitsunfähig werden. Bei dieser 3-Tages-Frist ist der Unfalltag nicht mitzuzählen. Die Anzeige ist binnen drei Tagen zu erstatten, nachdem der Arbeitgeber von dem Unfall Kenntnis erlangt hat. Die Unfallanzeige (→Abb. 3.2.12) ist vom Betriebs- oder Personalrat mit zu unterzeichnen. Der Arbeitgeber muss die Fachkraft für Arbeitssicherheit und den Betriebsarzt über jede Unfallanzeige in Kenntnis setzen (§ 193 (5) SGB VII). Die Unfallanzeige ist neben den Unfallversicherungsträger, auch an den Betriebs- / Personalrat, der für den Arbeitsschutz zuständigen Landesbehörde und bei Anforderung an den Versicherten zu übergeben.

UNFALLANZEIGE

1 Name und Anschrift des Unternehmens

2 Unternehmensnummer des Unfallversicherungsträgers

3 Empfänger

4 Name, Vorname des Versicherten		5 Geburtsdatum Tag Monat Jahr
6 Straße, Hausnummer	Postleitzahl	Ort
7 Geschlecht ☐ männlich ☐ weiblich	8 Staatsangehörigkeit	9 Leiharbeitnehmer ☐ ja ☐ nein
10 Auszubildender ☐ ja ☐ nein	11 Ist der Versicherte ☐ Unternehmer ☐ mit dem Unternehmer verwandt	☐ Ehegatte des Unternehmers ☐ Gesellschafter/Geschäftsführer
12 Anspruch auf Entgeltfortzahlung besteht für ☐ Wochen	13 Krankenkasse des Versicherten (Name, PLZ, Ort)	
14 Tödlicher Unfall? ☐ ja ☐ nein	15 Unfallzeitpunkt Tag Monat Jahr Stunde Minute	16 Unfallort (genaue Orts- und Straßenangabe mit PLZ)
17 Ausführliche Schilderung des Unfallhergangs (Verlauf, Bezeichnung des Betriebsteils, ggf. Beteiligung von Maschinen, Anlagen, Gefahrstoffen)		
Die Angaben beruhen auf der Schilderung ☐ des Versicherten ☐ anderer Personen		
18 Verletzte Körperteile	19 Art der Verletzung	
20 Wer hat von dem Unfall zuerst Kenntnis genommen? (Name, Anschrift des Zeugen)		War diese Person Augenzeuge? ☐ ja ☐ nein
21 Name und Anschrift des erstbehandelnden Arztes/Krankenhauses		22 Beginn und Ende der Arbeitszeit des Versicherten Beginn Stunde Minute Ende Stunde Minute
23 Zum Unfallzeitpunkt beschäftigt/tätig als		24 Seit wann bei dieser Tätigkeit? Monat Jahr
25 In welchem Teil des Unternehmens ist der Versicherte ständig tätig?		
26 Hat der Versicherte die Arbeit eingestellt? ☐ nein ☐ sofort	später, am	Tag Monat Stunde
27 Hat der Versicherte die Arbeit wieder aufgenommen? ☐ nein ☐ ja, am		Tag Monat Jahr
28 Datum Unternehmer/Bevollmächtigter	Betriebsrat (Personalrat)	Telefon-Nr. für Rückfragen (Ansprechpartner)

Abb. 3.2.12: Unfallanzeige.

Unfallanzeigen werden von den Versicherungsträgern nicht nur aus versicherungsrechtlichen Gründen, sondern auch als Datenträger für statistische Informationen zum Zweck der Unfallverhütung benötigt. Der Unfallhergang wird beispielsweise nach den Merkmalen Arbeitsbereich, unfallauslösender Gegenstand, Bewegung des Gegenstandes, Tätigkeit des Verletzten und Bewegung des Verletzten verschlüsselt.

Dabei darf nicht übersehen werden, dass die Unfallanzeige nur einen beschränkten Informationsgehalt besitzt. Im Gegensatz zur Einzelunfalluntersuchung ist eine Erforschung der Unfallursachen mit Hilfe der gesetzlich vorgeschriebenen Unfallanzeigen allein nicht möglich. Es können lediglich Hergangsschwerpunkte, z.B. nach Unfalltypen, zufriedenstellend erfasst werden. Nach diesem ersten Schritt muss ein zweiter erfolgen, nämlich der einer Ursachenanalyse, die sich der üblichen Techniken der Informationsgewinnung bedient: Beobachten, Befragen und Experimentieren. Je nach Fall wird das eine oder andere stärker notwendig sein.

Hinzu kommt, dass Unfallanzeigen nicht immer die tatsächlichen Verhältnisse – sei es unabsichtlich oder absichtlich – richtig wiedergeben. Wie aus einer Testerhebung des Hauptverbandes der gewerblichen Berufsgenossenschaften hervorgeht, können von den für statistische Erhebungen besonders wichtigen Merkmale fünf ausreichend sicher erfasst werden, nämlich Unfallgegenstand, Tätigkeit zum Unfallzeitpunkt, Unfallvorgang, verletzter Körperteil und Verletzungsart. Das Merkmal Unfallstelle (Unfallort) ist für statistische Zwecke nur beschränkt ausreichend. Aus der Unfallanzeige lassen sich also trotz aller Mängel wesentliche Informationen gewinnen.

Innerbetriebliche Unfallmeldung: In vielen Betrieben werden die Unfälle mit ≤ 3 Tagen Arbeitsausfallzeit oder ohne Arbeitsausfall auf sogenannten „kleinen Unfallmeldeformularen“ erfasst.

Alle Unfälle, die eine Erste-Hilfe-Leistung erfordern, müssen in das Verbandbuch eingetragen werden (BGV A2). Folgende Mindestangaben soll das Verbandbuch enthalten: Kontrollnummer, Name, Zeitpunkt, Ort und Hergang der Verletzung oder Erkrankung, Art und Umfang der Verletzung oder Erkrankung, Zeitpunkt und Art der Erste-Hilfe-Leistung, Name von Zeugen, Aussage über Arbeitsfähigkeit und Name des Behandelnden. Muster befinden sich in BGI 511–2 (großes Verbandbuch) und BGI 511–1 (kleines Verbandbuch).

Über das Verbandbuch besteht die Möglichkeit, *alle* Betriebsunfälle zu erfassen, also auch solche, die keinen Arbeitsausfall zur Folge haben. Die statistische Erfassung aller Unfälle kann wesentlich zur Verbesserung der Erkenntnisse über Unfälle und deren Vermeidung führen, da es oft Zufall ist, ob ein Unfall leichte oder schwere Folgen hat. Darum sollte die Verbandbucheintragung durch eine Befragung des Verletzten ergänzt und zusätzlich folgende Angaben enthalten: Abteilung, zuständige Aufsicht, stichwortartige Angaben über den Unfallhergang und über die vom Verletzten gemachten Angaben zu den Ursachen.

Unfalluntersuchung

Für die Analyse der Ursachen von Arbeitsunfällen sind die Verfahren zur Gefährdungsbeurteilung (→Kapitel 3.1) anwendbar, wobei diese Vorgehensweise retrospektiv erfolgt. Ziel dieser Analyse ist es, den Hergang des Unfalles und die möglichen Ursachenketten aufzuklären, um Maßnahmen zur Verhütung künftiger Unfälle festlegen zu können.

Bei der Unfallanalyse kann sowohl vom Einzelfall (kasuistisch) als auch von einer Vielzahl von Fällen (statistisch) ausgegangen werden.

Einzelfalluntersuchung: Durch diese *Untersuchung* soll folgendes erreicht werden:

1. Gewinnung von Erkenntnissen über Umstände und Ursachen der zu einem bestimmten Unfall führenden Gefahren, um danach Maßnahmen zur Unfallverhütung planen und durchführen zu können.
2. *Datensammlung* für betriebliche und überbetriebliche Unfallstatistiken, z. B. zur Ermittlung und Analyse von Unfallschwerpunkten oder für Unfallkostenberechnung.
3. Unterlage für die *Unfallanzeige* an Aufsichtsbehörde und Träger der gesetzlichen Unfallversicherung.
4. Klärung der Frage, ob *Anordnung* oder *Vorschriften* übertreten und von wem sie übertreten wurden.

Hinsichtlich des Personenkreises, der Unfälle untersuchen soll, gibt es im Grundsatz zwei Möglichkeiten.

Möglichkeit I: Die *Fachkraft für Arbeitssicherheit* untersucht jeden Unfall. Dieser Personenkreis ist unbefangen und besonders fachkundig. Subjektive Einflüsse des Untersuchenden sind weitgehend ausgeschlossen. Andererseits kennt die Fachkraft für Arbeitssicherheit besonders in Großbetrieben die speziellen Arbeitsbedingungen nicht so gut wie ein unmittelbarer Vorgesetzter. Außerdem halten ständige Unfalluntersuchungen die Fachkraft für Arbeitssicherheit von den wesentlichen Aufgaben der Unfallverhütung ab.

Möglichkeit II: Der *Vorgesetzte* der verunglückten Person untersucht den Unfall. Der Vorgesetzte kennt die besonderen technischen Verhältnisse am Unfallort und auch die menschlichen Eigenschaften des Betroffenen. Durch die Unfalluntersuchung wird ein stärkeres Interesse des Vorgesetzten an der Unfallverhütung wachgerufen. Andererseits hat der Vorgesetzte nicht selten Vorurteile gegenüber der verunglückten Person. Außerdem kann er ein Interesse daran haben, durch die Unfalluntersuchung die Unschuld der Aufsicht zu beweisen.

Unfälle sollen grundsätzlich durch die betrieblichen Vorgesetzten zusammen mit dem Sicherheitsbeauftragten und dem Betriebsrat untersucht werden. Es widerspricht der beratenden Funktion der Fachkraft für Arbeitssicherheit, jeden Unfall selbst zu untersuchen.

Organisatorisch ist sicherzustellen, dass die Ergebnisse aller Unfalluntersuchungen der Fachkraft für Arbeitssicherheit gemeldet werden. Bei tödlichen und schweren Unfällen muss sich die Fachkraft für Arbeitssicherheit an der

Untersuchung beteiligen oder diese selbst durchführen. Desgleichen gilt für Unfälle, die aus bestimmten Gründen von besonderem Interesse sind. Bei Unfällen, bei denen der Verdacht besteht, dass der untersuchende Vorgesetzte in den Unfall verwickelt ist, soll die Fachkraft für Arbeitssicherheit die Untersuchung selbst durchführen.

Eine **Ortsbesichtigung** muss unmittelbar nach dem Unfall erfolgen. Über die örtliche Situation ist eine maßstäbliche Skizze anzufertigen. Ein Fotoapparat mit Blitzlicht kann die Beweisaufnahme vereinfachen. Erforderlichenfalls muss die Funktionsfähigkeit der für den Unfall bedeutsamen technischen Arbeitsmittel überprüft werden. Beschädigte Gegenstände, abgebrochene Schrauben usw., sind sicherzustellen.

Eine **Befragung** des Verletzten soll genaue Auskunft geben über den Unfallhergang. Der Befragte muss darüber informiert werden, dass er die Aussage verweigern kann, sofern diese für ihn Nachteile erwarten lässt. Dem Befragten muss klargemacht werden, dass die Befragung in erster Linie dazu dient, Anhaltspunkte dafür zu erhalten, wie zukünftig ähnliche Unfälle vermieden werden. Es darf nicht der Eindruck entstehen, dass ein Schuldiger gesucht wird.

Bei Unklarheiten über den Unfallhergang sollte durch gezielte Fragen geholfen werden, den tatsächlichen Verlauf zu ergründen. Betroffene und Aufsicht sollten am Schluss auch gefragt werden, wie ein solcher Unfall künftig vermieden werden kann. Eine später verwirklichte Anregung stärkt das Sicherheitsbewusstsein des Betroffenen.

Das Ergebnis der Befragung ist in Kürze schriftlich so abzufassen, dass der Unfallhergang auch von einem Betriebsfremden verstanden wird.

Der Erfolg einer Unfalluntersuchung hängt wesentlich von einer psychologisch geschickten Vorgehensweise ab. Ständiger Hinweis auf „Verschulden" und das Herauskehren des Vorgesetztenverhältnisses schaffen nur unnötige Verärgerung und Opposition, die der Gefahrenabwehr schaden. Mit menschlichem Mitfühlen, mit dem Bemühen, sich in die Lage des Betroffenen zu versetzen, und mit klärendem Wohlwollen, das der Befragte spüren muss, erreicht der Untersuchende im Allgemeinen mehr für die Unfallverhütung.

Zur Anfertigung eines betrieblichen **Unfallberichtes**, der gleichzeitig auch Unterlage für eine Unfallanzeige sein kann, müssen folgende Angaben aufgenommen werden:

1. *Personalien* des Verletzten (Name, Vorname, Kontrollnummer, betriebliche Funktion) und der unmittelbaren Aufsicht.
2. *Unfallhergang und -folgen:* Zeitpunkt des Unfalls; gerade durchgeführte Tätigkeit; Objekt, an dem oder durch das sich das Belegschaftsmitglied verletzt hat. Bei Maschinen auch Typ und Baujahr; Unfallvorgang; verletzter Körperteil; Verletzungsart und Unfallschwere; gegebenenfalls Umfang von Sachschäden.

3. *Unfallursachen:* Technische, verhaltensgebundene und organisatorische Ursachen.
4. *Maßnahmen:* Wie werden gleichartige Unfälle verhindert? Bis wann müssen erforderlichenfalls Maßnahmen durchgeführt werden? Wer soll für die Durchführung der Maßnahmen verantwortlich sein? Als Verantwortliche sollten möglichst nicht Funktionsstellen (z. B. Instandsetzungsabteilung), sondern Namen genannt werden (z. B. Monteur Hinrichs). Dadurch werden Verantwortlichkeit und entsprechende Haftung genau festgelegt.

Wesen und Aufgaben der Unfallstatistik: Unfallstatistik ist das klassenweise quantitative Erfassen und Kombinieren von Merkmalen, die mit dem Unfallgeschehen in Verbindung stehen. Davon zu unterscheiden ist die Prüfstatistik, die auf die Unfallstatistik anzuwenden ist und das statistische Material auf Aussagefähigkeit mit Hilfe mathematischer Methoden untersucht.

Die Aufgabe der Unfallstatistik besteht darin:
1. die *Entscheidungsfindung* für Unfallverhütungsmaßnahmen durch Offenlegen von Zusammenhängen vorzubereiten,
2. die Wirksamkeit von durchgeführten Unfallverhütungsmaßnahmen zu *kontrollieren.*

In diesem Rahmen kann bei der Erstellung und Auswertung von Unfallstatistik die genaue Orientierung an der speziellen Fragestellung oft viel unnötige Arbeit ersparen.

Durch die Unfallstatistik können auf drei Ebenen Erkenntnisse gewonnen werden.

Die in der Praxis übliche Ausgangsebene ist die des *Unfallhergangs.* Der Hergang ergibt sich aus den Merkmalen, die beim Unfall Mensch und Gegenstand sowie den Vorgang charakterisieren.

Ein geklärter Hergangs- und Folgensachverhalt ist die Basis des Vorstoßes in die Ebene der *Unfallursachen.* In der dritten Ebene lassen sich die Ursachen in gegenstandsgebundene, organisatorische und verhaltensbedingte einteilen.

Die Unterscheidung dieser drei Ebenen ist in der Unfallstatistik wichtig. Solcher Statistik liegt nämliche der Gedanke zugrunde, rationell in die Ursachenebene einzusteigen und damit wirksamer Ausgangspunkt für die Unfallverhütung zu sein, indem Gefahrenschwerpunkte erkannt und beseitigt werden. Das Ziel kann jedoch nur erreicht werden, wenn es gelingt, auch tatsächlich in die Ursachenebene vorzudringen und nicht bei der Hergangs- und Folgenebene stehen zu bleiben.

In der Unfallstatistik muss – wie in jeder Statistik – bedacht werden, dass eine statistische Verschlüsselung von Informationsmaterial einen Informationsverlust zur Folge hat, der je nach Fragestellung mehr oder weniger groß in Kauf zu nehmen ist. Außerdem muss bei jeder statistischen Erhebung kritisch gefragt werden, wie groß der Wahrheitsgehalt der Eingangsinformation ist.

Merkmale und Einheiten der Unfallstatistik: Die qualitative Beschreibung des Unfallgeschehens erfolgt mit Hilfe von Merkmalen, die sich entsprechend dem Ablauf des Unfallgeschehens von der Ursache bis zur Folge in drei Gruppen gliedern lassen:

1. Umstände und Ursachen des Unfalls können sein
   - ortsgebunden (Wirtschaftszweig, Betriebsgröße, Unfallort, Arbeitsbereich, ...),
   - zeitgebunden (Zeit nach Arbeitsbeginn, Zeit der Betriebszugehörigkeit, Zeit nach Beginn der Spezialtätigkeit, Tageszeit, Wochentag, Monat, Jahr, ...),
   - personengebunden (Lebensalter, Staatszugehörigkeit, Geschlecht, Ausbildung, Beruf, betriebliche Funktion, ...).
2. Unfallhergang kann durch den Unfallgegenstand, die Tätigkeit der Person zum Zeitpunkt des Unfalls und den Unfallvorgang (Art des Zusammenwirkens von Unfallgegenstand und Person) beschrieben werden.
3. Unfallfolge kann betreffen das verletzte Körperteil, die Verletzungsart, die Schwere des Personenschadens, die entstandenen Unfall- und Sachwertkosten usw.

Aus rationellen Gründen kann in der Unfallstatistik nur eine beschränkte Zahl von Merkmalen im konkreten Fall benutzt werden. Dabei hat die Verwendung derjenigen Merkmale Vorrang, die für die anschließende Maßnahmenentwicklung am aussagekräftigsten ist. Dies sind in der Regel: Unfallgegenstand; Tätigkeit der Person zum Zeitpunkt des Unfalls; Unfallvorgang; verletzter Körperteil; Verletzungsart; Schwere des Personenschadens; Unfallort; Unfallursache.

Um *quantitative* Aussagen über Merkmale zu erhalten, werden diese nach Klassen untergliedert und ihnen die quantitativen Daten über Unfälle zugeordnet. Dabei können auch Merkmale mehrdimensional miteinander kombiniert werden.

Als Einheiten für die quantitative Erfassung des Unfallgeschehens sind üblich:

1. Unfallereignisse
   Die am häufigsten benutzte Einheit in der Unfallstatistik ist die Zahl der Unfallereignisse, mit der die absolute Häufigkeit von Unfällen bestimmt wird. Diese Einheit macht nur über die Ereignisse, nicht jedoch über deren Auswirkungen Aussagen. Die Schwere des durch einen Unfall bewirkten Personenschadens ist jedoch ein wesentlicher Gesichtspunkt zur Beurteilung menschlicher und wirtschaftlicher Folgen eines Unfalls. Beispielsweise sind Unfälle, die bleibende Schäden zur Folge haben, anders zu beurteilen als Unfälle mit Bagatellfolgen.

2. Arbeitsausfalltage
   Die Zahl der Arbeitsausfalltage kann den Umfang des Personenschadens charakterisieren. Andererseits ist die Arbeitsausfallzeit kein genauer Indikator für die Schwere des Personenschadens. Oft ist nämlich die Dauer des Arbeitsausfalls von Ereignissen abhängig, die nicht mit den Unfallursachen und -hergang in Beziehung stehen. Solche Ereignisse sind beispielsweise: Erste-Hilfe-Einrichtungen, ärztliche Qualifikation vor allem bei Krankenhausaufenthalten, Unfang und Erfolg therapeutischer Maßnahmen, Beschäftigung auf Schonarbeitsplätzen usw. Nicht zuletzt hängt auch die Zahl der Ausfalltage von der Einstellung des Betroffenen selbst ab.
   Der durchschnittliche Arbeitsausfall aller Wirtschaftszweige beträgt in der Bundesrepublik Deutschland 12,3 Kalendertage / angezeigtem Unfall und kann je nach Branche und Betriebsart erheblich abweichen (2001).
3. Beziehungszahlen
   Durch den Bezug der Unfallereignisse oder besser der Ausfalltage auf die Risikozeit (Zeit, in der sich der Arbeitende einem Unfallrisiko aussetzt), werden relative Unfallhäufigkeit oder Unfallrisiko ermittelt. Durch Umrechnung der Quotienten auf die Risikozeit von 1 Mio. Stunden lassen sich relative Unfallhäufigkeit oder Unfallrisiko
   - bei einer bestimmten Tätigkeit ermitteln,
   - bei gleichen Tätigkeiten zu verschiedenen Zeiten vergleichen, z. B. zur Kontrolle der Wirksamkeit von Unfallverhütungsmaßnahmen.
   - bei verschiedenen Tätigkeiten zu gleichen Zeiten vergleichen, z. B. zur Ermittlung von Risikoschwerpunkten.

Anstelle des Bezuges auf die Risikozeit erfolgt vielfach auch ersatzweise der Bezug auf Versicherte, Beschäftigte, Vollarbeiter oder im Bergbau auf verfahrene Schichten.

Der Bezug auf die Zahl der Beschäftigten oder Versicherten ist zwar sehr anschaulich und wird aus diesem Grund oft praktiziert (→Abb. 3.2.13), ist je-

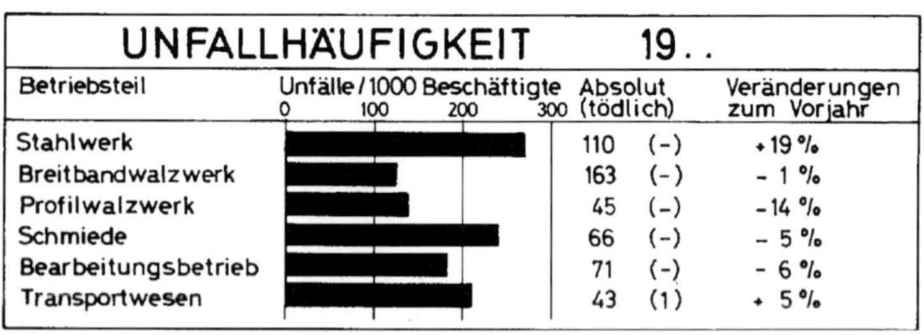

Abb. 3.2.13: Relative Häufigkeit von Arbeitsunfällen nach Betriebsteilen.

doch mit erheblichen Fehlermöglichkeiten behaftet, z.B. durch Differenzen zwischen anwesenden und nominell Beschäftigten und durch Unterschiede in der Länge der täglichen Arbeitszeit. Ebenso ist der Bezug auf verfahrene Schichten nicht genau, da die Schichtlänge in der Praxis unterschiedlich ist, z.B. bei Arbeiten unter ungünstigen Klimabedingungen.

Die Berufsgenossenschaften suchen diese Nachteile durch Einführung einer Rechengröße „Vollarbeiter" zu beseitigen. Die Zahl der Vollarbeiter wird aus der Gesamtzahl der im Jahr geleisteten Arbeitsstunden geteilt durch eine angenommene mittlere Zahl von jährlichen je Person geleisteten Arbeitsstunden ermittelt. Diese Rechengröße schafft nur bedingte Abhilfe, da in den verschiedenen Zeiträumen eine unterschiedliche, nicht genau der Wirklichkeit entsprechende jährliche durchschnittlich je Person geleistete Arbeitsstundenzahl zugrundegelegt wird.

Lediglich für die Relativierung der Wegeunfälle ist ersatzweise der Bezug auf die Zahl der Versicherten sinnvoll, da es schwierig ist, in diesem Bereich die tatsächliche Risikozeit zu ermitteln.

Der Bezug der Unfälle oder Ausfalltage auf eine Produktionseinheit, wie er wiederholt vorgeschlagen wurde, ist nicht sinnvoll und in vielen Fällen sogar missverständlich, da bei – z. B. konjunkturell bedingter – Änderung des Produktionsausstoßes scheinbare Erfolge oder Misserfolge in der Unfallverhütungsarbeit vorgetäuscht werden können. Sinnvoll ist ausschließlich der Bezug auf die Risikozeit, weil nur mit ihrer Hilfe die Gefährdung quantifiziert werden kann.

Durchführung und Ergebnisse der Unfallstatistik: Im Folgenden werden Durchführung und Ergebnisse der Unfallstatistik an Hand der einzelnen Merkmale betrachtet.

Ortsgebundene Umstände und Ursachen des Unfalls

Wirtschaftszweig: Eine Aufgliederung der Unfalldaten nach Wirtschaftszweigen ist besonders für Übersichts- und Vergleichsstatistiken von Bedeutung (→Tab. 3.2.4).Dabei ist jedoch zu beachten, dass sich unter Berücksichtigung des Unfallrisikos, also der Einbeziehung von Kriterien der Unfallschwere, eine andere Rangfolge von der risikoreichsten zur risikoärmsten Branche ergibt. Werden die neuen Arbeitsunfallrenten (erstmals entschädigten Unfälle) als Kriterium der Unfallschwere herangezogen, so war 2001 die Beschäftigung im Bergbau mit 3,5 neuen Arbeitsunfallrenten/1000 Vollarbeiter mit Abstand am risikoreichsten. Der Schnitt der gewerblichen Berufsgenossenschaften betrug 0,7 neue Arbeitsunfallrenten/1000 Vollarbeiter.

Unfallort: Dieses Merkmal ist in Betrieben mit stationären Arbeitsplätzen zum Feststellen von räumlichen Unfallkonzentrationen geeignet, nicht jedoch in Betrieben mit häufigem örtlichen Wechsel des Arbeitsplatzes.

Wirtschaftszweig	Meldepflichtige Arbeitsunfälle/1000 Vollarbeiter 1960	1970	1980	1990	2001	Vollarbeiter in 1000 2001
1 Bergbau	235	225	140	77	30	94
2 Steine und Erden	162	157	120	84	55	351
3.Gas und Wasser	80	73	64	43	27	163
4 Metall	212	163	116	78	52	3792
5 Elektrot., Feinmech., Opt.	94	58	35	27	21	2299
6 Chemie	109	99	54	35	20	945
7 Holz	150	154	150	108	80	544
8 Papier und Druck	71	68	71	47	28	660
9 Textil und Leder	60	50	50	40	28	493
10 Nahrungs-u.Genußmittel	104	100	103	75	55	2013
11 Bau	195	171	155	120	82	2582
12 Handel	69	54	41	30	21	2524
13 Verkehr	129	105	81	55	46	1578
14 Gesundheitsdienst	25	19	22	28	16	3084
Gewerbe insgesamt	133	103	76	52	35	30733
Landwirtschaft	60	80	100	99	61	2004
Öffentliche Hand	54	50	51	49	44	4816

Tab. 3.2.4: Relative Häufigkeit von Arbeitsunfällen nach Wirtschaftszweigen (nach BMWA).

Arbeitsablauf: Dieses Merkmal ähnelt dem des Arbeitsortes, berücksichtigt aber den Produktionsablauf. Eine Klassifizierung nach Arbeitsabläufen eignet sich nur in Betrieben mit übersichtlicher verfahrenstechnischer Gliederung. Dabei hat sich bewährt, die Feingliederung innerhalb des Arbeitsablaufes nach Unfallorten vorzunehmen. Für die überregionale Statistik ist das Verfahren nur beschränkt zu verwenden, da die Aufgliederung in der Regel dann zu unübersichtlich wird.

Betriebsgröße (Zahl der Beschäftigten/Betrieb): Wie aus der → Tabelle 3.2.5 hervorgeht, ereigneten sich in Betrieben mit 10–49 Vollarbeitern fast ein Viertel aller meldepflichtigen Arbeitsunfälle.

Betriebsgröße in Vollarbeitern	Vollarbeiter	Meldepflichtige Unfälle Anzahl	%	Neue Unfallrenten Anzahl	%	Tödliche Unfälle Anzahl	%
1 – 9	5.879.806	195.140	20,8	6.090	33,0	126	26,4
10 – 49	5.849.601	227.377	24,2	4.092	22,2	130	27,2
50 – 249	5.891.810	213.159	22,7	3.534	19,2	112	23,4
250 - 499	2.595.051	80.905	8,6	1.231	6,7	23	4,8
≥ 500	7.882.094	205.188	21,8	3.030	16,4	73	15,3
Σ *)	28.116.710	939.487	100	18.439	100	478	100

*) in der Σ sind auch 17.718 meldepflichtige Arbeitsunfälle enthalten, deren Zuordnung nicht möglich war

Tab. 3.2.5: Arbeitsunfälle in der gewerblichen Wirtschaft nach Betriebsgrößenklassen 2002 [ARBEITSUNFALLSTATISTIK 2002].

Diese Tatsache darf nicht darüber hinwegtäuschen, dass das Unfallrisiko in Klein- und Mittelbetrieben wegen verhältnismäßig geringer Automatisierung der Arbeitsvorgänge und Unterbewertung von sicherheitlichen Erfordernissen überdurchschnittlich hoch ist. In Kleinbetrieben kommt das erhöhte Risiko infolge der engen Bindung der Beschäftigten zum Betrieb und infolge von Gruppendruck nicht durch das Kriterium der angezeigten Unfälle zum Ausdruck. Diese Annahme findet ihre Stütze auch darin, dass neue Unfallrenten und tödliche Unfälle in Kleinbetrieben überdurchschnittlich häufig sind. (→33% aller neuen Unfallrenten und 26,4% der tödlichen Unfälle ereigneten sich im Jahre 2002 in Betrieben bis 9 beschäftigte Vollarbeiter).

Arbeitsbereich: Für die überbetriebliche berufsgenossenschaftliche Statistik wird das Merkmal Arbeitsbereich verwendet, das dem Merkmal Unfallort ähnelt, aber weiter gefasst ist. Der Arbeitsbereich kennzeichnet die Arbeitsplatz- und Umgebungsbedingungen an der Unfallstelle. Schwerpunkte des Unfallgeschehens sind Arbeitsbereiche mit manuellen und maschinellen Transportaufgaben einschließlich Fahrzeugeinsatz. Hinsichtlich tödlicher Unfälle liegt ein zusätzlicher Schwerpunkt in Arbeitsbereichen, von denen abgestürzt werden kann.

Zeitgebundene Umstände und Ursachen des Unfalls

Zeit nach Arbeitsbeginn: In der gewerblichen Industrie liegen die Maxima der Unfallhäufigkeit in der Zeit 2–5 Stunden und 7–9 Stunden nach Beginn der Arbeitszeit (→Abb. 3.2.14).Vermutlich haben die Unfallhäufigkeitsspitzen folgende Ursachen:

- Maximale Aktivitätszeiten und damit maximale Koinzidenzmöglichkeiten.
- Zunehmende Ermüdung vor Pausen und Schichtende und entsprechend verstärktes Fehlverhalten.

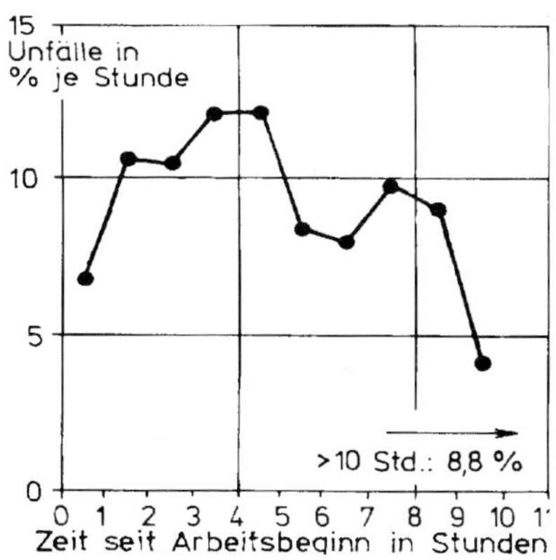

Abb. 3.2.14: Häufigkeit von angezeigten Arbeitsunfällen im gewerblichen Bereich in Abhängigkeit von der Zeit seit Arbeitsbeginn für 1995 (nach Zahlenmaterial der Berufsgenossenschaftlichen Zentrale für Sicherheit und Gesundheitsschutz beim Hauptverband der gewerblichen Berufsgenossenschaften).

Der erhöhte prozentuale Anteil von tödlichen Unfällen gegenüber den angezeigten Unfällen bei sehr langer Arbeitszeit beruht auf Überbeanspruchung.

Zeit der Betriebszugehörigkeit: Mit zunehmender Zeit der Betriebszugehörigkeit nimmt die relative Unfallhäufigkeit ab. Erfahrungen, besonders die persönliche Anpassung an vorhandene Gefährdungen, bewirken einen solchen Rückgang. Zudem wird nach längerer Betriebszugehörigkeit häufig eine weniger gefährliche Arbeit ausgeführt. Eine Untersuchung der Europäischen Gemeinschaft für Kohle und Stahl ergab, dass sich etwa 5% aller Unfälle am ersten Arbeitstag und etwa 25% aller Unfälle während des ersten Halbjahres der Betriebszugehörigkeit ereignen (→Abb. 3.2.15).In Betrieben, in denen Neulinge vor Beginn der Arbeit auf deren Gefährdungen gut vorbereitet werden, sinkt das Unfallrisiko erheblich. Bedeutung scheint auch zu haben, in welchem Alter die Einstellung im Betrieb erfolgt. Das Unfallgeschehen nach der Zeit der Betriebszugehörigkeit wird statistisch nicht mehr erfasst.

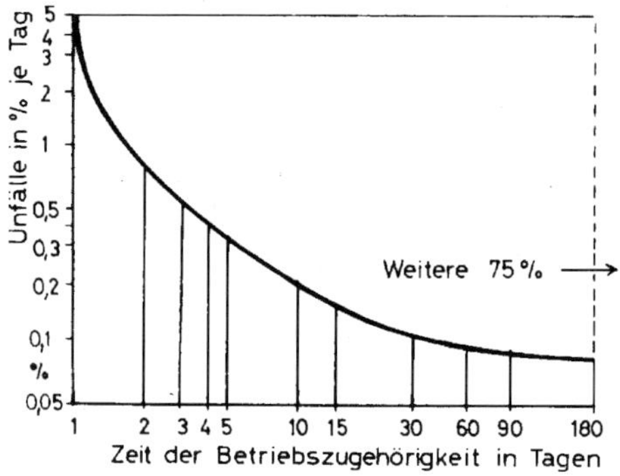

Abb. 3.2.15: Das erhöhte Unfallrisiko von Neulingen (nach Angaben von J. M. FAVERGE 1967, Schriftenreihe Arbeitsphys. u. Arbeitspsych. d. EGKS Bd. 3 H. 12 S. 135. Luxemburg).

Zeit nach Arbeitsplatzwechsel: Für die Zeit nach einem Arbeitsplatzwechsel liegen im Prinzip die gleichen Verhältnisse vor wie bei Neueingestellten. Der Neuling hat häufiger Unfälle als das erfahrene, langjährig mit dem Arbeitsplatz vertraute Personal, doch wirkt sich häufig die bereits vorausgegangene Betriebserfahrung positiv auf die Unfallverhütung aus.

Tageszeit: Nach diesem Merkmal werden zeitliche Unfallspitzen um 10–11 Uhr und 14 Uhr festgestellt. Sie ergeben sich aufgrund der Hauptbeschäftigungszeiten und der Unfallmaxima nach Beginn der Arbeitszeit (→Tab. 3.2.6). Für die praktische Unfallverhütungsarbeit sind derartige Erhebungen von geringer Bedeutung.

Wochentag: Nach den Statistiken der letzten Jahre sind die Tage des Wochenbeginns die unfallträchtigsten Tage (→Abb. 3.2.16). Mangelnde Umstellung von der Freizeit auf die Arbeit, im Baugewerbe auch lange Anfahrwege vom Familiensitz zum Arbeitsort sowie erhöhte technische Gefährdungen beim Instandhalten und Ingangsetzen von technischen Arbeitsmitteln nach Stillstand am Wochenende müssen hier als Ursache vermutet werden. Das Merkmal hat für die betriebliche Unfallverhütung keine wesentliche Bedeutung.

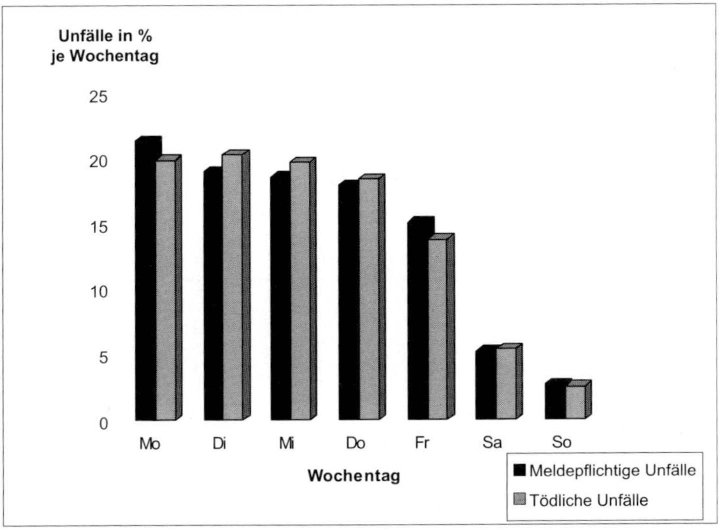

Abb. 3.2.16: Meldepflichtige AU und tödliche AU in der Gewerblichen Wirtschaft nach Wochentag des Unfalls 2002 [ARBEITSUNFALLSTATISTIK].

Monat: Nach den durchschnittlichen statistischen Ergebnissen der letzten Jahre liegen die Minima der absoluten Unfallhäufigkeit in den Monaten Dezember bis März, die Maxima in der Zeit von etwa Juni bis Oktober. Offensichtlich ist dies u.a. eine Folge der Tatsache, dass im Winter in einigen Branchen, z.B. im Baugewerbe, die Beschäftigtenzahlen geringer sind. In witterungsabhängigen Betrieben zeigt sich nämlich im Winter eine erhöhte relative Unfallhäufigkeit, die durch geringere körperliche Elastizität, Glätte, Eis und Schnee verursacht wird.

Für die betriebliche Praxis haben Erhebungen nach Monaten nur zu Übersichts-, Vergleichs- und Kontrollzwecken Bedeutung.

Jahr: Die Aufzeichnung der relativen Unfallhäufigkeit über Jahre lässt wichtige Schlüsse über Tendenzen in der Unfallentwicklung insgesamt wie auch in einzelnen Branchen, Betrieben und Betriebsteilen zu. (→Kapitel 3.2.1)

Personengebundene Umstände und Ursachen des Unfalls

Lebensalter: Jüngere Menschen sind risikofreudig und haben verhältnismäßig wenig Erfahrung. Ihr Gefahrenbewußtsein ist entsprechend gering ausgebildet; außerdem werden sie in der Regel an gefährlicheren Arbeitsplätzen als Ältere beschäftigt. Obwohl jüngere Erwerbstätige elastischer als ältere sind, haben Erstere im Schnitt ein höheres Unfallrisiko (→Abb. 3.2.17).

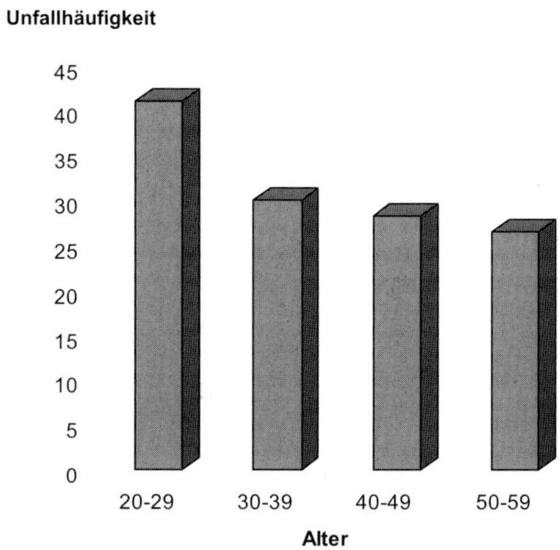

Abb. 3.2.17: Meldepflichtige Arbeitsunfälle je 1000 Vollarbeiter in der gewerblichen Wirtschaft nach dem Lebensalter, 2002 [ARBEITSUNFALLSTATISTIK].

Bei den meldepflichtigen Unfällen nimmt die Unfallhäufigkeit von 41 bei den 20–29-Jährigen auf 26 bei den 50–59-Jährigen ab (→Abb. 3.2.17). Diese Tendenz ist bei der Unfallschwere – gemessen an der Anzahl neuer Unfallrenten je 1000 Vollarbeiter – umgekehrt. Hier ist eine kontinuierliche Zunahme von 0,4 bei den 20–29-Jährigen auf 1,0 bei den 50–59-Jährigen festzustellen.

Staatszugehörigkeit: Bei der Erfassung der meldepflichtigen Arbeitsunfälle nach der Staatsangehörigkeit stehen die türkischen Arbeitnehmer im Jahre 2002 an erster Stelle (3,3% aller meldepflichtigen Unfälle). Generell nehmen die Unfälle ausländischer Versicherter seit 1992 ständig ab (9,2% der Arbeitsunfälle entfielen im Jahre 2002 auf Ausländer).

Geschlecht: Die unterschiedliche Art und Schwere der Gefährdung bei der Beschäftigung von Frauen und Männern, aber auch physisch und psychisch bedingte Unterschiede zwischen Frau und Mann, bewirken, dass die relative Unfallhäufigkeit von Männer wesentlich höher ist als die der Frauen. Die Anzahl der tödlichen Arbeits- und Wegeunfälle von Frauen an der Gesamtzahl der gewerblichen tödlichen Arbeits- und Wegeunfälle lag im Jahr 2002 bei 7,9%.

Augenverletzungen sind für Männer besonders typisch. Sie ereignen sich vornehmlich bei der Eisen- und Metallverarbeitung. Für Frauen ist das Ausgleiten, Umknicken, Stolpern und Hinfallen typischer Unfallhergang. Ganz besonders trifft diese Feststellung für Wegeunfälle und für das Alter über 50 Jahre zu. Insgesamt haben Stolper- und Ausgleitunfälle bei Frauen einen etwa doppelt so hohen prozentualen Anteil an den Gesamtunfällen als bei Männern. Die relative Unfallhäufigkeit (Unfälle/1 Mio. Arbeitsstunden) von Stolper- und Ausgleitunfällen ist jedoch bei Männern bis zum Alter von 50 Jahren 1,3 mal höher als bei Frauen.

Beruf: Der Zahl der Unfälle nach stehen Maschinenmechaniker und -schlosser an der Spitze (2002: 8,8% der Arbeitsunfälle bei betrieblichen Tätigkeiten, vgl. HOFFMANN 2004 S. 42); es folgen Bauberufe (Maurer, Zimmerer, ...), Ausbauberufe (Klempner, Bauelektriker, ...) und KFZ-Führer. Diese Angaben dürfen nicht darüber hinwegtäuschen, dass sich unter Berücksichtigung des Unfallrisikos eine andere Rangordnung möglich ist, über die wegen Fehlens von Vollarbeiterangaben für die einzelnen Berufe zur Zeit keine Aussagen vorliegen.

Unfallursachen

Bei Unfalluntersuchungen werden in der Regel mehrere Ursachen festgestellt. Entsprechend muss auch die Auswertung erfolgen. Ursachenlisten, in denen nur die sogenannte überwiegende Ursache Eingang findet, geben ein verzerrtes Bild, zumal oft schwer zu entscheiden ist, welche Ursache überwiegt.

Eine einfache Ursachengliederung für die betriebliche Praxis ist folgende:

Technik
- Werkstoff- oder Arbeitsstoffmangel
- Konstruktionsmangel
- Nicht angebrachte oder mangelhafte Schutzvorrichtung
- Technische Störung im Arbeitsablauf
- Unsachgemäße Wartung und Instandsetzung
- Mangelnde Anpassung an den Menschen
- Ursachen durch Licht, Klima, Lärm, Lüftung, Schwingungen
- Mangelnde Rutschfestigkeit
- Sonstige technische Mängel

Organisation
- Mangelnde Ordnung
- Nichtzurverfügungstellen von vorgeschriebener persönlicher Schutzausrüstung
- Nichtzurverfügungstellen von vorschriftsmäßigen Arbeitsmitteln

- Nichtbeachtung von Vorschriften durch die für die Organisation Verantwortlichen
- Mangelhafte Gestaltung des Arbeitsplatzes
- Mangelhafte Gestaltung des Arbeitsablaufs
- Ungenügende Ausbildung und Unterweisung
- Nicht rechtzeitige Wartung und Instandsetzung
- Mangelhafte Übermittlung von Anweisungen
- Ungenügende Aufsicht und Kontrolle
- Ungenügende Personalauslese
- Sonstige organisatorische Mängel

Verhalten
- Unterlassener oder unsachgemäßer Gebrauch von persönlicher Schutzausrüstung
- Unterlassener oder unsachgemäßer Gebrauch von Arbeitsmitteln
- Nichtbeachten von Vorschriften
- Ungenügende Verständigung unter Arbeitskollegen
- Ermüdung
- Physische Mängel (z.B. Sehmängel)
- Psychische Mängel, Über- und Unterforderung
- Unachtsamkeit
- Spielen, Necken, Streiten, Geltungsbedürfnis
- Genuss von Alkohol
- Sonstige Verhaltensmängel

Erfahrungsgemäß liegen die Besetzungsmaxima derartiger Statistiken im Bereich des Verhaltens. Bei der überwiegenden Zahl von Unfällen ist zumindest eine Unfallursache das unmittelbare Fehlverhalten des Menschen.

Wir sollten dabei nicht von menschlichem „Versagen“ sprechen, da sich mit diesem Ausdruck verschuldensmäßige Werturteile verbinden, z.B. Fahrlässigkeit, Leichtsinn usw. Über das Vorliegen derartiger Tatbestände zu urteilen, ist in erster Linie Aufgabe der Gerichte. Wir sprechen besser neutral vom menschlichen „Fehlverhalten“ und lassen damit die Ursachen für das Fehlverhalten offen. Zu bedenken ist nämlich, dass menschliches Fehlverhalten in der Regel tiefere Wurzeln hat. Durch Mängelklassen, wie z.B. mangelnde Anpassung von technischen Arbeitsmitteln an den Menschen, nicht erfolgter Einsatz physisch oder psychisch geeigneter Personen oder Zuwiderhandlungen gegen Vorschriften und Regeln der Technik, kann den Sachverhalt neutraler und für die Unfallverhütung geeigneter wiedergegeben werden.

Unfallhergang

Unfallgegenstand: Berufsgenossenschaften und Gewerbeaufsicht benutzen für ihre Statistik primär das Merkmal Unfallgegenstand. In der betrieblichen Praxis werden Statistiken nach Unfallgegenständen ebenfalls geführt, weil mit einer Verletzung an einem bestimmten Gegenstand oft ein ganz bestimmter Unfalltyp verbunden ist. Dazu ist allerdings eine geschickte Aufgliederung der Klassen des Merkmals Gegenstand erforderlich. Beispiele für Gegenstandslisten befinden sich in den Verschlüsselungslisten und Jahresberichten von Berufsgenossenschaften und Gewerbeaufsicht.

Schwierigkeiten bereitet häufig die Entscheidung, ob es vorteilhafter ist, verursachende oder auf den menschlichen Körper unmittelbar einwirkende Gegenstände für die Klassifizierung heranzuziehen. Benutzen wir verursachende Gegenstände, so tritt in vielen Fällen eine Unsicherheit auf, welcher Gegenstand von mehreren Gegenständen – soweit überhaupt bekannt – verursachend ist. Klassifizieren wir dagegen nach unmittelbar den Unfall bewirkenden Gegenständen, so treten zwar Zuordnungsschwierigkeiten nicht auf, doch sind Informationsverluste in Hinsicht auf die Ursachen unvermeidlich. Hier wird wieder die Bedeutung der Unterscheidung zwischen Ursachen- und Hergangsebene klar. Systemgerechter ist es, im ersten statistischen Anlauf sich auf die Klärung des Hergangs mit Hilfe des auf den menschlichen Körper unmittelbar einwirkenden Gegenstandes zu beschränken und gezielt hinsichtlich der Ursachen nachzufassen. Nur dort, wo dieses Vorgehen zu nicht sinnvollen Schlüssen führen kann, sollte das Ursächliche wenigstens andeutungsweise mit in die Gegenstandsbezeichnung einbezogen werden. Einen solchen Kompromiss zeigt die folgende Gegenstandsliste:

0 Nicht klassifizierbar
1 Gegenstände, die einen Sturz, Fall oder Absturz ausgelöst haben
2 Handmaschinen und Maschinen außer Klasse 3 und 4
3 Hebezeuge und Fördermittel außer Fahrzeuge
4 Fahrzeuge
5 Einrichtungen zur Energieumsetzung, -speicherung, -fortleitung
6 Sprengstoffe, explosionsfähige Atmosphäre, Druck- und Vakuumbehälter
7 Gefährliche Stoffe, Strahlung
8 Einzelteile, Einzelgegenstände
9 Verschiedenes

Die einzelnen Klassen werden dann den jeweiligen Verhältnissen entsprechend untergliedert.

Die Berufsgenossenschaften verschlüsseln nach „unfallauslösendem Gegenstand". Das ist ein „Gegenstand, dessen Vorhandensein, Orts- oder Zustandsänderung den vorgesehenen Betriebszustand oder -ablauf gestört und dadurch den Unfall ausgelöst hat". Die dabei auftretenden oben genannten Schwierigkeiten werden in Kauf genommen.

Tätigkeit zum Zeitpunkt des Unfalls: Dieses Merkmal wird häufig anderen Merkmalen, insbesondere dem Merkmal Unfallgegenstand, zugeordnet. Vielfach wird es auch als Leitmerkmal benutzt. Es lässt sich beispielsweise klassifizieren in:

0 Nicht klassifizierbar
1 Bedienen, steuern, ingangsetzen, stillsetzen, einrichten von Maschinen
2 Handhaben von Werkzeugen und Geräten
3 Handhaben von sonstigen Geräten und Hilfsmitteln, z.B. Eimer, Anschlagmittel
4 Gehen, steigen, klettern, springen
5 Heben, tragen, ablegen, stapeln, sortieren
6 Schieben, bewegen, festhalten, zurückhalten
7 Überwachen, beaufsichtigen, beobachten, warten
8 Auseinandernehmen, zerlegen, zusammenfügen, instand setzen
9 Nebentätigkeiten (ausruhen, Pause machen, umkleiden, spielen, mitfahren usw.)

Unfallvorgang (Art des Zusammenwirkens von Mensch und Gegenstand): Dieses Merkmal lässt sich beispielsweise klassifizieren in:
0 Nicht klassifizierbar
1 Getroffen werden
2 Hineintreten, erfasst werden, in etwas geraten, sich schneiden, sich stechen
3 Angestoßen, angefahren, überfahren werden
4 Sich stoßen an etwas
5 Stolpern, ausgleiten, umknicken, abrutschen, zu Fall kommen
6 Herunterfallen, abstürzen von erhöhten Standorten
7 Gequetscht werden, sich quetschen, eingeklemmt werden
8 Sich überlasten (z.B. beim Heben), überanstrengen
9 in Berührung kommen, einatmen, verschlucken

Streng genommen setzt sich das Merkmal Unfallvorgang aus zwei Merkmalen zusammen, nämlich aus Funktion des Menschen und Funktion des Gegenstandes zum Zeitpunkt des Unfalls. Es ist beispielsweise nicht gleichgültig, ob zum Zeitpunkt des Unfalls eine Maschine funktionsgerecht läuft, ob sie versehentlich in Gang gesetzt wird, ob sie steht oder ob sich Teile von ihr lösen. Die hier gebrachte Klasseneinteilung ist lediglich eine Vereinfachung aus praktischen Gründen. Die Berufsgenossenschaften verschlüsseln entsprechend genauer nach Bewegung des unfallauslösenden Gegenstandes und Bewegung des Verletzten.

Unfallfolgen

Verletzter Körperteil: Dieses Unfallfolgemerkmal kann zusammen mit anderen Merkmalen wesentlich zur Analyse beitragen. Auch lässt sich an Hand der verletzten Körperteile feststellen, inwieweit die Einführung von persönlicher Schutzausrüstung Erfolg haben kann oder bereits hatte. Im Regelfall ergibt sich für den gewerblichen Bereich etwa folgende Verteilung (nach statistischen Angaben der Berufsgenossenschaftlichen Zentrale für Sicherheit und

Gesundheit des Hauptverbandes der gewerblichen Berufsgenossenschaften) für 2002:

Hirnschädel, Hirnsubstanz, Hirnnerven	5,1 %	Hand, Handgelenk	42,0 %
Gesichtsschädel, Augen, Nase, Ohren, Mund	5,6 %	Hüfte, Becken Oberschenkel	2,5 %
Hals, Wirbelsäule, Arm-, Beinnerven	2,8 %	Knie	6,6 %
Brustkorb, Rippen, Brustbein	3,8 %	Unterschenkel	3,3 %
Innere Organe	0,4 %	Knöchel, Fuß	16,5 %
Schulter, Oberarm	3,3 %	Gesamter Mensch	2,0 %
Ellenbogen, Unterarm	5,5 %	Keine Angaben	0,5 %

Verletzungsart: Dieses Unfallfolgemerkmal wird in der Regel zusammen mit anderen Merkmalen des Unfallhergangs erhoben. Das Merkmal lässt sich beispielsweise klassifizieren in:

0 Nicht klassifizierbar
1 Knochenbruch, -splitterung
2 Stich-, Schnitt-, Schürfwunde
3 Prellung, Verstauchung, Quetschung, Platzwunde
4 Zerrung, Verrenkung
5 Gliedverlust
6 Verletzung innerer Organe
7 Verbrennung, Verbrühung, Verätzung
8 Akute Vergiftung
9 Sonstige Verletzung

Erfahrungsgemäß liegen die Maxima der Besetzung in den Klassen 2 und 3.

Schwere des Personenschadens: In der Regel wird die Schwere des Personenschadens durch die Zahl der Ausfalltage infolge Arbeitsunfähigkeit bewertet. Üblich ist auch eine Einteilung in folgende 5 Klassen:

1. Unfall ohne Arbeitsausfall (Bagatellunfall).
2. Nicht anzeigepflichtiger Unfall: Arbeitsunfähigkeit außer dem Unfalltag bis einschließlich 3 volle Kalendertage.
3. Anzeigepflichtiger Unfall: Arbeitsunfähigkeit außer dem Unfalltag mehr als 3 volle Kalendertage.
4. Neue Unfallrente (entschädigungspflichtiger Unfall) = Unfall, der eine vorübergehende oder bleibende Erwerbsminderung von mindestens 20% zur Folge hat.
5. Tödlicher Unfall.

Auch können andere Merkmale zur Beurteilung der Unfallschwere herangezogen werden, z.B. die Verletzungsart in Verbindung mit dem verletzten Körperteil. Den möglichen Personenschäden werden dann die zu erwartenden Ausfalltage oder entsprechenden Kosten zugeordnet.

Unfallschwerpunktermittlung: Die Methoden zur Erfassung von Unfallschwerpunkten lassen sich in solche einteilen, die sich nach einem Merkmal ergeben und solche, die unter Verwendung von Merkmalzuordnungen ermittelt werden.

1. Unfallschwerpunkt nach einem Merkmal
   Für die Erfassung von Unfallschwerpunkten nach einem Merkmal bieten sich die Merkmale Tätigkeit zum Zeitpunkt des Unfalls, Unfallvorgang, Unfallgegenstand und Verletzungsart an. Geeignet sind auch die Merkmale, die eine Arbeitsplatzsituation kennzeichnen, also Arbeitsplatz (Unfallort) und Arbeitsablauf. Bei der Ermittlung der örtlichen Verteilung von Unfällen ist festzustellen, dass sich oft überdurchschnittlich viele Unfälle an nur wenigen Arbeitsplätzen ereignen. Es gibt also Arbeitsorte, auf die sich das Unfallgeschehen konzentriert, an denen also Unfallverhütung besonders dringlich ist. Unfallschwerpunkte sind in diesem Sinne Konzentrationen von Unfällen der Häufigkeit und Schwere nach an bestimmten Arbeitsplätzen. Bei der Erfassung der Unfallorte sind im Betriebs- oder Werkstattlayout diese Orte zu kennzeichnen, gemeinsam mit der Unfallschwere. Die festgestellte Konzentration ist dann hinsichtlich ihrer Ursachen zu analysieren.

   Sobald jedoch die Arbeitsplätze ständig wechseln, z. B. im Hoch- und Tiefbau, Bergbau, in Steinbrüchen usw. ist es lohnender, nach Arbeitsabläufen zu klassifizieren. Im Hochbau kann das z.B. entsprechend den einzelnen Bauphasen erfolgen, also Bauplatz errichten, Baugrube ausheben, Fundamente errichten, Wände hochziehen, Decken einziehen usw. Dazu lassen sich Unterklassen festlegen, z. B. ein- und ausschalen, mauern, verputzen, Bitumen vergießen usw. Wir erhalten dann Maxima in bestimmten Klassen, die als Unfallschwerpunkte zu bezeichnen sind. Ordnen wir dem Merkmal Arbeitsablauf ein weiteres Merkmal zu, z.B. Tätigkeit zum Unfallzeitpunkt, so wird der Informationsgehalt wesentlich erhöht.

   Für den ersten Einstieg genügt die Zuordnung der Unfälle zu Arbeitsorten und Arbeitsabläufen nach ihrer absoluten Häufigkeit. Soll jedoch das Unfallrisiko erfasst werden, ist der Bezug der Ausfalltage auf die Risikozeit erforderlich. Die Erfassung der Risikozeit kann zeitaufwendig sein, wenn derartige Daten nicht bereits aus produktionsbedingten Gründen vorliegen. Auf diese Weise lassen sich nicht nur Schwerpunkte des Unfallrisikos ermitteln, sondern auch Gefährdungen in den einzelnen Arbeitsabläufen vergleichen.

   Unfallschwerpunkte, die mit Hilfe eines Merkmales ermittelt werden, haben nur geringen Aussagewert über den Unfallhergang. Beispielsweise beinhaltet die Feststellung eines örtlich bedingten Unfallschwerpunktes

keine Aussagen über dessen Zustandekommen. Außerdem werden bei einer solchen Schwerpunktsermittlung keine gleichartigen Unfälle, so genannte Unfalltypen, erfasst, weil derartige Unfälle sich beispielsweise in mehreren Arbeitsorten oder während verschiedener Arbeitsabläufe ereignen. Gerade die Gleichartigkeit der Unfälle birgt die Möglichkeit in sich, auch durch gleichartige Maßnahmen rationell Unfälle zu vermeiden.
Zum Beispiel ist im Hochbau ein solcher Unfalltyp das Treten mit dem Fuß in Nägel, die aus Holzmaterial herausragen. Bei der Klassifizierung nach Arbeitsablaufklassen ist ein solcher Unfalltyp nicht als Schwerpunkt erkennbar, obwohl im Hochbau auf den Baustellen der Anteil dieser Unfälle teilweise über 10% liegt und hier das Tragen von Sicherheitsschuhen schnell Abhilfe schaffen könnte.

2. Unfallschwerpunkte nach mehreren Merkmalen
   Die geschilderten Nachteile bei der Erfassung von Unfallschwerpunkten durch ein Merkmal lassen sich durch Erheben von mehreren Merkmalen ausgleichen. Unfallschwerpunkte sind in diesem Sinn Konzentrationen von Unfällen, die dem Hergang nach gleichartig sind.

Eindimensionale Merkmalskombinationen: In diesem Sinne besteht ein einfaches Verfahren darin, mit Hilfe von Merkmalskombinationen Unfalltypen zu charakterisieren und diese eindimensional als statistische Klassen zu benutzen. Eine solche Unfallklasse ist z.B.: „In laufendes Förderband (Unfallgegenstand) beim Säubern (Tätigkeit zum Zeitpunkt des Unfalls) hineingeraten (Unfallvorgang)“.In der Praxis werden die in den Unfallmeldungen geschilderten Unfalltypen in Kurzform aufgeschrieben und statistisch als Unfalltypklassen benutzt. Es stellt sich dann in der Regel bald heraus, dass bestimmte Unfalltypen immer wieder auftreten. Ihre Zahl oder die durch sie bewirkten Arbeitsausfalltage werden den Unfalltypklassen zugeordnet. Die am stärksten besetzte Klasse ist dann der Unfallschwerpunkt. Beispielsweise ergab die Durchsicht von 500 Unfallanzeigen aus der Textilindustrie, dass durch 20 Unfalltypklassen (= Klassen von Merkmalskombinationen) etwa 90% der Unfälle erfasst wurden. An der Spitze standen folgende Unfalltypen:

1. Beim unbelasteten Gehen stolpern oder ausrutschen (15,5%).
2. Beim Instandhalten und Bedienen mit den Händen in laufende Webmaschinen geraten (10,2%).
3. Beim Transport von Bäumen, Walzen, Ballen usw. sich verletzen (6,2%).
4. Beim Fortbewegen von Transportwagen sich selbst anfahren (3,9%).

Das Verfahren ist letztenendes eine vereinfachte mehrdimensionale Statistik. Die Vereinfachung besteht darin, dass durch Unfälle häufig belegte Merkmalskombinationen eindimensional erfasst werden. Der Mangel dieses Verfahrens liegt in der Möglichkeit, die Unfalltypklassen nach subjektiven Gesichtspunkten festlegen zu können. Auch sind Zuordnungsschwierigkeiten der Unfälle nicht auszuschließen. Andererseits hat sich das Verfahren wegen der Beschränkung auf das Wesentliche, nämlich auf die wiederkehrenden Unfalltypen, in der betrieblichen Praxis überall dort sehr bewährt, wo bei geringem Aufwand in kurzer Zeit ein übersichtliches Ergebnis verlangt wird. Der Nutzen der Erhebungen lässt sich in vielen Fällen erhöhen, indem die Häufigkeit der Unfalltypen zusätzlich auf die einzelnen Verfahrensabläufe bezogen wird.

Mehrdimensionale Merkmalskombinationen: Bei wissenschaftlich genauer Ermittlung von Unfalltypen müssen von jedem Unfall mehrere Merkmale getrennt erfasst und miteinander in Beziehung gebracht werden. Üblicherweise werden drei Merkmale einander zugeordnet. Da eine räumliche (kubische) Darstellung auf praktische Schwierigkeiten stößt, muss das Netz so aufgebaut werden, dass ein Merkmal mit Hilfe eines anderen untergliedert wird (→Abb. 3.2.18). Auf diese Weise können beispielsweise die für den Unfallhergang bezeichnenden Merkmale Gegenstand, Tätigkeit und Vorgang miteinander in Beziehung gebracht werden. Das Netz kann sich die Fachkraft für Arbeitssicherheit auf eine Platte aufzeichnen lassen und dann jede Unfallmeldung in dem entsprechenden Kästchen mit einem Strich registrieren. Statt des Striches kann auch die Unfallnummer der Meldung eingetragen werden, so dass für eine spätere Analyse die Schwerpunktsunfälle sofort zur Hand sind. Mit Hilfe verschiedener Farben lassen sich weitere Angaben einbeziehen, z. B. Kennzeichnung der Schwere des Personenschadens. Mit Hilfe einer solchen Übersichtskarte kann jeder Interessierte ohne große Mühe sofort die Unfallsituation des betreffenden Werkes übersehen.

	Gegenstände 0							
Vorgang	Tätigkeiten 0	1	2	3	4	5	6	7
0								
1					1			
2								
3	1							
4				1	5			
5								
6			2					
7		1			2			
8								
9								

	Gegenstände 1							
Vorgang	Tätigkeiten 0	1	2	3	4	5	6	7
0								
1								
2					1			
3						15		
4								
5					3			
6								
7		1						
8	1				14			
9								

	Gegenstände 2							
Vorgang	Tätigkeiten 0	1	2	3	4	5	6	7
0					1			
1								
2					9			
3								
4								
5				5		77		
6				3				
7								
8		1						
9					6			

	Gegenstände 3							
Vorgang	Tätigkeiten 0	1	2	3	4	5	6	7
0								
1					4			
2								
3				5	1			
4						2		
5			15				11	
6						3		
7					3			
8								
9		2						

	Gegenstände 4							
Vorgang	Tätigkeiten 0	1	2	3	4	5	6	7
0					3			
1					5			
2								
3	1				3			
4			3		1			
5					4			
6					93		1	
7					1			
8					2			
9					6			

Abb. 3.2.18: Netztabelle zum Erfassen von Unfalltypen mit Hilfe von 3 Merkmalen (verändert nach K. JANSEN u. U. GWISSNER, BAU Bericht F. 25 1972).

Die Ausweisung von Unfallzahlen nach Merkmalsklassen und deren Einordnung zueinander kann auch mittels Personal-Computer erfolgen. Hierfür gibt es besondere Programme, die sich für das Anfertigen betrieblicher Unfallstatistiken bewährt haben.

In Großbetrieben und bei der Erstellung überregionaler Statistik hat sich die Erhebung weiterer Merkmale bewährt. Diese können einem Leitmerkmal zugeordnet oder auch für eine gezielte Analyse bereits gefundener Unfallschwerpunkte benutzt werden. Hierbei ist die elektronische Verschlüsselung und Verarbeitung der Unfalldaten üblich, wozu inzwischen ein großes Angebot an Software existiert. Dabei ist darauf zu achten, dass eine ausreichende Zahl von Unfällen für die Statistik zur Verfügung steht, damit die Irrtumswahrscheinlichkeit der Aussage möglichst gering ist. Der Umfang einer Stichprobe ist von dessen Zweck abhängig. Oft genügt ein repräsentativer Schnitt, z.B. jede 10.Unfallanzeige eines Jahres. Allerdings sollten 500 Unfallanzeigen bei Statistiken über Betriebe und 3000 Unfallanzeigen bei Statistiken über Wirtschaftszweige nicht unterschritten werden.

In Großbetrieben eignen sich zur Unfallschwerpunktsermittlung auch Verbandsbucheintragungen. Durch diese Erweiterung der Datenbasis lassen sich Unfallschwerpunkte früher erkennen.

Der Ermittlung von Unfallschwerpunkten muss immer eine Analyse über ihr Zustandekommen folgen, z.B. durch weitere statistische Erhebungen und Auswertungen, durch Ortsbegehungen, Befragungen, Fotoanalysen, Multimomentstudien, technische Untersuchungen, chemische Analysen usw. Die gesicherte Interpretation statistischer Feststellungen, d.h. das Erkennen ihrer Ursachen und Fehlermöglichkeiten, ist ebenso wichtig wie die Ermittlung selbst.

3.2.3 Analyse arbeitsbedingter Erkrankungen

Grundlage für die analytische Tätigkeit sind die Anzeigen von Berufskrankheit (BK).

Anzeige von BK: Der **Arbeitgeber** ist verpflichtet, eine Anzeige an den zuständigen Unfallversicherungsträger zu erstatten, wenn er aufgrund seines Kenntnisstandes Anhaltspunkte dafür hat, dass eine BK vorliegen könnte. Diese Anzeige ist nach § 193 (2) SGB VII nicht erst bei Vorliegen einer BK zu erstatten, sondern bereits bei Vorhandensein von Anhaltspunkten (Verdachtsfall). Diese Anzeige ist binnen drei Tagen zu erstatten, nachdem der Arbeitgeber von den Anhaltspunkten für eine BK Kenntnis erlangt hat. Für jeden Erkrankungsfall ist eine gesonderte Anzeige (→Vordruck, Abb. 3.2.19) auszufüllen. Diese Verdachtsanzeige ist vom Betriebs- oder Personalrat mit zu unterzeichnen. Der Arbeitgeber muss den Betriebsarzt und die Fachkraft für Arbeitssicherheit in Kenntnis setzen. Auf Verlangen der Versicherten ist der Arbeitgeber verpflichtet, diesen eine Kopie der Anzeige zu überlassen.

Auch **Ärzte und Zahnärzte** haben bei begründetem Verdacht auf das Vorliegen einer BK eine Anzeige an den zuständigen Unfallversicherungsträger oder der für den medizinischen Arbeitsschutz zuständigen Stelle (z.B. Gewerbearzt) zu erstatten.

Analyse: Für die Analyse der Ursachen von arbeitsbedingten Erkrankungen sind die Verfahren zur Gefährdungsbeurteilung (→Kapitel 3.1) anwendbar, wobei diese Vorgehensweise retrospektiv erfolgt. Ziel dieser Analyse ist es, den Hergang der Erkrankung und die möglichen Ursachenketten auszuklären, um Maßnahmen zur Verhütung künftiger Erkrankungen festlegen zu können.

ANZEIGE DES UNTERNEHMERS BEI ANHALTSPUNKTEN FÜR EINE BERUFSKRANKHEIT

1 Name und Anschrift des Unternehmens

2 Unternehmensnummer des Unfallversicherungsträgers

3 Empfänger

4 Name, Vorname des Versicherten

5 Geburtsdatum Tag Monat Jahr

6 Straße, Hausnummer

Postleitzahl

Ort

7 Geschlecht ☐ männlich ☐ weiblich

8 Staatsangehörigkeit

9 Leiharbeitnehmer ☐ ja ☐ nein

10 Auszubildender ☐ ja ☐ nein

11 Ist der Versicherte ☐ Unternehmer ☐ mit dem Unternehmer verwandt ☐ Ehegatte des Unternehmers ☐ Gesellschafter/Geschäftsführer

12 Anspruch auf Entgeltfortzahlung besteht für ☐ Wochen

13 Krankenkasse des Versicherten (Name, PLZ, Ort)

14 Welche Krankheitserscheinungen liegen vor, die Anhaltspunkte für die Anzeige bilden? Welche Beschwerden äußert der Versicherte? Auf welche gefährdenden Einwirkungen und Stoffe führt er die Beschwerden zurück?

15 Welchen gefährdenden Tätigkeiten hat der Versicherte ausgeübt? Welchen gefährdenden Einwirkungen und Stoffen war er bei der Arbeit ausgesetzt?

16 Wurden arbeitsmedizinische Vorsorgeuntersuchungen durchgeführt? Wenn ja, durch wen und wann?

17 Wurden die unter Nummer 15 genannten Gefährdungsfaktoren am Arbeitsplatz des Versicherten überprüft (z. B. Gefährdungsbeurteilung, Messungen), wenn ja mit welchem Ergebnis?

18 Datum | Unternehmer/Bevollmächtigter | Betriebsrat (Personalrat) | Telefon-Nr. für Rückfragen (Ansprechpartner)

Abb. 3.2.19: Anzeige des Unternehmers bei Anhaltspunkten für eine Berufskrankheit.

In die Analyse einbezogen werden müssen nicht nur die anerkannten BK, sondern sowohl die angezeigten BK als auch die sonstigen arbeitsbedingten Erkrankungen. Bei einer Beschränkung nur auf die anerkannten BK könnten viele arbeitsbedingte Ursachen für die Erkrankungen nicht erkannt werden. Diesen Sachverhalt verdeutlicht die BK-Pyramide (in Anlehnung an die Unfallpyramide →Kapitel 3.1). Bei Zugrundelegung der Zahlen vom Jahr 2001 kommen auf eine tödliche BK ca. 10 anerkannte BK, ca. 40 Verdachtsanzeigen und geschätzt über 50 sonstige arbeitsbedingte Erkrankungen (→Abb. 3.2.20).

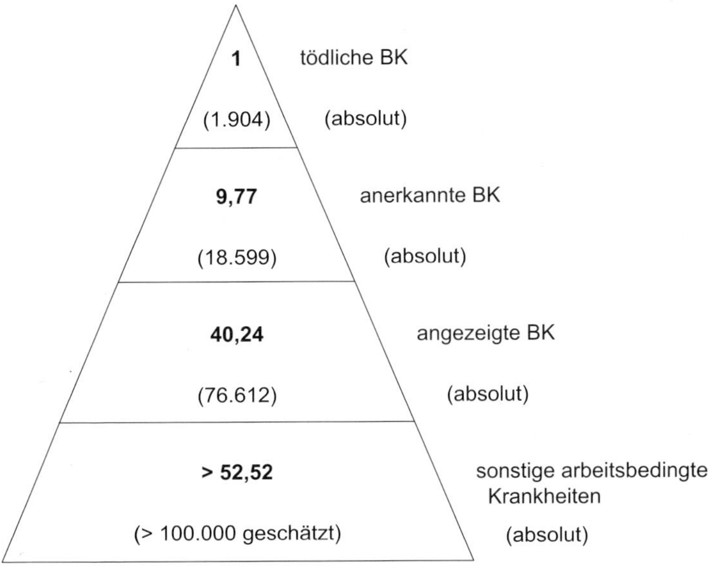

Abb. 3.2.20: Berufskrankheiten – (BK-) Pyramide (Werte Gesamtzahlen 2001).

Die Ausführungen zur Unfallanalyse (→3.2.2) können methodisch auf diese Analyse übertragen werden, wie z. B. die Einzelfalluntersuchung, die Aussagen zur Statistik und die Schwerpunktermittlung. Der wesentliche Unterschied, der diese Analyse erschwert, sind die längerfristigen Einwirkungen pathogener Arbeitsfaktoren auf die Beschäftigten, die oftmals über Jahre einwirken, bevor eine gesundheitliche Schädigung in Form einer BK festzustellen ist.

Daher wird empfohlen, diese Analyse auf die der Arbeitsbedingungen auszudehnen (→Kapitel 3.1) und die gesundheitlichen Probleme der Beschäftigten bei der Arbeit präventiv zu analysieren.

Literatur

Gesetz über die Durchführung von Maßnahmen des Arbeitsschutzes zur Verbesserung der Sicherheit und des Gesundheitsschutzes der Beschäftigten bei der Arbeit (Arbeitsschutzgesetz – ArbSchG) v. 7.8.1996, zuletzt geändert durch Art. 2b des Gesetzes vom 23. 4. 2004 (BGBl. I S. 602)

Gesetz über Betriebsärzte, Sicherheitsingenieure und andere Fachkräfte für Arbeitssicherheit (Arbeitssicherheitsgesetz – ASiG) v. 12.12.1993, zuletzt geändert durch Art. 178 der Verordnung vom 25. 11. 2003 (BGBl. I S. 2304)

Sozialgesetzbuch Fünftes Buch – Gesetzliche Krankenversicherung (SGB V v. 20.12.1988, zuletzt geändert durch Art. 4 des Gesetzes vom 27. 12. 2003 (BGBl. I S. 3022)

Sozialgesetzbuch Siebtes Buch – Gesetzliche Unfallversicherung v. 7. 8. 1996, zuletzt geändert durch Art. 3 des Gesetzes vom 23. 4. 2004 (BGBl. I S. 606)

Verordnung über die Anzeige von Versicherungsfällen in der gesetzlichen Unfallversicherung (Unfallversicherungs-Anzeigenverordnung – UVAV) v. 23. 1. 2002 (BGBl. I, S. 554)

BerufskrankheitenVO (BKV) vom 31.10.1997, zuletzt geändert durch Artikel 1 der BKV-ÄndV vom 5.9.2002 (BGBl. I S. 3541)

BGV A1 Grundsätze der Prävention

BGI 511-1 Kleines Verbandbuch

BGI 511-2 Großes Verbandbuch

BGI 513 Wege-Unfall-Bogen

BGI 514 Unfallanzeige

Sicherheit und Gesundheit bei der Arbeit 2001 (Unfallverhütungsbericht Arbeit) Bundesministerium für Wirtschaft und Arbeit – BMWA – Schriftenreihe der BAuA S. 78, 2003

Arbeitsunfallstatistik 2002 Hauptverband der gewerblichen Berufsgenossenschaften, 2004

Struktureller Wandel der Arbeitswelt und seine Auswirkungen auf die Arbeitsbedingungen, die Arbeitsbelastungen und auf das individuelle Mobilitätsverhalten Bundesinstitut für Berufsbildung (BIBB) und Institut für Arbeitsmarkt und Berufsforschung (IAB), 1998 / 1999 in Unfallverhütungsbericht 2001

GEILER, M.: Wegeunfälle besser verhüten. Die BG, Heft 11/1997, S. 644, Erich Schmidt Verlag, Berlin. BG S. 644 – 652

HENTER, A., HERMANNS, D. u. WITTIG, P. (1999): Tödliche Arbeitsunfälle 1995 – 1997, Statistische Analyse nach einer Erhebung der Gewerbeaufsicht, BAuA Bericht 833. Wirtschaftsverlag NW, Bremerhaven

HOFFMANN, B. (1991): Arbeitsschutz und Unfallstatistik. Hauptverband d. gewerbl. Berufsgenossensch. Selbstverlag, Sankt Augustin

HOFFMANN, B. u. ROSTEK, R.: Nicht meldepflichtige Unfälle in der gewerblichen Wirtschaft. Die BG, Heft 11/1999, S. 648, Erich Schmidt Verlag, Berlin

SCHLUTTER, B. (1998): Statistische Analyse des Wegeunfallgeschehens unter besonderer Berücksichtigung der äußeren Ursachen und der persönlichen Verfassung der Betroffenen. Fortschr.-Ber. VDI Reihe 12 Nr. 364. VDI-Verlag, Düsseldorf, Kurzfassung TÜ 1999 Nr. 3 S. 63 – 67

3.3 Gestaltungsrangfolge von Arbeitsschutzmaßnahmen

Grundlagen

Gefährdungsbeurteilung: Maßnahmen zur Gewährleistung der Arbeitssicherheit resultieren entweder aus prospektiven Gefährdungsbeurteilungen geplanter oder vorhandener Arbeitssysteme bzw. Produkte oder aus retrospektiven Untersuchungen von Ursachen eingetretener Ereignisse, wie Arbeitsunfälle, arbeitsbedingte Erkrankungen, Störungen und Havarien.

Maßnahmenerfordernis: Die Dringlichkeit von Arbeitsschutzmaßnahmen kann ermittelt werden über

- das mögliche Schadensausmaß (Folge) einer arbeitsbedingten Gefährdung und
- die mögliche Eintrittswahrscheinlichkeit (Häufigkeit, Dauer) dieser Gefährdung.

In Anlehnung an DIN EN 1050 kann eine Risikozahl ermittelt und drei Risikostufen zugeordnet werden, aus der dann die Dringlichkeit von Arbeitsschutzmaßnahmen ersichtlich ist (→Abb. 3.3.1).

Variantenauswahl: Beim Arbeiten in Varianten zur Auswahl von Arbeitsschutzmaßnahmen geht es vorrangig um das Gegenüberstellen und Abwägen verschiedener Lösungsmöglichkeiten unter sicherheitstechnischen, humanen und wirtschaftlichen Kriterien. Das Arbeiten in Varianten gewinnt in dem Maß an Bedeutung, in dem sich der Anteil der Anforderungen in Rechtsvorschriften in Form von Schutzzielen erhöht; die Erfüllung dieser Schutzziele lässt einen großen Spielraum zu. Kriterien für die Variantenauswahl von Arbeitsschutzmaßnahmen können u. a. sein:

- Aufwand der vorgesehenen Schutzmaßnahme,
- Wirksamkeit der Maßnahme,
- Zeitraum der Realisierung der Maßnahme,
- Mögliche Auswirkungen der Maßnahme, die nicht unmittelbar dem Arbeitsschutz dient.

Die nachfolgend beschriebene Rangfolge von Arbeitsschutzmaßnahmen stellt ebenfalls eine Variantenbetrachtung dar.

Rechtsgrundlagen: Rechtliche Regelungen zur Durchführung von Maßnahmen zur Sicherheit und zum Gesundheitsschutz existieren sowohl für Produkte (= Produktsicherheit) als auch für die Beschäftigten bei der Arbeit (= Arbeitssicherheit). Diese Regelungen sind europäisch harmonisiert und mit denen zur Durchführung von Gefährdungsbeurteilungen identisch (→Kapitel 3.1).

Rangfolge von Arbeitsschutzmaßnahmen

Gestaltungsrangfolge für Produkte: Bei der Konzipierung, Entwicklung und Bau von Produkten sind Gestaltungsmaßnahmen für die Sicherheit und den

R = S × (W I + W II + W III) R = Risikozahl

(1) ***S*** = Schadensausmaß

Ausmaß der Verletzung oder Gesundheitsschädigung		Wichtungszahlen
S1	= keine Folgen	1
S2	= leichte Verletzungen	2 – 3
S3	= mittelschwere Verletzungen	4 – 6
S4	= schwere Verletzungen	7 – 8
S5	= Tod	9 - 10

(2) ***W I – W III*** = Eintrittswahrscheinlichkeit

Häufigkeit und Dauer der Gefährdungsexposition (W I)		Wichtungszahlen
W1	= selten	**1**
W2	= häufig (mehr als 1 × pro Schicht)	**2**
Eintrittswahrscheinlichkeit eines Gefährdungsereignisses (WII)		Wichtungszahlen
W3	= gering (kaum möglich)	**1**
W4	= mittel (durchaus möglich)	**3**
W5	= groß (sehr wahrscheinlich)	**5**
Möglichkeit der gefährdeten Person zur Vermeidung oder Begrenzung des Schadens (W III)		Wichtungszahlen
W6	= möglich	**1**
W7	= möglich unter bestimmten Bedingungen	**2**
W8	= unmöglich	**3**

(3) Risikostufen und Maßnahmenerfordernis

Risikozahl	**0 - 24**	**25 - 42**	**43 - 100**
Risikobewertung	**Geringes Risiko**	**Mittleres Risiko**	**Hohes Risiko**
	Organisatorische und personenbezogene Maßnahmen	Maßnahmen mit normaler Schutzwirkung notwendig	Maßnahmen mit erhöhter Schutzwirkung dringend notwendig

Abb. 3.3.1: Dringlichkeit von Arbeitsschutzmaßnahmen [DIN EN 1050].

Gesundheitsschutz der künftigen Benutzer durch den Konstrukteur / Hersteller in einer Rangordnung anzuwenden. Im Anhang I der EG Maschinenrichtlinie – 9. GPSGV wird im Abschnitt „Grundlegende Sicherheits- und Gesundheitsschutzanforderungen bei Konzipierung und Bau von Maschinen" ausgeführt, dass der Hersteller von Maschinen bei der Wahl der angemessensten Lösung (– zum Abbau vorhandener Gefährdungen –) folgende Grundsätze anzuwenden hat und zwar in der angegebenen Reihenfolge (s. auch Abb. 3.1.7):

- Beseitigung oder Minimierung der Gefahren (Integration des Sicherheitskonzeptes in die Entwicklung und den Bau der Maschine) = Eigensichere Konstruktion,
- Ergreifen von notwendigen (zusätzlichen) Schutzmaßnahmen gegen nicht zu beseitigende Gefahren,
- Unterrichtung der Benutzer über die Restgefahren aufgrund der nicht vollständigen Wirksamkeit der getroffenen Schutzmaßnahmen; Hinweis auf eine eventuell erforderliche Spezialausbildung und persönliche Schutzausrüstung.

Bei der Ausarbeitung der Betriebsanleitung (Dokument zur Unterrichtung der Benutzer) muss der Hersteller nicht nur den „normalen Gebrauch" der Maschine in Betracht ziehen, sondern auch die nach vernünftigem Ermessen zu erwartende Benutzung der Maschine.

In der vom Hersteller bereitzuhaltenden Technischen Dokumentation sind die Gefahren, die von der Maschine ausgehen und die angewendeten Maßnahmen, die zur Verhütung der Gefahren gewählt wurden, aufzuführen.

Gestaltungsrangfolge für Arbeitsbedingungen: Der Arbeitgeber muss die Arbeitsbedingungen unter Arbeitsschutzgesichtspunkten beurteilen und entsprechend des festgestellten Gefährdungspotentials Schutzmaßnahmen zu ergreifen. Für diese Maßnahmen des Arbeitsschutzes werden im § 4 Arbeitsschutzgesetz allgemeine Grundsätze genannt, wie
- das generelle Gebot der Gefährdungsminimierung,
- die Bekämpfung der Gefahren an der Quelle,
- die sachgerechte Verknüpfung von Technik, Arbeitsorganisation, sonstigen Arbeitsbedingungen, sozialen Beziehungen und den Einfluss der Umwelt auf den Arbeitsplatz durch die Planung von Maßnahmen,
- die Nachrangigkeit individueller Schutzmaßnahmen zu anderen Maßnahmen.

Aus diesen Grundsätzen ist bereits eine Rangfolge von Maßnahmen zur Gewährleistung der Arbeitssicherheit erkennbar, die wie folgt präzisiert wird.
- Primäre Arbeitsschutzmaßnahmen: Vermeidung der **Entstehung** einer Gefährdung oder Verminderung des Gefährdungspotentials auf ein ungefährliches Maß an der Quelle der Gefährdung, z.B. Gefahrstoffsubstitution; Begrenzung der Energie bewegter Maschinenteile durch Schleichgang.
- Sekundäre Arbeitsschutzmaßnahmen: Vermeidung/Verminderung der **Ausbreitung** des Gefährdungsfaktors durch zusätzliche Mittel und Maßnahmen; z.B. Absaugung von Luftschadstoffen; räumliche Trennung durch Abschirmung bewegter Maschinenteile.
- Tertiäre Arbeitsschutzmaßnahmen: Vermeidung/Verminderung der **Einwirkung** des Gefährdungsfaktors auf den Beschäftigten durch organisatorische und individuelle Maßnahmen, z.B. Begrenzung der Expositionszeit; Benutzung persönlicher Schutzausrüstungen.

Durch diese Maßnahmen werden zum einen die objektiven Arbeitsbedingungen sicher gestaltet (vorrangig) zum anderen nehmen die Maßnahmen Einfluss auf die subjektiven Leistungsvoraussetzungen der Beschäftigten, um sicher zu arbeiten.

Gestaltung sicherer Arbeitssysteme: Die Schutzmaßnahmen des Herstellers sicherer Produkte sind bei deren Auswahl und Bereitstellung durch den künftigen Benutzer durch anwenderspezifische Maßnahmen zu ergänzen. Diese zusätzlichen Schutzmaßnahmen resultieren u. a. aus
- den Restgefährdungen des Produktes,
- den konkreten Arbeitsplatzbedingungen beim Benutzer,
- den Wechselwirkungen der Produkte untereinander und mit Arbeitsstoffen, der Arbeitsumgebung und mit der Ergonomie am Arbeitsplatz.

Sichere Arbeitssysteme erfordern also sichere Produkte und sichere Arbeitsbedingungen. So setzt z. B. die Auswahl von Betriebsmitteln für explosionsgefährdete Bereiche die Bestimmung der Art der explosionsfähigen Atmosphäre beim Benutzer in Form von „Zonen explosionsgefährdeter Bereich" voraus, damit die geeignete Geräteklasse des Betriebsmittels für diese Bedingungen ausgewählt werden kann (Anhang 4 BetriebssicherheitsVO).

Schutzmaßnahmen, die vom Konstrukteur an Maschinen auszuführen sind sowie ergänzende Schutzmaßnahmen des Maschinenbenutzers zeigt Abb. 3.3.2.

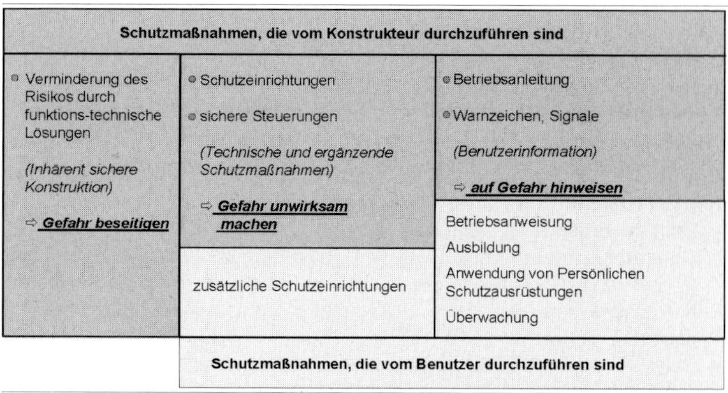

Abb. 3.3.2: Schutzmaßnahmen – Maschinen [DIN EN ISO 12 100 – 1].

Wirkungskontrolle von Arbeitsschutzmaßnahmen

Das Arbeitsschutzgesetz (§ 3(1)) verpflichtet den Arbeitgeber, die Wirksamkeit der Maßnahmen des Arbeitsschutzes zu überprüfen und erforderlichenfalls neuen Entwicklungen und Erkenntnissen anzupassen.

Beispiele für Wirksamkeitskontrollen sind
- Kontrollen der sicherheitstechnisch bedeutsamen Betriebsbedingungen und Anlagenteilen,
- Durchführung von Wartungs- und Instandsetzungsarbeiten,
- Einschaltung von Sachverständigen bei Zweifel an der Eignung einer Maßnahme,
- Führen von Statistiken über eingetretene unerwünschte Ereignisse.

Die größte Wirkung haben Arbeitsschutzmaßnahmen in Verbindung mit der Planung von Produkten und Arbeitsbedingungen, da hierbei der präventive Arbeitsschutz am wirkungsvollsten umgesetzt werden kann.

Literatur

Gesetz über die Durchführung von Maßnahmen des Arbeitsschutzes zur Verbesserung der Sicherheit und des Gesundheitsschutzes der Beschäftigten bei der Arbeit (Arbeitsschutzgesetz – ArbSchG) v. 7. 08. 1996, zuletzt geändert durch Art. 2b des Gesetzes vom 23. 4. 2004 (BGBl. I S. 602)

Neunte VO zum Geräte- und Produktsicherheitsgesetz (MaschinenVO – 9. GPSGV) vom 12.5.1993, zuletzt geändert durch Art. 6 der Verordnung vom 28. 9. 1995 (BGBl. I S. 1213)

Verordnung über Sicherheit und Gesundheitsschutz bei der Bereitstellung von Arbeitsmitteln und deren Benutzung bei der Arbeit, über Sicherheit beim Betrieb überwachungsbedürftiger Anlagen und über die Organisation des betrieblichen Arbeitsschutzes (Betriebssicherheitsverordnung – BetrSichV) v. 27. 9. 2002, zuletzt geändert durch Art. 22 des Gesetzes vom 6. 1. 2004 (BGBl. I S. 2)

DIN EN 1050 Sicherheit von Maschinen; Risikobeurteilung

DIN EN ISO 12100 T. 1 u. T. 2 Sicherheit von Maschinen; Grundbegriffe, allgemeine Gestaltungsleitsätze

4 Schutz vor Arbeitsunfällen

Inhaltsverzeichnis

4.1 Gefährdungsmodell – Unfallschutz

Nach § 5 Arbeitsschutzgesetz ist der Arbeitgeber zur Beurteilung der Arbeitsbedingungen verpflichtet. Aber auch in diversen Verordnungen(VO) zum Arbeitsschutzgesetz werden untersetzende Gefährdungsbeurteilungen gefordert, z.B. nach § 3 BetriebssicherheitsVO und § 3 BildschirmarbeitsVO. Dabei sind die mit der Arbeit verbundenen Gefährdungen zu ermitteln und Maßnahmen des Arbeitsschutzes zum Abbau dieser Gefährdungen festzulegen. Mit der Gefährdungsbeurteilung wird eine systematische Prävention zur Verhütung von Unfällen bei der Arbeit durchgeführt.

Zum Erkennen und Bewerten der Entstehungsmöglichkeit von Verletzungen/Unfällen der Beschäftigten bei der Arbeit empfiehlt sich eine Vorgehensweise anhand des *Gefährdungsmodells* (→ Abb. 4.1.1). Danach wird *prospektiv* und systematisch beurteilt

- welche Unfall-/Gefährdungsfaktoren im betrachteten Arbeitssystem auftreten und
- ob räumliche und zeitliche Kontaktmöglichkeiten der Beschäftigten (unter Beachtung aller Betriebszustände) mit diesen Faktoren bestehen (= Analyse)
- welche gesundheitlichen Folgen/Auswirkungen die Unfallfaktoren für die Beschäftigten haben können (= Bewertung)
- welche Maßnahmen des Arbeitsschutzes erforderlich sind.

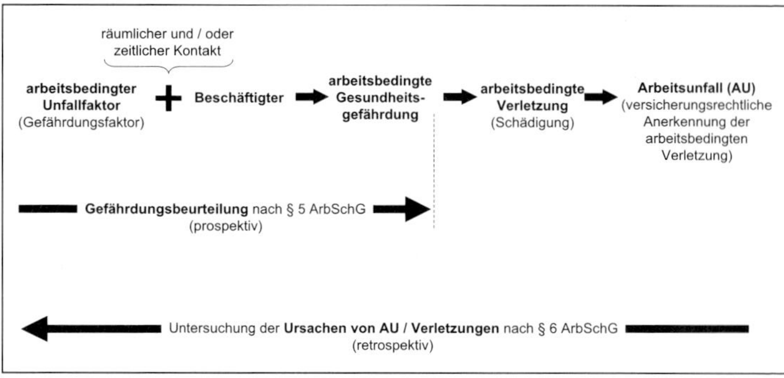

Abb. 4.1.1: Gefährdungsmodell – Unfallschutz

Bei der Analyse relevanter Unfall-/Gefährdungsfaktoren werden zunächst Gruppen von Faktoren hinterfragt und bei Relevanz untersetzt, z.B.

mechanische Gefährdungsfaktoren

- ungeschützt bewegte Maschinenteile
  - Quetschstellen
  - Scherstellen
  - Stichstellen
  - Einzugsstellen
  - ⋮
- Teile mit gefährlichen Oberflächen
  - Ecken, Kanten
  - Spitzen
  - Schneiden
  - ⋮
- ...

elektrische Gefährdungsfaktoren

- Durchströmung
  - Berühren betriebsmäßig unter Spannung stehender Teile
  - ...
- Störlichtbögen

Der Eintritt einer gesundheitlichen Schädigung im Zusammenhang mit der Arbeit ist **möglich**, wenn ein Unfallfaktor objektiv vorhanden ist oder durch die Handlung des Beschäftigten hervorgerufen wird und der Eintritt ist **wahrscheinlich**, wenn ein Unfallfaktor mit den Beschäftigten räumlich und/oder zeitlich zusammentrifft.

Mit Hilfe des Gefährdungsmodells können auch *retrospektiv* Ursachen von eingetretenen Arbeitsunfällen untersucht werden (→Kapitel 3.2).

Nachfolgend werden ausgewählte Gefährdungen näher betrachtet, dessen Gefährdungs-/Energiepotential zu Unfällen bei der Arbeit führen kann.

4.2 Mechanische Gefährdungen

4.2.1 Grundlagen

Charakterisierung

Die Mechanik als Zweig der Physik beschäftigt sich mit dem Gleichgewicht und der Bewegung von Körpern unter dem Einfluss von Kräften. Mechanische Gefährdungen entstehen durch Relativbewegungen zwischen festen Körpern/Gegenständen und Personen, bei denen im Verlauf der Bewegung ein Kontakt bzw. eine Kollision zwischen beiden eintritt.

Dieser Kontakt bzw. diese Kollision kann – vor allem dann, wenn sie heftig genug erfolgt – zu einer Verletzung der Beschäftigten bei der Arbeit führen. In der Arbeitswelt sind mechanische Gefährdungen außerordentlich häufig; daraus ergibt sich auch, dass die Statistik der Arbeitsunfälle zu einem großen Teil Unfälle mit mechanischen Ursachen ausweist. Mechanische Gefährdungen werden eingeteilt in

- Gefährdungen durch *ungeschützt bewegte Maschinenteile/Gegenstände,*
- Gefährdungen durch *bewegte Arbeitsmittel,*
- Gefährdungen durch *Teile mit gefährlichen Oberflächen,*
- Gefährdungen durch *unkontrolliert bewegte Teile,*
- *Sturzgefährdung* auf der Ebene,
- *Absturzgefährdung* aus der Höhe.

Diese Gefährdungssituationen können durch differenzierte Merkmale (Untergefährdungen) weiter untergliedert werden.

Strukturierung

Ausgehend von der Feststellung, dass mechanische Gefährdungen durch Relativbewegungen zwischen den Gegenständen und Beschäftigten hervorgerufen werden, kann eine Strukturierung der Gefährdungen nach den Bewegungsarten vorgenommen werden (Gruppeneinteilung →Abb. 4.2.1).

- *Gruppe 1:* Gefährdungen, bei denen in Bewegung befindliche Gegenstände (z.B. herabfallende Teile) den Aufenthaltsort der Beschäftigten erreichen oder Beschäftigte in den Bewegungsbereich dieser Gegenstände gelangen (z.B. bewegte Maschinenteile). Kennzeichnendes Merkmal der mechanischen Gefährdungen dieser Gruppe ist die Energie des bewegten Gegenstandes sowie dessen Beschaffenheit wie Härte und Oberflächengestalt (z.B. führen Oberflächen mit scharfen Kanten zu deutlich höheren Gefährdungen als glatte Oberflächen).
- *Gruppe 2:* Gefährdungen, bei denen in Ruhe befindliche Gegenstände (ortsgebunden) mit Beschäftigten oder deren Körperteilen im Verlauf vorgesehener oder unvorhergesehener (ungewollter) Bewegungen kollidieren. Typische Formen von Gefährdungen dieser Gruppe sind der Absturz aus der Höhe und das Ausgleiten auf der Ebene.

Gruppe 1	
Ungeschützt bewegte Maschinenteile/Gegenstände	◦ Stoßstellen, Schlagstellen,Quetschstellen, Scherstellen, Schneidstellen, Stichstellen Aufwickelstellen, Einzugsstellen
Gefährdungen durch bewegte Arbeitsmittel	◦ Kollision
Teile mit gefährlichen Oberflächen	◦ Ecken, Spitzen, Kanten, Schneiden, Rauhigkeit
Unkontrolliert bewegte Teile	◦ Kippende, pendelnde, rollende, gleitende Teile ◦ herabfallende, sich lösende, berstende und wegfliegende Teile
Gruppe 2	
Sturz auf der Ebene	◦ Ausgleiten, Stolpern, Umknicken
Absturz	◦ Absturz vom Standobjekt, Kippen, Rollen, Zusammenbrechen des Standobjektes

Abb. 4.2.1: Gruppeneinteilung mechanischer Gefährdungen

Rechtsgrundlagen

Rechtliche Regelungen für den Schutz vor mechanischen Gefährdungen existieren sowohl für Produkte (Produktsicherheit) als auch für die Beschäftigten bei der Arbeit (Arbeitssicherheit). Diese Regelungen sind zum großen Teil europäisch harmonisiert. Eine Übersicht der Rechtsgrundlagen und ausgewählter technischer Regeln zum Schutz vor mechanischen Gefährdungen →Tab. 4.2.1.

Regelungsgegenstand	Rechtsgrundlagen		Technische Regeln
	europäisch	national	
Produktsicherheit	1998/37/EG 1995/16/EWG	9. GPSGV 12. GPSGV	DIN EN 294 DIN EN 349 DIN EN 510 DIN EN 811 DIN EN 999
Arbeitssicherheit	1995/63/EG 1989/656/EWG	BetrSichV PSA-BV BGV C22 BGV D6 BGV D27 BGV D36	TR (in Vorbereitung) BGR 193 BGI 665 BGG 921 BGI 545 BGI 521

Tab. 4.2.1: Rechtsgrundlagen und Regeln zum Schutz vor mechanischen Gefährdungen (Bezeichnung der Vorschriften und Regeln siehe Literatur)

Die MaschinenVO (9. GPSGV), die die europäische Richtlinie 98/37/EG national umsetzt, fordert nur solche Maschinen in Verkehr zu bringen, die den grundlegenden Sicherheits- und Gesundheitsanforderungen des Anhanges I entsprechen. Im Anhang I sind Schutzmaßnahmen gegen mechanische Gefährdungen genannt (Abschnitt 1.3), z.B. zur Verhütung von Gefahren durch bewegte Teile oder durch herabfallende Gegenstände.

Die BetriebssicherheitsVO (BetrSichV), die u.a. die europäische Richtlinie 95/63/EG national umsetzt, enthält Forderungen an das sichere Bereitstellen und Benutzen von Arbeitsmitteln. In dieser VO wird u.a. gefordert, sowohl die Gefahren, die mit der Benutzung des Arbeitsmittels verbunden sind durch Maßnahmen zu vermeiden als auch die Gefahren am Arbeitsplatz, die durch Wechselwirkungen der Arbeitsmittel mit der Arbeitsumgebung hervorgerufen werden. So wird im Anhang I gefordert, den ungehinderten Zugang zum Gefahrenbereich von bewegten Teilen am Arbeitsmittel durch Schutzeinrichtungen zu verhindern.

Die Unfallverhütungsvorschriften für Betriebsarten/Tätigkeiten und für den Arbeitsplatz/Arbeitsverfahren enthalten Forderungen zum Schutz vor mechanischen Gefährdungen, wie z.B. BGV C 22 zum Schutz vor Absturz, BGV D 6 zum Schutz vor herabfallenden Teilen. Auch in dem umfangreichen berufsgenossenschaftlichen Regelwerk sind Regeln, Grundsätze und Informationen zum Schutz vor mechanischen Gefährdungen enthalten, wie z.B. BGR 181 zum Schutz vor Ausgleiten in Arbeitsräumen.

Große Teile der Unfallverhütungsvorschriften für Arbeitsmittel werden künftig als Technische Regeln im Rahmen der BetriebssicherheitsVO überführt.

4.2.2 Arbeitsbedingte Gefährdungen

Grundlage für erforderliche Maßnahmen des Arbeitsschutzes zur Vermeidung mechanischer Gefährdungen ist die Gefährdungsbeurteilung nach § 5 Arbeitsschutzgesetz. *Gefährdungsbeurteilung* heißt

- *Analyse* der auftretenden Arten von mechanischen Gefährdungen,
- *Bewertung* des Gefährdungspotentials dieser Faktoren für die Beschäftigten.

Das Gefährdungspotential mechanischer Faktoren wird durch dessen Energie (Masse, Geschwindigkeit, Fallhöhe) bestimmt, aber auch durch die Art und Gestalt der Oberfläche des Gegenstandes. Für die Bewertung der Wirkung mechanischer Gefährdungen auf die Beschäftigten existieren – im Gegensatz zu anderen Gebieten der Arbeitssicherheit, wo zahlenmäßig festgelegte Grenzwerte vorhanden sind (z.B. Lärm- und Vibrationsgrenzwerte) – nur für wenige Gefährdungssituationen Grenzwerte. So fehlen z.B. Grenzwerte, ab welcher Umfangsgeschwindigkeit die Rotation eines Maschinenteils oder eines eingespannten Werkstückes als gefährlich zu bewerten ist, so dass die Maßnahme „Abschirmung dieser Gefahrstelle“ zwingend vorgeschrieben werden muss. Für solche Fälle müssen Methoden angewendet werden, die die mögliche Schwere der Verletzung, die Dauer und die Häufigkeit der Exposition und die Möglichkeit zur Gefahrenvermeidung bewerten, wie die Risikobewertung (z.B. Risikograph nach DIN EN 954) oder logische Modelle wie Fehlerbäume nach DIN 25424 bzw. Ereignisabläufe nach DIN 25419, um über die jeweiligen Verknüpfungen die Art und die Wirkung von Schutzmaßnahmen zu ermitteln.

Grenzwerte für mechanische Gefährdungen existieren z.B. für

- Schutz gegen Ausgleiten beim Gehen (R- und V-Sätze nach BGR 181),
- Schutz vor Absturz aus der Höhe (Absturzgefährdung > 1 m Absturzhöhe nach BGV C 22),
- Schutz vor Quetschstellen durch Einhalten von Mindestabständen nach DIN EN 349 oder durch Begrenzung von Schließkräften an kraftbetätigten Türen und Toren nach DIN EN 12453,
- Schutz vor Stolpern durch Festlegung zulässiger Toleranzen für Fußbodenunebenheiten nach DIN 18201 und DIN 18202.

4.2.3 Maßnahmen zum Schutz vor mechanischen Gefährdungen

Aus Gründen des Umfanges werden auf der Grundlage der Gruppeneinteilung mechanischer Gefährdungen (→Kapitel 4.2.1) im Folgenden jeweils nur einzelne Gefährdungssituationen ausgewählt (Schutz vor bewegten Maschinenteilen, Schutz vor Ausgleiten). Anhand dieser Beispiele wird das methodische Vorgehen bei der Auswahl von Schutzmaßnahmen für diese Gefährdungen aufgezeigt; damit bestehen Analogiemöglichkeiten auch für andere Arten von mechanischen Gefährdungen.

4.2.3.1 Maßnahmen zum Schutz vor bewegten Maschinenteilen/ Gegenständen

Die Schutzmaßnahmen werden im Folgenden nach der Gestaltungsrangfolge behandelt. Allerdings muss in vielen Fällen davon ausgegangen werden, dass die Relativbewegung zwischen Werkzeug und Werkstück – z.B. bei Werkzeugmaschinen – technologisch notwendig ist, so dass weder eine Beseitigung dieser mechanischen Gefährdung möglich ist noch deren Verminderung.

Primäre Maßnahmen

Mit diesen Maßnahmen wird konstruktiv der Kontakt der Beschäftigten mit bewegten Maschinenteilen ausgeschlossen oder die Bewegung wird auf ein für die Beschäftigen ungefährliches Maß begrenzt.

Solche Maßnahmen sind beispielsweise:

Vermeidung des Kontaktes durch Abstände: Durch das Einhalten von Sicherheitsabständen für gefährdete Körperteile können Einzugs-, Eng- oder Quetschstellen vermieden werden, wenn folgende Maße nicht unterschritten werden (→DIN EN 349):

Körper	500 mm	Hand	100 mm
Bein	180 mm	Finger	25 mm.
Arm, Fuß	120 mm		

Gleiches gilt für Sicherheitsabstände gegen das Erreichen von Gefahrstellen z. B. mit den oberen Gliedmaßen nach DIN EN 294 →Abb. 4.2.2.

Für Erwachsene und Kinder über 14 Jahre

Abstand zu frei schwenkenden Körperteilen

Herumreichen

Achsel bis Fingerspitze

r ≥ 850mm

Ellbogen bis Fingerspitze

r ≥ 550mm

Handwurzel bis Fingerspitze

r ≥ 230mm

Fingerwurzel bis Fingerspitze

r ≥ 130mm

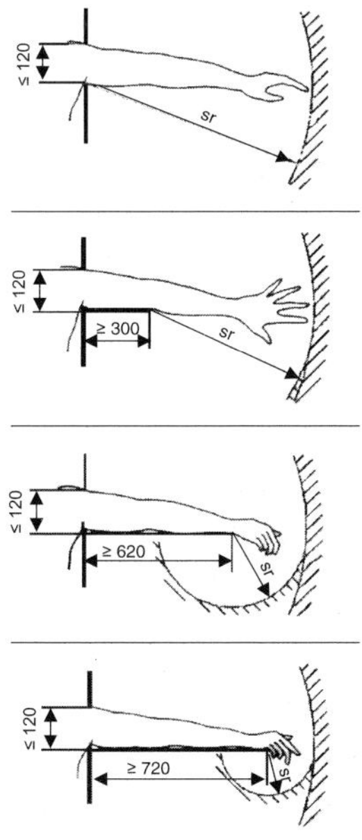

Abb. 4.2.2: Sicherheitsabstand an Gefahrstellen [DIN EN 294]

Begrenzung bewegter Teile auf ein ungefährliches Maß: Durch diese Maßnahme wird die Energie des bewegten Gegenstandes auf einen für die Beschäftigten ungefährlichen Wert begrenzt. Beispiele hierfür sind die

- Begrenzung der Schließkräfte an den Kanten kraftbetätigter Türen und Tore →Tab. 4.2.2.

Art der Kraft	max. zulässige Kraft	max. Einwirkungsdauer
statisch	150 N	4,25 s (danach Abbau auf 25 N)
dynamisch	400N*)	0,75 s

*) Wert gilt für Öffnungsweiten 50–500 mm

Tab. 4.2.2: Schließkräfte kraftbetätigter Türen und Tore [DIN EN 12 453]

- Begrenzung der Bewegungsgeschwindigkeit bewegter Teile von Maschinen für Einricht- und Programmierarbeiten durch Vorsehen von Schleichgang v $\leq$ 25 cm/s (→VDI 2854) oder Tippbetrieb.

Sekundäre Maßnahmen

Wenn die Relativbewegung weder von der Lage noch von der Höhe her begrenzt werden kann, ist ein Kontakt der Beschäftigten mit den mechanischen Gefährdungsfaktoren durch zusätzliche Schutzeinrichtungen (SE) zu vermeiden, die räumlich und/oder zeitlich den Kontakt unterbrechen. Nach DIN EN ISO 12 100 werden Arten von SE unterschieden:

- trennende SE. z.B. Abdeckungen, Verkleidungen, Umzäunung,
- nicht trennende SE, z.B. Lichtgitterschranken, Zweihandschaltung,
- abweisende SE, z.B. Abweiser.

Die Art der SE ist in Abhängigkeit von der Art der Gefahrstelle, den erforderlichen Zugangsmöglichkeiten und der Eingriffhäufigkeit auszuwählen.

Trennende SE: Die Gefahrstelle wird gegenüber dem Arbeitsbereich räumlich abgetrennt, so dass ein Erreichen der Gefahrstelle nicht möglich ist. Die Wirksamkeit dieser SE setzt aber eine entsprechende Dimensionierung, d.h. Vorsehen von Sicherheitsabständen, voraus. Der Sicherheitsabstand ist der Mindestabstand zwischen SE und Gefahrstelle, bei dem die Gefahrstelle durch die Beschäftigten nicht erreichbar ist. Nach DIN EN 294 werden folgende Sicherheitsabstände unterschieden:

- vertikale Sicherheitsabstände beim Hinaufreichen,
- horizontale Sicherheitsabstände beim Hinüberreichen über Hindernisse →Abb. 4.2.3,

Für Erwachsene und Kinder über 14 Jahre

Hinaufreichen

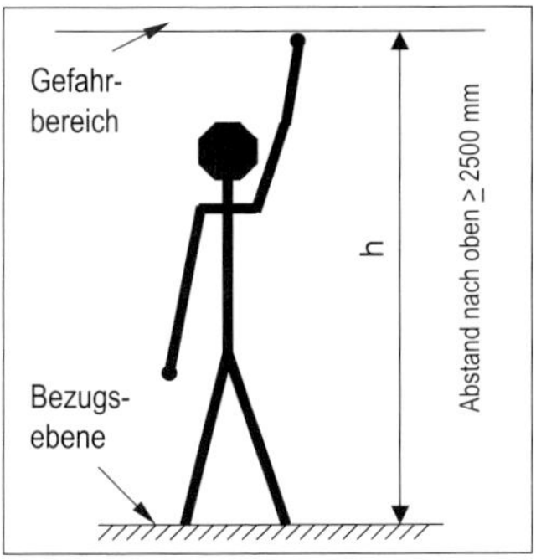

Hinüberreichen

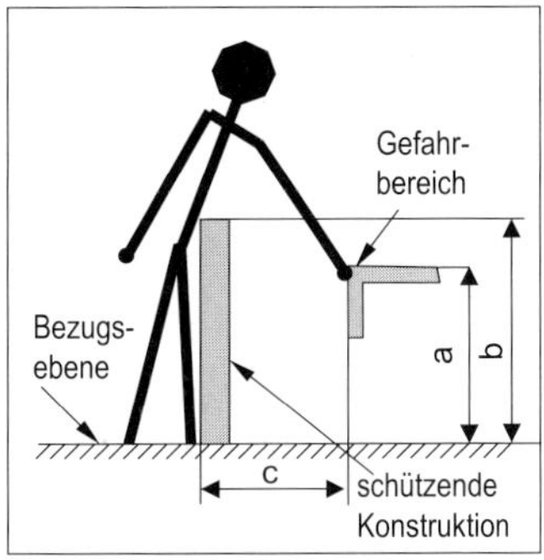

Höhe des Gefahrbereiches a	**Höhe der schützenden Konstruktion b**							
	2400	**2200**	**2000**	**1800**	**1600**	**1400**	**1200**	**1000**
	Horizontaler Abstand c zum Gefahrbereich							
2400	100	100	100	100	100	100	100	100
2200	-	250	350	400	500	500	600	600
2000	-	-	350	500	600	700	900	1100
1800	-	-	-	600	900	900	1000	1100
1600	-	-	-	500	900	900	1000	1300
1400	-	-	-	100	800	900	1000	1300
1200	-	-	-	-	500	900	1000	1400
1000	-	-	-	-	300	900	1000	1400
800	-	-	-	-	-	600	900	1300
600	-	-	-	-	-	-	500	1200
400	-	-	-	-	-	-	300	1200
200	-	-	-	-	-	-	200	1100
0	-	-	-	-	-	-	200	1100

*) Die Sicherheitsabstände gelten für Gefährdungen, bei denen ein geringes Risiko hinsichtlich Eintrittswahrscheinlichkeit oder Verletzungsschwere besteht.

Werte in mm

Abb. 4.2.3: Sicherheitsabstand beim Hinauf- und Hinüberreichen [DIN EN 294]

- Sicherheitsabstände beim Herumreichen,
- Sicherheitsabstände beim Hindurchreichen durch Öffnungen →Abb. 4.2.4.

Körperteil	Bild	Öffnung	Sicherheitsabstand *sr* Schlitz	Quadrat	Kreis
Fingerspitze	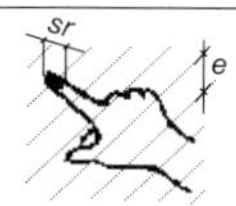	e ≤ 4	≥ 2	≥ 2	≥ 2
		4 < e ≤ 6	≥ 10	≥ 5	≥ 5
Finger bis Fingerwurzel oder Hand	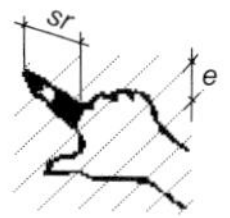	6 < e ≤ 8	≥ 20	≥ 15	≥ 5
		8 < e ≤ 10	≥ 80	≥ 25	≥ 20
	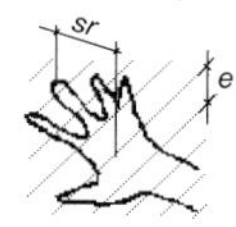	10 < e ≤ 12	≥ 100	≥ 80	≥ 80
		12 < e ≤ 20	≥ 120	≥ 120	≥ 120
		20 < e ≤ 30	≥ 850 *)	≥ 120	≥ 120
Arm bis Schultergelenk	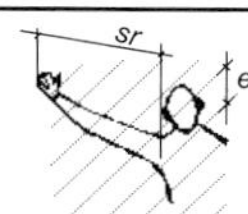	30 < e ≤ 40	≥ 850	≥ 200	≥ 120
		40 < e ≤ 120	≥ 850	≥ 850	≥ 850

Wenn die Länge einer schlitzförmigen Öffnung ≤ 65 mm ist, wirkt der Daumen als Begrenzung und der Sicherheitsabstand kann auf 200 mm reduziert werden. Werte in mm

Abb. 4.2.4: Sicherheitsabstand beim Hindurchreichen [DIN EN 294]

Beispiel zur Berechnung des Sicherheitsabstandes beim Hindurchreichen

Geg.: Verkleidung aus Lochblech mit quadratischer Öffnung (Seitenlänge der Öffnung e = 10 mm)
Ges.: Sicherheitsabstand sr
Lsg.: Nach Abb. 4.2.4 e = 10 mm, quadratische Öffnung → <u>sr = 25 mm</u>

Nichttrennende SE: Einrichtungen ohne trennende oder abweisende Funktion, die – meist berührungslos wirkend – mit der Steuerungsfunktion des Arbeitsmitteln verbunden sind. Der Sicherheitsabstand S dieser SE von der Gefahrstelle wird für berührungslos wirkende SE und aktiv elektronische SE wie folgt ermitteln:

$$S = K \cdot T + C$$

K = Annäherungsgeschwindigkeit in mm/s (Teilkörperbewegung 2000 mm/s – Hand-, Arm-, Fuß-, Beinbewegungen –; Ganzkörperbewegung 1600 mm/s)

T = Nachlaufzeit des Arbeitsmitteln (Herstellerangabe) und Ansprechzeit der SE (Herstellerangabe) in s;

C = zusätzlicher Sicherheitszuschlag zur Berücksichtigung der Auflösung von SE (Hindernisgröße) in mm.

Die Berechnung des Sicherheitsabstandes für berührungslos wirkende SE und für aktiv elektronischen SE erfolgt nach DIN EN 999 →Abb. 4.2.5.

berührungslos wirkende SE

Hand- und Fingerschutz

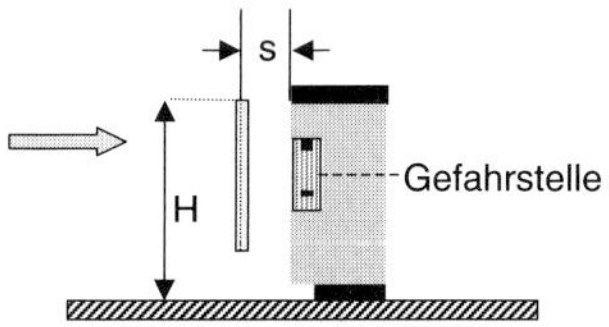

S = (K • T) + 8 • (d - 14) [mm]

bis zu 40 mm Auflösung

Ganzkörperschutz

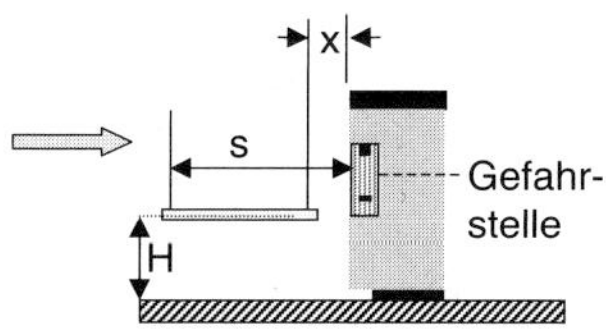

S = (K • T) + (1200 – 0,4 • H) [mm]

wobei (1200 - 0,4 • H) ≥ 850 mm ; x = d

aktiv elektronische SE

Schalt-/ Kontaktmatte

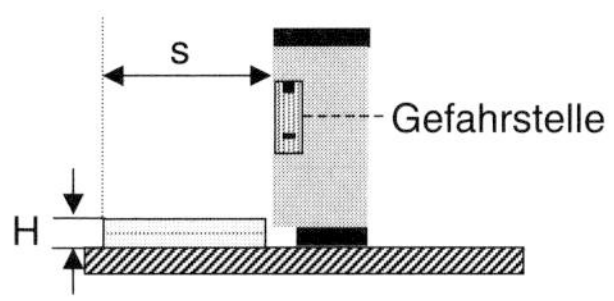

S = (K • T) + (1200 - 0,4 • H) [mm]

Zweihandschaltung

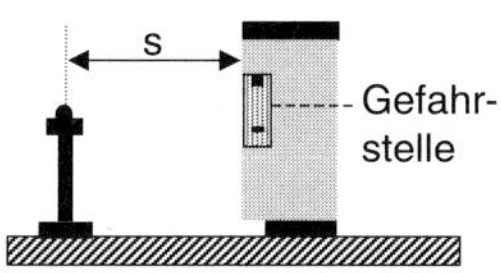

S = (K • T) + 250 [mm]

d – Auflösung / Objekterkennung nach DIN EN 61496
(d ≤ 40mm Hand- und Fingerschutz ; 40mm < d < 70mm Arm- und Beinschutz; d > 70mm Ganzkörperschutz)

Abb. 4.2.5: Sicherheitsabstand von berührungslos wirkenden SE und aktiv elektronischen SE [DIN EN 999]

Beispiel zur Berechnung des Sicherheitsabstandes berührungslos wirkender SE

Geg.: Absicherung der Gefahrstelle einer Presse (Bremszeit = 60 ms) mit einer Lichtgitterschranke – vertikale Anordnung (Ansprechzeit = 30 ms), Objekterkennung der SE d = 30 mm

Ges.: Sicherheitsabstand S

Lsg.: Nach Abb. 4.2.5 → S = (K · T) + 8 (d – 14) in mm
S = (2000 mm/s · 0,09 s) + 8 (30 – 14) mm = 308 mm

Abweisende SE: Diese Einrichtungen verhindern den Zugang zu Einzugsstellen durch Blokkierung des freien Zuganges durch ein körperliches Hindernis (passive Abweiser) oder durch Kopplung der SE mit der Steuerfunktion des Arbeitsmittels (aktive Abweiser).

Bei aktiven Abweisern ist ein Sicherheitsabstand einzuhalten, der die Nachlaufzeit der gefährlichen Bewegung (z.B. der Einzugswalze), die Ansprechzeit der SE und die Annäherungsgeschwindigkeit des Körperteiles berücksichtigt (→nichttrennende SE).

Diese SE müssen außerdem von ihrer Wirkung her auf die Art der Gefährdung ausgelegt werden. Das betrifft zum einen die Zuhaltefunktion der SE (Verriegelung) und das Verhalten im Fehlerfall.

Verriegelung trennender SE: Nach DIN EN 1088 werden Verriegelungseinrichtungen von SE mit und ohne Zuhaltung unterschieden →Abb. 4.2.6. Gemeinsam ist beiden Arten der Verriegelung, dass die gefährliche Funktion (gefährliche Bewegung) nicht ausgeführt wird, wenn die SE nicht geschlossen ist.

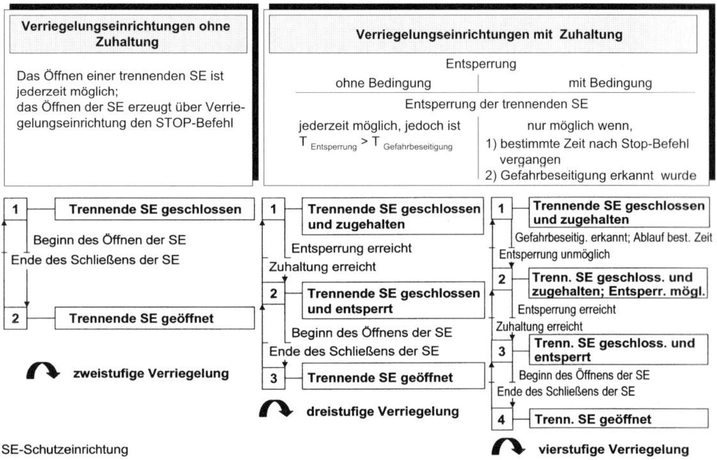

Abb. 4.2.6: Arten von Verriegelungseinrichtungen [DIN EN 1088]

SE mit Verriegelung ohne Zuhaltung sind einsetzbar, wenn über den Abschaltzeitpunkt hinaus keine gefährlichen Funktionen wirken, d.h. der Haltbefehl für die gefährliche Funktion wird beim Öffnen der SE ausgelöst.

SE mit Verriegelung und Zuhaltung sind einsetzbar, wenn über den Abschaltpunkt hinaus die gefährliche Funktion (z.B. Nachlauf gefährlicher Bewegung) besteht, d.h. die SE ist so lange verriegelt/geschlossen/zugehalten, wie die gefährliche Funktion vorhanden ist.

Kategorien von SE: Die Kategorie einer SE beschreibt Anforderungen an den sicherheitsbezogenen Teil einer Steuerung aufgrund des Verhaltens der SE im Fehlerfall. SE sollen je nach dem Gefährdungspotential auch im Fehlerfall wirken. Nach DIN EN 954 werden folgende Kategorien unterschieden:

- Kategorie B (Basis-), legt Grundforderungen fest, die alle anderen Kategorien erfüllen müssen, z.B. Konstruktion der SE nach dem Stand der Technik unter Beachtung der Betriebs- und Umgebungsbedingungen,
- Kategorie 1, zusätzlich zur Kategorie B sind sicherheitstechnisch bewährte Bauteile zu verwenden,
- Kategorie 2, zusätzlich zur Kategorie B und zu bewährten Sicherheitsbauteilen ist die Sicherheitsfunktion zu testen,
- Kategorie 3 und 4, weitere zusätzliche Anforderungen zur Aufrechterhaltung der sicheren Funktion im Fehlerfall.

Die Auswahl der Kategorie der SE erfolgt in Abhängigkeit vom Einsatzfall mittels eines Risikographen nach DIN EN 954.

Tertiäre Maßnahmen

Ergänzende Maßnahmen zum Schutz vor mechanischen Gefährdungen haben das Ziel, das sicherheitsgerechte Verhalten der Beschäftigten zu unterstützen, wie

- *Erarbeitung von Betriebsanweisungen* zum richtigen Umgang mit den SE (Inbetriebnahme, Wartung, Funktionsprüfung). Besonderer Schwerpunkt sind Verhaltensanforderungen für Tätigkeiten, bei denen die SE ganz oder teilweise unwirksam sind, wie z.B. beim Einrichten und Programmieren der Arbeitsmittel, bei Störungsbehebung und bei Instandsetzung und bei SE, die manuell in Wirkstellung zu bringen sind (bedingt wirksame SE).
- *Unterweisung der Beschäftigten* auf der Grundlage der Betriebsanweisung.
- *Sicherheitskennzeichnung* als Gefahrenhinweis für Beschäftigte, die nicht unmittelbar an den gefährdeten Bereichen arbeiten.
- *Einsatz Persönlicher Schutzeinrichtungen* für gefährdete Körperteile →Kapitel 10.

4.2.3.2 Maßnahmen zum Schutz vor Ausgleiten beim Gehen

In Deutschland sind ca. 20% aller meldepflichtigen Arbeitsunfälle auf Stolpern, Rutschen und Stürzen zurückzuführen. Aufgrund des überdurchschnittlich hohen Anteils an den neuen Unfallrenten ist dieser Unfalltyp als besonders schwerwiegend einzustufen. Um diese Unfallzahlen zu reduzieren, ist es u.a. notwendig, Anforderungen an das Gleitverhalten des Systems *Sohle-Zwischenmedium-Fußboden* zu stellen. Durch Einhalten dieser Anforderungen soll ein sicheres Gehen gewährleistet werden. Im Rahmen der Gefährdungsbeurteilung ist die Trittsicherheit von Fußböden in regelmäßigen Abständen zu prüfen.

Für die Auswahl von Maßnahmen zum sicheren Gehen sind Kenntnisse zu den theoretischen Grundlagen und zu den anzuwendenden Prüfverfahren Vorraussetzung.

Grundlagen sicheren Gehens

Kinematik des Gehens: Die beim Gehen auftretenden Tangential- und Normalkräfte bzw. die sich aus dem Verhältnis dieser Kräfte ergebenden Anforderungsquotienten lassen sich aus der Kinematik des menschlichen Ganges herleiten.

Beim Horizontalgang kommt die Vorwärtsbewegung dadurch zustande, dass das erste Bein aus der Stützphase heraus eine Rückstoßkraft auf den Fußboden überträgt, während das andere Bein sich pendelnd-schwebend nach vorn bewegt (→Abb. 4.2.7). Danach erfolgt der gleiche Vorgang mit dem gegenüberliegenden Bein. Je eine Stütz- und Schwebphase des linken und rechten Beines bewirken einen Doppelschritt oder Gangzyklus. Die Überschneidung der Stützphasen beider Beine ist die doppelte Stützphase. Bei schnellem Laufen entfällt die Überschneidung und es tritt eine doppelte Schwebphase auf.

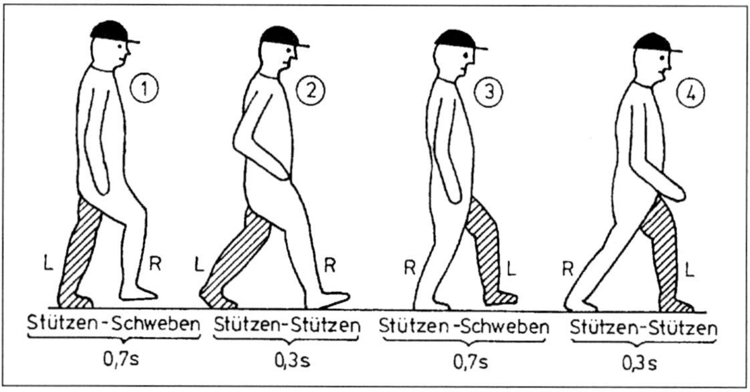

Abb. 4.2.7: Stütz- und Schwebphase im Gangzyklus (= Doppelschritt)

Der Schwerpunkt des Menschen liegt in symmetrischer Ruhestellung etwa an der vorderen Fläche des 2. Wirbels des Rückgrates. Beim Gang wandert der Schwerpunkt des Körpers entsprechend den einzelnen Gangphasen um den Ruheschwerpunkt, so dass zur Erhaltung des Gleichgewichtes und in

Verbindung mit Rückstoß- und Aufsetzkräften der Beine der Fußboden in den verschiedenen Richtungsachsen wechselnd belastet wird.

Die beim menschlichen Gang auf den Boden wirkenden Kräfte sind in Abb. 4.2.8 dargestellt. Der Verlauf des Anforderungsquotienten $Q_A\ (t)$ zeigt, welche Anforderungen der Fußgänger an das Reibungssystem von Schuhsohle und Fußboden stellt. Gemäß Kurve D erreicht Q_A kurz nach dem Aufsetzen des Absatzes im Durchschnitt mit 0,24 sein erstes Maximum Q_{Amax1}. Das zweite Maximum Q_{Amax2}, das kurz vor dem Abheben der Sohle auftritt, beträgt ca. 0,30 (BÖNIG 1996).

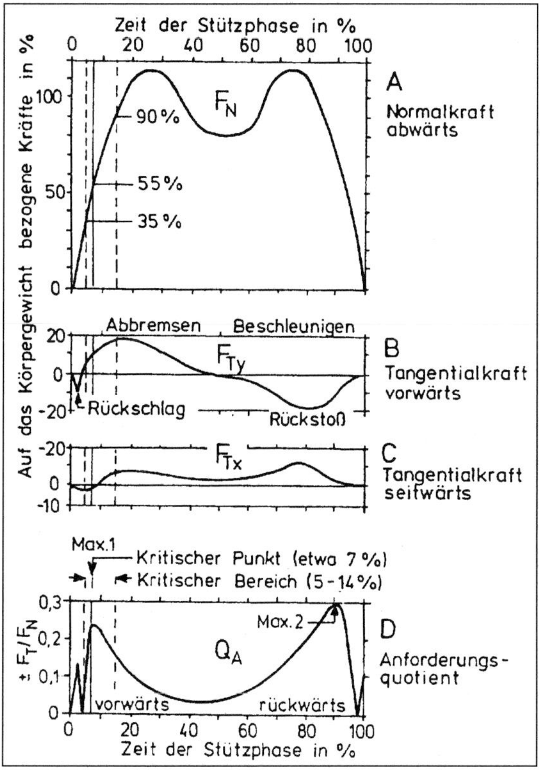

Abb. 4.2.8: Beim horizontalen menschlichen Gang auf den Fußboden wirkende Kräfte

Der erste Wert Q_{Amax1} ist aus der Sicht der Unfallverhütung entscheidend, weil der Abbremsvorgang beim Aufsetzen des Absatzes wesentlich gefährlicher ist als der Beschleunigungsvorgang am Ende der Stützphase. Dies insbesondere, da bei Beginn des Schrittes, also zum Zeitpunkt des Aufsetzens des Schuhabsatzes, der Körperschwerpunkt am weitesten nach hinten liegt. Der Körper verliert beim Rückwärtsfallen schneller das Gleichgewicht als beim Vorwärtsfallen. Eine Rückkehr in eine Gleichgewichtslage ist zu diesem Zeitpunkt besonders schwierig, zumal der andere Fuß gerade zur Schwebphase ansetzt. Zudem sind die Unfallfolgen beim Rückwärtsfallen in der Regel schwerwiegender, weil zur Milderung des Sturzes die Hände nicht oder nur unvorteilhaft benutzt werden können und Gefahr besteht, dass der Hinterkopf aufschlägt und Rumpfverletzungen auftreten.

Anforderungsquotient und Reibungskoeffizient: Die beim menschlichen Gang auf den Fußboden einwirkende Kraft F_E wird in die Kraftkomponenten F_N (Normalkraft, senkrecht zur Fußbodenebene) und F_T (Tangentialkraft, in Fußbodenebene) aufgeteilt (→Abb. 4.2.9).

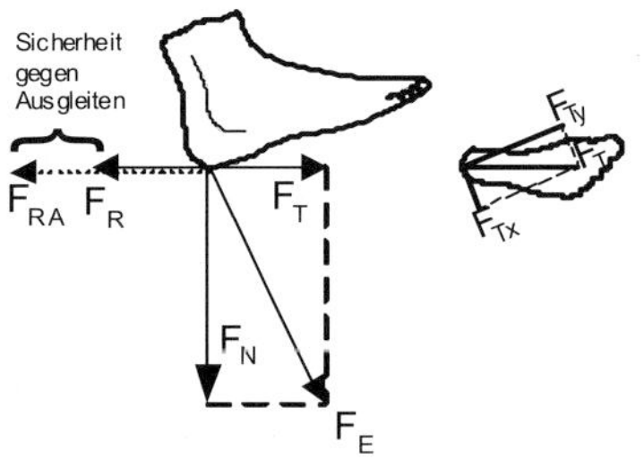

F_E = Einwirkende Kraft
F_N = Normalkraft
F_T = Tangentialkraft
F_{Ty} = Tangentialkraft in Gangrichtung
F_{Tx} = Tangentialkraft quer zur Gangrichtung
F_R = Momentane Reibungskraft (Haften)
F_{RA} = Anfangsgleitreibungskraft
F_{RG} = Gleitreibungskraft

$$Q_A = \frac{F_T}{F_N}$$

$$\mu_A = \frac{F_{RA}}{F_N}; \mu_G = \frac{F_{RG}}{F_N}$$

$$S = \frac{\mu}{Q_{A,\max}}$$

Q_A = Anforderungsquotient
μ = Gleitreibungskoeffizient
S = Sicherheitsfaktor

Sicherheitsbedingung:
F_{RG} und $F_{RA} > F_T$

Abb. 4.2.9: Kräfteverhältnisse beim Aufsetzen des Fußes auf einen horizontalen Fußboden

Ist die Tangentialkraft F_T kleiner als die maximal mögliche Haftreibungskraft, so gleitet der Schuh nicht. Da bestritten ist, ob bei viskoelastischen Stoffen die maximal mögliche Haftreibungskraft messtechnisch erfassbar ist, messen wir ersatzweise die Anfangsgleitreibungskraft F_{RA}, also die Reibungskraft, bei der die Reibungspartner unter Zugbelastung soeben zu gleiten beginnen. Die Beschleunigung bzw. Verzögerung beim weiteren Ausgleitvorgang ist abhängig von dem dabei wirksamen Anforderungsquotienten und dem materialbedingten Gleitreibungskoeffizienten μ_G.

Die Sicherheitsbedingung lautet also:
F_{RG} *(eingeschlossen* F_{RA}*)* $> F_T$.

Um vergleichbare Aussagen zu ermöglichen, werden die Kräfte F_{RG} und F_T durch Bezug auf die Normalkraft relativiert. Dadurch entstehen zwei Quotienten:

1. Der gangbedingte, momentane ***Anforderungsquotient*** $Q_A = F_T / F_N$. Er kennzeichnet das auf den Fußboden übertragene Kräfteverhältnis von Tangentialkraft zur Normalkraft während der einzelnen Phasen des menschlichen Ganges. Die Tangentialkraft muss dabei durch eine gleich große Haftreibungskraft neutralisiert werden, damit es nicht zum Ausgleiten kommt.
2. Der materialbedingte ***Gleitreibungskoeffizient*** $\mu = F_{RG} / F_N$. Er kennzeichnet das Kräfteverhältnis, bei dem eine auf den Fußboden wirksame Tangentialkraft nicht mehr durch eine Haftreibungskraft neutralisiert wird, sondern die Schuhsohle auf dem Boden gleitet.

Das Verhältnis zwischen materialbedingtem Reibungskoeffizienten und maximalem Anforderungsquotienten, also μ / Q_{Amax}, kennzeichnet die Sicherheit S gegen Ausgleiten.

Reibungsverhalten im System Sohle-Zwischenmedium-Fußboden: Reibung ist ein Widerstand, der der Verschiebung einer Fläche entlang einer berührenden Fläche entgegenwirkt. Bedingt durch die viskoelastischen Materialien im System Sohle-Zwischenmedium-Fußboden sind die klassischen Gesetze der Reibungsmechanik (Coulomb'sche Reibung) nur eingeschränkt gültig. Der Reibungskoeffizient ist bei viskoelastischen Körpern nicht nur vom Material und von der Oberflächenrauheit, sondern auch von der Flächenpressung, der Gleitgeschwindigkeit und der Temperatur abhängig.

Die Reibung setzt sich aus den Anteilen der Festkörperreibung und der Flüssigkeitsreibung zusammen (→Abb. 4.2.10):

- *Adhäsionsreibung:* Adhäsion entsteht durch molekulare Anziehungskräfte, die zwischen den Grenzschichten zweier sich berührender Körper wirken. Saubere, glatte Oberflächen verstärken die Adhäsion und damit die Adhäsionsreibungskraft.
- *Deformationsreibung:* Unter Deformation wird eine durch Krafteeinwirkung verursachte Formänderung eines Stoffes verstanden. Bei viskoelastischen Stoffen, aus denen fast alle gebräuchlichen Schuhsohlen und viele Fußböden bestehen, ist die bei der Deformation durch den menschlichen Gang aufgewendete Energie größer als die bei der Entspannung frei werdende Energie (Hysterese). Die Dämpfungsverluste werden in Wärme umgewandelt und entsprechen der Deformationsreibung. Im Einzelnen wird die Deformationsreibung durch die Viskoelastizität des Materials und die Art der Rauhigkeit der Flächen bestimmt. Durch raue Oberflächen kann die Deformationsreibung erhöht werden.

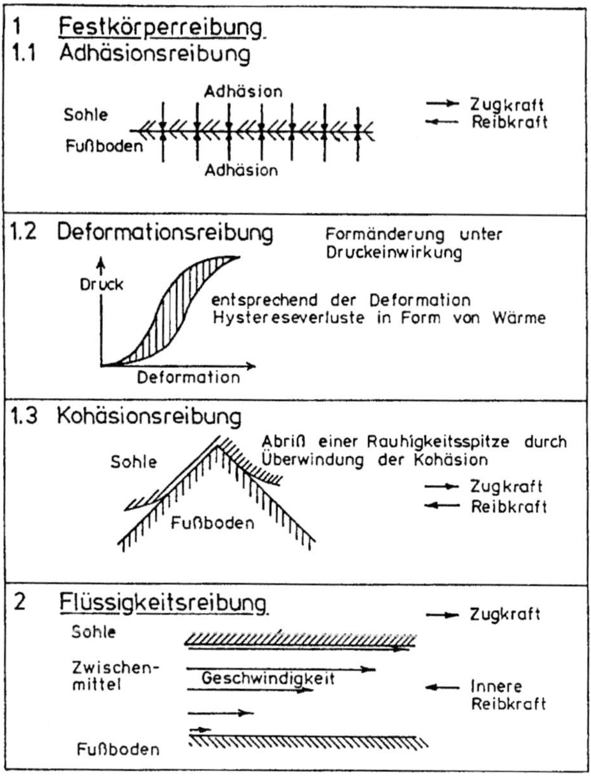

Abb. 4.2.10: Prinzip von Festkörper- und Flüssigkeitsreibung

- *Kohäsionsreibung:* Unter Kohäsion verstehen wir molekulare Anziehungskräfte, die einen Stoff zusammenhalten. Die Überwindung dieser Anziehungskräfte kann nur durch Abscheren von Molekülen erfolgen. Die Kohäsionsreibung macht sich durch Verschleiß in Form von Abrieb bemerkbar. Ihr Anteil an der Festkörperreibung ist in der Regel verhältnismäßig gering.
- *Flüssigkeitsreibung:* Bei der Flüssigkeitsreibung (besondere Form der Kohäsionsreibung) besteht ein lückenlos trennender Film zwischen den Reibpartnern. Es sind intermolekulare Kräfte der Flüssigkeit zu überwinden. Wesentliche Einflussgrößen von Flüssigkeitsreibung sind die Viskosität (Zähflüssigkeit) der Flüssigkeit und die Filmdicke. Entscheidend für die Gleitsicherheit von gehenden Personen ist, ob ein den Boden überziehender Flüssigkeitsfilm durch die auf die Schuhsohle wirkenden Kräfte verdrängt wird. Hierbei sind insbesondere die Härte, das Profil und die

Oberflächenrauheit der Reibpartner Schuhsohle und Fußboden von Bedeutung. In der Praxis tritt bei verschmutzten Oberflächen sowohl Festkörper- als auch Flüssigkeitsreibung auf. In dem Übergangsbereich sprechen wir daher von Mischreibung.

Bewertung des Ausgleitrisikos (Grenzwerte): Die Bewertung der Rutschhemmung zwischen Schuhsohle und Fußboden erfolgt mittels Reibungskoeffizienten μ (→Tab. 4.2.3).

Wuppertaler Grenzwerte der Rutschsicherheit von Fußböden und Schuhwerk			**Berufsgenossenschaftliche Richtwerte[1]) für die Rutschhemmung von Fußböden im Betriebszustand**	
Prüfbedingungen (Gleiter/Schuh, Gleitmittel und Fußboden) praxisgerecht entsprechend den Betriebsbedingungen vor Ort			*Ermittlung des Gleitreibungskoeffizienten μ gemäß Entwurf DIN 51131*	
Reibungszahl μ	**Bewertung**		**Bewertung**	**Bemerkungen**
$\mu \geq 0{,}60$	++	sehr sicher	Es besteht Rutschhemmung.	Der Bodenbelag verfügt über ein ausreichendes Rutschhemmungspotenzial, so dass auch bei unterschiedlichen Betriebsbedingungen (z.B. Nässe, Reinigung) die Rutschgefahr gering ist.
$0{,}45 \leq \mu < 0{,}60$	+	sicher		
$0{,}30 \leq \mu < 0{,}45$	o	bedingt sicher	Rutschhemmung besteht, wenn betriebliche Maßnahmen zu deren Verbesserung und Kontrollmessungen durchgeführt werden.	Das Rutschhemmungspotenzial ist nur für bestimmte Betriebsbedingungen ausreichend. Regelmäßige Kontrollmessungen sind erforderlich, um das Ausmaß der Veränderungen festzustellen und die Wirksamkeit von Maßnahmen zur Verbesserung der Rutschhemmung zu überprüfen.
$\mu < 0{,}30$	-	unsicher	Die Rutschhemmung ist unzureichend.	Das Rutschhemmungspotenzial des Bodenbelags ist nicht ausreichend.

[1]) Auszug aus dem Entwurf des Fachausschuss „Bauliche Einrichtungen" der BGZ, nach Götte, T., Mewes, D., (2003)

Tab. 4.2.3: Sicherheitsgrenzwerte zur Bewertung der Rutschhemmung der Reibpartner Sohle – Fußboden

Je größer der Betrag von μ im Verhältnis zum Betrag von Q_{Amax} und je kleiner die Standardabweichung der individuellen Gangarten ist, umso geringer ist das Ausgleitrisiko. Unter Berücksichtigung der in den einzelnen Gangarten auftretenden maximalen Anforderungsquotienten sowie Berechnungen der Wahrscheinlichkeit von Ausgleiten und von dadurch bewirkten Unfällen sind in Abstimmung mit den internationalen Forschungsergebnissen die in der Tabelle aufgeführten Kennwerte zur Beurteilung der Sicherheit gegen Ausgleiten sinnvoll. Reibungszahlen unterhalb von $\mu = 0{,}30$ bewirken ein nicht akzeptables Ausgleitrisiko (unsicherer Bereich). Mit zunehmenden Reibungszahlen steigt die *Sicherheit gegen Ausgleiten.* Im Bereich $\mu = 0{,}30$ bis 0,45 kann die erforderliche Sicherheit durch zusätzliche Maßnahmen, z.B. Warnhinweise und Geländer, erreicht werden.

Diese Grenzwerte gelten nicht nur für die Anfangsgleitreibungszahl. Gleitreibungszahlen müssen bei allen Gleitgeschwindigkeiten die Grenzwerte ebenfalls einhalten. Dabei soll die Reibungszahl möglichst mit zunehmender Geschwindigkeit ansteigen. Warum dies von Vorteil ist, zeigt Abb. 4.2.11, in dem die Reibungszahlen von zwei unterschiedlichen Sohlentypen in Abhängigkeit von der Gleitgeschwindigkeit aufgezeichnet sind. Bei der Sohle B verringert sich beim Ausgleiten mit zunehmender Geschwindigkeit die Gleitreibung. Es wird also beim ausschließlichen Zugrundelegen der Anfangsgleitreibungszahl eine nicht vorhandene Sicherheit vorgetäuscht. Schon bei geringem Anfangsgleiten rutscht der Schuh schlagartig weg. Demgegenüber wird bei der Sohle A im Falle eines Ausgleitens der Ausgleitvorgang durch die mit der Geschwindigkeit steigende Gleitreibung gestoppt; der Körper gerät also leichter wieder unter Kontrolle. Übereinstimmend mit der international herrschenden Auffassung sind die Gleitreibungszahlen bei verschiedenen Geschwindigkeiten die wesentliche Größe zur Bewertung der Gleitsicherheit von Schuhsohlen und Fußböden.

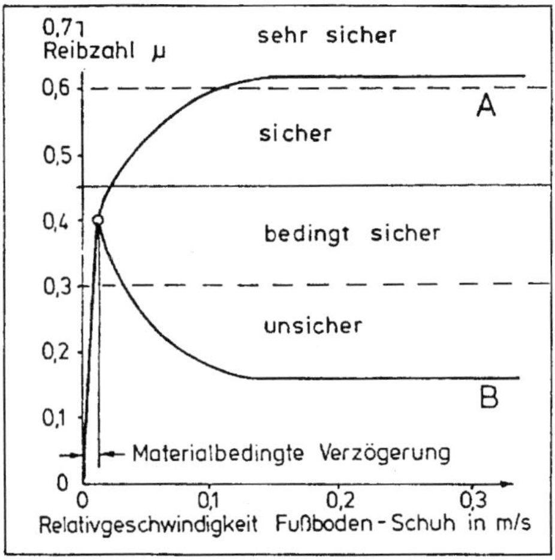

Abb. 4.2.11: Reibverhalten von unterschiedlichen Reibpartnern

Der Berufsgenossenschaftliche Fachausschuss „Bauliche Einrichtungen" (www.bge.de/fabe/) plant, zukünftig verlegte Fußböden gemäß dem Entwurf DIN 51131 zu prüfen. Hierbei wird der Reibungskoeffizient des Bodens im trockenen Zustand und mit Gleitmittel Wasser gemessen. Die Bewertung der Messergebnisse soll gemäß den berufsgenossenschaftlichen Richtwerten erfolgen (→Tab. 4.2.3, →Götte, T., Mewes, D., 2003). Die Messparameter und die Richtwerte sind zur Zeit in der Erprobungsphase.

Messprinzipien und Messgeräte: Zur Messung des Reibungskoeffizienten stehen zahlreiche Messeinrichtungen zur Verfügung, die auf verschiedenen physikalischen Prinzipien basieren (→Abb. 4.2.12).

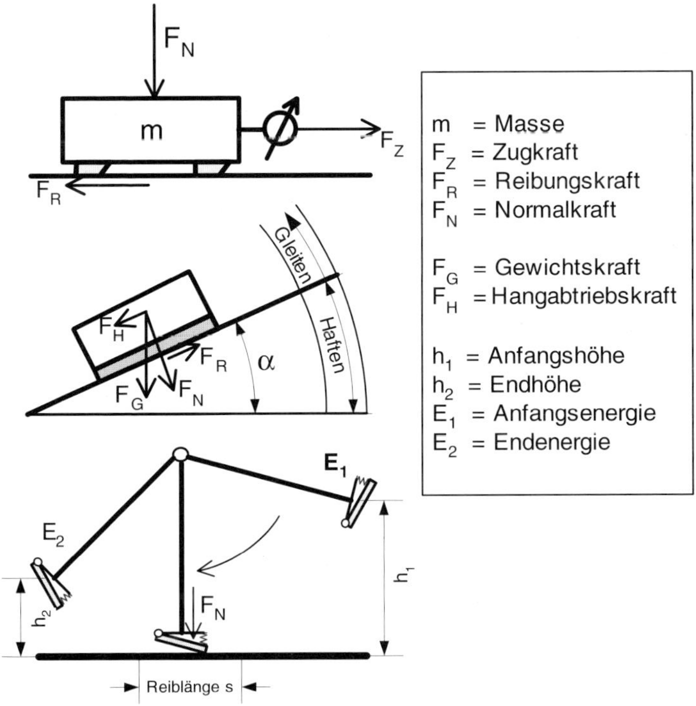

Abb. 4.2.12: Messprinzipien zur Ermittlung des Reibungskoeffizienten

1. Messung der Reibungskraft an einem mit Gleitermaterial bestückten, gezogenen Körper. Hierbei kann sowohl die Haftreibung als auch die Gleitreibung ermittelt werden:

$$\mu = \frac{F_R}{F_N} = \frac{F_Z}{m \cdot g}$$

2. Bestimmung des Reibungskoeffizienten durch das Gleiten eines Körpers auf einer neigbaren Ebene. In der Regel wird die Haftreibung ermittelt; setzt der Körper gleitend auf oder wird er während der Neigungsänderung in einer kontinuierlichen Gleitbewegung gehalten, so wird Gleitreibung gemessen:

$$\mu = \frac{F_H}{F_N} = \tan \alpha$$

3. Ermittlung des Gleitreibungskoeffizienten über den Energieverlust eines Gleiters, der über eine definierte Strecke geglitten ist.

$$\mu = \frac{m \cdot g \cdot (h_1 - h_2)}{s \cdot F_N}$$

Fußbodenausführung

Anforderungen: Im Abschnitt 1.5 des Anhanges zur ArbStättV wird gefordert: „Die Fußböden der Räume dürfen keine ... Stolperstellen ... aufweisen. Sie müssen gegen verrutschen gesichert, tragfähig, trittsicher und rutschhemmend sein."

Die ASR 8/1 konkretisiert, dass „Fußbodenstellen, an denen sich Stolper- und Sturzgefahren durch bauliche oder technische Maßnahmen nicht vermeiden lassen, durch Gelb-Schwarz-Kennzeichnung … hervorzuheben sind. … Gegen Ausgleiten sind zusätzliche Schutzmaßnahmen erforderlich, wenn durch Wasser, Eis, Fett, Öl oder andere Stoffe eine erhöhte Rutschgefahr besteht. Als Schutzmaßnahme kommt insbesondere ein geeigneter Fußbodenbelag in Frage (z.B. Fliesen mit griffiger Oberfläche, Estrich mit Zusatzstoffen oder Gitterroste)."

In der BGR 181 sind die Forderungen der ArbStättV konkretisiert. Die Anforderungen an Fußböden in Arbeitsstätten wie Auswahl geeigneter Bodenbeläge, Ausführung des Fußbodens, Reinigung und Pflege sind hier festgelegt. Für unterschiedliche Arbeitsbereiche sind entsprechend ihrer Rutschgefahr Mindestneigungswinkel bzw. Bewertungsgruppen und Verdrängungsräume gefordert. Die Prüfung der Fußböden erfolgt mit der Schiefen Ebene gemäß DIN 51130.

Anforderungen an Fußböden in öffentlichen Barfußbereichen sind in der GUV-I 8527 festgelegt.

Prüfung der rutschhemmenden Eigenschaften von Fußböden: Diese Prüfung kann im Labor (Baumusterprüfung) oder vor Ort erfolgen. Letzteres kann bei Regelprüfungen im Rahmen der Gefährdungsbeurteilung von Arbeitsplätzen oder für die Unfallanalyse nach einem Ausgleitunfall erforderlich sein.

Weltweit gibt es eine kaum überschaubare Anzahl an Einrichtungen und Geräten zur Messung der Reibung von Fußböden. Ein Teil dieser Messeinrichtungen ist in technischen Regeln genormt. In der europäischen Normung wird die Rutschhemmung als Anforderung an die Eigenschaften der jeweiligen Produktgruppe (z.B. elastische Bodenbeläge, Naturstein, Pflastersteine/Außenbereiche, Holzfußböden, Schutzschuhwerk) angesehen. Hierbei sind erheblich abweichende Prüfverfahren für das Produkt Fußbodenbelag genormt. Die gemäß diesen Prüfnormen ermittelten Prüfergebnisse sind in der Regel nicht übertragbar. Die Normung eines einheitlichen Messverfahrens zur Prüfung der Rutschfestigkeit von Fußböden wird angestrebt.

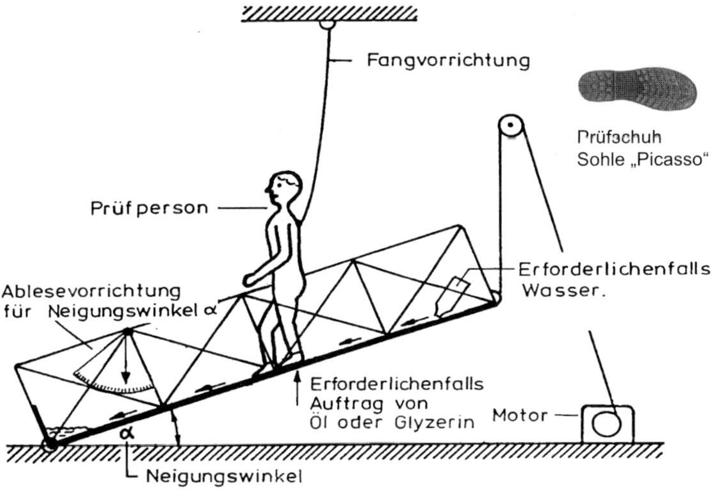

Abb. 4.2.13: Prüfeinrichtung Schiefe Ebene

Das **Begehungsverfahren der Schiefen Ebene** wird gemäß DIN 51 130 zur Baumusterprüfung von Bodenbelägen angewendet. Die Prüfung erfolgt mit einer neigbaren Ebene gemäß Abb. 4.2.13. Der zu prüfende Bodenbelag wird auf der Ebene befestigt und mit Gleitmittel Motorenöl bestrichen. Zwei Prüfpersonen begehen den Boden mit den genormten Prüfschuhen. Die Prüfpersonen gehen auf dem Prüfbelag in kleinen Schritten vor- und rückwärts, während sich die Ebene um 1° pro Sekunde neigt. Erreicht die Prüfperson die Grenze des sicheren Gehens, so wird der kritische Neigungswinkel durch mehrmaliges Auf- und Abfahren um den kritischen Bereich ermittelt. Die Messung ist dreimal pro Person durchzuführen.

Nach BGR 181 und DIN 51130 werden geprüfte Bodenbeläge in fünf Gruppen eingeteilt. In der BGR 181 werden für die unterschiedlichen Arbeitsbereiche entsprechend ihrer Rutschgefahr Mindestneigungswinkel bzw. Bewertungsgruppen gefordert (→Tab. 4.2.4). Zusätzlich ist bei größeren Mengen an gleitfördernden Zwischenmedien ein Mindestverdrängungsraum (Hohlraum unter der Gehebene; Bewertungsgruppen V 4 bis V10) gefordert.

Messungen der Rutschfestigkeit vor Ort werden mit transportablen Messgeräten durchgeführt.

Das **Schuster-Zugtribometer** ist das einfachste Gerät dieser Bauart (→Abb. 4.2.14). Die Messung erfolgt, indem ein mit auswechselbaren Gleitern (Leder, auch andere Materialien möglich) bestücktes Schleppgewicht von Hand an einer Federwaage über den zu prüfenden Fußboden gezogen wird. Der Ausschlag der Federwaage ist ein Maß für den Reibungskoeffizienten. Aufgrund der Bedienung von Hand und der Ablesung während der Messung ist die Messungenauigkeit zum Teil sehr groß. Des weiteren ist der Flächendruck wesentlich geringer als beim tatsächlichen Gang des Menschen.

Bewertungsgruppe der Rutschhemmung	**Akzeptanzwinkel**	**Beispiele von Arbeitsräumen und Arbeitsbereichen nach BGR 181 [Okt-2003]**
keine	weniger als 6°	Bereiche, in denen keine gleitfördernden Stoffe auf den Fußboden gelangen und daher keine Gefahr des Ausrutschens besteht
R 9*	von 6° bis 10°	Eingangsbereiche (innen), Kundenräume (Verkauf), Treppen, Speiseräume
R 10	mehr als 10° bis 19°	Sanitärräume, nassbelastete Lagerräume, Kaffeeküchen, Garagen
R 11	mehr als 19° bis 27°	Mechanische Bearbeitungsbereiche, Fahrzeug-Instandsetzungsräume, Gastronomieküchen
R 12	mehr als 27° bis 35°	Herstellung von Fetten/Ölen, Spülräume, Gastronomieküchen über 100 Gedecke je Tag
R 13	mehr als 35°	Wurstküchen, Gemüseverarbeitung, Feinkostherstellung

* In der Fassung der BGR 181 vom Oktober 1993 war der Anwendungsbereich der Gruppe R 9 für Akzeptanzwinkel von 3° bis 10° definiert.

Tab. 4.2.4: Anforderungen an Bodenbeläge nach BGR 181 (10/03)

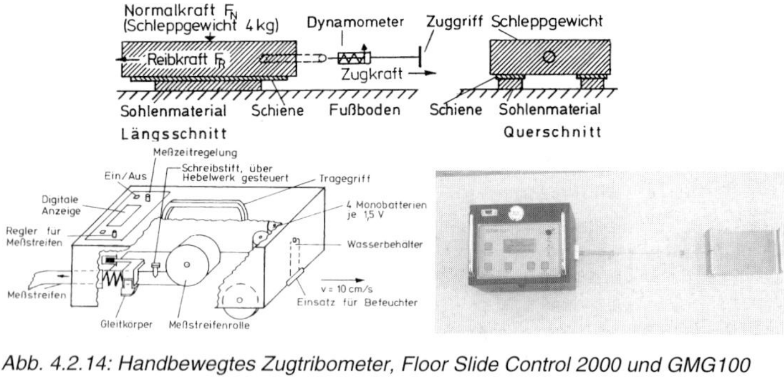

Abb. 4.2.14: Handbewegtes Zugtribometer, Floor Slide Control 2000 und GMG100

In dem **Normentwurf DIN 51131** sind die Parameter eines Messgerätes nach dem Prinzip des gezogenen Gleiters genormt. Ein mit Gleitern bestückter Körper wird motorisch angetrieben mit einer konstanten Geschwindigkeit von 0,22 m/s über eine Strecke des Fußbodens von > 50 cm gezogen. Die Flächenlast auf den Gleitern beträgt 9 N/cm². Es stehen 3 genormte Gleiter (Leder, Gummi, PVC) für Trocken- und Nassmessungen zur Verfügung. Die Reibungskraft wird während der Messung aufgezeichnet. Der Gleitreibungskoeffizient wird aus dem Quotienten der gemittelten Reibungskraft und der Last des Körpers berechnet. Entsprechend dieser Norm wird das Gleitmessgerät GMG100 (→Abb. 4.2.14) angeboten. Auch das Messgerät FSC2000 print entspricht in den wesentlichen Parametern diesem Normentwurf, jedoch arbeitet dieses Gerät mit nur einem Gleiter und mit herstellerspezifischen Gleitermaterialien.

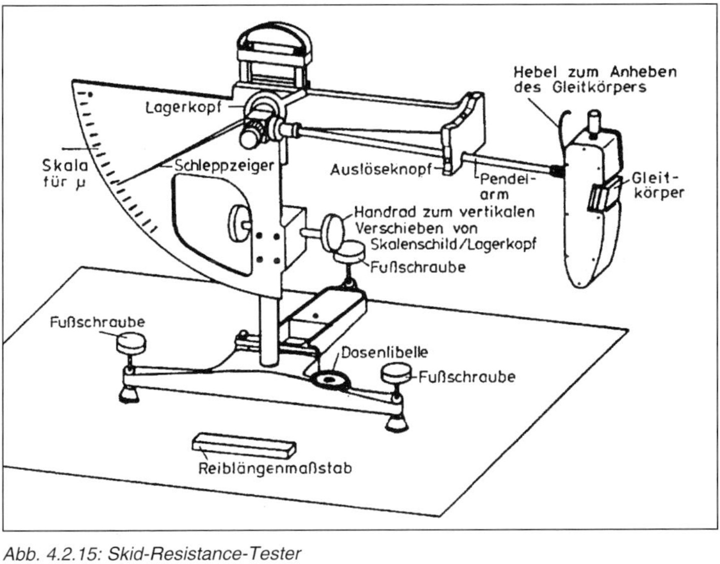

Abb. 4.2.15: Skid-Resistance-Tester

Mit dem **Skid Resistance Tester** (British-Portable-Tester, Pendeltester) wird der Reibungskoeffizient nach dem Energieverlustprinzip ermittelt. Ein Pendelarm ist in der Höhe h_1 arretiert. Beim Pendelschlag gleitet die Kante eines Gleitkörpers aus Gummi mit der Geschwindigkeit von etwa 2,8 m/s über eine festgelegte Reibstrecke. Der dabei auftretende Energieverlust bewirkt eine Steighöhe h_2. Die Skala des Skid Resistance Testers ergibt den SRT-Wert; dieser entspricht bei Berücksichtigung einer Korrekturfaktors dem 100-fachen des Reibungskoeffizienten μ. Die Messung erfolgt in der Regel auf benässtem Fußboden. Das Gerät hat eine gute Präzision. Die Einstellung der Reibstrecke ist jedoch nur auf horizontalem unprofiliertem Boden möglich, die Messstrecke ist sehr kurz und das Gerät ist schwer und sperrig (→SKIBA, SCHEIL u. WINDHÖVEL 1993). Dieses Gerät wird insbesondere im Straßenwesen und für die Prüfung von Fußböden im Außenbereich (DIN EN 1341 – 1343) eingesetzt (→Abb. 4.2.15).

Auswahl geeigneter Fußböden: Bei der Planung neuer Arbeitsstätten oder der Rekonstruktion sind Fußböden entsprechend den jeweiligen Anforderungen auszulegen. Neben Anforderungen z.B. an die Wärmedämmung oder chemische Beständigkeit müssen Fußböden auch rutschhemmend ausgeführt werden. Die Rutschhemmung von Fußbodenbelägen wird eingestuft nach

- Bewertungsgruppen R 9 – R 13 (→ Tab. 4.2.4)
  und bei Erfordernis
- Verdrängungsraum V 4 – V 10 (→Tab. 4.2.5)

Bezeichnung des Verdrängungsraumes	**Mindestvolumen des Verdrängungsraumes in cm^3 / dm^2**
V 4	4
V 6	6
V 8	8
V 10	10

Tab. 4.2.5: Zuordnung der Bezeichnung des Verdrängungsraumes zu den Mindestvolumina nach BGR 181 (10/03)

Der Verdrängungsraum ist der zur Gehebene hin offene Hohlraum unterhalb der Gehebene; die Ermittlung des Verdrängungsraumes erfolgt nach DIN 51 130. Bodenbeläge mit Verdrängungsraum haben den Vorteil, dass sich gleitfördernde Stoffe unterhalb der Gehebene in den Hohlräumen absetzen können.

Die Anforderungen hinsichtlich der Rutschhemmung von Fußbodenbelägen für Arbeitsräume und -bereiche mit Rutschgefahr sind enthalten im Anhang 1 BGR 181 (→Tab. 4.2.4).

Bei unterschiedlichen Anforderungen an die Rutschhemmung in Arbeitsräumen und -bereichen treten erfahrungsgemäß an den Übergangsstellen oft Ausgleitunfälle auf, weil beim Übergang die veränderten Reibungsbedingungen zwischen Schuh und Fußboden den Gehvorgang beeinflussen. Werden in benachbarten Arbeitsräumen z.B. Bodenbeläge unterschiedlicher Rutschhemmung eingesetzt, ist darauf zu achten, dass die Bodenbeläge jeweils zwei benachbarten Bewertungsgruppen zugeordnet sind, z.B. R 10 und R 11 oder R 11 und R 12.

Für die Auswahl anforderungsgerechter Fußbodenbeläge hinsichtlich der Rutschhemmung kann die BIA-Positivliste (BIA-Handbuch, 2003) herangezogen werden.

Laufsohlen des Schuhwerks

Anforderungen: Gemäß dem Anhang 2 der 8. GPSGV ist generell rutschhemmendes Schuhwerk gefordert. Die BGR 191 konkretisiert diese Forderung und verweist auf die Prüfung und Bewertung gemäß der DIN 4843 T100 (zurückgezogen). Eine Anpassung der BGR 191 an die europäische Prüfnorm DIN EN 13287 wird erarbeitet.

Prüfung: Für die Prüfung des Reibungskoeffizienten von Sicherheits-, Schutz- und Berufsschuhen wird neben der Schiefen Ebene (DIN 4843 T100) ein Schuhtester nach DIN EN 13287 eingesetzt (Abb. 4.2.16). Schuhe werden im Neuzustand oder in einem simulierten Gebrauchtzustand geprüft – angeschliffene Schuhsohle – geprüft.

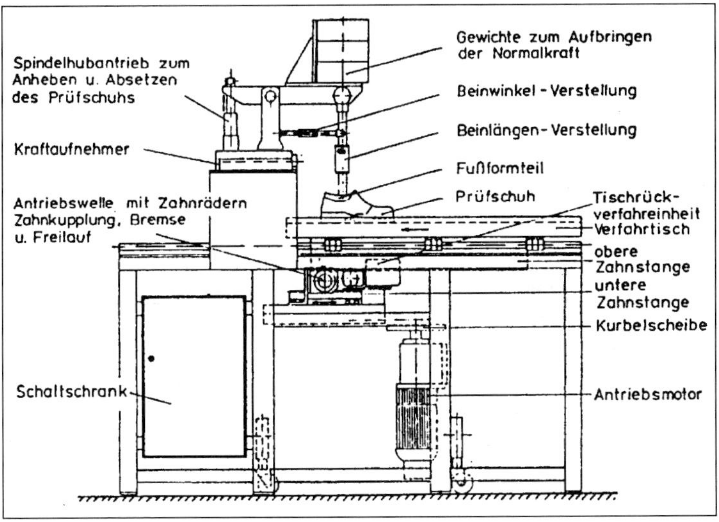

Abb. 4.2.16: Wuppertaler Boden- und Schuhtester BST (SKIBA, KUSCHEFSKI & CZIUK 1987)

Auswahl: Die Rutschfestigkeit von Schuhsohlen wird nach BGR 191 in die Bewertungsgruppen R 1 und R 2 eingeteilt. Die Bewertungsgruppe R 1 ist als Mindestforderung bei allen Schuhen zu Grunde zu legen. Für besondere Einsatzbereiche, z.B. Arbeitsbereiche mit erhöhter Rutschgefahr werden Schuhe empfohlen, die der Bewertungsgruppe R 2 entsprechen.

Diese Anforderungen gelten solange, bis in den Normen der Reihe DIN EN 20 344 bis 20 347 Anforderungen zur Bewertung der Rutschfestigkeit festgelegt sind.

Im Kapitel 10.8 sind vertiefende Hinweise zur Auswahl von Sicherheits-, Schutz- und Berufsschuhen aufgeführt.

Literatur

Richtlinie des Rates vom 30. 11. 1989 über Mindestvorschriften für Sicherheit und Gesundheitsschutz bei Benutzung persönlicher Schutzausrüstungen durch Arbeitnehmer bei der Arbeit (89/656/EWG)

Richtlinie des Europäischen Parlaments und des Rates vom 29. 6. 1995 zur Angleichung der Rechtsvorschriften der Mitgliederstaaten über Aufzüge (95/16/EG).

Richtlinie des Rates vom 5. 12. 1995 zur Änderung der Richtlinie 89/655/EWG über Mindestvorschriften für Sicherheit und Gesundheitsschutz bei Benutzung von Arbeitsmitteln durch Arbeitnehmer bei der Arbeit (95/63/EG)

Richtlinie des Europäischen Parlaments und des Rates vom 22. 6. 1998 zur Angleichung der Rechts- und Verwaltungsvorschriften der Mitgliedstaaten für Maschinen (98/37/EG)

Neunte VO zum Geräte- und Produktsicherheitsgesetz (MaschinenVO – 9. GPSGV) vom 12. 5. 1993, zuletzt geändert durch Artikel 16 der Verordnung vom 6. 1. 2004 (BGBl. I S. 2)

Achte VO zum Geräte- und Produktsicherheitsgesetz (VO über das Inverkehrbringen von persönlichen Schutzausrüstungen – 8. GPSGV) vom 10. 6. 1992, zuletzt geändert durch Artikel 15 des Gesetzes vom 6. 1. 2004 (BGBl. I S. 2)

VO über Arbeitsstätten (Arbeitsstätten VO – ArbStättV) vom 20. 3. 1975, außer Kraft gesetzt am 25. 8. 2004 (BGBl. I S. 2179)

VO über Arbeitsstätten (Arbeitsstätten VO – ArbStättV) vom 12. 8. 2004 (BGBl. I S. 2179)

VO über Sicherheit und Gesundheitsschutz bei der Bereitstellung von Arbeitsmitteln und deren Benutzung bei der Arbeit, über Sicherheit beim Betrieb überwachungsbedürftiger Anlagen und über die Organisation des betrieblichen Arbeitsschutzes (BetriebssicherheitsVO – BetrSichV) vom 27. 9. 2002, zuletzt geändert durch Artikel 22 des Gesetzes vom 6. 1. 2004 (BGBl. I S. 2)

VO über Sicherheit und Gesundheitsschutz bei der Benutzung persönlicher Schutzausrüstungen bei der Arbeit (PSA-BenutzungsVO – PSA – BV) vom 4. 12. 1996, BGBl. I S. 1841, 1996

BGV C 22 Bauarbeiten

BGV D 6 Krane

BGV D 27 Flurförderzeuge

BGV D 36 Leitern und Tritte

BGR 181 Fußböden in Arbeitsräumen und Arbeitsbereichen mit Rutschgefahr

BGR 191 Benutzung von Fuß- und Beinschutz

BGR 193 Benutzung von Kopfschutz

BGI 521 Leitern sicher benutzen

BGI 545 Gabelstaplerfahrer

BGI 665 Abbrucharbeiten

BGG 921 Auswahl, Unterweisung und Befähigungsnachweis von Kranführern

GUV-I 8527 Bodenbeläge für nassbelastete Barfußbereiche

DIN EN 294 Sicherheit von Maschinen; Sicherheitsabstände gegen das Erreichen von Gefahrstellen mit den oberen Gliedmaßen

DIN EN 349 Sicherheit von Maschinen; Mindestabstände zur Vermeidung des Quetschens vom Körperteilen

DIN EN 954 Sicherheit von Maschinen; Sicherheitsbezogene Teile von Steuerungen; Teil 1: Allgemeine Gestaltungsgrundsätze

DIN EN 999 Sicherheit von Maschinen; Anordnung von Schutzeinrichtungen im Hinblick auf Annährungsgeschwindigkeiten von Körperteilen

DIN EN 1341 Platten aus Naturstein für Außenbereiche – Anforderungen und Prüfverfahren

DIN EN ISO 12 100 T. 1 u. T. 2 Platten aus Naturstein für Außenbereiche – Anforderungen und Prüfverfahren; Grundbegriffe; allgemeine Leitsätze

DIN EN 12 453 Tore; Nutzungssicherheit kraftbetätigter Tore; Anforderungen

DIN EN 13 287 Persönliche Schutzausrüstung – Schuhe – Prüfverfahren zur Bestimmung der Rutschhemmung

DIN EN 13 893 Elastische, laminierte und textile Bodenbeläge – Messung des Gleitreibungskoeffizienten von trockenen Bodenbelagsoberflächen

DIN EN 61 496 T. 1 u. T. 3 Sicherheit von Maschinen; Berührungslos wirkende Schutzeinrichtungen

DIN 4843-100 Sicherheits- Schutz- und Berufsschuhe; Rutschhemmung, Mittelfußschutz, Schnittschutzeinlage und thermische Beanspruchung; Sicherheitstechnische Anforderungen, Prüfung (zurückgezogen)

DIN 18 201 Toleranzen im Bauwesen; Begriffe, Grundsätze, Anwendung, Prüfung.

DIN 18 202 Toleranzen im Hochbau; Bauwerke

DIN 25 419 Ereignisablaufanalyse; Verfahren, grafische Symbole und Auswertung

DIN 25 424 Fehlerbaumanalyse; Methode und Bildzeichen

DIN 51 097 Bestimmung der rutschhemmenden Eigenschaft – Nassbelastete Barfußbereiche

DIN 51 130 Prüfung von Bodenbelägen – Bestimmung der rutschhemmenden Eigenschaft – Arbeitsräume und Arbeitsbereiche mit Rutschgefahr, Begehungsverfahren – Schiefe Ebene

E DIN 51 131 Prüfung von Bodenbelägen – Bestimmung der rutschhemmenden Eigenschaft – Verfahren zur Messung des Gleitreibungskoeffizienten

VDI 2854 Sicherheitstechnische Anforderungen an automatisierte Fertigungssysteme

Mattke, U. Windhövel, G. Lehder: Vergleichende Untersuchungen der rutschhemmenden Eigenschaften von Industriefußböden auf Kunstharzbasis ohne Verwendungen von Einstreuungen; Bremerhaven: Wirtschaftsverlag NW; Schriftenreihe der Bundesanstalt für Arbeitsschutz und Arbeitsmedizin, Forschungsbericht Fb 965, 2002

BIA-Handbuch: Geprüfte Bodenbeläge – Positivliste – Sachgruppe 560 210 45. Lfg. VI/ 2004, Erich Schmidt Verlag, Berlin

BIA-Handbuch: Sicherheits-, Schutz- und Berufsschuhe – Positivliste – Sachgruppe 460 210 44. Lfg. XII/2003, Erich Schmidt Verlag, Berlin

Götte, T., Mewes, D.; Prüfung und Bewertung der Rutschhemmung von Bodenbelägen, Die BG Heft 8, 2003

Skiba, R.: Ausgleitunfälle in der Rechtsprechung und Konsequenzen für die Verkehrssicherung, Sicherheitsingenieur Heft 4, 1997; S. 20–28

Bönig, S.: Experimentelle Untersuchung zur Festlegung von normgerechten Reibzahl-Grenzwerten für gleitsicheres Gehen. Dissertation Bergische Universität – GH Wuppertal, 1996

SKIBA, R., et. al.: Vergleichsuntersuchung zur instationären Reibmessung auf Fußböden, Wirtschaftsverlag NW; Schriftenreihe der Bundesanstalt für Arbeitsschutz, Fb 701, 1993

Skiba,R. ; Kuschefski, A.; Cziuk, N. : Entwicklung eines normgerechten Prüfverfahrens zur Ermittlung der Gleitsicherheit von Schuhsohlen; Wirtschaftsverlag NW; Schriftenreihe der Bundesanstalt für Arbeitsschutz, Fb 526, 1986

4.3 Elektrische Gefährdungen

4.3.1 Grundlagen

Termini und Definitionen

Elektrische Betriebsmittel dienen als Ganzes oder in Teilen dem Anwenden elektrischer Energie; dies sind Gegenstände zum Erzeugen, Fortleiten, Verteilen, Speichern, Messen, Umsetzen und Verbrauchen elektrischer Energie, auch für Fernmeldetechnik.

Außenleiter L1, L2, L3 sind Leiter, die Stromquellen mit Verbrauchermitteln verbinden, aber nicht vom Mittel- oder Sternpunkt ausgehen (Leiterfarbe schwarz/braun).

Neutralleiter N ist ein mit dem Mittel- oder Sternpunkt verbundener Leiter, der elektrische Energie fortleitet (Leiterfarbe blau).

Schutzleiter PE (Protection-Earth) ist ein Leiter, der bei Schutzmaßnahmen unter Fehlerbedingungen zum Verbinden von Körpern, fremden leitfähigen Teilen, Erdern, Erdungsleitern und geerdeten aktiven Teilen dient (Leiterfarbe grün – gelb).

PEN-Leiter (Protection-Earth-Neutral) ist ein Leiter, der die Funktion von Neutral- und Schutzleiter in sich vereint (Leiterfarbe grün – gelb).

Aktive Teile sind normal unter Spannung stehende Leiter und leitfähige Teile. Hierzu gehören auch Neutralleiter, nicht PEN-Leiter.

Körper sind berührbare leitfähige Teile von Betriebsmitteln, die nicht aktive Teile sind, jedoch im Fehlerfall unter Spannung stehen können.

Verteilungssystem (früher Netze) werden nach Art (Gleich-, Wechselstrom), Anzahl der aktiven Leiter und der Art der Erdverbindung mit Kurzzeichen unterschieden:

1. Buchstabe:	Erdung der Stromquelle T (Terre = Erde) – Direkte Erdung der Stromquelle über Betriebserder

	I (Isole = Isolation) – Isolierung aller aktiven Teile gegenüber Erde
2. Buchstabe:	Erdung der Körper der elektrischen Anlage T – Körper direkt über Anlagenerder geerdet N – Körper direkt mit dem Betriebserder verbunden
Weitere Buchstaben:	Anordnung des N und PE im TN-Netz S (Separated) – PE und N als getrennte Leiter C (Combined) – PE und N kombiniert in einem Leiter (PEN).

Elektrofachkraft ist, wer auf Grund seiner fachlichen Ausbildung, Kenntnisse und Erfahrungen sowie Kenntnis der einschlägigen Vorschriften und technischen Regeln (Normen) die ihm übertragenen Arbeiten beurteilen und mögliche Gefahren erkennen kann. Die fachliche Qualifikation wird in der Regel durch den erfolgreichen Abschluss einer Ausbildung z.B. als Elektroingenieur, Elektromeister oder Elektrogeselle nachgewiesen. Als *elektrotechnisch unterwiesene Person* gilt, wer durch eine Elektrofachkraft über die übertragenen Aufgaben und die möglichen Gefahren bei unsachgemäßem Verhalten unterrichtet und erff. angelernt sowie über die notwendigen Schutzeinrichtungen und Schutzmaßnahmen belehrt wurde.

Rechtsgrundlagen

Rechtsgrundlagen und technische Regelwerke zum Schutz der Beschäftigten vor Gefährdungen durch elektrischen Strom lassen sich zweckmäßigerweise einteilen nach Anforderungen an elektrische Betriebsmittel und Anlagen beim

- Inverkehrbringen (Beschaffenheitsanforderungen) und
- Betrieb (Arbeiten mit, an und in der Nähe elektrischer Betriebsmittel und Anlagen).

Eine Übersicht der Rechtsgrundlagen und ausgewählter technischer Regeln zum Schutz vor elektrischem Strom (→Tab. 4.3.1).

Inverkehrbringen: Grundvorschrift ist die 1. Verordnung zum Gerätesicherheitsgesetz „VO über das Inverkehrbringen elektrischer Betriebsmittel zur Verwendung innerhalb bestimmter Spannungsgrenzen" – 1. GPSGV, die die Richtlinien der Europäischen Gemeinschaft 73/23/EWG und 93/68/EWG in nationales Recht umsetzt. Der Geltungsbereich dieser Verordnung erstreckt sich auf Nennspannungen zwischen 50 V und 1000 V Wechselstrom (AC) und zwischen 75 V und 1500 V Gleichstrom (DC), soweit es sich um Technische Arbeitsmittel und deren Teile handelt.

Die Beschaffenheitsanforderungen an elektrische Betriebsmittel in dieser Verordnung (Anhang I, 1. GPSGV) werden durch europäische Normen (EN) der Kommission der europäischen Normung auf dem Gebiet der Elektrotechnik – CENELEC ausgefüllt/untersetzt, die die Konformitätsvermutung auslösen. Solche Normen sind u.a. DIN EN 60 529 „Schutzarten durch Gehäuse elektrischer Betriebsmittel“ und DIN EN 61 140 „Schutz gegen elektrischen Schlag“. In Deutschland erhalten diese harmonisierten Normen auch eine zusätzliche Bezeichnung als VDE-Bestimmung (Verband der Deutschen Elektrotechniker); so entspricht DIN EN 60 529 der VDE 0470 T. 1 bzw. DIN EN 61 140 der VDE 0140 T. 1. Regelungen zum Inverkehrbringen elektrischer Betriebsmittel sind im Geltungsbereich der 1. GPSGV europäisch harmonisiert.

Regelungsgegenstand	**Rechtsgrundlagen**		**Technische Regeln**
	europäisch	**national**	
Produktsicherheit	1973/23/EWG 1993/68/EWG	1. GPSGV	DIN EN 60529 DIN EN 61140
Arbeitssicherheit	1989/655/EWG 1995/63/EG 1999/92/EG	Betr Sich V BGV A2 BGV D32	DIN EN 50110 DIN VDE 0701 T.1 BGI 548 BGI 594

Tab. 4.3.1: Rechtsgrundlagen und Regeln zum Schutz vor elektrischen Strom (Bezeichnung der Vorschriften und Regeln siehe Literatur)

Betrieb: Grundvorschriften sind die Betriebssicherheitsverordnung (BetrSichV) und die Unfallverhütungsvorschriften BGV A2 „Elektrische Anlagen und Betriebsmittel“, deren gemeinsames Anliegen das sichere Benutzen elektrischer Betriebsmittel und Anlagen sowie das sichere Arbeiten an und in der Nähe dieser Betriebsmittel ist. Untersetzt werden diese Vorschriften durch

- harmonisierte Normen, wie DIN EN 50 110 T. 1 und T. 2 „Betrieb elektrischer Anlagen“ (VDE 0105 T. 1 + 2), die national durch DIN VDE 0105-100 „Betrieb von elektrischen Anlagen“ ergänzt wird,
- nationale Spezifikationen, wie DIN VDE 0701 T. 1 „Instandsetzung, Änderung und Prüfung elektrischer Geräte; Teil 1: Allgemeine Anforderungen“,
- berufsgenossenschaftliche Regelwerke, wie BGI 548 „Sicherheitslehrbrief für Elektrofachkräfte“.

Künftig sind auch technische Regeln für das sichere Benutzen elektrischer Betriebsmittel und Anlagen zur BetrSichV zu erwarten.

4.3.2 Arbeitsbedingte Gefährdungen

Gesundheitsgefahren durch Elektrizität entstehen vor allem infolge Durchströmung des menschlichen Körpers

- beim Berühren betriebsmäßig unter Spannung stehender Teile (aktive Teile),
- beim Berühren betriebsmäßig nicht unter Spannung stehender Teile, z. B. Gehäuse elektrischer Betriebsmittel, die durch Isolationsfehler unter Spannung stehen,
- durch starke elektrische Felder,
- durch Blitzeinschläge,
- durch elektrische Lichtbögen (Störlichtbogen).

Unfälle durch elektrischen Strom entstehen also, wenn der menschliche Körper in einen Stromkreis einbezogen und durchströmt wird. Das ist dann der Fall, wenn der Stromkreis durch Berührung unter Spannung stehender Teile (im Normal- und im Fehlerfall) oder durch Überschlag eines Störlichtbogens bei Annäherung an unter Hochspannung stehender Teile geschlossen wird.

Eine Analyse der Elektro-Unfälle in Abhängigkeit von der Berührungsspannung und der Stromart zeigt folgende Verteilung (→Tab. 4.3.2).

Berührungsspannung		Stromart	
Niederspannung (230V, 400V)	Hochspannung (20 kV)	Wechselstrom (AC) (50 Hz; 16⅔ Hz)	Gleichstrom (DC)
92,2 % (44,5 % tödliche Unfälle)	7,8 % (55,5 % tödliche Unfälle)	94 % (97 % tödliche Unfälle)	6 % (3% tödliche Unfälle)

Tab. 4.3.2: Struktur meldepflichtiger Elektrounfälle (BGFE)

Im Folgenden wird die *Wirkung* des elektrischen Stromes auf Personen (Beschäftigte) näher betrachtet.

(1) Physikalische Wirkung = Wärmewirkung des elektrischen Stromes

In den ohmschen Widerständen der Impedanzen des menschlichen Körpers (Hautimpedanz, Körperinnenimpedanz, Gesamtkörperimpedanz) erzeugt der elektrische Strom Wärmewirkungen, die bis zu schweren inneren und äußeren Verbrennungen führen können. Diese Verbrennungen treten bei Stromstärken > 3 A auf. Bei einer Gesamtkörperimpedanz von 1 bis 3 kΩ muss die Berührungsspannung einige kV betragen (≥ 3 kV), so dass diese schweren Verbrennungen nur bei Unfällen im Hochspannungsbereich relevant sind. Durch die mit der inneren

Verbrennung entstehenden Giftstoffe ist ein tödlicher Ausgang des Unfalls auch noch nach Wochen möglich.

(2) Physiologische Wirkung = Reizwirkung des elektrischen Stromes

Hierbei werden folgende Schwellenphänomene unterschieden:

- Wahrnehmungsschwelle – Kleinstwert des Stromes, der von der durchströmten Person noch wahrgenommen werden kann,
- Reaktionsschwelle – Kleinstwert des Stromes, der unbeabsichtigte Muskelreaktionen bewirkt,
- Loslassschwelle – Größtwert des Stromes, bei dem eine Person, die Elektroden hält, diese noch loslassen kann,
- Flimmerschwelle – Kleinstwert des Stromes, der Herzkammerflimmern bewirkt.

Durchströmungen sind als gefährlich anzusehen, wenn der durch den Körper fließende Strom in Abhängigkeit von der Spannung und den Widerständen im Stromkreis eine bestimmte Größe annimmt und die Flimmerschwelle überschritten wird, bei der Herzunregelmäßigkeiten, Herzkammerflimmern in Verbindung mit Bewusstlosigkeit, Atemlähmung bzw. Herzstillstand eintreten können. Richtwerte hierfür sind:

- bei Wechselspannung über 50 V:
  Stromstärken > 50 mA (bei Durchströmzeit > 1 s)
  Stromstärken > 1000 mA (bei Durchströmzeit < 100 ms)
- bei Gleichspannungen über 120 V:
  Stromstärken > 150 mA (bei Durchströmzeit >1 s)
  Stromstärken > 1000 mA (bei Durchströmzeit < 100 ms).

Für die Reizwirkung des elektrischen Stromes ist neben der Stromstärke auch die Stromfließzeit von Bedeutung. Daher sind Zeit-Stromstärke-Bereiche festgelegt, in dem die Wahrnehmungs-, Loslass und Flimmerschwelle angegeben wird; letztere in drei verschiedenen Wahrscheinlichkeiten (→ Abb. 4.3.1).

Grenzwerte der ungefährlichen Wirkung des elektrischen Stromes für Personen zeigt Tab. 4.3.3.

4.3.3 Maßnahmen zum Schutz vor elektrischen Schlag

Elektrische Betriebsmittel und Anlagen sind so zu planen, zu errichten und zu betreiben, dass im Normalfall die elektrische Durchströmung bei Personen unter der Wahrnehmungschwelle liegt und bei Auftreten von Fehlern die elektrische Durchströmung auf Werte unterhalb der Flimmerschwelle begrenzt wird. Die hierfür erforderlichen Schutzmaßnahmen lassen sich entsprechend der jeweiligen Zielstellung in drei Schutzebenen einteilen (→DIN EN 61 140; DIN VDE 0100 – 410).

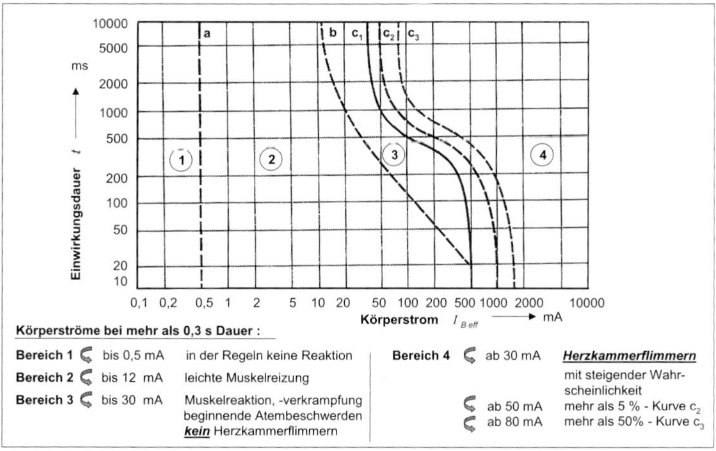

Abb. 4.3.1: Einwirkungsbereiche von Wechselstrom 50/60 Hz auf den Menschen (IEC-Report 479)

Bemessungsklasse	Wirkung auf Personen	Strom I bei 50 Hz AC	Spannung U
1 A	Grenze der Spürbarkeit (Wahrnehmungsschwelle)	0,5 mA	12 V
1 B	Beginn des Schmerzempfindens	3,5 mA	25 V
2	Loslassgrenze	10 mA	50 V

Tab. 4.3.3: Grenzwerte für die physiologische Wirkung des elektrischen Stromes (IEC 60 364-4-41)

Schutz unter normalen Bedingungen (Basisschutz)

In dieser Schutzebene soll das Berühren aktiver, unter Spannung stehender Teile verhindert werden, die betriebsmäßig unter Spannung stehen (→Abb. 4.3.2). Schutzmaßnahmen hierfür sind die Isolierung, Abdeckung, Umhüllung aktiver Teile bzw. das Einhalten von Abständen zu diesen Teilen.

Isolieren aktiver Teile: Alle unter Spannung stehenden Teile sind vollständig mit einer Isolierung zu umgeben, die nur durch Zerstörung entfernt werden kann.

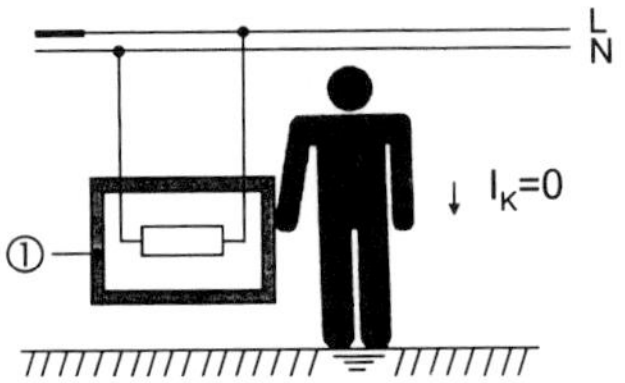

Abb. 4.3.2: Schutz unter normalen Bedingungen

Abdeckung oder Umhüllung aktiver Teile: Unter Spannung stehende Teile sind so abzudecken und zu umhüllen, dass ein Berühren aktiver Teile nicht möglich ist; sie dürfen sich nur mit Hilfe von Werkzeugen beseitigen lassen. Ist funktionstechnisch eine vollständige Umhüllung nicht möglich, muss durch das Gehäuse des elektrischen Betriebsmittels das Berühren aktiver Teile verhindert werden (Schutzarten des Gehäuses →DIN EN 60 529).

Die Schutzart elektrischer Betriebsmittel durch Gehäuse wird durch Schutzartenzeichen angegeben, die aus den Kennbuchstaben **IP** (International Protection) und zwei Kennziffern X (0 ... 6 für Berührungs- und Fremdkörperschutz), Y (0 ... 8 für Wasserschutz) bestehen (→Tab. 4.3.4). Besonders

Bestandteil	Ziffern oder Buchstaben	Bedeutung für den Schutz des Betriebsmittel	Bedeutung für den Schutz von Personen
Buchstabencode	IP (International Protection)		-
Erste Kennziffer X		**Gegen Eindringen von festen Fremdkörpern**	**Gegen Zugang zu gefährlichen Teilen (z.B. aktiven Teilen) mit**
	0	(nicht geschützt)	(nicht geschützt)
	1	≥ 50 mm Durchmesser	Handrücken
	2	≥ 12,5 mm Durchmesser	Finger
	3	≥ 2,5 mm Durchmesser	Werkzeug
	4	≥ 1,0 mm Durchmesser	Draht
	5	staubgeschützt	Draht
	6	staubdicht	Draht
Zweite Kennziffer Y		**Gegen Eindringen von Wasser mit schädlichen Wirkungen**	
	0	(nicht geschützt)	
	1	senkrecht fallendes Wasser	
	2	schräg fallendes Tropfwasser (15°)	
	3	Sprühwasser (≤60°)	
	4	Spritzwasser aus allen Richtungen	
	5	Strahlwasser (aus Düse) aus allen Richtungen	
	6	starkes Strahlwasser	
	7	zeitweiliges Tauchen in Wasser	
	8	dauerndes Untertauchen (evtl. mit Druckangabe oder max. Wassertiefe)	

Tab. 4.3.4: Schutzarten von elektrischen Betriebsmitteln durch Gehäuse (IP-Code) (DIN EN 60 529 bzw. VDE 0470 T. 1)

relevant für die Elektrosicherheit ist der Schutz von Personen gegen Berühren aktiver Teile – 1. Zahl „Berührungsschutz" und die Auswahl und Einsatz elektrischer Betriebsmittel für Arbeiten im Freien und bei Nässe – 2. Zahl „Wasserschutz". Elektrische Betriebsmittel, bei denen Schutz gegen Nässe besteht, sind durch Symbole besonders gekennzeichnet (→Tab. 4.3.5). In Tab. 4.3.5 sind darüber hinaus auch Symbole für Staubschutz sowie für den Einsatz elektrischer Betriebsmittel in explosionsgefährdeten Bereichen und im Bergbau unter Tage – Schlagwetterschutz – enthalten.

Schutzart	Zeichen	Zuordnung zu Raumarten
Abgedeckt IPX0	kein	Trockene Räume ohne besondere Staubentwicklung
Tropfwassergeschützt IPX1		Feuchte Räume; überdachter Ort im Freien
Regengeschützt IPX3		Orte im Freien
Spritzwassergeschützt IPX4		Orte im Freien, feuchte Räume
Strahlwassergeschützt IPX5		Nasse Räume, in denen abgespritzt wird
Wasserdicht IPX6		Nasse Räume, unter Wasser ohne Druck
Druckwasserdicht IPX8	 ... bar	Abspritzen bei hohem Druck; unter Wasser mit Druck
Staubgeschützt IP5Y	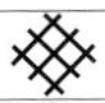	Räume mit nicht brennbaren Stäuben
Staubdicht IP6Y		Räume mit brennbaren Sträuben
Explosionsgeschützt	**Ex**	Räume mit explosionsgefährlicher Atmosphäre
Schlagwettergeschützt	**Sch**	im Bergbau unter Tage

Tab. 4.3.5: Bauteilkennzeichnung von Technischen Arbeitsmitteln (DIN VDE 0170/0171)

Bei Bedarf ist eine Erweiterung des IPXY durch zusätzliche und ergänzende Buchstaben möglich (→Tab. 4.3.6). Zusätzliche Buchstaben sollten nur dann verwendet werden, wenn

- der tatsächliche Schutz gegen den Zugang zu aktiven Teilen höher ist als er durch die 1. Kennziffer (X) angegebene,
  oder
- wenn nur der Schutz gegen Zugang zu aktiven Teilen angegeben wird und der Schutzgrad gegen feste Fremdkörper nicht beachtet wird.

Ergänzende Buchstaben sind für weitere Informationen zum Wasserschutz möglich.

Hindernisse: Durch Hindernisse, wie Schutzleisten, Geländer oder Gitterwände wird nur das unbeabsichtigte Berühren aktiver Teile verhindert (nur teilweiser Schutz). Diese Hindernisse müssen so befestigt sein, dass ein unbeabsichtigtes Entfernen nicht möglich ist.

	Zusätzlicher Buchstabe	Spezifikation der Schutzgrade PERSONENSCHUTZ	
		Schutzart	**Erläuterung**
Erste Kennziffer	**A**	Geschützt gegen den Zugang mit dem Handrücken	Die Zugangssonde, Kugel 50 mm Durchmesser, 100 mm Länge, muss ausreichenden Abstand von gefährlichen Teilen haben
	B	Geschützt gegen den Zugang mit dem Finger	Der gegliederte Prüffinger, 12 mm Durchmesser, 80 mm Länge, muss ausreichenden Abstand von gefährlichen Teilen haben
	C	Geschützt gegen den Zugang mit Werkzeug	Die Zugangssonde, 2,5 mm Durchmesser, 100 mm Länge, muss ausreichenden Abstand von gefährlichen Teilen haben
	D	Geschützt gegen den Zugang mit Draht	Die Zugangssonde, 1,0 mm Durchmesser, 100 mm Länge, muss ausreichenden Abstand von gefährlichen Teilen haben
	Ergänzender Buchstabe	**Spezifikation der Schutzgrade WASSERSCHUTZ**	
		Schutzart	**Erläuterung**
Zweite Kennziffer	**H**	Hochspannungsgerät	Betriebsmittel ist für Hochspannung geeignet
	M	Wasserprüfung während des Betriebes	Geprüft wird das Gehäuse für den Schutz gegen schädliche Wirkungen durch das Eindringen von Wasser, während alle Teile des Betriebsmittels in Bewegung sind
	S	Wasserprüfung bei Stillstand	Geprüft wird das Gehäuse für den Schutz gegen schädliche Wirkungen durch das Eindringen von Wasser, während alle Teile des Betriebsmittels im Stillstand sind
	W	Einsatz unter Wetterbedingungen zulässig	Betriebsmittel ist geeignet zur Verwendung unter festgelegten Wetterbedingungen

Tab. 4.3.6: Erweiterter IP-Code für Gehäuse elektrischer Betriebsmittel (DIN EN 60 529 bzw. VDE 0470 T. 1)

Abstand: Auch die Schutzmaßnahme bietet nur einen teilweisen Schutz gegen direktes Berühren. Im Handbereich dürfen sich keine gleichzeitig berührbaren Teile unterschiedlichen Potentials befinden. Teile gelten als gleichzeitig berührbar, wenn sie $<$ 2,50 m voneinander entfernt sind.

Schutz bei Fehlerbedingungen (Fehlerschutz)

In dieser Schutzebene wird der Schutz im Fehlerfall gewährleistet, wenn z.B. durch einen Isolationsdurchbruch eine gefährliche Spannung auf berührbaren leitfähigen Teilen eines elektrischen Betriebsmittels anliegt. Durch diese Schutzebene soll das Zustandekommen eines Körperschlusses oder zumindest eine gefährliche elektrische Durchströmung von Personen bei Auftreten eines Körperschlusses verhindert werden (→Abb. 4.3.3).

Schutzmaßnahmen hierfür sind die Schutzisolierung und die Verwendung von Schutzleitern in Verbindung mit der automatischen Abschaltung der Stromversorgung.

Schutzisolierung: Die Schutzisolierung ist eine „betriebsmittelbezogene" Schutzmaßnahme. Diese elektrischen Betriebsmittel besitzen nicht nur eine Basisisolierung, sondern eine doppelte oder verstärkte Isolierung. Dadurch wird das Auftreten gefährlicher Spannungen an den berührbaren Teilen infolge eines Fehlers der Basisisolierung verhindert. Die Stecker dieser Betriebmittel besitzen keinen Schutzkontakt. Elektrische Betriebsmittel mit Schutzisolierung sind nach DIN EN 61140 Betriebsmittel der *Schutzklasse II.*

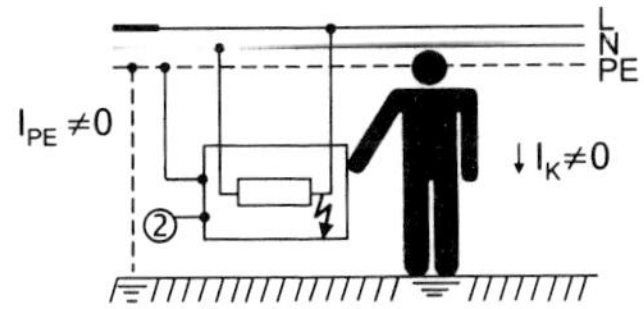

L – Leiter
N – Neutralleiter
PE – Schutzleiter (Protection Earth)
I_K – Körperstrom
I_{PE} – Schutzleiterstrom
② leitfähiger Körper (Gehäuse)

Abb. 4.3.3: Schutz unter Fehlerbedingungen (Fehlerschutz)

Schutzklassen bezeichnen die Art, wie der Schutz des elektrischen Betriebsmittels gegen gefährliche Körperströme ausgeführt ist. Kennzeichnung der Schutzklasse (→Tab. 4.3.7).

Schutz-klasse	Kennzeichen	Verwendung bei Schutzmaßnahmen
I		Mit Schutzleiter (Betriebsmittel ist mit Schutzleitersystem der Anlage verbunden, z.B. Elektromotor)
II	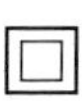	Schutzisolierung (Betriebsmittel mit Basisisolierung und zusätzlicher, verstärkter Isolierung, z.B. Leuchten)
III		Schutzkleinspannung (Anschluss nur an SELV- und PELV-Stromkreise, z.B. Fassleuchten)

Tab. 4.3.7: Kennzeichnung der Schutzklassen elektrischer Betriebsmittel (DIN EN 61 140)

Schutz durch Abschalten der Stromversorgung: Da aus technischen und ökonomischen Gründen nicht alle elektrischen Betriebsmittel schutzisoliert ausgeführt werden können, wird in den elektrischen Betriebsmitteln die „raumbezogene“ Schutzmaßnahme mit Schutzleiter (PE) realisiert.

Elektrische Betriebsmittel mit Schutzleiter sind nach DIN EN 61 140 Betriebsmittel der *Schutzklasse I* (→ Tab. 4.3.7).

Nach der Art der **Erdverbindung** und der Schutzeinrichtungen zum Abschalten werden verschiedenen Verteilungssysteme unterschieden:

TN-Systeme: Alle Körper elektrischer Betriebsmittel sind mit dem Betriebserder R_B (geerdeter Punkt) durch Schutzleiter PE verbunden (→Abb. 4.3.4). Übernimmt der Neutralleiter N die Schutzfunktion, wird er zum PEN-Leiter und dann wird vom TN-C-System gesprochen.

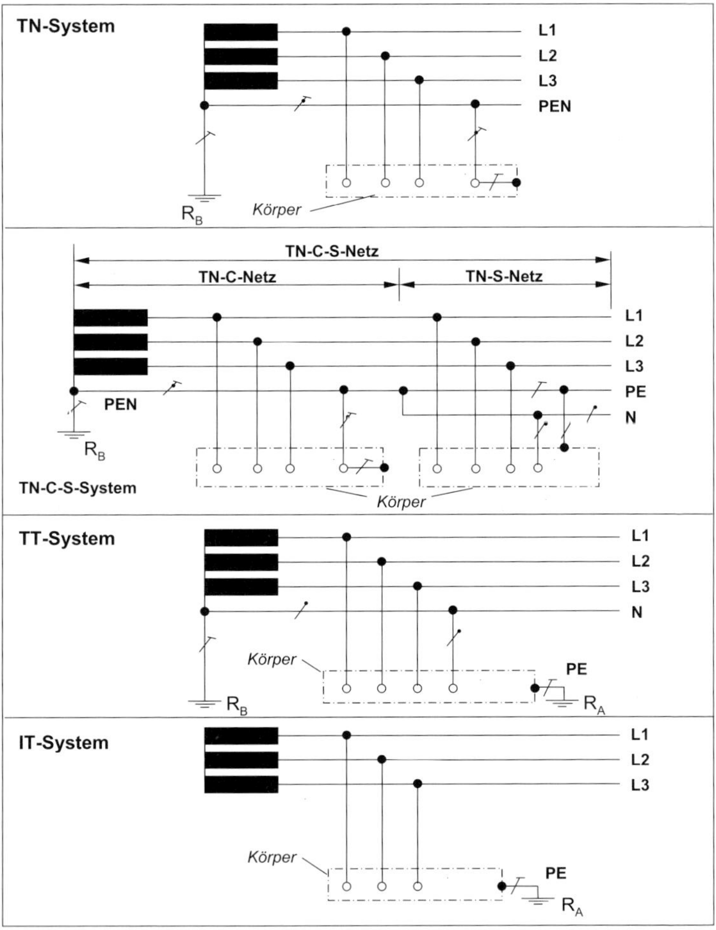

Abb. 4.3.4: Netzformen zum Schutz vor elektrischen Strom durch Abschalten der Stromversorgung (DIN VDE 0100-410)

Sind Schutzleiter PE und Neutralleiter N getrennt ausgeführt, wird das Verteilersystem (die Anlage) als TN-S-System bezeichnet. In der Praxis ist eine Kombination in Form des TN-C-S-Systems am häufigsten (→Abb. 4.3.4). Da bei Bruch des PEN-Leiters und unsymmetrischer Belastung gefährliche Spannungen an den Körpern der Betriebsmittel anliegen können, ist für Neuanlagen das TN-C-System bei Leiternennquerschnitten kleiner 10 mm^2 Cu bzw. 16 mm^2 Al nicht mehr zulässig.

TT-Syteme: Alle Körper elektrischer Betriebsmittel sind durch einen Schutzleiter PE an einen Erder R_A (Anlagenerder) angeschlossen, der vom Betriebserder R_B getrennt ist (→Abb. 4.3.4).

IT-Systeme: Alle Körper sind gemeinsam geerdet (→Abb. 4.3.4). Nach dem 1. Fehler erfolgt in der Regel keine Abschaltung, sondern nur eine Fehlermeldung (optisch und/oder akustische); erst nach dem 2. Fehler erfolgt die Abschaltung.

Einsatzgebiete dieser Verteilungssysteme sind Intensiv-Behandlungsstationen sowie im Bergbau.

Die zulässige Berührungsspannung nach dem 1. Fehler darf maximal 50 V betragen.

Schutzeinrichtungen zum Abschalten sind bei den verschiedenen Verteilungssystemen einsetzbar, um Schutz gegenüber Körperschluss zu erreichen (→Tab. 4.3.8).

	Überstromschutz-einrichtung	Fehlerstromschutz-einrichtung (RCD)	Isolationsüber-wachungseinrichtung
TN-System	X	X	
TT-System	X	X	
IT-System	X	X	X

Tab. 4.3.8: Einsetzbare Schutzeinrichtungen bei Fehlerbedingungen

Überstromschutzeinrichtungen sind

- Sicherungen, z.B. Schmelzsicherungen,
- Leitungsschutzschalter (schützt Leitung vor unzulässigem Strom),
- Leistungsschalter mit elektromagnetischem Auslöser (schützt Anlage vor zu hoher Leistung).

Überstromschutzeinrichtungen schützen gegen Überlast **und** Kurzschluss.

Fehlerstromschutzeinrichtungen (RCD – residual current protective derice) sind Schutzeinrichtungen, die nur bei einem Körperschluss wirksam werden, indem sie mit einem so genannten Summenstromwandler alle Ströme erfassen, die einen Weg außerhalb der aktiven Leiter suchen (→ Abb. 4.3.5). Bei fehlerfreiem Betrieb ist die Summe der durch den Wandler fließenden Ströme = 0 und folglich fließt über den Fehlerstromauslöser kein Strom. Bei Körperschluss ist die Stromsumme durch den Wandler ≠ 0, so dass in der Sekundärwicklung des Summenstromwandlers eine Spannung induziert wird, die einen Strom durch den Fehlerstromauslöser treibt. Es erfolgt Abschaltung, wenn der Fehlerstrom I_F gleich oder größer ist als der sog. Bemessungsdifferenzstrom $I_{\Delta N}$ der RCD. Genormte Werte für $I_{\Delta N}$ sind 10; 30; 100; 300; 500 und 1000 mA. Am häufigsten eingesetzt und nach den Vorschriften für viele Anwendungsfälle (z.B. in Bade- und Duschräumen, Anlagen auf Baustellen und im Freien) gefordert werden RCDs mit $I_{\Delta N} \leq 30$ mA. Diese hochempfindlichen Fehlerstom-Schutzeinrichtungen gewährleisten neben dem Fehlerschutz auch den Schutz von Personen bei anderen Fehlerfällen, z.B. Körperschluss bei gleichzeitiger Schutzleiterunterbrechung. Durch den Einsatz von RCDs wird der Berührungsschutz auf ein wesentlich höheres Niveau gehoben.

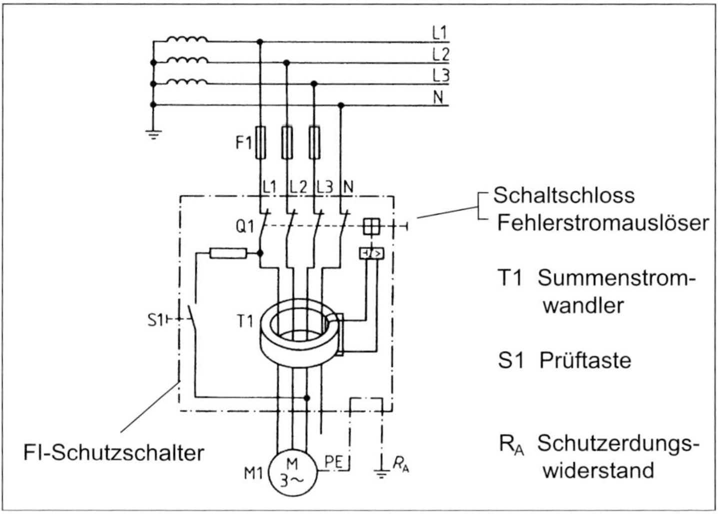

Abb. 4.3.5: Funktionsprinzip der Fehlerstromauslösung

Im **TN-System** muss die Schleifenimpendanz Zs – das ist die Impendanz von der Stromquelle über den aktiven Leiter bis zum Fehlerort und zurück über den Schutzleiter bis zur Stromquelle – folgenden Bedingungen genügen:

$$Z_s \leq \frac{U_o}{I_a}$$

U_o Nennspannung gegen Erde

I_a Strom, der das automatische Abschalten der Schutzeinrichtung innerhalb folgender Zeit t_a bewirkt: (230 V $\rightarrow$0,4 s; 400 V $\rightarrow$0,2 s; > 400 V $\rightarrow$0,1 s).

Für bestimmte Sonderfälle ist t_a = 5 s zugelassen.

Wenn die Schutzeinrichtung eine RCD ist, entspricht I_a dem Bemessungs-Differenzstrom $I_{\Delta N}$.

Im **TT-System** lautet die Abschaltbedingung:

$$R_A \leq \frac{50V}{I_a}$$

R_A Summe der Widerstände des Erders und des Schutzleiters

I_a Strom, der das automatische Abschalten der Überstromschutzeinrichtung in einer Zeit von maximal 5 s bewirkt, bzw. bei Einsatz einer RCD wiederum der Bemessungs-Differenzstrom $I_{\Delta N}$.

Bei allen Maßnahmen, die den Schutz durch automatisches Abschalten bewirken, ist ein sog. Hauptpotentialausgleich in jedem Gebäude zu errichten. Dabei werden über eine Potentialausgleichschiene der Schutzleiter mit folgenden fremden leitfähigen Teilen verbunden:

- metallene Rohrleitungen, z.B. Wasserleitungen,
- metallene Gebäudekonstruktionen,
- Heizungs- und Klimaanlagen.

Damit wird erreicht, dass bei Körperschluss, in der Zeit bis die Abschaltung erfolgt, keine gefährliche Berührungsspannung zwischen den Körpern der elektrischen Betriebsmittel und den fremden leitfähigen Teilen abgegriffen werden können.

Schutz unter normalen und bei Fehlerbedingungen
– Schutzkleinspannung –

In dieser Schutzebene wird der Schutz vor Berühren aktiver Teile und vor Körperschluss durch *Schutzkleinspannung* (SELF-Safety Extra Low Voltage) gewährleistet (Abb. $\rightarrow$4.3.6). Die Spannung im Kleinspannungs-Verteilsystem darf 50 V Wechselstrom (AC) oder 120 V Gleichstrom (DC) nicht überschreiten. Als sichere Trennung zwischen einspeisendem System und Kleinspannungssystem dienen Sicherheitstransformatoren. Als Stromquellen für Kleinspannung können auch Motorgeneratoren mit entsprechend getrennten Wicklungen oder Batterien/Akkus benutzt werden.

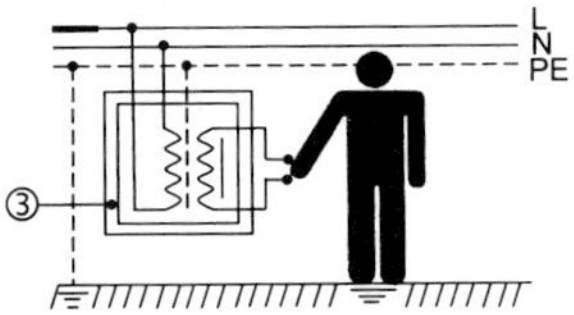

L – Leiter
N – Neutralleiter
PE – Schutzleiter
③ Sicherheitstransformator (Trennung einspeisendes + Kleinspannungs-Verteiler-system)

Abb. 4.3.6: Schutz unter normalen und Fehlerbedingungen (Schutzkleinspannung)

Ortsveränderliche Transformatoren müssen schutzisoliert sein. Die Entladungsenergie darf 350 mJ nicht überscheiten.

Schutzkleinspannung wird u.a. angewandt, wenn im Hinblick auf die Umgebungsbedingungen oder die Art der Tätigkeit eine besonders hohe Gefährdung auftreten kann, z.B. bei Arbeiten in Kesseln.

Funktionskleinspannung (PELV-Protektion Extra Low Voltage):

Diese Schutzmaßnahme ist z.B. anzuwenden, wenn Stromkreis oder Körper aus Funktionsgründen geerdet sind oder Relais, Fernschalter oder Schütze benutzt werden, deren Isolierung nicht derjenigen genügt, die für Schutzkleinspannungen gefordert wird. Zu unterscheiden sind:

- Funktionskleinspannung mit sicherer Trennung: Die sichere Trennung erfolgt wie bei Schutzkleinspannung. Alle aktiven Teile sind so zu isolieren oder abzudecken. Ein weiterer Schutz gegen indirektes Berühren ist nicht erforderlich.
- Funktionskleinspannung ohne sichere Trennung: Wenn keine sichere Trennung gewährleistet werden kann, sind alle aktiven Teile zu isolieren oder abzudecken und zusätzliche Maßnahmen zum Schutz bei indirektem Berühren erforderlich.

Um Funktionskleinspannung handelt es sich nicht, wenn Kleinspannung aus einer höheren Spannung erzeugt wird, z.B. über Potentiometer oder Halbleiterbauelemente. Der Sekundärstromkreis gilt dann als Teil des Primärstromkreises.

Elektrische Betriebsmittel mit Schutz- und Funktionskleinspannung sind nach DIN EN 61140 Betriebsmittel der *Schutzklasse III* (→Tab. 4.3.7).

Erste Hilfe bei Unfällen durch elektrischen Strom

Der Verunfallte kann, falls Stromfluss Hand-Fuß vorliegt, durch Hochspringen den Stromfluss unterbrechen. Dies geht in der Regel besser, als die verkrampfte Hand vom Leiter abzuziehen.

Umstehende müssen sofort die Stromzufuhr abschalten. Ist dies nicht möglich, hilft in vielen Fällen, Kurzschluss zu verursachen. Wenn auch dies nicht möglich ist, kann versucht werden, bei Spannungen ≤ 1 kV die unter Strom stehende Person mit Hilfe von isolierender Unterlage oder mittels isolierter Stangen (z.B. trockene Holzstangen) abzuziehen. Niemals darf jedoch versucht werden, eine unter Strom stehende Person direkt abzuziehen, weil sich der Stromdurchfluss bei der verunglückten Person verstärken und der Retter ebenfalls in die Strombahn geraten würde.

Danach ist der Zustand des Verunfallten zu prüfen durch ansprechen, anfassen und rütteln. Ist der Verunfallte nicht ansprechbar, ist eine Atemkontrolle durchzuführen. Ist die Atmung vorhanden, den Verunfallten in die stabile Seitenlage bringen. Ist keine Atmung vorhanden, ist eine Pulskontrolle notwendig; ist der Puls vorhanden, Atemspende vornehmen. Ist kein Puls zu spüren, sind Herz-Lungen-Wiederbelebungsversuche erforderlich.

Zu beachten ist, dass in von Personen besetzten Anlagen mit > 1 kV Nennspannung mindestens eine Löschdecke leicht erreichbar aufbewahrt werden muss, die zum Löschen brennender Kleidung bestimmt ist.

4.3.4 Arbeiten an elektrischen Betriebmitteln und Anlagen

Für den Betrieb von elektrischen Betriebmitteln und Anlagen und damit auch für das Arbeiten an diesen sowie für Arbeiten in deren Nähe gelten die Normen DIN EN 50110 T. 1 und T. 2 sowie die Unfallverhütungsvorschrift BGV A 2.

Der Teil 1 der DIN EN 50110 enthält allgemeingültige Festlegungen für alle Mitgliedsstaaten der EU. Der Teil 2 dieser Norm beinhaltet auch ergänzende nationale Festlegungen. Bei der Umsetzung der europäischen Norm in die deutsche Fassung sind diese Ergänzungen als DIN VDE 0105-100 (10.97) veröffentlicht worden. Im Textbild der DIN VDE sind die Texte der europäischen Norm in Normalschrift gehalten, die zusätzlichen nationalen Festlegungen sind kursiv gedruckt.

Folgende Arbeitsmethoden werden bei Arbeiten an und in der Nähe von elektrischen Betriebsmitteln und Anlagen unterschieden:

Arbeiten im spannungsfreien Zustand

Für Arbeiten im spannungsfreien Zustand sind die 5 Sicherheitsregeln einzuhalten, die das Herstellen und Sicherstellen der Spannungsfreiheit vor Beginn der Arbeiten zum Inhalt haben.

1. *Freischalten der Anlagenteile*, an denen gearbeitet werden soll, d.h. allseitiges Trennen der Arbeitsstelle.
2. *Gegen Wiedereinschalten sichern*, d.h. handbetätigte Schalter müssen mechanisch verriegelt werden, Sicherungseinsätze müssen herausgenommen und sicher verwahrt werden, an Schaltgriffen, Steuerorganen, ...

muss für die Arbeitsdauer ein Schaltverbotsschild (→Abb. 4.3.7) angebracht werden.

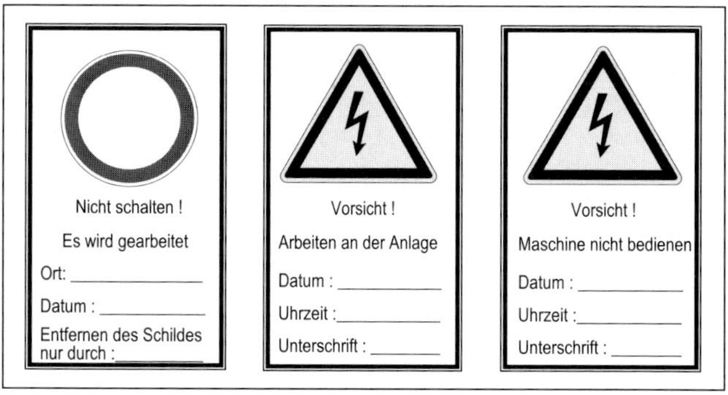

Abb. 4.3.7: Sicherheitskennzeichnung der Arbeitsstelle

3. *Spannungsfreiheit an der Arbeitsstelle* (an allen Leitern) *feststellen*
   Spannungsprüfer, Messgeräte, Signallampen sind vor dem Benutzen auf einwandfreie Funktion zu prüfen.
   Bei Kabeln und isolierten Leitungen darf von der Prüfung auf Spannungsfreiheit an der Arbeitsstelle abgesehen werden, nachdem an den Ausschaltstellen die Spannungsfreiheit festgestellt worden ist.
4. *Erden und Kurzschließen* der Anlagenteile an der Arbeitsstelle (erst erden, dann kurzschließen)
   Vorrichtungen zum Erden und Kurzschließen müssen zuerst mit der Erdungsanlage oder mit einem Erder und danach mit den zu erdenden Leitern verbunden werden.
5. *Benachbarte unter Spannung stehende Teile abdecken oder abschranken*
   „Benachbart" sind Teile, wenn sie sich in der Annäherungszone nach Abb. 4.3.8 befinden.

Erst nach Ausführung dieser 5 Arbeitsgänge darf die Freigabe zur Arbeit erfolgen (schriftlich oder mündlich durch den Anlagenverantwortlichen).

Arbeiten unter Spannung

Bei Arbeiten an unter Spannung stehenden Teilen besteht die Gefahr, dass Beschäftigte durch elektrischen Schlag (bei Berührung aktiver Leiter mit Körperteilen, Werkzeugen oder Gegenständen) oder durch Störlichtbögen geschädigt werden können. Zur Terminologie für Werkzeuge, Ausrüstungen und Gegenstände zum Arbeiten unter Spannung →DIN EN 60 743.

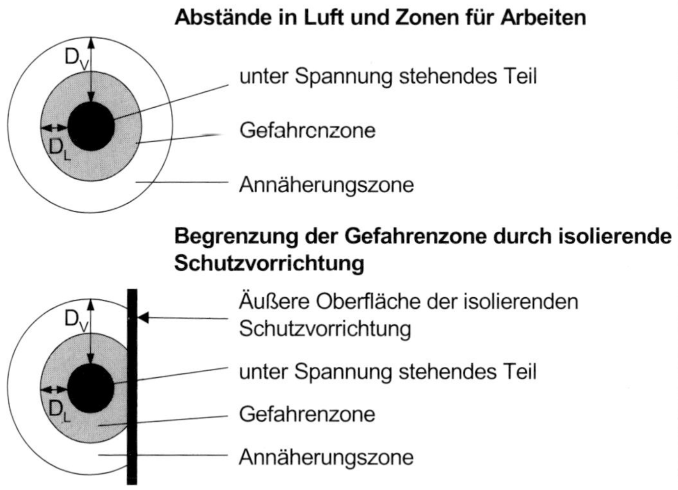

D_V *Abstand, der die äußere Grenze der Gefahrenzone festlegt*

D_L *Abstand, der die äußere Grenze der Annäherungszone festlegt*

Abb. 4.3.8: Grenzen für die Arbeit unter Spannung und für Arbeiten in der Nähe unter Spannung stehender Teile

Alle Arbeiten innerhalb der gesamten Gefahrenzone (D_L) sind nach den Grundsätzen für Arbeiten unter Spannung auszuführen (→Abb. 4.3.8 und Tab. 4.3.9). Diese Arbeiten dürfen nur von Elektrofachkräften oder elektrotechnisch unterwiesenen Personen mit Spezialausbildung ausgeführt werden. Diese Spezialausbildung umfasst

- ein Ausbildungsprogramm mit theoretischen und praktischen Übungen,
- einen Befähigungsnachweis nach Abschluss der Ausbildung (meist befristet auf 4 Jahre),
- Aktivitäten zur Erhaltung der fachlichen Fähigkeiten zum Arbeiten unter Spannung (ggf. Wiederholung der Ausbildung in kürzeren Abständen).

Ferner sind für das sichere Arbeiten unter Spannung weitere Maßnahmen erforderlich:

- Erarbeitung von Arbeitsanweisungen für die einzelnen Arbeitsaufgaben,
- Verwendung isolierter Arbeits- (Werkzeuge) und Hilfsmittel (→DIN EN 60 900, DIN EN 61 243-5),
- Verwendung von persönlicher Schutzausrüstung für Arbeiten unter Spannung (→DIN EN 166, DIN EN 50 321, DIN EN 50 365, DIN EN 60 903).

Netz-Nennspannung U_n (Effektivwert) kV	**Äußere Grenze der Gefahrenzone** **Innenraumanlage** D_L[1] (Abstand in Luft) mm	 **Freiluftanlage**	**Bemessungs-Steh-Blitz-/Schalt-Stoßspannung** U_{imp} (Scheitelwert) kV
< 1	Keine Berührung		4
3	60	120	40
6	90	120	60
10	120	150	75
15	160		95
20	220		125
30	320		170
36	380		200
45	480		250
66	630		325
70	750		380
110	1100		550
132	1300		650
150	1500		750
220	2100		1050
275	2400		850
380	2900 / 3400		950 / 1050
480	4100		1175
700	6400		1550

[1] *Werte D_L sind für die höchste Bemessungs-Stehstoßspannung (Blitz- oder Schaltstoßspannung) angegeben*

Tab. 4.3.9: Abstände der Gefahrenzone in Abhängigkeit von der Netz-Nennspannung

Die Arbeiten an unter Spannung stehenden elektrischen Betriebsmitteln und Anlagen werden nach DIN EN 50 110 in drei Kategorien eingeteilt:

(1) Arbeiten, die generell unter Spannung durchgeführt werden, z.B.

- Arbeiten bei Nennspannungen ≤ 50 V Wechselstrom und ≤ 120 V Gleichstrom,
- Arbeiten an eigensicheren Stromkreisen,
- Arbeiten, bei denen ein Kurzschlussstrom ≤ 3 mA Wechselstrom, ≤ 12 mA Gleichstrom oder Energie von ≤ 350 mJ auftreten kann.

(2) Arbeiten, die aus technischen Gründen unter Spannung durchgeführt werden müssen, z. B.

- Arbeiten bei Nennspannungen bis 1000 V zur Fehlersuche, Fehlereingrenzung, Funktionsprüfung, Inbetriebnahme und Erprobung,
- Arbeiten in Prüfanlagen, wenn es die Arbeitsbedingungen erfordern,
- Arbeiten an Akkumulatoren oder Photovoltaikanlagen. Bei Nennspannungen über 1 kV muss eine Elektrofachkraft oder elektrotechnisch unterwiesene Person als zweite Person anwesend sein.

(3) Sonstige Arbeiten, die unter Einhaltung bestimmter Voraussetzungen unter Spannung durchgeführt werden dürfen.

Für diese Arbeiten müssen folgende Bedingungen erfüllt sein:

- Anweisungen durch eine verantwortliche Elektrofachkraft,
- Sicherstellung, dass die Anforderungen nach 6.3.1 bis 6.3.12 der DIN VDE 0105-100 eingehalten werden, z. B. Arbeiten auf Abstand, Arbeiten mit Isolierhandschuhen oder Arbeiten auf Potential als anerkannte Arbeitsverfahren hinsichtlich des Standortes des Arbeitenden in Bezug auf unter Spannung stehende Teile.

Arbeiten in der Nähe unter Spannung stehender Teile

Bei Arbeiten in der Nähe unter Spannung stehender Teile (Bereich D_V nach Abb. 4.3.8) besteht die Gefahr, dass Beschäftigte mit Körperteilen, Werkzeugen oder Gegenständen aktive Teile elektrischer Betriebsmittel und Anlagen erreichen können, ohne die Gefahrenzone (D_L nach Abb. 4.3.8) zu betreten (Arbeiten innerhalb D_L sind Arbeiten unter Spannung). Die Grenze der Gefahrenzone ist der Mindestabstand in der Luft.

Die Sicherheit bei Arbeiten in der Nähe unter Spannung stehender Teile wird erreicht durch

- Abdeckung oder Abschrankung der aktiven Teile (→isolierte Schutzvorrichtung),
- Einhaltung von Schutzabständen zu den ungeschützten unter Spannung stehenden Teilen. Dabei wird unterschieden, ob es sich um elektrotechnische Arbeiten handelt, die von Elektrofachkräften ausgeführt werden, z. B. Arbeiten an Freileitungen mit mehreren Stromkreisen oder um nichtelektrotechnische Arbeiten, z. B. Bauarbeiten, wie Gerüstbau, Arbeiten mit Hebezeugen und Baumaschinen, die von elektrotechnischen Laien ausgeführt werden dürfen (→Tab. 4.3.10).

Nennspannung U_n [kV]	**Schutzabstand [m]** (Abstand in Luft von ungeschützten unter Spannung stehenden Teilen)	
	Arbeiten von Elektrofachkräften oder elektronisch unterwiesenen Personen*	Nichtelektrische Arbeiten, z. B. Bauarbeiten**
≤ 1	0,5	1,0
> 1 bis 30	1,5	3,0
> 30 bis 110	2,0	3,0
> 110 bis 220	3,0	4,0
> 220 bis 380	4,0	5,0

* Arbeiten umfassen z. B. Bewegen von Leitern, Arbeiten an Freileitungen mit mehreren Stromkreisen, Hochziehen und Herablassen von Werkzeugen, Anstrich- und Ausbesserungsarbeiten.

** Schutzabstand ist die äußere Grenze der Annäherungszone Dv; Arbeiten umfassen z. B. Gerüstbau, Arbeiten mit Hebezeugen und Baumaschinen, Montagearbeiten.

Tab. 4.3.10: Schutzabstände für Arbeiten in der Nähe unter Spannung stehender Teile (DIN VDE 0105-100)

Prüfung elektrischer Betriebsmittel und Anlagen

Der Arbeitgeber muss dafür sorgen, dass elektrische Betriebsmittel und Anlagen vor der ersten Inbetriebnahme und nach einer Änderung oder Instandsetzung vor der Wiederinbetriebnahme durch eine Elektrofachkraft oder unter Leitung und Aufsicht einer Elektrofachkraft auf ihren ordnungsgemäßen Zustand geprüft werden. Die Prüfung vor der ersten Inbetriebnahme kann entfallen, wenn vom Hersteller oder Errichter der ordnungsgemäße Zustand bestätigt wird.

Diese Prüfungen sind in bestimmten Zeitabständen durchzuführen, deren Fristen so zu bemessen sind, dass entstehende Mängel, mit denen gerechnet werden muss, rechtzeitig festgestellt werden. Diese Wiederholungsprüfungen umfassen

- ortsfeste elektrische Betriebsmittel* und Anlagen,
- ortsveränderliche elektrische Betriebsmittel**,
- Schutz- und Hilfsmittel, besonders für das Arbeiten unter Spannung.

---

* Ortsfeste elektrische Betriebsmittel sind fest angebrachte Arbeitsmittel oder solche, die keine Tragevorrichtung haben, aber eine große Masse.

** Ortsveränderliche elektrische Betriebmittel sind solche, die während des Betriebes bewegt werden können.

Grundlage der Prüfung sind die einschlägigen elektrotechnischen Bestimmungen (Gesetze, Verordnungen, Unfallverhütungsvorschriften und Normen).

Die Prüffristen sind vom Arbeitgeber im Ergebnis der Gefährdungsbeurteilung nach § 5 ArbSchG und § 3 BetrSichV festzulegen. Nach der BGVA 2 sind aber bestimmte Prüffristen einzuhalten →Tab. 4.3.11.

Elektrische Betriebsmittel (BM) und Anlagen	**Frist**	**Art der Prüfung**	**Prüfender**
ortsfeste BM und elektrische Anlagen	alle 4 Jahre	ordnungsgemäßer Zustand	Elektrofachkraft
ortsveränderliche BM Anschlussleitungen mit Steckern; Verlängerungs- und Geräteanschlussleitungen mit ihren Steckverbindungen	alle 6 Monate (Baustellen 3 Monate, Büro 2 Jahre)	ordnungsgemäßer Zustand	Elektrofachkraft oder unterwiesene Person bei Verwendung geeigneter Prüfgeräte
Schutzmaßnahmen mit Fehlerstrom – Schutzeinrichtungen in nichtstationären Anlagen (z.B. auf Baustellen)	monatlich	Wirksamkeit	Benutzer
Fehlerstrom- und Fehlerspannungs-Schutzeinrichtungen – in stationären Anlagen – in nichtstationären Anlagen	 alle 6 Monate arbeitstäglich	Funktionsprüfung durch Bestätigung der Prüfeinrichtung	Elektrofachkraft
Isolierende Schutzkleidung	jährlich	auf sicherheitstechnischen Zustand	Benutzer
	vor jeder Benutzung	Sichtprüfung	
Spannungsprüfer, isolierendes Werkzeug und Schutzeinrichtungen,...	vor jeder Benutzung	Sicht- und Funktionsprüfung	Benutzer
Spannungsprüfer für Nennspannung > 1kV	alle 6 Jahre	Grenzwerteinhaltung	Elektrofachkraft

Tab. 4.3.11: Prüfung elektrischer Betriebsmittel und Anlagen (Auswahl)

Verantwortlichkeiten

Der *Arbeitgeber* ist für die Auswahl und die Bereitstellung sicherer elektrischer Betriebsmittel und Anlagen ebenso verantwortlich, wie für das sichere Arbeiten an, mit oder in der Nähe dieser Arbeitsmittel. Dieser Grundsatz gilt unabhängig davon, ob der Arbeitgeber selbst die fachliche Qualifikation hierfür hat. Besitzt der Arbeitgeber nicht die erforderliche Qualifikation, hat er die zur Wahrnehmung der damit verbundenen Pflichten einer *Elektrofachkraft* zu übertragen (vgl. Kapitel 2.6.1 – Pflichtenübertragung).

Zur Abgrenzung der Verantwortung zwischen dem Betreiber eines elektrischen Betriebsmittels/Anlage und denjenigen, die Arbeiten an diesen Anlagen ausführen, sind nach DIN EN 50 110-1 Anlagenverantwortliche und Arbeitsverantwortliche einzusetzen.

Anlagenverantwortlicher ist danach eine Person (Elektrofachkraft), die unmittelbare Verantwortung für den Betrieb der elektrischen **Anlage** trägt. Er hat sicherzustellen, dass bei der Ausführung von Arbeiten an oder in der Nähe dieser Anlage die Gefahren, die mit der Anlage verbunden sind, beachtet werden und ein sicherer Betrieb der Anlage gewährleistet wird. Neben umfassenden fachlichen Kenntnissen und Erfahrungen muss er die Rechtslage und die Betriebszustände der elektrischen Anlage kennen; der Anlagenverantwortliche hat Weisungsbefugnis gegenüber dem Arbeitsverantwortlichen.

Arbeitsverantwortlicher ist eine Person (Elektrofachkraft oder elektrotechnisch unterwiesene Person), die unmittelbare Verantwortung für die Durchführung der erforderlichen **Arbeiten** trägt (an, mit oder in der Nähe der Anlage).

Das *Zusammenwirken* zwischen Anlagen- und Arbeitsverantwortlichen ist vor und während der Ausführung der Arbeiten für die Sicherheit von Bedeutung. So muss der Arbeitsverantwortliche die vorgesehenen Arbeiten dem Anlagenverantwortlichen melden. Der Anlagenverantwortliche mit den Kenntnissen über den Betriebszustand der elektrischen Anlage und den möglichen Auswirkungen durch die erforderlichen Arbeiten gibt die Erlaubnis zum Arbeiten, z.B. Freigabeschein.

In der Praxis kann es auch zweckmäßig sein, dass die Funktionen des Anlagen- und des Arbeitsverantwortlichen von ein und derselben Person ausgeübt wird.

4.3.5 Schutz vor elektrostatischer Ladung

Grundlagen

Elektrostatische Aufladung: Häufigste Ursache für elektrostatische Aufladungen ist die „Kontaktaufladung“. Bei ihr kommen zwei zuvor ungeladene Gegenstände oder Stoffe in Berührung, wobei an der gemeinsamen Grenzfläche ein Ladungsübergang erfolgt. Bei der nachfolgenden Trennung der Oberflächen trägt jede dieser Flächen einen Teil dieser elektrischen Ladung, jedoch mit entgegen gesetzter Polarität.

Leitfähige Gegenstände können auch durch „Influenz“ aufgeladen werden. Influenz ist eine Ladungstrennung, die dadurch entsteht, dass ein elektrostatisch ungeladener Körper in ein elektrisches Feld gebracht wird.

Aufladbar sind Gegenstände, deren Oberflächenwiderstand $> 10^9\ \Omega$ beträgt, wie Rohre, Behälter, Folien, Anlagen- und Apparateteile, Auskleidungen und textile Gegenstände (Schlauchfilter), ferner Flüssigkeiten, deren spezifischer Widerstand $> 1^8\ \Omega$ m ist, und nicht geerdete Gegenstände aus leitfähigen Stoffen; Gase sind nicht aufladbar. Die Ladungen auf Gegenständen und Stoffen bleiben nur erhalten, wenn kein Kontakt zur Erde besteht.

Elektrostatische Entladung: Der Spannungsausgleich zwischen der entgegengesetzten (positiven und negativen) Ladungen wird als elektrostatische Entladung bezeichnet. Entladungsarten sind (→BGR 132):

- Funkenentladung (Entladung zwischen zwei Leitern in Form eines Funken),
- Büschelentladung (Entladung, wenn ein geerdeter Leiter auf einen geladenen isolierten Gegenstand zu bewegt wird),
- Gleitstielbüschelentladung (besondere Form der Büschelentladung bei schichtenweise verbundenen Materialien),
- Koronaentladung (Entladung an scharfen Spitzen oder Ecken von Leitern),
- Schüttkegelentladung (Entladung bei hochaufgeladenen isolierten Schüttgut in Silos und Behältern).

Arbeitsbedingte Gefährdungen

Elektrostatische Entladungen können Zündquellen für explosionsfähige Atmosphäre aus Gemischen brennbarer Gase, Dämpfe, Nebel oder Stäube mit Luft sein (→vgl. auch Kapitel 7.2). Für die Beschäftigten (Personen) sind diese Entladungen im Allgemeinen gesundheitlich ungefährlich. Eine Gefährdung von Personen liegt vor, wenn die übertragene Ladung 50 μC oder die Energie 350 mJ überschreitet (→BGR 132). Allerdings können durch diese Entladungen (elektrischer Schlag) Schmerzen und Schreckreaktionen ausgelöst werden, in deren Folge Unfallgefährdungen (Fehlhandlungen) entstehen können. Problematisch ist die elektrostatische Entladung von Personen, wenn sie in explosionsgefährdeten Bereichen tätig sind.

Elektrostatische Aufladung von Personen: Personen können aufgeladen werden beim Gehen, beim Aufstehen von einem Sitz, beim Kleiderwechsel, bei Arbeiten mit Kunststoffen, durch Schütt- oder Füllarbeiten oder durch Influenz beim Aufenthalt in der Nähe aufgeladener Gegenstände. Der typische Wert für gespeicherte Energie beträgt 10 mJ und der höchste zu erwartende Wert 15 mJ.

Elektrostatische Entladung von Personen: Berührt eine aufgeladene Person einen leitfähigen Gegenstand, treten Entladungen auf. Die Wahrnehmungsschwelle elektrostatischer Entladung beträgt 0,5 mJ. Typische Entladungsarten sind:

– Funkentladung: Sie tritt auf, wenn Personen mit einem aufgeladenen leitfähigen Gegenstand in Berührung kommen oder umgekehrt (Funkenübersprung). Die Dauer der Entladung beträgt $\ll$ 1 ms, aber es treten hohe Spannungen auf (bis ca. 30000 V).

  Die Energie des Funken E ergibt sich aus

  $$E = \frac{1}{2} Q \cdot U$$

  E = Energie in J; Q = Ladung auf dem Leiter in C (Coulomb);
  U = Potentialdifferenz (Spannung) in V
  Maximale Energiewerte in Verbindung mit Personen betragen 7–15 mJ.

– Büschelentladung: Sie tritt auf, wenn sich Personen in der Nähe einer hochaufgeladenen isolierenden Oberfläche (z.B. Schüttgutbehälter) aufhalten oder diesen berühren. Büschelentladungen besitzen nur einen Bruchteil der Energie einer Funkenentladung, allerdings ist die Entladung besonders gefährlich für explosible Gas- und Dampf-Luft-Gemische.

– Gleitstielbüschelentladung: Sie tritt auf, wenn Personen mit beidseitig aufgeladene Folien oder Platten bzw. hochaufgeladenen Pulvern oder Granulaten in einem Kunststoffbehälter in Berührung kommen. Hierbei treten sehr hohe Energien auf.

Maßnahmen zum Abbau elektrostatischer Aufladungen

Konstruktive Maßnahmen: Elektrostatische Aufladung lässt sich durch Wahl von entsprechenden Baugruppen verhindern, z.B. durch Verwendung eines Zahnradgetriebes anstelle einer Riemenscheibe.

Bei strömenden Flüssigkeiten, Stäuben usw. wird die elektrostatische Aufladung bei gleichbleibendem Rohrdurchmesser durch Verringerung der Strömungsgeschwindigkeit herabgesetzt.

Erdung: Durch Erden der leitenden Teile von Maschinen, Anlagen, Geräten und Betriebsmitteln – soweit nicht elektrotechnisch bereits vorhanden – kann die elektrostatische Aufladung abgeleitet werden. Als ausreichend für das Ableiten elektrostatischer Aufladung gilt eine Widerstand $< 10^6\ \Omega$ Unter günstigen Bedingungen reichen auch höhere Ableitwiderstände aus, z.B. $10^8\ \Omega$ bei einer Kapazität von 100 pF.

Leitfähigkeit: Besonders in explosionsgefährdeten Bereichen ist ein schwach leitender Fußboden mit einem Widerstand $< 10^8\ \Omega$ zu verwenden. In explosivstoffgefährdeten Räumen dürfen $10^6\ \Omega$ nicht überschritten werden. Bewährt haben sich Spezialbeton, leitfähiger Gummibelag und leitfähiger Terazzo. Die Beschäftigten haben in diesen Bereichen leitfähige Schuhe zu tragen. Diese sollen eine Widerstand $\leq 10^8\ \Omega$, jedoch wegen Gefährdung durch zu hohe Berührungsspannung $\geq 10^5\ \Omega$ besitzen. In explosivstoffgefährdeten Räumen darf das Schuhwerk nur einen Widerstand von maximal $10^6\ \Omega$ haben. Bei besonders zündempfindlichen Explosivstoffen muss der Ableitwiderstand der Beschäftigten und der Gegenstände auf 10^4–$10^5\ \Omega$ gesenkt werden.

Die Leitfähigkeit nicht leitender Stoffe kann durch Zusätze erreicht werden, z. B. Einflechten von Drähten, Zugabe leitender Füllstoffe (Grafit, Ruß) bei der Fabrikation, Zusatz von Alkohol zu nicht leitenden Flüssigkeiten, Überstreichen mit Grafit oder Glyzerin. In Büroräumen ist die Erhöhung der Luftfeuchtigkeit auf ≥ 70 % relativer Luftfeuchtigkeit ein sicheres Mittel zur Vermeidung elektrostatischer Aufladung, da sich dann ein dünner, die Aufladung ableitender Wasserfilm bildet.

Die Einrichtungen zur Erdung und Leitfähigkeit in explosionsgefährdeten Bereichen sind vor der ersten Inbetriebnahme, in angemessenen Zeitabständen sowie nach Änderungen oder Instandsetzungen auf ihre sichere Funktion nach § 10 BetriebssicherheitsVO durch eine befähigte Person (→ Kapitel 7.1) zu prüfen.

Für Arbeiten zur Erdung muss eine Betriebsanweisung vorhanden sein, um Erdungsfehler zu vermeiden, z. B. das nachträgliche Erden bereits aufgeladener Gegenstände oder Einrichtungen.

Ionisation: Durch Luftionisation, d. h. Spaltung der Atome in Restatome (Ionen) und wandernde Elektronen, lässt sich die Leitfähigkeit der Luft erhöhen und damit von nicht leitfähigen Gegenständen die Aufladung vermindern oder beseitigen, z. B. von Folien. In der Regel geschieht dies durch Anbringen von geerdeten Spitzen, dünnen Drähten, Spitzenkämmen, Metallpinseln usw. Diese Hilfsmittel erzeugen so hohe Feldstärken, dass in der Nähe der Spitzen die Luft ionisiert wird und damit eine koronare Entladung (ohne Funkenbildung) in etwa 1–2 cm Entfernung von der aufgeladenen Fläche stattfindet.

Elektrostatische Aufladungen können auch durch Ionisation mit Hilfe radioaktiver Stoffe beseitigt werden.

Literatur

Richtlinie des Rates vom 19. 2. 1973 zur Angleichung von Rechtsvorschriften der Mitgliedsstaaten betreffend elektrischer Betriebsmittel zur Verwendung innerhalb bestimmter Spannungsgrenzen (73/23/EWG); Änderungen/Ergänzungen (93/68/EWG)

Richtlinie des Rates vom 5. 12. 1995 zur Änderung der Richtlinie 89/655/EWG über Mindestvorschriften für die Sicherheit und Gesundheitsschutz bei der Benutzung von Arbeitsmitteln durch Arbeitnehmer bei der Arbeit (1995/63/EG)

Richtlinie des Europäischen Parlaments und des Rates vom 16. 12. 1999 EWG über Mindestvorschriften zur Verbesserung des Gesundheitsschutzes und der Sicherheit der Arbeitnehmer, die durch explosionsfähige Atmosphären gefährdet werden können (1999/92/EG)

Erste VO zum Geräte- und Produktsicherheitsgesetz (VO über das Inverkehrbringen elektrischer Betriebsmittel zur Verwendung innerhalb bestimmter Spannungsgrenzen – 1. GPSGV) vom 11. 6. 1979, zuletzt geändert durch Art. 10 des Gesetzes vom 6. 1. 2004 (BGBl. I S. 2, S. 210)

BGV A 2 Elektrische Anlagen und Betriebsmittel

BGV D 32 Arbeiten an Masten, Freileitungen und Oberleitungsanlagen

DIN EN 166 Persönlicher Augenschutz – Anforderungen

DIN VDE 0101 Starkstromanlagen mit Nennspannungen über 1 kV

DIN EN 50 110 T. 1 + T. 2 (DIN VDE 0105-100) Betrieb von elektrischen Anlagen.

DIN EN 50 321 (VDE 0682 T. 331) Elektrisch isolierende Schuhe für Arbeiten an Niederspannungsanlagen

DIN EN 50365 Elektrisch isolierende Helme für Arbeiten an Niederspannungsanlagen.

DIN EN 60 050 – 826 (VDE 0100 T. 200) Errichten von Niederspannungsanlagen

DIN EN 60 204 T. 1 (VDE 0113 T. 1) Sicherheit von Maschinen – Elektrische Ausrüstungen von Maschinen; T. 1 Allgemeine Anforderungen

IEC 60 364 T. 4 – 41 (VDE 0100-410) Elektrische Anlagen in Gebäuden – Schutz gegen elektrischen Schlag

DIN EN 60 529 (VDE 0470 T.1) Schutzarten durch Gehäuse (IP-Code)

DIN EN 60 743 Arbeiten unter Spannung – Teminologie für Werkzeuge, Ausrüstungen und Geräte

DIN EN 60 900 (VDE 0682 T. 2) Arbeiten unter Spannung – Handwerkzeuge zum Arbeiten an Teilen bis AC 1000 V und DC 1500 V

DIN EN 60 903 (VDE 0682 T. 311) Handschuhe aus isolierendem Material zum Arbeiten an unter Spannung stehenden Teilen

DIN EN 61 140 (VDE 0140 T.1) Schutz gegen elektrischen Schlag – gemeinsame Anforderungen für Anlagen und Betriebsmittel

DIN EN 61 243 T. 5 (VDE 0682 T. 415) Arbeiten unter Spannung – Spannungsprüfer; T. 5 Spannungsprüfsysteme

BGR 132 RICHTLINIEN zur Vermeidung von Zündgefahren infolge elektrostatischer Aufladungen

Lüttgens, G.; Glor, M. (19993): Elektrostatische Aufladungen begreifen und sicher beherrschen, 3. Auflage. Expert-Verlag, Grafenau

Gefahren des elektrischen Stromes, in: Arbeitsschutz konkret der Berufsgenossenschaft der Feinmechanik und Elektrotechnik (BGFE), 2000

4.4 Gefährdungen durch Laserstrahlung

4.4.1 Grundlagen

Charakteristik der Laserstrahlung

Laser: Die Bezeichnung „Laser" setzt sich aus den Anfangsbuchstaben zusammen, die den Laser-Effekt bezeichnen: „Light amplification by stimulated emission of radiation", d.h. Verstärkung von Licht durch angeregte Strahlenaussendung.

Der Lasereffekt wurde 1917 von EINSTEIN (1879–1955) vorausgesagt, die erste technische Anwendung der Laserstrahlen erfolgte 1960. Laserstrahlen werden in vielen Bereichen eingesetzt, so z.B. in der Medizin, der Nachrichtentechnik, der Materialbearbeitung (Schweißen, Schneiden, Fräsen, Oberflächenhärten), in der Messtechnik sowie in der Kommunikations- und Informationstechnik. Aufgrund der unterschiedlichen Anwendungsbreite der Lasertechnik sind Sicherheitsfragen von besonderer Bedeutung.

Laserprinzip: Die Funktion des Lasers beruht auf der induzierten (stimulierten) Emission, die eintritt, wenn ein angeregtes Atom mit einem elektromagnetischen Strahlungsfeld in Wechselwirkung steht, dessen Frequenz der Energiedifferenz zwischen dem angeregten und einem energetisch niedriger liegenden Zustand entspricht. Hierdurch wird ein Übergang in den niederen Zustand induziert, wobei Photonen emittiert werden. Die Stimulation des Mediums erfolgt durch eine äußere Anregung (Pumpmechanismus) mittels einer Lichtquelle, einer Gleichstrom- oder hochfrequenten Wechselstromquelle. Ein optischer Resonator verstärkt die Strahlung ausschließlich in Richtung der optischen Achse (→Abb. 4.4.1).

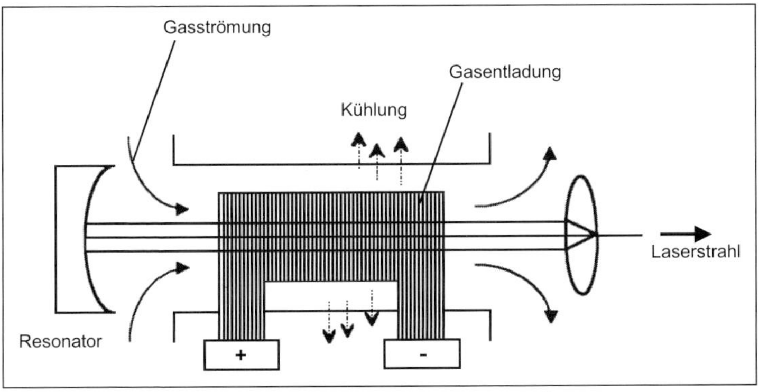

Abb. 4.4.1: Wirkprinzip eines längsgeströmten Gaslasers

Laserstrahlung: Diese optische Strahlung (→siehe auch Kapitel 5.6) wird durch folgende Eigenschaften charakterisiert:

- Elektromagnetische Strahlung im optischen Spektralbereich von 100 nm bis 1 mm. Laserstrahlung erstreckt sich damit in den Bereichen der Infrarotstrahlung, des sichtbaren Lichts und der ultravioletten Strahlung.
- Monochromatische (einfarbige) Strahlung, die immer in einer bestimmten Wellenlänge auftritt, z.B. CO_2-Laser bei 10600 nm. Eine Ausnahme bilden Farbstofflaser, deren Wellenlängenbereich veränderbar ist.
- Kohärente Strahlung, die in einem gleichen Zeitpunkt ausgelöst wird.
- Stark gebündelte und extrem fokussierbare Strahlung, mit der sehr hohe Energie- und Leistungsdichten erzielt werden können.

Laserquelle: Laserquellen werden entsprechend DIN EN 12254 nach folgenden Merkmalen eingeteilt:

- Nach der Betriebsart der Laser in Dauerstrich- und Impulslaser. Bei einem Dauerstrichlaser (D) erfolgt eine kontinuierliche Leistungsabgabe (Impulsdauer $>$ 0,25 s). Bei Impulslasern (I) erfolgt die Leistungsabgabe kurzzeitig (stoßartig) mit Impulsdauer $> 10^{-6}$ s. Damit werden sehr hohe Spitzenwerte (Impulse) der Laserstrahlung erzielt.

  Bei den Impulslasern gibt es Sonderbauformen, die sich durch noch höhere Spitzenleistungen auszeichnen, indem sie Energie ansammeln und stoßartig abgeben. Dies sind Riesenimpulslaser (R) mit Impulsdauern $= 10^{-9}$ s und Modengekoppelte Impulslaser (M) mit Impulsdauern $< 10^{-9}$ s.
- Nach der Art des laseraktiven Mediums in Gas-, Festkörper-, Flüssigkeits- bzw. Farbstofflaser und Halbleiterlaser.

Beispiele für Laserquellen sind

- Argonlaser (Gaslaser im sichtbaren Spektralbereich; Dauerstrichlaser),
- Neodym (Nd)-YAG Laser (Festkörperlaser im nahen Infrarotbereich; Dauerstrichlaser),
- CO_2-Laser (Gaslaser im fernen Infrarotbereich; Dauerstrichlaser),
- Rubin-Laser (Festkörperlaser im sichtbaren Spektralbereich; Impulslaser).

Physikalische Grundlagen

In Bezug auf die Laserstrahlsicherheit werden folgende Größen zur Beschreibung der Energie- und Leistungsdichte verwendet (DIN 5031):

Strahlungsenergie Q: Diese Energie (Strahlmenge) ist die von einer Quelle als Strahlung abgegebene Energie.

$$Q = \int_0^t P \cdot dt \qquad \text{in J}$$

Strahlungsleistung P: Diese Leistung ist der Quotient aus Strahlungsenergie Q und der Zeit t.

$$P = \frac{dQ}{dt} \qquad \text{in W}$$

Bestrahlungsstärke/Leistungsdichte E: Sie ist der Quotient aus der auf eine Fläche auftretende Strahlungsleistung P und dieser Fläche A.

$$E = \frac{dP}{dA} \qquad \text{in W/m}^2$$

Bestrahlung/Energiedichte H: Sie ist das Produkt aus der Bestrahlungsstärke E und der Dauer des Bestrahlungsvorganges t.

$$H = \frac{dQ}{dA} = \int_0^t E \cdot dt \qquad \text{in J/m}^2$$

Emissionsdauer: Sie ist die Zeitdauer eines Impulses, einer Impulsfolge oder des Dauerbetriebes, in welcher der Zugang zur Laserstrahlung möglich ist, wenn die Laseranlage betrieben, gewartet oder instand gesetzt wird.

Einwirkungs-/Bestrahlungsdauer: Sie ist die Zeitdauer eines Impulses, einer Impulsfolge oder des Dauerbetriebes von Laserstrahlung, die auf den menschlichen Körper trifft.

Laserklassen

Die Klasse einer Lasereinrichtung kennzeichnet das durch die *zugängliche Laserstrahlung* bedingte Gefährdungspotential, das von der Wellenlänge, dem Energieinhalt und dem Impulsverhalten des Laserstrahles (Laserleistung) bestimmt wird.

Nach BGV B2 und DIN EN 60825-1 (03.97) werden Laseranlagen in fünf Klassen eingeteilt.

Klasse 1: Die zugängliche Laserstrahlung ist ungefährlich.

Klasse 2: Die zugängliche Strahlung liegt im sichtbaren Spektralbereich (400 nm–700 nm), die bei kurzzeitiger Bestrahlungsdauer (bis 0,25 s) ungefährlich für das Auge ist.

Klasse 3A: Die zugängliche Strahlung wird für das Auge gefährlich, wenn der Strahlungsquerschnitt durch optische Geräte (Lupen, Linsen, Teleskope) verkleinert wird. Ist dies nicht der Fall, gilt für das sichtbare Spektrum die Charakteristik der Klasse 2, ansonsten ist die Strahlung ungefährlich.

Klasse 3B: Die zugängliche Strahlung ist gefährlich für das Auge und in besonderen Fällen auch für die Haut.

Klasse 4: Die zugängliche Strahlung ist sehr gefährlich für das Auge und für die Haut (dies gilt auch für diffuse Strahlung). Die Strahlung kann Brand- und Explosionsgefahren verursachen.

Diese Laserklassen gelten für z. Z. im Betrieb befindliche Laseranlagen, d. h. die bis zum 31. 12. 2003 in Verkehr gebracht wurden; für diese Klassifizierung besteht Bestandsschutz.

Seit dem 1. 1. 2004 werden die neu in Verkehr zu bringenden Laseranlagen/-einrichtungen nach DIN EN 60 825-1 (11.2001) in modifizierte (sieben) Laserklassen eingeteilt:

Klasse 1: Die zugängliche Laserstrahlung ist unter vorhersehbaren Bedingungen ungefährlich.

Klasse 1M: Die zugängliche Strahlung (302,5 nm bis 4000 nm) ist für das Auge ungefährlich, solange der Querschnitt des Laserstrahls nicht durch optische Geräte verkleinert wird.

Klasse 2: Die zugängliche Strahlung (400 nm bis 700 nm) ist bei kurzzeitiger Bestrahlungsdauer (bis 0,25 s) ungefährlich für das Auge.

Klasse 2M: Diese Klasse ist identisch mit Klasse 2, solange der Querschnitt nicht durch optische Geräte verkleinert wird (bei Einsatz optischer Geräte können Gefährdungen wie in den Klassen 3R und 3B auftreten).

Klasse 3R: Die zugängliche Strahlung (302,5 nm bis 10^6 nm) ist gefährlich für das Auge.

Klasse 3B: Die zugängliche Strahlung (alle Wellenlängen) ist gefährlich für das Auge, häufig auch für die Haut. Das direkte Blicken in den Strahl ist gefährlich.

Klasse 4: Die zugängliche Strahlung (alle Wellenlängen) ist sehr gefährlich für das Auge und für die Haut (dies gilt auch für diffuse Strahlung). Die Strahlung kann Brand- und Explosionsgefahren verursachen.

Neu eingeführt wurden im Vergleich zur Einteilung nach BGV B2 die Laserklassen 1M (statt 3A), 2M (statt 3A) und 3R (statt 3B).

Grundlage für die Einteilung von Lasereinrichtungen in Laserklassen ist der *Grenzwert der zugänglichen Strahlung (GZS).* Der GZS-Wert ist der Maximalwert, der für eine bestimmte Klasse von Laseranlagen zulässig ist (gilt für das Bedienpersonal von Laseranlagen). Zugängliche Strahlung bedeutet auch, dass die Werte im Inneren der Lasereinrichtung höher sein können, z.B. bei Wartungs-, Einricht- und Instandsetzungsarbeiten. Daher können bei Arbeiten im Inneren von Laseranlagen weitere Schutzmaßnahmen erforderlich werden gegenüber den Bedienarbeiten (→ Hinweise in der Betriebsanleitung des Herstellers beachten).

4.4.2 Arbeitsbedingte Gefährdungen

Laserstrahlung

Die Klasseneinteilung von Lasereinrichtungen erfolgt nach dem Gefährdungspotential der Laserstrahlung (Leistung und Wellenlänge). Durch Laserstrahlung sind insbesondere die Haut und die Augen, aber auch innere Organe des Menschen bei einer ungewollten Bestrahlung betroffen. Aus dem ultravioletten, sichtbaren und infraroten Bereich z.B. der Sonnenstrahlung sind die photochemischen, thermischen und auch die kanzerogenen Wirkungen auf die menschliche Haut bekannt. Derartige, aber um ein Vielfaches verstärkte Wirkungen löst ein Laserstrahl der jeweiligen Wellenlänge, Leistung und Impulsdauer beim Menschen aus.

Primäre Gefährdungen sind solche, die durch die direkte Einwirkung der Laserstrahlung auf den menschlichen Körper (Gewebe) hervorgerufen werden. Die Haut ist gegenüber dem Auge bei der Bestrahlung weniger empfindlich. Die Gefährdungspotentiale der Laserstrahlung für die Haut unterscheiden sich von denen für das Auge im sichtbaren und im nahen Infrarot-Spektralbereich im Wesentlichen durch die fokussierende Eigenschaft des Auges (Verstärkung der gesundheitsschädlichen Wirkung). Im Ultravioletten und fernen Infrarot-Spektralbereich entfällt diese Fokussierung beim Auge, wodurch die Gefährdungspotentiale für Haut und Auge annähernd gleich sind.

Sekundäre Gefährdungen sind solche, die durch indirekte Einwirkung der Laserstrahlung hervorgerufen werden, wie **Gefährdungen** durch

- Chemische Arbeitsstoffe: Sie werden durch die thermische Belastung der Werkstoffe mit Laserstrahlen hervorgerufen, z.B. in der Metallbearbeitung. Diese Pyrolyseprodukte gelangen als Luftschadstoffe in die Arbeitsumgebung, z.B. beim Laserschneiden und -schweißen metallischer Werkstoffe können CO_2, CO, Nitrosegase, Fluorwasserstoff, Ozon, Phosgen und Chlorwasserstoff entstehen mit teilweise toxischen Eigenschaften. Luftschadstoffe entstehen auch durch die zur Verbesserung der Strahleinkopplung auf Materialien engesetzten Absorptionsmittel, die durch den Laserstrahl verdampfen.

  Chemische Arbeitsstoffe entstehen auch bei der Keramik- und Kunststoffbearbeitung mit Laserstrahlen.
- Laserbegleitstrahlung: Diese diffuse Strahlung entsteht durch Reflexion der Laserstrahlen an Werkstücken sowie durch die Blitzlampen und -röhren, die zum „Pumpen“ der Laser notwendig sind.
- Brände und Explosionen: Sie können durch Laserstrahlung mit hoher Energie- oder Leistungsdichte hervorgerufen werden, die als Zündpotential in Verbindung mit entzündlichen und brennbaren Stoffen oder mit explosionsfähiger Atmosphäre wirken. Besondere Vorsicht ist beim Lasereinsatz in sauerstoffangereicherter Luft erforderlich.

- Elektrischer Strom: Bei Lasereinrichtungen mit hohen Betriebsspannungen > 1 kV und bei Impulslasern sind wegen der in den Kondensatoren gespeicherten Energie elektrische Schläge möglich.

Biologische Wirkung von Laserstrahlung

Die biologische Wirkung wird im Wesentlichen von der Einwirkungsdauer, der Leistung, der Bildgröße und von der spektralen Zusammensetzung der Laserstrahlung bestimmt; diese Größen bewirken die Eindringtiefe in den menschlichen Körper und das Absorptionsverhalten. Die gesundheitlichen Schädigungen durch die direkte Einwirkung der Laserstrahlung sind thermischer und photochemischer Art.

Thermische Effekte entstehen, indem die auftretende Laserstrahlung im menschlichen Gewebe absorbiert und dabei in Wärme umgewandelt wird. Die Folge sind Gewebeschädigungen, die primär auf der Denaturierung von Eiweiß beruhen.

Photochemische Effekte entstehen, indem die auftretende Laserstrahlung in den Zellen biologische Moleküle anregt und verändert. Dabei wird die Strahlungsenergie nicht freigesetzt (wie bei dem thermischen Effekt), sondern es findet eine chemische Reaktion statt, insbesondere im Wellenlängenbereich von 400 nm bis 600 nm bei niedrigen Bestrahlungsstärken und langer Einwirkungsdauer (> 10 s).

Gefährdungen des Auges durch Laserstrahlen sind besonders im sichtbaren und angrenzenden Ultravioletten Bereich ausgeprägt. Die Strahlung, die durch die Pupille tritt, wird auf der Netzhaut punktförmig abgebildet (Bildfläche auf der Netzhaut ca. 10 µm), wodurch die am Auge auftretende Bestrahlungsstärke auf der Netzhaut verstärkt wird (bis $> 10^4$!). Das Auge ist für den Wellenlängenbereich zwischen 400 nm bis 1200 nm bis zu 90% transparent. Bei Wellenlängen > 1400 nm gelangt keine Strahlung mehr auf die Netzhaut, sondern hinterlassen ihre Wirkung „nur" auf der Hornhaut des Auges.

Augenschädigungen durch Laserstrahlen können also auftreten im

- ultravioletten und fernen Infrarot-Spektralbereich für die Hornhaut,
- sichtbaren und nahen Infrarot-Bereich für die Netzhaut.

Gefährdungen der Haut durch Laserstrahlen können häufiger als beim Auge auftreten, sie sind aber selten so gefährlich. Im sichtbaren und nahen Infrarot-Spektralbereich hat die Haut ein hohes Reflexionsvermögen, im UV- und fernen Infrarot-Bereich hingegen absorbiert die Haut sehr, sodass unterschiedliche Eindringtiefen der Laserstrahlen in das Hautgewebe die Folge ist.

Bei niedrigen Laserleistungen können Erytheme im UV-Bereich, photochemische und thermische Reaktionen im sichtbaren Spektralbereich und Verbrennungen der Haut im Infrarot-Bereich auftreten, bei höheren Leistungen starke Blasenbildung.

Die pathologischen Effekte, die bei übermäßiger Lichteinwirkung auftreten (→Tab. 4.4.1), sind auch bei der stark gebündelten und extrem fokussierbarer Laserstrahlung zu beobachten

<table>
<tr><th rowspan="2">Spektralbereich</th><th colspan="2">pathologische Effekte</th></tr>
<tr><th>Auge</th><th>Haut</th></tr>
<tr><td>Ultraviolett C
(180nm – 280nm)</td><td rowspan="2">Photokeratitis (Entzündung der Hornhaut)
Photokonjunktivitis (Entzündung der Bindehaut)</td><td rowspan="2">Erythem (Hautrötung)
Alterung der Haut
Pigmentierung</td></tr>
<tr><td>Ultraviolett B
(>280nm – 315nm)</td></tr>
<tr><td>Ultraviolett A
(>315nm – 400nm)</td><td>Photochemische Katarakt (Trübung der Augenlinse, grauer Star)</td><td>starke Pigmentierung</td></tr>
<tr><td>Sichtbares Licht
(>400nm – 780nm)</td><td>Photochemische und thermische Verletzung der Netzhaut</td><td rowspan="4">Photochemische Prozesse

Verbrennung der Haut</td></tr>
<tr><td>Infrarot A
(>780nm – 1400nm)</td><td>Katarakt, Verbrennung der Netzhaut</td></tr>
<tr><td>Infrarot B
(>1400nm – 3000nm)</td><td>wässrige Ausbuchtung, Katarakt, Verbrennung der Hornhaut</td></tr>
<tr><td>Infrarot C
(>3µm bis 1mm)</td><td>Verbrennung der Hornhaut</td></tr>
</table>

Tab. 4.4.1: Phatologische Effekte bei übermäßiger Lichteinwirkung (DIN EN 60 825-1, A1)

Bewertung der biologischen Wirkung

Grenzwerte für die ungefährliche Bestrahlung der Augen und der Haut (MZB-Maximal zulässige Bestrahlung)

Bei Einhaltung der MZB-Grenzwerte ist nach dem derzeitigen Erkenntnisstand gewährleistet, dass keine durch die Laserstrahlung verursachten unmittelbaren Verletzungen von Augen und Haut sowie keine Schädigungen nach längerer Einwirkungsdauer zu erwarten sind.

Die MZB-Werte sind die Grundlage für Sicherheitsberechnungen (Laserbereich, Abschirmung, persönliche Schutzausrüstungen) und werden durch die Größen Bestrahlungsstärke und Bestrahlung (→physikalische Grundlagen) beschrieben.

Einwirkungsdauer t in s / Wellenlänge λ in nm	10^{-13} bis 10^{-11}	10^{-11} bis 10^{-9}	10^{-9} bis 10^{-7}	10^{-7} bis $1{,}8 \cdot 10^{-5}$	$1{,}8 \cdot 10^{-5}$ bis $5 \cdot 10^{-5}$	$5 \cdot 10^{-5}$ bis $1 \cdot 10^{-3}$	$1 \cdot 10^{-3}$ bis 10	10 bis 10^2	10^2 bis 10^3	10^3 bis 10^4	10^4 bis $3 \cdot 10^4$
180 bis 302,5	$3 \cdot 10^{10}$ W•m^{-2}		30 J•m^{-2}								
302,5 bis 315			($t \leq T_1$) C_1 J•m^{-2} / C_2 J•m^{-2} ($t > T_1$)					C_2 J•m^{-2}			
315 bis 400			C_1 J•m^{-2}					10^4 J•m^{-2}		10 W•m^{-2}	
400 bis 700[d]	$1{,}5 \cdot 10^{-4}$ C_6 J•m^{-2}	$2{,}7 \cdot 10^4$ $t^{0{,}75}$ C_6 J•m^{-2}	$5 \cdot 10^{-3}$ C_6 J•m^{-2}		18 $t^{0{,}75}$ C_6 J•m^{-2}		400 bis 600 nm[d]	photochemische Gefährdung der Netzhaut			
								100 C_3 J•m^{-2} mit γ_p = 11mrad	1 C_3 W•m^{-2} mit $\gamma_p = 1{,}1\ t^{0{,}5}$ mrad		1 C_3 W•m^{-2} mit γ_p = 110 mrad
								und[d]			
							400 bis 700 nm[d]	thermische Gefährdung der Netzhaut			
								($t \leq T_2$) 18 $T_2^{-0{,}75}$ C_6 J•m^{-2}			α ≤1,5mrad: 10 W•m^{-2}; α >1,5mrad: 18 $C_6 T_2^{-0{,}25}$ W•m^{-2} ($t > T_2$)
700 bis 1050	$1{,}5 \cdot 10^{-4}$ C_4C_6 J•m^{-2}	$2{,}7 \cdot 10^4$ $t^{0{,}75}$ C_4C_6 J•m^{-2}	$5 \cdot 10^{-3}$ C_4C_6 J•m^{-2}		18 $t^{0{,}75}$ C_4C_6 J•m^{-2}			($t \leq T_2$) 18 $T_2^{-0{,}75}$ $C_4C_6C_7$ J•m^{-2}			α ≤1,5mrad: 10 C_4C_7 W•m^{-2}; α >1,5mrad: 18 $C_4C_6C_7T_2^{-0{,}25}$ W•m^{-2} ($t > T_2$)
1050 bis 1400	$1{,}5 \cdot 10^{-3}$ C_6C_7 J•m^{-2}	$2{,}7 \cdot 10^5$ $t^{0{,}75}$ C_6C_7 J•m^{-2}	$5 \cdot 10^{-2}$ C_6C_7 J•m^{-2}			90 $t^{0{,}75}$ C_6C_7 J•m^{-2}		1000 W•m^{-2}			
1400 bis 1500	10^{12} W•m^{-2}		10^3 J•m^{-2}				5600 $t^{0{,}25}$ J•m^{-2}				
1500 bis 1800	10^{13} W•m^{-2}		10^4 J•m^{-2}								
1800 bis 2600	10^{12} W•m^{-2}		10^3 J•m^{-2}				5600 $t^{0{,}25}$ J•m^{-2}				
2600 bis 10^6	10^{11} W•m^{-2}		100 J•m^{-2}	5600 $t^{0{,}25}$ J•m^{-2}							

Tab. 4.4.2: Maximal zulässige Bestrahlung (MZB) für die Einwirkung von Laserstrahlung auf die Hornhaut des Auges (DIN EN 60 825-1)

Die MZB-Werte sind jeweils in einer Tabelle für die Einwirkung der Laserstrahlung auf die Hornhaut des Auges (→Tab. 4.4.2) und auf die Haut (→Tab. 4.4.3) in DIN EN 60825-1 enthalten. Für die Grenzwertermittlung (E_{MZB}, H_{MZB}) sind ergänzend Korrekturfaktoren für die Wirkung der Laserstrahlung bei verschiedenen Wellenlängenbereichen zu berücksichtigen (→Tab. 4.4.4).

Einwirkungsdauer t [s] / Wellenlänge λ [nm]	$< 10^{-9}$	10^{-9} bis 10^{-7}	10^{-7} bis 10^{-3}	10^{-3} bis 10	10 bis 10^3	10^3 bis $3 \cdot 10^4$
180 bis 302,5	$3 \cdot 10^{10}$ W m^{-2}	30 J m^{-2}				
302,5 bis 315		10^2 C_6 J m^{-2} ($t > T_2$) 18 $t^{0,75}$ C_6 J m^{-2} ($t < T_2$)			C_2 J m^{-2}	
315 bis 400		C_1 J m^{-2}			10^4 J m^{-2}	10 W m^{-2}
400 bis 700	$2 \cdot 10^{11}$ W m^{-2}	200 J m^{-2}	$1{,}1 \cdot 10^4$ $t^{0,25}$ J m^{-2}		2000 W m^{-2}	
700 bis 1400	$2 \cdot 10^{11}$ C_4 W m^{-2}	200 C_4 J m^{-2}	$1{,}1 \cdot 10^4$ C_4 $t^{0,25}$ J m^{-2}		2000 C_3 W m^{-2}	
1400 bis 1500	10^{13} W m^{-2}	10^3 J m^{-2}		5600 $t^{0,25}$ J m^{-2}	1000 W m^{-2} [3]	
1500 bis 1800	10^{12} W m^{-2}	10^4 J m^{-2}				
1800 bis 2600	10^{11} W m^{-2}	10^3 J m^{-2}		5600 $t^{0,25}$ J m^{-2}		
2600 bis 10^6	10^{12} W m^{-2}	100 J m^{-2}		5600 $t^{0,25}$ J m^{-2}		

Tab. 4.4.3: Maximal zulässige Bestrahlung (MZB) für die Einwirkung von Laserstrahlen auf die Haut (DIN EN 60 825-1)

Beispiel für Ermittlung MZB-Wert:

Geg.: Helium-Cadmium-Laser; $\lambda = 325$ nm mit einer Emissionsdauer $t = 0{,}1$ s

Ges.: MZB-Wert für Einwirkung auf Hornhaut

Lsg.: Tab. 4.4.2 für Wellenlängenbereich λ = 315 nm bis 400 nm (Zeile) und bei Einwirkungsdauer $t = 1 \cdot 10^{-3}$ bis 10 s (Spalte) → MZB-Wert: C_1 $J \cdot m^{-2}$;

Tab. 4.4.4 Korrekturfaktor $C_1 = 5{,}6 \cdot 10^3 \cdot t^{0,25}$;

Ergebnis Bestrahlung $H_{MZB} = 5{,}6 \cdot 10^3 \cdot 0{,}1^{0,25}\ J/m^2 = 3{,}15 \cdot 10^3 J/m^2$

Ergebnis Bestrahlungsstärke

$$E_{MZB} = \frac{H_{MZB}}{t} = \frac{3{,}15 \cdot 10^3}{0{,}1} J/m^2s = 3{,}15 \cdot 10^4\,W/m^2$$

Parameter	**Wellenlängenbereich λ [nm]**
$C_1 = 5{,}6 \times 10^3\ t^{0,25}$	302,5 bis 400
$T_1 = 10^{0,8(\lambda-295)} \times 10^{-15}$ s	302,5 bis 315
$C_2 = 10^{0,2(\lambda-295)}$	302,5 bis 315
$T_2 = 10 \times 10^{[(\alpha - \alpha min / 98,5]}$ s	400 bis 1400
$C_3 = 1{,}0$	400 bis 450
$C_3 = 10^{0,02(\lambda-450)}$	450 bis 600
$C_4 = 10^{0,002(\lambda-700)}$	700 bis 1050
$C_4 = 5{,}0$	1050 bis 1400
$C_5 = N^{-1/4}$	400 bis 10^6
$C_6 = 1{,}0$ für $\alpha \leq \alpha_{min}$	400 bis 1400
$C_6 = \alpha/\alpha_{min}$ für $\alpha_{min} < \alpha \leq \alpha_{max}$	400 bis 1400
$C_6 = \alpha_{max}/\alpha_{min} = 66{,}7$ für $\alpha > \alpha_{max}$	400 bis 1400
$C_7 = 1{,}0$	700 bis 1150
$C_7 = 10^{0,018(\lambda-1150)}$	1150 bis 1200
$C_7 = 8$	1200 bis 1400

Erläuterungen → DIN EN 60825-1

$\alpha_{min} = 1{,}5$ mrad

$\alpha_{max} = 100$ mrad

N ist die Anzahl der Impulse während der anzuwendenden Zeitdauer

Tab. 4.4.4: Korrekturfaktoren (DIN EN 60 825-1)

Durch die MZB-Werte werden Bereiche festgelegt, die für die Sicherheit der Beschäftigten von Bedeutung sind.

Laserbereich (Nominal Ocular Hazard Area – NOHA) ist der Bereich, im dem die Bestrahlungsstärke E oder die Bestrahlung H die MZB-Werte des Auges übertrifft, einschließlich der Möglichkeit einer zufälligen Ablenkung des Laserstrahls.

Erweiterter Laserbereich ist der Bereich, der die Möglichkeit der Betrachtung mittels optischer Hilfsmittel einschließt.

Grenzwerte der zugänglichen Strahlung (GZS) sind Maximalwerte, die für eine bestimmte Klasse nach dem Stand der Technik zulässig sind. Mit Hilfe der GZS-Werte werden Lasereinrichtungen nach DIN EN 60825-1 in Laserklassen eingeteilt (→4.4.1 „Laserklassen").

Messtechnik

Messtechnik für Laserstrahlung ist erforderlich für Prüfungen, Messungen der Strahlung und der Messgeometrie.

Prüfungen sind durchzuführen, um die Wirksamkeit der Sicherheitsverriegelungen in den Strahlengängen von Lasereinrichtungen bei Bedien- und Wartungsarbeiten zu gewährleisten.

Messungen der Laserstrahlung sind aus der Sicht des Betreibers nur notwendig, wenn der Laser aufgrund seiner Leistungsdaten nicht in eine bestimmte Klasse eingeordnet ist.

Für Hersteller von Lasereinrichtungen sind Messungen der Laserleistung, der Pulsenergie bei Impulslasern, der Energie- und Pulsstabilität sowie der Pulsfolgefrequenz eine ständige Aufgabe. Anleitung für den Messaufbau, für Prüfgeräte, für die Messdurchführung und -auswertung (→DIN EN ISO 11554 und DIN EN 61040).

Messungen der Messgeometrie ermitteln den Durchmesser der Messblende und die Messabstände zwischen Messpunkt und der Quelle der Laserstrahlung.

Rechtsgrundlagen

Rechtliche Regelungen zum Schutz vor Laserstrahlung existieren sowohl für Lasereinrichtungen (= Produktsicherheit) als auch für die Beschäftigten bei der Arbeit (= Arbeitssicherheit) einschließlich der Patienten bei medizinisch genutzten Lasern. Diese Regelungen sind größtenteils europäisch harmonisiert. Eine Übersicht der Rechtsgrundlagen und ausgewählter technischer Regeln zum Schutz vor Laserstrahlung (→Tab. 4.4.5).

Die *MaschinenVO* (9.GPSGV) fordert in Verbindung mit dem Inverkehrbringen von Lasereinrichtungen an Maschinen u.a. diese Einrichtungen so abzuschirmen, dass weder durch die Nutzstrahlung noch durch reflektierende oder streuende Strahlung sowie Sekundärstrahlung Gesundheitsgefahren auftreten können.

Für medizinisch genutzt Laser gilt das *Medizinproduktegesetz* (MPG).

Regelungsgegenstand	Rechtsgrundlagen		Technische Regeln
	europäisch	national	
Produktsicherheit	1998/37/EG 1990/385/EWG 1993/42/EWG	9. GPSGV MPG	DIN EN 12626 DIN EN 60825-4 DIN EN ISO 11810 DIN EN 60601-2-22 DIN EN 61223
Arbeitssicherheit	1989/655/EWG 1995/63/EG (1998/34/EG)	Betr Sich V BGV B2 MP Betreib V	DIN EN 12254 DIN EN 60825-1 BGI 832 DIN EN ISO 14971

Tab. 4.4.5: Rechtsgrundlagen und Regeln zum Schutz vor Laserstrahlung (Bezeichnung der Vorschriften und Regeln siehe Literatur)

Die *BetriebssicherheitsVO* (BetrSichV) enthält Anforderungen an das Bereitstellen und Benutzen von Arbeitsmitteln, u.a. die Forderung, Gefährdungen für Beschäftigte durch physikalische, chemische, ... Einwirkungen zu vermeiden und nur wirksame Schutzeinrichtungen (zum Schutz vor Laserstrahlung – der Verfasser) einzusetzen (→Anhang 2 BetrSichV).

Die *Unfallverhütungsvorschrift BGV B2 „Laserstrahlung"* gilt für die Erzeugung, Übertragung und Anwendung von Laserstrahlung und enthält Verpflichtungen an den Arbeitgeber, nur sichere Lasereinrichtungen nach den Betriebsvorschriften dieser BGV B2 zu betreiben. Grundlage der Einteilung der Lasereinrichtungen in Laserklassen in dieser Unfallverhütungsvorschrift ist DIN EN 60 825-1 (Ausgabe 03/1997).

Für das Inverkehrbringen von Lasereinrichtungen ab dem 1. 1. 2004 gelten aber modifizierte Laserklassen nach DIN EN 60 825-1 (Ausgabe 10/2003). Seitens der Unfallversicherungsträger ist die BGI 832 überarbeitet worden, die diese neuen Laserklassen berücksichtigt (→4.4.1 „Laserklassen").

4.4.3 Maßnahmen zum Schutz vor Laserstrahlung

Technische Schutzmaßnahmen

Die technischen Maßnahmen umfassen bauliche, installatorische und apparative Maßnahmen, die vorrangig durch den Hersteller von Lasereinrichtungen zu realisieren und vom Betreiber zu nutzen und ggf. zu ergänzen sind.

Schutzgehäuse ist das Teil einer Lasereinrichtung, das die zugängliche Strahlung (GZS-Wert) begrenzt. Schutzgehäuse sind erforderlich, wenn die Strahlung den Grenzwert der Klasse 1 überschreitet. „Eigensichere" Lasersysteme haben ein allseitig geschlossenes Schutzgehäuse, z.B. Laserdrucker. Abnehmbare Teile des Schutzgehäuses müssen mit einer Sicherheitsverriegelung versehen sein oder dürfen nur mit speziellen Werkzeugen zu lösen sein.

Hauptschalter an Lasereinrichtungen der Klasse 3B und 4 müssen schlüsselbetätigt sein. Der Schlüssel muss abziehbar sein und die Laserstrahlung darf nicht zugänglich sein, wenn der Schlüssel abgezogen ist.

Beobachtungsöffnungen, -optiken oder Anzeigeschirme einer Lasereinrichtung müssen mit einer Strahldämpfung ausgestattet sein, die die zugängliche Strahlung auf Werte der Klasse 1 begrenzt.

Abschirmungen sind Schutzwände, die die Beschäftigten vor unkontrollierter Ausbreitung direkter oder diffuser Laserstrahlung schützen, die oberhalb des MZB-Wertes liegen. Die Abschirmungen können auch zum Schutz umliegender Arbeitsplätze und Verkehrswege vor Laserstrahlung eingesetzt werden. Entscheidend für die Schutzfunktion einer Abschirmung ist deren Schutzstufe, die nach der Charakteristik der Laserstrahlung auszuwählen ist (→ Tab. 4.4.6).

Schutzstufe	Maximaler spektraler Transmissionsgrad bei den Laserwellenlängen	Mittlere **Leistungs- und Einzelimpulsenergiedichte** zur Prüfung der Schutzwirkung und der Beständigkeit gegen Laserstrahlung im Wellenlängenbereich									
		180 nm bis 315 nm			> 315 nm bis 1050 nm	> 1050 nm bis 1400 nm	> 315 nm bis 1400 nm		>1400 nm bis 10^6		
		D	**I, R**	**M**	**D**	**D**	**I, R**	**M**	**D**	**I, R**	**M**
		E_D	$H_{I,R}$	E_M	E_D	E_D	$H_{I,R}$	H_M	E_D	$H_{I,R}$	E_M
	$\tau(\lambda)$	W/m²	J/m²	W/m²	W/m²	W/m²	J/m²	W /m²	W/m²	J/m²	W/m²
A 1	10^{-1}	0,01	$3*10^2$	$3*10^{11}$	10	$2{,}5*10^2$	0,05	0,0015	10^4	10^3	10^{12}
A 2	10^{-2}	0,1	$3*10^3$	$3*10^{12}$	10^2	$2{,}5*10^3$	0,5	0,015	10^5	10^4	10^{13}
A 3	10^{-3}	1	$3*10^4$	$3*10^{13}$	10^3	$2{,}5*10^4$	5	0,15	10^6	10^5	10^{14}
A 4	10^{-4}	10	$3*10^5$	$3*10^{14}$	10^4	$2{,}5*10^5$	50	1,5	10^7	10^6	10^{15}
A 5	10^{-5}	100	$3*10^6$	$3*10^{15}$	10^5	$2{,}5*10^6$	$5*10^2$	15	10^8	10^7	10^{16}
A 6	10^{-6}	10^3	$3*10^7$	$3*10^{16}$	10^6	$2{,}5*10^7$	$5*10^3$	$1{,}5*10^2$	10^9	10^8	10^{17}
A 7	10^{-7}	10^4	$3*10^8$	$3*10^{17}$	10^7	$2{,}5*10^8$	$5*10^4$	$1{,}5*10^3$	10^{10}	10^9	10^{18}
A 8	10^{-8}	10^5	$3*10^9$	$3*10^{18}$	10^8	$2{,}5*10^9$	$5*10^5$	$1{,}5*10^4$	10^{11}	10^{10}	10^{19}
A 9	10^{-9}	10^6	$3*10^{10}$	$3*10^{19}$	10^9	$2{,}5*10^{10}$	$5*10^6$	$1{,}5*10^5$	10^{12}	10^{11}	10^{20}
A 10	10^{-10}	10^7	$3*10^{11}$	$3*10^{20}$	10^{10}	$2{,}5*10^{11}$	$5*10^7$	$1{,}5*10^6$	10^{13}	10^{12}	10^{21}

Tab. 4.4.6: Schutzstufen für Abschirmungen an Laserarbeitsplätzen (DIN EN 12254)

Beispiel zur Ermittlung der Schutzstufe für eine Laserabschirmung:

Geg.: Argon-Dauerstrichlaser; $\lambda = 500$ nm; P = 4 W; Strahldurchmesser a = 1,6 mm

Ges.: Schutzstufe für Abschirmung

Lsg.: Bestrahlungsstärke $E = \frac{P}{A} = \frac{4}{\pi \cdot 0{,}8^2} \, W/mm^2 = 2 \cdot 10^6 \, W/m^2$

Tab. 4.4.6: Wellenlängenbereich > 315 nm bis 1050 nm und Dauerstrichlaser D (Spalte) sowie $E = 2 \cdot 10^6 \, W/m^2$ (Zeile) → Schutzstufe A7.

Akustische oder visuelle Signale müssen abgegeben werden, wenn eine Lasereinrichtung der Klasse 3R im Wellenlängenbereich < 400 nm und > 700 nm (nicht sichtbarer Bereich) sowie generell der Klasse 3B und 4 eingeschaltet wird oder wenn Kondensatorbänke gepulster Laser geladen werden.

Arbeitsräume, die zum Betrieb von Lasereinrichtungen der Klassen 3B und 4 vorgesehen sind, dürfen nur diffus reflektierende Oberflächen (z.B. Fußboden, Decke, Wände, Ausrüstungen) aufweisen. Reflektierende Flächen im Arbeitsraum (z.B. Fenster) müssen abgedeckt werden.

Der Hersteller einer Lasereinrichtung muss in der *Betriebsanleitung* (Benutzerinformation) das sicherheitstechnische Konzept, auftretende Gefährdung und Maßnahmen zu ihrer Beseitigung aufführen. Diese Informationen sind zu ergänzen um Gefahrenhinweise, die von den zu bearbeitenden Werkstoffen und von den elektrischen Ausrüstungen ausgehen können.

Organisatorische Schutzmaßnahmen

Die organisatorischen Maßnahmen ergänzen die technischen Maßnahmen und sind vom Betreiber einer Lasereinrichtung auf der Grundlage der Herstellerinformation zu treffen.

Laserbereiche sind für die Laserklassen 3R, 3B oder 4 zu bestimmen auf der Grundlage der MZB-Werte und während des Betriebes abzugrenzen (durch Abschirmungen). Die Entfernung, bei der die Bestrahlungsstärke oder die Bestrahlung gleich dem entsprechenden MZB-Wert des Auges ist, wird als *Sicherheitsabstand (Nominal Ocular Hazard Distance – NOHD)* bezeichnet. Die Berechnung (vereinfacht) des Sicherheitsabstandes für Dauerstrich und Impulslaser erfolgt nach den Bestimmungsgleichungen

– Dauerstrichlaser $NOHD = \sqrt{\frac{P}{2\pi \cdot E_{MZB}}}$ in m

– Impulslaser $NOHD = \sqrt{\frac{Q}{2\pi \cdot E_{MZB}}}$ in m

(Erläuterung der Größen → Kapitel 4.4.1 „Physikalische Grundlagen“)

Beispiel zur Bestimmung des Sicherheitsabstandes:

Geg.: Nd: YAG-Impulslaser; λ = 1064 nm; Q = 20 J; H = 0,5 J/m^2
Ges.: Sicherheitsabstand NOHD für Laserbereich

Lsg.: $NOHD = \sqrt{\frac{Q}{2\pi \cdot H_{MZB}}} = \sqrt{\frac{20}{2\pi \cdot 0{,}5}} = 2{,}53m$

Anzeigepflicht an die für den Arbeitsschutz zuständige staatliche Stelle und den zuständigen Unfallversicherungsträger besteht vor der ersten Inbetriebnahme für Lasereinrichtungen der Klassen 3R, 3B oder 4. Die Anzeige muss Aussagen zum Hersteller, zur Lasereinrichtung (u.a. Laserart, Wellenlänge, Strahlungsleistung/-energie, Laserklasse, Betriebsart), zur Anwendungsart des Lasers, zu eingesetzten PSA und zum Namen des Laserschutzbeauftragten enthalten.

Laserschutzbeauftragte sind schriftlich zu bestellen, wenn Lasereinrichtungen der Klassen 3R, 3B oder 4 betrieben werden. Aufgabe des Beauftragten ist es, den Betrieb des Lasers zu überwachen, den Arbeitgeber hinsichtlich des sicheren Betriebes und der notwendigen Schutzmaßnahmen zu beraten und mit der Fachkraft für Arbeitssicherheit zusammenzuarbeiten. Voraussetzung für die Bestellung ist eine entsprechende Fachkunde der Laserstrahlung (Wirkung, Maßnahmen, Rechtsvorschriften und Prüfungen).

Sicherheitskennzeichnung ist für jede Lasereinrichtung ab Klasse 1M erforderlich. Das Laserwarnschild ist durch ein Hinweisschild mit erklärender Beschriftung zu ergänzen (→Abb. 4.4.2).

Abb. 4.4.2: Beschilderung einer Lasereinrichtung

Unterweisungen sind über die Gefährdungen beim Einsatz von Lasereinrichtungen und das entsprechende Verhalten der Beschäftigten, die an Lasern der Klasse 1M, 2, 2M, 3R, 3B, oder 4 arbeiten und für Beschäftigte, die sich in Laserbereichen der Klassen 3R, 3B oder 4 aufhalten, durchzuführen, jährlich zu wiederholen und zu dokumentieren.

Beschäftigungsbeschränkungen gelten für Jugendliche in Laserbereichen der Klasse 3R, 3B oder 4. Ausnahme von dieser Beschränkung, wenn der Aufenthalt für Jugendliche über 16 Jahren für die Ausbildung erforderlich ist.

Persönliche Schutzmaßnahmen (PSA)

Beim Einsatz von Lasereinrichtungen sollten grundsätzlich die technischen und organisatorischen Maßnahmen zum Schutz vor Laserstrahlung für die Beschäftigten ausreichen. Lediglich bei Störungen, Wartungs- und Einrichtarbeiten sollten PSA zum Einsatz kommen, um Auge und Haut zu schützen. Ab Laserklasse 3R ist Augenschutz erforderlich und Laserklasse 3B oder 4 zusätzlich noch Hautschutz. Spezielle Schutzausrüstungen vor Laserstrahlung gibt es nur für den Augenschutz. Die zum Schutz der Augen zum Einsatz kommenden Schutzfilter absorbieren einerseits die Strahlung und andererseits reflektieren sie die Strahlung.

Laserschutzbrillen (→DIN EN 207) sind für den direkten Blick in den Strahl ausgelegt. Die Bestrahlungsstärke ist soweit reduziert, dass sie hinsichtlich der Strahlung Lasern der Klasse 1 entspricht. Allerdings sind Laserschutzbrillen nicht für den dauernden Blick in den Laserstrahl geeignet. Im Wellenlängenbereich > 400 nm ist der Schutz auf eine Zeit von 10 s, ansonsten auf eine Zeit von 30000 s ausgelegt. Laserschutzbrillen werden nach DIN EN 207 in Schutzstufen L1 bis L10 unterteilt, denen jeweils Transmissionsgrad und Leistungs- bzw. Energiedichte in verschiedenen Wellenlängenbereichen zugeordnet sind (→Tab. 4.4.7).

Bei *Dauerstrichlasern (D)* wird die Strahlungsstärke E errechnet und aus Tab. 4.4.7 die Schutzstufe ausgewählt.

Beispiel zur Ermittlung der Schutzstufe der Laserschutzbrille:

Geg.: Argon-Dauerstrichlaser, $\lambda = 500$ nm; $P = 4$ W; Strahldurchmesser $a = 1{,}6$ mm

Ges.: Schutzstufe der Laserschutzbrille

Lsg.: Bestrahlungsstärke $E = \frac{P}{A} = \frac{4}{\pi \cdot 0{,}8^2} \, W/mm^2 = 2 \cdot 10^6 \, W/m^2$

Tab. 4.4.7: Wellenlängenbereich 315 nm bis 1400 nm und Dauerstrichlaser D (Spalte) sowie $E = 2 \cdot 10^6 \, W/m^2$ (Zeile) →Schutzstufe L6.

Bei *Impulslasern (I, R)* wird die Bestrahlung errechnet

$H = \frac{Q}{A}$ mit Q – Strahlungsenergie und A – Fläche des Strahles,

und in Abhängigkeit von der Wellenlänge nach Tab. 4.4.7 die Schutzstufe ausgewählt.

Schutzstufe DIN EN 207	Maximaler spektraler Transmissionsgrad bei den Laserwellenlängen $\tau(\lambda)$	Maximale **Energie- bzw. Leistungsdichte** im Wellenlängenbereich								
		180 nm bis 315 nm			315nm bis 1400nm			1400 nm bis 1000⊃n		
		Für die Laserbetriebsart / Betriebsdauer in s								
		D ♦ $3*10^{4}$	**I, R** 10^{-9} - $3*10^{4}$	**M** $<10^{-9}$	**D** > $5*10^{-4}$	**I, R** 10^{-9} - $5*10^{-4}$	**M** $<10^{-9}$	**D** >0,1	**I, R** 10^{-9} - 0,1	**M** $<10^{-9}$
		E W/m²	H J/m²	E W/m²	E W/m²	H J/m²	E W /m²	E W/m²	H J/m²	E W/m²
L 1	10^{-1}	0,01	$3*10^{2}$	$3*10^{11}$	10^{2}	0,05	$5*10^{7}$	10^{4}	10^{3}	10^{12}
L 2	10^{-2}	0,1	$3*10^{3}$	$3*10^{12}$	10^{3}	0,5	$5*10^{8}$	10^{5}	10^{4}	10^{13}
L 3	10^{-3}	1	$3*10^{4}$	$3*10^{13}$	10^{4}	5	$5*10^{9}$	10^{6}	10^{5}	10^{14}
L 4	10^{-4}	10	$3*10^{5}$	$3*10^{14}$	10^{5}	50	$5*10^{10}$	10^{7}	10^{6}	10^{15}
L 5	10^{-5}	100	$3*10^{6}$	$3*10^{15}$	10^{6}	500	$5*10^{11}$	10^{8}	10^{7}	10^{16}
L 6	10^{-6}	10^{3}	$3*10^{7}$	$3*10^{16}$	10^{7}	$5*10^{3}$	$5*10^{12}$	10^{9}	10^{8}	10^{17}
L 7	10^{-7}	10^{4}	$3*10^{8}$	$3*10^{17}$	10^{8}	$5*10^{4}$	$5*10^{13}$	10^{10}	10^{9}	10^{18}
L 8	10^{-8}	10^{5}	$3*10^{9}$	$3*10^{18}$	10^{9}	$5*10^{5}$	$5*10^{14}$	10^{11}	10^{10}	10^{19}
L 9	10^{-9}	10^{6}	$3*10^{10}$	$3*10^{19}$	10^{10}	$5*10^{6}$	$5*10^{15}$	10^{12}	10^{11}	10^{20}
L 10	10^{-10}	10^{7}	$3*10^{11}$	$3*10^{20}$	10^{11}	$5*10^{7}$	$5*10^{16}$	10^{13}	10^{12}	10^{21}

Tab. 4.4.7: Schutzstufen von Laserschutzbrillen (DIN EN 207)

Für Laser im Wellenlängenbereich 400 nm bis 1400 nm ist die Bestrahlung H zusätzlich wie folgt zu korrigieren:

Ist die Impulswiederholungsfrequenz des Lasers v in Hz, dann ist die Gesamtzahl der Impulse N innerhalb der betrachteten Zeitbasis von 10 s.

$$N = v \cdot 10s,$$

dann ist der Wert für die errechnete Bestrahlung H mit $N^{1/4}$ zu multiplizieren:

$$H' = H \cdot N^{1/4}$$

Mit der entsprechenden Wellenlänge ist dann aus Tab. 4.4.7 die Schutzstufe der Laserschutzbrille auszuwählen.

Beispiel zur Ermittlung der Schutzstufe der Laserschutzbrille:

Geg.: Rubin-Impulslaser; $\lambda = 694$ nm; $H_{MZB} = 0{,}10$ J/m², Impulswiederholungsfrequenz $v = 1000\ s^{-1}$

Ges.: Schutzstufe der Laserschutzbrille

Lsg.: $H' = H \cdot N^{1/4}$ mit $N = v \cdot 10s = \frac{1000 \cdot 10s}{s} = 10^4$

$H' = H \cdot \sqrt[4]{10^4} = 10 \cdot 0{,}1\, J/m^2 = 1\, J/m^2$

Tab. 7: Wellenlängenbereich 315 nm bis 1400 nm und Impulslaser I (Spalte) sowie $H' = 1\, J/m^2$ (Zeile) → Schutzstufe L3

Bei *Impulslasern (M)* erfolgt die Ermittlung der Schutzstufe wie bei Dauerstrichlasern, wobei für die Laserleistung P die Spitzenleistung in den Einzelimpulsen verwendet wird. Bei Wellenlängen zwischen 400 nm bis 1400 nm ist dann analog Impulslaser (I, R) H' zu berechnen.

Laserjustierbrillen (→DIN EN 208) sind nur für den Bereich der sichtbaren Laserstrahlung (400 nm bis 700 nm) anwendbar. Sie bewirken eine Abschwächung der Strahlung auf einen Wert der Klasse 2 (= 1 mW für Dauerstrichlaser), wobei der Lidschlussreflex mit berücksichtigt wird. Laserjustierbrillen werden nach DIN EN 208 in Schutzstufen R1 bis R5 unterteilt, denen jeweils Transmissionsgrad und Leistungs- bzw. Energiedichte in verschiedenen Wellenlängenbereichen zugeordnet sind (→Tab. 4.4.8).

Schutzstufe DIN EN 208	Maximale Leistung für **Dauerstrichlaser**	Maximale Energie für **Impulslaser**	Bereich des spektralen **Transmissionsgrades**
R 1	10 mW	$2 * 10^{-6}$ J	10^{-1} bis 10^{-2}
R 2	100 mW	$2 * 10^{-5}$ J	10^{-2} bis 10^{-3}
R 3	1 W	$2 * 10^{-4}$ J	10^{-3} bis 10^{-4}
R 4	10 W	$2 * 10^{-3}$ J	10^{-4} bis 10^{-5}
R 5	100 W	$2 * 10^{-2}$ J	10^{-5} bis 10^{-6}

Tab. 4.4.8: Schutzstufen von Laserjustierbrillen (DIN EN 208)

Beispiel zur Ermittlung der Schutzstufe der Laserjustierbrille:

Geg.: Argon-Dauerstrichlaser → s. Beispiel Laserschutzbrille mit P = 4W

Ges.: Schutzstufe der Laserjustierbrille

Lsg.: Maximale Leistung des Dauerstrichlasers P = 4W

Tab. 4.4.8 → Schutzstufe R4

Literatur

Richtlinie des Rates vom 20. 6. 1990 zur Angleichung der Rechtsvorschriften der Mitgliedsstaaten über aktive implantierbare medizinische Geräte (1990/385/EWG) mit Änderung/Ergänzung (93/68/EWG)

Richtlinie des Rates vom 14. 6. 1993 über Medizinprodukte (93/42/EWG) mit Änderungen/Ergänzungen (98/79/EG; 2000/70/EG und 2001/104/EG)

Richtlinie des Rates vom 5. 12. 1995 zur Änderung der Richtlinie 89/655/EWG über Mindestvorschriften für Sicherheit und Gesundheitsschutz bei der Benutzung von Arbeitsmitteln durch Arbeitnehmer bei der Arbeit (1995/63/EG)

Richtlinie des Europäischen Parlaments und des Rates vom 22. 6. 1998 über ein Informationsverfahren auf dem Gebiet der Normen und technischen Vorschriften und der Vorschriften für die Dienste der Informationsgesellschaft (1998/34 /EG)

Richtlinie des europäischen Parlaments und des Rates vom 22. 6. 1998 zur Angleichung der Rechts- und Verwaltungsvorschriften der Mitgliedstaaten für Maschinen (98/37/EG)

Gesetz über Medizinprodukte (Medizinproduktegesetz – MPG) vom 7. 8. 2002, zuletzt geändert durch Art. 109 der Verordnung vom 25. 11. 2003 (BGBl. I S. 2304)

VO über das Einrichten, Betreiben und Anwenden von Medizinprodukten (Medizinprodukte-BetreiberVO – MPBetreibV) vom 21. 8. 2002, zuletzt geändert durch Art. 288 der Verordnung vom 25. 11. 2003 (BGBl. I S. 2304)

Neunte VO zum Geräte- und Produktsicherheitsgesetz (MaschinenVO – 9. GPSGV) vom 12. 5. 1993, zuletzt geändert durch Art. 16 des Gesetzes vom 6. 1. 2004 (BGBl. I S. 2)

VO über Sicherheit und Gesundheitsschutz bei der Bereitstellung von Arbeitsmitteln und deren Benutzung bei der Arbeit, über Sicherheit beim Betrieb überwachungsbedürftiger Anlagen und über die Organisation des betrieblichen Arbeitsschutzes (Betriebssicherheitsverordnung – BetrSichV) vom 27. 9. 2002, zuletzt geändert durch Art. 22 des Gesetzes vom 6. 1. 2004 (BGBl. I S. 2).

BGV B2 Laserstrahlung

BGI 832 Betrieb von Lasereinrichtungen.

DIN EN 207 Persönlicher Augenschutz; Filter und Augenschutzgeräte gegen Laserstrahlung (Laserschutzbrillen)

DIN EN 208 Persönlicher Augenschutz; Augenschutzgeräte für Justierarbeiten an Lasern und Laseraufbauten (Laser-Justierbrillen)

DIN EN 980 Grafische Symbole zur Kennzeichnung von Medizinprodukten

DIN 5031-1 Strahlungsphysik im optischen Bereich und Lichttechnik; Größen, Formelzeichen und Einheiten der Strahlungsphysik

DIN EN ISO 11 554 Optik und optische Instrumente; Laser und Laseranlagen; Prüfverfahren ...

DIN EN ISO 11 810 Laser und Laseranlagen; Prüfverfahren und Klassifizierung für die Laserbeständigkeit von Operationstüchern und/oder Abdeckungen zum Schutz des Patienten

DIN EN 12 254 Abschirmung an Laserarbeitsplätzen

DIN EN 12 626 Sicherheit von Maschinen; Laserbearbeitungsmaschinen; sicherheitstechnische Anforderungen
(DIN EN ISO 11 553 als Ersatz vorgesehen)

DIN EN ISO 14 971 Medizinprodukte; Anwendung des Risikomanagement auf Medizinprodukte

DIN EN 31 252 Laser und Laseranlagen; Lasergeräte – Mindestanforderungen an die Dokumentation

DIN 56 912 Showlaser und Showlaseranlagen; Sicherheitsanforderungen an die Prüfung

DIN EN 60 601-2-22 Medizinische elektrische Geräte; Besondere Festlegungen für die Sicherheit von diagnostischen und therapeutischen Lasergeräten

DIN EN 60 825-1 Sicherheit von Lasereinrichtungen; Klassifizierung von Anlagen, Anforderungen und Benutzer-Richtlinien

DIN EN 60 825-4 Sicherheit von Lasereinrichtungen; Laserschutzwände

DIN EN 61 040 Detektoren, Messgeräte und Einrichtungen zur Messung von Laserleistung und Laserenergie

DIN EN 61 223 T.1-T.4 Bewertung und Prüfung in Abteilungen für medizinische Bildgebung

FS-92-59/2-AKNIR Regelwerk des Fachverbandes für Strahlenschutz – Laserstrahlung

Sutter, E. (1999): Schutz vor optischer Strahlung. VDE Verlag Berlin, Offenbach

5 Schutz vor arbeitsbedingten Erkrankungen

Inhaltsverzeichnis

5.1 Gefährdungsmodell – Schutz vor arbeitsbedingten Erkrankungen

Nach § 5 Arbeitsschutzgesetz ist der Arbeitgeber zur Beurteilung der Arbeitsbedingungen verpflichtet. Aber auch in diversen Verordnungen zum Arbeitsschutzgesetz werden untersetzende Gefährdungsbeurteilungen gefordert, z.B. nach §3 Bildschirmarbeitsverordnung, §§ 6 u. 7 Biostoffverordnung. Dabei sind die mit der Arbeit verbundenen Gefährdungen zu ermitteln und Maßnahmen des Arbeitsschutzes zum Abbau dieser Gefährdungen festzulegen. Mit der Gefährdungsbeurteilung wird eine systematische Prävention zur Verhütung von arbeitsbedingten Erkrankungen durchgeführt.

Zum Erkennen und Bewerten der Entstehungsmöglichkeit von Erkrankungen der Beschäftigten bei der Arbeit empfiehlt sich eine Vorgehensweise anhand des *Gefährdungsmodells* (→Abb. 5.1.1). Danach wird *prospektiv* und systematisch beurteilt

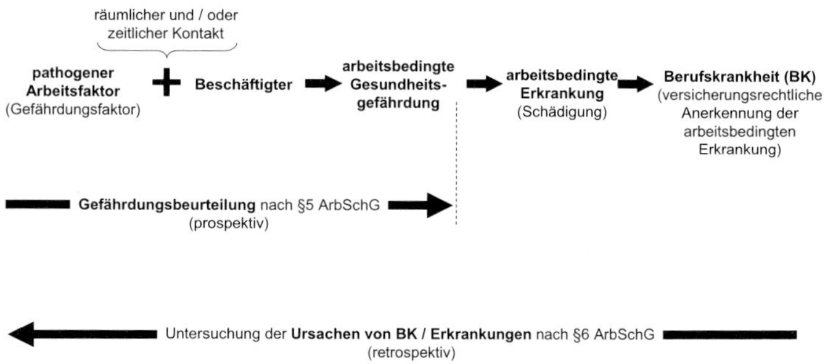

Abb. 5.1.1 Gefährdungsmodell – Schutz vor arbeitsbedingten Erkrankungen

- welche pathogenen Arbeitsfaktoren im betrachteten Arbeitssystem auftreten und
- ob räumliche und zeitliche Kontaktmöglichkeiten der Beschäftigten (unter Beachtung aller Betriebszustände) mit diesen Faktoren möglich sind (= Analyse)
- welche gesundheitlichen Folgen / Auswirkungen die pathogenen Arbeitsfaktoren für die Beschäftigten haben können (= Bewertung)
- welche Maßnahmen des Arbeitsschutzes erforderlich sind.

Bei der Analyse relevanter Erkrankungs- / Gefährdungsfaktoren werden zunächst Gruppen von Faktoren hinterfragt und bei Relevanz untersetzt, z.B.

<u>Gefährdung durch Strahlung</u>

- ionisierende Strahlung
  - Röntgenstrahlung
  - Radioaktive Strahlung
- nichtionisierende Strahlung
  - optische Strahlung
  - ...

<u>Gefährdung durch Vibration</u>

- Ganzkörpervibration
- Hand-Arm-Vibration

Der Eintritt einer gesundheitlichen Schädigung im Zusammenhang mit der Arbeit ist **möglich**, wenn ein pathogener Arbeitsfaktor objektiv vorhanden ist oder durch die Handlung des Beschäftigten hervorgerufen wird und der Eintritt ist **wahrscheinlich**, wenn ein pathogener Arbeitsfaktor mit den Beschäftigten räumlich und/oder zeitlich zusammentrifft.

Mit Hilfe des Gefährdungsmodells können auch *retrospektiv* Ursachen von eingetretenen arbeitsbedingten Erkrankungen untersucht werden (→Kapitel 3.2).

Nachfolgend werden ausgewählte Gefährdungen näher betrachtet, dessen Gefährdungs-/Energiepotential zu arbeitsbedingten Erkrankungen führen kann.

5.2 Gefährdungen durch Lärm

5.2.1 Grundlagen

Bedeutung

Der Bakteriologe Robert Koch (1843 – 1910) hat vorausgesagt: „Der Tag wird kommen, da wird der Mensch den Lärm genauso bekämpfen wie heute die Pest." In den letzten Jahrzehnten wurde dies bei der Arbeit, im Straßenverkehr und im Freizeitbereich Wirklichkeit. In der Bundesrepublik Deutschland sind etwa 15 % der Beschäftigten wenigstens zeitweise gefährlichem Lärm > 85 dB(A) ausgesetzt. Maßnahmen zur Beseitigung oder Verminderung von Lärm haben daher große praktische Bedeutung. Fragen der Lärmbekämpfung sind dabei nicht nur für den Arbeitsschutz wesentlich, sondern auch ein wichtiges Anliegen des Umweltschutzes.

Physikalische Grundlagen

Zu Schwingungen angeregte Körper (Körperschall) erzeugen in der umgebenden Luft periodische Druckschwankungen (Luftschall), die der Mensch als Geräusch zwischen etwa 16 und etwa 16000 Hz wahrnimmt. Schall mit höheren Frequenzen wird Ultraschall, Schall mit niedrigeren Frequenzen Infraschall genannt. Schall pflanzt sich in festen, flüssigen und gasförmigen Stoffen wellenförmig fort. In Luft beträgt die Geschwindigkeit 331 m/s bei 0° C, in flüssigen und gasförmigen Körpern ist sie wesentlich höher. Im Gegensatz zu den elektromagnetischen Wellen (Licht, ionisierende Strahlung, Funk), die sich durch Transversalwellen ausbreiten, handelt es sich bei Schall um Longitudinalwellen.

Die physikalische Größe *Schall* bewirkt einen Höreindruck, der Schalldruck bestimmt die Lautstärke und die Frequenz des Schalls die Tonhöhe und den Klang.

Mit dem Begriff *Lärm* wird der Schall bezeichnet, der eine gesundheitsschädigende Wirkung hat, die Sicherheit am Arbeitsplatz gefährdet, die Kommunikation stört bzw. einen belastenden und leistungsbeeinträchtigenden Einfluss auf die Beschäftigten hat.

Die Schall- (Geräusch-)Pegel werden unterschieden nach
- Emissionsgrößen (Geräuschangabe einer Schallquelle) und
- Immissionsgrößen (arbeitsplatz- oder personenbezogener Pegel aller Schallquellen).

Die Einheit der Pegel ist das Dezibel (dB), benannt nach BELL, der das Telefonieren populär gemacht hat (1 Bel = 10 dB).

Bei den **Emissionsgrößen** werden folgende Geräuschangaben unterschieden, die vom Hersteller in Abhängigkeit von der Höhe der Pegel in der Betriebsanleitung angegeben werden müssen. Diese Pegel sind die Grundlage für die Ermittlung der Immissionsgrößen.

Schallleistungspegel L_{WA}: Er beschreibt die Geräuschemissionen einer Schallquelle (A – bewerteter Pegel →bewerteter Schallpegel). Er ist ein Maß für die in der Zeiteinheit von einer Schallquelle abgestrahlte Schallenergie. Für die Beurteilung der Einwirkung auf den Menschen wird aus Gründen der praktischen Handhabung ein logarithmischer Maßstab benutzt und die Hörschwelle 10^{-12} W als Bezugspegel eingeführt:

$$L_{WA} = 10 \log \frac{P}{P_0} \text{ in dB (A)}$$

L_{WA} = Schallleistungspegel; P = gemessene Schallleistung in W;

P_0 = Bezugsschallleistung 10^{-12} W

Emissions-Schalldruckpegel LpA: Er wird an dem zur Schallquelle zugehörigen Arbeitsplatz ermittelt oder an einem anderen festgelegten Punkt. Er ist eine zusätzliche Größe zur Beschreibung der Geräuschemission einer Schallquelle.

Spitzen-Schalldruckpegel LpCpeak: Er ist der Maximalwert (peak-Spitzenwert) über die gesamte Messdauer und berücksichtigt die Impulshaltigkeit des Schalldruckpegels.

Bei **Immissionsgrößen** werden folgende Pegel unterschieden:

Schalldruckpegel LpA: Er ist die wichtigste Größe zur Beschreibung des Geräusches an einem gegebenen Punkt. Der Schalldruckpegel (Immissions-Schalldruckpegel) ist der durchschnittlich A-bewertete Pegel, in dem alle Schallquellen Berücksichtigung finden.

$$L_{pA} = 20 \lg \frac{p}{p_0} \text{ in dB (A)}$$

L_{pA} = Schalldruckpegel; p = gemessene Schalldruck in Pa;

p_0 = Bezugsschalldruck $2 \cdot 10^5$ Pa (pauschale Hörschwelle)

Mit dieser Gleichung können Schalldrücke in Schalldruckpegel umgerechnet werden. Da in der Praxis selten über die Schichtdauer von 8 h gleichlaute Geräusche vorhanden sind, ist der zeitlich gemittelte Schalldruckpegel zu bestimmen:

$$L_{pA,\,T} = L_{Aeq},\ I = 10\ \lg\left[\frac{1}{T}\int_0^T 10^{0,1Lp(t)}dt\right]$$

Dieser Pegel ist die Größe zur Beschreibung der Immission an den Arbeitsplätzen und der Exposition von Personen. Dieser Pegel wird auch als *äquivalenter Dauerschalldruckpegel* $L_{Aeq},\ _T$ bezeichnet.

Schallintensität I: Sie ist ein Immissionsmaß für die auf eine Fläche wirkende Schallleistung und wird in W/m² gemessen.

Die Einheit Dezibel kommt durch die Verknüpfung mit der Schallleistung und Schallintensität zustande. Schallleistung und Schallintensität sind dem Quadrat des Schalldrucks proportional: $P \sim p^2$ und $I \sim p^2$. Der Bezugsschalldruck $2 \cdot 10^{-5}$ Pa entspricht 10^{-12} W bzw. W/m². Erhöht sich die Schallleistung auf 10^{-11} W bzw. die Schallintensität auf 10^{-11} W/m², also um eine Zehnerpotenz (Potent 1), so wird diese Potenzzahl als Maß (Einheit) 1 Bel = 10 Dezibel genommen; bei der Erhöhung der Schallleistung bzw. Schallintensität auf 10^{-10} W bzw. W/m² entsprechend der Potenz 2 also 2 Bel = 20 Dezibel. Eine Erhöhung des Schalldruckpegels (bzw. Schallleistungspegels) um 20 dB bedeutet also + 10-facher Schalldruck und 100-fache Schallintensität.

Erfahrungsgemäß beträgt der Schallleistungspegel einer Schallquelle (Maschine) 10 – 25 dB mehr als der Schalldruckpegel am Arbeitsplatz.

Beurteilungspegel L_{Ar}: Er ist der A-bewertete, orts- oder personenbezogene äquivalente Dauerschalldruckpegel, der zur Kennzeichnung der Wirkung eines Geräusches auf das Gehör verwendet wird. Dieser Pegel berücksichtigt die Schalldruckcharakteristik durch Impuls- und Tonzuschläge sowie die Umrechnung der tatsächlichen Arbeitsschichtdauer T auf die Beurteilungszeit T_r.

$$L_{Ar} = 10\ \lg\left[\frac{1}{T}\sum_{i=1}^{n} T_i \cdot 10^{(0,1 \cdot L_{pAi}+K_I+K_T)}\right] + 10\lg\frac{T}{T_r}$$

T_i – jeweilige Beurteilungszeit in Stunden

L_{pAi} – Schalldruckpegel in jeweiliger Beurteilungszeit in dB(A)

T_r – Beurteilungszeit in 8 Stunden

T – Expositions- (Arbeitsschicht-)dauer in Stunden

K_I – Impulszuschlag (2 bis 8 dB)

K_T – Tonzuschlag (3 bzw. 6 dB)

Der *Impulszuschlag K_I* berücksichtigt die Impulshaltigkeit des einwirkenden Lärms, der eine erhöhte Störwirkung besitzt.

$K_I = L_{AIeq} - L_{Aeq}$ L_{AIeq} = äquivalenter Dauerschalldruckpegel mit der Zeitbewertung I (= Impuls)

Ist der Zuschlag $K_I \leq 2$ dB, kann er unberücksichtigt bleiben. Gleiches gilt, wenn $L_{Aeq} \leq 85$ dB(A) ist – Anlage 2 BGV B 3 –. Diese Anlage enthält auch die Liste von Arbeitsvorgängen, bei denen die Impulshaltigkeit des Lärms bei der Ermittlung des Beurteilungspegels unbestritten ist.

Der *Tonzuschlag K_T* soll je nach Auffälligkeit deutlich heraushörbarer Einzeltöne zu 3 dB oder 6 dB gewählt werden (DIN 45645 T. 2). Bei der Beurteilung von Geräuschen bzgl. Gehörschädlichkeit wird K_T nicht angewendet.

Tages-Lärmexpositionspegel $L_{EX;8h}$: Dieser Pegel ist in der europäischen Richtlinie 2003/10 EG benannt und entspricht dem gegenwärtigen Beurteilungspegel L_{Ar}.

Pegeladdition: Für die Addition von zwei Schallpegeln ist deren Differenz entscheidend. Ist sie = (gleichstarkes Geräusch), erhöht sich der Gesamtschallpegel um 3 dB. Weicht der Schallpegel beider Geräuschquellen voneinander ab, so lässt sich der neue Pegel aus einem Nomogramm (→Abb. 5.2.1) abgelesen. Beträgt z.B. die Pegeldifferenz der beiden Geräuschquellen 6 dB (obere Skala), so ist zum größeren Schallpegel etwa 1 dB (untere Skala) hinzuzurechnen.

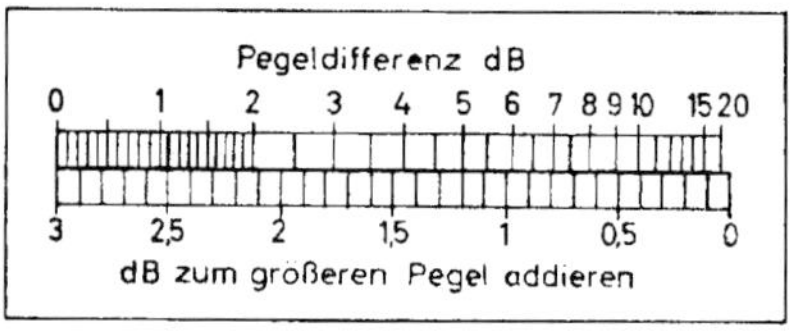

Abb. 5.2.1: Nomogramm zur Berechnung des Schallpegels bei 2 Schallerzeugern (nach DIN 45631).

Der Luftschallpegel nimmt im Idealfall bei punktförmiger Schallquelle 6 dB bei Verdopplung des Abstandes zwischen Geräuschquelle und Hörer ab. Können die Schallwellen reflektiert werden, so vermindert sich dieser Wert je nach Verhältnissen z.T. erheblich.

5.2.2 Arbeitsbedingte Gefährdungen

Physiologische Grundlagen

Schallwahrnehmung: Der Schall wird von der Ohrmuschel (→Abb. 5.2.2) eingefangen und gelangt über den äußeren Gehörgang zum Trommelfell. Durch die Gehörknöchelkette wird der Schalldruck auf das ovale Fenster übertragen und durch das Flächenverhältnis Trommelfell : ovalem Fenster = 17 : 1 verstärkt und zur Schnecke, dem eigentlichen Hörorgan, geleitet. Von dort gelangen die Wahrnehmungen über den Hörnerv zum Gehirn.

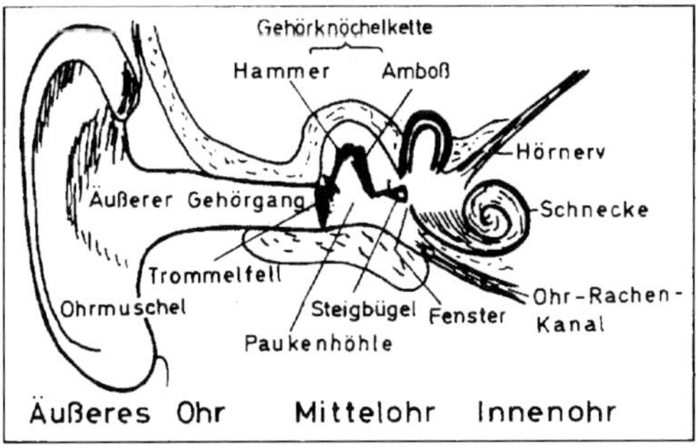

Abb. 5.2.2: Das menschliche Ohr.

Eine direkte Übertragung des Schalldruckes auf die Schnecke findet über die Schädelknochen statt, doch hat diese bei einem normal funktionsfähigen Ohr wegen der großen Dämpfung auf diesem Wege keine Bedeutung.

Lautstärkepegel: Der Mensch empfindet bei gleichem Schallpegel einen Ton je nach dessen Höhe, die durch die Frequenz gekennzeichnet ist, lauter oder leiser (→Abb. 5.2.3, vgl. Linien gleicher Lautstärkenempfindung). Aus praktischen Gründen wird wie beim Schalldruck ein logarithmisches Maß verwendet, der Lautstärkepegel. Maßeinheit ist das phon. Der Lautstärkepegel stimmt definitionsgemäß mit dem Schallpegel bei einem reinen Ton der Frequenz 1 000 Hz überein.

Die untere Hörgrenze für 1 000 Hz liegt bei 4 phon (→DIN 45 630-1). Eine Erhöhung der Lautstärke um 10 phon entspricht etwa einer Verdoppelung der subjektiv empfundenen Lautstärke, eine Erhöhung um 20 phon einer Vervierfachung. Die obere Hörgrenze (Schmerzschwelle) liegt bei etwa 120 phon.

Bewerteter Schallpegel: Die größte Lautstärkenempfindlichkeit des Ohrs liegt zwischen 250 und 5000 Hz. Töne mit höheren oder niederen Frequenzen empfindet das menschliche Ohr bei gleichem Schalldruck als leiser. Um den für die Lautstärkenempfindung maßgeblichen Lautstärkepegel (phon) angenähert messtechnisch zu erhalten, muss der Schalldruckpegel (dB) bewertet werden. Dies geschieht in der Praxis durch Dämpfungsfilter, deren Bewegungskurven A, B, C und D (→Abb. 5.2.4) im unteren, mittleren und oberen Schallbereich den Linien gleicher Lautstärkenempfindung technisch angenähert werden. Wir erhalten den bewerteten Schalldruckpegel; die Maßeinheit ist entsprechend dB(A), dB(B), dB(C) und dB(D). Letztere ist speziell auf Fluglärm zugeschnitten. Heute beziehen sich fast alle Vorschriften auf Angaben in dB(A), wobei also das Gesamtgeräusch gemessen wird und tiefe wie

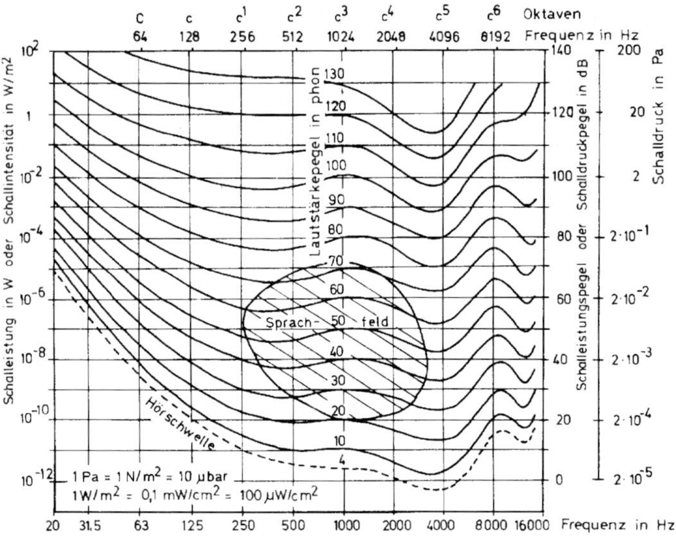

Abb. 5.2.3: Beziehungen zwischen Schalleistung, Schallintensität, Lautstärkepegel, Schalleistungspegel, Schalldruckpegel, Schalldruck und Frequenz. Kurven gleicher Lautstärke nach DIN 45630-2.

hohe Töne dem menschlichen Empfinden entsprechend gegenüber dem objektiven Schalldruckpegel schwächer bewertet werden. Als Anhalt für bewertete Schalldruckpegel gelten:

etwa 0 dB(A):	Untere Grenze des Hörvermögens
etwa 20 dB(A):	Schwaches Blätterrascheln
etwa 40 dB(A):	Flüstern
etwa 60 dB(A):	Gedämpfte Unterhaltung
etwa 70 dB(A):	Schreibmaschine
etwa 80 dB(A):	Straßenverkehr
etwa 90 dB(A):	Werkzeugmaschinen, Stanzen
etwa 100 dB(A):	Webstuhl, Kompressor
etwa 110 dB(A):	Presslufthammer im Bergbau
etwa 120 dB(A):	Bohrturbine im Bergbau
etwa 130 dB(A):	Flugzeugmotor
> 130 dB(A):	Düsenantrieb von Flugzeugen

In gleicher Weise wird der Schalleistungspegel in dB (A) bewertet.

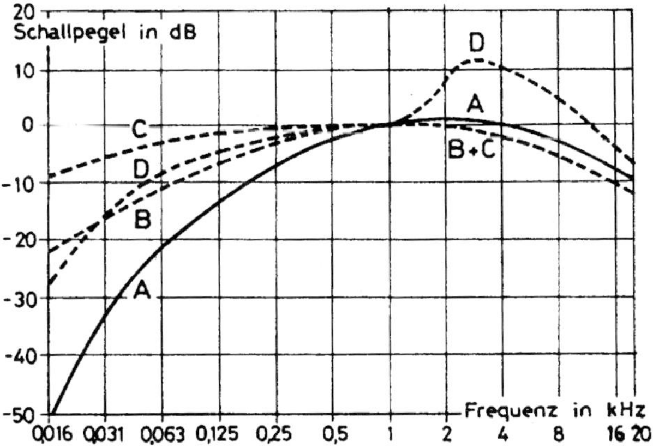

Abb. 5.2.4: Bewertungskurven für Schallpegelmesser.

Die Beurteilung von Schall erfolgt durch den →Beurteilungspegel. Dieser kennzeichnet die Wirkung eines Geräusches auf das Gehör.

Wirkung von Lärm auf die Beschäftigten

Lärm kann aurale und extraaurale Wirkungen zur Folge haben. Die Wirkung ist dabei abhängig vom Geräusch (Schalldruck, Einwirkungsdauer, Frequenzspektrum, Impulshaltigkeit) aber auch vom Betroffenen selbst (Sensibilität, Tätigkeit während der Lärmeinwirkung, Gewöhnung).

Aurale Wirkungen: Längere Einwirkungen von Lärmpegeln ≥ 85 dB(A) können eine Lärmschwerhörigkeit (Berufskrankheit BK 2301) und / oder eine temporäre Hörschwellenverschiebung bewirken.

Hörverlust erfolgt durch bleibende Hörschwellenverschiebung (PTS = permanent threshold shift) im Gegensatz zur zeitweiligen Hörschwellenverschiebung (TTS = temporary threshold shift), die bereits nach kurzer Lärmexposition auftreten kann und bei der sich nach der Lärmexposition das Gehör wieder erholt, also die vor der Lärmexposition vorhandene Hörschwelle nach Stunden oder Tagen wieder erreicht wird.

Ein Hörverlust tritt zunächst altersbedingt natürlich und durch heute übliche normale Fremdbelastung (z.B. durch Lärm im Straßenverkehr, beim Handwerken usw.) auf. Die mittleren altersbedingten Hörverluste sind für Männer höher als für Frauen. Ohrerkrankungen können weitere Ursachen für Hörverluste sein.

Ein Hörverlust tritt bei täglicher Lärmbelästigung erst allmählich ein. Er beginnt in der Regel als Hochtonsenke (c_5-Hörsenke) bei etwa 4 kHz und verbreitert sich dann in die angrenzenden Frequenzbereiche. Derartige Hörverluste entwickeln sich in den ersten Jahren verhältnismäßig schnell, doch ist die individuelle Empfindlichkeit sehr unterschiedlich. Eine weitere Zunahme des Hörverlustes ist bei nicht extremen Schallpegeln auch nach längerer, z.B. zwanzigjähriger Lärmexposition wahrscheinlich.

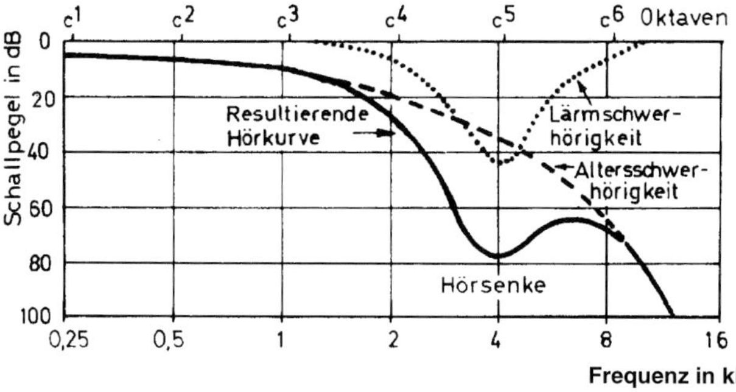

Abb. 5.2.5: Beispiel eines lärm- und altersbedingten Hörverlustes im Alter von 65 Jahren.

Abb. 5.2.5 zeigt die typische Hörsenke, die um die Alterschwerhörigkeit korrigiert wurde; die 0-dB-Gerade ist die genormte Hörschwelle und entspricht der eines normal hörenden Jugendlichen. Zu beachten ist, dass der Hörverlust an Lautstärkewahrnehmung in der Schallpegelskala exponentiell verläuft, z.B. – 10 dB bei 1000 Hz = Halbierung der Lautstärkeempfindlichkeit, – 20 dB bei 1000 Hz = Viertelung der Lautstärkeempfindlichkeit usw.

Extraaurale Wirkungen: Geräusch- / Lärmeinwirkungen führen aber auch zu

- psychonervalen Reaktionen, wie Aufmerksamkeits-, Konzentrationsverlust, Beeinträchtigung der Handlungsreaktion. Für diese Wirkungen ist nicht der Schallpegeldruck maßgebend, sondern die subjektive Einstellung und der Informationsgehalt.
- vegetativ-hormonale Wirkungen wie Blutdruckanstieg, Verstärkung der Magensaftproduktion, Schlafstörungen. Diese Wirkungen sind schon bei Schalldruckpegel > 65 dB(A) zu beobachten.

Damit ist oft eine Beeinflussung der Arbeitsleistung verbunden.

Erhöhte **Unfallgefährdung** durch Lärm kann entstehen, infolge

- Nachlassen der Konzentrationsfähigkeit und der Aufmerksamkeit bei der Ausführung von Arbeitstätigkeiten,
- Nichtwahrnehmung von Signalen, die ein bestimmtes Handeln erfordern.

Schallmessung / Messung von Hörverlusten

Schallmessung: Um Schall hinsichtlich seiner möglichen Wirkungen auf den Menschen und um Schallschutzmaßnahmen beurteilen zu können, müssen bewerteter Schallpegel und Einwirkungszeit sowie in manchen Fällen auch die Schallfrequenz ermittelt werden.

Ist kein Messgerät vorhanden, so kann ein Überschreiten des kritischen Schallpegels von 85 dB(A) angenommen werden, wenn sich 2 Personen aus einer Entfernung von 1 m nicht mehr verstehen können.

Für die betriebliche Messung sind im allgemeinen folgende Geräte erforderlich:

- *Schallpegelmesser:* Dieser muss DIN EN 60651/IEC 651 entsprechen. Die Norm unterscheidet die Genauigkeitsklassen 0 (größte Genauigkeit, Labor-Benutzungsnormal), 1, 2 u. 3. Für allgemeine Felduntersuchungen sind Schallpegelmesser der Klasse 2 geeignet. Gemessen werden in der Regel der Schallpegel in dB und der bewertete Schallpegel in dB(A), erforderlichenfalls unter Berücksichtigung von Geräuschimpulsen.
- *Frequenzfilter:* Es wird üblicherweise als Zusatzgerät geliefert. Mit Hilfe dieses Gerätes lässt sich ein Frequenzspektrum in Oktaven aufgliedern. Häufig werden auch Terz-Filter verwendet, ferner Geräte, mit deren Hilfe die Ermittlung eines Schmalbandspektrums möglich ist.
- *Pegelschreiber:* Durch ein solches Gerät können wir den Pegelverlauf aufzeichnen und nicht nur Beweise sichern, sondern auch die Auswertung vereinfachen, da der Mensch nicht in der Lage ist, schnelle Schalländerungen exakt zu registrieren. Ein Pegelschreiber muss den Anforderungen nach DIN 45657 entsprechen.
- *Lärmdosimeter:* Es dient zur einfachen Ermittlung der Beurteilungspegels. Das Gerät misst kontinuierlich die jeweils vorhandenen Schallpegel, bewertet und speichert sie nach DIN EN 60804 automatisch, so dass nach der Expositionszeit der Wert des Mittelungspegels als Grundlage für den Beurteilungspegel sofort abgelesen werden kann.
- *Schallpegelindikator:* Das Gerät zeigt mit Hilfe von Leuchtdioden eine Überschreitung des jeweilig eingestellten bewerteten Schallpegels an.

Messung von bleibenden Hörverlusten: Die Ermittlung des bleibenden Hörverlustes erfolgt durch Hörschwellenbestimmung mit Hilfe eines Audiometers. Dabei werden die Testlautstärken bei verschiedenen Frequenzen allmählich vergrößert und festgestellt, bei welcher Lautstärke das Hörvermögen einsetzt. Die Ergebnisse werden in ein Audiogramm (→Abb. 5.2.6) eingetragen.

Die audiometrischen Messungen sollen vor Beginn der Lärmarbeit erfolgen, um Verfälschungen durch die zeitweilige Hörschwellenverschiebung zu vermeiden. Die Messwerte müssen durch die Werte der angenommenen Altersschwerhörigkeit korrigiert werden.

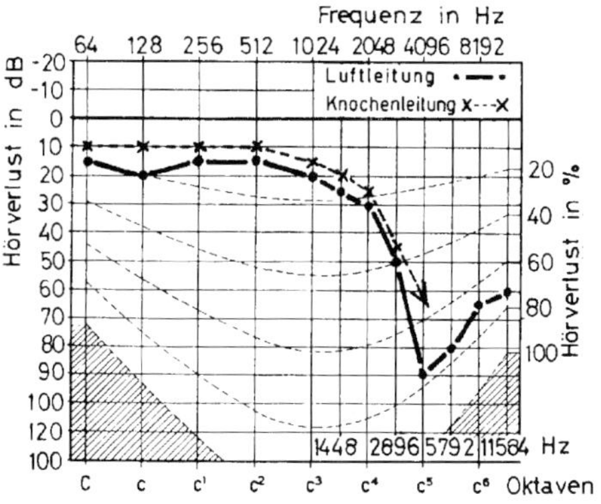

Abb. 5.2.6: Typisches Audiogramm eines lärmgeschädigten 48jährigen Mannes.

Rechtsgrundlagen Lärm

Rechtliche Regelungen für den Schutz vor Lärm existieren sowohl für Schallquellen, wie Maschinen (= Produktsicherheit) als auch für die Beschäftigten bei der Arbeit (= Arbeitssicherheit) und für die Bevölkerung (= Umweltsicherheit). Diese Regelungen sind europäisch harmonisiert. Eine Übersicht der Rechtsgrundlagen und ausgewählter technischer Regeln zum Schutz vor Lärm (→Tab. 5.2.1)

Regelungsgegenstand	**Rechtsgrundlagen**		**Technische Regeln**
	europäisch	**national**	
Produktsicherheit (Geräuschemissionsangabe)	1998/37/EG	3. GPSGV 9. GPSGV	DIN EN ISO 3741 DIN EN ISO 4871 DIN EN ISO 11204 DIN EN ISO 11688
Arbeitssicherheit (Schutz der Beschäftigten vor Lärm)	1986/188/EWG 2003/10/EG	BGV B3 ArbStättV geplant: PhysV (2006)	DIN EN 458 DIN EN ISO 11690 DIN 45645 T.2 VDI 2058 Bl.2 VDI 2569 BGI 712
Umweltsicherheit (Schutz der Bevölkerung vor Lärm)	2000/14/EG	16. BImSchV 32. BImSchV	TA Luft } VwV *) Baulärm } DIN 45645 T. 1

*) Verwaltungsvorschrift

Tab. 5.2.1: Rechtsgrundlagen und Regeln zum Schutz vor Lärm. (Bezeichnung der Vorschriften und Regeln siehe Literatur)

Die Unfallverhütungsvorschrift BGV B 3, die die europäische Richtlinie 86 / 188 / EWG national umsetzt, ist seit 1990 Grundlage für präventive Maßnahmen zum Schutz vor Gefährdungen durch Lärm am Arbeitsplatz. In Verbindung mit Abschnitt 3.7 des Anhanges zur ArbStättV, in dem der zulässige Beurteilungspegel am Arbeitsplatz in Arbeitsräumen festgelegt ist, gilt dieses Schutzkonzept bis maximal 15. 2. 2006.

Die Richtlinie des Europäischen Parlamentes und des Rates über Mindestvorschriften zum Schutz der Arbeitnehmer vor Gefährdungen durch Lärm (2003 / 10 / EG), die bis 15. 2. 2006 national umgesetzt werden muss (geplant ist die Umsetzung im Rahmen einer VO zum Schutz vor physikalischen Einwirkungen am Arbeitsplatz – PhysV), enthält ein verändertes Grenzwertkonzept. Danach werden neben dem Expositionswert eine untere und eine obere Auslöseschwelle unterschieden. Diese Werte stellen eine Verschärfung der z.Zt. geltenden Grenzwerte dar. Neu in dieser EU-Richtlinie ist auch die Beachtung einer möglichen Wechselwirkung von Lärm und anderen Schädigungsfaktoren wie Schwingungen und ototoxische Substanzen (= Arbeitsstoffe mit schädigendem Einfluss auf das menschliche Ohr).

Bewertung der Schallsituation in Arbeitsstätten

Der Arbeitgeber ist verpflichtet, eine Bewertung des Lärms vorzunehmen, den die Beschäftigten bei der Arbeit ausgesetzt sind.

Grundlage für die Bewertung der Schallsituation in Arbeitsstätten sind die Beurteilungspegel L_{Ar} (äquivalenter Dauerschalldruckpegel) und die Impulsspitzen (L_{pCpeak} bzw. K_I), die mit den Grenzwerten zu vergleichen sind.

Nach der bisherigen ArnStättV sollte der Beurteilungspegel in Arbeitsstätten folgende Werte nicht übersteigen:

55 dB(A) bei überwiegend geistigen Tätigkeiten sowie in Pausen-, Bereitschafts-, Liege- und Sanitätsräumen.

70 dB(A) bei einfachen oder überwiegend mechanisierten Bürotätigkeiten und vergleichbaren Tätigkeiten.

85 dB(A) bei allen sonstigen Tätigkeiten. Soweit dieser Beurteilungspegel nach der betriebliche möglichen Lärmminderung zumutbarerweise nicht einzuhalten ist, darf er bis zu 5 dB(A) überschritten werden. Dieser Grenzwert ist im Abschnitt 3.7 des Anhanges zur novellierten ArbStättV ebenfalls enthalten.

In der *BGV B 3* wird als Grenzwert für den Beurteilungspegel 90 dB(A) als Obergrenze genannt, wenn in Ausnahmefällen aufgrund betrieblicher Möglichkeiten der Pegel 85 dB(A) nicht eingehalten werden kann.

Mit der europäischen *Richtlinie 2003 / 10 / EG* werden Expositionsgrenzwerte sowie eine untere und eine obere Auslöseschwelle eingeführt. Für die Wirkung von Impulsspitzen auf die Beschäftigten werden zusätzlich Werte eingeführt. Der neue Expositionsgrenzwert von $L_{Ex,8h}$ = 87 dB(A) und der zugehörige Spitzenwert von L_{peak} = 140 dB(C) sind danach unter Berücksichtigung des Benutzens von Gehörschutz einzuhalten.

Eine Gegenüberstellung der bestehenden Grenzwertkonzepte mit dem der Richtlinie 2003 / 10 / EG →Tab. 5.2.2.

Auslösewerte und Expositionsgrenzwerte	RL 2003/10/EG (vom 06.02.2003)	UVV „Lärm" (vom 01.01.1990)
untere Auslösewerte	$L_{Ex,8h}$ = 80 dB(A) oder L_{peak} = 135 dB(C) (p_{peak} = 112Pa)	L_r = 85 dB(A) oder L_{peak} = 140 dB (p_{peak} = 200Pa)
obere Auslösewerte	$L_{Ex,8h}$ = 85 dB(A) oder L_{peak} = 137 dB(C) (p_{peak} = 140Pa)	L_r = 90dB(A) oder L_{peak} = 140 dB (p_{peak} = 200Pa)
Expositionsgrenzwerte (dämmende Wirkung des Gehörschutzes muss berücksichtigt werden)	$L_{Ex,8h}$ = 87 dB(A) oder L_{peak} = 140 dB(C) (p_{peak} = 200Pa)	nicht vorhanden

Tab. 5.2.2: Grenzwertkonzept nach 2003/10/EG im Vergleich mit BGV B3.

Der Vergleich der vorhandenen Schallsituation in Bezug zu den Arbeitstätigkeiten (im Ergebnis der Gefährdungsbeurteilung) mit den jeweiligen Grenzwerten ist die Grundlage für das Ableiten erforderlicher Maßnahmen zum Schutz der Beschäftigten vor Lärm.

Eine Anleitung zur Beurteilung von Lärm am Arbeitsplatz bei unterschiedlichen Tätigkeiten enthält VDI 2058-3.

5.2.3 Maßnahmen zum Schutz vor Lärm

Maßnahmen-Rangfolge

Der Arbeitgeber ist verpflichtet, unter Berücksichtigung des Standes der Technik die Gefährdung aufgrund der Einwirkung von Lärm am Entstehungsort auszuschließen oder so weit wie möglich zu verringern. Hierfür sind Maßnahmen zum Schutz der Beschäftigten vor Lärm erforderlich, die nach der Rangfolge auszuwählen sind:

(1) Vermeidung/Verminderung der Schallentstehung (Emission) an der Schallquelle = *Primärer Lärmschutz,*

(2) Verminderung der Ausbreitung (Abstrahlung, Übertragung) von Luft- und Körperschall = *Sekundärer Lärmschutz,*

(3) Verminderung der Schalleinwirkung (Immission) auf die Beschäftigten = *Tertiärer Lärmschutz.*

Geräuschangabe

Grundlage für das Ableiten von Maßnahmen zum Schutz der Beschäftigten vor Lärm ist die Kenntnis der von den Schallquellen ausgehenden Geräusche (Luftschall).

Die Geräuschangabe für Maschinen erfolgt in der Betriebsanleitung entsprechend Anhang I der 9. GPSGV bzw. für Arbeitsmittel, die nicht in den Geltungsbereich der Maschinen-VO fallen, nach der 3. GPSGV. Danach werden folgende Geräuschangaben in Abhängigkeit von der Pegelhöhe gefordert:

Arbeitsplatzbezogener Emissionswert L_{pA}: Wenn $L_{pA} > 70$ dB(A), ist dessen exakter Wert anzugeben; ist $L_{pA} \leq 70$ dB(A) reicht die Angabe „70 dB(A)" aus. Falls Arbeitsplätze nicht festgelegt sind, sind statt der arbeitsplatzbezogenen Emissionswerte anzugeben:

- der höchste Schalldruckpegel von allen Schalldruckpegeln in 1 m Abstand von Maschinenoberfläche in 1,6 m Höhe über dem Boden oder der Zugangsplattform,
- oder der Messflächenschalldruckpegel in 1 m Abstand von der Maschinenoberfläche.

Schallleistungspegel L_{WA}: Bei einem $L_{pA} > 85$ dB(A) ist zusätzlich der L_{WA} mit dessen Wert anzugeben sowie die Breite des Frequenzbandes.

Höchstwert (Scheitelwert) L_{pCpeak}: Diese Geräuschangabe ist erforderlich, wenn der Höchstwert 130 dB überschreitet.

Diese Angaben ermöglichen den Vergleich verschiedener Fabrikate einer Gruppe von Arbeitsmitteln hinsichtlich der Schallabstrahlung. Die Auswahl geeigneter Arbeitsmittel unter dem Aspekt der Geräuschabgabe ist die effektivste Maßnahme bezüglich Lärmschutz. Liegen Messwerte über Geräusche von Schallquellen nicht vor, sind Schallmessungen durchzuführen (→ Kapitel 5.2.1). Ein Beispiel für Geräuschangaben nach der EG-Maschinenrichtlinie →Tab. 5.2.3.

Holzbearbeitungsmaschinen / Zapfenschneidmaschinen		
Angegebener Zweizahl – Geräuschemissionswert nach DIN EN ISO 4871		
	Leerlauf	Lastlauf
A -bewerteter Schallleistungspegel L_{WA} in dB	94	98
Unsicherheit, K_{WA} in dB	2	2
A –bewerteter Emissionsschalldruckpegel L_{pA} in dB am Bedienerplatz	80	86
Unsicherheit, K_{pA} in dB	2	2
Die Werte wurden ermittelt nach der Norm ISO 7960 unter Anwendung der Normen DIN EN ISO 3744 und DIN EN ISO 11204		

Tab. 5.2.3: Beispiel für Geräuschemissionsangaben nach der EG-Maschinenrichtlinie.

Primärer Lärmschutz

Maßnahmen zur Verringerung der Schallentstehung können konstruktiver und technologischer Art sein.

Konstruktive Maßnahmen an der Schallquelle sind beispielsweise

1. *Verminderung der Schallemission lärmintensiver Baugruppen* durch Verringerung von Anregungskräften und Geschwindigkeiten (Drehzahlen) sowie die konstruktive Beseitigung von Resonanzen.
2. *Vermeidung des Auftretens von Impulslärm*, z.B. durch Einhaltung einer konsequenten Fallhöhe bei Stahlerzeugnissen in der Adjustage (→Abb. 5.2.7).

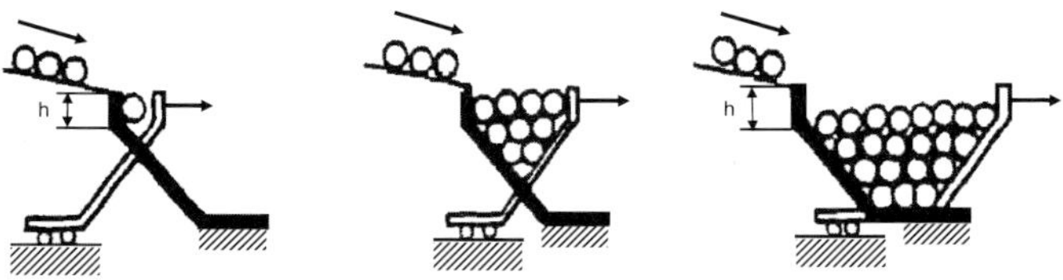

h – Fallhöhe

Abb. 5.2.7: konstante Fallhöhe beim automatischen Ablegen von Rohren.

3. *Auswechseln des lärmerzeugenden Maschinenteils,* z.B. elektrischer Antrieb statt Druckluft; gummierte Keilriemen statt Ketten; hydraulische statt mechanische Kraftübertragung; Gummiräder statt Stahlräder (z.B. an Stetigförderern).
4. *Beeinflussung der schallanregenden Kräfte,* z.B. Frequenzänderung eines rotierenden Teils; Einbau von lärmmindernden Spezialdüsen zum Druckaustritt aus druckluftbetriebenen Maschinen; Schnittschlagdämpfung an Stanzen. Biegeweiche Ausführung von Abstrahlflächen.
5. *Verminderung der Körperschallaufnahmefähigkeit* (Körperschalldämpfung), z.B. Grauguss statt Stahl; Kunststoff oder Mehrschichtenbleich („Sandwich-Blech") statt Resonanzblech; Vergrößerung der Masse des schwingenden Körpers.

Technologische Maßnahmen zur Lärmminderung sind

1. *Auswahl schallarmer Arbeitsverfahren*, wie Schweißen statt Schlagnieten; Benutzung rückschlagfreier Kunststoffhämmer statt Stahlhämmer; Signierung (z.B. von Rohren) hydraulisch statt mit Einschlageisen.
2. *Räumliche Konzentration schallintensiver Arbeitsmittel* in Arbeitsstätten und Schaffung von Ruhezonen, wenn dies vom Materialfluss her möglich ist.

Sekundärer Lärmschutz

Führen die konstruktiven und verfahrenstechnischen Maßnahmen nicht zur erforderlichen Reduzierung, sind Maßnahmen zur Verminderung der Schallausbreitung an der Schallquelle und/oder im Arbeitsraum erforderlich, wie z.B.

1. *Verhinderung der Schallausbreitung* (Körperschallisolation zwischen Körpern), wie
   Gummipufferung von schwingenden Maschinenteilen; Verlegung von elastischen Stoffen zwischen Maschine und Fundament.
2. *Verminderung der Körperschallabstrahlung,* z.B. durch Aufspritzen oder Aufkleben körperschallmindernder Beläge (Entdröhnungsmittel) an Rutschen und Resonanzblechen.
3. *Luftschalldämpfung.* Sie ist eine Verminderung der Schallreflexion auf der dem Schallerzeuger zugewandten Außenfläche eines Körpers. Luftschallwellen können durch schallschluckende poröse Stoffe absorbiert werden. Dabei wird die Schallschwingungsenergie in Wärme umgewandelt. Die Luftschalldämpfung erfolgt beispielsweise durch Mineralwolle, perforierte Raumwände und -decken, schallreflektierende und -schluckende Stoffe in Auspuffen. Die schallresorbierenden Eigenschaften von Stoffen werden durch den Schallabsorptionsgrad α beschrieben ($\alpha = 0$, vollständige Reflexion; $\alpha = 1$, vollständige Absorption). Beispiele für Kenngrößen von Stoffen: Beton $\alpha = 0{,}016$; Mineralwolle $\alpha = 0{,}59$ (→EN 20354). Für raumakustische Maßnahmen ist die äquivalente Schall-Absorptionsfläche A maßgeblich für die Lärmminderung, die sich wie folgt errechnet:

$$A = \sum_{i=1}^{n} \alpha_i \cdot S_i = \overline{\alpha} \cdot S$$

A = Schallabsorptionsfläche in m²;

α_i = Absorptionsgrad der Teilfläche S_i der Raumoberfläche ;

S = ΣS_i der gesamten Raumoberfläche in m²;

$\overline{\alpha}$ = mittlerer Absorptionsgrad des Raumes

Diese Lärmschutzmaßnahme setzt einen hohen Anteil von reflektiertem Luftschall im Arbeitsraum (= Schall, der von den Reflexionen an den Raumoberflächen und Einbauten herrührt) voraus. Diese Bedingung ist besonders in einem Arbeitsraum mit Diffusfeld (kubischer Raum) erfüllt, d.h. eine Schall-ausbreitung in Räumen, wo der Schall so oft und gleichmäßig an allen Raumoberflächen reflektiert wird, dass der Schalldruckpegel des reflektierten Schalls nahezu konstant und unabhängig vom Ort innerhalb des Raumes ist.

Durch Vergrößerung der äquivalenten Absorptionsfläche des ausgekleideten Raumes kann die Schallpegelminderung erhöht werden:

$$L_{pA} = L_{WA} + 10 \lg \frac{A}{A_0}$$

LpA = Schalldruckpegel in dB (A);

L_{WA} = Schallleistungspegel in dB(A);

A = Schallabsorptionsfläche in m^2;

A_0 = Bezug-Absorptionsfläche = 4 m^2

4. *Luftschalldämmung:* Sie ist die Verringerung des Luftschalls durch Absorption bei Schalldurchgang durch einen Körper. Die auf den Körper auftreffenden Schallwellen werden zum Teil reflektiert, absorbiert und dabei in Wärme überführt (gedämpft), als Körperschall beim Durchgang weiter in ihrer Intensität verringert (gedämmt) und nach Durchgang abgestrahlt.

   Die schalldämmende Eigenschaft von Stoffen wird durch das Schalldämm-Maß R in dB beschrieben. Das Maß R ist die Größe zur Beschreibung der Durchgangsrate des Schalls.

$$R = 10 \lg \frac{P_1}{P_2} = \frac{1}{\tau} 10 \lg$$

P_1= auftretende Schallleistung in W;

P_2= transmittierte Schallleistung in W;

τ = Transmissionsgrad

Beispiele für Kenngrößen von Stoffen: Stahlblech 1 mm R = 30 dB, Schalldämmscheibe R = 30 ... 38 dB.

Diese Maßnahme ist für die Schallpegelsenkung von Direktschall (= Schall, der sich direkt von der Schallquelle ausbreitet) geeignet. Beispiele hierfür sind die Kapselung der Schallquelle (→Abb. 5.2.8) und Trennwände / Teiltrennwände in Arbeitsräumen zwischen Schallquelle und Arbeitsplatz.

Die Auskleidung zur Schallquelle hin muss möglichst dämpfend sein, also eine poröse oder perforierte Fläche besitzen, damit der reflektierte Schallanteil nicht den Schallpegel im Raum des Schallerzeugers erhöht. Die Körperschalldämmung ist von der Massedichte des Dämmmaterials und seiner Biegesteife abhängig. Entsprechend muss das Material schwer und dicht (Erhöhung des Reflexionsanteils) sowie biegeweich (Erhöhung der Energieverluste durch Deformation) sein. Poröse Stoffe sind ungeeignet. Durchführungsöffnungen sind mit schalldämmenden Manschetten zu verschließen. Die Schalldämmung des Materials ist im unteren Frequenzbereich im allgemeinen schlechter als bei höheren Frequenzen.

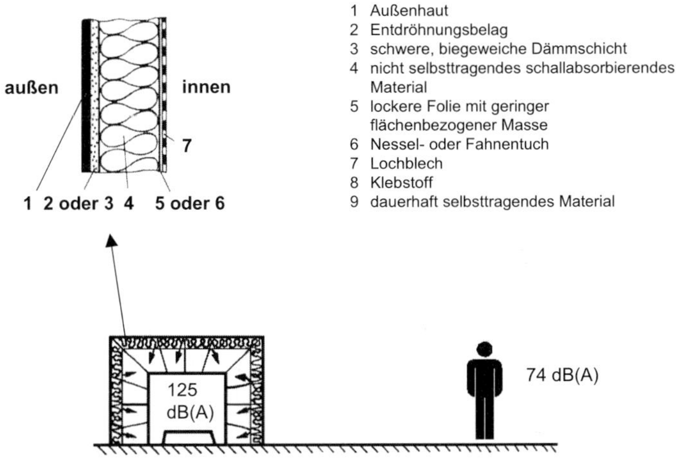

Abb. 5.2.8: Lärmschutzkaspel mit schallabsorbierender Auskleidung.

Hier müssen vom Hersteller Daten angegeben werden (Einzelheiten → VDI 2711). Statt des schalldämmenden Stahlbleches sind auch wirkungsvollere Dämmkonstruktionen üblich, z.B. schweres, biegeweiches Kunststoffmaterial, Doppelbleche mit Zwischenlagen, zusätzliches Aufspritzen von Antidröhnstoffen.

Auch eine beiderseits gut verputzte Wand aus Mauersteinen eignet sich zur Schalldämmung. Bei einer Stärke von 10–12 cm weist sie einen mittleren Dämmwert von 40–50 dB(A) auf. Abschirmwände wirken ebenfalls dämmend, meist zusätzlich auch dämpfend.

Tertiärer Lärmschutz

Führen auch die Maßnahmen zur Beeinflussung der Schallausbreitung nicht zur erforderlichen Reduzierung, sind ergänzende Maßnahmen zum Schutz der Beschäftigten vor Gefährdungen durch Lärm in Abhängigkeit von der Höhe des Beurteilungspegels erforderlich.

Tertiäre Maßnahmen sind beispielsweise

1. *Bestimmung und Kennzeichnung von Lärmbereichen*: Nach der BGV B 3 ist ein Lärmbereich dann vorhanden, wenn der ortsbezogene Beurteilungspegel ≥ 85 dB(A) oder der Höchstwert des nicht bewerteten Schalldruckpegels ≥ 140 dB beträgt. Letzterem Grenzwert entsprechen bei Messungen des A-bewerteten Schalldruckpegels in der Zeitbewertung „Impuls" ≥ 130 dB(A). Besteht der Verdacht, dass ein Lärmbereich vorliegt, hat der Arbeitgeber den Beurteilungspegel zu ermitteln, die Betroffenen von dem Ergeb-

nis seiner Ermittlungen zu unterrichten und die Beschäftigten über Gefahren und Vorschriften zu informieren. Die bei der Ermittlung festgestellten Ergebnisse sind 30 Jahre aufzubewahren. Wenn eine Gefährdung durch Lärm besteht, ist der Arbeitgeber zur Lärmbekämpfung nach fortschrittlichen, in der Praxis bewährten Regeln der Lärmminderungstechnik verpflichtet. Eine Gefährdung liegt bei Aufenthalt im Lärmbereich grundsätzlich immer vor. Eine Gefährdung im Sinne von BGV B 3 liegt auch vor, wenn durch den Lärm die Wahrnehmung akustischer Signale, Warnrufe und gefahrankündigender Geräusche beeinträchtigt wird. Gelingt es nicht, den Lärm zu beseitigen, muss der Arbeitgeber den im Lärmbereich Beschäftigten persönliche Schallschutzmittel zur Verfügung stellen.

Ein Lärmbereich mit einem Beurteilungspegel ≥ 90 dB(A) oder mit einem Höchstwert des nicht bewerteten Schalldrucks ≥ 140 dB (bzw. ≥ 130 dB(A) bei Messung in Zeitbewertung Impuls) ist zu kennzeichnen. Lärmbereiche sind auch zu kennzeichnen, wenn bei den von der jeweiligen Berufsgenossenschaft in BGV B 3, Anlage 2 genannten Arbeitsverfahren und Arbeitsmitteln der Beurteilungspegel unter Berücksichtigung der Impulshaltigkeit des Lärms ≥ 90 dB(A) beträgt. Bei einigen Berufsgenossenschaften fallen darunter beispielsweise Arbeiten mit Niethämmern. Impulshaltiger Lärm liegt vor, wenn der Impulszuschlag 2 dB überschreitet (→Erl. zu BGV B 3 und DIN 45645-2). In diesem gekennzeichneten Lärmbereich ist jeder Beschäftigte verpflichtet, persönlich Schallschutzmittel zu benutzen. Ausnahmen sind möglich, wenn durch die Benutzung von Schallschutzmitteln eine erhöhte Unfallgefahr besteht.

2. *Lärmminderungsprogramm*: Für kennzeichnungspflichtige Lärmbereiche ist ein Programm zur Lärmminderung aufzustellen und durchzuführen (→Abb. 5.2.9).

Lärmminderungsprogramm								
Firma Abt.: Lärmminderungsprogramm (Maßnahmen, Prognose, Zeitplan)						Kurzzeichen Datum:		
Arbeitsplatz/ Schallquelle	Arbeitsplatzbelegung	Schalldruckpegel				Maßnahmenbeschreibung / Kosten	Priorität	Zeitraum
		Spitzenwerte[1] L_{peak} / $L_{A\,max.}$		Beurteilung[2] L_{Ar} in dB(A)				
	Anzahl	Ist	Prognose	Ist	Prognose		Lfd. Nr.	
Arbeitsplatz 1: Nacharbeiten Auflage der Teile, Schleifen, evt. Handrichten, Abwurf der Teile	2	102	91	97	88	Einspannen, leise Schleifscheiben, Schallschirm zum benachbarten Arbeitsplatz (ca. 3.250,- Euro)	2	12/03
Arbeitsplatz 2: . . .								
[1] L_{peak} oder $L_{AI\,max}$		[2] gemäß UVV „Lärm" (BGV B3)						

Abb. 5.2.9: Beispiel für Lärmminderungsprogramm.

Die Durchführung des Lärmminderungsprogramms erfolgt für eine angrenzende Fläche in folgenden Teilschritten (→BGI 712):

- Dokumentation des Istzustandes: Eintragung der Lärmquellen mit allen verfügbaren Angaben und Arbeitsplätze in ein Lärmquellenkataster (Karte oder Liste). Messung der ortsbezogenen Beurteilungspegel über die gesamte Fläche und Darstellung der Messwerte in einer Schallpegeltopografie
- Analyse der Schallquellen, in der Regel mit Hilfe des Terzfilters
- Vorschlag der Lärmminderungsmaßnahmen und Abschätzung ihrer Wirkung
- Durchführung der Lärmminderungsmaßnahmen
- Wirkungskontrolle durch erneute Anfertigung einer Schallpegeltopografie

3. *Arbeitsmedizinische Vorsorgeuntersuchung (G 20 Lärm):* Nach BGV A4 muss der Arbeitgeber dafür sorgen, dass sich im Lärmbereich Beschäftigte der Erst- und Nachuntersuchungen unterziehen. Auf diese Weise sollen Beschäftigte von Lärmarbeit ausgeschlossen werden, bei denen festgestellte Schäden weitere Schäden befürchten lassen oder die aus Gründen der nicht mehr genügend möglichen gegenseitigen Verständigung für bestimmte Arbeiten untauglich sind. Mit Hilfe der Erstuntersuchen lassen sich auch eventuelle Vorschäden aus dem Privatbereich oder aus anderen Betrieben nachweisen.
   Die Beschäftigung im Lärmbereich darf nur erfolgen, wenn die Erstuntersuchung innerhalb von 12 Wochen vor Beschäftigungsbeginn oder die Nachuntersuchungen nicht länger als 6 Wochen vor Ablauf der Frist erfolgt sind und eine Unbedenklichkeitsbescheinigung eines für derartige Untersuchungen ermächtigten Arztes vorliegt.
   Für Beschäftigte, die der Erst- oder den Nachuntersuchungen unterzogen worden sind, hat der Unternehmer eine Gesundheitskartei zu führen. Die Kartei muss nach BGV A4 folgende Angaben enthalten:
   - Vor- und Familienname, Geburtsdatum,
   - Wohnanschrift,
   - Tag der Einstellung und des Ausscheidens,
   - Ordnungsnummer,
   - zuständiger Krankenversicherungsträger,
   - Art der Gefährdungsmöglichkeiten,
   - Art der Tätigkeit mit Angabe des Zeitpunktes ihres Beginns und Endes,
   - Angaben von Zeiten über frühere Tätigkeiten, bei denen eine Gefährdungsmöglichkeit bestand,
   - Datum und Ergebnis der Vorsorgeuntersuchungen,
   - Name und Anschrift des untersuchenden Arztes,
   - Name dessen, der die Gesundheitskartei führt.
4. *Auswahl und Einsatz von Gehörschutz* →Kapitel 10.
5. *Begrenzung der Expositionszeit / Lärmpausen:* Zeitliche Trennung geräuschintensiver und weniger lärmender Tätigkeiten innerhalb einer Arbeits-

schicht, so dass der Beurteilungspegel über die Schichtdauer nicht überschritten wird.
Während der Lärmpause dürfen 75 dB(A) nicht überschritten werden. Häufige kurze Lärmpausen sind wirksamer als wenige lange Pausen.

6. *Gewährleistung der Verständigung:* Besondere Maßnahmen sind notwendig, wenn der Lärm die Wahrnehmungsfähigkeit von Signalen beeinträchtigt (BGV B 3). Der Störgeräuschpegel muss mehr als 10 dB(A) unter dem Sprachschallpegel stehen. Bei normaler Unterhaltung beträgt der Sprachschallpegel in 1 m Entfernung vom Sprecher etwa 60 dB(A). Akustische Signale müssen mit mindestens 10 dB(A) das Grundgeräusch übertönen. Problematisch ist das Tragen von Gehörschutz, wenn für die Sicherheit wesentliche Signale oder Geräusche gehört werden müssen. Mit Zustimmung der Berufsgenossenschaft kann vom Tragen der Gehörschutzmittel abgesehen werden, wenn durch die Benutzung die Unfallgefahr erhöht und aus andere Weise nicht vermieden werden kann.

Ein Vergleich der ergänzenden tertiären Lärmschutzmaßnahmen nach BGV B 3 (zurzeit geltendes Recht) mit der europäischen Richtlinie Lärm 2003/10/EG enthält Abb. 5.2.10.

Beurteilungspegel / Maßnahmen	UVV „Lärm“ (BGV B3) L_{Ar} in dB(A)		2003/10/EG $L_{Ex,8h}$	
	85 - 89	= 90	80 – 84 dB(A) 135 – 136 dB(C)	= 85 dB(A) = 137 dB(C)
Gehörschutz	zur Verfügung stellen	Tragepflicht	zur Verfügung stellen	Tragepflicht
Arbeitsmed. Untersuchung G20	ja (alle 6 Monate)	ja (alle 3,6 Monate)	Anspruch besteht, wenn Gesundheitsrisiko möglich	ja
Lärmbereich	ja	ja + Kennzeichnungspflicht	nein	ja + Kennzeichnungspflicht
Lärmminderungsprogramm	nein	ja	nein	ja
Informations- und Unterweisungspflicht	ja	ja	ja	ja

Abb. 5.2.10: Vergleich ergänzender tertiärer Lärmschutzmaßnahmen nach BGV B3 und 2003/10/EG.

5.2.4 Immissionsschutz – Nachbarschaftslärm

Lärm hat nicht nur die im Betrieb Tätigen, sondern ebenso für die Nachbarschaft große Bedeutung. Daher soll hier kurz auf die Beurteilung von Arbeitslärm in der Nachbarschaft eingegangen werden. Ermittelt wird der Beurteilungspegel aus dem Mittelungspegel (= äquivalentem Dauerschallpegel) unter Berücksichtigung von eventuellen Zuschlägen für Impulsgeräusch (+> 2 dB), auffälligen Tönen (+ 3–6 dB), Ruhezeit (+ 6 dB) und Zu- oder Abschlag für bestimmte Geräusche und Situationen. Die Beurteilung erfolgt unter Berücksichtigung des Ruhebedürfnisses in unterschiedlichen Zeitblöcken (→ DIN 45645-1)

Nach der TA Lärm lauten die Richtwerte für den Beurteilungspegel, die nicht überschritten werden dürfen, für „Außen" (Messung möglichst 0,5 m außerhalb vor der Mitte des geöffneten Fensters; als Nachtzeit gilt 22–6 Uhr):

a) in Industriegebieten: 70 dB(A)

b) in Gewerbegebieten: tags 65 dB(A)
nachts 50 dB(A)

c) im Kern-, Dorf und Mischgebieten: tags 60 dB(A)
nachts 45 dB(A)

d) in allgemeinen Wohn-und Kleinsiedlungsgebieten: tags 55 dB(A)
nachts 40 dB(A)

e) in reinen Wohngebieten: tags 50 dB(A)
nachts 35 dB(A)

f) in Kurgebieten, für Krankenhäuser und Pflegeanstalten tags 45 dB(A)
nachts 35 dB(A)

Einzelne kurzzeitige Geräuschspitzen dürfen die Immissionsrichtwerte am Tage um nicht mehr als 30 dB(A) und in der Nacht um nicht mehr als 20 dB(A) überschreiten.

Die Richtwerte lauten für „Innen" (Wohnräume, Messung bei geschlossenen Fenstern und Türen mindestens 1,2 m von den Wänden entfernt in normal möblierten Zimmern an Stellen, an denen sich in der Regel Personen aufhalten): tags 35 dB(A)
nachts 25 dB(A)

Kurzzeitige Geräuschspitzen sollen letztere Richtwerte nicht um 10 dB(A) überschreiten.
Die Immissionsrichtwerte für „Außen" und „Innen" gelten nach TA Lärm während des Tages für eine Beurteilungszeit von 16 h. Maßgebend für die Beurteilung der Nacht ist die volle Nachtstunde mit dem höchsten Beurteilungspegel. Für die Gebiete d)–f) ist ein Ruhezeitzuschlag von 6 dB werktags 6–7 und 20–22 Uhr sowie sonn- und feiertags 6–9, 13–15 und 20–22 Uhr zu berücksichtigen.

5.2.5 Ultraschall

Grundlagen

Physikalische Grundlagen: Als Ultraschall werden Schallwellen im Frequenzbereich > 20 kHz bezeichnet. Das sind Longitudinalwellen in der Luft und in Flüssigkeiten, aber auch Longitudinal- und Transversalwellen in festen Körpern in dem genannten Frequenzbereich. Ultraschall mit mehr als 1 GHz wird als Hyperschall bezeichnet. Für Ultraschall gelten im wesentlichen die grundlegenden Gesetze des Hörschalls.

Erzeugung: Die Prinzipien zur Erzeugung von Ultraschall für industrielle und therapeutische Zwecke sind:

- magnetostriktive Ultraschallgeber (bis 300 kHz), bei denen z.B. ein Nickelstab in ein starkes magnetisches Wechselfeld gebracht wird, dessen Frequenz gleich seiner elastischen Eigenfrequenz ist. Unter dem Einfluss der Feldänderungen gerät der Stab in mechanische Schwingungen, wobei Ultraschall abgestrahlt wird, z.B. in die Flüssigkeit einer Reinigungsanlage.
- piezoelektrische Ultraschallgeber (> 300 kHz), bei denen ein piezoelektrischer Schwinger z.B. ein Plättchen aus Quarz oder speziell hergestellter Körper aus Blei-Zirkonat-Titanat im hochfrequenten elektrischen Feld Dickenschwingungen bewirken, die Ultraschall erzeugen, z.B. beim Schweißen von Kunststoff.

Einsatzgebiete: Industrielle Einsatzgebiete sind beispielsweise

- Schweißen von Metallen und Kunststoffen (20–40 kHz)
- Zerstörungsfreie Werkstoffprüfung (1–15 MHz)
- Reinigen in Ultraschallbädern (20–40 kHz)
- Ultraschallbohren
- Ultraschallläppen, Löten und Verzinken von Aluminium
- Elektropolieren

Ferner sind Einsatzgebiete die

- Ultraschallchemie (Sonochemie)
- Ultraschalldiagnostik (Sonographie)
- Ultraschalltherapie zu Heilzwecken in der Medizin.

Auch in der Sicherheitstechnik finden akustische Sensoren (Schallsensoren) Anwendung als Schutzeinrichtungen zur Abgrenzung von Gefahrenbereichen (berührungslos wirkende Ultraschallschranke).

Wahrnehmung: Bei der Übertragung von Ultraschall auf die Hörorgane werden unterschieden

- luftgeleiteter Ultraschall, der in der Regel unhörbar ist, da das menschliche Hörvermögen bei ca. 16 kHz endet.
  Bei Intensitäten ab 110–140 dB können jedoch hörbare subharmonische Schwingungen auftreten, z.B. bei einer Grundanregung von f_0 = 20 kHz die erste Subharmonische $f_0/2$ = 10 kHz,
- festkörpergeleiteter Ultraschall, der bei Frequenzen bis 200 kHz und günstiger Körperleitung am Kopf ein unangenehmes, nicht sehr lautes Geräusch im Frequenzbereich von 8–9 kHz erzeugen kann. Oberhalb 200 kHz fehlt jedes Hörvermögen.

Messung: Die Messung des Schalldruckpegels von Ultraschall bis etwa 50 kHz kann mit dafür geeigneten bzw. besonders kalibrierten Schallmessgeräten (am besten schmalbandanalytisch) erfolgen, die mit Ultraschallfrequenzfiltern nach DIN EN 61012 ausgerüstet sind. Diese Frequenzbewertung ist als „U“-Bewertung zu kennzeichnen.

Ultraschall kann auch zusätzlich zu Hörschall auftreten, wie z.B. beim Plasmaschweißen. In diesen Fällen empfiehlt es sich, das U-Filter mit der Frequenzbewertung A zu kombinieren. In diesem Fall ist der Gesamtfrequenzgang als „AU“-Bewertung zu kennzeichnen.

Wirkung von Ultraschall auf die Beschäftigten

Die Wirkung von Ultraschall sind noch nicht restlos erforscht. Im Vordergrund stehen daher die Wirkungsrichtungen von Ultraschall auf Menschen.

- *Gehörschädigung:* Bleibende Gehörschäden durch luftgeleiteten Ultraschall sind nicht wahrscheinlich, wenn der Terzschalldruckpegel mit der Mittenfrequenz von 20 kHz den Wert L_{Terz} = 110 dB nicht übersteigt [VDI 2058]. Für höhere Frequenzen sind höhere Grenzwerte anzunehmen.
- *Gesundheitsschädigung in ultraschallerregten Flüssigkeiten:* Infolge hoher Ultraschallintensitäten bei industriell genutzten Frequenzen (100–120 dB; 20–40 kHz) können, unterstützt von Kavitationserscheinungen, Schädigungen der Hände beim Berühren mit ultraschallerregten Waschflüssigkeiten auftreten. Kavitation (Hohlraumbildung, „Blasenimplosion“) entsteht bei hohen Schwinggeschwindigkeiten fester Medien in Flüssigkeiten an den Grenzflächen, wodurch mechanische und chemische Veränderungen der festen Medien hervorgerufen werden können. Beobachtet wurden Rötungen, Juckreiz und Taubheit der Hände.
- *Gewebeschädigung:* Bei direkter Einwirkung von Ultraschall durch Körperkontakt mit dem Schallerzeuger, z.B. an Ultraschall-Schweißgeräten genügen Bruchteile einer Sekunde, um Erwärmung und Zerstörung an Händen hervorzurufen. Die Hitze wird dabei im wesentlichen durch Absorption vor allem in tieferen Gewebeschichten erzeugt.
  Der Grenzwert für Auswirkungen auf die Haut bzw. für unzulässige Erwärmung von menschlichem Gewebe liegt bei 1000 W/m^2 (entsprechend 150 dB). In der Medizin gelten als Grenzwerte für Langzeitexpositionen (0,5–2 h) 1000 W/m^2 (entsprechend 140 dB), für kurzzeitige Exposition je nach Dauer 5000–30000 W/m^2.

Maßnahmen zum Schutz vor Ultraschall

- *Luftgeleiteter Schall:*
  1. In vielen Fällen lässt sich die Intensität der unangenehmen und schädigenden subharmonischen Schwingungen durch Anheben der Arbeitsfrequenz, z.B. von 20 auf 40 kHz, wesentlich verringern oder ganz vermeiden.
  2. Die Ausstrahlung des Schalls kann, wie bei hörbaren akustischen Wellen, durch schalldämmendes, -dämpfendes und -reflektierendes Mate-

rial verringert werden, insbesondere durch Kapselung der Schallquelle (Ultraschallanlage).

3. Bei Schalldruckpegel ≥ 90 dB (16–20 kHz) und ≥ 110 dB (> 20 kHz) ist Gehörschutz, bei sehr hohen Schalldruckpegeln ab etwa 140 dB Ganzkörperschutz zu tragen. Für die Schalldämmung von Gehörschützern im Ultraschallbereich liegen keine Messwerte vor; es ist aber eine vergleichbare Schalldämmung wie für den hochfrequenten Hörbereich zu erwarten.
   Es empfiehlt sich in diesem Fall die Sicherheitskennzeichnung „Gehörschutz benutzen – Ultraschall" anzubringen.
4. Bei Verdacht schädigender Wirkung durch Ultraschall empfiehlt sich eine ärztliche Untersuchung der Beschäftigten. Ein Audiogramm sollte dabei auch die Knochenleitung im Ultraschallbereich erfassen (Schwellwerte für das Hören 110–140 dB).

– *Festkörpergeleiteter Schall:* Bei Tätigkeiten in der Nähe starker Ultraschallerzeuger ist darauf zu achten, dass kein Ultraschall in den Körper geleitet werden kann. Eine solche Überleitung ist auch durch Zwischenmedien möglich, z.B. durch Körperschluss von Maschinen und Reinigungsbädern mit der Umgebung. Entsprechend müssen die ultraschallerregten Geräteteile durch schwingungsdämpfendes Material isoliert werden. Beim Hantieren an ultraschallerregten Maschinen, Werkzeugen oder in ultraschallerregten Bädern sind schalldämpfende Handschuhe zu tragen.

Literatur

Richtlinie des Europäischen Parlaments und des Rates vom 22.6.1998 zur Angleichung der Rechts- und Verwaltungsvorschriften für Maschinen (1998 / 37 / EG)

Richtlinie des Rates vom 12.5.1986 über den Schutz der Arbeitnehmer gegen Gefährdungen durch Lärm am Arbeitsplatz (1986 / 188 / EWG)

Richtlinie des Europäischen Parlaments und des Rates vom 6.2.2003 über Mindestvorschriften zum Schutz von Sicherheit und Gesundheit der Arbeitsnehmer vor der Gefährdung durch physikalische Einwirkungen / Lärm (2003 / 10 / EG)

Richtlinie des Europäischen Parlaments und des Rates vom 8.5.2000 zur Angleichung der Rechtsvorschriften der Mitgliedstaaten über umweltbelastende Geräuschemission von zur Verwendung im Freien vorgesehenen Geräten und Maschinen (2000 / 14 / EG)

Dritte VO zum Geräte- und Produktsicherheitsgesetz (Maschinenlärminformations-VO- 3. GPSGV) vom 18.1.1991, zuletzt geändert durch Art. 12 des Gesetzes vom 6. 1. 2004 (BGBl. I S. 2)

Neunte VO zum Geräte- und Produktsicherheitsgesetz (Maschinen-VO- 9. GPSGV) vom 12.5.1993, zuletzt geändert Art. 16 des Gesetzes vom 6. 1. 2004 (BGBl. I S. 1213)

VO über Arbeitsstätten (Arbeitsstätten-VO - ArbStättV) vom 20. 3. 1975, außer Kraft gesetzt am 25. 8. 2004 (BGBl. I Nr. 44, S. 2179)

VO über Arbeitsstätten (Arbeitsstätten-VO - ArbStättV) vom 12. 8. 2004 (BGBl. I Nr. 44, S. 2179)

VO zum Schutz vor physikalischen Einwirkungen am Arbeitsplatz (PhysikalienVO – PhysV) – geplant

BGV A4 Arbeitsmedizinische Vorsorge

BGV B3 Lärm

Sechzehnte VO zur Durchführung des Bundesimmissionsschutzgesetzes (Verkehrslärmschutz-VO – 16. BImSchV) vom 12.6.1990 (BGBl. I S. 1036)

VO zur Einführung der Geräte- und Maschinenlärmschutz-VO (32. BImSchV) vom 29. 8. 2002, zuletzt geändert durch Art. 23 des Gesetzes vom 6. 1. 2004 (BGBl. I S. 2)

Allgemeine Verwaltungsvorschrift zum Schutz gegen Baulärm-Geräuschimmission – vom 19.8.1970 (BAnz. Nr. 160)

Sechste Verwaltungsvorschrift zum Bundesimmissionsschutzgesetz (Technische Anleitung zum Schutz gegen Lärm – TA Lärm) vom 29.8.1998 (GMBl. S. 503)

DIN EN 352 (T. 1 – T. 4)	Gehörschützer; Sicherheitstechnische Anforderungen und Prüfung
DIN EN 458	Gehörschützer; Empfehlungen für Auswahl, Einsatz Pflege und Instandhaltung
DIN EN ISO 3741	Akustik; Bestimmung der Schallleistungspegel von Geräuschquellen aus Schalldruckmessungen; Hohlraumverfahren
DIN EN ISO 3744	Akustik; Bestimmung der Schallleistungspegel von Geräuschquellen aus Schalldruckmessungen; Hüllflächenverfahren
DIN EN ISO 3744	Akustik; Angabe und Nachprüfung von Geräuschemissionswerten von Maschinen und Geräten
ISO 7960	Luftschallemission von Werkzeugmaschinen; Bearbeitungsbedingungen für Holzbearbeitungsmaschinen
DIN EN ISO 11204	Akustik; Geräuschabstrahlung von Maschinen und Geräten; Messungen von Emissions-Schalldruckpegeln am Arbeitsplatz und an Werkzeugmaschinen; Verfahren mit Umgebungskorrekturen
DIN EN ISO 11688	Akustik; Richtlinien für die Gestaltung lärmarmer Maschinen und Geräte
DIN EN ISO 11689	Akustik; Verfahrensweise für den systematischen Vergleich von Geräuschemissionswerten von Maschinen und Geräten
DIN EN ISO 11690	Akustik; Richtlinien für die Gestaltung lärmarmer maschinenbestückter Arbeitsstätten
EN 20354	Akustik; Messung der Schallabsorption im Hallraum
DIN 45630 T. 1 u. T. 2	Grundlagen der Schallmessung
DIN 45645	Ermittlung des Beurteilungspegels aus Messungen T. 1 Geräuschimmission in der Nachbarschaft T. 2 Geräuschimmission am Arbeitsplatz
DIN 45657	Schallpegelmesser; Zusatzanforderungen für besondere Messaufgaben
DIN EN 60651	Schallpegelmesser
DIN EN 60804	Integrierte mittelwertbildende Schallpegelmesser
DIN EN 61012	Filter für Messung von hörbarem Schall im Beisein von Ultraschall
VDI 2058 Bl. 2	Beurteilung von Lärm hinsichtlich Gehörschädigung
VDI 2569	Schallschutz und akustische Gestaltung im Büro
VDI 2711	Schallschutz durch Kapselung
VDI 3760	Berechnung und Messung der Schallausbreitung in Arbeitsräumen
BGR 194	Einsatz von Gehörschützern

BGI 712 Lärmminderungsprogramm

BGI 751 Geräuschimmission am Arbeitsplatz (Fachkundige Ermittlung)

Leitfaden „Nichtionisierte Strahlung“ – Ultraschall
Hrsg.: Berufsgenossenschaft der Feinmechanik und Elektrotechnik
Köln 1977

5.3 Gefährdungen durch mechanische Schwingungen (Vibrationen)

5.3.1 Grundlagen

Physikalische Grundlagen

Mechanische Schwingungen (Vibrationen, Erschütterungen, Stöße) sind zeitliche Bewegungen um eine Ruhelage, wobei der Körper während des Schwingvorganges seine Bewegungsrichtung umkehrt. Die Schwingungen können transient oder stationär, harmonisch, periodisch oder stochastisch sein.

Im Rahmen dieses Abschnittes werden die Schwingungen betrachtet, die an der oder den Einleitungsstelle(n) in den menschlichen Körper übertragen werden. Unterschieden werden die Schwingungen nach der Einleitstelle in

- *Hand-Arm-Schwingungen:* Mechanische Schwingungen im Frequenzbereich 8 Hz–1000 Hz, die über die Greifstellen von handgeführten und handgehaltenen Maschinen, Werkzeugen oder Werkstücken in die Hand eingeleitet werden. Hand-Arm-Schwingungen sind Translationsschwingungen, die das Hand-Arm-System beanspruchen.
- *Ganz-Körper-Schwingungen*: Mechanische Schwingungen im Frequenzbereich 0,5 Hz–80 Hz, die vorwiegend über das Gesäß und den Rücken des sitzenden Menschen oder die Füße des stehenden Menschen oder den Kopf und den Rücken des liegenden Menschen übertragen werden. Diese Schwingbelastung kann zur Beanspruchung des Bewegungsapparates, der Nerven und der inneren Organe führen.
- Mechanische Schwingungen werden durch folgende Merkmale physikalisch gekennzeichnet:
- *Frequenz in Hz:* Sie gibt an, wie oft pro Sekunde der Körper eine Bewegung um seine Ruhelage durchläuft. Hinsichtlich der Auswirkungen lassen sich folgende Bereiche unterscheiden
  < 0,5 Hz: Individuell sehr unterschiedliche Wahrnehmung und entsprechende Erträglichkeit,
  z. B. Seekrankheit, vorzugsweise bei 0,3 Hz.
  0,5–80 Hz: Arbeitssicherheitlich bedeutsamer Bereich, in dem die Resonanzen des menschlichen Körpers hauptsächlich liegen. Die Hauptresonanz liegt bei 3–6 Hz, z. B. für Bauchdecke, Eingeweide, Herz. Die Kopfresonanz liegt um 20 Hz, die Resonanz der Augäpfel bei 40–80 Hz.

- $\geq$ 80 Hz: Vibrationsschwingungen, die meist schon beim Übergang zum Menschen neutralisiert oder im Bereich der Hauptgewebe wirksam werden. Mechanische Schwingungen > 1000 Hz sind für die Beanspruchung des Menschen von sehr geringer Bedeutung.
- *Schwinggröße:* (Größe, die die Lageänderung des Körpers beschreibt): Sie wird bei Translationsschwingungen angegeben als Schwingweg w in m, Schwinggeschwindigkeit v in m/s oder Schwingbeschleunigung a in m/s². Diese Größen lassen sich im Falle sinusförmiger (harmonischer) Schwingungen wir folgt umrechnen: $w = v/2\pi f = a/4\pi^2 f^2$.
- *Schwingrichtung:* Sie kennzeichnet die Richtung, in der die Schwingungen in den menschlichen Körper eingeleitet (übertragen) werden, Das Koordinatensystem für die Schwingrichtungen ist international festgelegt. Danach wird für Ganzkörperschwingungen unterschieden: Z = Schwingungsrichtung Fuß-Kopf; X = Schwingungsrichtung Rücken-Brust (vorwärts); Y = Schwingungsrichtung Arm zu Arm (seitwärts); B = wechselnde Schwingungsrichtung, z. B. bei nicht vorgegebener Körperhaltung in Bauwerken. Für Hand-Arm-Schwingungen gilt entsprechend: Z = Schwingungsrichtung vorwärts, X = Handoberfläche-Handunterfläche, Y = seitwärts.
- *Frequenzbewertung:* Sie dient dazu, die auf den Menschen einwirkenden Schwingungen entsprechend der frequenzabhängigen Beanspruchung zu gewichten und in ihrer Bandbreite zu begrenzen. Zur Bestimmung der auftretenden Frequenzen wird aus dem zeitlichen Schwingungsverlauf mit Hilfe der Fourier-Analyse das Schwingsignal vom Zeitbereich in den Frequenzbereich transformiert.
  Diese Frequenzbewertung ist erforderlich, da die Beanspruchung des Menschen durch dieselbe Schwinggröße bei verschiedenen Frequenzen unterschiedlich ist, insbesondere hohe Frequenzen nicht so unangenehm als Frequenzen im Hauptresonanzbereich des menschlichen Körpers empfunden werden. Die jeweils benutzten Frequenzbewertungs- und Bandpassfilter werden durch Beanspruchungskriterium (Gesundheit, Wohlbefinden, Kinetosen = durch Reizung des Gleichgewichtsorgans erregte Bewegungs-krankheit, z.B. Seekrankheit), Einleitstelle und Schwingungsrichtung bestimmt.
- *Effektivwert der frequenzbewerteten Schwingbeschleunigung:* Er ist der quadratische (energieäquivalente Mittelwert), der wie folgt definiert ist

  $$a_{wT} = \sqrt{\frac{1}{T}\int_0^T a_w^2(t)dt}$$

  a_{wT} = Effektivwert der frequenzbewerteten Beschleunigung in m/s²
  $a_w(t)$ = frequenzbewertete Beschleunigung in m/s²
  T = Dauer der Messung in Stunden oder Minuten

Diese Größe wird für die zeitliche Beurteilung der Schwingung benötigt.

- *Beurteilungsbeschleunigung:* Sie kennzeichnet die Gesamtbelastung während eines Tages (Arbeitsschicht von 8 Stunden) und wird aus dem für die Einwirkungsdauer ermittelten energieäquivalenten Mittelwert der frequenzbewerteten Beschleunigung ermittelt. Sie ist das Maß zur Ermittlung der Schwingbelastung des Menschen

Für **Hand-Arm-Schwingungen** sind dabei die frequenzbewerteten Effektivwerte der Beschleunigung a_{hw} in allen drei Messrichtungen X_h, Y_h, Z_h (h für Hand-Arm-Schwingungen) zu einem Gesamtwert zusammenzufassen:

$$a_{hw} = \sqrt{a^2_{hwx} + a^2_{hwy} + a^2_{hwz}}$$

Der auf eine Bezugsdauer von 8 h normierte Tagesexpositionswert $a_{hw(8)}$ (bzw. A(8) nach der europäischen Richtlinie 2002 / 44 / EG) berücksichtigt zusätzlich noch die Expositionszeit der Beschäftigten gegenüber Schwingungen:

$$a_{hw(8)} = A(8) = a_{hw} \sqrt{\frac{T_e}{T_r}}$$

T_e = individuelle Einwirkungsdauer in Stunden
T_r = Bezugsdauer / Beurteilungsdauer in Stunden

Setzt sich die Einwirkungsdauer T_e aus n Belastungsabschnitten T_{ei} zusammen, so berechnet sich der Beschleunigungswert wie folgt:

$$a_{hw(8)} = A(8) = \sqrt{\frac{1}{T_r} \sum_{i=1}^{n} (a^2_{hwi} \cdot T_{ei})}$$

T_{ei} = Teilzeiten
n = Anzahl unterschiedlicher Schwingeinwirkung.

Für **Ganzkörper-Schwingungen** ist (im Unterschied zu Hand-Arm-Schwingungen) der **größte** Wert der frequenzbewerteten Effektivwerte der Beschleunigung in den drei Messrichtungen X, Y, Z bei der Berechnung des Tagesdosiswertes zu verwenden. Die gemessenen Effektivwerte sind dabei in Abhängigkeit von der Messrichtung vor der Bestimmung des größten Wertes mit folgenden Faktoren zu multiplizieren:

X-Richtung 1,4 a_{wx}

Y-Richtung 1,4 a_{wy}

Z-Richtung 1,0 a_{wz}.

Der Tagesexpositionswert ergibt sich dann aus dem größten Wert der angepassten Effektivwerte der drei Messrichtungen

$$a_w(8) = A(8) = a_{w(max)} \sqrt{\frac{T_e}{T_r}}$$

und bei zeitlich wechselnder Belastung ist die Berechnung analog zur Hand-Arm-Schwingung wie folgt zu ermitteln:

$$a_w(8) = A(8) = \sqrt{\frac{1}{T_r}\sum_{i=1}^{n} a^2{}_{(max)} \cdot T_{ei}}$$

- *Gesamtdosis D_v* (kumulierte Schwingbelastung): Für die Langzeitbelastung, z. B. über mehrere Jahre, lässt sich die Gesamtdosis berechnen. Sie ist die Summe aller Produkte aus der Anzahl der Expositionstage d_i und dem Quadrat der Beurteilungsbeschleunigung $a_{w(8)i}$ (bezogen auf 8 Stunden Belastung bei der Arbeit):

$$D_v = \sum_{i=1}^{n} a^2{}_{w(8)i} \cdot d_i$$

- *Beispiele zur Berechnung der Beurteilungsbeschleunigung*:

(1) **Hand-Arm-Schwingung**

Geg.:

Tätigkeit 1; T_{e1} = 3 h		Tätigkeit 2; T_{e2} = 0,75 h	
a_{hw1x}	= 1,5 m/s²	a_{hw2x}	= 3,5 m/s²
a_{hw1y}	= 2 m/s²	a_{hw2y}	= 1,5 m/s²
a_{hw1z}	= 1,8 m/s²	a_{hw2z}	= 4 m/s²

Ges.: Tagesdosis $a_{hw(8)}$

Lsg.: $a_{hw1} = \sqrt{(1{,}5^2 + 2^2 + 1{,}8^2) m^2/s^4}$; $a_{hw2} = \sqrt{(3{,}5^2 + 1{,}5^2 + 4^2) m^2/s^4}$

$a_{hw1} = 3{,}08$ m/s² ; $a_{hw2} = 5{,}52$ m/s²

$$a_{hw(8)} = \sqrt{\frac{1}{8}(3{,}08^2 \cdot 3 + 5{,}52^2 \cdot 0{,}75)}$$

$a_{hw(8)} = 2{,}5$ m/s²

(2) **Ganzkörper-Schwingung**

Geg.:

Tätigkeit 1; T_{e1} = 3 h		Tätigkeit 2; T_{e2} = 0,75 h	
a_{hw1x}	= 1,5 m/s²	a_{hw2x}	= 3,5 m/s²
a_{hw1y}	= 2 m/s²	a_{hw2y}	= 1,5 m/s²
a_{hw1z}	= 1,8 m/s²	a_{hw2z}	= 4 m/s²

Ges.: Tagesdosis $a_{w(8)}$

Lsg.: a_{w1x} = 1,4 · 0,2 m/s² = 0,28 m/s²

a_{w1y} = 1,4 · 0,15 m/s² = 0,21 m/s²

a_{w1z} = 1,0 · 1,2 m/s² = 1,2 m/s² = $a_{w(max)}$

$$a_w(8) = 1{,}2 \text{ m/s}^2 \sqrt{\frac{4{,}5h}{8h}}$$

$a_w(8)$ = 0,675 m/s²

5.3.2 Arbeitsbedingte Gefährdungen

Wirkungen mechanischer Schwingungen

Mechanische Schwingungen können in Abhängigkeit von der Frequenzintensität (Amplitude) sowie Richtung und Dauer der Einwirkung zu *gesundheitlichen Beeinträchtigungen oder Schäden* führen. Betroffen sind besonders Beschäftigte

- auf Transportmitteln, vor allem in den Sitzen von Flurfördermitteln und Erdbaumaschinen. Hier wurden Vertikalbeschleunigungen bis zu 5 m/s^2 gemessen.
- beim Umgang mit vibrierenden handgeführten Werkzeugen, z.B. Drucklufthämmern, Bohrwerkzeugen, Motorsägen und Schleifmaschinen,
- durch Vibrationsübertragung von feststehenden Maschinen über den Fußboden auf den Menschen, z.B. auf Schiffen.

Als Beschwerden treten vorwiegend im unteren Frequenzbereich Atemnot, Sprachbeschwerden, Schmerzen, Harndrang usw. auf. Besonders gefährlich sind periodische Dauerschwingungen im Bereich der Hauptresonanz des menschlichen Körpers, also im Bereich von 5 Hz. Bei Schwingungen mit Frequenzen von 2–40 Hz wird auch das Sehvermögen verringert, wodurch das Risiko von Fehlverhalten und Unfällen steigt.

Vor allem hohe Frequenzen (50–1000 Hz) können nach Tagen oder Wochen besonders auch in Verbindung mit Kälteeinwirkung zu Durchblutungsstörungen an Fingern und Händen führen. Diese Schäden, die vorwiegend beim Umgang mit Motorsägen bei Forstarbeitern auftreten, sind als „Weißfingerkrankheit“ bekannt. Vibrierende Werkzeuge und Maschinen können auch Abnutzungserscheinungen an Handwurzelknochen und Gelenken – besonders am Ellenbogengelenk – bewirken. Bei ständiger Ganzkörperschwingungsbelastung, z.B. beim Fahren mit Flurförderzeugen und Arbeiten auf Erdbaumaschinen, sind chronische Deformationsschäden an der Wirbelsäule vor allem im Lendenbereich, Veränderungen an den inneren Organen und Magenschäden (Ulkuskrankheiten) möglich.

Bei langjährigen Schwingungsbelastungen der Beschäftigten auf das Hand-Arm-System und auf den Gesamtkörper auftretenden arbeitsbedingten Erkrankungen können als Berufskrankheit (BK) anerkannt werden, wie

BK 2103 – Erkrankungen durch Erschütterung bei Arbeiten mit Druckluftwerkzeugen oder gleichartig wirkenden Werkzeugen oder Maschinen,

BK 2104 – Vibrationsbedingte Durchblutungsstörungen an den Händen,

BK 2107 – Abrissbrüche an den Wirbelfortsätzen,

BK 2110 – Bandscheibenbedingte Erkrankungen der Lendenwirbelsäule durch langjährige, vorwiegend vertikale Einwirkungen von Ganzkörperschwingungen im Sitzen.

Mechanische Schwingungen beeinflussen neben der Gesundheit auch das Wohlbefinden und die Leistungsbereitschaft des Menschen.

Wohlbefinden: In schwingungsbelasteten Räumen oder bei der Arbeit mit schwingungsbelastenden Handmaschinen hängt das Wohlbefinden außer von der frequenzbewerteten Schwingungsbelastung von vielen anderen Faktoren ab, z. B. Art der Tätigkeit, Aufenthaltsort, Umgebungsbedingungen, Adaptionsfähigkeit, augenblickliche physische und psychische Konstitution, Alter, Geschlecht usw. Daher lassen sich für das Wohlbefinden in Abhängigkeit von der Beurteilungsbeschleunigung keine allgemeingültigen Grenzwerte festlegen. Für die subjektive Wahrnehmung können die in der →Tabelle 5.3.1 enthaltenen Werte zum Anhalt genommen werden.

Effektivwert der frequenzbewerteten Beschleunigung in m/s^2	Beschreibung der Wahrnehmung
< 0,1	nicht spürbar
0,015	Wahrnehmungsschwelle
0,02	Gerade spürbar
0,08	Gut spürbar
0,315	(sehr stark spürbar)

Tab. 5.3.1: Anhaltswerte für subjektive Wahrnehmung der frequenzbewerteten Beschleunigung nach VDI 2057-1.

Leistungsfähigkeit: Eine Beeinträchtigung der Leistungsfähigkeit ist direkt durch mechanische Störungen und indirekt durch Wirkungen auf den physischen und psychischen Zustand möglich. Allgemeingültige Grenz- oder Anhaltswerte sind nicht bekannt. Beim Führen von Fahrzeugen im Straßenverkehr oder beim Fahren von Erdmaschinen sind Beeinträchtigungen der Leistungsfähigkeit und Aufmerksamkeit wenig wahrscheinlich, wenn die Beurteilungsbeschleunigung in Z-Achse < 0,3 m/s^2 (Beurteilungsdauer 8 h) beträgt.

Rechtsgrundlagen mechanischer Schwingungen

Rechtliche Regelungen für den Schutz vor mechanischen Schwingungen existieren sowohl für Handmaschinen und mobile Arbeitsmaschinen (= Produktsicherheit) als auch für die Beschäftigten bei der Arbeit (= Arbeitssicherheit). Diese Regelungen sind europäisch harmonisiert. Eine Übersicht der Rechtsgrundlagen und ausgewählter technischer Regeln zum Schutz vor mechanischen Schwingungen (→ Tab. 5.3.2).

Regelungsgegenstand	Rechtsgrundlagen		Technische Regeln
	europäisch	national	
Produktsicherheit	1998/37/EG	9. GPSGV	DIN EN 1032 DIN EN ISO 5349
Arbeitssicherheit	2002/44/EG 1989/654/EG	geplant: PhysV (2005)	DIN EN 14253 VDI 2057 VDI 3831

Tab. 5.3.2: Rechtsgrundlagen und Regeln zum Schutz vor mechanischen Schwingungen. (Bezeichnung der Vorschriften und Regeln siehe Literatur).

Die Beurteilungsgröße für die Wirkung mechanischer Schwingungen auf die Beschäftigten sind enthalten in
- DIN 45671 – Schwingbeschleunigung,
- VDI 2057 (1987) – Schwingstärke,
- VDI 2057 (2002) – Schwingbeschleunigung.

Die Richtlinie des Europäischen Parlamentes und des Rates über Mindestvorschriften zum Schutz der Arbeitnehmer vor Gefährdungen durch mechanische Schwingungen (2002/44/EG), die bis 6.7.2005 national umgesetzt werden muss (geplant ist die Umsetzung im Rahmen einer VO zum Schutz vor physikalischen Einwirkungen am Arbeitsplatz – PhysV –), enthält ein verändertes Grenzwertkonzept. Danach erfolgt eine getrennte Bewertung der Hand-Arm-Schwingungen und der Ganzkörper-Schwingungen jeweils in Form eines Expositionsgrenzwertes und einer Auslöseschwelle.

In Vorbereitung auf die nationale Umsetzung der europäischen Richtlinie wurde die VDI-Richtlinie 2057 überarbeitet und im September 2002 veröffentlicht.

Bewertung der Gesundheitsgefährdung durch mechanische Schwingungen

Die in der Analysephase ermittelte Tagesschwingbelastung ist mit den jeweils zulässigen Wert(en) zu vergleichen / bewerten, ob Handlungsbedarf zum Abbau möglicher Gesundheitsgefährdungen durch Festlegen von Maßnahmen besteht.

Grundlage für die Bewertung „Gesundheit" der vorhandenen Schwingbelastung war in der Vergangenheit
- die *Beurteilungsschwingstärke* K_r nach VDI 2057 (1987), wobei die K-Werte für die Beurteilung beider Arten von Schwingeinwirkungen (Hand-Arm- und Ganzkörperschwingungen) durch einen Grenzwert verwendet wurden,

und ist in der Gegenwart

- *die frequenzbewerteten Effektivwerte der Schwingbeschleunigung* $a_{w(8)}$ nach VDI 2057 (2002) bzw. A(8) nach der europäischen Richtlinie 2002 / 44 / EG, wobei die Werte getrennt für beide Schwingarten vorhanden sind.

Die Größen zur Bewertung möglicher Gesundheitsgefährdungen bzw. -schädigungen sind in Tab. 5.3.3 zusammengestellt.

Quelle / Art der Schwingung	2002/44/EG		VDI 2057 (2002)	VDI 2057 (1987)
	Expositionsgrenzwert	Auslöseschwelle	Richtwert	Grenzwert Gesundheit
Hand-Arm-Schwingung	$A(8) = 5,0\ m/s^2$	$A(8) = 2,5\ m/s^2$	$a_{hw(8)} = 3,0\ m/s^2$	$K_{r(8)} = 16$ [-]
Ganzkörperschwingung	$A(8) = 1,15\ m/s^2$	$A(8) = 0,5\ m/s^2$	$a_{w(8)} = 0,45 - 0,80\ m/s^2$ *)	

*) $a_{w(8)} = 0,45 - 0,80\ m/s^2$ Möglichkeit der Gesundheitsgefährdung
$a_{w(8)} > 0,80\ m/s^2$ deutliche Gesundheitsgefährdung

Tab. 5.3.3: Grenzwerte für mechanische Schwingungen (Vergleich).

Mit zunehmender Dosis der Schwingbelastung steigt das Gesundheitsrisiko an. Daher kann die für eine Arbeitsschicht von 8 Stunden geltende Tagesschwingbelastung auch im Zusammenhang von dem Schwingwert der frequenzbewerteten Beschleunigung und der täglichen Einwirkungsdauer dargestellt werden.

Bei Belastung durch Ganzkörperschwingungen (→Abb. 5.3.1), die oberhalb der Richtkurve 1 liegen, kann von einer mögliche Gesundheitsgefährdung, bei Belastungen oberhalb der Richtkurve 2 von einer deutlichen Gefährdung ausgegangen werden, sofern diese Einwirkungen über Jahre hinweg sich regelmäßig wiederholen.

Bei Belastungen durch Hand-Arm-Schwingungen (→Abb. 5.3.2), die oberhalb der Richtkurve liegen, besteht die Möglichkeit einer Gesundheitsgefährdung, d.h. es sind Präventionsmaßnahmen erforderlich.

Umrechnung der Schwingstärke in Schwingbeschleunigung: Mit der Umrechnung können Ergebnisse früherer Vibrationsmessungen, die als K-Werte vorliegen, auch weiterhin für die Beurteilung der Schwingungsbelastung verwendet werden. Dazu werden die Faktoren zur Berechnung der K-Werte aus den Messwerten der frequenzbewerteten Beschleunigung als Quotient verwendet. Für Hand-Arm-Schwingungen gilt als Umrechnungsfaktor für die X-, Y- und Z-Richtung der Faktor $\frac{6,3}{m/s^2}$, für Ganzkörperschwingungen in X- und Y-Richtung der Faktor $\frac{28}{m/s^2}$ und für die Z-Richtung $\frac{20}{m/s^2}$. Die Berechnungsformel lautet somit

$$a_{w(8)} = A(8) = \frac{K \cdot [m/s^2]}{jeweiligerFaktor}$$

Beispiel für die Umrechnung:

Geg.: Ganzkörper-Schwingung, Z-Richtung; K_Z = 16[-]

Ges.: $a_{w(8)}$ bzw. A(8)

$$\text{Lsg.: } a_{w(8)} = A(8) = \frac{16 m/s^2}{20} = 0{,}8 \text{ m/s}^2$$

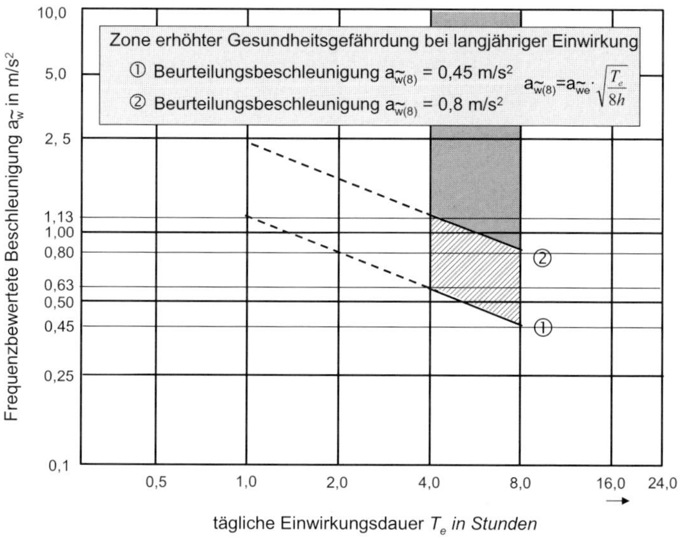

Abb. 5.3.1: Gesundheitsgefährdung bei Ganzkörpervibration (VDI 2057 Bl. 1 [09/2002]).

Bei der Umrechnung von Hand-Arm-Schwingbelastung ist zu beachten, dass bei der Ermittlung der K-Werte nur der Messwert der größten Schwingrichtung (X, Y, Z) verwendet wurde. Bei der Ermittlung der Schwingbeschleunigung wird aber die Vektorsumme aus allen Schwingrichtungen berücksichtigt. Die VDI 2057 (2002) enthält hierfür Hinweise.

Eine Anleitung zur Bewertung der Einwirkungen von Schwingungen auf das Hand-Arm-System enthält DIN EN ISO 5349, auf den Ganzkörper ISO 2631.

5.3.3 Maßnahmen zum Schutz vor Schwingungen

Maßnahmen-Rangfolge

Der Arbeitgeber hat bei der Beurteilung der Arbeitsbedingungen auch die Gefährdungen zu ermitteln, die sich aus physikalischen Einwirkungen auf die Beschäftigten ergeben und erforderliche Maßnahmen des Arbeitsschutzes zu

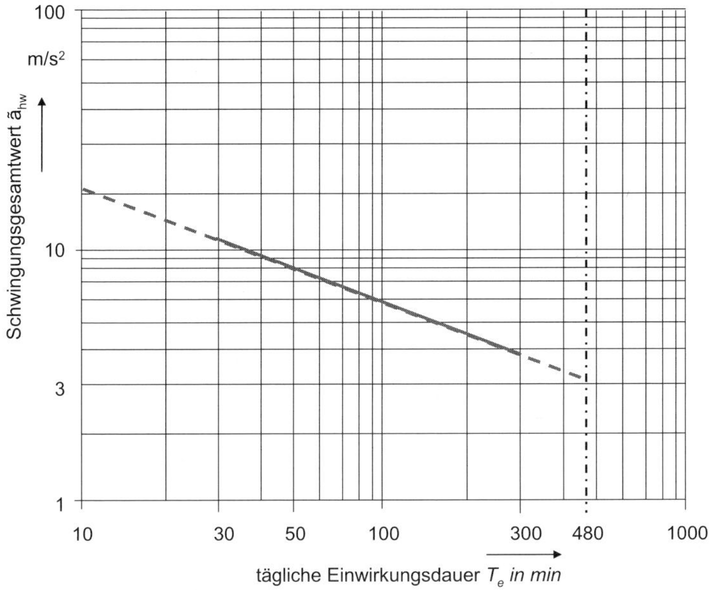

Abb. 5.3.2: Gesundheitsgefährdung bei Hand-ArmSchwingungen (VDI 2057 Bl. [09/2002]).

ergreifen (→ArbSchG). Der Arbeitgeber muss bei Überschreitung der Auslöseschwelle ein Vibrationsminderungsprogramm ausarbeiten und durchführen und die Maßnahmen zum Schutz der Beschäftigten vor unzulässigen mechanischen Schwingungen nach der Rangfolge auszuwählen:

(1) Vermeidung / Verminderung der Schwingungsentstehung an der Quelle = *Primärer Schwingungsschutz,*

(2) Verminderung der Schwingungsübertragung und -ausbreitung = S*ekundärer Schwingungsschutz,*

(3) Verminderung der Schwingungseinwirkung auf den Beschäftigten = *Tertiärer Schwingungsschutz.*

Angaben über mechanische Schwingungen

Grundlage für das Ableiten von Maßnahmen zum Schutz der Beschäftigten vor Schwingungen ist die Kenntnis der von Maschinen ausgehenden Emissionen.

Die Angabe der Emissionsgrößen für Maschinen erfolgt durch den Hersteller in der Betriebsanleitung entsprechend Anhang I, 9. GPSGV. Danach werden Angabe der Emission in Abhängigkeit von der Höhe der Schwingbeschleunigung für Handmaschinen (z.B. Bohr-, Schleifmaschinen) und für mobile Arbeitsmaschinen (z.B. Land-, Forstmaschinen) gefordert:

Hand-Arm-Schwingungen (obere Gliedmaßen): Gewichteter Effektivwert der Schwingbeschleunigung, falls der Wert > 2,5 m/s² liegt; ist dieser Wert ≤ 2,5 m/s², so ist dies anzugeben.

Ganzkörper-Schwingungen (Füße bzw. Sitzfläche): Gewichteter Effektivwert der Beschleunigung, falls der Wert > 0,5 m/s² liegt; ist dieser Wert ≤0,5 m/s², so ist dies anzugeben.

Messung: Zur Messung der von der Maschine ausgehenden Schwingungsemissionen existieren Normen, wie DIN EN 1032, DIN EN ISO 8662, DIN 45671. Die Messapparatur besteht aus Beschleunigungsaufnehmer, Verstärker, Filter für Frequenzbewertung und -begrenzung (wahlweise ausschaltbar), Effektivwertgleichrichter und Registriergerät. Letzteres kann auch durch ein Anzeigegerät für den jeweiligen Wert der Beschleunigung ersetzt werden. Anstelle von Effektivgleichrichter und Registriergerät kann auch ein Analogaufzeichnungsgerät benutzt werden, um den damit gespeicherten Schwingungsvorgang später auszuwerten.

Die Herstellerangaben ermöglichen den Vergleich verschiedener Fabrikate einer Gruppe handgeführter Maschinen bzw. mobiler Arbeitsmaschinen hinsichtlich der Emission mechanischer Schwingungen. Die Auswahl geeigneter Maschinen unter dem Aspekt der Schwingungsabgabe ist die effektivste Maßnahme bezüglich Schwingungsschutz.

Primärer Schwingungsschutz

Maßnahmen zur Verringerung der Schwingungsentstehung können konstruktiver und technologischer Art sein.

Konstruktive Maßnahmen zur Reduzierung der Schwingungserregung sind beispielsweise:

1. *Schwingungsisolierung* **in** der Maschine, um die von einem Erreger (Antrieb) auf das Maschinengehäuse übertragenen Schwingungen durch eine elastische Lagerung des Erregers zu vermindern.
2. *Vermeiden oder Ausgleichen von Unwuchten* vermindern Schwingbelastungen (automatischer Unwuchtausgleich mit Kugeln bei Handschleifmaschinen).
3. *Einsatz schwingungsdämpfender Elemente* bei handgeführten Maschinen (Meißelhämmer, Motorkettensägen). Dabei werden zwischen Griff und Arbeitswerk (z.B. Schlagwerke) mit Antrieb Feder-Dämpfer-Elemente eingebaut und der Griff der handgeführten Maschine mit einem elastischen Überzug (Griffhülsen) versehen.

Technologische Maßnahmen zur Schwingungsminderung sind:
1. *Verwendung scharfer Werkzeuge* zur Verminderung unnötiger Schwingbelastungen der Beschäftigten.
2. *Auswahl geeigneter Arbeitsverfahren und Maschinen* ohne oder mit geringen Schwingungsemissionen, z.B. Verwendung von Drehschraubern anstelle von vibrierenden Schlagschraubern beim Lösen von Schraubverbindungen; Einsatz von Bohrhämmern anstelle von Schlagbohrmaschinen, aber auch Bohren statt Stanzen oder Gießen statt Schmieden.

Sekundärer Schwingungsschutz

Führen die konstruktiven und verfahrenstechnischen Maßnahmen nicht zur erforderlichen Verminderung, sind Maßnahmen zur Reduzierung der Schwingungsübertragung und -ausbreitung durch Schwingungsisolierung der Maschinen oder des Arbeitsplatzes erforderlich.

Beim sekundären Schwingungsschutz werden folgende Schwingmodelle unterschieden:

Aktive Schwingungsisolierung (dynamische Erregung, Krafterregung): Die Schwingungsübertragung dieses Schwingmodells ist am Beispiel eines Einmassensystems mit einem Freiheitsgrad in Abb. 5.3.3 dargestellt. Mit den Größen c und ρ werden die nachgiebigen, elastischen Eigenschaften der schwingenden Erreger-Maschinen beschrieben. Ziel der Maßnahme bei diesem Modell ist die Verringerung der auf die Umgebung (Arbeitsplatz) übertragenen Kraft F_B und der Schwingungen x_s bei stationären Maschinen. Das Kraft- und das Schwingweitenverhältnis wird durch die Vergrößerungs-/Übertragungsfunktionen V1 und V2 beschrieben (→Abb. 5.3.3). Das Schwingsystem wird durch die Erregerkraft F_E mit einer Erregerfrequenz f_{err} charakterisiert, die konstruktiv vorgegeben ist. Für die Schwingungsübertragung auf die Umgebung ist die Eigenfrequenz f_o des Schwingsystems entscheidend:

$$f_o = \frac{1}{2\pi}\sqrt{\frac{c}{m}}$$

Die Eigenfrequenz ist dabei jene Frequenz, mit der ein System schwingt, wenn es durch eine kurzen Stoß erregt wird. Der Quotient der Erreger- und Eigenfrequenz wird als Abstimmungsverhältnis η bezeichnet:

$$\eta = \frac{f_{err}}{f_o}$$

Das Schwingsystem ist so zu dimensionieren, dass bei vorgegebener Erregerfrequenz die Schwingungen, denen die Beschäftigten ausgesetzt sind, durch Beeinflussung der Eigenfrequenz des schwingenden Systems so gering wie möglich sind. Für das hierfür erforderliche Abstimmungsverhältnis der Kraft und der Schwingweiten lassen sich folgende Fälle unterscheiden (→ Abb. 5.3.3):
- hohe Abstimmung: $\eta < 1 \rightarrow f_o > f_{err}$ ($V_2 \geq 1$)
- tiefe Abstimmung: $\eta > \sqrt{2} \rightarrow f_o < f_{err}$($V_2 > 1$)
  (vermeiden $\eta = 1 \rightarrow f_o = f_{err}$($V_2 >> 1$, Resonanzgefahr!))

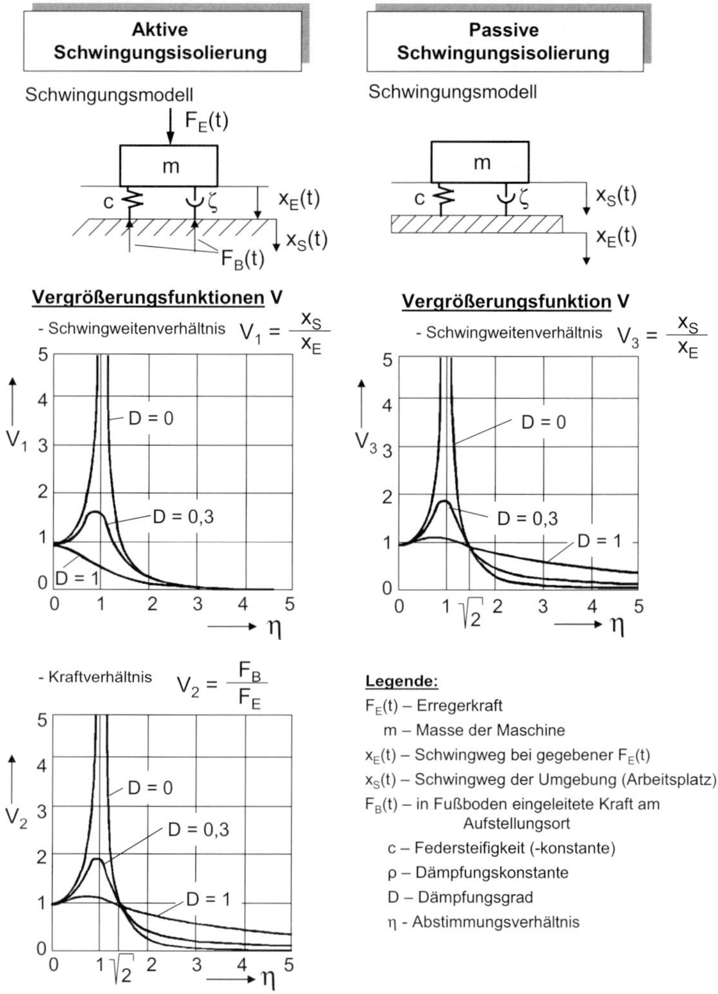

Abb. 5.3.3: Sekundärer Schwingungsschutz.

Anzustreben ist eine Schwingübertragung $f_{err} = 3 \cdot f_o$, d.h. ein Abstimmverhältnis $\eta \geq 3$ (tiefe Abstimmung). Für den Resonanzdurchlauf ($\eta = 1$) ist ein möglichst großer Dämpfungsgrad erforderlich, um die dabei auftretenden Kräfte bzw. Schwingweiten zu begrenzen.

Als Maßnahmen des aktiven Schwingungsschutzes sind zu nennen:

1. *Einsatz von Schwingungsisolatoren:* Schwingungsisolatoren vermindern die Übertragung von Erregerkräften und Schwingungen der Maschinen auf die Stützkonstruktion von Gebäuden und damit des Arbeitsplatzes an der Maschine durch elastische Bauelemente mit geringer Federsteifigkeit (→Abb. 5.3.4). Je weicher ein Schwingsystem ist, desto niedriger ist die Eigenfrequenz (vgl. Bestimmungsgleichung für f_0). Bei der schwingungsisolierten Aufstellung von Maschinen ist zu beachten, dass die Anschlüsse von Rohrleitungen, Kabeln, ... flexibel und schwingungsdämpfend ausgeführt werden. Die schwingungsmindernde Aufstellung von Maschinen führt auch zu einer Verminderung der Körperschallübertragung.

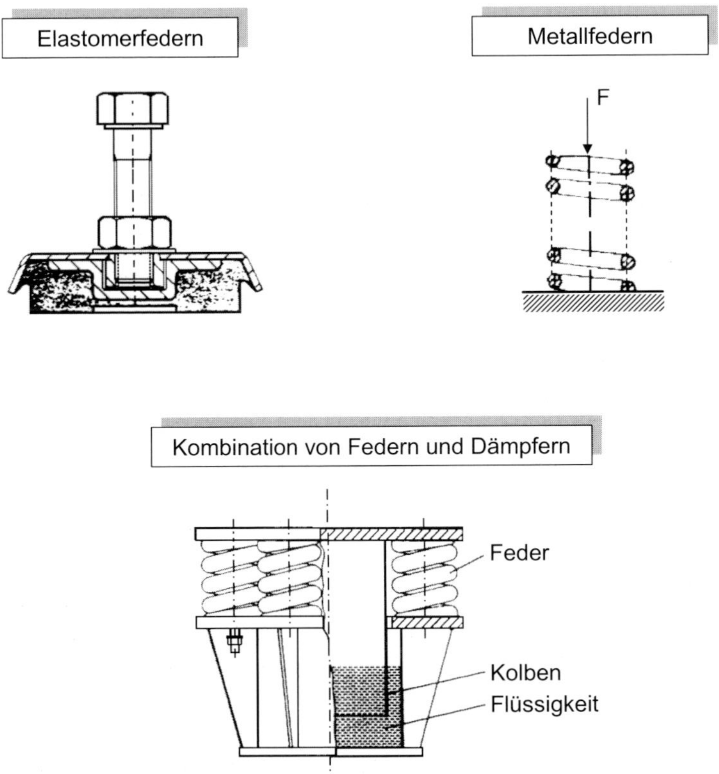

Abb. 5.3.4: Elemente der Schwingungsisolierung (auswahl nach DIN EN 1299).

2. *Einsatz von Maschinenfundamenten:* Der Einsatz zusätzlicher Massen (Fundament), die mit dem Schwingsystem fest verbunden sind (z.B. mittels Steinschrauben), bewirkt auch eine Verringerung der Eigenfrequenz des Schwingsystems. Allerdings sind Maschinenfundamente Festpunkte in Arbeitsstätten, die die erforderliche Flexibilität bei notwendigen Maschinenumstellungen einschränken.
3. *Kombination Blockfundament und Schwingungsisolator:* Diese Maßnahme kann bei sehr großen Erregerkräften des Schwingsystems notwendig werden. Dabei wird die Erregermaschine mit dem Fundament fest verbunden und die Schwingungsisolatoren unter dem Fundament angebracht (z.B. bei großen Pressen).

Passive Schwingungsisolierung (kinematische Erregung, Wegerregung): Die Schwingungsübertragung dieses Schwingmodells zeigt Abb. 5.3.3. Ziel der Maßnahmen bei diesem Modell ist die Verminderung der von der Umgebung (Fahrbahnunebenheiten z. B. bei Land- und Forstmaschinen) auf das System übertragenen Schwingungen x_S. Das Schwingweitenverhältnis wird hierbei durch die Vergrößerungsfunktion V_3 beschrieben. Das beim aktiven Schwingmodell erläuterte Gestaltungsziel ($\eta \geq 3$; $f_o \approx 0{,}3\ f_{err}$) gilt auch für dieses Schwingsystem. Für die Verminderung der Schwingungsübertragung sind folgende Maßnahmen zu nennen:

1. *Schwingungsmindernde Fahrersitze* in mobilen Arbeitsmaschinen: Die Kinematik der Führung des Fahrersitzes ist so auszulegen, dass für den Fahrer Nickbewegungen der Sitzfläche und größere horizontale Bewegungen vermieden werden; daher sind vertikale Sitzführungen anzustreben. Die Schwingsitze sollten mit Einstellmöglichkeiten auf das Fahrergewicht ausgerüstet sein (Verstellbereich der Feder 50 ... 120 kg). Der Federweg ist auf 50 mm bis 150 mm zu begrenzen.
   Passiver Schwingungsschutz kann auch bei Fahrzeugen mit Kabinen durch die Schwingisolierung der Kabine erreicht werden.
   Die federnde und dämpfende Wirkung von Fahrzeugsitzen/Kabinen erfordert eine periodische Instandhaltung (Wartung und Pflege).
2. *Beseitigung von Fahrbahnunebenheiten:* Schwellen, Querrillen oder Schlaglöcher sind auf Verkehrswegen, Werkstraßen oder Toreinfahrten zu beseitigen. Auf Baustellen sind in bestimmten Abständen die Wege für Baufahrzeuge zu begradigen und bei Schienenfahrzeugen sind die Stoßstellen an den Schienenverbindungsstellen zu verschweißen.

Tertiärer Schwingungsschutz

Der individuelle Schutz der Beschäftigten als ergänzende Maßnahme ist erforderlich, wenn die Maßnahmen des primären und sekundären Schwingungsschutzes nicht zu der erforderlichen Verringerung der mechanischen Schwingungen geführt haben. Solche Maßnahmen des individuellen Schutzes sind beispielsweise:

1. *Expositionszeitbegrenzung:* Wenn die zulässige Tagesexposition der Schwingbelastung überschritten wird, ist in Verbindung mit einem Arbeitsplatz- oder Tätigkeitswechsel bzw. Arbeitspausen eine Reduzierung der Expositionszeit vorzunehmen. Die zulässige Expositionszeit kann nach folgender Gleichung bestimmt werden:

   $$T_{ezul.} = T_r \left(\frac{a_{w(8)}}{a_w}\right)^2$$

   $T_{ezul.}$ = zulässige Expositionszeit in Stunden;
   T_r = Beurteilungszeit in 8 Stunden;
   $a_{w(8)}$ = zulässige Auslöseschwelle bzw. Expositionsgrenzwert in m/s²;
   a_w = vorhandene Exposition in m/s²
   Aufgrund der jeweils zulässigen Expositionszeit kann eine entsprechende Arbeitsorganisation bestimmt werden.
2. *Schwingschutz-Handschuh* → Kapitel 10.
3. *Unterrichtung und Unterweisung der Beschäftigten:* Die europäische Richtlinie 2002/44/EG fordert bei Überschreitung der Auslöseschwelle (2,5 m/s² bei Hand-Arm-Schwingungen, 0,5 m/s² bei Ganzkörperschwingungen) die Unterrichtung der Beschäftigten über mögliche Gesundheitsgefahren und die Unterweisung über richtiges Verhalten.
4. *Arbeitsmedizische Vorsorge:* Gegenwärtig liegen für die Belastung durch Hand-Arm-Schwingungen und Ganzkörperschwingungen keine allgemeinen Grundsätze vor (Ausnahme: Festlegungen in der Gesundheitsschutz-BergVO).
   In der europäischen Richtlinie 2002/44/EG ist der Anspruch der Beschäftigten auf Gesundheitsüberwachung festgeschrieben. Daher ist zu erwarten, dass mit der nationalen Umsetzung dieser Richtlinie (→ Rechtsgrundlagen) die Exposition gegenüber Hand-Arm- und Ganzkörperschwingungen in die Grundsätze der arbeitsmedizinischen Vorsorge aufgenommen werden.

Literatur

Richtlinie des Europäischen Parlaments und des Rates vom 25.6.2002 über Mindestvorschriften zum Schutz von Sicherheit und Gesundheit der Arbeitsnehmer vor der Gefährdung durch physikalische Einwirkungen – Vibration (2002 / 44 / EG)

Neunte VO zum Geräte- und Produktsicherheitsgesetz (Maschinen-VO- 9. GPSGV) vom 12.5.1993, zuletzt geändert durch Art. 6 des Gesetzes vom 6. 1. 2004 (BGBl. I S. 2)

VO über Arbeitsstätten (Arbeitsstätten-VO – ArbStättV) vom 20. 3. 1975, außer Kraft gesetzt am 25. 8. 2004 (BGBl. I Nr. 44, S. 2179)

VO über Arbeitsstätten (Arbeitsstätten-VO – ArbStättV) vom 12. 8. 2004 (BGBl. I Nr. 44, S. 2179)

Bergverordnung zum gesundheitlichen Schutz der Beschäftigten (Gesundheitsschutz-BergVO-GesBergV) vom 31.07.1991, zuletzt geändert durch Art. 2 Nr. 1 der verordnung vom 18. 10. 1999 (BGBl. I S. 2059)

Verordnung zum Schutz vor physikalischen Einwirkungen am Arbeitsplatz (PhysikalienVO – PhysV) – geplant –

DIN EN 1032	Mechanische Schwingungen; Prüfverfahren zur Ermittlung von Ganzkörper-Schwingungen von beweglichen Maschinen
DIN EN 1299	Mechanische Schwingungen und Stöße; Schwingungsisolierung von Maschinen
ISO 2631 T. 1	Mechanische Schwingungen und Stöße; Bewertung der Einwirkung von Ganzkörperschwingungen auf den Menschen
DIN EN ISO 5349 T. 1 u. T. 2	Mechanische Schwingungen; Messung und Bewertung der Einwirkung von Schwingungen auf das Hand-Arm System des Menschen
DIN EN ISO 8662 T. 4, 6 – 14	Handgehaltene motorbetriebene Maschinen – Messung mechanischer Schwingung am Handgriff
DIN EN ISO 10819	Mechanische Schwingungen und Stöße; -Hand-Arm-Schwingung-; Verfahren für die Messung und Bewertung der Schwingungsübertragung von Handschuhen in die Handfläche
DIN EN ISO 14253	Mechanische Schwingungen; Messung und rechnerische Ermittlung der Einwirkung von Ganzkörperschwingungen auf den Menschen am Arbeitsplatz im Hinblick auf seine Gesundheit
DIN45671 T. 1	Messung mechanischer Schwingungen am Arbeitsplatz; Schwingmesser
DIN 45695	Hand-Arm-Schwingungen; Leitfaden zur Verringerung der Gefährdung durch Schwingungen; Technische und organisatorische Maßnahmen
VDI 2057 (1987)	Einwirkung mechanischer Schwingungen auf den Menschen
VDI 2057 (2002)	Einwirkung mechanischer Schwingungen auf den Menschen; Blatt 1: Ganzkörperschwingungen Blatt 2: Hand-Arm-Schwingungen
VDI 2062	Schwingungsisolierung
VDI 3831	Schutzmaßnahmen gegen die Einwirkung mechanischer Schwingungen auf Menschen

KAMIN-Katalog technischer Schwingungsschutzmaßnahmen
Fb 981 Schriftenreihe der Bundesanstalt für Arbeitsschutz und Arbeitsmedizin
Wirtschaftsverlag NW Bremerhafen, 2004

5.4 Gefährdungen durch biologische Arbeitsstoffe und gentechnisch veränderten Organismen

5.4.1 Grundlagen

Termini und Definitionen

Biologische Arbeitsstoffe sind – unabhängig davon, ob die gentechnisch verändert sind oder nicht – alle zellulären oder nicht zellulären mikrobiologische Einheiten, die zur Vermehrung oder Weitergabe von genetischem Material fähig sind. Darunter fallen Mikroorganismen (Bakterien, Pilze und Viren), Zellkulturen tierischer und pflanzlicher Herkunft, humanpathogenen Endoparasiten (Ein- und Mehrzeller) sowie weitere Agenzien, die bei Menschen Infektionskrankheiten sowie Erkrankungen auf Grund ihrer möglichen sensibilisierenden oder toxischen Wirkungen hervorrufen können.

Anwendungsbereich biologischer Arbeitsstoffe ist hauptsächlich die Biotechnologie bzw. Biotechnik. Dieses interdisziplinäre Arbeitsgebiet nutzt die Syntheseleistung biologischer Agenzien zur Gewinnung oder Umwandlung von Stoffen im Rahmen industrieller Produktionsverfahren.

Gentechnisch veränderte Organismen sind biologische Einheiten, dessen gentechnisches Material in einer Weise verändert worden sind, wie es unter natürlichen Bedingungen durch Kreuzen oder natürliche Rekombination nicht vorkommt. Gentechnisch veränderte Organismen lassen sich mit Hilfe folgender Verfahren erzeugen:

- Unter Einsatz von Vektorsystemen durch DNS-Rekombinationstechniken. Ein Vektor ist ein biologischer Träger, der Nukleinsäure-Segmente in eine neue Zelle eingeführt. Er kann Träger von Infektionskrankheiten sein.
- Direktes Einführen von Erbgut in einen Organismus. Das Erbgut wird außerhalb des Organismus zubereitet.
- Zellfusion und Hybridisierung, Bildung lebender Zellen in unnatürlichen Kombinationen von genetischem Material.

Neben den erzeugten gentechnisch veränderten Organismen sind auch die verwendeten Spender- und Empfängerorganismen und die von diesen Organismen ausgehenden Wirkungen zu beachten.

Anwendungsbereich dieser Organismen ist die Gentechnik. Unter Gentechnik sind Methoden und Verfahren zu verstehen, mit deren Hilfe Erbanlagen isoliert, verändert und auf andere Organismen übertragen werden können. Mit Hilfe der Gentechnik ist es beispielsweise möglich, aus pathogenen Organismen Gene in geeignete Empfänger zu übertragen, um gewünschte Eigenschaften ohne Gefährdungspotential zu erzeugen.

Einsatzgebiete der Biotechnik und der Gentechnik sind:

- das Gesundheitswesen (Medizin und Pharmazie) – als „rote" Biotechnik bezeichnet,
- die Ernährung (Landwirtschaft und Lebensmittel) – „grüne" Biotechnik,
- die Umwelttechnik (Luftreinhaltung, Abwasserreinigung, Bodensanierung) – „weiße" Biotechnik.

Biologische Arbeitsstoffe werden aber auch in anderen Bereichen freigesetzt, wie in der

- Abfallwirtschaft, z. B. bei der Wertstoffsortierung,
- Forstwirtschaft, z. B. bei der Waldreproduktion,
- Verwaltung, z. B. im Archivwesen,
- Metallbearbeitung mit Kühl-Schmier-Mitteln,

- Textil- und Lederverarbeitung, z. B. beim Umgang mit tierischen Rohstoffen wie Felle, Häute und Federn.

Die Erforschung, Entwicklung und Anwendung natürlicher oder gentechnisch veränderter biologischer Arbeitsstoffe ist heute weit verbreitet. Mit bio- und gentechnischen Verfahren sind in der Bundesrepublik Deutschland direkt oder indirekt etwa 5 Mio. Beschäftigte in den verschiedenen Branchen tätig.

Rechtsgrundlagen

Rechtliche Regelungen in Verbindung mit der Biotechnik und der Gentechnik sind sowohl produktbezogen (Sicherheit biotechnischer und gentechnischer Anlagen und Arbeitsmittel, z. B. die europäische Richtlinie 90/220 EWG) als auch arbeitnehmerbezogen (Sicherheit für die Beschäftigten bei der Arbeit, z. B. die Richtlinie 2000/54/EG) und umweltbezogen (Sicherheit der Bevölkerung, z. B. die Richtlinie 90/219/EWG). Diese Regelungen sind europäisch harmonisiert. Eine Übersicht der Rechtsvorschriften und ausgewählter technischer Regeln zum Schutz vor biologischen Arbeitsstoffen und gentechnisch veränderten Organismen (→ Tab. 5.4.1).

Regelungsgegenstand	Rechtsgrundlagen		Technische Regeln
	europäisch	national	
Gentechnik (gentechnisch veränderte Organismen)	1990/219/EWG 1990/220/EWG	GenTG GenTSV GenTVfV GenTAnhV ZKBSV	DIN EN 12296 DIN EN 12460 DIN EN 13312
Biotechnik (biologische Arbeitsstoffe)	2000/54/EG (90/679/EWG kodifiziert)	BioStoffV	TRBA 001 – 699 BGI 628 – 636 DIN EN 12128 DIN EN 12741

Tab. 5.4.1: Rechtsgrundlagen und Regeln zum Schutz vor biologischen Arbeitsstoffen und gentechnisch veränderten Stoffen.
(Bezeichnung der Vorschriften und Regeln siehe Lieratur)

Die BiostoffVO gilt für Tätigkeiten mit biologischen Arbeitsstoffen einschließlich Tätigkeiten in deren Gefahrenbereich. Zweck der VO ist der Schutz der Beschäftigten vor der Gefährdung, ihrer Sicherheit und Gesundheit bei diesen Tätigkeiten. Die VO gilt nicht für Tätigkeiten, die dem Gentechnikrecht unterliegen, soweit dort gleichwertige oder strengere Regelungen bestehen.

Ergänzend zur BioStoffVO werden durch das BMWA (Ausschuss für biologische Arbeitsstoffe) im BArbBl. „Technische Regeln für Biologische Arbeits-

stoffe (TRBA)“ veröffentlicht. Diese Regeln dienen zur Erfüllung der in der BioSoffVO gestellten Anforderungen.
Die Struktur dieser Richtlinien:
TRBA 01 – 99: Allgemeines, Aufbau und Anwendung,
TRBA 100 – 299: Tätigkeiten mit biologischen Arbeitsstoffen,
TRBA 300 – 399: Arbeitsmedizinische Vorsorge,
TRBA 400 – 499: Arbeitsplatzbewertung,
TRBA 500 – 599: Hygiene und Desinfektionsmaßnahmen,
TRBA 600 – 699: Sonstiges.

Seitens der Unfallversicherungsträger sind *„Berufsgenossenschaftliche Informationen (BGI)“* zu Fachbegriffen, Laboratorien, den Betrieb und zur Eingruppierung biologischer Agenzien herausgegeben worden (BGI 628 – 636).

Im Rahmen der *europäischen Normung* zur Gen- und Biotechnik sind durch CEN / TC 233 „Biotechnik“ zahlreiche Normungsvorhaben durchgeführt worden, die sowohl produktbezogenen als auch arbeitsschutz- und umweltbezogenen Inhalt haben, wie Normen für Geräte und Ausrüstungen, Laborbereiche, Verfahrenstechnik und Monitoring-Anwendung in der Umwelt. In Tabelle 5.4.1 sind nur ausgewählte Normen aufgenommen worden.

Das Gentechnikgesetz (GenTG) hat das Anliegen, Leben und Gesundheit von Menschen und der Umwelt in ihrem Wirkungsgefüge und Sachgüter vor möglichen Gefahren gentechnischer Verfahren und Produkte zu schützen sowie den rechtlichen Rahmen für die Gentechnik zu schaffen. Das Gesetz gilt für gentechnische Anlagen, Arbeiten und das Freisetzen gentechnisch veränderter Organismen sowie für das Inverkehrbringen von Produkten, die gentechnisch veränderte Organismen enthalten. Hauptanliegen der Sicherheit beim Umgang mit gentechnisch veränderten Organismen ist es, eine unkontrollierte Freisetzung dieser Organismen zu vermeiden, die negativen Folgen für Menschen und die sonstige Umwelt haben würden.

Die Gentechnik-Sicherheitsverordnung (GenTSV) ist die Grundlage für die Risikobewertung der Organismen und für die Zuordnung gentechnischer Arbeiten zu den Sicherheitsstufen nach § 7 (1) GenTV.

5.4.2 Arbeitsbedingte Gefährdungen

Wirkungen biologischer Arbeitsstoffe und gentechnisch veränderter Organismen

Durch den Umgang mit diesen Stoffen und Organismen können gefährliche Infektionen und Erkrankungen durch toxische Wirkungen sowie Allergien beim Menschen entstehen. Das Gefährdungspotential wird vor allem durch folgende Eigenschaften bestimmt:

- die natürliche Fähigkeit, Erkrankungen auszulösen (Pathogenität) sowie Ausmaß, Stärke der krankmachenden Eigenschaften und Grad der Vermehrung (Virulenz),
- die Art der Übertragung: Kontakt über verletzte und unverletzte Haut, Atemtrakt, Lebensmittel, Biss, Stich usw.
- Lebensdauer des Erregers unter verschiedenen Bedingungen,
- Vorkommen und Ausbreitung,
- Immunität der Bevölkerung,
- Verfügbarkeit von Impfstoffen und Therapeutika.

Bewertung der gesundheitsschädlichen Wirkung

Biologische Arbeitsstoffe: Die biologischen Arbeitsstoffe werden nach ihrem Infektionsrisiko in vier Risikogruppen eingestuft. Kriterien für dieses Gefährdungspotential der biologischen Arbeitsstoffe sind:
- Auftreten und Ausmaß einer Erkrankung beim Menschen,
- Verbreitungsgefahr in der Bevölkerung,
- Prophylaxe- und Therapiemöglichkeiten.

Die BiostoffVO unterscheidet gezielte (absichtliche) und nicht gezielte (nicht absichtliche) Tätigkeiten. Eine gezielte Tätigkeit liegt vor, wenn
- biologische Arbeitsstoffe mindestens der Spezies nach bekannt sind,
- die Tätigkeiten auf einen oder mehrere biologische Arbeitsstoffe unmittelbar ausgerichtet sind und
- die Exposition der Beschäftigten im Normalbetrieb hinreichend bekannt oder abschätzbar ist.

Entsprechende Arbeitsplätze befinden sich vor allem in Forschungs- und Entwicklungslaboratorien sowie in der industriellen Biotechnologie.

Eine nicht gezielte Tätigkeit liegt vor, wenn eine der oben genannten Voraussetzungen nicht erfüllt ist. Typische Arbeitsplätze befinden sich bei Tätigkeiten im Gesundheitswesen, in der Landwirtschaft und in der Abfallwirtschaft. Ca. 90% der Tätigkeiten mit biologischen Arbeitsstoffen sind ungezielte Tätigkeiten.

Nach dem Infektionsrisiko werden in der BiostoffVO folgende Risikogruppen (RG) unterschieden:

RG 1: Biologische Arbeitsstoffe, bei denen es unwahrscheinlich ist, dass sie beim Menschen Krankheiten verursachen, z.B. abgeschwächte Lebendimpfstoffe.

RG 2: Biologische Arbeitsstoffe, die eine Krankheit beim Menschen hervorrufen können und für Beschäftigte gefährlich sein können. Eine Verbreitung des Stoffes in der Bevölkerung ist unwahrscheinlich. Eine wirksame Vorbeugung oder Behandlung ist normalerweise möglich.

RG 3: Biologische Arbeitsstoffe, die eine schwere Krankheit beim Menschen hervorrufen können und eine ernste Gefahr für Beschäftigte sein können. Die

Gefahr einer Verbreitung in der Bevölkerung kann bestehen, doch ist normalerweise eine wirksame Vorbeugung oder Behandlung möglich.

RG 4: Biologische Arbeitsstoffe, die eine schwere Krankheit beim Menschen hervorrufen können und eine ernste Gefahr für Beschäftigte sind. Die Gefahr einer Verbreitung in der Bevölkerung ist unter Umständen groß. Normalerweise ist eine wirksame Vorbeugung oder Behandlung nicht möglich.

Die Einstufung biologischer Arbeitsstoffe in die Risikogruppe 2–4 erfolgt nach Anhang III der europäischen Richtlinie 93/88/EWG, 95/65/EG und 97/65/EG, kodifiziert in der Richtlinie 2000/54/EG. Ergänzend hierzu werden in der TRBA 460–466 und in den BGI 631–635 Einstufungen von biologischen Arbeitsstoffen in Risikogruppen vorgenommen, die auch die Risikogruppe 1 berücksichtigen.

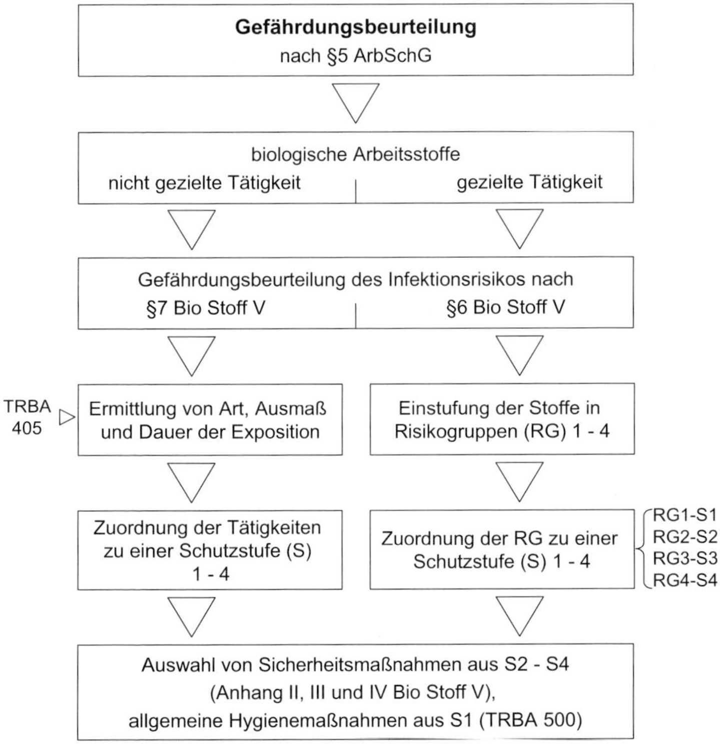

Abb. 5.4.1: Beurteilung des Infektionsrisikos beim Umgang mit biologischen Arbeitsstoffen nach Bio Stoff V.

Die BioStoffVO enthält kein Grenzwertkonzept. Die Gefährdungsbeurteilung als Grundlage für die Ableitung erforderlicher Sicherheitsmaßnahmen ist in Abb. 5.4.1 dargestellt. Zu beachten ist, dass die in der Abb. 5.4.1 enthaltene Schrittfolge nur das Infektionsrisiko der biologischen Arbeitsstoffe berücksichtigt. Die von den biologischen Arbeitsstoffen auch ausgehenden allergisierenden (sensibilisierenden) oder toxischen Wirkungen sind zusätzlich im Rahmen der Gefährdungsbeurteilung zu berücksichtigen (Kennzeichnung der biologischen Arbeitsstoffe durch die Buchstaben „A“ -allergisierend- und „T“ -toxisch- in den Einstufungslisten). Für diese Eigenschaften gelten die Grenzwerte für gefährliche Stoffe (MAK, TRK, Staubgrenzwerte).

Für den Arbeitgeber besteht im Rahmen der Gefährdungsbeurteilung keine Messverpflichtung. Allerdings können bei nicht gezielten Tätigkeiten im Einzelfall orientierende Messungen erforderlich sein, um Art, Ausmaß und Dauer der Exposition der Beschäftigten gegenüber biologischen Arbeitsstoffen zu ermitteln →TRBA 405. In dieser TRBA sind neben Empfehlungen für die Bestimmung der Konzentration von Bakterien und Pilzen (ohne Viren) in der Luft in Arbeitsbereichen (Konzentration wird in koloniebildende Einheiten (KBE) pro m³ Luft gemessen) auch Hinweise zur Anwendung von Technischen Kontrollwerten (TKW) für die Überprüfung der Wirksamkeit von technischen Schutzmaßnahmen enthalten. Der Technische Kontrollwert legt die Konzentration biologischer Arbeitsstoffe in der Luft für einen bestimmten Arbeitsbereich, ggf. auch für ein bestimmtes Verfahren oder einen bestimmten Anlagentyp fest, die grundsätzlich nach dem Stand der Technik erreicht werden kann. Er kann als Summenwert oder bezogen auf Mikroorganismengruppen definiert werden. Der TKW ist an die jeweils festgelegte Messstrategie gebunden.

Gentechnisch veränderte Organismen: Die Gentechnik dient der Erzeugung gentechnisch veränderter Organismen, d.h. der Beeinflussung der Erbanlagen von Tieren und Pflanzen. Die hierfür benötigten/vorkommenden Spender- und Empfängerorganismen (sowohl für gewerbliche Zwecke als auch für Forschungsarbeiten) werden Risikogruppen nach der GenTSV, Anhang I zugeordnet. Gentechnische Arbeiten werden danach in vier Sicherheitsstufen nach § 7 GenTG eingeteilt (zur Unterscheidung mit den biologischen Arbeitsstoffen nach der BiostoffVO wird der Begriff „Sicherheitsstufe“ anstelle „Schutzstufe“ verwendet). Die Sicherheitsstufen sind wie folgt definiert:

Der Sicherheitsstufe 1 sind gentechnische Arbeiten zugeordnet, bei denen nach dem Stand der Wissenschaft nicht von einem Risiko für die menschliche Gesundheit und die Umwelt auszugehen ist.

Der Sicherheitsstufe 2 sind gentechnische Arbeiten zugeordnet, bei denen nach dem Stand der Wissenschaft nicht von einem geringen Risiko für die menschliche Gesundheit und die Umwelt auszugehen ist.

Der Sicherheitsstufe 3 sind gentechnische Arbeiten zugeordnet, bei denen nach dem Stand der Wissenschaft von einem mäßigen Risiko für die menschliche Gesundheit und die Umwelt auszugehen ist.

Der Sicherheitsstufe 4 sind gentechnische Arbeiten zugeordnet, bei denen nach dem Stand der Wissenschaft von einem hohen Risiko oder dem gegründeten Verdacht eines solchen Risikos für die menschliche Gesundheit und die Umwelt auszugehen ist.

Die Schrittfolge der Risikobewertung gentechnischer Arbeiten ist in Abb. 5.4.2 dargestellt.

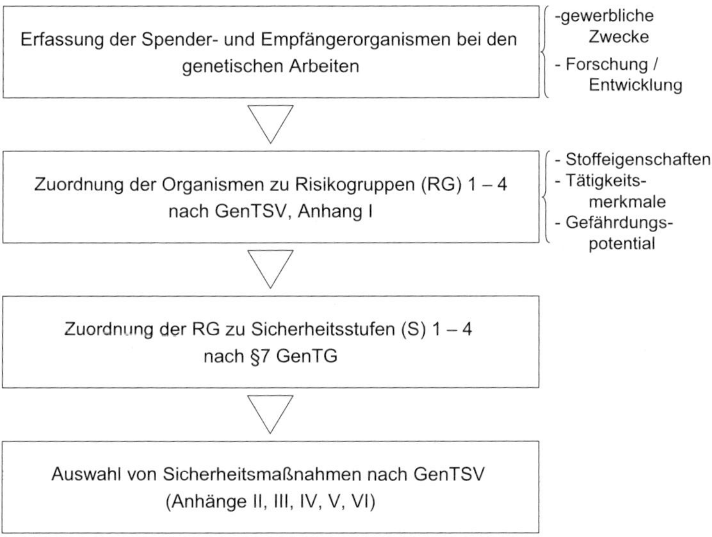

Abb. 5.4.2: Risikobeurteilung gentechnischer Arbeiten nach GenTG und GenTSV.

Die Ergebnisse der Gefährdungsbeurteilung für biologische Arbeitsstoffe sowie die der Risikobewertung für gentechnisch veränderte Organismen sind zu dokumentieren und einer Wirkungskontrolle zu unterziehen.

Bei Änderungen der Arbeitsbedingungen, bei der Feststellung einer Kontamination, bei Infektionen und sonstigen Erkrankungen sowie bei gesundheitlichen Bedenken des zuständigen Arztes ist dies zu wiederholen und sonst spätestens nach einem Jahr zu überprüfen. An der Gefährdungsbeurteilung sind Betriebs- oder Personalrat, zuständiger Arzt und Fachkraft für Arbeitssicherheit zu beteiligen.

5.4.3 Maßnahmen zum Schutz vor biologischen Arbeitsstoffen und gentechnisch veränderten Organismen

Biologische Arbeitsstoffe

Beim Umgang mit biologischen Arbeitsstoffen sind im Ergebnis der Gefährdungsbeurteilung *Sicherheitsmaßnahmen* festzulegen nach

- Anhang II BiostoffVO für Laboratorien und laborähnlichen Einrichtungen,
- Anhang III BiostoffVO für gezielte und nichtgezielte Tätigkeiten, die nicht unter Anhang II fallen,
- Anhang IV BiostoffVO für verpflichtende arbeitsmedizinische Vorsorge.

für die Schutzstufen 2–4 sowie *allgemeine Hygienemaßnahmen* nach der TRBA 500 für die Schutzstufe 1. Die Hygienemaßnahmen müssen auch zusätzlich zu den Sicherheitsmaßnahmen der Schutzstufen 2–4 realisiert werden.

Ist bei den nichtgezielten Tätigkeiten keine Zuordnung zu einer Schutzstufe möglich, sind Maßnahmen nach dem Stand der Technik festzulegen. Diese Maßnahmen betreffen den Schutz vor Infektionsgefährdungen.

Gefährliche biologische Arbeitsstoffe der Risikogruppen 2–4 sind nach Möglichkeit durch weniger gefährliche zu ersetzen. In Heimarbeit dürfen nur biologische Stoffe der Risikogruppe 1 ohne sensibilisierende oder toxische Wirkungen verwendet werden. Beschäftigte, denen Tätigkeiten mit biologischen Arbeitsstoffen der Risikogruppen 3 und 4 übertragen werden, müssen fachkundig sein und eingewiesen werden. Der zuständige Leiter des Arbeitsbereiches muss die erforderlichen Kenntnisse und praktischen Erfahrungen für die Gefahrenabwehr besitzen. Ein Notfallplan muss vorhanden sein. Arbeitsplätze mit gefährlichen biologischen Arbeitsstoffen und Gefahrenbereiche sind mit dem Symbol für Biogefährdung (→Abb. 5.4.3) zu kennzeichnen. Die persönliche Schutzausrüstung muss beim Verlassen des Arbeitsplatzes abgelegt und getrennt von anderen Kleidungstücken gelagert werden. An Arbeitsplätzen, an denen die Gefahr einer Kontamination besteht, darf nicht ge-

Abb. 5.4.3 Symbol (schwarz auf gelbem Hintergrund) für die Gefährdung durch Biostoffe.

gessen, getrunken oder geraucht werden. Für die Beschäftigten ist eine Betriebsanweisung zu erstellen, außerdem sind die Beschäftigten vor Aufnahme der Arbeit über Gefahren und Schutzmaßnahmen zu unterweisen.

Zeitpunkt und Inhalt der Unterweisung sind mit der Unterschrift des Unterwiesenen zu dokumentieren. Treten gefährliche Betriebsstörungen auf, so sind die Beschäftigten und der Betriebs- oder Personalrat unverzüglich zu unterrichten.

Gezielte Tätigkeiten mit biologischen Arbeitsstoffen der Risikogruppen 2, 3 oder 4 oder vergleichbare Tätigkeiten sind der zuständigen Behörde spätestens 30 Tage vor Beginn anzuzeigen. Der Unternehmer hat 6 Wochen vor Inbetriebnahme den Unfallversicherungsträger den Umgang mit gefährlichen biologischen Agenzien anzuzeigen. Über Beschäftigte, die gezielte Tätigkeiten mit biologischen Arbeitstoffen der Risikogruppen 3 oder 4 durchführen, ist ein Verzeichnis anzulegen, das Art der Tätigkeit, verwendeten biologischen Arbeitsstoff sowie Unfälle und Betriebsstörungen enthalten muss. Arbeitsmedizinische Erst- und Wiederholungsuntersuchungen sind bei bestimmten, in Anhang IV der VO aufgeführten Tätigkeiten vorgeschrieben. Bei anderen Beschäftigungen mit biologischen Arbeitsstoffen der Risikogruppe 3 oder vergleichbarer Gefährdung sowie bei Gefährdung durch biologische Arbeitsstoffe der Risikogruppe 2 ist eine arbeitsmedizinische Untersuchung unverbindlich dem Betroffenen anzubieten. Letzteres gilt auch für Beschäftigte, die infiziert oder sonst erkrankt sind und für Beschäftigte im gleichen Tätigkeitsbereich, wenn eine Gefährdung nicht ausgeschlossen werden kann. Die Untersuchungen dürfen nur von hierfür besonders ermächtigten Ärzten durchgeführt werden. Auch ist den Beschäftigten, die gefährlichen biologischen Arbeitsstoffen ausgesetzt sind, eine Impfung anzubieten, soweit diese möglich und sinnvoll ist. Unfälle und Betriebsstörungen bei Tätigkeiten mit biologischen Arbeitsstoffen der Risikogruppen 3 und 4 und vergleichbarer Gefährdung sowie Krankheits- und Todesfälle sind der zuständigen Behörde zu melden.

Für die sensibilisierende und toxische Wirkung biologischer Arbeitsstoffe sind zusätzliche Maßnahmen zu berücksichtigen.

Gentechnisch veränderte Organismen

In der Gentechnik sind im Ergebnis der Risikobewertung *Sicherheitsmaßnahmen* festzulegen nach

- Anhang II GenTSV biologische Sicherheitsmaßnahmen,
- Anhang III GenTSV Sicherheitsmaßnahmen für Labor- und Produktionsbereiche,
- Anhang IV GenTSV Sicherheitsmaßnahmen für Gewächshäuser,
- Anhang V GenTSV Sicherheitsmaßnahmen für Tierhaltungsräume,
- Anhang VI GenTSV Arbeitsmedizinische Vorsorge.

Sicherheitsmaßnahmen für den Umgang mit gentechnisch veränderten Organismen sind beispielsweise:

- Genehmigungs- und Anmeldeverfahren nach GenTVfV
  Das Freisetzen und Inverkehrbringen von gentechnisch veränderten Organismen bedarf der Genehmigung des Rober-Koch-Institutes.
- Bestellung eines Projektleiters für die Planung, Leitung und Beaufsichtigung der gentechnischen Arbeiten und eines Beauftragten für die biologische Sicherheit mit entsprechender Sachkunde,
- Biologische, technische und organisatorische Sicherheitsmaßnahmen für bestimmte Bereiche (vgl. Anhänge GenTSV),
- Regelmäßige arbeitsplatzbezogene Unterweisung der Beschäftigten auf der Grundlage von Betriebsanweisungen,
- Sicherheitskennzeichnung der Arbeitsbereiche mit dem Warnzeichen „Biogefährdung" (→Abb. 5.4.3),
- Aufzeichnungen bei gentechnischen Arbeiten zu Forschungs- und zu gewerblichen Zwecken nach GenTAufzV.

Literatur

Richtlinie des Europäischen Parlaments und des Rates vom 18.9.2000 über den Schutz der Arbeitnehmer gegen Gefährdungen durch biologische Arbeitsstoffe bei der Arbeit (2000 / 54 / EG)
Folgende Richtlinien wurden kodifiziert: 90 / 697 / EWG; 95 / 30 / EG; 97 / 59 / EG; 97 / 65 / EG

Richtlinie des Rates vom 23.4.1990 über die Anwendung gentechnisch veränderter Mikroorganismen in geschlossenen Systemen (90 / 219 / EWG)
Änderungen / Ergänzungen: 95 / 51 / EG; 98 / 81 / EG; 01 / 204 / EG

Richtlinie des Rates vom 23.4.1990 über die absichtliche Freisetzung gentechnisch veränderter Mikroorganismen in die Umwelt (90 / 220 / EWG)
Änderungen / Ergänzungen: 94 / 15 / EG; 97 / 35 / EG

Gesetz zur Regelung der Gentechnik (Gentechnikgesetz – GenTG) vom 16.12.1993, zuletzt geändert durch Artikel 3 § 2 des Gesetzes vom 22. 6. 2004 (BGBl. I S. 1248)

VO über die Sicherheitsstufen und Sicherheitsmaßnahmen bei gentechnischen Arbeiten in gentechnischen Anlagen (Gentechnik-SicherheitsVO – GenTSV) vom 14.3.1995; zuletzt geändert durch das 2. GenTG-ÄndG vom 16. 8. 2002 (BGBl. I S. 3220)

VO über Antrags- und Anmeldeunterlagen und über Genehmigungs- und Anmeldeverfahren nach dem GenTG (Gentechnik-VerfahrensVO – GenTVfV) vom 4.11.1996; zuletzt geändert durch Art. 4 des 2. GenTG-ÄndG vom 16. 8. 2002 (BGBl. I S. 3220)

VO über Anhörungsverfahren nach dem GenTG (Gentechnik-AnhörungsVO – GenTAnhV) vom 4.11.1996; (BGBl. I S. 1649)

VO über die zentrale Kommission für Biologische Sicherheit (ZKBSV) vom 5.8.1996; zuletzt geändert durch Art. 4 des 2. GenTG-ÄndG vom 16. 8. 2002 (BGBl. I S. 3220) 2002

VO über Sicherheit und Gesundheitsschutz bei Tätigkeiten mit biologischen Arbeitsstoffen (BioStoffV) vom 27.1.1999; zuletzt geändert durch Art. 305 der Verordnung vom 25. 11. 2003 (BGBl. I S. 2304)

TRBA 002: Übersicht über den Stand der technischen Regeln für Biologische Arbeitsstoffe, BArbBl. 09 / 1999

TRBA 400: Handlungsanleitung zur Gefährdungsbeurteilung bei Tätigkeiten mit biologischen Arbeitsstoffen

TRBA 405: Anwendung von Messverfahren und technischen Kontrollwerten für luftgetragene biologische Arbeitsstoffe

TRBA 460: Einstufung von Pilzen in Risikogruppen

TRBA 462: Einstufung von Viren in Risikogruppen

TRBA 464: Einstufung von Parasiten in Risikogruppen

TRBA 466: Einstufung von Bakterien in Risikogruppen

TRBA 500: Allgemeine Hygienemaßnahmen; Mindestanforderungen

DIN EN 12128: Biotechnik; Laboratorien für F, E und Analyse; Sicherheitsstufen mikrobiologischer Laboratorien, Gefahrenbereich, Räumlichkeiten und technische Sicherheitsanforderungen

DIN EN 12296: Biotechnik; Geräte und Ausrüstungen; Leitfaden für Verfahren zur Prüfung der Reinigbarkeit

DIN EN 12460: Biotechnik; Verfahren im Großmaßstab und Produktion; Leitfaden zur Auswahl und Installation von Geräten und Ausrüstungen entsprechend dem biologischen Risiko

DIN EN 12741: Biotechnik; Laboratorien für F, E und Analyse; Leitfaden für gute biologische Laborpraxis

DIN EN 13312: Biotechnik; Leistungskriterien für Leitungssysteme und Instrumentierung; T. 1 – T. 6

BG I 628 – 636: Sichere Biotechnologie

BAuA, Hrsg. (1998): Gesundheitliche Gefährdungen von Arbeitnehmern aus Arbeitsbereichen der Abfallwirtschaft (Vorträge eines Workshops). BAuA Bericht Tb 87, Wirtschaftsverlag NW Bremerhaven

BAuA, Hrsg. (1998): Biologische Arbeitsstoffe (Vorträge einer Informationstagung). BAuA Bericht Tb 82, Wirtschaftsverlag NW Bremerhaven

Klein, A.; Pipke, R.. u. Allescher, W. (2000): Biostoffverordnung, Heymanns Verlag Köln

Nöthlichs, M. u. Weber. H. P. (LB): Bio- und Gentechnik, Erich Schmidt Verlag, Berlin Auch in Schmatz/Nöthlichs, M. (LB): Sicherheitstechnik Bd. 6 Teil 2, Erich Schmidt Verlag, Berlin

Simon, R., Tichy, H.-V. u. Gerbl-Rieger (1999): Musterbetriebsweisung für Tätigkeiten mit biologischen Arbeitsstoffen, BAuA Bericht FB 838, Wirtschaftsverlag NW Bremerhaven

5.5 Gefährdungen durch Gefahrstoffe

5.5.1 Grundlagen

In vielen Arbeitsabläufen und chemischen Prozessen werden Stoffe und Zubereitungen benutzt, die die Gesundheit des Menschen schädigen können. Vielfach entstehen solche Stoffe und Zubereitungen oder deren stoffliche Formen auch ungewollt während des Produktionsprozesses, z.B. als Gase, Nebel, Dämpfe, Stäube oder Rauche. Die Vermeidung bzw. Minimierung derartiger Gefahren ist heute ein Schwerpunkt der Sicherheitsarbeit.

Begriffsbestimmungen

Gefahrstoffe mit gesundheitsgefährlichen Eigenschaften sind nach § 3 ChemG:

- *Stoffe* sind chemische Elemente oder Verbindungen, wie sie natürlich vorkommen oder hergestellt werden.

- *Zubereitungen* sind Gemenge, Gemische oder Lösungen, die aus zwei oder mehreren Stoffen bestehen.
- *Erzeugnisse* sind Stoffe oder Zubereitungen, die bei der Herstellung eine spezifische Gestalt, Oberfläche oder Form erhalten haben, die deren Funktion mehr bestimmen als ihre chemische Zusammensetzung.

Gefahrstoffe können in folgenden Erscheinungsformen auftreten:

- *Gase* sind chemische Stoffe, die unter normalen Umgebungstemperaturen gasförmig sind. Gase können giftig, ätzend und erstickend wirken. Häufig bilden Gase mit Luft auch eine explosionsfähige Atmosphäre. Im Folgenden sind die Eigenschaften einiger wichtiger Gase genannt.
  Kohlenmonoxid (CO): farb-, geruchs- und geschmacklos. Bildung bei unvollständiger Verbrennung. In Rauch (Tabakrauch!), Auspuffgasen, Stadtgas, Explosionsgasen usw. enthalten. Blockiert den Blutfarbstoff Hämoglobin, an dem es sich ca. 300mal fester als Sauerstoff anlagert. Der Vorgang ist in frischer Luft reversibel. Symptome: Kopfschmerzen, Benommenheit, ab 0,05 Vol. % Bewusstlosigkeit möglich.
  Nitrose Gase (NO, NO_2 u. a.): NO farb- und geruchlos, bei höheren Konzentrationen übergehend in NO_2. NO_2 ist Hauptbestandteil nitroser Gase. Schweres Lungengift, da es Salpetersäure (HNO_3) bildet. Symptome: Husten, Atemnot usw., oft erst nach einigen Stunden.
  Ozon (O_3): Typisch riechendes Reizgas, das sich bei elektrischen Ladungen in der Luft und bei UV-Bestrahlung bildet, also beim Schweißen, Röntgen usw., sehr giftig.
  Schwefeldioxid (SO_2): Ein farbloses, stechend riechendes Gas, das bei chemischen Prozessen und Verbrennung von Heizmaterial frei wird; es bildet mit Wasser schweflige Säure HSO_3 und Schwefelsäure H_2SO_4.Wirkt in erster Linie auf die Schleimhaut des Auges und die oberen Atemwege und verursacht Atemwegserkrankungen.
  Schwefelwasserstoff (H_2S): Tritt in chemischen Prozessen, im Erdgas und als Fäulnisprodukt auf. Ab etwa 1 ppm riechbares (Geruch nach faulen Eiern) farbloses Gas. Bei hohen Konzentrationen werden die Geruchsnerven gelähmt. Symptome: Bindehautentzündung, Reizung der Atemwege.
  Formaldehyd (CH_2O): Farbloses, stechend riechendes Gas, brennbar, explosibel im Gemisch mit Luft. Handhabung überwiegend in wässriger Lösung oder als fester Stoff. Bewirkt Schleimhautreizungen, Unwohlsein, allergene Reaktionen. Begründeter Verdacht auf krebserzeugendes Potential.
  Phosgen = Carbonylchlorid ($COCl_2$): Farbloses, charakteristisch riechendes Gas, das u. a. ungewollt bei thermischen Zersetzungen von Chlorwasserstoffen (z. B. beim Schweißen) entsteht. Wirkt auf die Lunge durch Säurebildung. Symptome: Atembeschwerden, Husten, schon bei geringen Konzentrationen tödlich (hoch toxisch).
  Kohlendioxid (CO_2): Schweres, farb- und geruchloses Gas, das besonders bei Bränden entsteht und zu Erstickungen führt. Feststellung durch Erlöschen einer Flamme. CO_2 trägt als Treibhausgas zur Erderwärmung bei.

- *Dämpfe* sind chemische Stoffe, die bei den üblichen Umgebungstemperaturen einen Dampfdruck < 1013 mbar aufweisen. Dämpfe bilden sich unter üblichen Umgebungstemperaturen aus Flüssigkeiten. Dies trifft vor allem für organische Lösemittel zu, die oft gesundheitsschädlich wirken. Häufig verwendete Chlorkohlenwasserstoffe sind z.B. Tetra(chlormathan) CCl_4, Tri(chlorethen) CCl_2-CHCl und Tetrachlorethen CCl_2-CCl_2, auch unter der Bezeichnung Per(chlorethen) bekannt, ferner 1,1,1-Trichlorethan CCl_3-CCl_3 und Dichlormethan (Methylenchlorid) CH_2Cl_2. Diese Lösemittel haben einen niedrigen Siedepunkt und bilden daher leicht schwere Dämpfe, die akut Schwindel, Benommenheit und Rausch (besonders Tri) bewirken. Chronische Folgen sind Konzentrationsschwäche, Alkoholunverträglichkeit und schwere Leber- und Nierenschäden. Halogenkohlenwasserstoffe sind meist auch Kontaktgifte.
- *Nebel* sind feinstverteilte Flüssigkeitströpfchen aus gesättigtem Dampf. Bei der Verwendung von Kühlschmiermittel, üblicherweise beim Bohren, Drehen, Schleifen usw., entstehen Aerosole (Dämpfe, Nebel), deren schädigende Bestandteile, insbesondere die krebserregenden Nitrosamine (→TRGS 552) eingeatmet werden können. Nitrosierte Amine werden auch aus den Stickoxiden der Umgebungsluft, Resten von Ölen, Reinigungs- und Korrosionsschutzmitteln, Abbauprodukten von Mikroor-ganismen im Kühlschmierstoff usw. gebildet.
- *Stäube* sind fein verteilte Feststoffteilchen, die durch mechanische Zerkleinerungsvorgänge gebildet werden. Beim Einatmen wird grober Staub im Bereich von Nase, Rachen und Kehlkopf sowie im Bereich der Bronchien zurückgehalten. Staub mit einem Korndurchmesser von etwa < 5 µm gelangt normalerweise zum größten Teil in die Lunge. Dies gilt auch für Fasern mit einer Dicke < 3 µm und einer Länge < 100 µm, wenn die Dichte etwa der von Mineralien entspricht (Feinstäube).

  Nach Art der Schädigung sind zu unterscheiden:

  Fibrogener Staub: Vorwiegend Schädigung durch Gewebeänderungen in der Lunge (Fibrose).

  Feinstaub aus freier kristalliner Kieselsäure (SiO_2-Modifikationen Quarz, Cristobalit und Tridymit) kann Silikose und Siliko-Tuberkulose bewirken.

  Faserförmiger Feinstaub gilt als lungengängig und damit gefährlich, wenn der Durchmesser der Faser < 3 µm, die Länge > 5 µm und das Verhältnis Länge: Durchmesser > 3 : 1 beträgt (sogenannte „WHO-Faser", WHO = Weltgesundheitsorganisation). Je größer die Biobeständigkeit in der Lunge ist, umso wahrscheinlicher ist eine krebserzeugende Wirkung.

  Asbesthaltiger Feinstaub ist zu einem großen Teil lungengängig, hat große Biobeständigkeit und kann daher zu Asbestose, Lungenkrebs oder bösartigen Tumoren (Mesotheliomen) des Rippenfells oder des Bauchfells führen. Als Asbest werden faserförmiger Serpentinasbest (Chrysotil, am meisten benutzt) oder faserförmige Amphiboasbeste (Amosit, Anthophyllit, Tremolit, Aktinolith, Krokodolith) bezeichnet. 2001 wurden durch Asbest

1882 neue Berufskrankheitenrenten und 969 Berufskrankheiten mit tödlichem Ausgang (48%) verzeichnet.

Andere Mineralstoffe können ebenfalls gefährlich sein, wenn sie lungengängig sind. Die analytische Bestimmung erfolgt in der Regel mit dem Lichtmikroskop (→BGI 505-31) bzw. Rasterelektronenmikroskop.

Zu unterscheiden sind – abgesehen von Spezialfasern – Glas-, Stein- und Schlacke-fasern sowie keramische Fasern. Die sehr selten vor allem zur Hoch-temperatur-Wärmeisolierung eingesetzten keramischen Fasern besitzen einen verhältnismäßig hohen Feinstaubanteil und daher eine nachgewiesenen tumorerzeugende Wirkung.

Zu beachten ist außerdem, dass insbesondere durch künstliche Mineralfasern, insbesondere Glasfasern, mechanische Einwirkungen auf Haut und Augen möglich sind, die u.a. zu Entzündungen führen können.

Toxischer Staub: Schädigung durch Giftwirkungen auf Körperorgane. Beispielsweise: Erkrankungen durch Blei, Zink, Cadmium, Mangan, Vanadium.

Ätzender Staub: Schädigung durch Bildung von Basen und Säuren, die das Gewebe zerstören. Beispiele: Kalk, Chrom.

Radioaktive Stäube: Schädigung durch ionisierende Strahlen. Beispiele: Erkrankungen durch Uran, Thorium, Radium sowie durch die mit Tritium und Promethium aktivierten *Leuchtfarben.*

Allergisierende Stäube: Schädigung durch akute oder chronische Entzündungen der Atemorgane oder der Haut. Beispiele: Allergisches Bronchialasthma und Hautentzündungen durch Chromate (Zementstaub!), Nickelverbindungen, Mehlstaub und Stäube tropischer Hölzer, letztere mit kanzerogener Wirkung (K 1).

- *Rauche* sind feinstverteilte Feststoffteilchen, die durch thermische und / oder chemische Prozesse entstehen. Für Rauch gilt sinngemäß das gleiche wir für Staub. Große Vorsicht ist beim Schweißen von Teilen geboten, die noch Farbe, Lacke oder Kunststoffüberzüge aufweisen. Der Rauch kann u.a. Blei, Zink, Chromoxide, Phosphorverbindungen, Acrylaldehyd, Phenol, Formaldehyd, Isocyanate und Cyanwasserstoff (Blausäure) enthalten. Auch beim Löten ist besondere Vorsicht geboten, da sich hierbei vor allem Schwermetallrauche bilden.

Rechtsgrundlagen

Rechtliche Regelungen zum Schutz vor Gefahrstoffen existieren sowohl für das Inverkehrbringen von Stoffen, Zubereitungen und Erzeugnissen (Produktsicherheit) als auch für den Schutz der Beschäftigten bei Tätigkeiten mit Gefahrstoffen (Arbeitssicherheit). Diese Regelungen sind größtenteils europäisch harmonisiert. Eine Übersicht der Rechtsgrundlagen und ausgewählter technischer Regeln zum Schutz vor Gefahrstoffen (→Tab. 5.5.1).

Regelungsgegenstand	Rechtsgrundlagen europäisch	Rechtsgrundlagen national	Technische Regeln
Produktsicherheit	67/548/EWG 76/769/EWG 91/155/EWG 99/45/EG	ChemG GefStoffV ChemVerbotsV ChemPrüfV	TRGS der Reihen 200 und 300 (Inverkehrbringen)
Arbeitssicherheit	90/394/EWG 97/42/EG **98/24/EG** 99/38/EG	ChemG GefStoffV	TRGS der Reihen • 400 bis 600 (Umgang) • 700 bis 800 (arb.-med. Vorsorge) • 900 (Richtlinien BMWA)

Tab. 5.5.1: Rechtsgrundlagen und Regeln zum Schutz vor Gefahrenstoffen. (Bezeichnung der Vorschriften und Regeln siehe Literatur)

Das *Chemikaliengesetz (ChemG)* hat das Anliegen des Schutzes von Mensch und Umwelt vor gefährlichen Chemikalien mit folgenden Regelungsgegenständen.

Anmeldung: Hersteller und Einführer dürfen in der EU neue Stoffe als solche oder als Bestandteil einer Zubereitung erst in den Verkehr bringen oder einführen, wenn sie diese 60 Tage vorher bei einer von der Bundesregierung bestimmten Stelle (BAuA) oder einer gleichwertigen Stelle in der EU angemeldet haben. Unter bestimmten, im Chemikaliengesetz näher bezeichneten Bedingungen kann die Anmeldefrist von Mengen < 1 t/Jahr auf 30 Tage reduziert werden. Eine Anmeldung ist nicht erforderlich für gefährliche Stoffe ≤100 kg für Forschung und Entwicklung. Größere Mengen sind für die interne maximal einjährige verfahrenstechnische Forschung und Entwicklung zulässig. Eine Anmeldung entfällt auch für Mengen < 10 kg/Jahr eines Herstellers im europäischen Wirtschaftsraum.

Der Anmeldung müssen Unterlagen beigefügt werden, die eine Beurteilung der Gefährlichkeit des Stoffes zulassen. Dazu gehören u.a.: Identifikationsmerkmale, Nachweismethoden, Verwendungshinweise, schädliche Wirkungen bei der Verwendung, jährliche Stoffmenge, Verfahren zur geordneten Entsorgung, Wiederverwendung und Neutralisation sowie Prüfnachweise der Grundprüfung. Letztere erstreckt sich auf die physikalische und chemische Eigenschaften, allgemeine Toxizität, krebserzeugenden, erbgutverändernden, fortpflanzungsgefährdenden, reizenden, ätzenden und sensibilisierenden Eigenschaften, abiotische und leichte biologische Abbaubarkeit, Toxizität gegenüber Wasserorganismen, Hemmung des Algenwachstums, Bakterieninhibitation, Absorption und Desorption. Für einen gefährlichen Stoff hat der Anmelder auch alle Angaben zur Gefahrenabwehr zu machen, insbesondere über Vorsichtsmaßnahmen beim Verwenden, Sofortmaßnahmen bei Unfällen, Einstufung nach Gefährlichkeitsklassen, Verpackung und Kennzeichnung. Sollten größere Mengen eines gefährlichen Stoffes (ab10 t/Jahr oder 50 t seit Beginn der Herstellung bzw. Einfuhr im europäischen Wirtschaftsraum) in Verkehr gebracht werden, so kann die Anmeldestelle je nach Menge abgestuft weitere Prüfungen innerhalb einer Frist verlangen.

Die Frist von 60 bzw. 30 Tagen kann sich verlängern, wenn die eingereichten Unterlagen keine ausreichende Beurteilung des angemeldeten Stoffes zulassen. Auch kann die Anmeldestelle besonders bei beabsichtigtem Inverkehrbringen großer Mengen zusätzliche Prüfnachweise verlangen und das Inverkehrbringen eines Stoffes oder einer Zubereitung von Bedingungen abhängig machen oder Auflagen vorsehen. Werden die erforderlichen zusätzlichen Prüfnachweise nicht fristgerecht vorgelegt, so kann das Inverkehrbringen eines Stoffes oder einer Zubereitung untersagt werden. Der Anmeldende hat der Anmeldestelle alle wesentlichen Änderungen zu den angemeldeten Stoffen anzuzeigen.

Mitteilungspflicht: Nicht anmeldepflichtige Stoffe, die zur verfahrensorientierten Erforschung und Erprobung für längstens ein Jahr hergestellt oder eingeführt werden und nur einem kleinen fachkundigen Abnehmerkreis zur Verfügung stehen, unterliegen der Mitteilungspflicht an die Anmeldestelle. Die Mitteilung muss mindestens Menge, Eigenschaften und Maßnahmen zur Gefahrenabwehr enthalten. Weitere Mitteilungspflichten bestehen für neu hergestellte Stoffe, die nicht oder nur außerhalb der EU in Verkehr gebracht werden, wenn die jährliche Menge $\geq$ 1t ist. Für Altstoffe, die in einem Altstoffverzeichnis der EU zusammengestellt sind, kann die Mitteilung der wesentlichen Eigenschaften verlangt werden. Ähnliche Bestimmungen gelten für Zubereitungen.

Hersteller oder Einführer von Zubereitungen, die sehr giftig, giftig, ätzend, sensibilisierend, krebserzeugend, fortpflanzungsgefährdend oder erbgutverändernd sind, müssen die notwendigen Angaben über Vorsichtsmaßnahmen und Sofortmaßnahmen bei Unfällen dem Bundesinstitut für gesundheitlichen Verbraucherschutz und Veterinärmedizin mitteilen, damit Informations- und Behandlungszentren sowie Ärzte entsprechend unterrichtet werden können. Auch Ärzte, die Personenschäden durch gefährliche Stoffe vermuten oder feststellen, sind zur Mitteilung an das o.g. Bundesinstitut verpflichtet.

Gute Laborpraxis: Nichtklinische experimentelle Prüfungen zur Bewertung des Gefahrenpotentials von Stoffen und Zubereitungen für Mensch und Umwelt müssen nach den Grundsätzen der Guten Laborpraxis erfolgen. Sie liegt vor, wenn die Laborprüfung den Grundsätzen in Anhang I zum Chemikaliengesetz entspricht. Das Prüflabor kann sich von der zuständigen Behörde nach entsprechender Inspektion die Einhaltung der Grundsätze der Guten Laborpraxis bescheinigen lassen.

Tierversuche: Sind zur Vorbereitung einer Anmeldung oder Mitteilung an die Anmeldestelle Tierversuche erforderlich, muss sich der Anmelde- oder Mitteilungspflichtige vorher mit der Anmeldestelle in Verbindung setzen, um unnötige Tierversuche zu vermeiden. Unter bestimmten Bedingungen darf auf die Tierversuchsergebnisse Dritter zurückgegriffen werden.

Kennzeichnung: Gefährliche Stoffe sind entsprechend zu kennzeichnen (→ GefahrstoffVO). Nicht anmeldepflichtige Stoffe oder solche mit eingeschränkter Anmeldung (Meldefrist 30 Tage) sind zusätzlich durch „Achtung – noch nicht vollständig geprüfter Stoff" zu kennzeichnen. Bei Werbung mit gefährlichen Stoffen muss das entsprechende Gefährdungsmerkmal angegeben werden.

Überwachung und Anordnungen: Die zuständige Landesbehörde überwacht die Durchführung des Gesetzes und der darauf gestützten Rechtsverordnungen. Sie kann im Einzelfall Anordnungen zur Beseitigung festgestellter oder zur Verhütung künftiger Verstöße gegen das Chemikaliengesetz oder dessen Rechtsverordnungen treffen. Die zuständige Behörde kann für die Dauer von höchstens drei Monaten bei vermuteter oder vorliegender erheblicher Gefahr für Mensch und Umwelt anordnen, dass ein gefährlicher Stoff oder eine gefährliche Zubereitung nicht oder nur unter bestimmten Voraussetzungen hergestellt, in den Verkehr gebracht oder verwendet wird. Die zuständige Landesbehörde kann diese Anordnung aus wichtigem Grund bis zu einem Jahr verlängern.

Die Umsetzung des Chemikaliengesetzes wurde durch zahlreiche Vorschriften geregelt.

In der *Chemikalien-VerbotsVO* ist das Inverkehrbringen von bestimmten Stoffen und Zubereitungen in genau umschriebenem Umfang verboten. Wer giftige oder sehr giftige Stoffe oder Zubereitungen in den Verkehr bringt, bedarf nach der Chemikalien-VerbotsVO der Erlaubnis der zuständigen Behörde. Voraussetzungen sind Sachkenntnis, Zuverlässigkeit und ein Mindestalter von 18 Jahren. Unternehmen erhalten die Erlaubnis, wenn sie über entsprechend befähigte Personen verfügen. Apotheken, Tankstellen und Händler, die die Stoffe und Zubereitungen nur an Wiederverkäufer, gewerbliche Verbraucher oder öffentliche Forschungs-, Untersuchungs- und Lehranstalten abgeben, bedürfen nicht der Erlaubnis, müssen jedoch das erstmalige Inverkehrbringen anzeigen. Giftige, sehr giftige, ätzende, brandfördernde, hochentzündliche sowie gesundheitsschädliche Stoffe und Zubereitungen, die giftig, sehr giftig, ätzend, brandfördernd, hochentzündlich oder gesundheitsschädlich sind und mit den R-Sätzen 40, 62 oder 63 gekennzeichnet sind (→GefahrstoffVO), dürfen nur unter bestimmten Voraussetzungen abgegeben werden. Über die Abgabe ist unter Angabe u.a. von Verwendungszweck und Adresse des Erwerbers Buch zu führen. Der Empfang der Stoffe und Zubereitungen ist vom Erwerber schriftlich zu bestätigen.

Die GefahrstoffVO (GefStoffV) gilt für das Inverkehrbringen von Stoffen, Zubereitungen und Erzeugnissen sowie zum Schutz der Beschäftigten und anderer Personen vor Gefährdungen ihrer Gesundheit und Sicherheit durch Gefahrstoffe.

Im Rahmen der vollständigen Umsetzung der EG-Richtlinie 98/24/EG, der Ausweitung der „Krebs-Richtlinie" 90/394/EWG auf erbgutverändernde Stoffe (Richtlinie 99/38/EG) und die Änderung der Richtlinie 83/477/EWG über den Schutz vor Asbest (Richtlinie 2003/18/EG) in nationales Recht ist die GefStoffV im Jahre 2004 novelliert worden. Die Novelle der GefStoffV/2004 – Artikel 1 ist in einer ArtikelVO enthalten; die Artikel 2 bis 16 dienen der Rechtsangleichung anderer RechtsVO (u. a. BiostoffVO, Gesundheitsschutz-BergVO, BetriebssicherheitsVO, ChemikalienverbotsVO) an die novellierte GefStoffV.

Die inhaltlichen Anforderungen an die Sicherheit und den Gesundheitsschutz der Beschäftigten bei Tätigkeiten mit Gefahrstoffen orientieren sich im Folgenden an dieser novellierten GefStoffV.

Die GefStoffV enthält folgende Regelungsgegenstände:

Gefahrstoffinformationen: In diesem Abschnitt werden die Gefährlichkeitsmerkmale (→Kapitel 5.5.2), die Einstufung, Verpackung und Kennzeichnung von Gefahrstoffen sowie das Erfordernis des Bereitstellens eines Sicherheitsdatenblattes geregelt.

Einstufung: Die Einstufung der Gefährlichkeit gängiger Stoffe ist in Anhang I zur Richtlinie 67/548/EWG dokumentiert. Bei bisher nicht eingestuften Stoffen muss der Hersteller diese unter Berücksichtigung der Ergebnisse von Prüfungen nach dem ChemikalienG, der gesicherten wissenschaftlichen Erkenntnisse und der beim Zulassungsverfahren gewonnenen Erkenntnisse selbst einstufen.

Kennzeichnung und Verpackung: Als Kennzeichnung müssen angegeben werden:

1. Chemische Bezeichnung des Stoffes oder der gefährlichen Stoffe in der Zubereitung, bei Zubereitungen auch der Handelsname.
2. Gefahrensymbol und dazugehörige Gefahrenbezeichnung (→Abb. 5.5.1).
3. Hinweise auf besondere Gefahren (R-Sätze) nach Richtlinie 67/548/EWG, Anhang III.
4. Sicherheitsratschläge (S-Sätze) nach Richtlinie 67/548/EWG, Anhang IV.
5. Anschrift und Telefonnummer des Herstellers, Einführers oder Vertriebsunternehmers.
6. Soweit vorhanden, dem Stoff zugeordnete EU-Nr. (EINECS = European Inventor of Existing Chemical Substances) mit Zusatz „EU-Kennzeichnung".

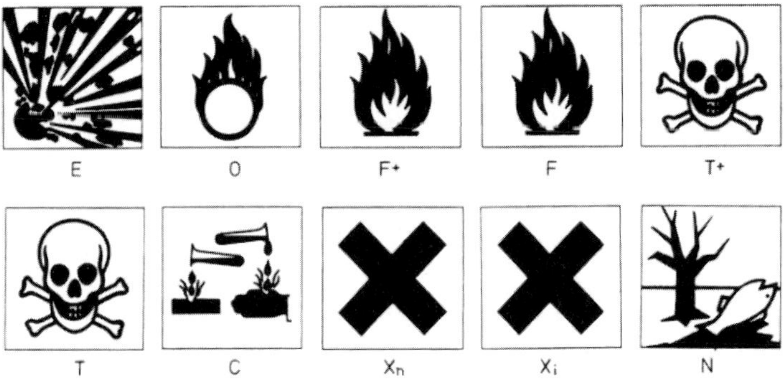

Abb. 5.5.1: Gefahrensymbole und Gefahrenbezeichnungen nach Richtlinie 67/548/ EWG, Anhang II (E = explosionsgefährlich; O = brandfördernd; F+ = hochentzündlich; F = leichtentzündlich; T+ = sehr giftig; T = giftig; C = ätzend; Xn = gesundheitsschädlich; Xi = reizend; N = umweltgefährlich).

7. Bei für jedermann erhältlichen Zubereitungen muss außerdem die Nennmenge oder Füllmenge des Inhalts angegeben werden.

Für Metalle mit gefährlichen Eigenschaften ist eine Kennzeichnung nicht erforderlich, wenn diese Stoffe oder Zubereitungen in einer Form in den Handel gebracht werden, die keine Gesundheitsgefahr bewirkt.

Zusätzliche Kennzeichnungsvorschriften gelten für besonders gefährliche Stoffe, Zubereitungen und Erzeugnisse, z.B. für Asbest (u.a. weißes „a" auf schwarzem Hintergrund), Formaldehyd und trichlorierte, höher chlorierte Biphenyle (PCB), polychlorierte Terphenyle (PCT) oder deren Zubereitungen, sofern diese noch zulässig sind, ferner für Aerosolbehälter. Für Stoffe und Zubereitungen, die für jedermann erhältlich sind, gelten besondere Anforderungen, z.B. kindergesicherte Verschlüsse.

Die Kennzeichnung muss genügend groß und haltbar sein sowie in deutscher Sprache abgefasst werden. Bei Mehrfachverpackung muss jede Verpackung einzeln gekennzeichnet sein. Die Verpackung muss gewährleisten, dass vom Inhalt nichts ungewollt nach außer gelangen kann.

Hinweise auf besondere Gefahren und Sicherheitsratschläge dürfen bei brandfördernden, leicht entzündlichen, entzündlichen oder reizenden Stoffen und Zubereitungen fehlen, wenn die Verpackung Stoffe und Zubereitungen mit einem Inhalt $\leq$0,125 l enthält. Desgleichen gilt für gesundheitsschädliche Stoffe, die nicht für jedermann erhältlich sind.

Sicherheitsdatenblatt: Der Hersteller oder Einführer eines Stoffes oder einer Zubereitung hat dem Abnehmer ein Sicherheitsdatenblatt auszuhändigen (→

TRGS 220). Dies gilt nicht für private Abnehmer und für Schädlingsbekämpfungsmittel im Sinne der Richtlinie 78/631/EWG.

Allgemeine und ergänzende Schutzmaßnahmen: Neu aufgenommen in der novellierten GefStoffV wurde eine **Gefährdungsbeurteilung** (→Kapitel 5.5.2) und ein **Schutzstufenkonzept** (→Kapitel 5.5.3). Das Schutzstufenkonzept zur Beseitigung oder Minimierung der Gefährdungen der Gesundheit der Beschäftigten bei Tätigkeiten mit Gefahrstoffen gliedert sich in

- allgemeine Schutzmaßnahmen (Schutzstufe 1 und 2),
- ergänzende Schutzmaßnahmen (Schutzstufe 3 und 4, Maßnahmen bei Brand- und Explosionsgefährdungen, bei Betriebsstörungen, Unfällen und Notfällen, Unterrichtung und Unterweisung der Beschäftigten, arbeitsmedizinische Vorsorge sowie Maßnahmen bei Zusammenarbeit verschiedener Firmen).

Dieser Teil der GefStoffV unterscheidet sich grundsätzlich von der bisher geltenden GefStoffV in der Fassung vom 15.11.1999, zuletzt geändert durch Artikel 2 der Verordnung vom 25. 2. 2004 (BGBl. I S. 328).

Herstellungs- und Verwendungsverbote: Diese Verbote, die der ChemVerbotsV und GefStoffV im einzelnen in Anhang IV spezifiziert werden, gelten für besonders gefährliche Stoffe, z.B. Asbest, Arsen, Benzol, Bleikarbonate, Quecksilber, aliphatische Chlorwasserstoffe, Teeröle, polychlorierte Bi- und Terphenyle, Venylchlorid, Cadmium und Kühlschmierstoffe. Beschäftigte dürfen besonders gefährlichen krebserzeugenden Gefahrstoffen nicht ausgesetzt werden. Abbruch-, Sanierungs- und Instandsetzungsarbeiten, z.B. von Asbest, sind gestattet, wenn die sicherheitstechnische Ausstattung vorhanden und sachkundige Personen beschäftigt werden. Jugendliche dürfen in der Regel nicht in Bereichen mit Gefahrstoffen beschäftigt werden; ebenso gelten Beschäftigungseinschränkungen für gebärfähige Arbeitnehmerinnen, werdende oder stillend Mütter sowie in Heimarbeit Beschäftigte. Auch Begasungen und gewerbliche Schädlingsbekämpfung unterliegen Einschränkungen.

Vollzugsregelungen: Der Arbeitgeber hat der zuständigen Behörde unverzüglich Mitteilung zu erstatten über jeden Unfall, jede Betriebsstörung, über Krankheits- und Todesfälle, die auf Tätigkeiten mit Gefahrstoffen zurückzuführen sind.

Die zuständige Behörde kann auf schriftlichen Antrag des Arbeitgebers Ausnahmen von den Vorschriften der GefStoffV erteilen.

Der *Stand der Technik, der Arbeitsmedizin und der Arbeitshygiene* wird in Technischen Regeln festgeschrieben, die vom Ausschuss für Gefahrstoffe erarbeitet werden und vom BMWA im BArbBl. bekannt gegeben werden. Bis zur Anpassung der vorhandenen Technischen Regeln (TRGS) an den Inhalt der novellierten GefStoffV können diese angewendet werden.

5.5.2 Arbeitsbedingte Gefährdungen

Gefährlichkeitsmerkmale

Gefährlich sind Stoffe, Zubereitungen und Erzeugnisse, wenn sie bestimmte Eigenschaften aufweisen (§ 4 GefStoffV). Sie sind

exposionsgefährlich, wenn sie in festem, flüssigem, pastenförmigem oder gelatinösem Zustand auch ohne Beteiligung von Luftsauerstoff exotherm und unter schneller Entwicklung von Gasen reagieren können und unter festgelegten Prüfbedingungen detonieren, schnell deflagieren oder beim Erhitzen unter teilweisem Einschluss explodieren,

brandfördernd, wenn sie selbst nicht brennbar sind, aber bei Berührung mit brennbaren Stoffen, überwiegend durch Sauerstoffabgabe die Brandgefahr erhöhen,

hochentzündlich, wenn sie in flüssigem Zustand einen extrem niedrigen Flammpunkt und Siedepunkt, als Gas bei Normaldruck und -temperatur in Mischung mit Luft einen Explosionsbereich haben,

leichtentzündlich, wenn sie sich bei Normaltemperatur an der Luft ohne Energiezufuhr erhitzen und schließlich entzünden können, in festem Zustand durch kurzzeitige Einwirkung einer Zündquelle leicht entzündet werden können und nach deren Entfernen weiterbrennen oder -glimmen, in flüssigem Zustand einen sehr niedrigen Flammpunkt haben oder bei Berührung mit Wasser oder feuchter Luft hochentzündliche Gase in gefährlicher Menge entwickeln,

entzündlich, wenn sie in flüssigem Zustand einen niedrigen Flammpunkt haben,

sehr giftig, wenn sie in sehr geringer Menge bei Einatmen, Verschlucken oder Aufnahme über die Haut zum Tode führen oder akute oder chronische Gesundheitsschäden verursachen können,

giftig, wenn sie in geringer Menge bei Einatmen, Verschlucken oder Aufnahme über die Haut zum Tode führen oder akute oder chronische Gesundheitsschäden verursachen können,

gesundheitsschädlich, wenn sie bei Einatmen, Verschlucken oder Aufnahme über die Haut zum Tode führen oder akute oder chronische Gesundheitsschäden verursachen können,

ätzend, wenn die lebende Gewebe bei Berührung zerstören können,

reizend, wenn sie bei Kontakt mit der Haut oder Schleimhaut eine Entzündung hervorrufen können,

sensibilisierend, wenn sie beim Einatmen oder der Aufnahme über die Haut Über-empfindlichkeitsreaktionen hervorrufen können, *krebserzeugend (karzinogen),* wenn sie bei Einatmen, Verschlucken oder Aufnahme über die Haut Krebs erregen oder die Krebshäufigkeit erhöhen können,

fortpflanzungsgefährdend (reproduktionstoxisch), wenn sie Einatmen, Verschlucken oder Aufnahme über die Haut

- nichtvererbbare Schäden der Nachkommenschaft hervorrufen oder deren Häufigkeit erhöhen (fruchtschädigend) oder
- eine Beeinträchtigung der männlichen oder weiblichen Fortpflanzungsfunktionen oder -fähigkeiten zur Folge haben können (fruchtbarkeitsgefährdend),

erbgutverändernd (mutagen), wenn sie bei Einatmen, Verschlucken oder Aufnahme über die Haut vererbbare genetische Schäden zur Folge haben oder deren Häufigkeit erhöhen können,

umweltgefährlich, wenn sie selbst oder ihre Umwandlungsprodukte geeignet sind, die Umwelt derart zu verändern, dass Gefahren für die Umwelt herbeigeführt werden können.

Die besonderen Gefahren sind neben den Gefahrensymbolen durch so genannte **R-Sätze** vom Hersteller / Inverkehrbringer von Gefahrstoffen anzugeben, ergänzt durch die **S-Sätze**, die Hinweise auf erforderliche Schutzmaßnahmen durch Sicherheitsratschläge (→Abb. 5.5.2) geben.

Klassifizierung durch Hinweise auf
besondere Gefahren und ***Sicherheitshinweise***

R-Sätze		***S-Sätze***	
R 1	In trockenem Zustand explosionsgefährlich	S 1	Unter Verschluß aufbewahren
R 14	Reagiert heftig mit Wasser	S 15	Vor Hitze schützen
R 33	Gefahr kummulativer Wirkungen	S 17	Von brennbaren Stoffen fernhalten
R 49	Kann beim Einatmen Krebs erzeugen	S 33	Maßnahmen gegen elektrostatische Aufladung treffen
R 54	Giftig für Pflanzen	S 47	Nicht bei Temperaturen über ...°C aufbewahren (vom Hersteller anzugeben)
R 61	Kann das Kind im Mutterleib schädigen		

Kombination der R-Sätze		***Kombination der S-Sätze***	
R 26/28	Sehr giftig beim Einatmen und Verschlucken	S 3/9/49	Nur im Originalbehälter an einem kühlen, gut gelüfteten Ort aufbewahren
R 39/27	Sehr giftig: ernste Gefahr irreversiblen Schadens bei Berührung mit der Haut	S 20/21	Bei der Arbeit nicht essen, trinken, rauchen
R 52/53	Schädlich für Wasserorganismen, kann in Gewässern längerfristig schädliche Wirkungen haben	S 29/56	Nicht in die Kanalisation gelangen lassen; dieser Stoff und seinen Behälter der Problemabfallentsorgung zuführen
		S 36/37	Bei der Arbeit geeignete Schutzhandschuhe und Schutzkleidung tragen

Abb. 5.5.2: Kennzeichnung mittels R-und S-Sätzen gemäß Anh. III zur RL 67/548/EWG.

Informationsbeschaffung und Gefährdungsbeurteilung

Der Arbeitgeber hat nach § 7 GefStoffV die Pflicht zur Beurteilung der Arbeitsbedingungen. Dabei hat er festzustellen, ob die Beschäftigten Tätigkeiten mit Gefahrstoffen durchführen; ist dies der Fall, ist eine spezifische Beurteilung der Gefährdungen Sicherheit und Gesundheit der Beschäftigten bei Tätigkeiten mit Gefahrstoffen durchzuführen (→Abb. 5.5.3).

Abb. 5.5.3: Beurteilung des Gefährdungspotentials beim Umgang mit Gefahrenstoffen nach GefStoffV.

Informationsbeschaffung: Vor Durchführung einer Gefährdungsbeurteilung hat der Arbeitgeber die erforderlichen Informationen über die Eigenschaften der verwendeten Gefahrstoffe zu beschaffen. Die Informationen über die Stoffeigenschaften sind dem EG Sicherheitsdatenblatt (TRGS 220) zu entnehmen (→Abb. 5.5.4). Der Hersteller/Inverkehrbringer von gefährlichen Stoffen und Zubereitungen hat den Abnehmer spätestens bei der Lieferung kostenlos ein Sicherheitsdatenblatt in deutscher Sprache zu übermitteln (§ 6 GefStoffV).

Gefährdungsbeurteilung: Grundlage für diese Beurteilung sind Informationen des Herstellers/Inverkehrbringers (→Sicherheitsdatenblatt). Der Arbeitgeber hat bei Stoffen und Zubereitungen, die nicht vom Inverkehrbringer eingestuft und gekennzeichnet worden sind, diese selbst einzustufen, zumindest aber die von den Stoffen und Zubereitungen ausgehenden Gefährdungen für die Beschäftigten zu ermitteln (§ 7(2) GefStoffV). Für das Ermitteln und Be-

EG-Sicherheitsdatenblatt nach 91/155/EWG i.d.F. 2001/58/EG

Angaben:

1. Stoff / Zubereitungs- und Firmenbezeichnung
2. Zusammensetzungen / Angaben zu Bestandteilen
3. Mögliche Gefahren
4. Erste-Hilfe-Maßnahmen
5. Maßnahmen zur Brandbekämpfung
6. Maßnahmen bei unbeabsichtigter Freisetzung
7. Handhabung und Lagerung
8. Expositionsbegrenzung und persönliche Schutzausrüstungen
9. Physikalische und chemische Eigenschaften
10. Stabilität und Reaktivität
11. Angaben zur Toxikologie
12. Angaben zur Ökologie
13. Hinweise zur Entsorgung
14. Angaben zum Transport
15. Vorschriften
16. Sonstige Angaben

Abb. 5.5.4: Inhalt des EG-Sicherheitsdatenblattes.

werten der Gefährdungen können die TRGS 400 und 402 angewendet werden. Gesichtspunkte der Beurteilung der Gefährdungen die von Gefahrstoffen ausgehen sind vorrangig

- gefährliche Eigenschaften der Gefahrstoffe,
- Ausmaß, Art und Dauer der Exposition,
- toxisch-chemische Wirkung (inhalativ und dermal)
- physikalisch-chemische Wirkung (besonders Brand- und Explosionsgefahr),
- Substitutionsmöglichkeiten,
- Arbeitsbedingungen, Verfahren und eingesetzte Arbeitsmittel,

- Arbeitsplatzgrenzwerte und biologische Grenzwerte (→Bewertung der Wirkung von Gefahrstoffen),
- Wirksamkeit der getroffenen oder zu treffenden Schutzmaßnahmen,
- Schlussfolgerungen aus durchgeführten arbeitsmedizinischen Vorsorgeuntersuchungen.

Der Arbeitgeber darf eine Tätigkeit mit Gefahrstoffen erst aufnehmen lassen, nachdem eine Gefährdungsbeurteilung vorgenommen und die erforderlichen Schutzmaßnahmen festgelegt wurden (§ 7(1) GefStoffV).

Bewertung der Wirkung von Gefahrstoffen

Toxisch-chemische Wirkung: Grenzwerte zur Bewertung der Gefährdung am Arbeitsplatz werden unterschieden in

- stoffspezifische Luftgrenzwerte (MAK, TRK),
- stoffunspezifische Luftgrenzwerte (Staubgrenzwert),
- Grenzwerte für biologische Beanspruchungsindikatoren (BAT).

Luftgrenzwerte sind Schichtmittelwerte bei in der Regel täglich achtstündiger Exposition und bei Einhaltung einer durchschnittlichen Wochenarbeitszeit von 40 h (in Vierschichtbetrieben 42 h / Woche im Durchschnitt von vier aufeinander folgenden Wochen). Im Einzelfall sind vom Ausschuss für Gefahrstoffe technisch begründete andere Bezugszeiten (z.B. ein Jahr) festgelegt worden. Expositionsspitzen während einer Schicht werden entsprechend TRGS 900 Nr. 2.3 mit **Kurzzeitwerten** beurteilt.

Maximale Arbeitsplatzkonzentration (MAK) ist die Konzentration eines Stoffes in der Luft am Arbeitsplatz, bei der im Allgemeinen die Gesundheit der Beschäftigten nicht beeinträchtigt wird.

Technische Richtkonzentration (TRK) ist die Konzentration eines Stoffes in der Luft am Arbeitsplatz, die nach dem Stand der Technik erreicht werden kann. TRK-Werte werden für krebserzeugende und krebsverdächtige Stoffe der Kategorien 1 und 2 nach GefStoffV aufgestellt.

Biologischer Arbeitsplatztoleranzwert (BAT) ist die Konzentration eines Stoffes oder seines Umwandlungsproduktes im Körper oder die dadurch ausgelöste Abweichung eines biologischen Indikators von seiner Norm, bei der im allgemeinen die Gesundheit der Beschäftigten nicht beeinträchtigt wird (TRGS 710 beschreibt Verfahren zur Untersuchung biologischen Materials der Beschäftigten – Biomonitoring).

Stoffspezifische Grenzwerte (→Abb. 5.5.5)

Stoffunspezifische Grenzwerte für Stäube sind Schichtmittelwerte. Diese Grenzwerte sind zusätzlich zu den stoffspezifischen Luftgrenzwerten einzuhalten (→Abb. 5.5.6).

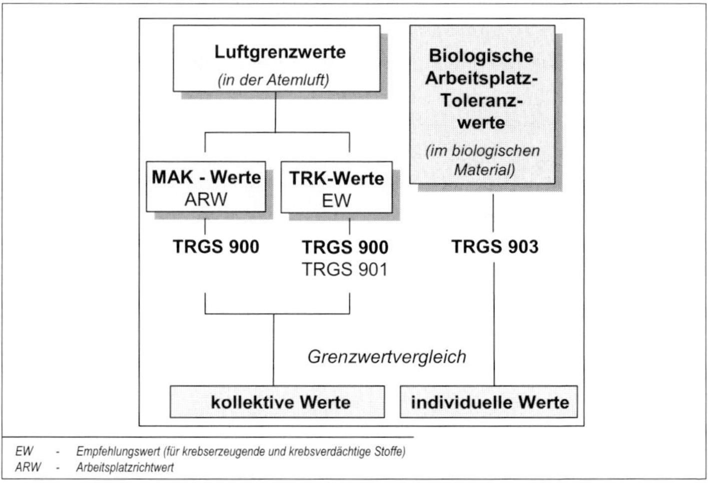

Abb. 5.5.5: stoffspezifische Grenzwerte am Arbeitsplatz.

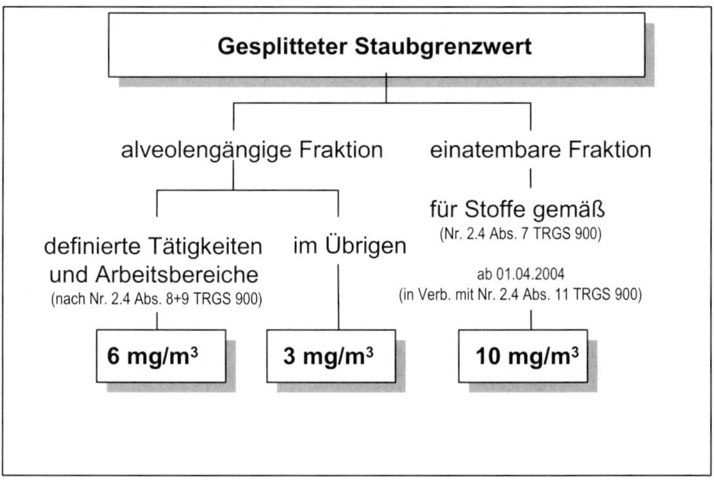

Abb. 5.5.6: stoffunspezifische Grenzwerte am Arbeitsplatz.

Es ist nur dann mit dem Ausschluss einer Gesundheitsgefährdung zu rechnen, wenn nach einschlägiger Überprüfung sichergestellt ist, dass mutagene, krebserzeugende, fibrogene, toxische oder allergisierende Wirkungen des Staubes nicht zu erwarten sind.

Arbeitsplatzgrenzwerte: In der novellierten GefStoffV werden anstelle der Luftgrenzwerte (MAK und TRK) künftig „Arbeitsplatzgrenzwerte" verwendet (§ 3(6) GefStoffV).

Arbeitsplatz-Grenzwert: Er ist die zeitlich gewichtete durchschnittliche Konzentration eines Stoffes in der Luft am Arbeitsplatz in Bezug auf einen Referenzzeitraum (Regelfall: 8 h). Dieser Grenzwert gibt an, bei welcher Konzentration eines Stoffes akute oder chronische schädliche Auswirkungen auf die Gesundheit im Allgemeinen nicht zu erwarten sind.

Biologischer Grenzwert: Anstelle des bisherigen BAT-Wertes wird in der novellierten GefStoffV der „Biologische Grenzwert" eingeführt. Biologischer Grenzwert ist der Grenzwert für die toxikologisch-arbeitsmedizinisch abgeleitete Konzentration eines Stoffes, seines Metaboliten oder eines Beanspruchungsindikators im entsprechenden biologischen Material, bei dem in den Allgemeinen die Gesundheit eines Beschäftigten nicht beeinträchtigt wird.

Neben der Bewertung der inhalativen Wirkung mit Hilfe der erläuterten Grenzwert muss auch bei Stoffen, die hautresorptiv sind (Kennzeichnung des Stoffes in der MAK-Werte-Liste mit H), die dermale Wirkung mit berücksichtigt und entsprechende Schutzmaßnahmen festgelegt werden (Hautschutz); für hautresorbierende Gefahrstoffe (→TRGS 150).

Physikalisch-chemische Wirkung: Die Einbeziehung dieser Wirkung von Gefahrstoffen im Rahmen der novellierten GefStoffV erfordert auch die Berücksichtigung insbesondere der Brand- und Explosionsgefahren in die Gefährdungsbeurteilung.
Kenngrößen sind u. a.:
Explosionsfähiges Gemisch ist ein Gemisch aus brennbaren Gasen, Dämpfen, Nebeln oder Stäuben, in dem sich der Verbrennungsvorgang nach erfolgter Zündung auf das gesamte unverbrannte Gemisch überträgt.

Gefährliches explosionsfähiges Gemisch ist ein Gemisch, das in solcher Menge auftritt (gefahrdrohende Menge), dass besondere Schutzmaßnahmen für die Beschäftigten erforderlich werden.

Explosionsfähige Atmosphäre ist ein explosionsfähiges Gemisch unter atmosphärischen Bedingungen im Gemisch mit Luft.

5.5.3 Maßnahmen zum Schutz vor Gefahrstoffen

Maßnahmenrangfolge

Der Arbeitgeber ist verpflichtet, unter Berücksichtigung des Standes der Technik die Gefährdungen aufgrund von Gefahrstoffen auszuschließen oder soweit wie möglich zu verringern. Hierfür sind Maßnahmen zum Schutz der

Beschäftigten vor Gefahrstoffen erforderlich, die nach der Rangfolge auszuwählen sind.

(1) *Primäre Maßnahmen:* Vermeidung der **Entstehung** einer Gesundheitsgefährdung durch Beseitigung des gefährlichen Arbeitsstoffes (Substitution) bzw. durch Minimierung des Gefahrenpotentials (z.B. Nassbearbeitung bei Stoffen mit Staubexposition; Hermetisierung des Gefahrstoffes).

(2) *Sekundäre Maßnahmen:* Vermeidung/Verminderung der **Ausbreitung** des gefährlichen Arbeitsstoffes durch zusätzliche technische Lösungen (z.B. lüftungstechnische Maßnahmen). Dabei ist der Erfassung der Arbeitsstoffe an der Entstehungsstelle der Vorrang vor Maßnahmen der allgemeinen Raumbe- und Entlüftung zu geben.

(3) Tertiäre Maßnahmen: Vermeidung/Verminderung der **Einwirkung** des gefährlichen Arbeitsstoffes auf den Beschäftigten durch organisatorische Maßnahmen (z.B. Begrenzung der Expositionszeit) oder individuelle Maßnahmen (z.B. Einsatz persönlicher Schutzausrüstungen, arbeitsmedizinische Untersuchungen).

Primärer Gefahrstoffschutz

Maßnahmen zur Vermeidung von Gefährdungen der Gesundheit und Sicherheit der Beschäftigten bei der Arbeit erfordern eine *Substitution* der gefährlichen Stoffe, Zubereitungen oder Erzeugnissen bzw. die Anwendung sicherer Verfahren. Ist eine Stoffsubstitution technisch nicht möglich, sind Ersatzstoffe oder Ersatzverfahren auszuwählen, die ein geringeres Gefährdungspotential besitzen.

Empfehlungen für die Substitution von Gefahrstoffen enthalten u.a. VDI 2263 / 02; TRGS 610, 611, 614 und 616 (TRGS 600er Reihe).

Für die Abwägung des gesundheitlichen Risikos und die Prüfung von geeigneteren Ersatzstoffen und Ersatzverfahren ist das Abschätzungsmodell nach TRGS 440 anzuwenden. Das Gefährdungspotential der Stoffe (stoffinhärente Eigenschaften) wird hauptsächlich durch die R-Sätze beschrieben. Das Abschätzungsmodell nach TRGS 440 besteht aus zwei Verfahren (Modellen).

Spaltenmodell: Es erlaubt einen schnellen Vergleich von Stoffen und Zubereitungen anhand weniger Informationen aus den Sicherheitsdatenblättern. In den Spalten werden die gefährlichen Stoffeigenschaften zugeordnet, in den Zeilen erfolgt dann die Bewertung des Gefährdungspotentials (→Tab. 5.5.2). Im Spaltenmodell sind die vergleichenden Bewertungen zwischen einem Gefahrstoff und einem potentiellen Ersatzstoff immer nur innerhalb einer Spalte vorzunehmen (nicht innerhalb einer Zeile). Sind Unterschiede in den jeweiligen Gefährdungsstufen der einzelnen Spalten vorhanden, ist der Stoff mit der niedrigsten Stufe als Ersatzstoff auszuwählen.

Wirkfaktorenmodell: Dieses Modell berücksichtigt nur die toxische Stoffeigenschaft der zu vergleichenden Gefahrstoffe. Die anderen gefährlichen Eigenschaften (→Spaltenmodell) müssen bei der Entscheidung zu einem Ersatzstoff berücksichtigt werden. Das Wirkfaktorenmodell sollte nur angewendet werden, wenn das Spaltenmodell kein Ergebnis bei der Ersatzstoffprüfung liefert. Dieses Modell wird sowohl für Stoffe (Wirkfaktor W) als auch für Zubereitungen (Wirkfaktor W_Z) angewendet.

Gefährdung	akute	chronische	Umweltgefahren	Brand- und Explosions-gefahren	Gefahren durch Freisetzungs-verhalten
	Gesundheitsgefahr				
sehr hoch	... R26 – R28 ...	... R45, R46 ...	... R53 – R59 WGK3	... R2, R3 ...	... Gase ...
hoch	... R24, R25 ...	... R60, R61 ...	... R53 – R59 ... WGK3	... R4 – R9 ...	Flüssigkeiten mit Dampfdruck > 50 – 250 hPa
mittel	... R20 – R22 ...	... R62, R63 ...	... R52, R53 ... WGK2	R10	Flüssigkeiten 10 – 50 hPa
gering	R67	sonstig schädigend	WGK1	-----	Flüssigkeiten 2 – 10 hPa
vernachlässigbar	unbedenklich		nicht wassergefährdend	unbrennbar	Flüssigkeiten < 2 hPa, ...

WGK – Wassergefährdungsklasse

Tab. 5.5.2: Spaltenmodell (Struktur mit examplarischen Eintragungen) nach TRGS 440.

Bei Zubereitungen wird der Wirkfaktor durch Addition der W-Faktoren der einzelnen Inhaltsstoffe entsprechend deren Anteil P in der Zubereitung ermittelt:

$$W_Z = W_A \cdot P_A + W_B \cdot P_B + \ldots + W_N \cdot P_N$$

A, B, ..., N = Inhaltsstoffe der Zubereitung; P_A, P_B, ..., P_N = Prozentsatz der Inhaltsstoffe in der Zubereitung dividiert durch 100.

Die Tabelle zur Ermittlung der Wirkfaktoren für Stoffe und Zubereitungen (→Tab. 5.5.3). Bei einem Verhältnis der Wirkfaktoren von eingesetztem Stoff zu Ersatzstoff <10 sind weitere Gründe für den Einsatz des Ersatzstoffe zu prüfen. Ist der Wirkfaktor des eingesetzten Stoffes mindestens 10-mal so groß wie der Wirkfaktor des Ersatzstoffes, ist der Ersatzstoff auszuwählen.

Ermittlung der Zumutbarkeit

Die Zumutbarkeit des Einsatzes von Ersatzlösungen wird neben der Bewertung des Gefahrenpotentials nach dem Spalten- oder dem Wirkfaktorenmodell von weiteren Kriterien bestimmt, die im Einzelfall zu prüfen sind (→Tab. 5.5.4).

Sekundärer Gefahrstoffschutz

Führen die Maßnahmen des primären Gefahrstoffschutzes nicht zu erforderlicher Verminderung der Gefährdung, sind kollektive Schutzmaßnahmen erforderlich, insbesondere lüftungstechnische Maßnahmen.

Wirkfaktoren (W)	
R45, R46, R49, M1, M2, K1, K2	50.000
R26, R27, R28, Luftgrenzwert [3] < 0,1 mg/m³	1.000
R32, R60, R61, R_E1, R_E2, R_F1, R_F2	
R35, R48/23, R48/24, R48/25, R42, R43	500
R23, R24, R25, R29, R31, R34, R41, H [2)]	100
R33, R40, R68, K3, M3, pH < 2 bzw. >11,5 [1)]	
R48/20, R48/21, R48/22, R62, R63 R_E3, R_F3	50
R20, R21, R22	10
R36, R37, R38, R65, R67	5
R66, Eingestuft (aber keines der genannten Kriterien) oder mit Luftgrenzwert [3)] > 100 mg/m³	1
Stoffe mit bekanntermaßen geringem Gesundheitsrisiko	0

1) Wenn W < 100 ist das Wirkpotential bei einem pH-Wert ≤ 2 bzw. >11,5 mit 100 anzunehmen, sofern nicht geprüft
2) Bei einer H-Einstufung in der MAK-Liste oder der TRGS 900 ohne entsprechenden R-Satz; liegt einer der R-Sätze 20, 21 oder 22 vor, ist das Wirkpotential entsprechend diesem R-Satz zu wählen
3) Liegt der Luftgrenzwert zwischen 0,1 und 100 mg/m³ ist W = 100/Grenzwert

Tab. 5.5.3: Wirkfaktorenmodell nach TRGS 440.

Örtliche Erfassung der Gefahrstoffe: Durch Absaugung der Gefahrstoffe an der Entstehungsstelle (Gefahrenquelle) sind durch Gefahrstoff bedingte Gefährdungen der Beschäftigten zu beseitigen oder zu reduzieren. Zur Erzielung einer hohen Wirkung der Absaugung sind Erfassungseinrichtungen zu verwenden. Zum Einsatz kommen dabei Hauben – offene Systeme bzw. halboffene Systeme – (→Abb. 5.5.7) oder geschlossene Systeme (Einhaubung, Kapselung der Gefahrenquelle). Die Wirksamkeit von Hauben oder anderen Erfassungseinrichtungen muss rechentechnisch nachgewiesen werden.

Einflussfaktoren	Änderung + / 0 / -	Bewertung
Materialkosten (Preisvergleich)		
Anlagekosten (Neuanlage, Energie)		
Technische Schutzmaßnahmen (Lüftungsmaßnahmen)		
Arbeitskosten		
Persönliche Schutzmaßnahmen		
Arbeitsmedizinische Vorsorge		
Transportkosten		
Lagerkosten		
Entsorgungskosten		
Arbeitsplatzmessungen		
weitere Einflussfaktoren (Firmenimage)		
Abschließende Bewertung		

Tab. 5.5.4: Kriterien zur Ermittlung der Zumutbarkeit von Ersatzlösungen (TRGS 440).

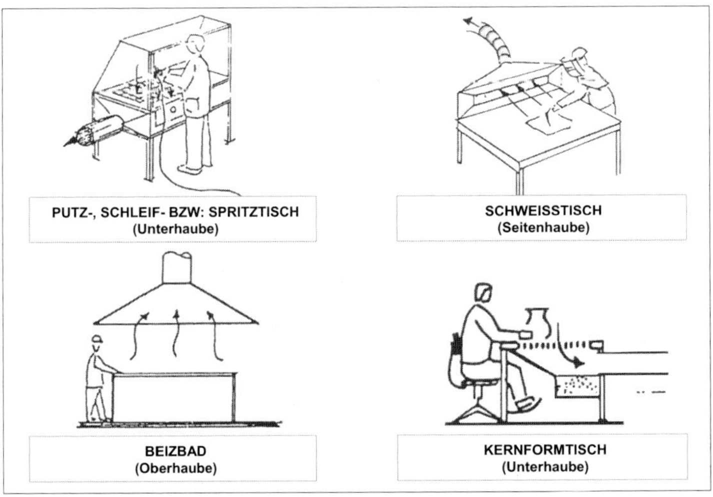

Abb. 5.5.7: Anwendungsbeispiele und Arten von Absaughauben.

Oberhaube: $\frac{v}{v_x} = 2x\frac{U}{A}$; $v = \frac{\dot{V}_L}{A}$

v – Luftgeschwindigkeit an der Ansaugfläche in m/s
v_x – Luftgeschwindigkeit an der Erfassungsfläche in m/s
(z. B. $v_x \geq 1{,}0$ m/s bei toxischen Stoffen)
x – Abstand (→Abb. 5.5.7) in m
U – Umfang der Haube in m
A – Ansaugfläche in m² ; $\dot{V}_L$ = Luftvolumenstrom in m³/h

Seitenhaube mit Flansch: $\frac{v}{v_x} = 0{,}75\frac{5x^2 + A}{A}$

v, v_x, A → Oberhaube
x – axialer Abstand von der Erfassungsstelle bis zur Ansaugfläche in m

Allgemeine Raumbe- und Entlüftung: Bei geringeren Schadstoffkonzentrationen können anstelle der örtlichen Absaugung an der Entstehungsstelle allgemeine Be- und Entlüftungssysteme eingesetzt werden. Die allgemeine Be- und Entlüftung hat dabei die Aufgabe,

- Druckluftdefizite infolge Absaugung auszugleichen,
- Gefahrstoffkonzentrationen zu reduzieren (Verdünnung),
- ein erträgliches, optimales Raumklima zu schaffen.

Der erforderliche Luftvolumenstrom $\dot{V}_L$ wird wie folgt berechnet:

$$\dot{V}_L = \frac{\dot{n}_s}{C_{zul} - C_{zug}} \quad \text{in m}^3/\text{h}$$

$\dot{n}_s$ – Massestrom an Luftschadstoffen in mg/h
C_{zul} – zulässige Konzentration des Schadstoffes (Luftgrenzwert) in mg/m³
C_{zug} – Schadstoffkonzentration in der dem Raum zugeführten Luft (Zuluft) in mg/m³

Unter Beachtung der Raumgröße wird dann die erforderliche Luftwechselzahl s bestimmt:

$$s = \frac{\dot{V}_L}{V_R} \quad \text{in h}^{-1}$$

V_R – Raumvolumen in m³

Freie Lüftung: Lüftung mit Förderung der Luft durch Druckunterschiede infolge Wind und / oder Temperaturdifferenz zwischen innen (Raum) und außen (im Freien). Freie Lüftung erfolgt durch Fensterlüftung, Schachtlüftung (für Entlüftung innenliegender Räume) und Dachaufsatzlüftung (besonders für Werkhallen mit hohen Wärmelasten → *VDI 2262) →Abb. 5.5.8 und Kapitel 6.4.3.*

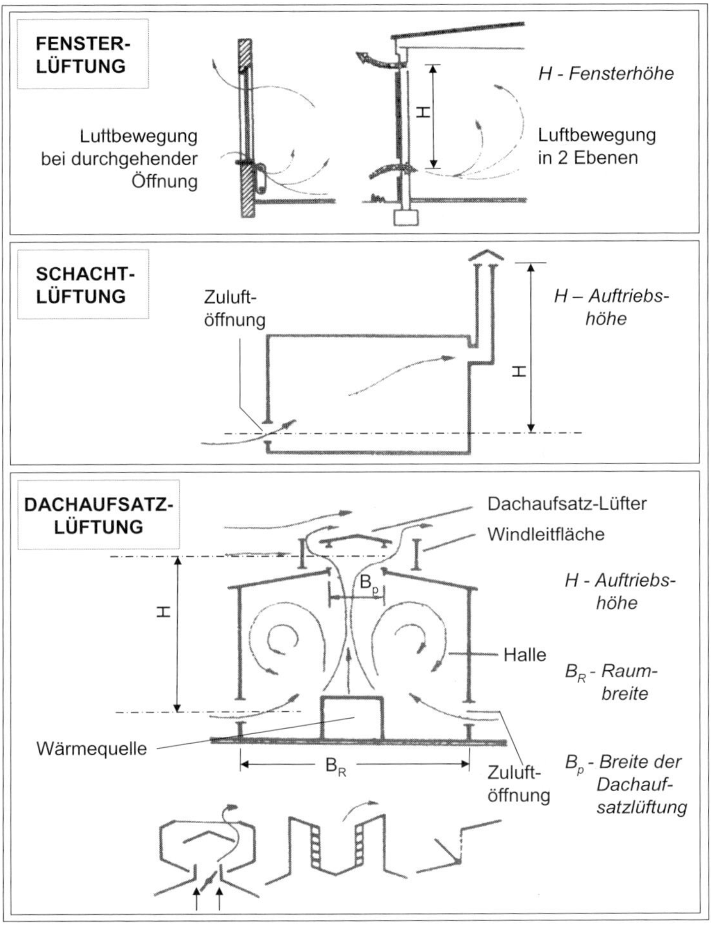

Abb. 5.5.8: Arten freier Lüftung.

Tertiärer Gefahrstoffschutz

Führen die Maßnahmen des sekundären Gefahrstoffschutzes nicht zur erforderlichen Verminderung der Gefährdung, sind organisatorische und/oder individuelle Schutzmaßnahmen erforderlich.

Begrenzung der Expositionszeit: Die Luftgrenzwerte gelten für einen Referenzzeitraum (in der Regel für die Schichtdauer von 8 h). Bei Überschreitung der Grenzwerte kann unter bestimmten Umständen (z.B. Gefahrstoffe ohne Spitzenbegrenzung) eine Reduzierung der Expositionszeit vorgenommen werden.

Unterrichtung und Unterweisung der Beschäftigten: Der Arbeitgeber hat sicherzustellen, dass den Beschäftigten eine **schriftliche** Betriebsanweisung zugänglich gemacht wird (§ 14 GefStoffV). Diese Anweisung muss enthalten:
- Informationen über die am Arbeitsplatz auftretenden Gefahrstoffe,
- Informationen über angemessene Vorsichtsmaßregeln und Schutzmaßnahmen für die Beschäftigten,
- Informationen über Maßnahmen bei Betriebsstörungen, Unfällen und Notfällen.

Muster für Betriebsanweisungen (→Anhang 1 der TRGS 555).

Der Arbeitgeber muss die Beschäftigten anhand der Betriebsanweisung über auftretende Gefährdungen und entsprechende Schutzmaßnahmen **mündlich** unterweisen. Dazu gehört auch die Durchführung einer allgemeinen arbeitsmedizinisch-toxikologischen Beratung unter Beteiligung eines Arztes und Informationen über mögliche arbeitsmedizinische Angebotsuntersuchungen. Jährlich einmal hat eine entsprechende Unterweisung arbeitsplatzbezogen zu erfolgen. Inhalt und Zeitpunkt der Unterweisung sind schriftlich festzuhalten und von den Unterwiesenen durch Unterschrift zu bestätigen. Die Nachweise sind mindestens zwei Jahre aufzubewahren (Einzelheiten →TRGS 555).

Arbeitsmedizinische Vorsorge: Der Arbeitgeber hat für eine angemessene arbeitsmedizinische Vorsorge zu sorgen. Sie umfasst die zur Verhütung arbeitsbedingter Gesundheitsgefahren erforderlichen arbeitsmedizinischen Maßnahmen. Diese arbeitsmedizinischen Vorsorgeuntersuchungen sind vom Arbeitgeber zu veranlassen als
- Erstuntersuchung vor Aufnahme einer gefährlichen Tätigkeit,
- Nachuntersuchungen in regelmäßigen Abständen,
- Nachuntersuchung bei Beendigung der Tätigkeit,
- Nachuntersuchungen bei Tätigkeiten mit krebserzeugenden oder erbgutverändernden Stoffen auch nach der Beendigung der Beschäftigung,
- Untersuchungen bei Erkrankung von Beschäftigten, die auf Tätigkeiten mit Gefahrstoffen zurückzuführen sein können.

Arbeitsmedizinische Vorsorge (→§§ 15 und 16 GefStoffV sowie Anhang V).

Persönliche Schutzausrüstungen: Als individuelle Schutzmaßnahme für die Beschäftigten vor Gefährdungen durch Gefahrstoffe sind einzusetzen:
- Atemschutz, um die Aufnahme von Gefahrstoffen durch Einatmen zu verhindern,
- Hautschutz zur Verhinderung der Aufnahme von Gefahrstoffen über die Haut,
- Schutzkleidung zur Verhinderung der Aufnahme von Gefahrstoffen über die Haut und vor Verschlucken.

Ausführungen zu persönlichen Schutzausrüstungen (→Kapitel 5.5).

Schutzstufenkonzept der novellierten GefStoffV

Zur Verhütung von schädlichen Auswirkungen auf die Gesundheit der Beschäftigten bei Tätigkeiten mit Gefahrstoffen enthält die GefStoffV ein Schutzstufenkonzept. Grundlage für die Einordnung der Tätigkeiten mit Gefahrstoffen in Schutzstufen 1 bis 4 ist die Gefährdungsbeurteilung. Ziel der Maßnahmen in den Schutzstufen ist die Beseitigung bzw. Begrenzung der Gefährdung bei Tätigkeiten mit gefährlichen Stoffen, Zubereitungen und Erzeugnissen (Gefahrstoff).

Der Arbeitgeber muss die Einhaltung der Grenzwerte ermitteln. Bei Nichteinhaltung ist erneut eine Gefährdungsbeurteilung durchzuführen und entsprechende Maßnahmen zur Grenzwerteinhaltung festzulegen.

Schutzstufe 1: Diese Schutzstufe enthält **Grundsätze** für die Verhütung von Gefährdungen bei Tätigkeiten mit geringen Gefährdungen, wie sie z.B. bei Büroarbeit auftreten können. Maßnahmen umfassen u. a.
- sichere Arbeitsplatzgestaltung,
- Bereitstellung geeigneter Arbeitsmittel,
- sichere Arbeitsmethoden und -verfahren, wie Handhabung, Transport, Lagerung und Kennzeichnung von Gefahrstoffen und von Abfällen,
- Begrenzung der Anzahl der Beschäftigten sowie der Dauer und des Ausmaßes der Exposition,
- allgemeine Hygienemaßnehmen (→TRGS 500).

Schutzstufe 2: Diese Schutzstufe enthält **Grundmaßnahmen** zur Sicherheit der Beschäftigten bei Tätigkeiten mit Gefahrstoffen, mit Ausnahme von Stoffen mit krebserzeugenden, erbgutverändernden und fruchtbarkeitsgefährdenden Eigenschaften. Die Maßnahmen dieser Schutzstufe verlangen vom Arbeitgeber nach dem Stand der Technik Gefährdungen nach der Maßnahmerangfolge durchzuführen (→Maßnahmerangfolge), u.a.
- Stoffsubstitution oder Ersatzstoffwahl mit geringerem Gefährdungspotential,
- Durchführung kollektiver Schutzmaßnahmen, z.B. Be- und Entlüftung,
- Organisatorische Maßnahmen, z.B. Unterrichtung und Unterweisung der Beschäftigten,
- Individuelle Schutzmaßnahmen, z.B. Einsatz von persönlichen Schutzausrüstungen.

Schutzstufe 3: Diese Schutzstufe enthält **ergänzende Schutzmaßnahmen** bei Tätigkeiten mit hoher Gefährdung.

Ist die Substitution eines Gefahrstoffes durch Stoffe, Zubereitungen oder Erzeugnisse bzw. Verfahren technisch nicht möglich, so hat der Arbeitgeber dafür zu sorgen, dass die Herstellung und Verwendung des Gefahrstoffes in einem geschlossenen System stattfinden.

Ist die Anwendung eines geschlossenen Systems technisch nicht möglich, so hat der Arbeitgeber dafür zu sorgen, dass die Gefährdung der Beschäftigten nach dem Stand der Technik so weit wie möglich verringert wird, z.B. durch

Einsatz von persönlichen Schutzausrüstungen bei Abbruch-, Sanierungs- und Instandhaltungsarbeiten.

Schutzstufe 4: Diese Schutzstufe enthält **ergänzende** Maßnahmen bei Tätigkeiten mit krebserzeugenden, erbgutverändernden und fruchtbarkeitsgefährdenden Gefahrstoffen, wenn die Grenzwerte überschritten sind. Maßnahmen, die der Arbeitgeber in dieser Schutzstufe durchzuführen hat, sind u.a.

- Messung dieser Stoffe, insbesondere zur frühzeitigen Ermittlung erhöhter Exposition infolge von Störfällen und Unfällen,
- Abgrenzung der Gefahrenbereiche und Anbringen von Warn- und Sicherheitszeichen,
- getrennte Aufbewahrung von Arbeits- und Straßenkleidung.

Die Maßnahmen dieses Schutzstufenkonzepts bauen aufeinander auf (→Abb. 5.5.9), d.h. die ergänzenden Schutzmaßnahmen sind zusätzlich zu den Grundsätzen und Grundmaßnahmen erforderlich (§§ 8–11 GefStoffV).

Weitere ergänzende Schutzmaßnahmen sind erforderlich gegen *physikalisch-chemische Einwirkungen, insbesondere gegen Brand- und Explosionsgefahren:* Zum Schutz der Beschäftigten vor diesen Einwirkungen sind Maßnahmen zusätzlich durchzuführen, u. a.

- gefährliche Mengen oder Konzentrationen von Gefahrstoffen, die zu Brand- oder Explosionsgefahren führen können, sind zu vermeiden,
- Zündquellen, die zu Bränden oder Explosionen führen können, sind zu vermeiden,
- Schädliche Auswirkungen durch Brände oder Explosionen auf die Gesundheit und Sicherheit der Beschäftigten sind zu verringern (→§ 12 GefStoffV und Anhang III Nr. 1).

Exposition einatembarer Stäube: Bei Tätigkeiten mit Exposition gegenüber einatembarer Staub, für die kein stoffspezifischer Arbeitsplatzgrenzwert festgelegt ist, sind Schutzmaßnahmen festzulegen, dass mindestens die Arbeitsplatzgrenzwerte für den einatembaren Staubanteil und für den alveolengängigen Staubanteil eingehalten werden (→Anhang III Nr. 2).

Asbest (→Anhang III Nr. 2),

Tätigkeiten in Räumen und Behältern (→Anhang III Nr. 3),

Schädlingsbekämpfung (→Anhang III Nr. 4),

Begasungen (→Anhang III Nr. 5),

Ammoniumnitrat (→Anhang III Nr. 6).

Gefahrguttransport

Öffentlicher Verkehr: Auf Grund des Gesetzes über die Beförderung gefährlicher Güter gilt für den Straßenverkehr die GefahrgutVO Straße und Eisenbahn mit Anlagen. Wichtige Bestimmungen sind u.a. folgende:

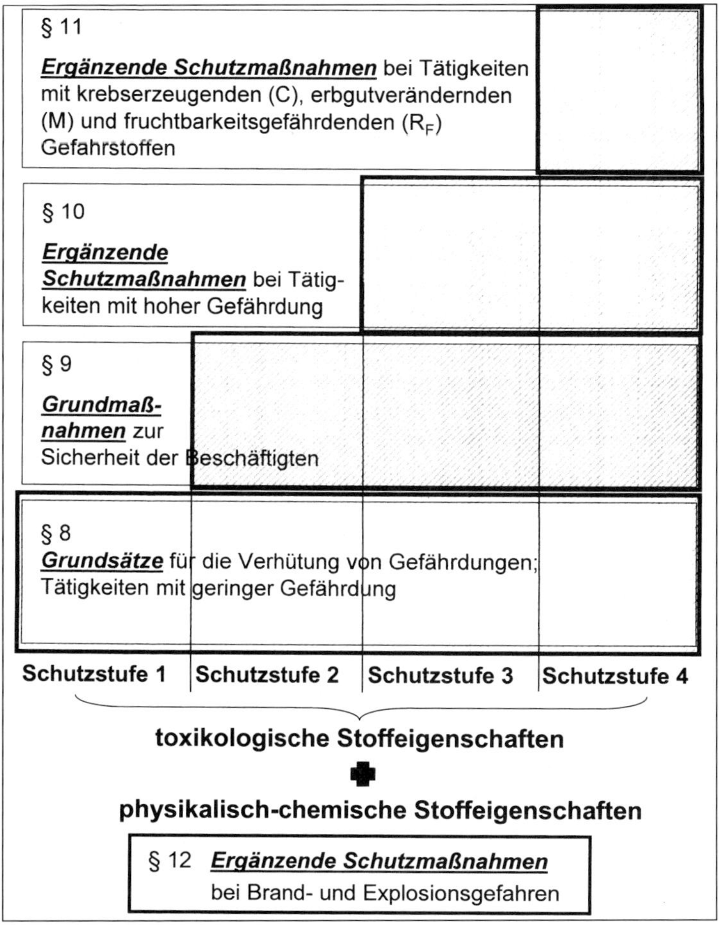

Abb. 5.5.9: Schutzstufenkonzept novellierte GefStoffV 2004.

Bei der Beförderung gefährlicher Güter sind vom Fahrzeugführer mitzuführen:

- Begleitpapiere mit Angabe des Absenders und Empfängers, Versand- und Bestimmungsort, Nettogewicht, Bezeichnung des Stoffes,
- Unfallmerkblätter,
- Erforderlichenfalls besondere Zulassungen, Erlaubnisbescheide, Ausnahmegenehmigungen.

Für die allgemeine Schnellinformation ist an der Gefahrgutverpackung ein Gefahrzettel (der UN) anzubringen, z. B. an Tankcontainern und Gefäßbatterien an beiden Seiten. Der Gefahrzettel ist ein auf die Spitze gestelltes Quadrat; in der oberen Ecke befindet sich in der Regel ein Gefahrsymbol.

Straßenfahrzeuge, die mit gefährlichen Gütern im Sinne der VO beladen sind, müssen außerdem vorn und hinten in Fahrzeuglängsachse mit einer rechteckigen rückstrahlenden orangefarbenen Warntafel gekennzeichnet sein.

Die obere Zahl in der Warntafel kennzeichnet die Gefahr. Es bedeuten (ohne Untergliederung):

0 Ohne Bedeutung
1 Explosivstoff
2 Gas
3 Entzündbarer flüssiger Stoff
4 Entzündbarer fester Stoff
5 Entzündend (oxidierend) wirkender Stoff oder organisches Peroxyd
6 Giftiger oder infektiöser Stoff
7 Radioaktiver Stoff
8 Ätzender Stoff
9 Sonstiger gefährlicher Stoff, z. B. flüssiges Metall

Stimmen die beiden ersten Ziffern überein, so wird damit auf eine besonders große Gefahr hingewiesen. Beispielsweise bedeuten: 22 = tiefgekühltes Gas, 33 = leicht entzündbare Flüssigkeit mit Flammpunkt unter 21 °C. Ein vorangestelltes X heißt, dass eine Berührung des Stoffes mit Wasser verboten ist.

Die untere Zahl in der Warntafel kennzeichnet den Stoff (Stoffnummer der UN). Die entsprechende Zahl ist dem Anhang der VO zu entnehmen. Es bedeuten z. B.:

30	← Entzündbare Flüssigkeit
1202	← Gasöl, Heizöl, Dieselkraftstoff

Warntafeln ohne vorgeschriebene Gefahren- und Stoffbezeichnung müssen an ihrer Rückseite mit einem Behältnis für das Unfallmerkblatt versehen sein.

Für die übrigen Transportbereiche (Schifffahrt, Eisenbahn, Luft national und international) gelten gleichlautende oder ähnliche Vorschriften.

Gefahrgutbeauftragter: Gefahrgutbeauftragte sind von Unternehmen schriftlich zu bestellen, die nach den Gefahrgutvorschriften verantwortlich sind. Die Aufgaben des Gefahrgutbeauftragten bestehen u. a. darin, die Einhaltung der Vorschriften für die Beförderung gefährlicher Güter zu überwachen, wobei er schriftliche Aufzeichnungen über seine Tätigkeit machen, Mängel dem Unternehmer anzeigen und einen Jahresbericht erstellen muss. Nach einem Unfall muss er einen Bericht erstellen. Entsprechend muss der Gefahrgutbeauftragte geschult und nach jeweils 3 Jahren (ohne Prüfung) oder 5 Jahren (mit Prüfung) fortgebildet werden, oder es ist ein externer Gefahrgutbeauftragter heranzuziehen, z.B. eines sicherheitstechnischen Dienstes oder des TÜV. Einzelheiten über die Aufgaben des Gefahrgutbeauftragten →Anlage 1 der Gefahrgutbeauftragten VO / BGI 671.

Literatur

Richtlinie des Rates vom 27.6.1967 zur Angleichung der Rechts- und Verwaltungsvorschriften für die Einstufung, Verpackung und Kennzeichnung gefährlicher Stoffe (1967 / 548 / EWG)

Richtlinie des Rates vom 27.9.1976 zur Angleichung der Rechts- und Verwaltungsvorschriften für Beschränkungen des Inverkehrbringen und der Verwendung gewisser gefährlicher Stoffe und Zubereitungen (1967 / 769 / EWG)

Richtlinie des Rates vom 19.9.1983 über den Schutz der Arbeitnehmer gegen Gefährdungen durch Asbest am Arbeitsplatz(1983 / 477 / EWG)

Richtlinie des Rates vom 28.6.1990 über den Schutz der Arbeitnehmer gegen Gefährdungen durch Karzinogene bei der Arbeit (1990 / 394 / EWG)

Richtlinie der Kommission vom 5.3.1991 zur Festlegung der Einzelheiten eines besonderen Informationssystems für gefährliche Zubereitungen (1991 / 155 / EWG)

Richtlinie des Rates vom 27.6.1997 zur ersten Änderung der Richtlinie 90 / 394 / EWG über den Schutz der Arbeitnehmer gegen Gefährdungen durch Karzinogene bei der Arbeit (1997 / 42 / EG)

Richtlinie des Rates vom 7.4.1998 zum Schutz von Gesundheit und Sicherheit der Arbeitnehmer vor der Gefährdung durch chemische Arbeitsstoffe bei der Arbeit (1998 / 24 / EG)

Richtlinie des Europäischen Parlaments und des Rates vom 31.5.1999 zur Angleichung der Rechts- und Verwaltungsvorschriften für die Einstufung, Verpackung und Kennzeichnung gefährlicher Zubereitungen (1999 / 45 / EG)

Richtlinie des Rates vom 29.4.1999 zur zweiten Änderung der Richtlinie 90 / 394 / EWG über den Schutz der Arbeitnehmer gegen Gefährdungen durch Karzinogene bei der Arbeit und zu ihrer Ausdehnung auf Mutagene (1999 / 38 / EG)

Richtlinie des Europäischen Parlaments und des Rates vom 27.3.2003 zur Änderung der Richtlinie 83 / 477 / EWG des Rats über den Schutz der Arbeitnehmer gegen Gefährdungen durch Asbest am Arbeitplatz (2003/ 18 / EG)

Gesetz zum Schutz vor gefährlichen Stoffen (Chemikaliengesetz – ChemG) in der Fassung vom 20.6.2002, zuletzt geändert durch Art. 10 des Gesetzes vom 13. 5. 2004 (BGBl. I S. 934)

VO über Verbote und Beschränkungen des Inverkehrbringens gefährlicher Stoffe, Zubereitungen und Erzeugnisse nach dem Chemikaliengesetz (Chemikalien-VerbotsVO) vom 13.6.2003; zuletzt geändert durch Art. 1 der Verordnung vom 25. 2. 2004 (BGBl. I I S. 328)

VO über Prüfnachweise und sonstige Anmelde- und Mitteilungsunterlagen nach dem Chemikaliengesetz (PrüfnachweisVO – ChemPrüfV) in der Fassung vom 13. 6. 2003 (BGBl. I S. 867)

VO zum Schutz vor gefährlichen Stoffen (GefahrstoffVO – GefStoffV) vom 15.11.1999; zuletzt geändert durch Art. 2 der Verordnung vom 25. 2. 2004 (BGBl. I S. 328)

VO zur Anpassung der GefahrstoffVO an die EG-Richtlinie 98 / 24 / EG und anderer EG-Richtlinien, Art. 1 VO zum Schutz vor Gefahrstoffen (GefahrstoffVO – GefStoffV), Entwurf 2004

VO über die innerstaatliche und grenzüberschreitende Beförderung gefährlicher Güter auf der Straße und mit Eisenbahn (GefahrgutVO Straße und Eisenbahn - GGVSE) vom 10.9.2003; zuletzt geändert durch Verordnung vom 24. 3. 2004 (BGBl. I S. 485)

VO über die Bestellung von Gefahrgutbeauftragten und die Schulung der beauftragten Person in Unternehmen und Betrieben (GefahrgutbeauftragtenVO – GbV) vom 26.3.1998; zuletzt geändert am 11. 12. 2001 (BGBl. I S. 3529)

Technische Regeln für Gefahrstoffe – TRGS –

TRGS 150	Unmittelbarer Hautkontakt mit Gefahrstoffen
TRGS 220	Sicherheitsdatenblatt
TRGS 400	Ermitteln und Beurteilen der Gefährdungen durch Gefahrstoffe am Arbeitsplatz
TRGS 402	Ermitteln und Beurteilen der Konzentration durch gefählicher Stoffe in der Luft in Arbeitsbereichen
TRGS 440	Ermitteln und Beurteilen der Gefährdungen durch Gefahstoffe am Arbeitsplatz; Ermitteln von Gefahrstoffen und Methoden zur Ersatzprüfung
TRGS 500	Schutzmaßnahmen Mindeststandards
TRGS 552	Nitrosamine
TRGS 555	Betriebsanleitung und Unterweisung
TRGS 610	Ersatzstoffe für stark lösemittelhaltige Vorstriche und Ersatzverfahren und Klebestoffe für den Bodenbereich
TRGS 611	Verwendungsbeschränkungen für wassermischbare bzw. wassergemischte Kühlschmiermittel, bei deren Einsatz N-Nitrosamine auftreten können
TRGS 614	Verwendungsbeschränkungen für Azofarbstoffe, die in krebserzeugende aromatische Amine gespalten werden können
TRGS 616	Ersatzstoffe, Ersatzverfahren und Verwendungsbechränkungen für Polychlorierte Biphenyle (PCB)
TRGS 710	Biomonitoring
VDI 2262 Bl. 1 – 4	Luftbeschaffenheit am Arbeitsplatz – Minderung der Exposition durch luftfremde Stoffe
VDI 3975 Bl. 1 u. 2	Lagerung von Gefahrstoffen
BGI 505-31	Bestimmung von lungengängigen Fasern – Lichtmikroskopisches Verfahren
BGI 671	Beförderung gefährlicher Güter

5.6 Gefährdungen durch optische und ionisierende Strahlung

5.6.1 Grundlagen

Strahlungsarten

Strahlung bezeichnet die freie, ungeleitete Ausbreitung von Energie in Form von *Wellen* (z.B. elektromagnetische Wellen) oder von *Teilchen* (Teilchen-, Korpuskular- oder Partikelstrahlung). Für die Charakterisierung von Strahlung, z.B. für die Beziehung zwischen Temperatur eines strahlenden Körpers und der in Form von Strahlung ausgesandten Energie, existieren Strahlungsgesetze, wie das Kirchhoffsche und das Plancksche Strahlungsgesetz sowie das Stefan-Bolzmann-Gesetz. Physikalische Größen zur quantitativen Beschreibung der von einer Strahlungsquelle ausgesendeten Strahlung sind u.a. die Strahldichte, die Strahlstärke, der Strahlungsfluss, die Bestrahlungsstärke.

Bei Unterschreitung einer Wellenlänge von 100 nm wird bei der elektromagnetischen Strahlung die Energie so groß, dass sie ionisierend wirken kann. Ionisierend wird Strahlung dann, wenn die Quantenenergie größer oder gleich der Bindungsenergie eines Elektrons in der Atomhülle ist. Die Bindungsenergie eines Elektrons im Atom wird in Elektronenvolt (eV) angegeben. Als Maßeinheit für die ionisierende Strahlung mit Bezug auf deren biologische Wirkung wird die Äquivalentdosis in Sievert (Sv = J/kg) verwendet (→ physikalische Grundlagen). Ionisation tritt besonders bei Röntgen-, Alpha-, Beta- und Gammastrahlung auf.

Das Spektrum der Wellen- und Teilchenstrahlung zeigt Abb. 5.6.1. Dieses Strahlungsspektrum wird wie folgt strukturiert und beschrieben (Teile dieses Spektrums wurden aus Gründen der Systematik dieses Buches in andere Kapitel eingeordnet):

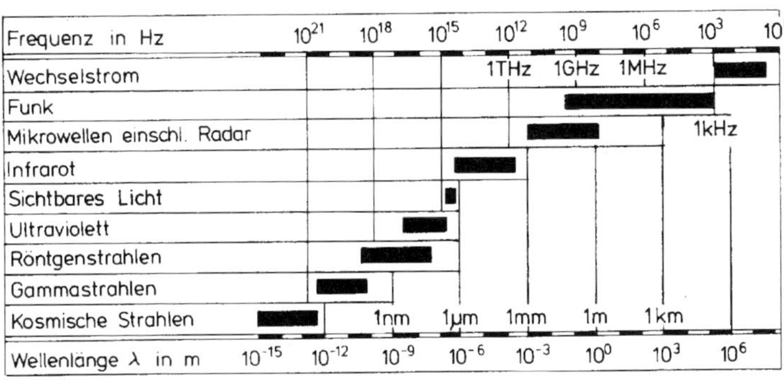

Abb. 5.6.1: Spektrum elektromagnetischer Wellen.

Elektromagnetische Strahlung: Elektromagnetische Strahlung bewirkt elektromagnetische Felder (→Kapitel 6.6)

Optische Strahlung: Unterteilt wird diese Strahlungsart in

- infrarote Strahlung (Wärmestrahlung)
- sichtbare Strahlung – Licht (→Kapitel 6.5)
- ultraviolette Strahlung (UV-Strahlung)
- Laserstrahlung (→Kapitel 4.4).

Ionisierende Strahlung: Unterteilt wird diese Strahlung in

- Röntgenstrahlung (x-Strahlen)
- radioaktive Strahlung (α-, β- und γ-Strahlung).

Nachfolgend werden in diesem Kapitel die ionisierende, die infrarote und die ultraviolette Strahlung beschrieben.

Physikalische Grundlagen

Infrarote Strahlung: Sie ist eine optische (elektromagnetische) Strahlung jenseits des sichtbaren Lichtes mit einer Wellenlänge von 780 nm bis 1 mm. Besonders der kurzwellige Infrarotbereich von 780 nm bis 2 mm zeichnet sich durch starke Wärmestrahlung aus (Einheit: W/m^2).

Intensive Infrarotstrahlung tritt vor allem in Feuerbetrieben auf, z.B. bei der Herstellung von Glasprodukten, aber auch in der Eisen und Stahl erzeugenden und verarbeitenden Industrie, nicht zuletzt auch beim Schweißen. Die Wärmewirkung der Infrarotstrahlung wird als Leistungsintensität (= Bestrahlungsstärke) in W/m^2 gemessen. Die effektive Leistungsintensität ist die Differenz zwischen der durch Strahlung zugeführten und der durch Strahlung abgeführten Strahlungsleistungsintensität.

Ultraviolette Strahlung: Sie ist eine kurzwellige Strahlung jenseits des sichtbaren Lichtes im Bereich von etwa 100 – 380 nm Wellenlänge. Üblich ist eine Einteilung der UV-Strahlung nach der biologischen Wirkung in folgende Bereiche (nach der Wellenlänge):

- UV-A:380 – 315 nm
- UV-B:315 – 280 nm
- UV-C:280 – 100 nm.

Hinsichtlich der Herkunft der UV-Strahlung sind zu unterscheiden:

- gewollte UV-Strahler, z. B. zur Sterilisation von industriellen Produkten, Entkeimung in Krankenhäusern, Härtung oder Trocknung von Werk- und Arbeitsstoffen, medizinische Therapie,
- Stör-UV-Strahler, z. B. beim Schutzgasschweißen und Plasmaschneiden an Schmelzöfen, aber auch von anderen Geräten, z. B. Laserstrahlern, ferner von Entladungslampen zu Beleuchtungszwecken besonders wenn deren UV-Sperrschicht defekt ist.

Aber auch in anderen Bereichen ist mit dem Auftreten von UV-Strahlung zu rechnen, wie z.B.

- durch starke Sonnenstrahlung bei Arbeiten im Freien (natürliche UV-Strahlung),
- durch UV-Bestrahlungslampen in Sonnenstudios (künstliche UV-Strahlung).

Röntgenstrahlung: Strahlung mit Wellenlängen vom UV-Bereich bis ca. 10^{-3} nm. Sie entsteht, wenn Elektronen auf Materie prallen und dabei gebremst werden. Der größte Teil der kinetischen Energie wird in Wärme und nur ein geringer Teil in Strahlungsenergie umgewandelt. Die besondere Eigenschaft von Röntgenstrahlen ist die unterschiedliche Durchdringungsfähigkeit von chemisch verschiedenen Stoffen.

1895 entdeckte W.C. RÖNTGEN „eine neue Art von Strahlen". Sie waren vor allem in der Medizin Epoche machend und wurden später nach dem Entdecker „Röntgenstrahlen" genannt.

Technisch erzeugt werden Röntgenstrahlen mit Hilfe der Röntgenröhre (→Abb. 5.6.2). Dies ist eine geschlossene evakuierte Glasröhre, in der sich zur Elektronenerzeugung eine Glühkathode aus Wolfram und eine gekühlte Kupferanode mit Wolframauslegung befindet. Durch Anlegen elektrischer Spannung zwischen Kathode und Anode werden die Elektronen in Richtung Anode beschleunigt und prallen auf die schräggestellte Wolframauslegung der Anode. Dort wird die Energie zum größten Teil in Wärme und nur zu etwa 1 % zu Röntgenstrahlen umgewandelt. Die Röntgenstrahlung wird durch ein Fenster ausgesandt. Röntgenstrahlen sind ionisierend und im Allgemeinen langwelliger als Gammastrahlen von radioaktiven Stoffen. Die Wellenlänge ist der angelegten Spannung proportional. Bei 5–20 kV wird überweiche, also langwellige, bei 20–60 kV weiche, bei 60–120 kV mittelharte, bei 120–250 kV harte und bei mehr als 250 kV überharte, kurzwellige Strahlung erzeugt. Mit Elektronenbeschleunigungsgeräten moderner Art lassen sich heute sehr kurzwellige, harte Strahlen erzeugen (bis unter $5 \cdot 10^{-3}$ nm).

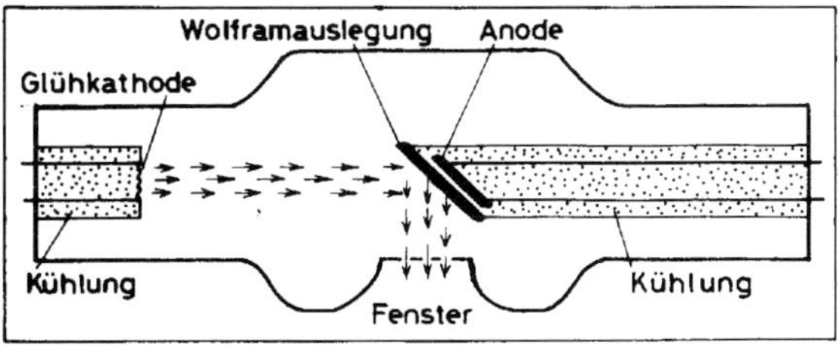

Abb. 5.6.2: Prinzip einer Röntgenröhre.

Technisch genutzte Anwendungsgebiete der Röntgenstrahlen sind:

- Zerstörungsfreie Werkstoffprüfung.
- Röntgenbeugungsuntersuchung (Diffraktometrie). Zweck: Analyse der Materialstruktur (räumliche Anordnung der Atome) oder strukturabhängiger Materialeigenschaften. Im Prinzip wird das Untersuchungsmaterial von einem durch Blenden eingegrenzten Strahlenbündel getroffen und die dabei erfolgte Beugung des Strahles gemessen.
- Röntgenspektraluntersuchung. Zweck: Analyse der chemischen Zusammensetzung von Untersuchungsmaterial. Dabei wird das Untersuchungsmaterial intensiv bestrahlt. Die dadurch erfolgende Röntgeneigenstrahlung der in der Substanz enthaltenen Atome kann ein Maß für die qualitative und quantitative Bestimmung der enthaltenen chemischen Elemente sein.

- Medizin. Zweck: Röntgendiagnostik sowie die Grenzstrahl- und Tiefentherapie für Patienten.

In elektronischen Geräten können auch unerwünschte Röntgenstrahlen auftreten, z.B. in Farbfernsehgeräten, Gleichrichteranlagen mit Ventilröhren, an Oszilloskopen und Elektronenmikroskopen oder bei der Materialbearbeitung mit Hilfe von Elektronenstrahlen. Geräte mit unerwünschter Röntgenstrahlung werden Störstrahler genannt.

Radioaktive Strahlung: Als Radioaktivität wird die Eigenschaft der Atomkerne bestimmter chemischer Elemente bezeichnet, ohne äußere Beeinflussung unter Aussendung von Strahlen zu zerfallen, d.h. sich in andere Kerne mit niedriger Energie umzuwandeln. Die radioaktive Strahlung kann bestehen aus

- Alphastrahlen: Sie sind energiereiche Teilchenstrahlen, die beim radioaktiven Zerfall als Heliumkerne aus schweren Atomen herausgeschleudert werden.

  So zerfällt z.B.:

  $$^{226}_{88}\text{Ra(Radium)} \rightarrow ^{222}_{86}\text{Rn(Radon)} + ^{4}_{2}\text{He(Helium)}.$$

Die obere Zahl am chemischen Element ist die Massenzahl = Atomgewicht = Gesamtzahl der Nukleonen (Elementteilchen des Atomkerns, also ungeladener Neutronen + positiv geladener Protonen); die untere Zahl ist die Ordnungszahl = Kernladungszahl = Anzahl der Protonen. Bei Isotopen bleibt die Ordnungszahl gleich.

Die maximale Reichweite der Alphastrahlen beträgt infolge hoher Energieverluste durch Ionisation 8–9 cm.

- Betastrahlen: Sie sind energiereiche Teilchenstrahlen im Regelfall in Form von Elektronen mit sehr hohen Geschwindigkeiten. Betastrahlung entsteht im Kern durch Umwandlung eines Neutrons (n) in ein Proton (p) und ein dann freiwerdendes Elektron (e):

  $$^{1}_{0}n \rightarrow ^{1}_{1}p + ^{0}_{-1}e.$$

  Künstlich können Betastrahlen durch Beschleunigung von Elektronen im Betatron erzeugt werden. Betastrahlen haben größere Reichweiten als Alphastrahlen.
- Gammastrahlen: Sie sind energiereiche elektromagnetische Wellen mit sehr kurzer Wellenlänge, die ähnliche Eigenschaften wie die langwelligen Röntgenstrahlen haben, doch ist die Entstehung der Gammastrahlen anders. Sie erfolgt beim Aussenden von Teilchenstrahlen (Alpha- oder Betastrahlen) durch spontane Abgabe von Energiequanten beim Übergang aus einem instabilen Energiezustand in einen anderen mit niedriger En-

ergie, wenn ein Neutronenüberschuss vorhanden ist (z.B. durch Neutronenbeschuss).
Beispiel: Ein stabiles Kobaltatom hat 27 Protonen und 32 Neutronen = Atomgewicht 59. Ein radioaktives Kobaltisotop besitzt 27 Protonen und 33 Neutronen, entsprechend Atomgewicht 60. Bei Betazerfall eines Neutrons entsteht ein Proton und ein Elektron, letzteres bewirkt einen Gammastrahl. Mit 28 Protonen und 32 Neutronen ist ein stabiles Nickelisotop entstanden.
In der betrieblichen Praxis (Regelung, Prüfung, usw.) werden fast ausschließlich Gammastrahlen benutzt, z.B. von Kobalt 60 und Iridium 192.
- Neutronenstrahlung: Sie entsteht durch bei der Kernspaltung freigesetzte Neutronen. Diese ionisieren nicht selbst, aber durchdringen Materie und lösen sekundär ionisierende Teilchen aus und haben deshalb einen hohen Schädigungseffekt.

Zur Beschreibung der Strahlendosis werden folgende Messwerte verwendet:
- Aktivität einer radioaktiven Substanz ist die Anzahl der Kernumwandlungen pro Zeit (Einheit: s^{-1} = Becquerel – Bq).
- Äquivalentdosis ist das Produkt aus der Energiedosis und einem Qualitätsfaktor, der sich aus der biologischen Wirkung von unterschiedlicher Strahlungsart mit gleichgroßer Energiedosis ergibt (Einheit J/kg = Ws/kg = Sievert – Sv). Alphastrahlen haben etwa 10- bis 20fach stärkere Wirkung als Gammastrahlen, d.h. ein Zehntel bis ein Zwanzigstel der Energiedosis von Alphastrahlen genügt, um die gleiche Hautrötung zu erzeugen wie mit der gleichen Energiedosis von Gammastrahlen. Der Bewertungsfaktor beträgt für Röntgen- und Gammastrahlen 1, für Alphastrahlen, schnelle Neutronen und Protonen 10–20.
- Äquivalentdosisrate ist die Leistung der Äquivalentdosis (Einheit: J/kg s = W/kg = 1 Sv/s).
- Energiedosis ist die absorbierte Strahlungsenergie / Masse (Einheit: J/kg = Gray – Gy).
- Energiedosisrate ist die Leistung der Energiedosis (Einheit: J/kg s = Gy/s).
- Effektive Dosis ist die Summe der gewichteten Organdosen in dem in der Anlage VI Teil C StrahlenschutzVO angegebenen Gewebe oder Organen des Körpers durch äußere und innere Strahlenexposition (Einheit: Sv).
- Körperdosis ist der Sammelbegriff für Organdosen und effektive Dosis. Die Körperdosis für einen Bezugszeitraum (z.B. Kalenderjahr) ist die Summe aus der durch äußere Strahlenexposition während dieses Zeitraumes erhaltenen Dosis und der Folgedosis, die durch eine während dieses Zeitraumes stattfindende Aktivitätszufuhr bedingt ist (Einheit: Sv).
- Organdosis ist das Produkt aus der mittleren Energiedosis in einem Organ, Gewebe oder Körperteil und dem Strahlungswichtungsfaktor (Einheit: Sv).
- Personendosis ist die Äquivalentdosis, gemessen an einer für die Strahlenexposition repräsentative Stelle der Körperoberfläche (Einheit: Sv).

Zur Messung ionisierender Strahlen gibt es drei Prinzipien:

- Filmschwärzungsprinzip: Filmplaketten werden bei Bestrahlung exponiert und sind nach der Entwicklung entsprechend geschwärzt. Derartige Plaketten sind einfache, unauslöschbare Dosimeter.
- Gasionisationsprinzip: Zur Dosismessung werden in der Regel durchsichtige Taschendosimeter verwendet. Sie arbeiten nach dem Prinzip des Elektroskopes, d.h. zwei in einem Glaskolben isolierte Metallplättchen stoßen sich bei Aufladung ab und bewegen sich dem Grad der Ionisation entsprechend wieder aufeinander zu. – Neben diesen Dosismessern benutzt man Zählrohre als Dosisleistungsmesser. Das Prinzip dieser Messgeräte besteht darin, dass zwischen dem Kreiszylinder des gasgefüllten Rohres (Negativelektrode) und einer in das Rohr ragenden Spitze (Positivelektrode) Spannung angelegt wird. Diese Spannung ist so hoch bemessen, dass gerade noch keine Entladung stattfindet. Bei einfallender Strahlung wird eine Ionisation des Füllgases bewirkt, die einen Stromübergang zur Folge hat. Dieser wird auf dem Gerät angezeigt und ist ein Maß für die Dosisleistung.
- Fluoreszenzprinzip: Der ionisierende Strahl erzeugt in einem fluoreszierenden Kristall Lichtblitze (Szintilationen), die über einen Vervielfacher gemessen werden.

5.6.2 Arbeitsbedingte Gefährdungen

Optische Strahlung

Infrarote Strahlung: In Bereichen mit hoher Infrarotstrahlung muss sich der Beschäftigte vor zu starker Wärmeentwicklung, vor direkter Überhitzung und vor Verbrennungen schützen. Als Richtwerte für das Wärmeempfinden durch Infrarotstrahlung gelten folgende Strahlungsintensitäten:

35 W/m²	Wärmestrahlung spürbar,
500 W/m²	warm,
1000 W/m²	heiß; max. Wärmestrahlung der Sonne in Deutschland,
3000 W/m²	Wärmestrahlung schmerzhaft und schädigend;

Sonnenstrahlung und Strahlung rotglühender Flächen im Betrieb haben nicht die gleiche Wirkung. Der kurzwellige Infrarotanteil der Sonnenstrahlung hat eine größere Eindringtiefe in die menschliche Haut als die langwelligere Infrarotstrahlung rotglühender Flächen, die durch die Hautfeuchtigkeit absorbiert wird. Strahlung rotglühender Flächen bewirkt also eine höhere lokale Erwärmung an der Hautoberfläche und wird entsprechend bei gleicher Leistungsdichte stärker empfunden als Sonnenstrahlen. Besonders gefährdet sind die Augen, hier wieder die Augenlinse, die Infrarotstrahlen im Bereich von 0,8–1,4 µm Wellenlänge zum Teil absorbieren. Da diese Strahlung visuell nicht wahrgenommen werden kann, schützt auch der Lidschlussreflex die Augen nicht. Im Bereich über 1,4 µm Wellenlänge findet eine starke Absorption bereits durch das der Linse in den Augenkammern vorgelagerte Wasser und die Hornhaut statt, so dass die Linse nur noch zu einem Teil und die Netzhaut nicht mehr von Infrarotstrahlen erreicht werden.

Bei langzeitiger Einwirkung von Infrarotstrahlen kann die Augenlinse durch zu starke Erwärmung des vorderen Augenbereichs unmittelbar getrübt werden. Eine solche Eintrübung an der hinteren Rinde der Augenlinse ist als „Feuerstar" bekannt. Er wurde als Berufskrankheit BK 2401 „Grauer Star durch Wärmestrahlung" bisher vorwiegend in der Glasindustrie, aber auch in Feuerbetrieben anderer Industriezweige festgestellt; im Jahr 2001 sind 14 Verdachtsfälle für diese BK angezeigt worden.

Verbindliche **Grenzwerte** für die Exposition gegenüber Infrarotstrahlung existieren nicht. Richtwerte für Wärmestrahlungsexposition in Abhängigkeit von der Arbeitsschwere (→Kapitel 6.4) bzw. weitere Richtwertempfehlungen (→ACGIH).

Ultraviolette Strahlung: Die Wirkung und damit die Schädigungsmöglichkeiten von UV-Licht auf den menschlichen Körper, ist von der Wellenlänge abhängig. Schädigend sind besonders Wellenlängen von 200–315 nm mit Maximum um 270 nm. UV-Strahlen mit Wellenlängen < 200 nm werden in der Luft fast vollständig absorbiert. Langwelliges UV-Licht > 320 nm Wellenlänge hat eine nur geringe Wirkung auf den Menschen. In diesem Wellenbereich treten jedoch Fluoreszenzerscheinungen auf, die eine schnelle Ermüdung der Augen bewirken können.

Bei zu starker UV-Bestrahlung wird die **Haut** sonnenbrandähnlich gerötet und entzündet (UV-Erythem). Bei Langzeiteinwirkung ist die Entstehung von Hautkrebs (Spinaliom, Basaliom oder malignes Melanom) möglich. Während die beiden ersten Formen von Hautkrebs in der Regel heilbar sind, besteht bei der letzten Form nur eine Überlebensrate von 50–80 % (JOSSEN 1991). An einem Arbeitstag ist für die Haut im Wellenlängenbereich von 200nm bis 400 nm eine Bestrahlung von 30 J/m² noch zulässig.

Wegen der geringen Eindringtiefe ist vor allem die Horn- und Bindehaut des **Auges** gefährdet, weniger die Netzhaut. Die Folge können Bindehautentzündungen (Fotokonjunktivitis) und Hornhautentzündungen (Fotokeratitis) sein, die unter der Bezeichnung „Verblitzen" bekannt sind. Die typischen Erscheinungen dieser Krankheit – Entzündungen und starke Kopfschmerzen – machen sich meist erst nach einigen Stunden bemerkbar und führen oft zu einigen Tagen Arbeitsausfall. – Langzeitige Einwirkung von UV-Strahlen bewirkt eine vorzeitige Alterung der Haut und fördert die Hautkrebsbildung. An einem Arbeitstag ist für das Auge im Wellenlängenbereich von 200nm bis 315 nm eine Bestrahlung von 30 J/m² und im Bereich > 315 nm bis 400 nm eine Bestrahlung von 10 kJ/m² noch zulässig.

Bei sehr starker und andauernder Ultraviolettstrahlung, z. B. beim Schutzgasschweißen, werden selbst Textilien angegriffen und nach wenigen Tagen zerstört.

Ferner erzeugt Ultraviolettstrahlung in der Luft Ozon, das bereits in geringer Konzentration giftig ist. Chlorierte Entfettungsmittel (z. B. Trichlorethen und Tetrachlorethen) werden durch z.B. beim Schweißen entstehende Ultraviolettstrahlung auch über Entfernungen von mehreren Metern zu dem sehr giftigen Phosgen umgewandelt.

Weitere Empfehlungen zu Richt-, Grenzwerten für die Einwirkung von UV-Strahlung (→SCHREIBER, 1986 sowie ACGIH). Nach ACGIH sind Grenzwerte für eine Arbeitsschicht festgelegt:

- > 315–400 nm: Bei einer Einwirkungszeit < 1000 s (ca. 17 Minuten) : 10 W/m^2; beträgt die Einwirkungszeit > 1000 s : 10 kJ/m^2 (= 1 J/cm^2).
- 200–315 nm (→Tab. 5.6.1). Da sich die UV-Strahlung im Regelfall über den gesamten Wellenbereich erstreckt, müssen die Leistungsintensitäten

Wellenlänge in nm	Grenzwert in J/m^2	Wirksamkeits-faktor
200	1000	0,030
210	400	0,075
220	250	0,120
230	160	0,190
240	100	0,300
250	70	0,430
254	60	0,500
260	46	0,650
270	30	1,000
280	34	0,880
290	47	0,640
300	100	0,300
305	500	0,060
310	2000	0,015
315	10000	0,003

Tab. 5.6.1: Grenzwerte für maximale Energiedichte (Energieintensität) während einer Arbeitsschicht (nach ACGIH).

bei allen in der Tabelle angegebenen 15 Wellenlängenbereichen gemessen, mit den jeweiligen Wirksamkeitsfaktoren multipliziert und addiert werden. Die so errechnete effektive Leistungsintensität darf im Mittel der Arbeitsschicht 10mW/m² nicht überschreiten. Für Kurzbestrahlung liegt der Grenzwert für die effektive Energieintensität bei 30 J/m² und Arbeitsschicht. Leistungs- und Energieintensität der Strahlung können durch Gewichtung mittels Filter auch direkt gemessen werden.

In den Durchführungsanweisungen zum § 16 der BGV C8 (Ultraviolette Strahlen) wird der Grenzwert für die Strahlendosis während der Arbeitsschicht mit 22 mWs/cm² angegeben.

Ionisierende Strahlung (Röntgen-, radioaktive Strahlung)
Biologische Wirkungen: Ionisierende Strahlen bewirken Schäden, wenn sie den Bereich der Zelle treffen, der die Lebensvorgänge steuert. Eine große Zahl von Treffern hat Hautrötung bis zum Absterben der Zellen zur Folge.

Strahlungsfolgen sind auch als Spätwirkung – z.T. nach Jahren – beobachtet worden, im Wesentlichen als Funktionsminderungen und Umwandlungen in Narben. Daneben ist erwiesen, dass die Bildung gutartiger Gewächse (z.B. Warzen) und bösartiger Geschwülste (Krebs!) und das Auftreten bestimmter Bluterkrankungen, insbesondere der Leukämie, durch Strahlung begünstigt wird. Im Jahr 2001 erfolgten 1.294 Verdachtsanzeigen auf die Berufskrankheit BK 2402 „Erkrankungen durch ionisierende Strahlung".

Besonders empfindlich sind die Gene in den Chromosomen der Keimzellen. Die Bestrahlung der Gene kann durch Einzeltreffer bereits eine Mutation bewirken, d.h. die Erbanlage verändern. Gen-Mutationen haben zu 99% in Bezug auf die Lebenstüchtigkeit negative Auswirkungen. Die Schäden sind irreversibel, das Gen vererbt sich also in seiner neuen Form. Gen-Mutationen sind in der Regel rezessiv, d.h. das gesunde Gen überdeckt das geschädigte. Die Schäden zeigen sich meist erst dann im vollen Ausmaß, wenn zwei geschädigte Gene zusammentreffen. Im fortpflanzungsfähigen Alter kann daher eine Bestrahlung der Hoden und Eierstöcke schwerwiegende, nicht sofort erkennbare Schäden zur Folge haben.

Hinsichtlich der Schädlichkeit gilt für einseitige Gesamtkörperbestrahlung:

0,25Sv	klinisch nur ausnahmsweise nachweisbar, z.B. als Veränderung im blutbildenden System und als Erbschäden,
0,75 Sv	kritische Dosis, im allgemeinen Beginn von Hautrötungen,
1 Sv	„Strahlenkater", Hautrötungen und weitere Veränderungen,
2 Sv	erhebliche Blutbildveränderungen usw., erste Todesfälle,
4 Sv	50% Todesfälle
6 Sv	100% Todesfälle

Bei Teilkörperstrahlung sind die Schäden ja nach Organ und bestrahlter Fläche entsprechend geringer Bei etwa 5 Sv tritt Rötung auf, ab etwa 25 Sv streben die Zellen völlig ab.

Inkorporation: Werden radioaktive Stoffe verschluckt, eingeatmet oder durch die Haut aufgenommen, also inkorporiert, so verteilen sich nur wenige Elemente, z.B. Cäsium 137 oder Argon 41, gleichmäßig über den ganzen Körper. Der größte Teil der Elemente reichert sich in bestimmten Körperteilen an. Diese nennt man kritische Organe. Beispielsweise wandert Blei 210 in die Niere, Jod 131 in die Schilddrüse, Eisen 55 im die Milz, Schwefel 35 in die Hoden und eine große Zahl weiterer radioaktiver Elemente in Magen und Darm. Um Schädigungen in den kritischen Organen und deren Umgebung zu vermeiden, müssen höchstzulässige Aktivitäten je nach Organ eingehalten werden.

Auch das Auftragen von Leuchtfarbe kann gefährlich sein. Leuchtfarbe enthält radioaktive Stoffe (Promethium, Radium oder Tritium), das kleine Zinksulfidteilchen zur Fluoreszenz bringt. Bei mangelnder Absaugung kann es durch Inkorporation zu Schädigungen des menschlichen Organismus kommen. (→ K. SPLITTER, ArbSch. 1974 S.10).

Natürliche Bestrahlung: Die schädigende Wirkung natürlicher ionisierender Strahlung ist so gering, dass sie praktisch vernachlässigbar werden kann. Sie beträgt im Schnitt jährlich etwa 1,2 mSv, hiervon etwa 70% äußere Strahlung (Höhenstrahlung, Erdstrahlung) und etwa 30% innere Bestrahlung durch inkorporierte radioaktive Stoffe (z.B. Kalium 40, Kohlenstoff 14). Hinzu kommt durchschnittlich die durch medizinische Diagnostik etwa 0,2 mSv, Nuklearmedizin 0,03 mSv und Fall-out von Kernwaffenversuchen etwa 0,03 mSv verursachte Strahlenbelastung.

Grenzwerte für Strahlenbelastung sind von der Internationalen Strahlenschutzkommission (ICRP) entwickelt worden, die in die StrahlenschutzVO (ebenso in die RöntgenVO) eingearbeitet wurden. Für beruflich strahlenexponierte Personen gelten die in Tab. 5.6.2 angegebenen Grenzwerte. Für Personen unter 18 Jahren gelten geringere Grenzwerte; der Grenzwert der effektiven Dosis beträgt z.B. pro Kalenderjahr 1mSV.

Personen, die einer beruflichen Strahlenexposition ausgesetzt sind, werden zum Zwecke der Kontrolle und der arbeitsmedizinischen Vorsorge folgenden Kategorien zugeordnet (§ 54 StrlSchV; § 31 RöV),

- Bereich strahlenexponierter Personen der *Kategorie A*: Personen, die einer Exposition ausgesetzt sind, die im Kalenderjahr zu einer effektiven Dosis > 6 mSv oder einer Organdosis > 45 mSv für die Augenlinse oder > 150 mSv für die Haut, die Hände, die Unterarme, die Füße und Knöchel führen kann.
- Bereich strahlenexponierter Personen der *Kategorie B*: Personen, die einer Exposition ausgesetzt sind, die im Kalenderjahr zu einer effektiven Dosis > 1 mSv oder einer Organdosis > 15 mSv für die Augenlinse oder > 50 mSv für die Haut, die Hände, die Unterarme, die Füße und Knöchel führen kann.

Ein Kalenderjahr entspricht einer Aufenthaltsdauer von 40 h/Woche und 50 Wochen/Jahr.

Körperbereich	**effektive Dosis und Organdosis im Kalenderjahr (Grenzwerte)**
Gesamtkörper	20 mSv (bis max. 50 mSv durch Genehmigung der Behörde)
Keimdrüsen, Knochenmark, Gebärmutter *)	50 mSv
Augenlinse, Dickdarm, Lunge, Magen, Blase, Brust, Leber, Speiseröhre sowie andere Organe und Gewebe *)	150 mSv
Schilddrüse, Knochenoberfläche *)	300 mSv
Haut, Hände, Unterarme, Füße, Knöchel *)	500 mSv

*) für Organe und Gewebe existieren Gewichtungsfaktoren (Anlage 3 RöV, Anlage VI, Teil C StrlSchV)

Tab. 5.6.2: Dosisgrenzwert bei beruflicher Strahlenexposition nach RöV und StrlSchV.

Berechnung der effektiven Dosis E: Diese Dosis ist die Summe der Organdosen H_T jeweils multipliziert mit dem zugehörigen Gewebe-Gewichtsfaktor w_T (→Tab. 5.6.3).

Gewebe oder Organ	**Gewebe- Gewichtungsfaktor w_T**
Keimdrüsen	0,20
Knochenmark (rot), Dickdarm, Lunge, Magen	0,12
Blase, Brust, Leber, Speiseröhre, Schilddrüse	0,05
Knochenoberfläche, Haut	0,01
andere Organe oder Gewebe	0,05

Tab. 5.6.3: Gewichtungsfaktoren nach Anlage VI StrlSchV und Anlage 3 RöV.

$$E = \sum H_T \cdot w_T \qquad \textit{in Sv}$$

Berechnung der Organdosis H_T: Diese Dosis ist das Produkt aus der über das Gewebe, Organ oder Körperteil T gemittelten Energiedosis, der Organ – Energiedosis $D_{T,R}$, die durch die Strahlung R erzeugt wird und den Strahlungs – Wichtungsfaktor w_R (→Tab. 5.6.4).

Art und Energiebereich		Strahlungs-Wichtungsfaktor w_R
Photonen, alle Energien		1
Elektronen und Myonen, alle Energien		1
Neutronen, Energie	< 10 keV	5
	10 keV – 100 keV	10
	>100 keV – 2MeV	20
	> 2 MeV – 20 MeV	10
	> 20 MeV	5
Protonen, Energie > 2MeV		5
Alphateilchen, Spaltfragmente, schwere Kerne		20

Tab. 5.6.4: Strahlungs-Wichtungsfaktor w_R nach Anlage VI StrlSchV.

$$H_{T,R} = w_R \cdot D_{T,R} \quad \text{bzw.} \quad H_T = \sum_R w_R \cdot D_{T,R} \quad \text{in Sv}$$

Die Summe der errechneten Beträge zur effektiven Dosis darf den Grenzwert der effektiven Dosis nicht überschreiten. Ebenso darf die Summe der Organdosen den zugehörigen Grenzwert nicht überschreiten. Die Berechnung der effektiven Dosis ist vor allem dann erforderlich, wenn der Verdacht besteht, dass die Bestrahlung einzelner Organe oder Gewebe die in der Tabelle 5.6.2 angegebenen Grenzwerte überschreiten. Sonst wird die Körperdosis mit dem Dosimeter gemessen.

Bei der Ermittlung der Körperdosen sind sonstige berufliche Strahlenexpositionen durch ionisierende Strahlen einzubeziehen.

Zum Schutz des fliegenden Personals vor Expositionen durch **ionisierende Strahlung** sind in der novellierten StrahlenschutzVO Dosisgrenzwerte aufgenommen worden. Beträgt die Dosis > 1 mSv pro Jahr, besteht eine Ermittlungspflicht; liegt die Dosis oberhalb von 6 mSv pro Jahr, müssen z.B. arbeitsmedizinische Vorsorgeuntersuchungen erfolgen.

Rechtsgrundlagen

Rechtliche Regelungen besonders zum Schutz vor *ionisierender Strahlung* existieren sowohl für Geräte (z.B. Röntgeneinrichtungen = Produktsicherheit) als auch für den Schutz der Beschäftigten (= Arbeitssicherheit) und der Bevölkerung (= Umweltsicherheit). Diese Regelungen sind größtenteils europäisch harmonisiert (EURATOM – Euopäische Atomgemeinschaft). Eine Übersicht der Rechtsgrundlagen und technischen Regelwerke zum Schutz vor ionisierender Strahlung (→ Tab. 5.6.5).

Regelungsgegen-stand	Rechtsgrundlagen europäisch	Rechtsgrundlagen national	Technische Regeln
Produktsicherheit	1990/385/EWG 1993/42/EWG	MPG	DIN EN 60601-2 DIN EN 61674
Umweltsicherheit Arbeitssicherheit	1996/29/EURATOM 1997/43/EURATOM	AtomGesetz StrlSchV RöV BGV C8 BGV C16	DIN 6814 DIN 6843 DIN EN 421 DIN EN 61331 BGI 668 BGI 668-1

Tab. 5.6.5: Rechtsgrundlagen und Regeln zum Schutz vor ionisierender Strahlung. (Bezeichnung der Vorschriften und Regeln siehe Literatur).

Die *RöntgenVO (RöV)* gilt für Röntgeneinrichtungen und Störstrahler, in denen Röntgenstrahlen mit einer Grenzenergie von mindestens 5 keV (Kiloelektronenvolt) durch beschleunigte Elektronen erzeugt werden können und bei denen die Beschleunigung der Elektronen auf eine Energie von 1 keV begrenzt ist.

Die *StrahlenschutzVO (StrlSchV)* gilt für Tätigkeiten mit künstlich erzeugten radioaktiven Stoffen und für natürlich vorkommende radioaktive Stoffe, einschließlich der Errichtung und den Betrieb von Anlagen zur Erzeugung ionisierender Strahlen mit einer Teilchen- oder Photonengrenzenergie von mindestens 5 keV.

In diesen VOen zum Atomgesetz sind sowohl Regelungen für den Schutz der Beschäftigten und die Bevölkerung enthalten als auch für das Errichten von Anlagen zur Erzeugung ionisierender Strahlen (Bauartzulassung).

Das Geräte- und Produktsicherheitsgesetz gilt für die von der RöntgenVO und der StrahlenschutzVO erfassten Geräte nicht, weil sie atomrechtlichen Vorschriften unterliegen. Röntgengeräte zur medizinischen Anwendung am Menschen unterliegen zusätzlich zur RöntgenVO auch dem Medizinproduktegesetz.

Rechtsgrundlagen und technische Regeln für die optische Strahlung (→Kapitel 4.4; 6.4 und 6.5). Eine Richtlinie des Europäischen Parlaments und des Rates zum Schutz der Arbeitnehmer vor Gefährdungen durch physikalische Einwirkungen (optische Strahlung) ist in Vorbereitung.

5.6.3 Maßnahmen zum Schutz vor Strahlung

Infrarote Strahlung

In Arbeitsstätten sind Vorkehrungen zu treffen, dass betriebstechnisch unvermeidbare Wärmestrahlung nicht in unzuträglichem Ausmaß auf die Beschäftigten einwirkt.

Erzeuger von Wärmestrahlung und Beschäftigte sind möglichst voneinander zu trennen. Ist das nicht möglich oder nicht genügend wirksam, so muss die Strahlung abgeschirmt werden, z.B. durch Wasserschutzblenden(Drahtbespannungen, an denen Wasser herabrieselt), Wasserkästen, nicht leitfähige, unbrennbare Stoffe usw. Bei hoher Strahlungsintensität haben sich Sandwichbleche (2 Bleche mit unbrennbarer, nicht leitender Zwischenschicht) bewährt. Strahlung kann auch aus dem Arbeitsbereich herausreflektiert werden, z.B. durch blanke Flächen.

Reichen technische Maßnahmen nicht aus, so ist persönliche Schutzausrüstung zu benutzen, und zwar:

- Augenschutz →Kapitel 10.3
- Ganzkörperschutz →Kapitel 10.11

Bei starker ständiger Strahlenbelastung sind zusätzliche Erholungspausen in Abhängigkeit von Arbeitsschwere, Effektivtemperatur und Strahlenbelastung einzuführen. Solche Erholungspausen sind nach DIN 33403-3 Muskelerholungs-, Erholungszeiten und Entwärmungsphasen.

Detaillierte Gestaltungsmaßnahmen zum Abbau von unzulässiger Wärmestrahlung (→Kapitel 6.4)

Ultraviolette Strahlung

Zum Schutz vor UV-Strahlung ist die Abschirmung der Strahlenquelle die effektivste Maßnahme, z.B. bei automatischen Schweißen. Besonders ist darauf zu achten, dass die Strahlung nicht reflektieren kann, z.B. an Fenstern oder hellen Wänden und Decken. Lösbare Abschirmungen an Geräten mit UV-Strahlung sind sicherheitstechnisch zu verriegeln.

Ist die Abschirmung der Strahlenquelle nicht möglich, z.B. beim Handschweißen, müssen genormte Schweißerschutzfilter verwendet werden. Gefährdete Dritte, z.B. Kranfahrer, müssen ebenfalls geschützt werden.

Darüber hinaus ist bei unvermeidbarer intensiver Ultraviolettstrahlung der ganze Körper durch resistentes Material gegen UV-Strahlung abzuschirmen, z.B. durch Lederhandschuhe, Lederschürze, Gesichts- und Halsschutz usw. Zu beachten ist, dass auch reflektierende Strahlung schädigen kann.

Bei Quecksilberdampflampen ist auf die Beschädigung der UV-Schutzschichten zu achten, die durch Erschütterungen entstehen können. Die Lampen fallen durch etwas abweichende, stärker violett getönte Strahlung auf. Solche Lampen müssen sofort ausgewechselt werden.

Da in der Praxis die Gefährdung durch UV-Strahlung oft unterschätzt wird, ist sicherzustellen, dass sie in die Gefährdungsbeurteilung mit einbezogen wird, damit entsprechende Maßnahmen festgelegt werden können.

Röntgenstrahlung

Bauartanforderungen an Geräten: Röntgeneinrichtungen und -strahler zur medizinischen Anwendung am Menschen, die nach den Vorschriften des Medizinproduktegesetzes erstmals in Verkehr gebracht wurden, bedürfen keiner Bauartzulassung. Röntgeneinrichtungen für nichtmedizinische Zwecke und Röntgenstrahler unterliegen den Bauvorschriften der RöntgenVO (→Anlage RöV); folgende Bauarten werden je nach Anwendung unterschieden.

- Röntgenstrahler sind Bestandteil einer Röntgeneinrichtung, bei denen der zu untersuchende oder zu behandelnde Gegenstand vom Schutzgehäuse nicht verschlossen wird.

  Bei Röntgenstrahlern für Röntgenbeugung, Mikroradiographie sowie Röntgenspektralanalyse darf die Ortsdosisleistung bei geschlossenen Strahlenaustrittsfenstern unter Höchstlast im Abstand von 0,5 m vom Brennfleck 25 μSv/h nicht überschreiten. Bei den übrigen Röntgenstrahlern darf die über einen je nach Anwendung geeigneten Zeitraum gemittelte Ortsdosisleistung bei geschlossenen Strahlenaustrittsfenstern unter maximalen Betriebsbedingungen in 1 m Abstand vom Brennfleck bei Nennspannungen ≤ 200 kV 2,5 mSv/h und bei Nennspannungen > 200 kV 10mSv/h nicht überschritten werden.
- Hochschutzgeräte sind Röntgeneinrichtungen, bei denen das Schutzgehäuse außer der Röhre auch den zu untersuchenden oder zu behandelnden Gegenstand vollständig umschließt, die Ortsdosisleistung im Abstand von 0,1 m von der Oberfläche des Schutzgehäuses unter maximalen Betriebsbedingungen 25 μSv/h nicht überschreitet und die Röntgenröhre nur bei geschlossenem Schutzgehäuse betrieben werden kann. Ausnahmen sind möglich.
- Vollschutzgeräte sind Röntgeneinrichtungen, bei denen das Schutzgehäuse außer der Röhre auch den Untersuchungsgegenstand vollständig umschließt und die Ortsdosisleistung in 0,1 m Abstand von der Oberfläche des Schutzgehäuses unter Höchstlast 7,5 mSv/h nicht überschreitet und durch zwei voneinander unabhängige Einrichtungen sichergestellt wird, dass die Röntgenröhre nur bei geschlossenem Schutzgehäuse betrieben werden kann.
- Schulröntgeneinrichtungen sind Röntgeneinrichtungen deren Ortsdosisleistung im Abstand von 0,1 m von der Oberfläche des Schutzgehäuses unter Höchstlast 7,5 mSv/h nicht überschreitet und deren Betrieb nur bei geschlossenem Schutzgehäuse möglich ist.
- Störstrahler sind Geräte oder Vorrichtungen die Röntgenstrahlen erzeugen, ohne dass sie zu diesem Zweck betrieben werden. Sie dürfen in 0,1 m Abstand von der Oberfläche unter maximalen Betriebsbedingungen nur eine Ortsdosisleistung von maximal 1,0 μSv/h besitzen. Ein Betreiben darf nur möglich sein, wenn die dem Strahlenschutz dienenden Einrichtungen wirksam sind.

Genehmigung: Der Betreiber eigener Röntgeneinrichtungen hat grundsätzlich eine Genehmigung der zuständigen Behörde einzuholen (§ 3 RöntgenVO). Hiervon kann abgesehen werden, wenn der Röntgenstrahler der Bauart nach zugelassen ist oder deren Herstellung und erstmaliges in Verkehr bringen unter den Anwendungsbereich des Medizinproduktegesetzes fällt.

Grundsätzlich bedarf auch ein Störstrahler einer behördlichen Genehmigung (§ 5 RöntgenVO). Von der Genehmigung darf abgesehen werden, wenn die Spannung zur Elektronenbeschleunigung nicht größer als 30 kV ist, die Ortsdosisleistung im Abstand von 0,1 m von der Oberfläche 1 µSv/h nicht überschreitet und der Störstrahler ausreichend Gefahrenkennzeichnung besitzt. Bei Überschreitung von 30 kV Spannung zur Elektronenbeschleunigung – z.B. bei Farbfernsehgeräten – bedarf es ebenfalls nicht einer Genehmigung, wenn der Störstrahler bauart zugelassen ist.

Einer Genehmigung bedarf auch nicht, wer eine Kathodenstrahlröhre für die Bilddarstellung betreibt, bei der die Spannung zur Elektronenbeschleunigung $\leq$40 kV und die Ortsdosisleistung im Abstand von 0,1 m $\leq$1 Sv/h ist.

Anzeigepflicht: Wer Röntgeneinrichtungen oder Störstrahler prüft, erprobt, wartet oder instand setzt, hat dieses der zuständigen Stelle anzuzeigen, es sei denn, er ist von dieser als Sachverständiger anerkannt worden. Auch die Beendigung des Betriebes einer Röntgeneinrichtung ist der zuständigen Stelle unverzüglich mitzuteilen.

Untersuchung und Behandlung von Personen: Röntgenstrahlung darf am Menschen nur in den durch die RöntgenVO vorgesehenen oder zugelassenen Fällen unter Beachtung der Vorschriften des allgemeinen Arbeitsschutzes angewendet werden (§ 25 RöntgenVO). Die durch die Röntgenuntersuchung bedingte Strahlenexposition ist so weit einzuschränken, wie dies mit den Erfordernissen der medizinischen Wissenschaft zu vereinbaren ist. Ferner ist sicherzustellen, dass über jede Anwendung von Röntgenstrahlung am Menschen Aufzeichnungen angefertigt werden (§ 28 RöntgenVO). Aufzeichnungen über Röntgenbehandlungen sind 30 Jahre lang nach der letzten Behandlung aufzubewahren.

Bei Röntgeneinrichtungen zur Behandlung von Personen ist vor der Inbetriebnahme und nach jeder Änderung der Einrichtung oder des Betriebes, die die Dosisleistung im Nutzstrahlenbündel des Strahlers beeinflussen kann, eine Abnahmeprüfung durch den Hersteller oder Lieferanten durchzuführen. Durch diese Prüfung ist festzustellen, ob die Dosisleistung und die Röntgenröhrenspannung den Qualitätskriterien des Herstellers entsprechen.

Strahlenschutzbereiche: Bei genehmigungs- und anzeigepflichtigen Tätigkeiten werden je nach der Höhe der Strahlenexposition Überwachungs- oder Kontrollbereiche unterschieden:

- Überwachungsbereiche sind Bereiche, in denen Personen im Kalenderjahr eine effektive Dosis von > 1 mSv oder Organdosen > 15 mSv für die Augenlinse oder > 50 mSv für Haut, Hände, die Unterarme, die Füße und Knöchel erhalten können.
- Kontrollbereiche sind Bereiche, in denen Personen im Kalenderjahr eine effektive Dosis von > 6 mSv oder Organdosen > 45 mSv für die Augenlinse oder > 150 mSv für Hände, die Unterarme, die Füße und Knöchel erhalten können. Dieser Bereich ist abzugrenzen und während der Einschaltzeit mindestens durch ein Warnzeichen mit der Aufschrift „Kein Zutritt – Röntgen" zu kennzeichnen. Im Kontrollbereich darf sich niemand unnötig aufhalten. Alle Personen im Kontrollbereich – ausgenommen Patienten – müssen Schutzkleidung tragen, sofern nicht durch Dauerschutzeinrichtung ein ausreichender Schutz gewährleistet ist.

Die Bereiche gelten als Strahlenschutzbereiche nur während der Einschaltzeit des Strahlers. Für diese Strahlenschutzbereiche gelten differenzierte Zutrittsberechtigungen (§ 22 RöntgenVO).

Strahlenschutzverantwortlicher und -beauftragter: Der Genehmigungsinhaber einer Röntgeneinrichtung ist für den Strahlenschutz verantwortlich. Er muss für die Leitung und Beaufsichtigung der Einrichtung einen fachkundigen Strahlenschutzbeauftragten bestellen und dies der zuständigen Stelle anzeigen.

Unterweisungen der Beschäftigten: Beschäftigte, denen der Zutritt zum Kontrollbereich gestattet wird, sind vor dem erstmaligen Zutritt über die Arbeitsmethode, die möglichen Gefahren, die anzuwendenden Sicherheits- und Schutzmaßnahmen zu unterweisen. Die Unterweisung ist mindestens einmal im Jahr zu wiederholen (§ 36 RöntgenVO). Anderen Personen, denen der Zutritt zum Kontrollbereich gestattet wird, sind vorher über die möglichen Gefahren und ihre Vermeidung zu unterweisen.

Weitere Maßnahmen: Für Messung, ärztliche Untersuchung, Unterweisung und sonstige Maßnahmen gelten sinngemäß die Aussagen zum Schutz vor radioaktiven Strahlen (→folgender Abschnitt).

Radioaktive Strahlung

Genehmigung, Anzeige: Umfang, Beförderung, Ein- und Ausfuhr von radioaktiven Stoffen sowie Einrichtung und Betrieb von Anlagen zur Erzeugung ionisierender Strahlen bedürfen der Genehmigung, die unter bestimmten Voraussetzungen erteilt wird. Insbesondere bedarf es folgender Nachweise: persönliche Zuverlässigkeit und erforderliche Fachkunde von Antragsteller, Strahlenschutzbeauftragten und beteiligten Personen, Gewährleistung des notwendigen Strahlenschutzes, erforderliche Vorsorge gegen Störmaßnahmen und sonstige Einwirkungen Dritter sowie Deckungsvorsorge für Schadensersatzansprüche. Außerdem darf der Genehmigung kein überwiegendes öffentliches Interesse aus Gründen des Umweltschutzes entgegenstehen. Bei geringer Strahlengefahr sind in bestimmten Fällen nur eine Anzeige oder weder Anzeige noch Genehmigung erforderlich.

Genehmigungsfrei sind Tätigkeiten, wenn die spezifische Aktivität der angewendeten Stoffe am Menschen 500 μBq je Gramm nicht überschreitet (→Anlage I StrahlenschutzVO); der genehmigungsfreie Betrieb von Anlagen zur Erzeugung ionisierender Strahlen (→§ 12 StrahlenschutzVO).

Strahlenschutzverantwortlicher und -beauftragter: Der Strahlenschutzverantwortliche ist Genehmigungsinhaber oder Person ähnlicher Rechtsstellung und hat die Aufgabe, für ausreichende Schutzmaßnahmen zu sorgen. Er kann von der Behörde verpflichtet werden, eine Strahlenschutzanweisung für seinen Betrieb zu erlassen.
U.a. hat er die Aufgabe, die erforderliche Anzahl von Strahlenschutzbeauftragten schriftlich zu bestellen. Dabei muss der Entscheidungsbereich schriftlich festgelegt werden. Die Bestellung ist der zuständigen Behörde mit Angabe des Entscheidungsbereichs und des Nachweises der erforderlichen Fachkunde anzuzeigen. Der Strahlenschutzbeauftragte hat im Wesentlichen die Aufgabe, für die Einhaltung der Schutzvorschriften zu sorgen und den Strahlenschutzverantwortlichen sowie Betriebs- und Personalrat auf dessen Verlangen zu beraten. Er muss dem Strahlenschutzverantwortlichen alle wesentlichen Mängel mitteilen. Kann sich der Strahlenschutzbeauftragte über eine vorgeschlagene Mängelbeseitigung mit dem Strahlenschutzverantwortlichen nicht einigen, so hat letzter dem Strahlenschutzbeauftragten die Ablehnung des Vorschlages schriftlich mitzuteilen und zu begründen und dem Betriebs- und Personalrat und der zuständigen Behörde je eine Abschrift zu übersenden.

Die erworbene Fachkunde im Strahlenschutz gilt nur fort, wenn sie mindestens alle 5 Jahre durch eine erfolgreiche Kursteilnahme aktualisiert wird (§ 30 StrahlenschutzVO).

Strahlenschutzanweisung: Der Strahlenschutzverantwortliche muss eine Anweisung erlassen, in der die im Betrieb zu beachtenden Strahlenschutzmaßnahmen aufzuführen sind. Diese Anweisung kann auch Bestandteil sonstiger Betriebsanweisungen sein.

Aufzeichnungs- und Mitteilungspflicht: Die Ergebnisse von Messungen und Ermittlungen zu den überwachenden Personen und zur Körperdosis (Personendosis) sind aufzuzeichnen und solange aufzubewahren, bis die überwachte Person das 75. Lebensjahr vollendet hat, mindestens jedoch 30 Jahre.

Kennzeichnungspflicht: Anlagen, Geräte, sonstige Vorrichtungen, Räume, Behälter usw., in denen sich radioaktive Stoffe befinden, Anlagen zur Erzeugung ionisierender Stoffe, Sperr- und Kontrollbereiche sowie Bereiche mit gefährlicher Kontamination müssen mit dem Sicherheitszeichen und durch die

Worte „Vorsicht – Strahlung“, „Radioaktivität“, „Kernbrennstoffe“ oder „ Kontamination“ gekennzeichnet sein. An Vorratsbehältern mit radioaktiven Stoffen müssen folgende Einzelheiten feststellbar sein; Radionuklid, chemische Verbindung, Tag der Abfüllung, Aktivität am Tag der Abfüllung, Strahlenschutzverantwortlicher zum Zeitpunkt der Abfüllung.

Anwendung in der Heilkunde: Die Vorschriften über Dosisgrenzwerte und physikalische Strahlenschutzkontrolle gelten nicht für Personen, an denen radioaktive Stoffe oder ionisierende Strahlen in Ausübung der Heilkunde angewandt werden. Allerdings ist die Feststellung erforderlich, dass der gesundheitliche Nutzen einer Anwendung am Menschen gegenüber dem Strahlenrisiko überwiegt. Vor der Anwendung von radioaktiven Stoffen oder ionisierender Strahlen sind die Patienten über frühere medizinische Strahlenbelastungen zu befragen. Die Ergebnisse sind aufzuzeichnen. Ebenso sind genaue Aufzeichnungen über die Behandlung erforderlich.

Strahlenschutzbereiche: Bei genehmigungs- und anzeigebedürftigen Tätigkeiten (→§ 2(1) Nr. a, c oder d StrahlenschutzVO) sind Strahlenschutzbereiche einzurichten. Nach der Höhe der Strahlenexposition werden unterschieden:

- Überwachungsbereiche sind nicht zum Kontrollbereich gehörende betriebliche Bereiche, in denen Personen im Kalenderjahr bestimmte effektive Dosen oder Organdosen erhalten können (→Dosiswerte s. Röntgenstrahlung)
- Kontrollbereiche sind Bereiche, in denen Personen im Kalenderjahr höhere Dosen als im Überwachungsbereich erhalten können (→Dosiswerte s. Röntgenstrahlung)
- Sperrbereiche sind Teile des Kontrollbereiches, in denen die Ortsdosisleistung > 3 mSv/h sein kann.

Kontroll- und Sperrbereiche sind abzugrenzen und zu kennzeichnen („Kontrollbereich“ oder „Sperrbereich“ – kein Zutritt).

Messung: Die Grenzen zur Festlegung der einzelnen Bereiche können mit Dosisleistungsmessern festgesetzt oder berechnet werden. Die Festlegung hat der Strahlenschutzbeauftragte zu kontrollieren.

An Personen, die sich im Kontrollbereich aufhalten, sind die Körperdosen zu ermitteln. Die zuständige Behörde kann u.a. auch die Messung der Ortsdosisleistung, der Konzentration radioaktiver Stoffe in der Luft, der Kontamination des Arbeitsplatzes, der Körperaktivität oder der Aktivität der Ausscheidung verlangen. Die im Kontrollbereich tätigen Personen müssen einen Strahlenpass besitzen. Wird von der zuständigen Behörde die Art der Messung nicht festgelegt, so ist die Personendosis mit Dosimetern zu messen. Die Dosimeter sind bei besonderen Messstellen anzufordern und monatlich zur Auswertung einzureichen. Die Ergebnisse der Messung sind aufzuzeichnen. Außergewöhnliche Strahlenexpositionen sind der zuständigen Stelle unter Angabe der Gründe zu melden.

Arbeitsverfahren: Sie sind so einzurichten, dass eine möglichst geringe Bestrahlung erfolgt. Der Arbeitsplatz ist soweit wie möglich vor Strahleneinwirkung zu schützen. Zum Hantieren mit radioaktiven Stoffen sind erff. Manipulatoren zu verwenden, die von gesicherter Stelle aus bedient werden können. Der Aufenthalt in der Nähe von radioaktiven Stoffen ist auf ein Mindestmaß zu begrenzen.

Persönliche Schutzausrüstung: Beim Umgang mit offenen radioaktiven Stoffen muss Schutzkleidung getragen und Schutzausrüstung verwendet werden. Dem Beschäftigten ist ein Verhalten (Essen, Trinken, Rauchen, Verwenden von kosmetischen Mitteln) zu untersagen, bei dem radioaktive Stoffe in den Körper aufgenommen oder in gefahrbringender Weise an den Körper gebracht werden können.

Unterweisung: Personen, die Zutritt zu Sperr- und Kontrollbereichen haben, sind über Arbeitsmethoden, Gefahren und Schutzmaßnahmen zu belehren. Die Belehrung ist jährlich zu wiederholen. Über Inhalt und Zeitpunkt sind Aufzeichnungen zu führen, die von der belehrten Person zu unterzeichnen sind.

Arbeitsmedizinische Vorsorge: Beruflich strahlenexponierte Personen müssen vor Beginn der Tätigkeit und dann in jährlichen Abständen von besonders ermächtigten Ärzten untersucht werden. Für beruflich strahlenexponierte Beschäftigte der Kategorie A besteht die Pflicht zur arbeitsmedizinischen Vorsorge, für Beschäftigte der Kategorie B kann die zuständige Stelle dies anordnen (§ 60 StrahlenschutzVO).

Maßnahmen bei sicherheitstechnisch bedeutsamen Ereignissen: Bei radiologischen Notstandssituationen, Unfällen und Störfällen sind unverzüglich Maßnahmen einzuleiten, die die Gefahren für Mensch und Umwelt auf ein Mindestmaß beschränken, sowie die atomrechtliche Aufsichtsbehörde zu informieren. Die zuständige Behörde informiert dann ihrerseits die betroffene Bevölkerung (→ Informationen an die Bevölkerung enthält Anhang XIII StrahlenschutzVO).

Technische Strahlenschutzmaßnahmen: Beim Umgang mit radioaktiven Stoffen sind folgende Maßnahmen zu realisieren:

- Abschirmung der Strahlenquelle durch geeignete Werkstoffe. α-Strahlen haben eine geringe Reichweite (ca. 4 cm in der Luft) und eine geringe Eindringtiefe, so dass einfache Abschirmungen Schutz bieten. β-Strahlen haben eine größere Reichweite (ca. 8 m in der Luft) und eine größere Eindringtiefe; hier bieten Abschirmungen durch dünne Metallplatten, z.B. Aluminiumblech Schutz. γ-Strahlen haben eine sehr große Reichweite (mehrere hundert Meter in der Luft) und ein starkes Durchdringungsvermögen. Die Abschirmung für γ-Strahlen muss durch Materialien mit hoher spezifischer Dichte bestehen, z.B. Blei.

- Sicherheitsabstand von der Strahlenquelle entsprechend der Reichweite des Strahlers in der Luft. Die Intensität der Strahlung nimmt mit dem Quadrat der Entfernung von der Strahlenquelle ab. Der Umgang mit langstieligen Werkzeugen oder Ferngreifern ist deshalb in einigen Fällen sinnvoll.

Literatur

Richtlinie des Rates vom 13.5.1996 zur Festlegung der grundlegenden Sicherheitsnormen für den Schutz der Gesundheit der Arbeitskräfte und der Bevölkerung gegen die Gefahren durch ionisierende Strahlungen (96/29/EURATOM)

Richtlinie des Rates vom 30.6.1997 über den Gesundheitsschutz von Personen gegen die Gefahren ionisierender Strahlung bei medizinischer Exposition und zur Aufhebung der Richtlinie 84/466/EURATOM (97/43/EURATOM)

Richtlinie des Rates vom 20.6.1990 zur Angleichung der Rechtsvorschriften der Mitgliedsstaaten über aktive implantierbare medizinische Geräte (90/385/EWG)

Richtlinie des Rates vom 14.6.1993 über Medizinprodukte (93/42/EWG), zuletzt geändert (2001/104/EG)

Gesetz über die friedliche Verwendung der Kernenergie und den Schutz gegen ihre Gefahren (Atomgesetz) vom 15.7.1985, zuletzt geändert durch Art. 8 des Gesetzes vom 6. 1. 2004 (BGBl I S. 2)

Gesetz über Medizinprodukte (Medizinproduktegesetz - MPG) vom 7.8.2002, zuletzt geändert durch Art. 109 der Verordnung vom 25. 11. 2003 (BGBl I S. 2304)

VO über den Schutz vor Schäden durch ionisierende Strahlen (StrahlenschutzVO – StrlSchV) vom 20.1.2001, zuletzt geändert durch Art. 2 der Vung vom 18. 6. 2002 (BGBl I S. 1869)

Strahlenschutz in der Medizin; Richtlinie nach der StrahlenschutzVO vom 24.6.2002 (BAnz. Nr. 207a vom 7.11.2002)

VO über den Schutz vor Schäden durch Röntgenstrahlen (RöntgenVO – RöV) vom 30.4.2003 (BGBl I S. 604)

BGV C8	Gesundheitsdienst
BGV C16	Kernkraftwerke
BGI 537	Wärmebelastete Arbeitsplätze
BGI 668	Erste Hilfe bei erhöhter Einwirkung ionisierender Strahlung
BGI 668-1 DIN EN 421	Schutzhandschuhe gegen ionisierende Strahlen und radio-aktive Kontamination
DIN 6814-1	Begriffe und Benennungen in der radiologischen Technik
DIN 6843	Strahlenschutzregeln für den Umgang mit offenen radioaktiven Stoffen in der Medizin
DIN 54113 T.1 – T.3	Zerstörungsfreie Prüfung; Strahlenschutzregeln für die technische Anwendung von Röntgeneinrichtungen bis 1 MeV
DIN EN 60 601-2	Medizinische elektrische Geräte; Besondere Anforderungen für die Sicherheit von Therapie - Röntgeneinrichtungen im Bereich 10 kV bis 1 MV
DIN EN 6131 T.1 – T.3	Strahlenschutz in der medizinischen Röntgendiagnostik
DIN EN 61674	Medizinisch elektrische Geräte; Dosimeter mit Ionisationskammern für den Einsatz an diagnostischen Röntgeneinrichtungen

FS – 92 – 59 Regelwerke des Fachverbandes für Strahlenschutz, Merkblätter T.1 – T.6

Threshold Limit Values for Chemical Substances and Physical Agents and Biological Exposure Indices. Hrsg.: American Conference of Governmental Industrial Hyginists (ACGIH), Cincinnati/Ohio 1993, 1994

JOSSEN, H. (1991): Ultraviolett-Strahlung, Risiken und Schutzmaßnahmen. Tagungsbericht Strahlenschutz für Mensch und Umwelt Band1 S. 550 – 555. Verlag TÜV Rheinland, Köln

SCHREIBER, P.; OTT, G. (1986): Schutz vor ultravioletter Strahlung. BAU-Sonderschrift 14, 2.Auflage, Wirtschaftsverlag NW, Bremerhaven

6 Schutz vor arbeitsbedingten Belastungen

Inhaltsverzeichnis

6.1 Belastung und Beanspruchung der Beschäftigten bei der Arbeit

Leistungsfähigkeit und Belastungsgrenzen

Hinsichtlich möglicher und tatsächlicher menschlicher Leistung werden folgende drei Zonen unterschieden (→Abb. 6.1.1):

1. *Aktivzone:* Sie entspricht der natürlichen tageszeitabhängigen Aktivität des Menschen. Ihre Begrenzung ist die Kurve der natürlichen Leistungsbereitschaft.
2. *Reservezone:* Sie ist ein Reservepotential menschlicher Leistung, bei dessen Benutzung Gesundheitsschäden nicht zu erwarten sind. Ihre obere Leistungsgrenze ist die Grenze der erträglichen Leistung = Belastungsgrenze.
3. *Schädigungszone:* Sie ist ein Reservepotential menschlicher Leistung, bei dessen Benutzung Gesundheitsschäden zu erwarten sind.

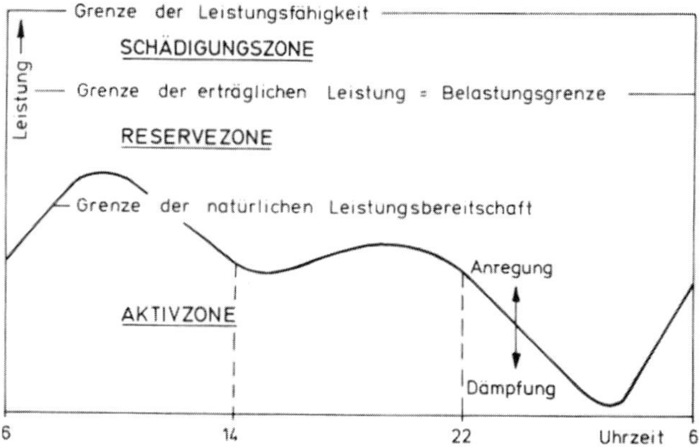

Abb. 6.1.1: Tägliche natürliche Leistungsbereitschaft und ihr Bezug zu Leistungszonen. Kurve der natürlichen Leistungsbereitschaft nach O. GRAF (1954, Jb. Max.-Planck-Ges. z. Förderung d. Wissensch. S. 107 u. 112).

Entsprechend lassen sich die folgenden Begriffe definieren:

Leistungsfähigkeit ist die auf eine Zeiteinheit bezogene mögliche maximale Arbeitsfähigkeit des Menschen. Sie ergibt sich aus anlagebedingter Fähigkeit sowie Training und Ausbildung. Für kurze Zeiteinheiten ist sie in der Regel größer als für lange. Inwieweit die Leistungsfähigkeit tatsächlich durch Leistung ausgenutzt wird, hängt von der Leistungsbereitschaft ab. Diese ist eine Funktion der natürlichen Leistungsbereitschaft sowie hemmender und aktivierender Reize.

Belastungsgrenze ist die Grenze der Belastung des Menschen, die sich auf Grund seiner Leistungsfähigkeit und unter Berücksichtigung des Gesundheitsschutzes ergibt. Erst durch eine Überlastung, z.B. im Notfall, lässt sich die volle Leistungsfähigkeit erreichen. Um über eine Eignung zu entscheiden, ist die Kenntnis von Belastungsgrenzwerten von Bedeutung. Diese können sich individuell je nach Alter, Geschlecht, Trainingsgrad, Ausbildung, Konstitution und Aktivierungsgrad unterscheiden.

Belastungs- und Beanspruchungskonzepte

Belastung ist die Gesamtheit der Anforderungen (Einwirkungen), die von außen auf den Menschen einwirken und nach Höhe und Dauer differenziert werden kann.

Arbeitsbedingte Belastung bezeichnet die Anforderungen aus der Arbeitstätigkeit (Arbeitsaufgabe) und den jeweiligen Ausführungsbedingungen (Arbeitsumgebung, Arbeitsorganisation), die auf den Beschäftigten bei der Arbeit einwirken. Arbeitsbedingte Belastung ist im Unterschied zur arbeitsbedingten Gefährdung ein latentes Potential, das als Arbeitserschwernis wirkt und zur gesundheitlichen Beeinträchtigung führen kann.

Beanspruchung bezeichnet die individuelle Reaktion des Körpers des Menschen auf die von außen einwirkende Belastung.

Arbeitsbedingte Beanspruchung ist damit die durch die individuellen Eigenschaften des Beschäftigten geprägte Reaktion des Körpers auf die aus dem Arbeitsprozess wirkenden physischen und psychischen Anforderungen (Belastungen). Psychische Belastungen bewirken vorrangig mental-informationelle und sozial-emotionelle Beanspruchungen, physische Belastungen beanspruchen vorrangig den Organismus, wie Herz-Kreislauf, Lunge, Skelettsystem und Muskeln.

Belastung (Ursache) ↓	**Aus der Arbeit** (äußere, objektive Einflüsse) • Arbeitsaufgabe und -organisation, u.a. eintönige Arbeitsinhalte, Informationsvielfalt, hohes Gefahrenpotential, körperliche und mentale Anforderungen • Arbeitsumgebung, u.a. ungenügende Beleuchtung, Lärm • Arbeitsklima, u.a. soziale Kontakte, Struktur der Verantwortung
Beanspruchung (Hergang) ↓	+ **Beschäftigter** (innere, individuelle Einflüsse), u.a. Fähigkeiten und Fertigkeiten, Bewältigungsstrategien, Gesundheitszustand, Anspruchsniveau • **physisch**: Körpermechanik, u.a. Wirbelsäule Organe, u.a Herz- Kreislauf • **psychisch**: sensorisch (Sinnesorgane betreffend) mental-informatorisch (geistig) sozial-emotionell (gefühlsmäßig)
Beanspruchungsfolge (Wirkung)	**Anregende Wirkung** (positive Wirkung), wie Wohlbefinden durch körperliche Arbeit, Arbeitssicherheit durch Tragen von Persönlicher Schutzausrüstung, Aufwärmeffekte **Beeinträchtigende Wirkung** (negative Wirkung), wie Arbeitserschwernisse, Gesundheitsbeeinträchtigung, Über- und Unterforderung bei Aufgabenerfüllung

Abb. 6.2.1: Zusammenhänge Belastung, Beanspruchung, Beanspruchungsfolge

Beanspruchungsfolge stellt die individuelle Wirkung des Körpers des Beschäftigten auf die psychische und physische Beanspruchung dar. Für die Erfüllung der Arbeitsaufgabe werden bestimmte Leistungsvoraussetzungen der Beschäftigten in Anspruch genommen. In Abhängigkeit vom Grad der Übereinstimmung zwischen den objektiven Anforderungen der Arbeitstätigkeit und den individuellen Leistungsvoraussetzungen können daraus erwünschte (anregende) oder unerwünschte (beeinträchtigende) Beanspruchungsfolgen entstehen. Im Rahmen der Arbeitssicherheit geht es vorrangig um den Abbau unerwünschter physischer und psychischer Beanspruchungsfolgen, wie physische und psychische Ermüdung, Arbeitserschwernissen, Koordinations- und Konzentrationsmangel und damit möglichen Fehlverhaltens mit sicherheitsrelevanten Folgen.

Die Kausalkette Belastung – Beanspruchung – Beanspruchungsfolge (→Abb. 6.2.1) kann als das *Belastungsmodell* in der Arbeitssicherheit betrachtet werden (analog den Gefährdungsmodellen →Kapitel 4.1 und 5.1). Danach erfolgt im Rahmen der präventiven Beurteilung von arbeitsbedingten Belastungen eine **Analyse** der im Arbeitssystem vorhandenen oder entstehenden Belastungsfaktoren, deren möglicher räumlicher und/oder zeitlicher Kontakt dieser Faktoren mit dem Beschäftigten bei der Arbeit und der **Bewertung** der Wirkung dieser Faktoren. Im Ergebnis der Beurteilung ist dann zu prüfen, ob Maßnahmen zum Abbau von beeinträchtigenden Belastungen erforderlich sind.

Das psychische Belastungs- und Beanspruchungskonzept wird im Kapitel 6.2 näher betrachtet. Ausgewählte physische Belastungen sind Gegenstand der Kapitel 6.3–6.6.

6.2 Psychische Belastung

6.2.1 Grundlagen

Die Zunahme von Arbeitstätigkeiten mit vorwiegend geistigen Anforderungen bewirkt einen Anstieg psychischer Belastungen in der Arbeitswelt, die entsprechende Beanspruchungsfolgen nach sich ziehen. Nach DIN EN ISO 10 075-1 werden psychische Belastung und Beanspruchung wie folgt definiert:

Psychische Belastung bezeichnet die Gesamtheit aller erfassbaren Einflüsse, die von außen auf den Menschen zukommen und psychisch auf ihn einwirken.

Ursachen für psychische Belastungen im Arbeitsprozess liegen in der Arbeitstätigkeit und deren Ausführungsbedingungen, wie

- Arbeitsaufgabe, z. B. Daueraufmerksamkeit, Informationsvielfalt in Verbindung mit Entscheidungen, eintönige Arbeitsinhalte, geringe Handlungsspielräume,
- Arbeitsorganisation, z. B. Führungs- und Kommunikationsstruktur und -stil, Flexibilisierung der Arbeit und der Arbeitszeit, kurze Auftragsabwicklungszeiten,

- Arbeitsklima, z.B. soziale Kontakte, kollektive Konfliktbewältigungsstrategien.

Psychische Beanspruchung ist die unmittelbare (nicht die langfristige) Auswirkung der psychischen Belastung im Individuum in Abhängigkeit von seinen jeweiligen überdauernden und augenblicklichen Voraussetzungen, einschließlich der individuellen Bewältigungsstrategie.

Individuelle Ursachen für psychische Beanspruchungen liegen in den jeweiligen Leistungsvoraussetzungen der Beschäftigten, wie

- Fähigkeiten und Fertigkeiten,
- Ängste, steigende Anforderungen, z.B. aus neuen Techniken nicht erfüllen zu können,
- Anspruchsniveau,
- Motivation,
- Gesundheitszustand (Konstitution, Kondition, Alter),
- aktuelle (tägliche) Verfassung.

Psychische Beanspruchungsfolgen, die individuelle Reaktion des Körpers/der Psyche des Beschäftigten auf die objektiven Arbeitsanforderungen aus der Tätigkeit, sind Anregungs- und Beeinträchtigungseffekte.

Anregungseffekte (positive Folge), wie:

- *Aufwärmeffekt* ist eine Beanspruchungsfolge, die bald nach Beginn der Tätigkeit dazu führt, dass diese mit weniger Anstrengung als anfangs ausgeführt wird.
- *Aktivierung* ist ein innerer Zustand mit unterschiedlich hoher psychischer und körperlicher Funktionstüchtigkeit.

Beeinträchtigende Effekte (negative Folge) sind psychische Ermüdung und ermüdungsähnliche Zustände des Menschen, die als Auswirkung psychischer Beanspruchung in abwechselungsarmen Situationen auftreten, wie:

- *Psychische Ermüdung* ist eine vorübergehende Beeinträchtigung der psychischen und körperlichen Funktionstüchtigkeit, die von Intensität, Dauer und Verlauf der vorausgegangenen Beanspruchung abhängt (Müdigkeitsempfinden, Zunahme der Fehlerhäufigkeit).
- *Monotonie* (Eintönigkeit) ist ein länger entstehender Zustand herabgesetzter Aktivierung, der bei länger dauernder einförmiger und sich wiederholender Arbeitstätigkeit auftreten kann (Reizabstumpfung, die zu Leistungsschwankungen, Müdigkeit, Verminderung der Reaktionsfähigkeit und Zunahme der Herzschlagfrequenz führt).
- *Herabgesetzte Wachsamkeit* ist ein bei abwechselungsarmen Beobachtungstätigkeiten langsam entstehender Zustand mit herabgesetzter Signalentdeckungsleistung, z.B. bei Instrumententafelbeobachtung in Warten.

- *Psychische Sättigung* ist ein ermüdungsähnlicher Zustand, der nervös-unruhevolle, stark affektbetonte Ablehnung einer sich wiederholenden Tätigkeit oder Situation, bei der das Erleben des Auf-der-Stelle-Tretens besteht.

Ein weiteres Phänomen der psychischen Beanspruchung ist der Stress. *Stress* ist ein Zustand, in dem der Betroffene das Gefühl der Überforderung hat. Stressauslösende Faktoren werden Stressoren genannt. Sie werden hervorgerufen sowohl durch Einflüsse aus der Arbeit, wie Arbeit unter Zeitdruck, fehlende soziale Unterstützung, fehlende Möglichkeit zum Entspannen als auch durch individuelle Ursachen, wie nichtausreichende Leistungsvoraussetzungen, fehlende Berufserfahrung. Negativ erlebter Stress wird als Disstress bezeichnet. Durch ihn werden die vom Menschen erträglichen Beanspruchungsgrenzen überschritten. Stress ist aber keinesfalls immer schädlich, sondern für die Leistungssteigerung und Anpassung des Menschen oft lebensnotwendig. So kann Stress in bestimmten Situationen bei den Betroffenen als Herausforderung betrachtet werden, indem kurzzeitig Höchstleistungen vollbracht werden (= Eustress).

Ebenfalls eine Form psychischer Beanspruchung ist Mobbing (englisch „to mob" – zusammenrotten, anpöbeln).

Mobbing ist eine konflikthafte Kommunikation am Arbeitsplatz unter Kollegen oder zwischen Vorgesetzten und Mitarbeitern, bei der eine Person von einer oder mehreren Personen, systematisch, oft (mindestens einmal pro Woche) und während längerer Zeit (mindestens über sechs Monate) mit dem Ziel des Ausstoßens aus dem Arbeitsverhältnis direkt oder indirekt angegriffen wird [WINDEMUTH u.a. 2003]. Die Ursachen für Mobbing liegen ebenfalls in der Arbeitswelt, aber primär im sozialen Umfeld. Diese kränkende, ausgrenzende Verhaltensweise, die Mobbing auslösen kann, hat Einfluss auf die Gesundheit des Betroffenen (Disstress, Nervosität, Erkrankung) aber auch negative Auswirkungen auf die berufliche und private Situation mit weitreichenden Folgen.

6.2.2 Arbeitsbedingte Belastungen

Wirkungen psychischer Belastungen

Die psychischen Beanspruchungsfolgen mit beeinträchtigenden Effekten resultieren aus psychischen Über- und Unterforderungen. Diese treten auf, wenn eine Nichtübereinstimmung von objektiven Arbeitsanforderungen und den individuellen Leistungsvoraussetzungen bei der Aufgabenwahrnehmung besteht.

Psychische Überforderungen entstehen, wenn die individuellen Leistungsvoraussetzungen geringer als die Anforderungen aus der Arbeitsaufgabe sind. Neben sehr komplexen Anforderungen an den Beschäftigten sind auch solche Belastungsfaktoren, wie Erleben von Zeitdruck, widersprüchliche Arbeitsaufgaben, fehlende Entscheidungshilfe, unzureichende Kommunikationsmöglichkeiten Auslöser psychischer Überforderung.

Psychische Unterforderungen können entstehen, wenn die Anforderung aus der Arbeitsaufgabe sehr gering gegenüber den individuellen Leistungsvoraussetzungen sind; dies ist besonders bei einförmig gleich bleibenden Arbeitsanforderungen der Fall.

Beanspruchungsfolgen mit beeinträchtigenden Effekten können in kurzzeitige und längerfristige Folgen unterschieden werden.

Kurzzeitige Folgen sind bei psychischer Unterforderung die Zustände Monotonie, herabgesetzte Wachsamkeit und psychische Sättigung. Kurzzeitige Folgen bei psychischer Überforderung sind psychische Ermüdung und Stress.

Diese Folgen psychischer Belastung äußern sich in Beanspruchungen wie mangelnder Konzentration, abnehmender Leistungsfähigkeit, Zunahme von Fehlhandlungen, Arbeitsunzufriedenheit und haben damit Einfluss auf das arbeitsschutzgerechte Verhalten der Beschäftigten, das negativ beeinflusst wird.

Längerfristige Folgen psychischer Belastung sind Fluktuationen der Beschäftigten sowie Gesundheitsstörungen. In Feldstudien wurden als Folge psychischer Belastungen folgende Anomalitäten erfasst: Psychoneurosen, Persönlichkeitsstörungen und Charakterneurosen, Alkoholismus, Medikamentenabhängigkeit, psychosomatische organische Funktionsstörungen bzw. Befindlichkeits- und Verhaltensstörungen. Neben Auswirkungen auf die Psyche der Beschäftigten sind auch Ursachen bekannt, die durch psychisch beeinträchtigende Effekte ausgelöst werden, wie Schwächung des Immunsystems, Rückenschmerzen, Kreislauferkrankungen und Asthma [RÜSCHENSCHMIDT u.a., 2000]. Auch das Phänomen Mobbing entsteht durch längerfristige Konfliktsituationen in Arbeitskollektiven. Frühverrentungen wegen „psychischer Erkrankung, Erkrankung des Nervensystems und der Sinnesorgane" betrugen z.B. 1998 bei Frauen 28,9%, bei Männern 17,8% (mit steigender Tendenz) an den Erkrankungen als Ursache von Frühverrentungen [RENTENVERSICHERUNGSTRÄGER].

Messung und Erfassung

Die *Messung* psychischer Arbeitsbelastungen sollte durch Fachleute vorgenommen werden, wie Ergonomen, Psychologen, Physiologen sowie Betriebsärzten und Fachkräften für Arbeitssicherheit. Für die Messung psychischer Belastungen in Form eines gestuften Messkonzeptes (Stufe 1 – genaue Messung; Stufe 2 – Messung für Übersichtszwecke – Screening; Stufe 3 –

Orientierungsmessung) gilt →E DIN EN ISO 10075-3. Die Aussagen in dieser Norm sind allgemein auch für Arbeitgeber, Beschäftigte und deren Vertreter von Interesse, da nützliche Information zur Messung und Erfassung psychischer Arbeitsbelastungen gegeben wird.

Das *Erfassen* möglicher beeinträchtigender psychischer Effekte (Ermüdung, Monotonie, herabgesetzte Wachsamkeit, psychische Sättigung, Stress und Mobbing) ist in Rahmen der Gefährdungs- (und Belastungs-)beurteilung nach § 5 Arbeitsschutzgesetz vorzunehmen. Allerdings ist zu beachten, dass diese Effekte bereits Folge der Tätigkeitsausübung sind. Daher empfiehlt es sich, den Tätigkeitsinhalt, die Arbeitsplatzorganisation und die sonstigen Bedingungen, wie vorhandene Gefährdungspotentiale, Qualifikationsnutzung zum Schwerpunkt der Beurteilung psychischer Arbeitsbelastungen zu machen →[GRUBER; MIERDEL].

Rechtsgrundlagen

Rechtliche Regelungen für den Schutz vor psychischen Belastungen existieren sowohl für Produkte (z.B. Maschinensicherheit) als auch für die Beschäftigten bei der Arbeit (Arbeitssicherheit). Diese Regelungen sind zum größten Teil europäisch harmonisiert. Eine Übersicht der Rechtsgrundlagen und ausgewählter technischer Regeln zum Schutz vor psychischen Belastungen (→Tab. 6.2.1).

Regelungsgegenstand	Rechtsgrundlagen		Technische Regeln
	europäisch	national	
Produktsicherheit	1998/37/EG	9. GPSGV	DIN EN 614 DIN EN 894 DIN EN 13861
Arbeitssicherheit	1989/391/EWG 1990/270/EWG	ArbSchG BildSchArbV	DIN EN ISO 10075 DIN EN 26385

Tab. 6.2.1: Rechtsgrundlagen und technische Regeln zum Schutz vor psychischen Belastungen (Bezeichnung der Vorschriften und Regeln siehe Literatur)

Die *Maschinenverordnung* (9. GPSGV), die die europäische Richtlinie 98/37/EG umsetzt, fordert nur solche Maschinen in Verkehr zu bringen, die den grundlegenden Sicherheits- und Gesundheitsschutzanforderungen des Anhanges I entsprechen. Im Anhang I wird u.a. gefordert „bei bestimmungsgemäßer Verwendung (von Maschinen) müssen Belästigung, Ermüdung und psychische Belastung (Stress) des Bedienungspersonals unter Berücksichtigung der ergonomischen Prinzipien auf das mögliche Mindestmaß reduziert werden". Damit sind die ergonomischen Anforderungen an die Konzipierung, Entwicklung und Bau von Maschinen eine wichtige Grundlage zum präventiven Abbau psychischer Belastungen.

Das *Arbeitsschutzgesetz* (ArbSchG) verpflichtet den Arbeitgeber zu einer menschengerechten Gestaltung der Arbeit und zur präventiven Beurteilung der Arbeitsbedingungen, d. h. der möglichen Gefährdungen und Belastungen für die Beschäftigten (§ 5 ArbSchG). Außerdem werden die Beschäftigten verpflichtet, für die eigene Sicherheit und Gesundheit zu sorgen, aber auch „für die Sicherheit und Gesundheit der Personen, die von ihren Handlungen oder Unterlassungen bei der Arbeit betroffen sind" (§ 15 ArbSchG).

In der *BildschirmarbeitsVO* (BildscharbV) wird im Zusammenhang mit der Beurteilung der Arbeitsbedingungen explizit gefordert, die psychischen Belastungen zu ermitteln und zu beurteilen (§ 3 BildscharbV).

6.2.3 Maßnahmen

Maßnahmen zum Abbau der Folgen psychischer Arbeitsbelastungen sind präventiv und ganzheitlich durchzuführen. Dazu ist es erforderlich, alle Elemente des betreffenden Arbeitssystems (→Kapitel 2.2) und deren Wechselbeziehungen belastungsoptimal zu gestalten. Das umfasst die ergonomische Gestaltung der Arbeitsmittel (→Kapitel 7), die optimale Gestaltung der Arbeitsumgebungsbedingungen (→Kapitel 5) sowie die Gestaltung der Arbeitsaufgaben und der Arbeitsorganisation.

Daher sind die Gestaltungsschwerpunkte die

Beeinflussung der Intensität der Arbeitsbelastung auf der

- Arbeits- und Organisationsebene,
- Ebene der Arbeitsmittel (Schnittstelle Mensch-Arbeitsmittel),
- Ebene der Arbeitsumgebung und

Beeinflussung der Dauer und der Häufigkeit der Arbeitsbelastung auf der

- zeitlichen Ebene.

Exemplarische Gestaltungslösungen zum Abbau der Folgen psychischer Arbeitsbelastungen in den genannten Gestaltungsebenen (→Tab. 6.2.2). Gestaltungsgrundsätze für Arbeitsaufgaben, Arbeitsmittel und Arbeitsbedingungen zur Berücksichtigung der psychischen Arbeitsbelastung und -beanspruchung und deren Folgen (→DIN EN 10 075-2).

Ziel der *Maßnahmen auf der Arbeits- und Organisationsebene* muss die Herstellung der Übereinstimmung der objektiven Arbeitsanforderungen und der individuellen Leistungsvoraussetzungen der Beschäftigten bei der Arbeitsaufgabenerfüllung sein. Dazu ist es erforderlich, sowohl belastungs- und beanspruchungsoptimale Arbeitsaufgaben zu gestalten als auch die erforderliche Qualifikation der Beschäftigten herzustellen (Ausbildung, Training, Unterweisung).

Psychische Belastung / Gestaltungsebene	Beanspruchungsfolgen				
	Ermüdung	**Monotonie**	**Herabgesetzte Wachsamkeit**	**Sättigung**	**Stress**
Arbeitsaufgabe/ -organisation	Aufgaben-bereicherung; Vermeiden paralleler Aufgaben-bearbeitung	Tätigkeitswechsel; Aufgabenerweiterung oder -bereicherung	Vermeiden von Daueraufmerk-samkeit; Aufgaben-erweiterung oder -bereicherung	Änderung der Arbeitsbelastung (Aufgaben-bereicherung)	Aufgabenab-grenzung; Arbeitstraining; Schaffen von Freiheitsgraden
Arbeitsmittel	Eindeutige Informations-darstellung	Vermeiden maschinenbestimmten Arbeitstempos; Ermöglichen selbstbestimmten Arbeitstempos; Wechsel in der Darstellung von Signalen	hohe Signalauffälligkeit	Ermöglichen individueller Arbeitsweisen	ergonomisch gestaltete Arbeitsmittel
Arbeitsumgebung	ausreichende Beleuchtungs-güte	Temperatur; Farbe	Vermeiden eintöniger akustischer Reizbedingungen	Vermeiden gleichförmiger Umgebungs-bedingungen (Abwechslung)	optimale Arbeitsumgebungs-bedingungen
zeitliche Organisation	Erholungspausen (mehrere kurze Pausen); Vermeiden von Zeitdruck	Anwesenheit von Mitarbeitern; Erholungspausen	Vermeiden von Schichtarbeit; Verringern der Tätigkeitsdauer	transparente Informationswege; Erholungspausen	Erhöhung der zeitlichen Aktivitäten

Tab. 6.2.2: Gestaltungsbeispiele zum Abbau der Folgen psychischer Arbeitsbelastungen (unter Verwendung von DIN EN ISO 10 075-2)

Belastungs- und beanspruchungsoptimale Arbeitsaufgaben stellen zum Abbau der Folgen psychischen Arbeitsbelastungen einen Schwerpunkt dar. Arbeitsaufgaben sind dann belastungsoptimal, wenn sie ganzheitliche Aufgaben, ausreichend selbst veranlasste Aktivitäten, Anforderungsvielfalt, Kooperations- und Kommunikationserfordernisse, bleibende Lern- und Entwicklungsmöglichkeiten enthalten (HACKER, 1991).

Die zur Erfüllung der Arbeitsaufgabe notwendigen „Funktionen“ werden aufgeteilt in

1. Arbeitsfunktionen, die durch menschliche Tätigkeiten und Handlungen ausgeführt werden,
2. Arbeitsmittelfunktionen, die durch das „technische System“ (Maschine, Computer, Automat) übernommen werden.

Vervollkommnung der Arbeitsteilung

Gestaltungsansätze zur Vergrößerung des Arbeitsumfanges sind

– Arbeitsplatzwechsel (Job rotation): Die Beschäftigten führen einen geplanten Arbeitsplatzwechsel durch, wobei die einzelnen Inhalte der Arbeitsaufgaben nicht verändert werden (Tätigkeiten verschiedener psychischer Beanspruchungen).

- Arbeitsaufgabenerweiterung (Job enlargement): Die Beschäftigten erhalten mehrere qualifikationsentsprechend ähnliche Arbeitsaufgaben, wodurch der Umfang der Arbeitsaufgabe vergrößert wird.
- Arbeitsaufgabenbereicherung (Job enrichment): Der Arbeitsinhalt der Aufgaben wird durch die Kombination vorbereitender, organisierender, kontrollierender mit ausführenden Tätigkeiten angereichert, wodurch die Verantwortung der Beschäftigten steigt.
- Gruppenarbeit: Eine Gruppe organisiert in einem vorgegebenen Rahmen ihre Arbeit selbst. Neben höheren Qualifikationsanforderungen sind erweiterte soziale Kompetenzen erforderlich.

Vervollkommnung der Funktionsteilung

Veränderung der Funktionsaufteilung zwischen den Beschäftigten und Arbeitsmitteln (Maschinen, Geräten) ist eine weite Möglichkeit zum Abbau von Belastungen. Dabei werden bisherige Arbeitsfunktionen durch Arbeitsmittel übernommen, die durch folgende Merkmale gekennzeichnet sind:

- gefährdungs- und belastungsintensiv, z.B. Transportarbeiten,
- anforderungsarm, z.B. Einlegearbeiten,
- gebunden, z.B. Vollzugs- und Zeitzwang,
- algorithmierbar, z.B. Prüf- und Kontrollaufgaben.

Diese arbeitsorganisatorischen Maßnahmen ermöglichen die Schaffung anspruchsvoller und belastungsoptimaler Tätigkeiten, wodurch die Arbeitszufriedenheit und Arbeitsmotivation erhöht werden kann. Mit diesen Maßnahmen kann den möglichen beeinträchtigenden Folgen psychischer Über- und Unterforderung vorgebeugt werden.

Mobbing

Der Arbeitgeber hat die Pflicht, das Persönlichkeitsrecht und die Gesundheit der Beschäftigten zu schützen, wozu auch die Pflicht gehört, Mobbing zu unterbinden. Ziel muss es sein, das Konfliktfeld und -potential für das Entstehen von Mobbing frühzeitig zu erkennen und präventiv einzugreifen. Präventionsmaßnahmen müssen die Mobbing begünstigen betrieblichen Faktoren reduzieren und die Mitarbeiter sensibilisieren und aufklären. Betriebliche Maßnahmen sind beispielsweise:

- Schaffung klarer arbeitsorganisatorischer Strukturen, Aufgaben und Verantwortlichkeiten,
- Beteiligung der Beschäftigten an Planungsprozessen,
- Herstellen der Transparenz von Entscheidungen,
- Beseitigen von Defiziten im Führungsverhalten.

Damit aus alltäglichen Konflikten am Arbeitsplatz keine Mobbingfälle werden, sind betriebliche Regeln zum Umgang mit Mobbing zu entwickeln (→Handlungsanleitung gegen Mobbing; LASI, 2003).

Literatur

Richtlinie des Rates vom 12. 6. 1989 über die Durchführung von Maßnahmen zur Verbesserung der Sicherheit und des Gesundheitsschutzes der Arbeitnehmer bei der Arbeit (89/391/ EWG)

Richtlinie des Rates vom 29. 5. 1990 über die Mindestvorschriften bezüglich der Sicherheit und des Gesundheitsschutzes bei der Arbeit an Bildschirmgeräten (90/270/ EWG)

Richtlinie des Europäischen Parlaments und des Rates vom 22. 6. 1998 zur Angleichung der Rechts- und Verwaltungsvorschriften der Mitgliedsstaaten für Maschinen (98/37/EG)

Gesetz über die Durchführung von Maßnahmen des Arbeitsschutzes zur Verbesserung der Sicherheit und des Gesundheitsschutzes der Beschäftigten bei der Arbeit (Arbeitsschutzgesetz – ArbSchG) vom 7. 8. 1996, zuletzt geändert durch Art. 2 b des Gesetzes vom 23. 4. 2004 (BGBl. I S. 602)

Neunte VO zum Geräte- und Produktsicherheitsgesetz (MaschinenVO – 9. GPSGV) vom 12. 5. 1993, zuletzt geändert durch Art. 16 des Gesetzes vom 6. 1. 2004 (BGBl. I S. 2)

VO über Sicherheit und Gesundheitsschutz bei der Arbeit an Bildschirmgeräten (BildschirmarbeitsVO – BildscharbV), zuletzt geändert durch den Art. 304 der Verordnung vom 25. 11. 2003 (BGBl. I S. 2304)

DIN EN 614 T. 1 u. T. 2 Sicherheit von Maschinen; Ergonomische Gestaltungsgrundsätze

DIN EN 894 T. 1 – T. 3 Sicherheit von Maschinen; Ergonomische Anforderungen an die Gestaltung von Anzeigen und Stellteilen

DIN EN 981 Sicherheit von Maschinen; System akustischer und optischer Gefahrensignale und Informationssignale

DIN EN ISO 10 075 Ergonomische Grundlagen bezüglich psychischer Arbeitsbelastung
T. 1 Allgemeines und Begriffe
T. 2 Gestaltungsgrundsätze
T. 3 Prinzipien und Anforderungen für die Messung und Erfassung psychischer Arbeitsbelastung

DIN EN 13 861 Sicherheit von Maschinen; Leitfaden für die Anwendung von Ergonomie-Normen bei der Gestaltung von Maschinen

DIN EN 26 385 Prinzipien der Ergonomie in der Auslegung von Arbeitssystemen

DIN EN 60 073 Grund- und Sicherheitsregeln für die Mensch-Maschine Schnittstelle, Kennzeichnung – Codierungsgrundsätze für Anzeigengeräte und Bedienteile

Gegen Mobbing – Handlungsanleitung für die Arbeitsschutzverwaltungen der Länder (LV 34), Länderausschuss für Arbeitsschutz und Sicherheitstechnik, 2003

GRUBER; MIERDEL: Leitfaden für die Gefährdungsbeurteilung. Verlag Technik & Information, Bochum

HACKER, W.: Aspekte einer gesundheitsstabilisierenden und -fördernden Arbeitsgestaltung. Zeitschrift für Arbeits- und Organisationspsychologie 35, 1991

RÜSCHENSCHMIDT; REIDT; RENDEL: Ergonomie im Arbeitsschutz. Verlag Technik & Information, Bochum, 2000

WINDEMUTH; PARIDON; KOHSTALL: Grundlagen der Definition von Mobbing. Die BG, Heft 2/2003, S. 59, Erich Schmidt Verlag, Berlin

6.3 Belastungen durch manuelle Handhabung von Lasten

6.3.1 Grundlagen

Manuelles Handhaben ist das Heben, Absetzen, Schieben, Ziehen, Tragen, Bewegen oder Abstützen einer Last durch menschliche Kraft. Dabei erfolgt der Krafteinsatz über die Hände, Arme, Beine, Brust, Rücken und Schulter. Manuelles Handhaben von Lasten ist z.B. in der Bauwirtschaft, im Gesundheitswesen, bei der Müllabfuhr aber auch in der Industrie an der Tagesordnung. Der Mensch ist grundsätzlich in der Lage, Lasten zu handhaben; allerdings ist eine Begrenzung auf ein zulässiges und zumutbares Maß erforderlich. Fehlbeanspruchungen aber auch Gesundheitsschäden durch das Handhaben von Lasten können verursacht werden durch (→Anhang LastenhandhabungsVO)

- Merkmale der Last (u.a. Gewicht, Form, Größe, Lage der Zugriffsstellen und des Schwerpunktes),
- Art der Arbeitstätigkeit (u.a. Körperhaltung und -bewegung, Lastentfernung vom Körper, Kraftaufwand),
- Merkmale des Arbeitsplatzes und der -umgebung (u.a. verfügbarer Flächen- und Raumbedarf, Raumklima, Beleuchtung, Trittsicherheit des Fußbodens).

Die für das manuelle Handhaben erforderlichen Kräfte des Körpers werden durch den Energieumsatz in den Muskeln erzeugt.

Energieumsatz: Im Menschen werden Nährstoffe (Kohlehydrate und Fette) und Sauerstoff in den Muskeln in Energie umgewandelt. Durch Messung des Sauerstoffverbrauchs in der Atemluft lässt sich der Energieumsatz feststellen. Er ist ein Maß für die geleistete (nicht abgegebene!) Arbeit. Zu unterscheiden sind, außer 12% Umsetzungsverlusten,

- Grundenergieumsatz zur Erhaltung des Ruhestoffwechsels für die Ernährung der Körperorgane. Er beträgt für den Durchschnittsmann etwa 7200 kJ/d = 300 kJ/h = 83 W.
- Freizeitenergieumsatz, bedingt durch leichte Tätigkeiten in der Freizeit, etwa 2100 kJ/d, ca. 50–170 W je nach Art und Umfang der Tätigkeit.
- Arbeitsenergieumsatz (ohne Grundenergieumsatz) je nach Art der Tätigkeit bis 8500 kJ/d = etwa 1100 kJ/Arbeitsstunde = 305 W.

Die Belastungsgrenze des Energieumsatzes bei der Arbeit beträgt also im Schnitt über die achtstündige Schicht einschließlich Grundumsatz etwa 1400 kJ/h = 23 kJ/min = 389 W. Für Frauen liegen die Werte etwa ein Drittel niedriger.

Die vom Mensch aufzubringende Muskelarbeit kann zu Arbeitsverrichtungen mit dynamischer oder statischer Belastung eingesetzt werden.

Dynamische Muskelarbeit: Da beim Menschen der Wirkungsgrad dynamischer Muskelarbeit je nach Art der Arbeit in der Regel zwischen 3 und 30% liegt, ist die abgegebene Leistung entsprechend niedriger. Richtwerte für durchschnittliche Grenzen abgegebener Leistung bei dynamischer Muskelarbeit von Männern im Alter von 20 bis 45 Jahren sind folgende:

- etwa 2000 W kurzzeitige Maximalleistung,
- etwa 800 W wenige Sekunden,
- etwa 400 W 1 Minute,
- etwa 200 W 1 Stunde Schwerstarbeit,
- etwa 40 W 8 Stunden Schwerarbeit.

Bei dynamischer Muskelarbeit kommt es zu einem steten Wechsel zwischen Anspannung und Entspannung (Erholungspause) des Muskels. Durch diesen Wechsel wird das Herz-Kreislauf-System unterstützt und damit die Ermüdung verzögert.

Statische Muskelarbeit: Bei statischer Muskelbelastung (Halte- und Haltungsarbeit) muss der Muskel während eines bestimmten Zeitraums in gleichem Spannungszustand verbleiben. Dadurch wird eine Verengung der Blutgefäße im Muskelgewebe bewirkt, so dass Sauerstoff- und Nährstoffzufuhr vermindert werden. Die Folge ist eine schnell eintretende Ermüdung (→Abb. 6.3.1). Für längere Haltearbeit gelten 15% der maximalen Muskelkraft als zumutbare Leistungsgrenze.

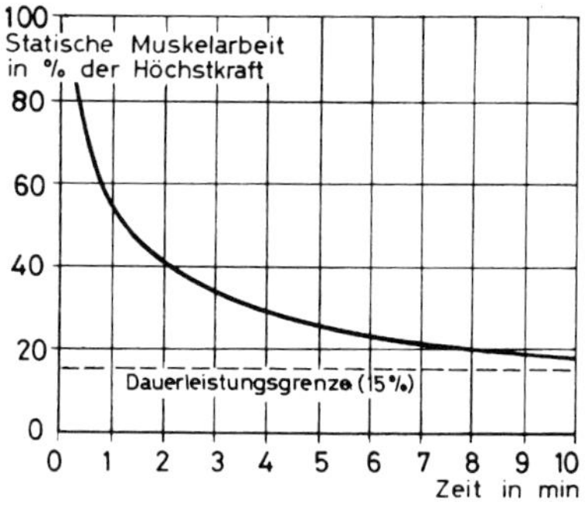

Abb. 6.3.1: Statische Muskelarbeit in Abhängigkeit von der Zeit

Bei gleichem Energieumsatz der Muskulatur ist also der Ermüdungsgrad bei statischer Arbeit erheblich größer als bei dynamischer Arbeit.

Die Höhe der Muskelbelastung wird außerdem auch von der Körperhaltung, der Bewegungsrichtung und der Lage der Kraftangriffspunkte bestimmt.

6.3.2 Arbeitsbedingte Belastungen

Beanspruchungsfolgen

Beim manuellen Handhaben von Lasten werden sowohl das menschliche Stützsystem, die Gelenke, die Muskeln, Sehnen und Bänder beansprucht als auch das Herz-Kreislauf-System sowie bei Frauen die Beckenmuskulatur.

Kurzfristige Folgen von Fehlbeanspruchungen durch manuelles Handhaben von Lasten können sein

- Muskelzerrung beim Heben,
- Blockierung eines Wirbelgelenkes beim Lastenanheben,
- Erhöhung der Herzschlagfrequenz.

Langfristige Folgen von Fehlbeanspruchungen können zu chronischen Gesundheitsschäden führen, wie

- Bandscheibenverschleiß,
- Bänderdehnung,
- Sehnenscheidenentzündung.

Die Folge langjährigen Hebens und Tragens von Lasten können arbeitsbedingte Erkrankungen der Lendenwirbelsäule sein, die als Berufskrankheit (BK) anerkannt werden, wie

BK 2108 – Bandscheibenbedingte Erkrankungen der Lendenwirbelsäule durch langjähriges Heben oder Tragen schwerer Lasten oder durch langjährige Tätigkeit in extremer Rumpfbeugehaltung.

BK 2109 – Bandscheibenbedingte Erkrankungen der Halswirbelsäule durch langjähriges Tragen schwerer Lasten auf der Schulter.

Arbeitsbedingte Verletzungen können ebenfalls bei manueller Lastenhandhabung auftreten, wie

- Schnittwunden durch Grate oder scharfe Kanten der Last,
- Muskelrisse,
- Quetschungen, Schürfungen oder Knochenbrüche,
- Verletzungen durch Ausgleiten oder Stolpern bei Tragen von Lasten.

Bewertung der Beanspruchungsfolgen durch manuelle Lastenhandhabung

Der Arbeitgeber hat gemäß § 5 Arbeitsschutzgesetz und § 2 LastenhabungsVO durch die Beurteilung der für die Beschäftigten mit ihrer Arbeit verbundenen Gefährdungen zu ermitteln, welche Maßnahmen des Arbeitsschutzes erforderlich sind, damit eine Gefährdung von Sicherheit und Gesundheit der Beschäftigten möglichst gering gehalten wird.

Beurteilungsinstrumentarien zur Erfüllung dieser Beurteilungspflicht sind (→Literatur)

- LFAS 063; 2001,
- LASI LV 29; 2002,
- BAuA-Leitfaden, 1997,
- BGI 597-14; 2003,
- JÄGER, M./LUTTMANN, A.; 1996,
- DIN EN 1005-2; 2003.

Näher eingegangen wird im Folgenden auf die Leitmerkmalmethode zur Beurteilung von Lastenhandhabungen (BAuA; 1997). Diese Methode ist bei allen Tätigkeiten der manuellen Lastenhandhabung anwendbar und berücksichtigt nicht nur das Lastgewicht sondern auch weitere Merkmale in Verbindung mit der Lastenhandhabung.

Vorgehensweise – Leitmerkmalmethode (BAuA; 1997)

Grundlage der Bewertung dieser Methode sind biomechanische Wirkungsmechanismen in Verbindung mit Dosismodellen. Hierbei wird berücksichtigt, dass die interne Belastung der Lendenwirbelsäule entscheidend von der Oberkörpervorneigung und dem Lastgewicht abhängt sowie mit steigender Belastungsdauer und/oder -häufigkeit Seitneigung und/oder Verdrehung zunimmt.

1. Schritt: Bestimmung der Zeitwichtung (→Tab. 6.3.1)

Für Tätigkeiten, die durch regelmäßiges wiederholtes kurzes Heben gekennzeichnet sind, ist die Häufigkeit der Hebevorgänge bestimmend für die Zeitwichtung. Bei langdauernden Halten oder Tragen wird die Zeitwichtung verwendet, die sich aus der Dauer der Tätigkeit ergibt.

Regelmäßiges Wiederholen kurzer Hebe- oder Umsetzvorgänge	**Langandauerndes Tragen oder Halten**	**Zeit-wichtung**
< 10 mal pro Schicht	Gesamtdauer 30 min	1
10 bis < 40 mal pro Schicht	Gesamtdauer 30 min bis < 1 Stunde	2
40 bis < 200 mal pro Schicht	Gesamtdauer 1 Stunde bis < 3 Stunden	4
200 bis < 500 mal pro Schicht	Gesamtdauer 3 Stunden bis < 5 Stunden	6
≥ 500 mal pro Schicht	Gesamtdauer ≥ 5 Stunden	8

Tab. 6.3.1: Bestimmung der Zeitwichtung

2. Schritt: Bestimmung der Wichtung der Leitmerkmale

– **Lastgewicht** (→ Tab. 6.3.2)
Die Risikowichtung erfolgt getrennt für Frauen und Männer. Werden im Verlauf der zu beurteilenden Tätigkeit unterschiedliche Lasten gehoben, so ist die mittlere Last für die Beurteilung zu verwenden.

Lastgewicht für Männer	Lastgewicht für Frauen	Last-wichtung
< 10 kg	< 5 kg	1
10 bis < 20 kg	5 bis < 10 kg	2
20 bis < 30 kg	10 bis < 15 kg	4
30 bis < 40 kg	15 bis < 25 kg	7
≥ 40 kg	≥ 25 kg	10

Tab. 6.3.2: Bestimmung der Lastwichtung

– **Körperhaltung, Position der Last** (→ Tab. 6.3.3)
Die Bestimmung der Haltungswichtung erfordert eine gute Kenntnis der beim Heben und Tragen eingenommenen Körperhaltung. Für die Haltungswichtung ist die für den Arbeitsablauf charakteristische Körperhaltung zu verwenden.

	Körperhaltung, Position der Last	Haltungs-wichtung
	- Oberkörper aufrecht, nicht verdreht - Lasten körpernah - Stehen oder gehen weniger Schritte	1
	- geringes Vorneigen oder Verdrehen des Oberkörpers - Last körpernah - Sitzen, Stehen oder Gehen längerer Wege	2
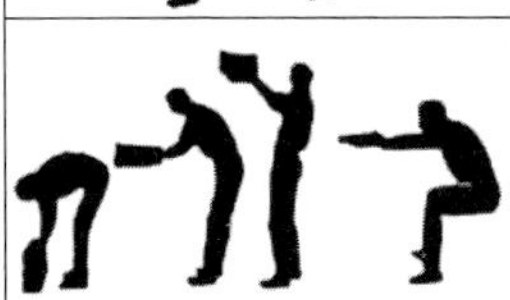	- tiefes Beugen oder weites Vorneigen - geringes Vorneigen mit gleichzeitigem Verdrehen des Oberkörpers - Lasten körperfern oder über Schulterhöhe - Sitzen oder Stehen	4
	- weites Vorneigen mit gleichzeitigem Verdrehen des Oberkörpers - Last körperfern - eingeschränkte Haltungsstabilität beim Stehen, Hocken oder Knien	8

Tab. 6.3.3: Bestimmung der Haltungswichtung

- **Ausführungsbedingungen** (→ Tab. 6.3.4)
  Zur Bestimmung der Ausführungswichtung sind die überwiegenden Ausführungsbedingungen zu verwenden. Gelegentlicher Diskomfort ohne sicherheitstechnische Bedeutung ist nicht zu berücksichtigen.

Ausführungsbedingungen	**Ausf.-wichtung**
gute ergonomische Bedingungen, z.B. ausreichend Platz, ebener fester Boden, ausreichend beleuchtet, gute Griffbedingungen	0
- Bewegungsraum eingeschränkt (zu geringe Höhe, Fläche unter 1,5 m^2) - Standsicherheit eingeschränkt (Boden uneben, weich, rutschig, abschüssig)	1

Tab. 6.3.4: Bestimmung der Ausführungswichtung

Lastwichtung
\+ Haltungswichtung
\+ Ausf.-bed.-wichtung
= Summe x Zeitwichtung = Punktwert

Anhand des errechneten Punktwertes und der nachfolgenden Tabelle kann eine grobe Bewertung vorgenommen werden [a]
Unabhängig davon gelten die Bestimmungen zum Mutterschutz.

Risikobereich	Punktwert	Beschreibung
1	< 10	Geringe Belastung, Gesundheitsgefährdung durch körperliche Überbeanspruchung ist unwahrscheinlich.
2	10 < 25	Erhöhte Belastung, eine körperliche Überbeanspruchung ist bei vermindert belastbaren Personen [b] möglich.
3	25 < 50	Wesentlich erhöhte Belastung, körperliche Überbeanspruchung ist auch für normal belastbare Personen möglich. Gestaltungsmaßnahmen sind angezeigt [c].
4	≥ 50	Hohe Belastung, körperliche Überbeanspruchung ist wahrscheinlich. Gestaltungsmaßnahmen sind dringend [c].

Anmerkungen

[a] Grundsätzlich ist davon auszugehen, daß mit steigenden Punktwerten das Risiko einer Überbeanspruchung des Muskel-Skelett-Systems zunimmt. Die Grenzen zwischen den Risikobereichen sind aufgrund der individuellen Arbeitstechniken und Leistungsvoraussetzungen fließend. Damit darf die Einstufung nur als Orientierungshilfe verstanden werden. Genauere Analysen erfordern ergonomische Sachkenntnis.

[b] Vermindert belastbare Personen sind in diesem Zusammenhang Beschäftigte, die älter als 40 oder jünger als 21 Jahre, „Neulinge" im Beruf oder durch Erkrankung leistungsgemindert sind.

[c] Gestaltungserfordernisse lassen sich anhand der Punktwerte ermittelt. Durch Gewichtsverminderung, Verbesserung der Ausführungsbedingungen oder Verringerung der Belastungszeiten können erhöhte Beanspruchungen vermieden werden.

Tab. 6.3.5: Bewertung der Belastungen durch manuelle Lastenhandhabung

3. Schritt: Bewertung (→Tab. 6.3.5)

Sie erfolgt anhand eines tätigkeitsbezogenen Punktwertes (Berechnung durch Addition der Wichtung der Leitmerkmale und Multiplikation mit der Zeitwichtung).

Wenn von einem Beschäftigten zwei oder mehrere, sich erheblich unterscheidende Tätigkeiten mit manueller Lastenhandhabung ausgeführt werden, sind diese getrennt einzuschätzen.

Der im Ergebnis der Bewertung ermittelte Punktwert gibt

- Auskunft über die Höhe möglicher Fehlbeanspruchungen oder Gesundheitsgefährdungen,
- Hinweise zu dem Bedarf und der Richtung der erforderlichen Maßnahmen.

Rechtsgrundlagen

Rechtliche Regelungen zum Schutz vor Belastungen durch das manuelle Handhaben von Lasten existieren in erster Linie für die Beschäftigten bei der Arbeit (= Arbeitssicherheit); aber auch Anforderungen zur ergonomischen Gestaltung von Maschinen in Verbindung mit der manuellen Handhabung von Maschinen, Maschinenteilen und Gegenständen (= Produktsicherheit) liegen vor. Beide Arten von Regelungen sind europäisch harmonisiert. Eine Übersicht der Rechtsgrundlagen und ausgewählter technischer Regeln zum Schutz vor physischen Belastungen bei manueller Handhabung von Lasten (→Tab. 6.3.6).

Regelungsgegenstand	Rechtsgrundlagen		Technische Regeln
	europäisch	national	
Produktsicherheit	1998/37/EG	9. GPSGV	DIN EN 1005 T.1 – T.5
Arbeitssicherheit	1989/391/EWG 1990/269/EWG 1989/655/EWG 1995/63/EG	ArbSchG LasthandhabV BetrSich V	ISO 11228 LfAS 063 BGI 582 und 597-14

Tab. 6.3.6: Rechtsgrundlagen und technische Regeln zum Schutz vor physischen Belastungen bei manueller Handhabung von Lasten (Bezeichnung der Vorschriften und Regeln siehe Literatur)

Anliegen der *LastenhandhabungsVO* ist es, Fehlbeanspruchungen der Beschäftigten beim manuellen Handhaben von Lasten zu verhindern. Im Anhang dieser VO sind Merkmale genannt, aus denen sich eine Gefährdung von Sicherheit und Gesundheit, insbesondere der Lendenwirbelsäule, der Beschäftigten ergeben kann.

In den Anhängen 1 und 2 der *BetriebssicherheitsVO* sind Mindestvorschriften zur Sicherheit für Arbeitsmittel zum Heben von Lasten enthalten. Diese Anforderungen betreffen die Beschaffenheit des Arbeitsmittels, erforderliche Hinweise am Arbeitsmittel auf die zulässige Tragfähigkeit und die sichere Benutzung beim Umgang mit den Arbeitsmitteln, den Lastaufnahme- und Anschlagmitteln.

In der *MaschinenVO* (Anhang I) wird u.a. gefordert, Maschinen nach den ergonomischen Gestaltungsgrundsätzen zu konstruieren. Wichtiger Aspekt der Sicherheit von Maschinen ist dabei die Beachtung der menschlichen körperlichen Leistung, wie Kraftgrenzen bei der Maschinenbetätigung und für die manuelle Handhabung von Maschinen, Maschinenteilen und Gegenständen (→DIN EN 1005-2). Hinweise zur Beschaffenheit von Maschinen zum Befördern von Lasten ergänzen diese Anforderungen.

6.3.3 Maßnahmen

Im Ergebnis der Beurteilung von Lastenhandhabungen nach der Leitmerkmalmethode (→Kapitel 6.3.2) lassen sich Bedarf und Richtung der erforderlichen Maßnahmen erkennen, um Fehlbeanspruchungen durch das manuelle Handhaben von Lasten zu vermeiden. Ansatzpunkte für Maßnahmen sind grundsätzlich die hohen Wichtungen, die verringert werden müssen, wie

- Zeitwichtung durch organisatorische Regelungen,
- Lastwichtung durch Reduzierung des Lastgewichtes oder durch Einsatz von Hebehilfen,
- Haltungswichtung durch Veränderung der Arbeitsplatzgestaltung.

Vermeiden manueller Lastenhandhabung

Konstruktive Maßnahmen an Maschinen zur Verringerung der manuellen Handhabung von Maschinen, Maschinenteilen und Gegenständen, die von der Maschine bearbeitet werden (Eintrag/Ausstoß) enthält DIN EN 1005-2. Auf der Grundlage unterschiedlicher Verfahren der Risikobeurteilung hinsichtlich des Hebens, Senkens und Tragen von Lasten bei Massen $>$ 3 kg und Tragen über Distanzen $<$ 2 m, wie

- Grobanalyse anhand kritischer Lastfälle,
- Einschätzung anhand von Tabellen,
- Berechnung anhand von Formeln,

werden Hinweise zu erforderlichen Maßnahmen gegeben, die der Konstrukteur von Maschinen umzusetzen hat.

In der LastenhandhabungsVO wird gefordert, manuelle Lastenhandhabungen zu vermeiden, die Gefährdungen für die Gesundheit der Beschäftigten mit sich bringen können, z.B. durch:

Maßnahmen an der Last, wie Verringerung der Lastgewichte, z.B. bereits bei der Festlegung von Verpackungsgrößen, Vermeidung unhandlicher und sperriger Lasten sowie von schwer zu greifenden Lasten.

Arbeitsorganisatorische Maßnahmen, wie Mechanisierung und Automatisierung der Lastenhandhabung durch Einsatz von Hebe- und Transportmitteln sowie Aufbau von Transportketten zur Verringerung von Handhabungen durch den Einsatz von Transportbehältern und Paletten.

Maßnahmen bei manueller Handhabung von Lasten

Können manuelle Lastenhandhabungen nicht vermieden werden, sind Maßnahmen durch den Arbeitgeber festzulegen, damit eine Gefährdung von Sicherheit und Gesundheit der Beschäftigten möglichst gering gehalten wird, z.B. durch:

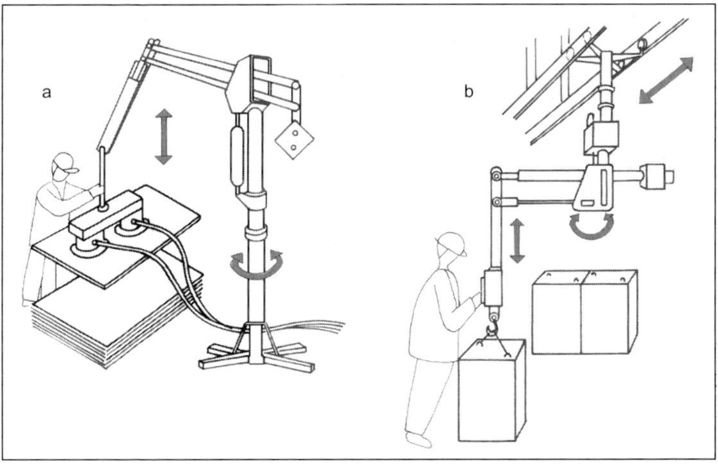

Abb. 6.3.2: Ausgleichsheber zum Handhaben von Lasten
a stationärer Ausgleichsheber
b verfahrbarer Ausgleichsheber in Hängebauweise

Technische Hilfsmittel in Form von Aufnahme- und Ablagehilfen (→Abb. 6.3.2 und 6.3.3), von Tragehilfen (Tragegurt, Klemmen) und von Transportmitteln zur Lastenbewegung und -umschlag.

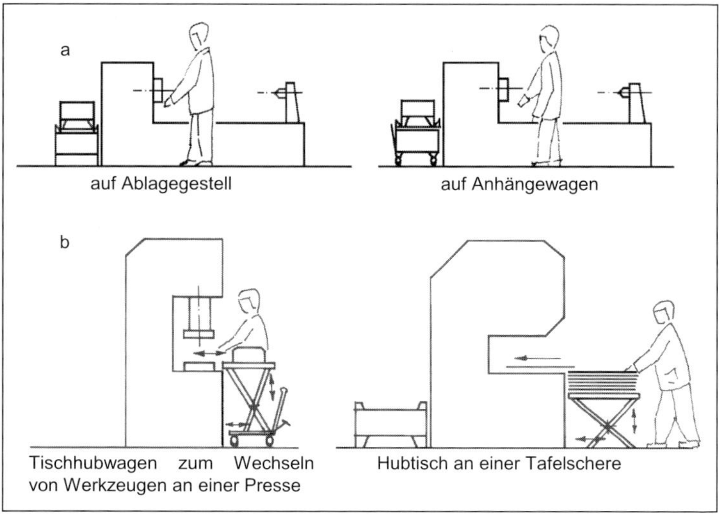

Abb. 6.3.3: Ablagehilfen an Arbeitsplätzen
a optimale Arbeitshöhe
b höhenverstellbar

Arbeitsplatz- und Verkehrsweggestaltung, wie ausreichender Bewegungsraum, trittsichere und ebene Fußböden, ausreichende Beleuchtung.

Lastbegrenzung für bestimmte Beschäftigungsgruppen, wie für werdende Mütter und Jugendliche. Werdende Mütter dürfen nicht beschäftigt werden mit Arbeiten, bei denen regelmäßig Lasten > 5 kg Gewicht oder gelegentlich Lasten > 10 kg Gewicht von Hand gehoben, bewegt oder befördert werden (§ 4 MuSchG).

Im Jugendschutzgesetz wird nur darauf verwiesen, dass Jugendliche nicht mit Arbeiten beschäftigt werden dürfen, die ihre physische Leistungsfähigkeit übersteigen (§ 22 JArbSchG). Als Orientierungswerte sollten für Jugendliche gelten [WÖRTERBUCH]:

- männliche Jugendliche bei gelegentlicher manueller Handhabung 20 kg, bei häufiger Belastung 13 kg,
- weibliche Jugendliche bei gelegentlicher Belastung 13 kg, bei häufiger Belastung 9 kg.

Arbeitsorganisatorische Maßnahmen, wie Arbeitstätigkeitswechsel, Arbeitspausenregime, arbeitsmedizinische Betreuung der Beschäftigten, Unterweisungen über mögliche Fehlbeanspruchungen und Gesundheitsschäden sowie das richtige Verhalten bei manueller Lastenhandhabung.

Anwendung spezieller Techniken bei manueller Lastenhandhabung

(1) Heben, Absetzen und Umsetzen, wie
- Last mit gespreizten Beinen und geradem Rücken in der Hocke aufnehmen,
- Last eng am Körper halten,
- Last nicht ruckartig aufheben,
- Vermeiden des Verdrehens der Wirbelsäule beim Lastenumsetzen,
- Vermeiden von Fingerquetschungen beim Ablegen durch Absetzunterlagen,
- Ziehen und Schieben von Lasten anstelle von Heben,
- im Sitzen nur Lasten $<$ 5 kg bewegen.

(2) Tragen von Lasten, wie
- aufrechte Körperhaltung,
- Lastschwerpunkt möglichst nahe an der Achse der Wirbelsäule,
- symmetrische Körperbelastung,
- freie Sicht,
- bei Tragen von Last durch mehrere Beschäftigte muss einer die Leitung und das Kommando übernehmen.

Persönliche Schutzausrüstungen bei manuellen Handhabungen, wie Schutzhandschuhe gegen mechanische Risiken (DIN EN 388), Sicherheitsschuhe (DIN EN 345). →Kapitel 10.8.

Literatur

Richtlinie des Rates vom 12. 6. 1989 über die Durchführung von Maßnahmen zur Verbesserung der Sicherheit und des Gesundheitsschutzes der Arbeitnehmer bei der Arbeit (89/391/EWG)

Richtlinie des Rates vom 30. 11. 1989 über Mindestvorschriften für Sicherheit und Gesundheitsschutz bei der Benutzung von Arbeitsmitteln durch Arbeitnehmer bei der Arbeit (89/655/EWG) und Änderungen/Ergänzungen (95/63/EG)

Richtlinie des Rates vom 29. 5. 1990 über Mindestvorschriften bezüglich der Sicherheit und des Gesundheitsschutzes bei der manuellen Handhabung von Lasten, die für die Arbeitnehmer insbesondere eine Gefährdung der Lendenwirbelsäule mit sich bringt (90/269/EWG)

Richtlinie des Europäischen Parlaments und des Rates vom 22. 6. 1968 zur Angleichung von Rechts- und Verwaltungsvorschriften der Mitgliedstaaten für Maschinen (98/37/EG)

Gesetz über die Durchführung von Maßnahmen des Arbeitsschutzes zur Verbesserung der Sicherheit und des Gesundheitsschutzes der Beschäftigten bei der Arbeit (Arbeitsschutzgesetz – ArbSchG) vom 7. 8. 1996, zuletzt geändert durch Art. 2 b des Gesetzes vom 23. 4. 2004 (BGBl. I S. 602)

Gesetz zum Schutze der erwerbstätigen Mutter (Mutterschutzgesetz – MuSchG) vom 20. 6. 2002, zuletzt geändert durch Art. 32 des Gesetzes vom 14. 11. 2003 (BGBl. I S. 2190)

Gesetz zum Schutze der arbeitenden Jugend (Jugendarbeitsschutzgesetz – JArbSchG) vom 12. 4. 1976, zuletzt geändert durch Art. 38a des Gesetzes vom 24. 12. 2003 (BGBl. I S. 2954)

VO über Sicherheit und Gesundheitsschutz bei der manuellen Handhabung von Lasten bei der Arbeit (LastenhandhabungsVO – LasthandV) vom 4. 12. 1996, zuletzt geändert durch Art. 303 der Verordnung vom 23. 11. 2003 (BGBl. I S. 2304)

Neunte VO zum Geräte- und Produktsicherheitsgesetz (MaschinenVO – 9. GPSGV) vom 12. 5. 1993, zuletzt geändert durch Art. 16 des Gesetzes vom 6. 1. 2004 (BGBl. I S. 2)

VO über Sicherheit und Gesundheitsschutz bei der Bereitstellung von Arbeitsmitteln und deren Benutzung bei der Arbeit, über Sicherheit beim Betrieb überwachungsbedürftiger Anlagen und über die Organisation des betrieblichen Arbeitsschutzes (BetriebssicherheitsVO – BetrSichV) vom 27. 9. 2002, zuletzt geändert durch Art. 22 des Gesetzes vom 6. 1. 2004 (BGBl. I S. 2)

Heben und Tragen von Lasten – LfAS 063. Bayerisches Landesamt für Arbeitsschutz, Arbeitsmedizin und Sicherheitstechnik, 2001

Leitfaden Sicherheit und Gesundheitsschutz bei der manuellen Handhabung von Lasten – BAuA. Schriftenreihe der Bundesanstalt für Arbeitsschutz und Arbeitsmedizin S 43, Dortmund/Berlin 1997

Handlungsanleitung zur Beurteilung der Arbeitsbedingungen beim Ziehen und Schieben von Lasten – LASI LV 29. Länderausschuss für Arbeitsschutz und Sicherheitstechnik, 2002

DIN EN 345 T. 1 u. T. 2 Sicherheitsschuhe für den gewerblichen Bereich

DIN EN 388 Schutzhandschuhe gegen mechanische Risiken

DIN EN 1005-2 Sicherheit von Maschinen; Menschliche körperliche Leistung; Manuelle Handhabung von Gegenständen in Verbindung mit Maschinen und Maschinenteilen

ISO 11 228-1 Ergonomie; Manuelles Handhaben von Lasten; Heben und Tragen

BGI 582 Transport- und Lagerarbeiten

BGI 597-14 Arbeit und Gesundheit; Heben und Tragen

JÄGER, M.; LUTTMANN, A. (1996): Biomechanisch begründete Richtwerte zur Begrenzung des Überlastungsrisikos der Lendenwirbelsäule beim Handhaben von Lasten unter besonderer Wertung des NIOSH-Kriteriums. In E. Münzberger (Hrsg.): Verh. Dt. Ges. Arbeitsmed. Umweltmed., S. 125–128

WÖRTERBUCH Arbeitssicherheit und Gesundheitsschutz (2000). Universum Verlagsgesellschaft, Wiesbaden

6.4 Belastungen durch ungünstige Klimate

6.4.1 Grundlagen

Physikalische Grundlagen

Nach A. von HUMBOLDT (1769–1859) umfasst Klima alle Veränderungen der Atmosphäre, die unsere Sinne merklich beeinflussen, nämlich Temperatur, Feuchtigkeit, Veränderungen des barometrischen Luftdrucks, Wind, die Größe der elektrischen Spannung, die Reinheit der Atmosphäre oder ihre Vermengung mit mehr oder minder schädlichen gasförmigen Stoffen. Dieser in der Meteorologie noch heute benutzte Klimabegriff wird im Abschnitt 6.4.1 zunächst auf das thermische Raumklima am Arbeitsplatz/Arbeitsraum bezogen. Das Raumklima wird im Wesentlichen von den Faktoren Lufttemperatur, Feuchtigkeitsgehalt der Luft (Luftfeuchte), Luftgeschwindigkeit, Wärmestrahlung und Luftdruck gebildet. Daneben können u.a. auch andere Faktoren, z.B. Luftionisation, Bedeutung haben. Die fünf wesentlichen Klimafaktoren können einzeln messtechnisch erfasst werden:

Lufttemperatur: Sie bezeichnet die Temperatur der Umgebungsluft in °C, die mit einem Thermometer als Trockenluft gemessen wird. Die Lufttemperatur ist das am häufigsten verwendete Klimamaß.

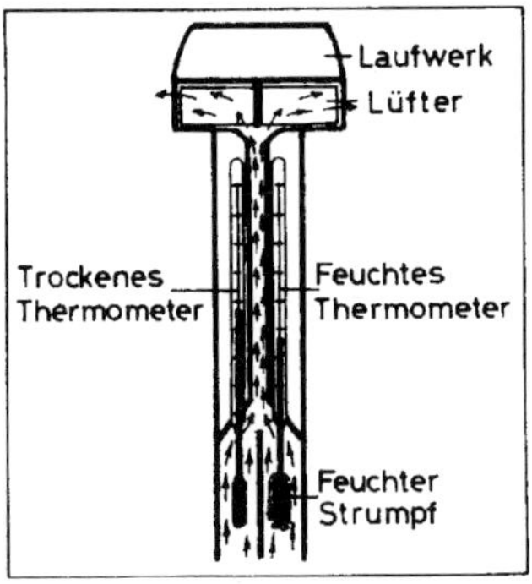

Abb. 6.4.1: Prinzip des Aspirationspsychrometers nach ASSMANN

Luftfeuchte: Sie ist ein Maß für den Wassergehalt in der Luft. Die **relative** Luftfeuchte gibt den Grad der Sättigung der Luft mit Wasser an und wird in Prozent (%) angegeben. Die **absolute** Feuchtigkeit gibt die Wasserdampfmasse pro Luftmenge in g/m³ an. Üblicherweise wird die relative Luftfeuchte verwendet, die über die Feuchttemperatur ermittelt wird. Die Messung der Feuchttemperatur wird mit einem Thermometer (Aspirationspsychrometer →Abb. 6.4.1) durchgeführt. Das Gerät enthält zwei gegen Wärmestrahlung geschützte Thermometer, von denen eines an der Kuppe einen Strumpf besitzt, der vor der Messung befeuchtet wird. Durch einen kleinen Lüfter wird die Luft an beiden Kuppen der Thermometer vorbeigesaugt. Beträgt die relative Feuchte der Luft 100 %, so kann am Strumpf des Feuchtthermometers kein Wasser verdunsten. Entsprechend entsteht keine Verdunstungskälte; beide Thermometer zeigen gleiche Temperatur an. Je geringer die relative Luftfeuchtigkeit ist, umso stärker erfolgt am Strumpf des Feuchtthermometers eine Verdunstung und entsprechende Kälteerzeugung. Die Differenz zwischen Trocken- und Feuchttemperatur ist ein Maß für die relative Feuchtigkeit der Luft, die mit Hilfe der Netztafel (→Abb. 6.4.2) abgelesen werden kann.

Luftgeschwindigkeit: Sie ist das Maß für die Luftbewegung in m/s und wird mit einem Anemometer gemessen. Verwendet werden können mechanische Anemometer, bei denen vorbeiströmende Luft ein Flügelrad in Bewegung setzt oder thermische Anemometer. Letztere ermitteln die Strömungsgeschwindigkeit durch den Temperaturverlust eines Heizdrahtes durch die vorbeiströmende Luft. Außer der durchschnittlichen Luftgeschwindigkeit sind oft auch Minima und Maxima von Bedeutung.

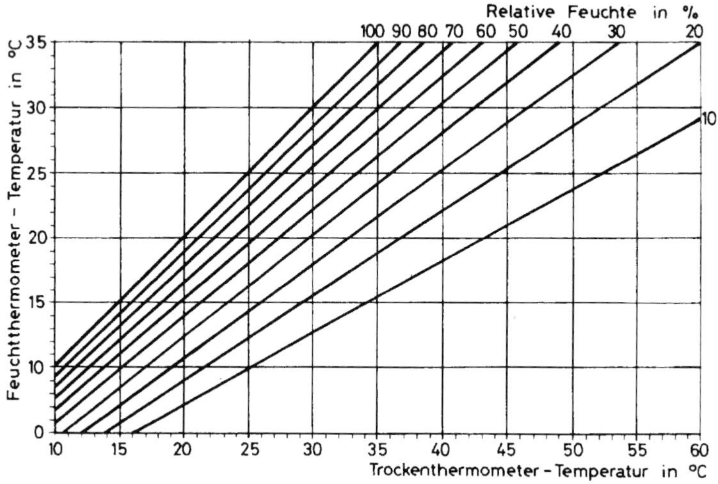

Abb. 6.4.2: Netztafel zur Ermittlung der Feuchtthermometertemperatur oder relativen Feuchte der Luft (vereinfacht nach DIN 33 403-1)

Luftdruck: Er ist der von der Atmosphäre infolge der Schwerkraft ausgeübte Druck, der in bar oder Pascal (1 Pa = 1 N/m² = 10 µbar) mit einem Barometer gemessen wird.

Wärmestrahlung: Sie ist eine Klimagröße, die durch unterschiedlich temperierte Flächen zustande kommt. Die Intensität dieser Strahlung kann durch folgende Messgrößen erfasst werden:

- effektive Bestrahlungsstärke in W/m²,
- Globetemperatur in °C,
- mittlere Flächenstrahlungstemperatur in °C.

Die gemessenen Temperaturen können mittels Umrechnungsformeln in Wärmestromdichten (W/m²) umgerechnet werden.

Klimasummenmaß: Es ist die Zusammenfassung der verschiedenen Klimafaktoren zu einer Größe. Das Prinzip dieses Maßes beruht darauf, durch Kombination der Grundgrößen Lufttemperatur, Feuchttemperatur (Luftfeuchtigkeit) und Luftgeschwindigkeit ein gleiches subjektives Klimaempfinden beim Menschen hervorrufen. Folgende Klimasummenmaße werden unterschieden:

- **Effektivtemperatur** nach YAGLOU (1927)

  (1) Die Normaleffektivtemperatur (**NET**) in °C ist für den bekleideten Menschen und bei Klimaten ohne zusätzliche Wärmestrahlung anwendbar. NET wird ermittelt aus der Lufttemperatur t_a, der Feuchttemperatur t_w (oder mittelbar aus der relativen Luftfeuchte →Abb. 6.4.2) und der Luftgeschwindigkeit v_a. Die Ermittlung von NET erfolgt mit Hilfe eines Nomogramms, in dem Trocken- und Feuchttemperatur mit einer Linie verbunden werden. Am Schnittpunkt mit der jeweiligen Linie der Luftgeschwindigkeit wird dann der Wert von NET abgelesen (→Abb. 6.4.3).

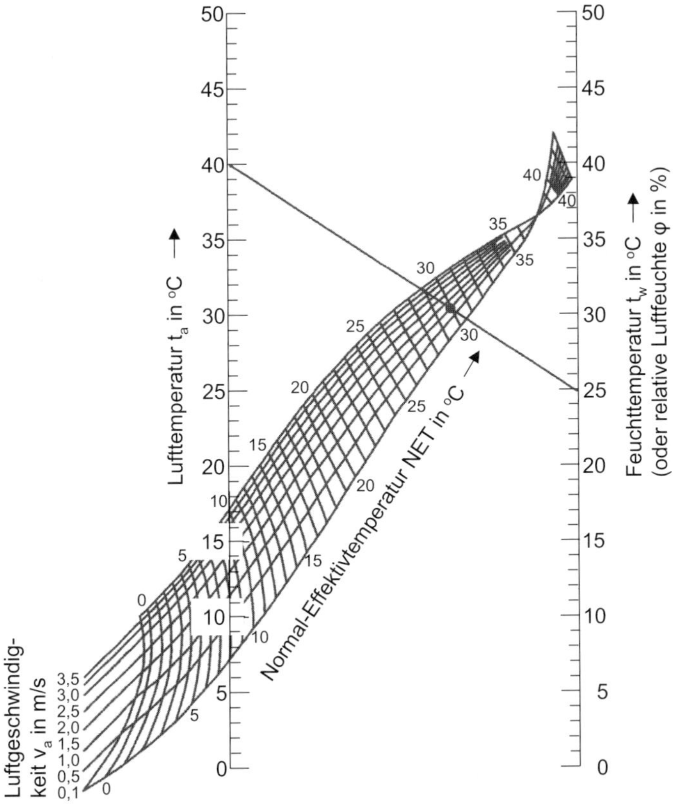

Abb. 6.4.3: Nomogramm zur Ermittlung der Normal-Effektivtemperatur (NET) (DIN 33 403-3)

(2) Die Basiseffektivtemperatur (**BET**) in °C ist für Menschen mit unbekleidetem Oberkörper und bei Klimaten ohne zusätzliche Warmstrahlung anwendbar (→DIN 33 403-3).

Da bei diesem Verfahren die Wärmestrahlung nicht in den Klimawert eingeht, muss sie getrennt ermittelt und ab 35 W/m² bei der Klimabeurteilung berücksichtigt werden.

- **WBGT-Index** (Wet bulb globe temperature)

  Dieser Index in °C wird wie folgt berechnet:

  (1) innerhalb und außerhalb von Gebäuden ohne direkte Sonnenstrahlung
  $WGBT = 0{,}7\ t_{nw} + 0{,}3\ t_g$

  (2) außerhalb von Gebäuden bei direkter Sonneneinwirkung
  $WGBT = 0{,}7\ t_{nw} + 0{,}2\ t_g + 0{,}1\ t_a$

  t_{nw} = Temperatur des Feuchtthermometers in °C; t_g = Globetemperatur in °C;

  t_a = Lufttemperatur in °C

- **Erforderliche Schweißrate SW_{req}**

  Dieses Klimasummenmaß beruht auf einem physiologischen und physikalischen Modell der Wärmeabgabe des Menschen und berücksichtigt neben den Klimagrößen auch personenbezogene Größen. Da die Anpassung an eine Wärmebelastung physiologisch im Wesentlichen durch eine Erhöhung der Schweißbildung erfolgt, bestimmt das Klimasummenmaß die für den Ausgleich der Wärmebilanz erforderliche Schweißabgabe. Verfahren zur Bestimmung der erforderlichen Schweißrate →DIN EN 12 515.

Außer den genannten Klimafaktoren haben auch nichtklimatische Faktoren Einfluss auf das Klimaempfinden.

Wärmedämmung der Kleidung: Sie wird als Wärmeübergangswiderstand von der Haut zur Oberfläche des bekleideten Körpers in clothing (clo) abgegeben.

1 clo = 0,155 K · m²/W = 0,043 K · m² · h/kJ, d. h.: es wird eine Wärmemenge von 23 kJ/h u. m² bei 1 K Temperaturdifferenz zwischen Haut und Außenfläche der Bekleidung bei einem Wärmeübergangswiderstand von 1 clo durchgelassen. Etwa 0,5 clo entspricht leichter Kleidung, 1,0 clo normaler Kleidung und 1,5–2,0 clo schwerer Kleidung.

Arbeitsschwere: Sie wird als Wärmebildungsleistung (Grundumsatz + Arbeitsenergie = Gesamtenergieumsatz) in kJ/h oder W (1 W = 1 J/s = 3,6 kJ/h) gemessen und beträgt etwa 300 kJ/h = 83 W (Grundumsatz) in Ruhe, bis 500 kJ/h = 139 W bei geistiger, bis 850 kJ/h = 236 W bei leichter, bis 1300 kJ/h = 361 W bei mittelschwerer und über 1300 kJ/h = 361 W bei schwerer Arbeit.

Kondition und Konstitution: Die körperliche und nervliche Gesamtverfassung des Menschen, wie Leistungsfähigkeit, Gewöhnung an bestimmte Belastungen (z.B. Akklimatisierung gegenüber Hitze) beeinflussen ebenfalls das Klimaempfinden des Menschen.

Physiologische Grundlagen

Die Wirkung des Klimas auf den Menschen wird durch die Klimafaktoren, die Art der körperlichen Arbeit und die Bekleidung des Menschen bestimmt.

Wärmebilanz: Der Mensch benötigt eine weitgehend gleichbleibende Körperinnentemperatur von 36.7 ±0,8 °C. Die Temperatur sinkt mit zunehmender Entfernung vom Körperkern und beträgt z.B. am Unterarm etwa 28 °C. Der Mensch fühlt sich dann wohl, wenn eine ausgeglichene Wärmebilanz vorhanden ist (Behaglichkeitsempfinden) zwischen der Körperwärme und der Wärmeabgabe an die Umgebung.

$$\mathring{Q}_{ab} = \mathring{Q}_{erz} + \mathring{Q}_{auf} \quad \text{in W}$$

$\mathring{Q}_{ab}$ = Wärmeabgabe an Umgebung; $\mathring{Q}_{erz}$ = Wärmeerzeugung in Abhängigkeit von der Arbeitsschwere; $\mathring{Q}_{auf}$ = Wärmeaufnahme aus der Umgebung

Klimabelastungen entstehen dann, wenn diese Wärmebilanz gestört ist, wie

$\mathring{Q}_{ab} > \mathring{Q}_{erz} + \mathring{Q}_{auf}$ → Kältebelastung (Erhöhung des Stoffwechsels, Kältezittern, Abnahme der Hautdurchblutung),

$\mathring{Q}_{ab} < \mathring{Q}_{erz} + \mathring{Q}_{auf}$ → Wärmebelastung (Erhöhung der Pulsfrequenz, Schwitzen, zunehmende Hautdurchblutung).

Die Wärme wird zum größten Teil über die Blutbahn unter die Haut befördert und von dort durch Verdunstung, Konvektion, Leitung und Strahlung an die Umgebung abgegeben (→Abb. 6.4.4). Durch Konvektion, Leitung und Strahlung kann auch Wärme aufgenommen werden.

Verdunstung: Durch Wasserverdunstung des Schweißes wird dem Körper in Hautnähe Wärme entzogen, und zwar in Höhe von etwa 2450 kJ/h Wasser. Die Intensität der Verdunstung hängt von der Wasseraufnahmefähigkeit der Luft, von der Verdunstungsfläche und der Luftgeschwindigkeit ab. Ein schlanker Mensch mittlerer Größe verdunstet in Ruhe unter normalen Klimaverhältnissen in 24 Stunden etwa 1 l Wasser. Dagegen werden bei schwerer Arbeit etwa 0,2–0,7 l Wasser/h verdunstet. Ab etwa 35 °C Umgebungstemperatur erfolgt die Kühlung des Menschen fast ausschließlich durch Verdunstung. Wenn dann in feuchtigkeitsgesättigter Luft keine Verdunstung mehr erfolgen kann, kommt es zu sehr gefährlichem Hitzestau.

Konvektion: Bei ihr ist die Höhe der abgegebenen bzw. aufgenommenen Wärmemenge abhängig vom Temperaturgefälle, den Austauschflächen, der

Luftbewegung und der Wärmeübergangszahl α (empirisch ermittelter Wert, der die Fähigkeit eines Mediums beschreibt, Wärme abzuführen in W/K · m².

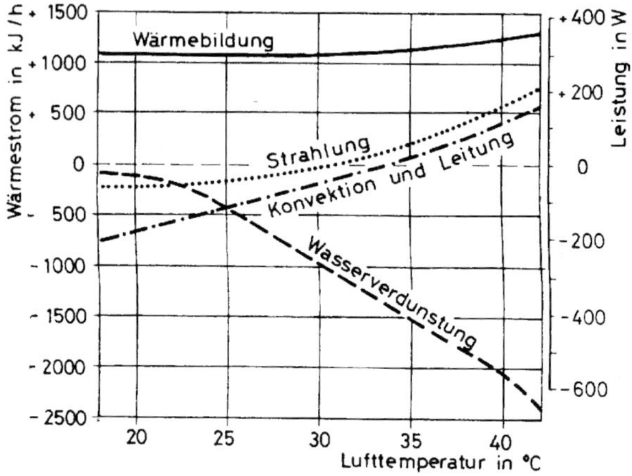

Abb. 6.4.4: Wärmegleichgewicht bei mittelschwerer körperlicher Arbeit (verändert nach G. LEHMANN)

Wärmestrahlung: Sie kann als Körperabstrahlung an Arbeitsplätzen mit niedrigen Temperaturen erheblich sein. Andererseits sind hohe Belastungen durch Bestrahlung in Hütten und Glasbetrieben üblich.

Rechtsgrundlagen

Anforderungen an ein optimales Raumklima (Behaglichkeitsbereich), aber auch für Hitze- und Kältebereiche sind enthalten im staatlichen Arbeitsschutzrecht, bes. in der *ArbeitsstättenVO* (Abschnitt 3.5 und 3.6 des Anhanges) und den *Arbeitsstättenrichtlinien* ASR 5 und ASR 6, aber auch im Unfallverhütungsrecht, wie *BGV A1* und *BGV D4* mit dem berufsgenossenschaftlichen Regelwerk, z.B. BGI 579.

Im Bereich der *Normung* existieren für das Klima sowohl internationale und europäische Normen. z.B. ISO 9886, ISO/TR 11079, DIN EN ISO 7730, DIN EN 563 als auch nationale Normen wie DIN 33403 T. 2, T. 3, T. 5, die sowohl für die Messung als auch die Klimagestaltung (→Maßnahmen) Empfehlungen geben.

Zum Schutz vor ungünstigen klimatischen Einflüssen gilt die *PSA-BenutzungsVO* mit diversen Regeln, wie DIN EN 342, DIN EN 531 und BGR 189.

Die Bezeichnung der Vorschriften und Regeln ist im Abschnitt Literatur dieses Kapitels enthalten.

6.4.2 Arbeitsbedingte Belastungen (Gefährdungen)

Klimabelastungen/-gefährdungen

Belastung durch ungünstige Klimate (im Extremfall auch Gefährdungen) entstehen, wenn die Wärmebilanz des Menschen nicht ausgeglichen ist. Auf diese Bilanz haben die einzelnen Klimafaktoren Einfluss.

Lufttemperatur: Die Lufttemperatur kann technologisch bedingt sehr unterschiedlich sein, z. B. kann sie zwischen – 50 °C (Gefriertrocknung) und + 50 °C (Glas- und Keramikindustrie) liegen. Der Erträglichkeitsbereich liegt aber zwischen + 12 °C und + 28 °C, der möglichst nicht unter- oder überschritten werden soll. Die Lufttemperatur beeinflusst die Hauttemperatur der Körperteile, die nicht unter + 12 °C absinken darf und + 40 °C nicht überschreiten soll. Die Hauttemperatur beeinflusst schließlich die Körperkerntemperatur, die einem Erträglichkeitsbereich zwischen + 36 °C und 38,5 °C hat. Sobald infolge nicht vorhandener Wärmeabführmöglichkeit des Körpers dessen Kerntemperatur von 38,5 °C überschreitet, können gesundheitliche Schäden zu erwarten sein. Die Folge sind Herzjagen, Hitzschlag, Besinnungslosigkeit, Blutungen, erhöhte Reizbarkeit, Halluzinationen und andere Kreislaufschäden. Mit steigender Belastung durch hohe Effektivtemperaturen sind auch die Leistungsfähigkeit (→Abb. 6.4.5), Fehlverhalten und Unfallrisiken nehmen zu. Zu Dauerschäden kommt es vor allem dadurch, dass das Herz insbesondere bei schwerer körperlicher Arbeit zu sehr beansprucht wird. Die Gefahr von Dauerschäden ist neben der Abhängigkeit von der Einwirkzeit, der Umgebungstemperatur und der Schwere der Arbeit auch eine Funktion vom physischen Zustand des Arbeitenden. Ernährungsweise und Akklimatisation haben ebenfalls Einfluss. Die Reaktion akklimatisierter Menschen weicht erheblich von nicht akklimatisierten Menschen ab. An hohe Effektivtemperatu-

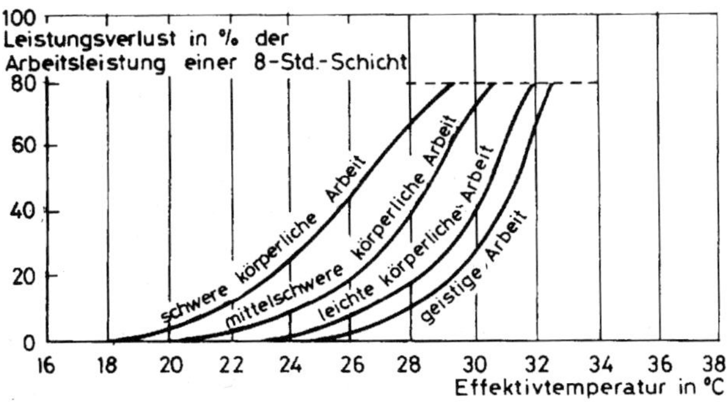

Abb. 6.4.5: Anhaltswerte für die Arbeitsleistung in Abhängigkeit von der Effektivtemperatur (nach zahlreichen ausgewerteten Einzelangaben im Schrifttum und in Gutachten)

ren erfolgt eine ausreichende Akklimatisation je nach Verhältnissen und menschlicher Konstitution in einer Zeit zwischen 2 Wochen und mehreren Monaten.

Luftfeuchte: In unserem Klima liegt in Büroräumen die relative Luftfeuchte im Sommer in der Regel zwischen 35 und 75%, sie sinkt wintertags dagegen auf Werte zwischen 20–40%. Sehr hohe Feuchte in Verbindung mit warmer Luft empfindet der Mensch als schwül; entsprechend sind negative Auswirkungen auf das Verhalten möglich. Eine relative Luftfeuchte unter 30% bewirkt eine erhöhte Anfälligkeit für Erkältungskrankheiten und Entzündungszustände im Bereich Rachen-Luftröhre, weil dort durch Austrocknen der Schleimhäute Infektionen leichter möglich sind.

Luftgeschwindigkeit: Zu hohe Luftgeschwindigkeit kann je nach Art der Arbeit und individueller Empfindlichkeit belästigend und auch gesundheitlich schädigend wirken. Bei sitzender Tätigkeit wird eine Luftgeschwindigkeit über 0,1 m/s, bei schwerer körperlicher Arbeit erst ab etwa 0,5 m/s als unangenehm empfunden. Zu beachten ist bei schwerer körperlicher Arbeit, dass als angenehm empfundene hohe Luftgeschwindigkeiten zu typischen Zugerkrankungen führen können.

Luftdruck: In Sonderfällen ist auch der Luftdruck als Klimafaktor von Bedeutung. Im wesentlichen spielen Luftdruckänderungen im Bergbau und bei Caisson- und Tunnelarbeiten sowie bei Tätigkeiten in Höhenlagen eine Rolle.

Bei Arbeiten unter Überdruck sind Schädigungen beim Einschleusen (zu schnell), bei der Arbeit selbst (zu hoher Druck), in erster Linie aber beim Ausschleusen möglich. Bei zu schneller Dekompression tritt die Druckfallkrankheit auf. Sie hat folgende Ursache: Bei der Kompression wird Stickstoff im Körper gelöst. Bei schneller Dekompression bilden sich bei der Entgasung Stickstoffbläschen, die eine Gasembolie und entsprechend Durchblutungs- und Kreislaufstörungen bewirken können.

Bei einer Überdruckeinwirkung $>$ 2,5 bar besteht außerdem die Möglichkeit der Sauerstoffvergiftung infolge zu hohen Sauerstoffpartialdruckes. Bei einem Überdruck $>$ 10 bar muss daher der Sauerstoffgehalt der Atemluft vermindert werden.

In USA wurde bei Arbeiten unter hohem Druck (Caissonarbeiten, Rettungsarbeiten im Meer) der Stickstoff der Luft (etwa 78%) durch Helium ersetzt. Helium löst sich weniger im menschlichen Körper und hat eine geringere Viskosität als Stickstoff. In einem derartigen Sauerstoff-Helium-Gasgemisch sind Arbeiten unter höherem Druck möglich, zumal danach wesentlich schneller ausgeschleust werden kann als bei normaler stickstoffhaltiger Luft.

Auch eine Dekompression unter Sauerstoffatmung über Atemmaske bewirkt eine schnellere Eliminierung des Körperstickstoffs und damit eine Verkürzung der Ausschleusezeit. Doch sind bei der Verwendung von Sauerstoff wegen Feuergefahr besondere Vorsichtsmaßnahmen erforderlich. Zu beachten ist, dass neben akuten Schäden auch bei längerem Arbeiten (Monate, Jahre) krankhafte Knochen- und Gelenkveränderungen auftreten können.

Bei Arbeiten unter *Unterdruck* oder bei schnellem Aufstieg in Höhen über 3 000 m zeigen sich Sauerstoffmangelerscheinungen, die Atemnot, Herzrennen und Übelkeit zur Folge haben können. Bei empfindlichen Personen treten diese Erscheinungen auch schon in geringeren Höhen auf.

Wärmestrahlung: Die Wärmeabstrahlung der Haut oder der Bekleidung bzw. die Bestrahlung an heißen Betriebspunkten ist um so größer, je größer die Differenz der Temperaturen von be- und abstrahlenden Flächen ist. Trotz ausreichender Raumlufttemperatur kann die Büroarbeit in der Nähe einer kalten Wand daher auf die Dauer zu gesundheitlichen Schäden führen.

Kältebereiche: Z.B. in Kühlhäusern, in der Lebensmittel- und Getränkeindustrie wird mit sinkenden Temperaturen zunehmend Wärme abgegeben. Die kältebedingte Minderdurchblutung der Haut ruft Kälteempfinden sowie Einschränkung der Beweglichkeit (Taubheitsgefühl) hervor. Durch eine damit verbundene Abnahme des Reaktionsvermögens, der Aufmerksamkeit und der Leistungsfähigkeit kann sich auch das Unfallrisiko erhöhen. Die Minderdurchblutung der Haut kann bei starker Abkühlung infolge Kältebereich oder infolge berührbarer kalter Oberflächen örtliche Gewebeschäden verursachen (Erfrierungen 1. – 4. Grades).

Hitzebereiche: Z.B. in der Stahl-, Glas-, Keramik- und Gummiindustrie können neben hohen Lufttemperaturen, heißen Oberflächen auch hohe Wärmestrahlungen auftreten. Steigen die Lufttemperaturen über 26 °C an, ist mit Konzentrationsmangel, Leistungsminderung, Zunahme von Arbeitsfehlern (Hitzeermüdung) zu rechnen. Höhere Wärmeeinwirkungen belasten das Herz-Kreislauf-System (Hitzekollaps), führen zu Flüssigkeitsverlusten (Hitzeerschöpfung) und können zum Wärmestau mit Hitzschlag führen, wenn die Körperkerntemperatur auf + 40 °C ansteigt.

Durch direkten Kontakt mit heißen Medien oder durch intensive Wärmestrahlung können lokale Gewebeschäden (Verbrennungen, Verbrühungen) entstehen (Verbrennungen 1. – 3. Grades).

Bewertung der Klimabelastung des Menschen

Bewertungsgrundlage ist die thermische Gesamtbelastung des Menschen, da diese für das Behaglichkeitsempfinden entscheidend ist.

Folgende raumklimatische Arbeitsbereiche werden unterschieden.

Unerträglichkeitsbereich: Dieser Bereich liegt vor, wenn die Klimabelastung auch für kürzeste Expositionszeiten nicht tolerierbar ist. In diesem Bereich sind bei Extrembelastungen die Höhe und der Charakter der erträglichen Kurzzeitbelastung festzulegen.

Behaglichkeitsbereich: Thermisch neutraler Bereich, der für die Beschäftigten ein optimales Raumklima (ausgeglichene Wärmebilanz, Wohlbefinden auf Grund des thermischen Zustandes) gewährleistet.

Erträglichkeitsbereich: Das Klima liegt in diesem Bereich außerhalb des Behaglichkeitsbereiches und bewirkt eine erhöhte Beanspruchung der Beschäftigten, jedoch keine gesundheitliche Schädigung; typisch hierfür sind Kälte- und Wärmebereiche.

Für die Bewertung der Klimabelastung/-beanspruchung gibt es folgende Möglichkeiten.

Einzelbewertung: Bei dieser Bewertung werden die einzelnen Klimagrößen herangezogen und mit Grenzwertempfehlungen verglichen, z.B. Raumlufttemperatur (→Tab. 6.4.1); hierbei handelt es sich um die Bewertung der thermischen Belastung.

Raumart	**Mindestraumtemperatur**		
Arbeitsräume	**Arbeitsschwere**		
überwiegende Körperhaltung	leicht	mittel	schwer
- Sitzen	+ 20°C	+ 19°C	-
- Stehen und / oder Gehen	+ 19°C	+ 17°C	+ 12°C
Pausen-, Bereitschafts-, Liege-, Sanitär- und Sanitätsräume	+ 21°C		
Waschräume mit Duschen oder Badewannen	+ 24°C		

Tab. 6.4.1: Mindestraumtemperaturen (ASR 6)

Summenbewertung: Bei dieser Bewertung werden die einzelnen Klimagrößen erfasst und verglichen, z.B. NET für Dauerexposition für akklimatisierte Beschäftigte (→Tab. 6.4.2); auch hierbei wird die thermische Belastung bewertet.

Beanspruchungsbewertung: Bei dieser Bewertung wird die thermische Beanspruchung anhand physiologischer Reaktionen erfasst. Diese beanspruchungsorientierte Methode erlaubt eine reale Aussage, ist allerdings sehr aufwendig, z.B. die Ermittlung der erforderlichen Schweißrate. Der Flüssigkeitsverlust des Körpers durch Schweißabgabe darf eine Höhe von 4 %–6 % des Körpergewichtes nicht überschreiten, da sonst pathologische Effekte auftreten können.

Stufe	Arbeitsenergieumsatz kJ / min	Arbeitsenergieumsatz W	Orientierungswerte für die Normal-Effektivtemperatur NET in °C
I	M ≤ 8	M ≤ 130	31 < NET ≤ 33
II	8 < M ≤ 12	130 < M ≤ 200	28 < NET ≤ 31
III	12 < M ≤ 16	200 < M ≤ 270	24 < NET ≤ 28
IV	16 < M ≤ 20	270 < M ≤ 330	20 < NET ≤ 24
V	20 < M ≤ 23	330 < M ≤ 380	16 < NET ≤ 20
VI	23 < M ≤ 25	380 < M ≤ 420	12 < NET ≤ 16
VII	M > 25	M > 420	NET ≤ 12

Tab. 6.4.2: Orientierungswerte für Dauerexposition auf der Grundlage der Normal-Effektivtemperatur (NET) für akklimatisierte Personen (DIN 33 403-3)

Temperaturen berührbarer Oberflächen: Örtliche Klimabelastungen/-gefährdungen entstehen durch heiße und kalte Oberflächen von Gegenständen und Medien infolge Hautkontakt (beabsichtigtes oder unbeabsichtigtes Berühren oder Greifen). Hautschädigungen sind bei dem Kontakt mit heißen oder kalten Medien von der Temperatur dieser Oberflächen anhängig und der Kontaktzeit.

Die Art der Hautschädigung beim Kontakt mit **heißen Oberflächen** als Funktion der Temperatur und der Einwirkzeit (→Abb. 6.4.6.) Für Sicherheitsberechnungen wird, wenn ein schnelles Zurückziehen noch Schmerzempfinden möglich

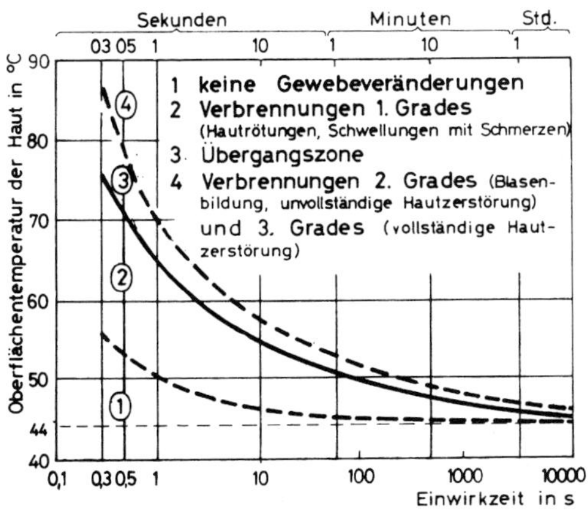

Abb. 6.4.6: Hautschädigungen bei Erwachsenen in Abhängigkeit von der Oberflächentemperatur der Haut und Einwirkzeit

ist, im allgemeinen eine Kontaktzeit von 1 s angenommen, da die Reaktionszeit auf Berührung mit heißen Flächen 0,4–1,0 s beträgt. Bei 1 s Einwirkungsdauer sind etwa ab 65 °C Hauttemperatur Verbrennungen 2. Grades zu erwarten. Für Dauerbelastungen (8 h) gilt ein Grenzwert von 43 °C (→DIN EN 563).

Für das Berühren **kalter Oberflächen** mit Fingern und das Greifen mit der Hand existieren ebenfalls Schwellenwerte für das Schmerzempfinden, das Taubheitsgefühl und für Erfrierungen (→DIN EN ISO 13 732-3). In Abhängigkeit von den genannten gesundheitlichen Risiken dürfen folgende Werte nicht unterschritten werden:

- Hauttemperatur 15 °C →Schmerzschwelle
- Hauttemperatur 7 °C →Schwelle für Taubheit
- Hauttemperatur 0 °C →Schwelle für Erfrierungen

6.4.3 Maßnahmen

Optimales Raumklima

Arbeitsräume werden von außen thermisch belastet (Luftfeucht, Solarstrahlung, Außentemperatur, Wind), können aber auch technologisch von innen belastet werden (Wärmeabgabe von Maschinen und Anlagen, von Beleuchtungsanlagen aber auch von den Beschäftigten in Abhängigkeit von der Arbeitsschwere).

Optimales Raumklima ist durch Gestaltung der einzelnen Klimaparameter zu erzielen. Muss dazu einem Arbeitsraum Wärme zugeführt werden, wird von Heizlast bzw. Wärmebedarf gesprochen, im umgekehrten Fall von Kühllast.

Lufttemperatur: Bei Temperaturunterschreitungen liegen die Gründe in der Regel bei mangelnder Heizung, zu starker Luftbewegung (mangelnde Isolation, zerstörte Fensterscheiben usw.). Hier sind entsprechende Maßnahmen oft verhältnismäßig einfach durchzuführen.

Schwieriger sind die Maßnahmen, wenn die Behaglichkeitswerte überschritten werden. Bewirkt wird übermäßige Wärme am häufigsten durch Feuerbetriebe (Schmelzöfen, Dampfkessel usw.), aber auch durch Umsatz von elektrischer in mechanische Energie besonders an Motoren in engen Räumen, ausnahmsweise auch durch chemische Reaktionen (z.B. Oxidation von Lagergut oder altem Holz), zeitweise auch durch Sonneneinstrahlung in geschlossene Räume oder andere klimatische Einflüsse und in Bergwerken auf Grund der geothermischen Tiefenstufe (ca. 3 °C/100 m Tiefe), Gebirgsbewegungen, Sprengarbeiten, durch Lampen und nicht zuletzt auch durch die Körperwärme des Menschen.

Gegen zu hohe Lufttemperaturen kann im Wesentlichen folgendes unternommen werden:

- Beseitigung der Wärmequelle, z.B. Innenraum vor Sonneneinstrahlung schützen.

- Versuchen, die Hitze abzuleiten, bevor sie mit Menschen in Berührung kommt. Wärmequellen möglichst an das Ende der Luftströmung setzen.
- Falls nicht möglich, für Luftbewegung sorgen. Wärme wird auf diese Weise abgeführt und die Effektivtemperatur herabgesetzt.
- Künstlich kühlen (durch Kühlmaschinen). Die Kühlung ist nach der ArbeitsstättenVO für Bereiche von Arbeitsplätzen, die unter starker Hitzeeinwirkung stehen, im Rahmen der betrieblichen Möglichkeiten vorgeschrieben.

Die künstliche Kühlung (Prinzip des Kühlschrankes) hat sich in vielen Fällen bewährt. Bei Verwendung von Kompressionskältemaschinen dürfen nur unschädliche Kältemittel benutzt werden, auch ist für genügend abführbares Kühlwasser zu sorgen.

Im Bergbau sind verschiedentlich auch Luftkältemaschinen verwendet worden. Dabei wird Luft übertage auf 7 bar Überdruck komprimiert und die auf etwa 200 °C erwärmte Luft gekühlt, bevor die der Grube zugeleitet wird. Bei der Entspannung in der Grube wird dann der Umgebung Wärme entzogen. Das einfache Verfahren hat sehr hohe Betriebskosten für die Luftkompression und hat sich aus diesem Grund nicht durchgesetzt. Wiederholt ist auch Eiskühlung angewandt worden, z.B. im südafrikanischen Bergbau und beim Bau des Simplontunnels. Zur Erwärmung und Verflüssigung von Eis von – 10 °C auf Wasser + 25 °C sind 460 kJ/kg notwendig. Das sehr teure und umständliche Eiskühlverfahren hat sich nicht bewährt.

Luftfeuchte: Die optimale relative Luftfeucht liegt zwischen 35 und 75%. Nach ASR 5 soll die relative Feuchte nachstehende Werte nicht überschreiten: 20 °C: 80%; 22 °C: 70%; 24 °C: 62%; 26 °C: 55%. Ist im Winter in umschlossenen Räumen die relative Luftfeuchte zu gering, muss die Luft befeuchtet werden. Beim Kauf von Luftbefeuchtern ist darauf zu achten, dass sie eine genügend hohe Verdunstungsleistung besitzen. Die meisten Geräte sind in dieser Hinsicht völlig unzureichend.

Bei einer Luftfeuchtigkeitserhöhung von 1 g/m^3 Luft erniedrigt sich die Lufttemperatur um etwa 2 °C/m^3. Dieser Umstand wird in heißen Bergwerken genutzt, indem durch Befeuchten der Luft Verdunstungskälte erzeugt wird. Das Verfahren hat sich nur in Sonderfällen bewährt. Es ist nämlich zu bedenken, dass die nach der Befeuchtung wieder erwärmte Luft sich noch ungünstiger auf den Menschen auswirkt als vorher, weil die Effektivtemperatur höher liegt.

Luftgeschwindigkeit: Wenn relative Luftfeuchte und Lufttemperatur in unmittelbarer Umgebung der Beschäftigten konstant sind, ist die Normal-Effektivtemperatur (NET) am Arbeitsplatz eine Funktion der auf die Beschäftigten wirkende Luftgeschwindigkeit. Entsprechend lässt sich die Effektivtemperatur durch Erhöhung der Luftgeschwindigkeit verringern. Dies ist jedoch mit Rücksicht auf das menschliche Zugempfinden und mögliche Gesundheitsschäden nur in engen Grenzen möglich. Bei normal temperierter Luft darf die Luftgeschwindigkeit 0,1 m/s (leichte Arbeit) – 0,5 m/s (schwere Arbeit) in der Regel nicht überschreiten.

Mit Hilfe der Lüftung erfolgt auch der Raumluftwechsel (Luftwechselzahl in h^{-1}), um ausreichend gesundheitliche Atemluft in die Arbeitsräume zu bringen. Unterschieden werden freie (natürliche) Lüftung und mechanische (zwangsweise) Lüftung durch lufttechnische Anlagen.

Für **freie Lüftung** sind ausreichend große Zu- und Abluftquerschnitte erforderlich sowie bestimmte Raumtiefen (→Tab. 6.4.3).

System	Lichte Raumhöhe H	Maximal zulässige Raumtiefe bezogen auf lichte Raumhöhe H in m	Zuluft- und gleichgroßer Abluftquerschnitt bezogen auf m² Bodenfläche in cm²/m²		
			Raum gruppe A	Raum gruppe B	Raum gruppe C
I	bis 4 m	2,5 × H	200	350	500
II		5,0 × H	120	200	300
III			80	140	200
IV	über 4 m		80	140	200

System I: Einseitige Lüftung mit Öffnungen in einer Außenwand. Zu-und Abluftquerschnitte sind zu addieren.
System II: Querlüftung mit Öffnung in gegenüberliegenden Außenwänden oder in einer Außenwand und der Dachfläche.
System III: Querlüftung mit Öffnung in einer Außenwand und bei gegenüberliegendem Schacht von 80 cm² freien Querschnitt und 4 m Höhe.
System IV: Querlüftung mit Dachaufsätzen.
Raumgruppe A: Überwiegend sitzende Tätigkeit.
Raumgruppe B: Überwiegend nichtsitzende Tätigkeit, z.B. Verkaufsräume.
Raumgruppe C: Bei Geruchsbelästigung und schwerer körperlicher Arbeit.

Tab. 6.4.3: Lüftungsquerschnitte für freie Lüftung nach ASR 5.

Für **mechanische Lüftung** sind Mindestluftraten (Außenluftvolumenstrom) in Abhängigkeit von der Arbeitstätigkeit einzuhalten (ASR 5):

20–40 m³/h u. Person bei überwiegend sitzender Tätigkeit;
40–60 m³/h u. Person bei überwiegend nicht sitzender Tätigkeit;
$>$ 65 m³/h u. Person bei schwerer körperlicher Arbeit.

In Arbeitsräumen mit belästigenden und gefährlichen Gasen und Dämpfen sollen diese möglichst an der Quelle abgesaugt werden. Ist das nicht möglich, sind zu den Werten Zuschläge erforderlich, z.B. bei intensiven Gerüchen 20 m³/h Person. Für Arbeitsräume mit Publikumsverkehr ist eine Personenbesetzung von 0,2–0,3 Personen/m² Bodenfläche zugrunde zulegen. Die Außenluftströme können bei sehr hohen ($\geq$ 26 °C) und sehr niedrigen ($\leq$ 0 °C) Temperaturen um höchstens 50% verringert werden. Die Zuluft ist durch Luftfilter zu reinigen und erforderlichenfalls zu erwärmen oder zu kühlen. Auf strömungstechnisch günstige Anordnung von Ansaug- und Abluftöffnungen ist zu achten.

Nach der ArbeitsstättenVO (Abschnitt 3.6 des Anhanges) müssen Störungen lufttechnischer Anlagen durch Warneinrichtungen angezeigt werden. Diese Warneinrichtungen sind mindestens einmal jährlich zu überprüfen.

Luftdruck: Für Tätigkeiten unter **Überdruck** gelten DruckluftVO und BGV C 23 – Taucherarbeiten. Die Vorschriften enthalten Bestimmungen u.a. über Anzeigepflicht, ärztliche Betreuung, technische Überwachung, Höchstdruck und Ein- und Ausschleusezeiten (siehe auch BGI 690).

Bei **Unterdruck** ($< 0{,}73$ bar) und in größeren Höhenlagen (ab etwa 2500 m) muss sich der Körper den veränderten atmosphärischen Bedingungen anpassen. Daher ist in diesen Höhenlagen in den ersten Tagen schwere Arbeit zu vermeiden. Nach Anpassung ist jedoch Arbeit bis zu einer Höhe von 5000–6000 m ($> 0{,}73$ bar) noch möglich. Für unangepasste Personen empfiehlt sich die Mitführung eines Sauerstoffspendegerätes.

Wärmestrahlung: Durch Wärmestrahlung nimmt der Beschäftigte aus der Umgebung des Arbeitsraumes Wärme auf (von Maschinen, Beleuchtungssystemen, Wandflächen, Fenstern) und gibt gleichzeitig Wärme ab. Die Differenz zwischen der durch Strahlung zugeführten und der durch Strahlung abgeführte Wärmestromdichte wird effektive Bestrahlungsstärke genannt (Bezugsbasis ist eine Hauttemperatur von 32 °C). Sie stellt damit den auf diese Basis bezogenen, aus der Wärmestrahlung resultierenden Wärmestrom pro Fläche dar.

Ein *behagliches Raumklima* erfordert aufeinander abgestimmte Klimagrößen, die sich am Arbeitsenergieumsatz (Arbeitsschwere) orientieren müssen. Empfohlenen Behaglichkeitsgrenzen für Winter- und Sommerbedingungen am Beispiel leichter, sitzender Tätigkeit (→Tab. 6.4.4).

Klimagrößen	Einheit	Winterbedingungen (Heizperiode)	Sommerbedingungen (Kühlungsperiode)
operative Raumtemp. t_a [1]	°C	20 – 24	23 – 26
Temperaturdifferenz [2] Δt	°C	< 3	< 3
Oberflächentemperatur des Fußbodens	°C	19 – 26	
mittlere Luftgeschw. [3]	m/s	< 0,2	< 0,2
relative Luftfeuchtigkeit	%	30 - 70	30 - 70

[1] t_a = Mittelwert von Temperatur t_a und mittlerer Strahlungstemperatur t_R
[2] Δt zwischen 1,1 m und 0,1 m o.F. (Kopf- und Fußhöhe)
[3] siehe DIN EN ISO 7730, Beispiel in Tabelle gilt bei 20 °C und 70 W/m² Energieumsatz

Tab. 6.4.4: Empfohlene Behaglichkeitsgrenzen für das Umgebungsklima bei leichter und hauptsächlich sitzender Tätigkeit nach DIN EN ISO 7730

Hitzebereich (Erträglichkeitsbereich)

Strahlungsblenden/Lüftung: Bei hoher Lufttemperatur und/oder Wärmestrahlung sind die Quellen ungünstigen Klimas abzuschirmen, z.B. durch Strahlungsschutzblenden. Auch durch lüftungstechnische Maßnahmen für Arbeitsräume allgemein oder durch örtliche Kühlung der Beschäftigten mit Luftduschen kann durch Erhöhung der Luftwechselzahl und der Luftgeschwindigkeit die Wärmewirkung reduziert werden (→Abb. 6.4.7).

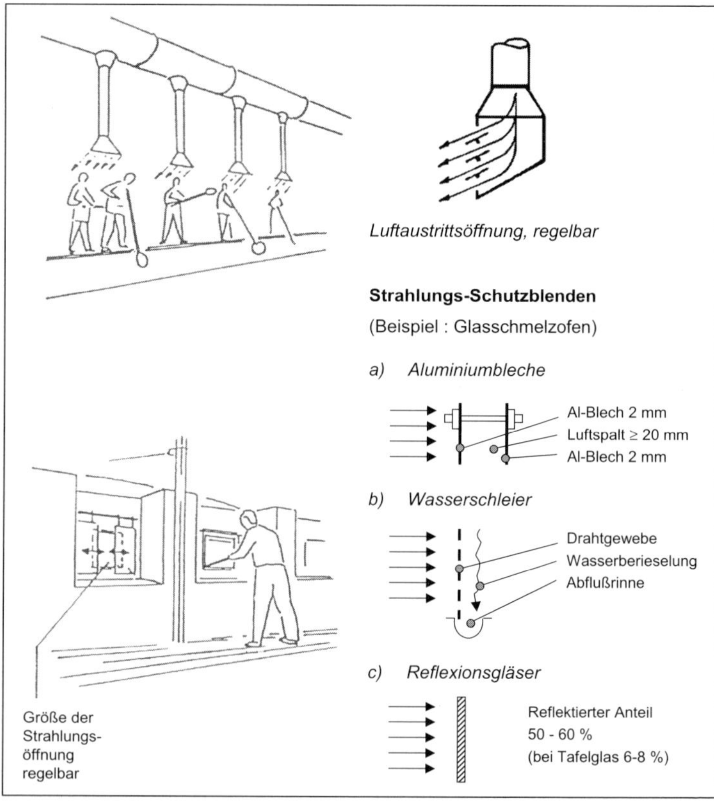

Abb. 6.4.7: Hitzeschutzmaßnahmen

Akklimatisierung der Beschäftigten: Die Hitzeakklimation als physiologischer Anpassungsprozess geschieht durch eine klimatische Belastung in einer Dauer von zwei bis vier Wochen. Begonnen werden sollte die Akklimatisierung mit ca. 50% der voraussichtlichen Arbeitsschwere und Expositionszeit, die dann schrittweise zu erhöhen ist.

Die nachfolgend genannten Orientierungswerte gelten nur für akklimatisierte Beschäftigte.

Die Akklimation geht verloren, wenn für die Dauer von drei bis vier Wochen keine Hitzearbeit durchgeführt wird.

Begrenzung der Expositionszeit: Die Klimabelastung durch Wärmestrahlung wird in drei Bereiche eingeteilt. In Abhängigkeit von dem Arbeitsenergieumsatz kann entschieden werden, ob eine 8-stündige Dauerbelastung möglich ist, oder ob Entwärmungspausen erforderlich sind (→Abb. 6.4.8).

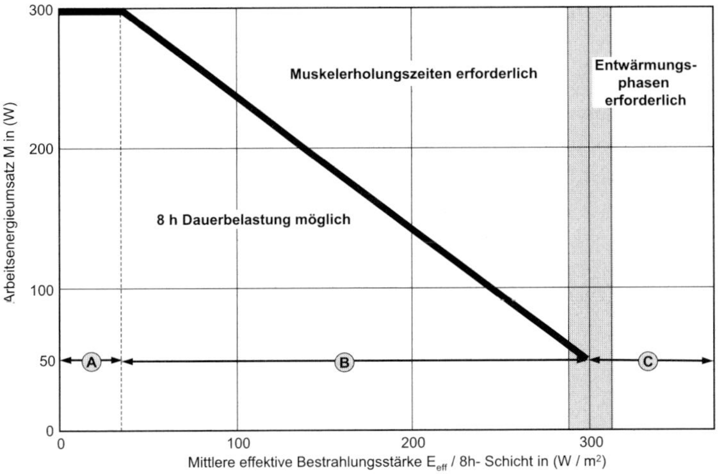

Abb. 6.4.8: Orientierungsbereiche für Wärmestrahlungsexposition in Abhängigkeit vom Arbeitsenergieumsatz (DIN 33 403 T.3)

Bereich A: $E_{eff} \leq 35$ W/m² → kein klimabelastender Einfluss bei einem maximalen Energieumsatz von 300 W

Bereich B: 35 W/m² $< E_{eff} \leq$ 300 W/m² → Dauerexposition nur bei Energieumsätzen unterhalb der Geraden zulässig

Bereich C: $E_{eff} >$ 300 W/m² → Dauerexposition unzulässig; Entwärmungsphasen erforderlich

Orientierungswerte für Kurzzeitexpositionen bei Wärmestrahlung (≤ 90 min) →DIN 33 403-3.

Persönliche Schutzausrüstungen: Gesichtspunkte für die Auswahl von **Arbeitskleidung** sind z.B. genügende Weite und Luftdurchlässigkeit der Kleidung, Reflexionsvermögen von Infrarotstrahlung, im Extremfall auch Verwendung von gekühlten Anzügen.

Hitzeschutzkleidung nach DIN EN 531 muss neben einer ausreichenden Wärmeisolation (z.B. Schmelzerschutzanzug mit Hitzeschutzmantel = 1,4 clo) auch ein ausreichendes Feuchtetransportvermögen haben, das für den Tragekomfort dieser Kleidung entscheidend ist. Ergänzt werden kann die Hitzeschutzkleidung um Gesichtsschutz, Schutzhelm und Schutzhandschuh gegen thermische Risiken.

Vorsorgeuntersuchung: Zur Überwachung der Gesundheit der Beschäftigten gegen Hitzebelastungen sind arbeitsmedizinische Untersuchungen nach BGV A 4/BGG 904 (G 30 Hitzearbeit) erforderlich. Weitere Gestaltungshinweise →BGI 537 und BGI 579.

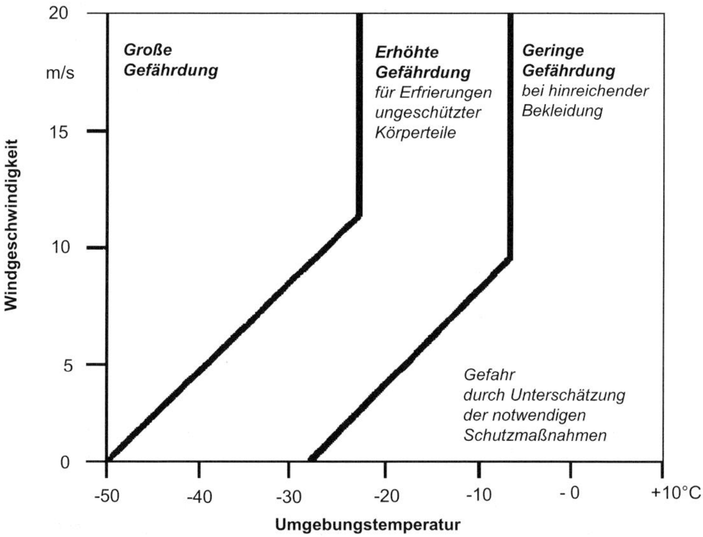

Abb. 6.4.9: Einfluss der Windgeschwindigkeit auf die Gefährdung bei Kältearbeit

Kältebereich (Erträglichkeitsbereich)

Nach der Lufttemperatur werden die Kältebereich I–V eingeteilt (DIN 33 403-5):

Kältebereich I + 15 °C bis + 10 °C (kühler Bereich)
Kältebereich II + 9 °C bis – 5 °C (leicht kalter Bereich)

Kältebereich III	– 6 °C bis – 18 °C	(kalter Bereich)
Kältebereich IV	– 19 °C bis – 30 °C	(sehr kalter Bereich)
Kältebereich V	unter – 31 °C	(tief kalter Bereich)

Lufttemperatur/Wärmestrahlung: Die Lufttemperatur ist für Kältebereiche die entscheidendste Belastungsgröße; sie sollte auf das technologisch erforderliche Maß begrenzt werden. Wenn möglich, sind örtliche Wärmestrahler, Luftschleier (Kalt- oder Warmluft) im Eingangsbereich von Lager-/Umschlagräumen und beheizbare Fahrerkabinen (z.B. Gabelstapler) einzusetzen.

Luftgeschwindigkeit: Die Luftgeschwindigkeit ist so gering wie möglich zu halten. DIN 33403-5 empfiehlt bei sitzender und stehender Arbeit Luftgeschwindigkeiten $< 0{,}2$ m/s. Höhere Geschwindigkeiten erhöhen das Gesundheitsrisiko. Der Einfluss der Windgeschwindigkeit auf das Risiko bei Arbeiten im Freien (→Abb. 6.4.9).

Persönliche Schutzausrüstungen: In Abhängigkeit vom Kältebereich sind bei Arbeiten im Freien Wetter- und Winterschutzanzüge bzw. bei sonstigen Arbeiten Kälteschutzkleidung bereitzustellen. Dazu muss der erforderliche Isolationswert der Bekleidung ermittelt werden, der neben den jeweiligen Kältebereich auch den Arbeitsenergieumsatz (Bruttoenergieumsatz mit den Belastungsstufen -BS- nach DIN EN 28 996) der Beschäftigten berücksichtigt:

BS 1	180 W (sehr leichte Tätigkeit)
BS 2	240 W (leichte Tätigkeit)
BS 3	300 W (mittelschwere Tätigkeit)
BS 4	360 W (schwere Tätigkeit)
BS 5	420 W (sehr schwere Tätigkeit)

Das Prinzip der Auswahl der mindest erforderlichen Wärmeisolation für Kälteschutzkleidung zeigt Tab. 6.4.5. Nach DIN 33403-5 ist dann die entsprechende Kleiderkombination auszuwählen.

Kälteexpositions- und Aufwärmzeiten: In Abhängigkeit vom Kältebereich sind maximale Expositionszeiten und Aufwärmzeiten einzuhalten (→Tab. 6.4.6). Für Pausen sind geeignete Räume zur Verfügung zu stellen (Aufwärmräume), die bei Arbeiten in den Kältebereichen II und IV mit Einrichtungen zum Kleidertrocknen auszurüsten sind (sonstige Anforderungen an Pausenräume →§ 6 (3) und Abschnitt 4.2 des Anhanges der ArbeitsstättenVO).

Vorsorgeuntersuchung: Zur Überwachung der Gesundheit der Beschäftigten gegen Kältebelastungen sind arbeitsmedizinische Untersuchungen nach BGV A4/BGG 904 (G 21 Kältearbeit) erforderlich.

Kältebereich	Mittlere Lufttemperatur t_a °C	Mittlerer Brutto-Energieumsatz *M* W: 180	240	300	360	420
		Minimal erforderliche Wärmeisolation $I_{cl,min}$ clo				
	+ 15					
I	+ 14	1,00				
	+ 13	1,08				
	+ 12	1,17		Wärmeisolation ≤ 1,00		
	+ 11	1,28				
kühler B.	+ 10	1,38				
	+ 9	1,47	1,00			
II	+ 8	1,58	1,09			
	+ 7	1,68	1,16			
	+ 6	1,78	1,24			
	+ 5	1,88	1,33			
	+ 4	1,98	1,40	1,00		
	+ 3	2,08	1,47	1,04		
	+ 2	2,18	1,55	1,10		
	+ 1	2,28	1,63	1,16		
	0	2,38	1,70	1,23		
	- 1	2,47	1,78	1,28	1,00	
	- 2	2,57	1,85	1,34	1,03	
	- 3	2,68	1,94	1,40	1,06	
leicht kalter B.	- 4	2,78	2,01	1,46	1,11	
	- 5	2,88	2,09	1,51	1,16	
kalter B.	- 6	2,98	2,16	1,58	1,21	1,00
	- 7	3,08	2,24	1,64	1,26	1,03
III	- 8	3,18	2,31	1,70	1,31	1,06
	...		...			
	- 18		3,08	2,29	1,80	1,46
	- 19		3,16	2,35	1,84	1,51
IV	- 20		3,24	2,41	1,89	1,56
sehr kalter B.	- 21		3,31	2,46	1,94	1,60
	...			....	...	....
	- 29		3,93	2,94	2,33	1,95
	- 30		4,00	3,00	2,38	2,00
V tief k. B.	≤ - 31	4,00	4,00	≥ 3,06	≥ 2,44	≥ 3,06

Tab. 6.4.5: Minimal erford. Wärmeisolation für Arbeitskleidung (ISO/TR 11 079) (Mittlerer Brutto-Energieumsatz M entspricht den Belastungsstufen BS nach DIN EN 28996)

Temperaturen berührbarer Oberflächen

Oberflächentemperatur: Prozessbedingte heiße und kalte Oberflächentemperaturen können in Abhängigkeit von der Kontaktdauer (beabsichtigt, unbeabsichtigt) durch die Wahl des Oberflächenmaterials beeinflusst werden. Für heiße Oberflächen sind Verbrennungsschwellen für unterschiedliche Mate-

Kältebereich	Maximale ununterbrochene Kälteexpositionszeit in min	Empfohlene Aufwärmzeit zur Kälteexposition in %	Empfohlene Aufwärmzeit in min
I	150	5	10
II	150	5	10
III	90	20	15
IV	90	30	30
V	60	100	60

Tab. 6.4.6: Kälteexpositions- und Aufwärmzeiten (DIN 33 403-3)

rialien in Abhängigkeit von der Kontaktdauer festgelegt (→Tab. 6.4.7). Für kalte Oberflächen sind Schwellenwerte für das Schmerzempfinden, das Taubheitsgefühl und für Erfrierungen für unterschiedliche Materialien in Abhängigkeit von der Kontaktdauer festgelegt; Beispiel für Schmerzschwellen (→Tab. 6.4.8):

Art der Kontaktfläche (Material)	**Kontaktdauer**		
	1 min	10 min	≥ 8h
	Oberflächentemperatur in °C		
unbeschichtete Metalle	51	48	43
beschichtete Metalle	51	48	43
keramische glas- und steinhaltige Materialien	56	48	43
Kunststoffe	60	48	43
Holz	60	48	43

Tab. 6.4.7: Verbrennungsschwellen bei beabsichtigten Berühren heißer Oberflächen für verschiedene Kontaktflächen (DIN EN 563)

Für unbeabsichtigtes Berühren ist minimal eine Kontaktdauer von 1 s zugrunde zu legen, bei beabsichtigtem Berühren minimal 4 s.

Abschirmung, Absperrung, Isolierung: Durch diese Maßnahmen sind heiße und kalte Oberflächen, für die prozessbedingt kein Kontakterfordernis besteht, zu schützen, z.B. Isolieren von Rohrleitungen. Auch die Verwendung heizbarer Werkzeugkästen oder Werkzeuge bei Arbeiten in/an kalten Medien schützt zeitweise vor diesen Gefahren.

Art der Kontaktfläche (Material)	**Kontaktdauer**		
	1 min	10 min	15 min
	Oberflächentemperatur in °C		
Aluminium	- 4	+ 1	+ 2
Stahl	- 7	0	+ 2
Stein	-17	- 2	+ 2
Nylon	- 34	- 5	+ 1
Holz	-	- 8	0

Tab. 6.4.8: Schmerzschwellen kalter Oberflächen bei beabsichtigten Berühren für verschiedene Kontaktflächen (E DIN EN ISO 13 732-3)

Persönliche Schutzausrüstungen: Je nach Art der möglichen Hautgefährdung (Berühren heißer oder kalter Teile, offene Flammen, Spritzer durch heiße Medien) sind die betreffenden Schutzausrüstungen auszuwählen, z.B. Schutzhandschuhe gegen Kälte (→DIN EN 511), gegen thermische Risiken (→DIN EN 407).

Warnsignale/ -zeichen: Durch optische und/oder akustische Warnsignale ist auf eine bestehende Gefährdung durch heiße oder kalte Medien hinzuweisen, z.B. Kontrollleuchte zum Schutz vor heißen Teilen. Durch zusätzliche Sicherheitskennzeichnung sind die nicht unmittelbar Beschäftigten vor den Gefahren durch heiße und kalte Medien zu warnen (→BGV A8).

6.4.4 Großklima und Wetter

Grundlagen

Neben dem Raumklima haben auch Wetter und Großklima über die Beeinflussung der psychischen und physischen Konstitution des Menschen und seiner Umgebungsbedingungen Einfluss auf die Arbeitssicherheit.

Begriffe: Unter Großklima ist der auf ein Territorium bezogene mittlere Zustand des Gesamtablaufes meteorologischer Erscheinungen über einen längeren Zeitraum zu verstehen. Der kurzzeitigen meteorologischen Erscheinungen, deren Summe das Klima bestimmt, wird Wetter genannt.

Messtechnik: Wie beim Raumklima können die Einflussgrößen von Großklima und Wetter mit Hilfe üblicher Messgeräte erfasst werden, also in erster

Linie Trockentemperatur, relative Luftfeuchte, Windgeschwindigkeit und Luftdruck, daneben auch Sonneneinstrahlung und Niederschlagsmenge.

Wetterveränderungen: Bekannt ist, dass typische Wetterveränderungen durch biotrope Wettersituationen Leistungsfähigkeit und Reaktionsvermögen des gesunden arbeitenden Menschen beeinflussen. Biotrope Wettersituationen liegen dann vor, wenn die Atmosphäre von stabiler zu labiler Schichtung umschlägt, z.B. Kaltfronten, labilem Aufgleiten, Gewitter usw. Eine negative Beeinflussung tritt besonders bei biotroper Südwestwetterlage mit Wärmezufuhr ein.

Arbeitsbedingte Belastungen (Gefährdungen)

Einfluss der Witterung: Der Wetterzustand im Sinne einer augenblicklichen Witterung hat bei der Arbeit im Freien direkten Einfluss auf die Umgebungsbedingungen und kann vor allem bei ungünstigen Verhältnissen Ausrutsch- und Absturzunfälle bewirken, aber auch sonst bei unzweckmäßiger Kleidung Körperschäden auslösen, z.B. durch Nässe verursachte Krankheiten und Erfrierungen.

Wetterveränderungen: Um den Einfluss von biotropen Wetterzuständen auf die Unfallhäufigkeit zu prüfen, wurden die täglichen Summenwerte von 360 000 Unfällen im süddeutschen Raum von Betrieben, die einen direkten Einfluss des Wetters auf den Unfallhergang nicht zuließen, festgestellt und mit den Ergebnissen der Infralangwellenmessung verglichen. Es ergab sich, dass bei biotropen Wetterlagen die Häufigkeit von Betriebsunfällen im Schnitt um 7–8% des Mittelwertes zunahm und an Tagen mit biometeorologisch günstigen Daten um etwa den gleichen Betrag abnahm. Diese Erscheinung wurde – allerdings mit etwas geringerer Schwankungsbreite – auch bei der Untersuchung von 11 000 Untertageunfällen festgestellt, bei denen bekanntlich die direkte Wettereinwirkung in der Regel nicht möglich ist. Bei den Untertageunfällen ergab eine Aufteilung der Unfälle nach der Zeit seit Beginn der Schicht, dass bei biotropen Wetterlagen in den ersten Arbeitsstunden die Unfallhäufigkeit wesentlich höher lag als bei ungestörtem Wetter. Der Bergmann nimmt also seine erhöhte Unfallbereitschaft mit in die Grube, wo sie allmählich zurückgeht (REITER 1970).

Als gesichert darf also gelten, dass biotrope Wettersituationen über den Weg biologischer Reaktionen, insbesondere durch Überforderung des menschlichen Anpassungsvermögens, das Verhalten ungünstig beeinflussen und damit das Unfallrisiko erhöhen.

Maßnahmen

Arbeitsplätze im Freien: Nach der ArbeitsstättenVO (Abschnitt 5.1 des Anhanges) sind ortsgebundene Arbeitsplätze im Freien nur zulässig, wenn es betriebstechnisch erforderlich ist. Die Arbeitsplätze sind so herzurichten, dass die Beschäftigten sich bei jeder Witterung sicher bewegen können.

Gegen Gefahren durch Ausgleiten und Abstürzen sind erff. Vorkehrungen zu treffen:

- Wasserabfluss sichern, streuen, Roste und raue Oberflächen anbringen,
- Schuhe mit rutschhemmenden Sohlen benutzen,
- Bei Schnee und Eis die Wege streuen, bevor die Schicht beginnt.
- Bei Arbeiten mit Absturzgefahr anseilen.
- An Treppen und häufig begangenen Schrägflächen Geländer anbringen.

Die Beschäftigten müssen im Rahmen des Möglichen gegen Witterungseinflüsse, z.B. Kälte, Regen und Wind, geschützt werden. Bei leichter körperlicher Arbeit müssen die Arbeitsplätze in der Zeit vom 1.11. bis 31.3 zu beheizen sein.

Verkaufsstände: An Verkaufsständen im Freien, die in Zusammenhang mit Ladengeschäften stehen, sollen in der Zeit vom 15.10. bis 30.4. Arbeitnehmer nur beschäftigt werden, wenn die Außentemperatur $>$ 16 °C beträgt. Als Mindestbodenfläche sind 1,5 m^2/Arbeitsnehmer anzusetzen.

Baustellen: Auf jeder Baustelle sind Tagesunterkünfte zur Verfügung zu stellen; Mindesthöhe: 2,3 m, Mindestbodenfläche: 0,75 m^2/Arbeitnehmer. In der Zeit vom 15. 10. bis 30. 4. müssen Heizeinrichtungen eine Temperatur von 21 °C ermöglichen und die unmittelbar ins Freie führenden Ausgänge als Windfang ausgebildet sein. Trinkwasser oder anderes alkoholfreies Getränk muss den Arbeitnehmern zur Verfügung gestellt werden. Werden auf der Baustelle nicht mehr als 4 Arbeitnehmer längstens eine Woche beschäftigt, so kann auf die Tagesunterkunft verzichtet werden.

Wenn mindestens 10 Arbeitnehmer länger als 2 Wochen auf einer Baustelle beschäftigt sind, so sind Waschräume zu errichten; Mindesthöhe: 2,3 m. Vorgeschrieben sind: 1 Waschstelle/höchstens 5 Arbeitnehmer und 1 Dusche höchstens 20 Arbeitnehmer. Die Heizeinrichtungen müssen eine Temperatur von 21 °C ermöglichen. Wände, Decken und Fußböden müssen wärmedämmend ausgeführt sein. Wände und Fußböden müssen sich leicht reinigen lassen. Die Reinigungsmittel müssen vom Arbeitgeber zur Verfügung gestellt werden.

Für die Arbeiten im Freien und auf Baustellen ist Schutzkleidung zur Verfügung zu stellen, die aus Bekleidungsstücken bestehen, die zusätzlich zu der von den Arbeitgebern zu stellenden Arbeitskleidung gegen Kälte, Wind, Niederschlag und Bodennässe schützen. Das sind besonders Überziehjacken oder -mäntel, Überziehhosen, Handschuhe, Schuhwerk, Ohren- und Kopfschützer. Die Schutzkleidung für Bauarbeiten muss mit einem anerkannten Prüfzeichen versehen werden. Die Prüfzeichen werden im BArbBl. veröffentlicht.

Literatur

VO über Arbeiten mir Druckluft (DruckluftVO – DruckLV) vom 4. 10. 1972, zuletzt geändert durch Art. 1 der Verordnung vom 19. 6. 1997 (BGBl. I S. 1384)

VO über Sicherheit und Gesundheitsschutz bei der Benutzung persönlicher Schutzausrüstungen (PSA-BenutzungsVO – PSA-BV) vom 4. 12. 1996 (BGBl. I S. 1841)

VO über Arbeitsstätten (ArbeitsstättenVO – ArbStättV) vom 20. 3. 1975, außer Kraft gesetzt am 25. 8. 2004 (BGBl. I Nr. 44, S. 2179)

VO über Arbeitsstätten (ArbeitsstättenVO – ArbStättV) vom 12. 8. 2004 (BGBl. I Nr. 44, S. 2179)

Arbeitsstättenrichtlinien (ASR)
ASR 5 Lüftung
ASR 6 Raumtemperatur

BGV A 1Grundsätze der Prävention

BGV A 4 Arbeitsmedizinische Vorsorge

BGV C 23 Taucherarbeiten

BGV D 4 Kälteanlagen, Wärmepumpen und Kühleinrichtungen

BGR 189 Einsatz von Schutzkleidung

BGI 537 Wärmebelastete Arbeitsplätze

BGI 579 Arbeiten unter Hitzebelastung

BGI 690 Behandlung von Erkrankungen durch Arbeiten in Überdruck (Arbeiten in Druckluft, Taucherarbeiten)

BGG 904 Berufsgenossenschaftliche arbeitsmedizinische Vorsorgeuntersuchungen

DIN EN 342 Schutzkleidung; Kleidersysteme zum Schutz gegen Kälte

DIN EN 342 Schutzkleidung; Schutz gegen Regen

DIN EN 407 Schutzhandschuhe gegen thermische Risiken

DIN EN 511 Schutzhandschuhe gegen Kälte

DIN EN 531 Schutzkleidung für hitzeexponierte Arbeiten

DIN EN 563 Sicherheit von Maschinen; Temperaturen berührbarer Oberflächen; Ergonomische Daten zur Festlegung von Temperaturgrenzwerte für heiße Oberflächen

DIN 1946-2 Raumlufttechnik; Gesundheitstechnische Anforderungen

DIN EN ISO 7730 Gemäßigtes Umgebungsklima; Beschreibung der Bedingungen für thermische Behaglichkeit

ISO 9886 Ermittlung der thermischen Belastung durch physiologische Messungen

ISO/TR 11 079 Evaluierung des kalten Umgebungsklimas; Bestimmung der erforderlichen Bekleidungsisolation

DIN EN 12 515 Warmes Umgebungsklima; Analytische Bestimmung und Beurteilung der Wärmebelastung durch Berechnung der erforderlichen Schweißrate

E DIN EN ISO 13 732-3 Ergonomie des Umgebungsklimas; Berühren von kalten Oberflächen; Ergonomische Daten und Leitfaden bei der Anwendung

DIN EN 27 726 Umgebungsklima; Instrumente und Verfahren zur Messung physikalischer Größen

DIN EN 28 996 Ergonomie; Bestimmung der Wärmeerzeugung im menschlichen Körper.

DIN 33 403 Klima am Arbeitsplatz und in der Arbeitsumgebung
T. 2 Einfluss des Klimas auf den Wärmehaushalt des Menschen
T. 3 Beurteilung des Klimas im Warm- und Hitzebereich auf der Grundlage ausgewählter Klimasummenmaße
T. 5 Ergonomische Gestaltung von Kältearbeitsplätzen

VDI 3802 Raumtechnische Anforderungen in Fertigungswerkstätten

VDI 6022/1 Hygienische Anforderungen an raumlufttechnische Anlagen; Büro- und Versammlungsräume

LEHMANN, G. (1962): Praktische Arbeitsphysiologie. Stuttgart

REITER, R.: Beziehungen zwischen Biotropizität des Wetters und Betriebsunfallhäufigkeit. Arbmed. Sozmed. Arbhg. S. 89/90

YAGLOU, C. P. (1927): Temperature, humidiuy and air movement in industries. The effective temperature indes. J. Industr. Hyg. S. 297–307

Wörterbuch Arbeitssicherheit und Gesundheitsschutz (2000). Universum-Verlagsanstalt, Wiesbaden

6.5 Belastungen durch ungenügende Beleuchtung

6.5.1 Grundlagen

Charakterisierung

Aufgabe der natürlichen und künstlichen Beleuchtung ist es,

- das Risiko von arbeitsbedingten Unfällen zu verringern,
- die Vermeidung von negativen Augenbelastungen, wie Kopf- und Nackenschmerzen, Unwohlsein,
- die Erhöhung der Produktivität durch bessere Konzentration auf die Arbeitstätigkeit und durch die Verringerung der Fehlerrate.

Anforderungen an die Beleuchtung werden bestimmt durch

- den Sehkomfort (dem Beschäftigten wird das Gefühl des Wohlbefindens vermittelt),
- die Sehleistung (die Durchführung von Sehaufgaben auch über längere Zeiträume),
- die Sicherheitserfordernisse im Normalbetrieb und unter Gefahrenbedingungen.

Sehvorgang: 80–90 % der menschlichen Wahrnehmung erfolgt über das visuelle Sinnesorgan Auge (→Abb. 6.5.1). Das Auge bildet beleuchtete Gegenstände im Bereich des Gesichtsfeldes mittels einer Linse auf der Netzhaut ab. Durch die Aufhängemuskeln kann die Krümmung der Linse geändert werden (Akkommodation), so dass mit Hilfe der dadurch bewirkten verschiedenen Brennweiten eine scharfe Abbildung naher und ferner Gegenstände auf der Netzhaut möglich ist. Die Netzhaut nimmt elektromagnetische Wellen im Wellenlängenbereich von etwa 360–780 nm wahr. Das Schärfezentrum liegt im Sehgrübchen. Die Netzhaut besteht aus etwa 6 Mio. Zäpfchen und 125 Mio. Stäbchen. Bei hellem Licht erhält der Mensch Farbeindrücke durch die Zäpfchen. In der Dunkelheit vermitteln die farbenblinden Stäbchen Helligkeitsunterschiede. Durch Anpassung (Adaption) ist das menschliche Auge bei Dunkelheit 5000- bis 6000-mal empfindlicher für Licht als bei normaler Tageshelligkeit.

Das Auge kann sich im Verhältnis von ca. $1:10^7$ an wechselnde Beleuchtungsstärken anpassen. Dies geschieht mit Hilfe der Netzhaut und der wechselnden Pupillengröße 2:8 mm (im Alter 2:3 mm) Durchmesser. Bei großen Helligkeitsunterschieden sind lange Adaptionszeiten erforderlich. Beim Übergang von Hellen ins Dunkle (z.B. Bergbau oder in der Nacht) oder umgekehrt tritt erst nach fast einer Stunde maximale Anpassung an die Sehfähigkeit ein.

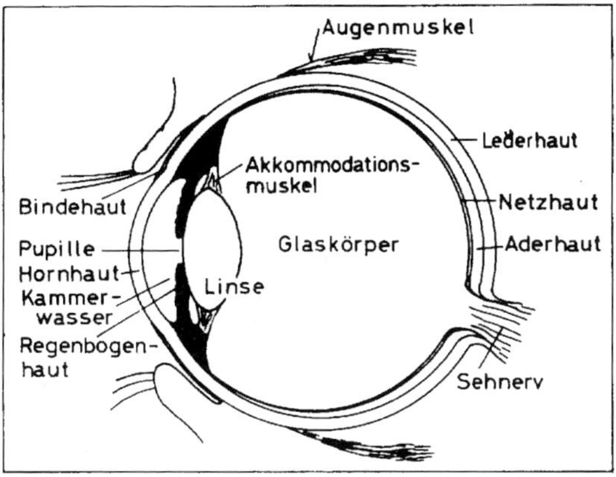

Abb. 6.5.1: Das menschliche Auge

Sehleistung: Die Sehschärfe nimmt mit zunehmender Beleuchtungsstärke zu. Ab 500 lx steigt die Sehschärfe nur noch langsam, ab 1000 lx liegen die Werte nahe beim Maximum.

Mit steigendem Alter sind die Pupillen starr und enger, wodurch weniger Licht auf die Netzhaut gelangt. Daher benötigen ältere Menschen ein höheres Beleuchtungsniveau.

Abb. 6.5.2 zeigt, dass die Sehschärfe eines 60-jährigen Menschen gegenüber eines 20 jährigen nur noch 75% beträgt.

Die Beleuchtungsverhältnisse können sich auch auf indirektem Wege auf die Sicherheit auswirken. Auge und Haut sind Reizfühler (Sensoren) für das Zwischenhirn, das über die Ausschüttung von Hormonen und das Nervensystem regulierend in Stoffwechsel und Organfunktionen des menschlichen Körpers eingreift. Helles weißes Licht bewirkt über den Sympathikus-Nerv einen aktivern (ergotropen) Zustand des vegetativen Nervensystems. Hohe Konzentrations- und Reaktionsfähigkeit sowie Leistungsbereitschaft sind die Folge. Dämmerlicht und schwaches, vor allem rötliches Kunstlicht, bewirken über den Vagus-Nerv einen passiven (histotropen) Zustand des vegetativen Nervensystems mit Ermüdungserscheinungen und erhöhtem Fehlverhalten. Verringerte Leistung und erhöhte Wahrscheinlichkeit von Unfällen sind die Folge.

Beispielsweise konnte nachgewiesen werden, dass durch die Höhe der Beleuchtungsstärke Fehlerhäufigkeiten, Ermüdung sowie Unfallhäufigkeiten direkt beeinflusst werden. Mit steigender Beleuchtungsstärke erhöhen sich die Aufmerksamkeit und Konzentration, wodurch eine Leistungszunahme eintritt (→Abb. 6.5.3).

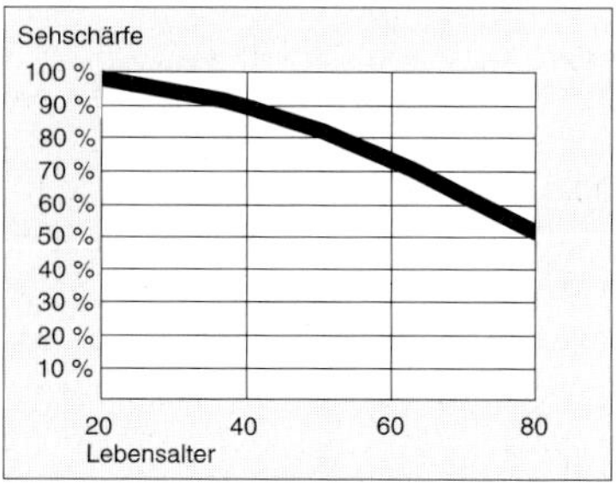

Abb. 6.5.2: Einschränkung der Sehfähigkeit mit zunehmendem Alter (BGI 523)

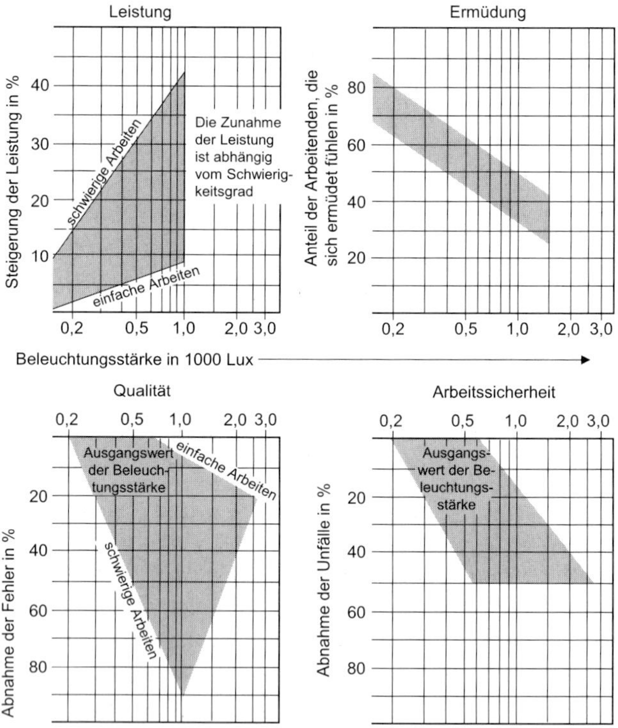

Abb. 6.5.3: Auswirkungen der Beleuchtungsstärke auf Arbeitsleistung, Qualität, Ermüdung und Arbeitssicherheit (BGI 523)

Weitere Versuche ergaben, dass auch für die geistige Arbeit (Konzentrationsfähigkeit, gutes Merken, logisches Denken, schnelles und sicheres Rechnen) mit zunehmender Beleuchtungsstärke bis etwa 1500 lx bessere Leistungen erzielt werden.

Natürliche Beleuchtung (Tageslicht): Tageslicht kann die Sehaufgabe ganz oder teilweise übernehmen. Allerdings ist Tageslicht (durch Fenster oder Oberlichter) einerseits im Laufe des Tages in seiner Beleuchtungsstärke und seiner spektralen Zusammensetzung Veränderungen unterworfen, andererseits sind die Arbeitsbereiche in der Nähe von Tageslichtöffnungen gegen Wärme, Kälte und direkte Sonnenstrahlung zu schützen (z.B. Verschattungen, Abschirmungen).

Künstliche Beleuchtung (Kunstlicht): Neben Tageslicht sind künstliche Lichtquellen für die Beleuchtung erforderlich. Dabei wird zwischen Lampen und Leuchten unterschieden. Lampen sind Lichtquellen in Form von Glüh- und Entladungslampen.

Glühlampen haben ein angenehm warmes Licht, jedoch eine verhältnismäßig niedrige Leistung und einen geringen Wirkungsgrad. Da ihr Anteil an langwelligem Licht (gelb oder rot) mehr (Standardglühlampen) oder weniger (Halogen-Glühlampen) groß ist, treten bedeutende Farbverschiebungen gegenüber dem Tageslicht auf. Nachteilig ist außerdem die hohe Wärmeabstrahlung.

Entladungslampen (Anregung von Gasen und Metalldämpfen durch elektrische Spannung, Abgabe von Energie als Strahlung) haben eine längere Lebensdauer als Glühlampen, ihr Wirkungsgrad ist wesentlich höher, der schaltungstechnische Aufwand jedoch größer, außerdem wird der volle Lichtstrom erst nach einiger Zeit erreicht. Die wesentlichen Lampentypen sind: Leuchtstofflampen; Quecksilberdampf-Hochdrucklampen ohne und mit Leuchtstoff; Halogen-Metalldampflampen; Natriumdampf-Niederdruck- und Hochdrucklampen.

Leuchten sind Geräte/Einrichtungen zur gezielten Verteilung und Abschirmung des in der Lampe erzeugten Lichtes. Sicherheitsaspekte bei der Leuchtenauswahl betreffen die

- elektrische Schutzklasse, die für die Art des Schutzes vor gefährlichen Körperströmen steht,
- Schutzart IP gegenüber den Umgebungsbedingungen, wie Staub und Feuchtigkeit.

Ausführungen zur Schutzklasse und Schutzart (→Kapitel 4.3.)

Die künstliche Beleuchtung wird unterteilt in

- **Betriebsbeleuchtung** (Beleuchtung, die als Allgemein- und Arbeitsplatzbeleuchtung im Normalfall zur Durchführung der Arbeitstätigkeit erforderlich ist),

- **Notbeleuchtung** (Beleuchtung, die als Ersatz- oder Sicherheitsbeleuchtung im Gefahrenfall, also bei Ausfall der Betriebsbeleuchtung erforderlich ist).

Lichttechnische Grundgrößen: Zur Analyse und Bewertung des Strahlungsspektrums von 380–760 nm, das vom Auge als Licht wahrgenommen wird, werden lichttechnische Größen unterschieden (Tab. 6.5.1)

Lichtstrom Φ	Lumen lm	Von einer Lichtquelle abgegebene Strahlungsleistung = Lichtmenge/Zeiteinheit	Glühlampe 100 W: 1400 lm Leuchtstofflampe 40 W: 1700–3000 lm Halogen-Metalldampflampe 2000 W: 190 000 lm
	(Messungen in W wegen unterschiedlicher Hellempfindlichkeit des Auges nicht möglich) Lichtausbeute η = abgestrahlter Lichtstrom/aufgewendete elektrische Leistung in lm/W Reflexionsgrad ρ = reflektierter Lichtstrom/auffallender Lichtstrom		
Lichtstärke I	Candela cd $^1/_{60}$ der Lichtstärke, die 1 cm² Platin bei 2042,6 °K abstrahlt	Strahlungsstärke einer Lichtquelle in eine bestimmte Richtung $\Phi = I \cdot \omega$ ω = Raumwinkel, der auf eine Kugel r = 1 m eine Oberfläche von 1 m² begrenzt	Für Hauptstrahlungsrichtung: Glühlampe 100 W: 110 cd Leuchtstofflampe 40 W: 180–330 cd
Beleuchtungsstärke E	Lux lx $1\ lx = \frac{1\ lm}{m^2}$	Quotient aus dem auf eine Fläche auftreffenden Lichtstrom und der beleuchteten Fläche	Vollmondnacht: 0,25 lx Normale Arbeitsbeleuchtung im Büro: 500 lx Sonniger Tag: 20 000–100 000 lx
Leuchtdichte L	cd/m²	Auf die Fläche bezogene Lichtstärke = Helligkeitseindruck von einer Fläche. Hierdurch auch Charakterisierung von Lichtquellen möglich.	Vollmond: 3 000 cd/m² Himmel: 1 000–12 000 cd/m² Glühlampe matt: 20 000–200 000 cd/m² Sonne: $1{,}5 \cdot 10^9$ cd/m²

Tab. 6.5.1: Lichttechnische Grundgrößen

Hierbei ist die Leuchtdichte L die lichttechnische Größe, die das tatsächlich vom Auge wahrgenommene Licht beschreibt. Die Beleuchtungsstärke E ist dagegen die in der Praxis am häufigsten verwendete und gemessene Größe, die durch die Sehaufgabe/Sehobjekt bestimmt wird. Sie wird mit Hilfe eines Beleuchtungsstärkemessers (Luxmeter) ermittelt, das ein Silizium-Fotoelement enthält, dessen spektrale Empfindlichkeit mittels optischer Filter an die des menschlichen Auges angepasst ist. Als Messsignal dient der Kurzschlussstrom des Fotoelements, der der Beleuchtungsstärke proportional ist.

Gütekriterien für die Betriebsbeleuchtung (Lichtklima):

Ungenügende Beleuchtung kann Unfallgefahren hervorrufen oder begünstigen, z.B. durch

- zu geringe Beleuchtungsstärken,
- zu große Leuchtdichteunterschiede,
- stroboskopische Effekte,
- Farbverfälschungen.

Die Qualität der Beleuchtung wird daher von quantitativen und qualitativen Gütemerkmalen bestimmt, die teilweise in gegenseitiger Wechselwirkung stehen. Diese Merkmale sind die Grundlage für die **Bewertung** der Beleuchtungssituation.

Beleuchtungsstärke E: Verhältnis des auf eine Fläche fallenden Lichtstromes zu der beleuchteten Fläche. Sie wird bestimmt von der Art und der Anzahl der Lampen und Leuchten im Arbeitsraum und im Freien. Die Sehleistung ist in erster Linie von der Beleuchtungsstärke abhängig, die der jeweiligen Sehaufgabe entsprechen muss. Entsprechend der Art der Tätigkeit bzw. Nutzung des Raumes ist daher eine ausreichend hohe Beleuchtungsstärke erforderlich. Richtwerte für die jeweils notwendige Beleuchtungsstärke sind in ASR 7/3, ASR 7/4 und ASR 41/3 in Form von Nennbeleuchtungsstärken festgelegt bzw. in DIN EN 12464 T. 1 + T. 2 als Wartungswert der Beleuchtungsstärke. Beide Angaben beinhalten den Wert, unter den die mittlere Beleuchtungsstärke nicht absinken darf. Diese Werte der Beleuchtungsstärke beziehen sich auf den Bereich des Sehobjektes. Die Beleuchtungsstärke des unmittelbaren Umgebungsbereiches des Sehobjektes (im Gesichtsfeld befindliche Fläche von mindestens 0,5 m Breite) kann niedriger sein als die Beleuchtungsstärke des Bereiches der Sehaufgabe, darf aber die Werte nach Tabelle 6.5.2 nicht unterschreiten. Die geforderte Gleichmäßigkeit in Arbeitsbereich, die für die Adaptionsarbeit des Auges von Bedeutung ist, darf nicht geringer als in Tab. 6.5.2 angegeben sein.

Örtliche Gleichmäßigkeit: Sie beschreibt die Gleichmäßigkeit der Beleuchtungsstärke in der horizontalen Nutzebene in der Arbeitsstätte. Die örtliche Gleichmäßigkeit g_1 errechnet sich nach folgender Gleichung:

$$g_1 = \frac{E\,\mathrm{min}}{E\mathrm{mittel}}$$

Leuchtdichteverteilung – Kontrast: Die Leuchtdichteverteilung im Gesichtsfeld beeinflusst ebenfalls die Sehleistung. Ein ausgewogenes Verhältnis der Flächenhelligkeit im Gesichtsfeld (Kontrast) ist daher für die Sehschärfe und das Kontrastempfinden bedeutsam. Ein Sehobjekt ist nur gut erkennbar, wenn ein Mindestkontrast der Leuchtdichte zur unmittelbaren Umgebung besteht. Zu hohe Leuchtdichten können aber Blendung verursachen und zu hohe Leuchtdichteunterschiede rufen infolge ständiger Umadaption Ermüdungserscheinungen hervor.

Art der Arb.-stätte	Beleuchtungsstärke E in lx im Bereich der Sehaufgabe	 im Umgebungsbereich
Arbeitsstätten in Räumen	≥ 750	500
	500	300
	300	200
	≤ 200	E-Sehaufgabe
	$g_1 \geq 0{,}7$	$g_1 \geq 0{,}5$
Arbeitsplätze im Freien	≥ 500	100
	300	75
	200	50
	150	30
	50 ≤ E-Sehaufgabe ≤ 100	20

Tab. 6.5.2: Örtliche Gleichmäßigkeit der Beleuchtungsstärke in Arbeitsstätten (DIN EN 12464 T.1 und T.2)

Kontrast bezeichnet den Unterschied zwischen der Leuchtdichte des Sehobjektes und seiner unmittelbaren Umgebung. Beim Leuchtdichtekontrast werden unterschieden

- subjektiver Kontrast (Wahrnehmung): Bewertung des Unterschiedes zweier unmittelbar aneinander grenzender oder zeitlich aufeinander folgender Lichtreize (Gesichtseindrücke)

  $$K = \frac{Lo}{Lu}$$

  Lo = Leuchtdichte der Sehaufgabe
  Lu = Leuchtdichte der unmittelbaren Umgebung

  Anzustreben ist ein Kontrast von 1 … 3.

- objektiver Kontrast (Helligkeitskontrast): Größe, die mit dem empfundenen Helligkeitskontrast korrelieren soll.

  $$K = \frac{Lo - Lu}{Lo/u}$$

  Lo,u – jeweils größter Wert der Leuchtdichte

  Danach können Kontrastwerte für den jeweiligen Anwendungsfall ausgewählt werden, die für Unterschiede in der Helligkeit zwischen Sehobjekt und unmittelbarer Umgebung stehen:

  $K > 0{,}5$ großer Kontrast (starker Helligkeitsunterschied),
  $K = 0{,}2 \ldots 0{,}5$ mittlerer Kontrast (deutlicher Helligkeitsunterschied),
  $K < 0{,}2$ kleiner Kontrast (schwacher Helligkeitsunterschied).

Die Leuchtdichten von Gegenständen und Flächen eines Raumes hängen entscheidend von deren Reflexionsgrad ab. Nach DIN EN 12 464/1 sollen die Reflexionsgrade von Objekt-Oberflächen in folgenden Bereichen liegen:

- Decken: 0,6 ... 0,9
- Wände: 0,3 ... 0,8
- Arbeitsflächen: 0,2 ... 0,6
- Fußböden: 0,1 ... 0,5.

Blendungsbegrenzung: Blendung ist jede Störung des Adaptionszustandes durch helle Flächen im Gesichtsfeld, die zur Minderung der Sehleistung führt. Hervorgerufen wird die Herabsetzung der Sehleistung durch ungünstige Leuchtdichteverteilung oder zu hohe Kontraste. Unterschieden werden (→ Abb. 6.5.4):

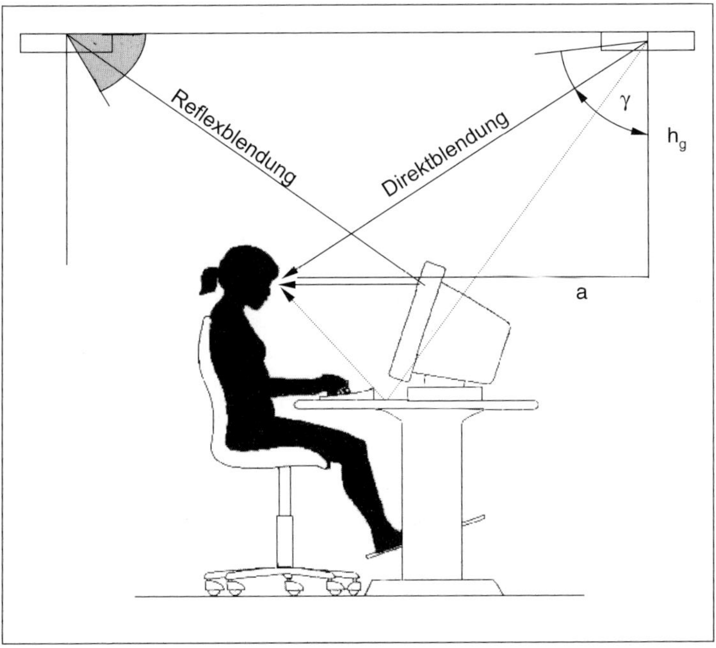

$$\tan \gamma = \frac{a}{h_g}$$

Abb. 6.5.4: Direkt- und Reflexblendung (Beispiel: Bildschirmarbeitsplatz)

- Direktblendung durch Lampen und Leuchten bzw. Fenster, die direkt in der Hauptblickrichtung der Beschäftigten angeordnet sind,
- Indirekt- oder Reflexblendung durch Reflexbilder auf spiegelnden Flächen durch eine Lichtquelle oder eine helle Fläche im Gesichtsfeld,
- Adaptionsblendung durch plötzliche Änderung des Leuchtdichtekontrastes im Gesichtsfeld, z.B. durch Blickwechsel von dunklen zu hellen Flächen (→Gütemerkmal Leuchtdichteverteilung).

Nach DIN 5035 T. 2 werden Güteklassen für die Blendungsbegrenzung in Verbindung mit der Direktblendung unterschieden (→Tab. 6.5.3).

Güteklasse	Anforderungen an die Blendungsbegrenzung	Anwendungsbeispiel
A	sehr hoch	Prüfplätze, Oberflächenkontrolle
1	hoch	Büroräume
2	mittel	mechanische Fertigung
3	gering	Anlagen in Hüttenwerken

Tab. 6.5.3: Güteklassen für Blendungsbegrenzung (DIN 5035 T.2)

Nach DIN 12464 T. 1 wird die Direktblendung durch Leuchten nach dem UGR-Verfahren (Unified Glare Rating) durch folgende Blendformel bestimmt:

$$UGR = 8\log\left(\frac{0{,}25}{L_b}\sum\frac{L^2 \bullet \omega}{P^2}\right)$$

L_b – Hintergrundleuchtdichte in cd/m²

L – mittlere Leuchtdichte in cd/m² der Lichtaustrittsfläche jeder Leuchte, bezogen auf das Beobachterauge

ω – Raumwinkel in sr der Lichtaustrittsfläche jeder Leuchte, bezogen auf das Beobachterauge

P – Positionsindex nach Guth für jede Leuchte, abhängig von deren räumlicher Abweichung von der Hauptblickrichtung

Die UGR-Werte sind in der Dokumentation des Leuchtenherstellers für die Leuchtenanordnung vorgegeben.

Maßnahmen zur Vermeidung von Direktblendung sind z.B. bei unten offenen Leuchten die Einhaltung von Ausstrahlungswinkel $\gamma < 45°$ (→Abb. 6.5.4), seitliche Leuchtenanordnung von Arbeitsplätzen, Einsatz von Reflektoren, Rasterabdeckung und Schirmen.

Maßnahmen zur Vermeidung von Reflexblendung sind der Einsatz matter Oberflächen, Arbeitsplatzanordnung in Abstimmung mit der Leuchtenanordnung und zu Fenstern, Leuchtdichtebegrenzung der Leuchten, Vergrößerung leuchtender Flächen, helle Decken und Wände in Arbeitsräumen.

Zeitliche Gleichmäßigkeit (Stroboskopischer Effekt): Hierbei handelt es sich eine Bewegungstäuschung die darin besteht, dass bewegte Gegenstände (z.B. rotierende Maschinenteile) ruhend oder in einem anderen als den tatsächlichen Bewegungszustand erscheinen, wenn diese Gegenstände durch periodisch veränderliches Licht entsprechender Frequenz beleuchtet werden. Folge dieses Effekts können gefährliche Situationen im Arbeitsprozess sein. Abhilfe wird durch Dreiphasenschaltung der Leuchten erreicht. Der Pulsationskoeffizient beträgt beispielsweise bei Leuchtstofflampen (Lichtfarbe tages-lichtweiß) bei Einphasenschaltung 65 ... 80%, bei Dreiphasenschaltung nur 1,5 ... 15%.

Lichtrichtung und Schattigkeit: Für eine gute Erkennbarkeit von Formen und Strukturen ist eine angemessene Schattenwirkung Voraussetzung. Ohne Schatten sind Gegenstände nur 2-dimensionale Bilder. Erst die Lichtrichtung und die Schattigkeit lassen Objekte räumlich erscheinen und geben ihnen Tiefe. Darüber hinaus kann gerichtetes Licht eingesetzt werden, um Objekte (z.B. Oberflächenstrukturen für Kontrollarbeiten) hervorzuheben.

Schattigkeit wird erzeugt durch die Leuchten mit direkter oder vorwiegend direkter Beleuchtungsart, deren Anzahl und Anordnung.

Die Lichtrichtung in Arbeitsräumen wird durch die Tageslicht- Richtung (Fenster) bestimmt.

Lichtfarbe und Farbwiedergabe: Die Farbeigenschaft von Lampen (Lichtquelle) wird durch zwei Eigenschaften gekennzeichnet.

– Lichtfarbe der Lampen wird durch die Farbtemperatur in Kelvin (K) bestimmt durch Vergleich mit der Farbe eines „schwarzen Strahles" (→Tab. 6.5.4). Je höher die Temperatur einer Lampe ist, desto heller (weißer) wird die Farbe. Aus der Lichtfarbe einer Lampe kann aber nicht auf ihre Farbwiedergabeeigenschaften von Objekten geschlossen werden.

Lichtfarbe	Farbtemperatur T_f [K]	Einsatzbereich
warmweiß	< 3300	geringe Beleuchtungsstärke (warme Lichtfarbe)
neutralweiß	3300 ... 5000	
tageslichtweiß	> 5000	hohe Beleuchtungsstärke (kalte Lichtfarbe)

Tab. 6.5.4: Lichtfarbe der Lampen (DIN EN 12464)

– Farbwiedergabe beschreibt die Qualität der Lampen bei der Wiedergabe der Farben von Gegenständen und Personen, die von der Lampe beleuchtet werden, durch den Farbwiedergabe-Index Ra bzw. die Farbwiedergabestufe (→Tab. 6.5.5). Lampen mit einem hohen Index ≥ 90 geben die Farbe sehr natürlich wieder, bei niedrigem Index treten Farbverfälschungen auf (z. B. rote Farben werden orange gesehen).

Farbwiedergabestufen [DIN 5035 T.2]	Farbwiedergabeindex R_a [DIN EN 12464]	Anforderung an Farbwiedergabe
1A	100 ... 90	hoch
1B	< 90 ... 80	
2A	< 80 ... 70	mittel
2B	< 70 ... 60	
3	< 60 ... 40	gering
4	< 40 ... 20	sehr gering

Tab. 6.5.5: Farbwiedergabe durch Lampen

Gütekriterien der Notbeleuchtung

Notbeleuchtung soll bei Ausfall der Betriebsbeleuchtung über eine Ersatzstromquelle das sichere Verlassen der Arbeitsstätte durch die Beschäftigten, das sichere Beenden von Arbeiten an Arbeitsplätzen mit besonderer Gefährdung und das Weiterführen von Arbeiten gewährleisten. Notbeleuchtung ist sowohl durch Notlicht-Leuchten in der Betriebsbeleuchtung als auch durch Leuchten im Verlauf der Rettungswege zu realisieren. Folgende Arten von Notbeleuchtung werden unterschieden (DIN EN 1838):

Gütekriterien der Sicherheitsbeleuchtung	Rettungswege	Arbeitsplätze mit besonderer Gefährdung
Mindestbeleuchtungsstärke E_{min} [lx]	1 lx in Höhe 0,2m o.F.	10% E_n, mind. 15 lx
örtliche Gleichmäßigkeit $g_2 = E_{min}/E_{max}$	≥ 1/40	≥ 1/10
Einschaltverzögerung (Ausfall Betriebs-, Einschalten Sicherheitsbeleuchtung)	≤ 15 s	≤ 0,5 s
Brenndauer	1 Stunde	Dauer der bestehenden Gefährdung, mind. 1 min
Farbwiedergabeindex R_a (Erkennen der Sicherheitsfarbe)	≥40	

Tab. 6.5.6: Gütekriterien für Sicherheitsbeleuchtung (ASR 7/4 und DIN EN 1838)

- *Ersatzbeleuchtung* zum Weiterführen von Arbeiten,
- *Sicherheitsbeleuchtung* für Rettungswege, für die Arbeitsplätze mit besonderer Gefährdung (Arbeitsplätze, an denen mit gefährlichen Stoffen umgegangen wird, aber auch Arbeitsplätze, von denen besondere Gefahren für andere Beschäftigte ausgehen können, z. B. Leitstände für chemische Verfahren) und Antipanikbeleuchtung (zum Erreichen von Rettungswegen).

Gütekriterien für Sicherheitsbeleuchtung in Arbeitsstätten (→Tab. 6.5.6.)

Die Sicherheitsbeleuchtung muss mindestens einmal jährlich überprüft werden. Bei nicht ortsfester Betriebsweise sind Handlampen griffbereit zu halten.

Rechtsgrundlagen der Beleuchtung

Rechtsgrundlage für eine sichere Beleuchtung in Arbeitsstätten und damit für eine sichere Arbeitsausführung ist die *ArbStättV.* Nach Abschnitt 3.4 des Anhanges der ArbStättV müssen Arbeitsstätten ausreichend Tageslicht enthalten und mit Einrichtungen für eine angemessene künstliche Beleuchtung ausgestattet sein. Die Anlagen für die Beleuchtung müssen so angeordnet und ausgelegt werden, dass sich aus der Art der Beleuchtung keine Unfall- und Gesundheitsgefahren für die Beschäftigten ergeben können.

Sind auf Grund der Tätigkeit der Beschäftigten, der vorhandenen Betriebseinrichtungen oder sonstiger Verhältnisse bei Ausfall der Allgemeinbeleuchtung Unfallgefahren zu befürchten, muss eine Sicherheitsbeleuchtung zusätzlich vorhanden sein.

Untergesetzliche Regelungen zur Ausführung der in den Arbeitsstätten geforderten Schutzziele sind in den *Arbeitsstätten-Richtlinien (ASR)* und in sonstigen *technischen Spezifikationen wie DIN EN 12464 T. 1 und 2* enthalten.

Beleuchtungssysteme (Lampen und Leuchten) sind Einrichtungen, die Produkte im Sinne des GPSG sind. Damit unterliegt das Inverkehrbringen von Beleuchtungseinrichtungen dem Geltungsbereich des *GPSG.* Danach dürfen diese Produkte nur in den Verkehr gebracht werden, wenn sie den in Rechtsvorschriften festgelegten Sicherheits- und Gesundheitsanforderungen entsprechen und so beschaffen sind, dass Benutzer oder Dritte bei ihrer bestimmungsgemäßen Verwendung gegen Gefahren aller Art für Leben und Gesundheit geschützt sind.

Eine Übersicht zu Vorschriften und technischen Regeln zur Beleuchtung sind im Abschnitt Literatur zu diesem Kapitel enthalten.

6.5.2 Arbeitsbedingte Belastungen (Gefährdungen)

Art und Intensität des Lichtes haben einen oft übersehenen und nicht immer nachweisbaren Einfluß auf den Menschen und damit auch auf die Arbeitssicherheit. Etwa ein Viertel aller Beschäftigten klagt über mangelnde Beleuchtung am Arbeitsplatz.

Mangelhafte Beleuchtungsstärke: Unzweckmäßige und zu geringe Beleuchtungsstärke kann direkte Unfallursache sein, z.B. bei Sturzunfällen vor allem auf Treppen, bei Montagen und Kontrollen durch übersehene Materialfehler.

Der Einfluss von Beleuchtungsverbesserungen auf die Unfallentwicklung konnte wiederholt statistisch nachgewiesen werden.

Andererseits darf nicht übersehen werden, dass zu hohe Beleuchtungsstärke – die Grenze liegt bei künstlichem Licht im allgemeinen bei 1000–2000 lx – stressartig wirken kann, so dass außer einer Leistungsminderung erhöhtes Fehlverhalten und damit erhöhte Unfallwahrscheinlichkeit die Folge sind.

Blendung: Blendungen sind Störungen durch zu hohe Leuchtdichten oder groûe Leuchtdichteunterschiede im Gesichtsfeld.

Physische Blendungen können auf zweifache Weise auftreten:

- Durch mangelnde Schnelligkeit der Adaption, z.B. beim plötzlichen Übergang vom Dunkeln ins Helle oder umgekehrt. Diese Blendung ist Ursache vieler Unfälle. Beispielsweise können Fahrer von Flurförderzeugen durch Blendung beim Durchfahren von Hallentoren Personen und sonstige Hindernisse übersehen.
- Durch Überschreiten der Adaptionsfähigkeit, z.B. infolge zu hoher Kontraste im Gesichtsfeld und infolge direkter Blendung durch Lichtquellen (direkte Blendung) oder punktförmiger Reflexionen (indirekte Blendung).

Ein Überschreiten der Adaptionsfähigkeit kann auch eine Schädigung der Netzhaut bewirken.

Psychische Blendungen werden allein unter dem Gesichtspunkt der Störempfindung bewertet. Psychische Blendung führt bei längerem Aufenthalt im Raum zu vorzeitiger Ermüdung und zur Herabsetzung von Leistung, Aktivierung und Wohlbefinden.

Flimmerwirkung: Bei Leuchten mit Gasladungslampen erfolgt die Lichtausstrahlung im doppelten Frequenztakt. Das menschliche Auge nimmt die Flimmerwirkung bei 50 Hz im Regelfall nicht wahr. Lediglich bei defekten Lampen ist besonders an den Röhrenenden ein Flimmern zu bemerken. Sichtbares und möglicherweise auch unsichtbares Flimmern wirkt sich auf den Menschen nachteilig aus und kann zu Beschwerden und Gesundheitsschäden führen, z.B. zu Kopfschmerzen und zu schmerzhaften Augenreizungen. Es ist anzunehmen, dass entsprechend Fehlverhalten und Gefährdung steigen.

Die Flimmerwirkung wird an bewegten Gegenständen sichtbar (Stroboskopeffekt). Dadurch kann bei bestimmten Drehzahlen von umlaufenden Maschinenteilen ein Stillstand vorgetäuscht werden. Hierdurch ist es gelegentlich zu Unfällen gekommen.

Flimmererscheinungen werden durch Einsatz von elektronischen Vorschaftsgeräten erhindert.

Weitere Gefährdungen: Disharmonische Helligkeitsverteilungen, unzweckmäßige Lichtrichtungen, störende Schatten usw. können ebenfalls Fehlverhalten und Unfälle fördern. Einige Lampentypen erzeugen ultraviolettes Licht, das bei Beschädigung von absorbierenden Schutzschichten zu gefährlichen Verbrennungen der Haut führen kann.

In der Regel haben 30–50% der Beschäftigten Sehfehler. Dabei hat besonders die mit dem Alter abnehmende Akkommodationsfähigkeit des Auges infolge Elastizitätsverluste der Linse Bedeutung. Viele dieser Personen wissen nicht, dass sie eine ungenügende Sehleistung besitzen.

6.5.3 Auswahl und Gestaltung von Beleuchtungssystemen (Maßnahmen)

Anforderungen an zu planende oder bestehende Beleuchtungssystem für Arbeitsstätten, die für Arbeitstätigkeiten (Sehaufgabe) bzw. die Nutzung von Arbeitsstätten vorgegeben werden, orientieren sich an den Gütemerkmalen der Beleuchtung (→Beispiele Tab. 6.5.7 und 6.5.8). Auf der Grundlage der geforderten Gütekriterien sind festzulegen

Art der Sehaufgabe	Beleuchtungsstärke - Wartungsbeleuchtungsstärke $\bar{E}_m$ in lx	Grenzwert der Blendziffer UGR	Farbwiedergabeindex Ra
Büroarbeiten CAD-Arbeitsplätze ⋮	500	19	80
Nebenräume Pausenräume ⋮	100	22	80

Tab. 6.5.7: Empfohlene Mindestanforderungen an die Beleuchtung (DIN EN 12464)

- Art der Betriebsbeleuchtung (Allgemeinbeleuchtung und ergänzende Arbeitsplatzbeleuchtung; Nutzung künstlicher und natürlicher Beleuchtung),
- Art der erforderlichen Notbeleuchtung,
- Beleuchtungsart der Arbeitsräume durch entsprechende Leuchtenauswahl (→Abb. 6.5.5).

Art des Raumes bzw. der Tätigkeit	Nennbeleuchtungsstärke E_n in lx	Lichtfarbe	Stufe der Farbwiedergabe	Güteklasse der Blendungsbegrenzung
Büroräume : :	500	warm-neutralweiß	2A	1
Chemische Industrie Arbeitsplätze in verfahrenstechnischen Anlagen : :	200	warm-, neutralweiß	3	3

Tab. 6.5.8: Empfohlene Mindestanforderungen an die Beleuchtung (DIN 5035 T.2)

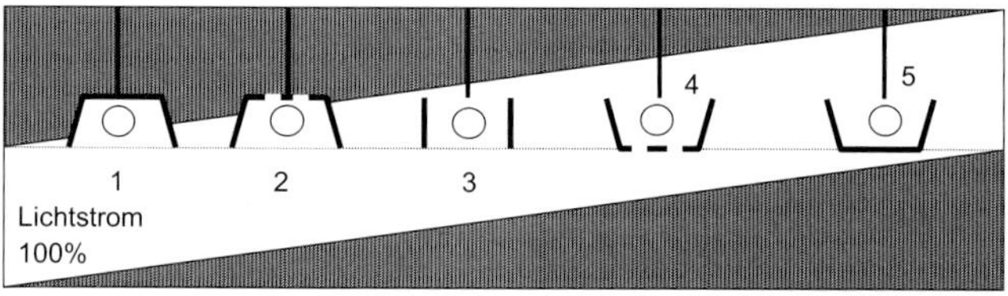

1 direkt 2 vorwiegend direkt 3 gleichförmig 4 vorwiegend indirekt 5 indirekt

Abb. 6.5.5: Beleuchtungsarten

Beleuchtungsstärke (Beleuchtungsniveau): Die Beleuchtungsstärke ist die Grundlage für die jeweils erforderliche Lampen- und Leuchtenanzahl zur Ausführung der Sehaufgabe. Die Höhe der Allgemeinbeleuchtung (Nennbeleuchtungsstärke) soll in Arbeitsräumen mindestens 15 lx, an ständig besetzten Arbeitsplätzen in Räumen nach ASR 7/3 mindestens 200 lx betragen. Wegen physisch ungünstiger Auswirkungen sollte Kunstlichtbeleuchtung möglichst nicht 1000 lx überschreiten.

Empfohlene Werte bei verschiedenen Sehaufgaben (→Tab. 6.5.9).

Art des Raumes bzw. der Tätigkeit	Nennbeleuchtungsstärke E_n (lx)
Lagerräume für großteiliges Lagergut Verkehrswege für Personen	50
Lagerräume für Suchgut Treppen, geneigte Verkehrswege	100
Ständig besetzte Arbeitsplätze Kaltwalzwerke, Schmieden	200
Schlosserei, Kfz-Werkstatt Verkaufsräume	300

Art des Raumes bzw. der Tätigkeit	Nennbeleuchtungsstärke E_n (lx)
Büroräume, Sanitätsräume Arbeiten an Holzbearbeitungsmaschinen	500
Großraumbüros mit hoher Reflexion Lackiererei, Kontrollarbeitsplätze in der Metallbearbeitung	750
Werkzeug- und Vorrichtungsbau Farbkontrolle, Qualitätskontrolle (hohe Anforderungen)	1000
Optiker- und Uhrmacherwerkstatt Farbkontrolle bei Mehrfarbdruck	1500

Tab. 6.5.9: Erforderliche Nennbeleuchtungsstärken (ASR 7/3)

Installierte Leistung: Bei der Planung von Beleuchtungssystemen kann anhand der installierten Leistung eine Abschätzung entweder der vorhandenen Beleuchtungsstärke vorgenommen werden (zum Vergleich mit der erforderlichen Beleuchtungsstärke) oder die benötigte Anzahl der Lampen und Leuchten bestimmt werden (bei vorgegebener Nennbeleuchtungsstärke) (→Tab. 6.5.10.)

Nennbeleuchtungsstärke in Lx	Installierte Leistung in W/m² Grundfläche des Raumes; Höhe der Leuchten über zu beleuchtender Fläche: ca. 2 m	ca. 3 m	ca. 4 m
1000	50	60	64
750	38	45	48
500	25	30	32
300	15	17	19
200	10	11	12
100	5	6	6
50	3	3	4

Tab. 6.5.10: Grobe Abschätzung der erforderlichen installierten Leistung für die Beleuchtung (nach ASR 7/3)

Die Tabelle gilt für Leuchtstofflampen. Bei Verwendung anderer Lampenarten sind obige Werte mit folgenden Faktoren zu multiplizieren: Glühlampe 4; Halogen-Glühlampe 1,6; Quecksilberdampf-Hochdrucklampe 0,8; Indium-Amalgam-Leuchtstofflampe (3-Banden-Lampe) 0,6; Natriumdampf-Hochdrucklampe und Halogen-Metalldampflampe 0,5.

Beispiel 1: Geg.: In einem Arbeitsraum (Grundfläche $A_G = 30\ m^2$) ist ein Beleuchtungssystem mit P = 900 W Leistung in einer Höhe $h_L = 3$ m installiert.

Ges.: Welche Nennbeleuchtungsstärke E_n ist im Raum vorhanden?

Lsg.: $\frac{P}{A_G} = \frac{900\,W}{30\,m^2} = 30\ \frac{W}{m^2}$ mit $h_L = 3$ m

$\rightarrow E_n = 500$ lx (Tab. 6.5.10)

Beispiel 2: Geg.: Für einen Arbeitsraum (Grundfläche A_G 50 m²) ist eine Nennbeleuchtungsstärke E_n = 300 lx auf Grund der Sehaufgabe gefordert. In einer Höhe h_L = 2 m sollen Leuchten mit je 2 Lampen (2 x 40 W) installiert werden.

Ges.: Welche Leuchtenanzahl wird benötigt?

Lsg: Mit E_n = 300 lx und h_L = 2 m → $15 \frac{W}{m^2}$ ($P_{inst.}$ nach Tab. 6.5.10)

$$P_{inst.} \cdot A_G = \frac{15W}{m^2} \cdot 50\ m^2 = 750\ W : 80\ W = 9{,}37 \text{ Leuchten}$$

gewählt: 10 Leuchten

Die in der Tabelle genannten Nennbeleuchtungsstärken sind in Bezug auf die Abnahme der Beleuchtungsstärken durch Alterung und Verschmutzung und in Bezug auf die Helligkeitsverteilung im Raum Mittelwerte, die bei der Planung mit 1,25 zu multiplizieren sind. Das arithmetische Mittel der Beleuchtungsstärke an den Arbeitsplätzen darf unabhängig vom Alterszustand den 0,8-fachen Wert der Nennbeleuchtungsstärke nicht unterschreiten. Insgesamt darf die Beleuchtungsstärke am Arbeitsplatz den 0,6-fachen Wert der Nennbeleuchtungsstärke nicht unterschreiten. Bei stark reflektierenden Leuchten und guter Raumreflexion kann die Zahl der nach ASR 7/3 errechneten Lampen zu hoch sein. Es empfiehlt sich daher eine genauere Berechnung der notwendigen Lampenzahl bzw. Leuchten mit Hilfe der Lichtstrom- oder Lichtstärkemethode vorzunehmen.

Lichtstrommethode für Innenräume (Wirkungsgradmethode): Die Anzahl der benötigten Leuchten zur Ausführung der vorgegebenen Sehaufgabe errechnet sich wie folgt:

$$n = \frac{E_n \cdot A}{\Phi_o \cdot Z \cdot V \cdot \eta_B}$$

n – Anzahl der benötigten Leuchten

En – Nennbeleuchtungsstärke nach ASR 7/3, ASR 7/4 bzw. Wartungsbeleuchtungsstärke nach DIN EN 12464 T. 1 und T. 2

A – auszuleuchtende Fläche (a · b) in m²

Φ_o – Lichtstrom einer Lampe → Herstellerangabe

Z – Anzahl der Lampen je Leuchte

V – Verminderungsfaktor 0,6 ... 0,8 (Lampenalterung, Wartungszyklen)

η_B – Beleuchtungswirkungsgrad = Leuchtenwirkungsgrad η_L (→ Herstellerangabe) x Raumwirkungsgrad η_R.

η_R = f (Raumindex k, Reflexionsgrad ρ von Decke, Wand des Arbeitsraumes und der Arbeitsfläche) → Abb. 6.5.6.

$$k = \frac{a \cdot b}{hN\,(a+b)}$$; h_N – Nutzhöhe der Leuchte (Lichtpunkthöhe h_L – 0,85 m)

Bei der Lichtstrommethode wird von der mittleren horizontalen Beleuchtungsstärke ausgegangen.

Raumindex k		Reflexionsgrad ρ											
	ρ_D =	0,8	0,8	0,8	0,5	0,5	0,8	0,8	0,8	0,5	0,5	0,3	0
	ρ_W =	0,8	0,5	0,3	0,5	0,3	0,8	0,5	0,3	0,5	0,3	0,3	0
	ρ_N =	0,3	0,3	0,3	0,3	0,3	0,1	0,1	0,1	0,1	0,1	0,1	0
	↓	Raumwirkungsgrad η_R											
0,6		0,93	0,74	0,68	0,72	0,67	0,83	0,70	0,66	0,69	0,65	0,65	0,65
0,8		1,01	0,82	0,76	0,80	0,74	0,89	0,77	0,73	0,76	0,72	0,71	0,67
1,0		1,06	0,90	0,83	0,86	0,81	0,93	0,83	0,79	0,81	0,78	0,77	0,73
1,25		1,12	0,98	0,92	0,93	0,88	0,98	0,90	0,86	0,88	0,85	0,84	0,80
1,5		1,12	1,02	0,96	0,97	0,92	1,00	0,93	0,89	0,91	0,88	0,87	0,83
2,0	→	1,19	1,08	1,03	1,01	0,98	1,02	0,97	0,94	0,94	0,92	0,91	0,88
2,5		1,22	1,12	1,08	1,05	1,01	1,04	0,99	0,97	0,97	0,95	0,94	0,90
3,0		1,24	1,16	1,12	1,07	1,04	1,05	1,01	0,99	0,99	0,97	0,96	0,93
4,0		1,25	1,19	1,15	1,09	1,07	1,06	1,03	1,01	1,00	0,99	0,97	0,94
5,0		1,27	1,21	1,18	1,11	1,09	1,06	1,04	1,03	1,01	1,00	0,98	0,95

Ermittlung des Raumwirkungsgrades $\eta_R = f(k,\rho)$ - Deckenmontage

Abb. 6.5.6: Beispiel zur Ermittlung des Raumwirkungsgrades für Arbeitsraumbeleuchtung (Tiefstrahler mit HQL 400W; $\eta_L = 0,77$) nach Baer

Lichtstrommethode für Außenanlagen: Diese Methode ist auch für Außenanlagen (Lagerplätze, Werksstraßen, ...) anwendbar. Bei der Berechnung der mittleren Beleuchtungsstärke wird der Flächenabschnitt zwischen 2 Leuchten berücksichtigt, wobei für die Berechnung nur vom Lichtstrom einer Leuchte ($z \cdot \Phi_{La}$) ausgegangen wird. Der Beleuchtungswirkungsgrad η_B wird aus den Beleuchtungswirkungsgradkurven η_{B1} und η_{B2} bestimmt, die vom Leuchtenhersteller angegeben werden (→Abb. 6.5.7).

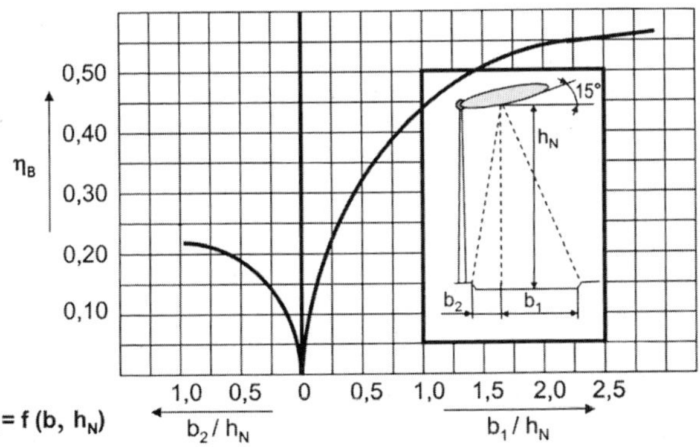

Abb. 6.5.7: Außenbeleuchtung – Bestimmung des Beleuchtungswirkungsgrades η_B –

Lichtstärkemethode: Zur Bestimmung der Beleuchtungsstärke in einzelnen Beleuchtungspunkten der Arbeitsstätte wird die Lichtstärkemethode angewendet, die die Kenntnis der Lichtverteilungskurven (LVK) der Leuchten voraussetzt. Die LVK einer Leuchte enthält die Verteilung der Lichtstärke der Lampe durch die Bauart der Leuchte (offen, geschlossen, mit Reflektor, ...) und ist daher für die Verteilung des Lichtes im Raum entscheidend (→Abb. 6.5.8). Die Lichtstärkemethode ist für punkt-, linien- und flächenförmige Lichtquellen anwendbar (Baer, R.).

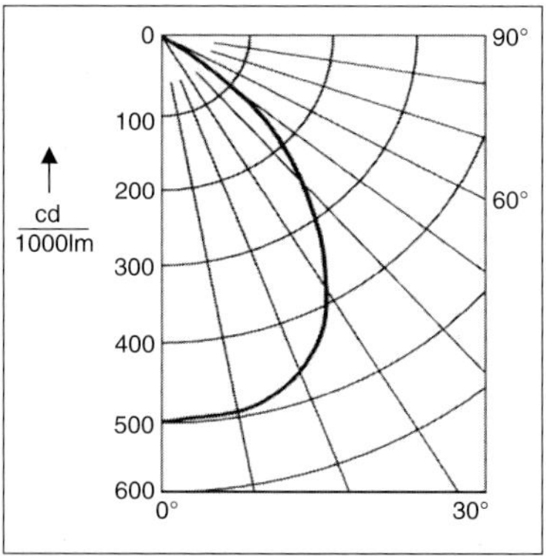

Abb. 6.5.8: Lichtstärkeverteilungskurve (Leuchte mit Quecksilber-r-Hochdrucklampe – HQL)

Die Charakteristik der LVK bestimmt die Lichtverteilung im Raum, die als direkte, gleichförmige oder indirekte *Beleuchtungsart* die Raumwirkung bestimmt. In Arbeitsstätten ist die direkte oder vorwiegend direkte Beleuchtungsart dominierend (→Abb. 6.5.5).

Wärmestrahlung: Sie entsteht besonders bei Glühlampen mit großer Leistung in einer Intensität, die Einfluss auf das menschliche Verhalten (Fehlerhäufigkeit und Leistung) haben kann. Leuchtstofflampen sind aus diesem Grund vorzuziehen. Für ortsfeste Arbeit sind daher Lichtquellen mit hoher Wärmestrahlung zu vermeiden. Für gute Wärmeabfuhr an den Lichtquellen und erff. auch im Raum sind zu sorgen.

Vermeidung von Flimmern: Bei frequenzabhängigen Lampen muss die Gleichförmigkeit des Lichts möglichst groß sein. Einheit ist die Gleichförmigkeitszahl = Leuchtendichteminimum durch Leuchendichtemaximum. Die Gleichförmigkeitszahl beträgt für einphasiges Röhrenlicht etwa 0,2–0,4, für zweiphasiges Licht 0,6–0,8 und für dreiphasiges Licht (Phasenverschiebung 120°) und Glühlampen 0,9. Leuchtstofflampen sind zur Herabsetzung der Flimmerwirkung an verschiedene Phasen anzuschließen. Sofern ein Anschluss nur an eine Phase möglich ist, kann Abhilfe auch durch Verwendung von zwei Leuchtstoffröhren erfolgen, wobei bei der einen ein induktives und bei der anderen ein kapazitatives Vorschaltgerät benutzt wird und damit eine Phasenverschiebung von 90° erfolgt.

Sichtverbindung nach außen: Wenn dazu die Möglichkeit besteht, ist durch Fenster einfallendes Tageslicht zu bevorzugen. Die Gründe hierfür liegen vorwiegend im psychischen Bereich. Außerdem wirkt Tageslicht durch ständigen Wechsel von Beleuchtungsstärke und -farbe aktivierend und spart nicht zuletzt Energie.

Nach der ArbStättV (Abschnitt 3.4 des Anhanges) sollen Arbeits-, Pausen-, Bereitschafts-, Sanitär-, Erste-Hilfe-Räume und Unterkünfte eine Sichtverbindung nach außen haben, wenn nicht betriebstechnische Gründe dagegen sprechen. Diese Sichtverbindung kann durch Fenster, Türen oder Wandflächen aus durchsichtigem Glas realisiert werden; Abmessungen von Fenstern und der Gesamtfläche der Sichtverbindungen (→ASR 7/1).

Das Verhältnis der Gesamtfensterfläche zur Raumgrundfläche sollte 1/10 betragen.

Literatur

Gesetz über technische Arbeitsmittel und Verbraucherprodukte (Geräte- und Produktsicherheitsgesetz – GPSG) vom 6. 1. 2004, Berichtigung vom 11. 2. 2004 (BGBl. I S. 219)

VO über Arbeitsstätten (ArbeitsstättenVO – ArbStättV) vom 20. 3. 1975, außer Kraft gesetzt am 25. 8. 2004 (BGBl. I Nr. 44, S. 2179)

VO über Arbeitsstätten (ArbeitsstättenVO – ArbStättV) vom 12. 8. 2004 (BGBl. I Nr. 44, S. 2179)

Arbeitsstätten-Richtlinien (ASR)
ASR 7/1 – Sichtverbindung nach außen
ASR 7/3 – Künstliche Beleuchtung
ASR 7/4 – Sicherheitsbeleuchtung
ASR 41/3 – Künstliche Beleuchtung für Arbeitsplätze und Verkehrswege im Freien
ASR 45/1-6 – Tagesunterkunft auf Baustellen

DIN EN 12 464 Licht und Beleuchtung; Beleuchtung von Arbeitsstätten
T. 1 Arbeitsstätten in Innenräumen
T. 2 Arbeitsplätze im Freien

DIN EN 12 665 ...; Begriffe, Kriterien und Anforderungen an die Beleuchtung

DIN EN 1838 Angewandte Lichttechnik; Notbeleuchtung

DIN 5035 Beleuchtung mit künstlichem Licht
T. 2 Richtwerte für ArbStätt
T. 3 Beleuchtung in Krankenhäusern
T. 4 ... von Unterrichtsstätten
T. 6 Messung und Bewertung
T. 7 ... Räume mit Bildschirmarbeitsplätzen
T. 8 Einzelplatzbeleuchtung in Büroräumen

BGI 523 Mensch und Arbeitsplatz

BGI 759 Künstliche Beleuchtung für Arbeitsplätze und Verkehrswege im Freien und auf Baustellen

BGI 856 Beleuchtung im Büro

BGG 131 Arbeitsplätze mit künstlicher Beleuchtung und Sicherheitsleitsystem

BGG 917 Ausbildung von Sachkundigen für die Prüfung der künstlichen Beleuchtung an Arbeitsplätzen.

Baer, R. u.a. (1996): Beleuchtungstechnik – Grundlagen. 2. Auflage, Verlag Technik, Berlin

Tageslicht und Sonnenschutz im Büro (1996). Bundesanstalt für Arbeitsschutz, BAU-Quartbroschüre, Dortmund

Lichttechnische Gestaltung von Halleneinfahrten (1988). Bundesanstalt für Arbeitsschutz, AWE – Nr. 64, Dortmund

6.6 Belastungen durch Elektromagnetische Felder (EMF)

6.6.1 Grundlagen

Charakterisierung

EMF sind ihrem Wesen nach durch elektromagnetische Wellen im Hz-, kHz-, MHz- und GHz-Bereich gekennzeichnet, die sich wellenförmig ausbreiten (→Tab. 6.6.1). Unterschieden werden dabei stationäre, nichtstationäre und Strahlungsfelder.

	Frequenzbereich von	bis	Wellenlängen von	bis	Internationale Bezeichnungen
Niederfrequenz NF	0 HZ	30 Hz	über 100 km		Sub ELF
	> 30 HZ	300 Hz			ELF (Extremly Low Frequently)
	>300 HZ	3 kHz			VF (Voice Frequency)
	> 3 kHz	30 kHz	100 km	10 km	VLF (Very Low Frequency)
Hochfrequenz HF	> 30 kHz	300 GHz			

Tab. 6.6.1: Frequenzbereiche EMF

Ein Feld ist ein physikalischer Zustand, bei dem jedem Raumpunkt der Wert einer physikalischen Größe, der Feldstärke zugeordnet werden kann.

Elektrisches Feld: In der Umgebung eines elektrisch geladenen Körpers ist ein elektrisches Feld vorhanden, das auf den Menschen wirken kann. Es wird durch das unterschiedliche elektrische Potential zwischen aufgeladenem Körper und seine Umgebung bewirkt und hat eine Feldstärke E, die in V/m gemessen wird. Je höher die Spannung, desto stärker ist auch das elektrische Feld. Die natürliche Feldstärke zwischen der Erdoberfläche und der lonosphäre beträgt 0,1–0,5 kV/m; im Gewitterzentrum wächst sie auf 3–20 kV/m an. In der Nähe elektrischer Haushaltsgeräte (220 V; 50 Hz) treten Feldstärken bis etwa 0,1 kV/m (maximal 0,5 kV/m) auf. Zwischen den Freileitungsmasten von 380 kV-Leitungen können in Bodennähe etwa 8 kV/m auftreten. In Hochspannungs-Freiluftschaltanagen sind Feldstärken bis etwa 15 kV/m möglich.

Magnetisches Feld: Um einen stromdurchflossenen Leiter entsteht ein magnetisches Feld, dessen Feldstärke H in A/m gemessen wird. Üblich ist auch die Messung der magnetischen Flussdichte (Induktion) in V · s/m² = Tesla (T). 1 µT = 10 mG(auß) entspricht 0,8 A/m. Da der menschliche Körper leitend ist, kann in ihn Strom induziert werden. Je höher die Stromstärke ist, um so stärker ist das magnetische Feld. Für Drehstromübertragung hat das elektrische Feld für den Menschen allerdings nur geringe Bedeutung, wenn die Entfernung der Außenleiter zueinander klein ist, da sich die Felder zum größten Teil gegenseitig aufheben. Die natürliche magnetische Feldstärke beträgt je nach Örtlichkeit 30–40 A/m bzw. 35–50 µT. Am Boden unter einer Freileitung 380 kV werden bei einem Laststrom von 1 KVA etwa 14 A/m gemessen, in Freiluftschaltanlagen 18 A/m. Im Haushalt beträgt die magnetische Feldstärke bis zu 40 A/m. In der Industrie treten magnetische Feldstärken bis 50 kA/m in Hochstromanlagen auf, z.B. bei der Elektrolyse, beim Punktschweißen, am Lichtbogen- und Induktionsofen. Diese Feldstärken sinken jedoch in 0,5 m Entfernung auf < 0,5 kA/m ab.

Elektrosmog: Hierbei handelt es sich um ein EMF, das durch technische Einrichtungen entsteht und gesundheitsschädliche Einflüsse hervorrufen kann.

Elektromagnetische Verträglichkeit (EMV): Eigenschaft von Geräten mit elektrischen bzw. elektrotechnischen Steuerungen, bestimmungsgemäß zu arbeiten ohne Störungen durch EMF bei anderen Geräten zu verursachen und ohne durch andere Geräte gestört zu werden.

Rechtsgrundlagen EMF

Rechtliche Regelungen für den Schutz vor EMF existieren sowohl für Geräte (= Produktsicherheit) und für die Beschäftigten bei der Arbeit (= Arbeitssicherheit) als auch für die Bevölkerung (Umweltsicherheit). Diese Regelungen sind größtenteils europäisch harmonisiert. Eine Übersicht der Rechtsgrundlagen und ausgewählter technischer Regeln zum Schutz vor EMF (→Tab. 6.6.2).

Die Unfallverhütungsvorschrift BGV B 11 gilt „soweit Versicherte elektrischen, magnetischen oder elektromagnetischen Feldern im Frequenzbereich von 0 Hz bis 3000 GHz ausgesetzt sind".

Der Geltungsbereich umfasst alle Tätigkeiten der Beschäftigten innerhalb des Betriebes und außerhalb, z.B. auf Baustellen, in Fahrzeugen.

Regelungsgegenstand	Rechtsgrundlagen		Technische Regeln
	europäisch	national	
Produktsicherheit (EMV)	89/336/EWG	EMV G	DINEN 61000 T. 6-1,3
Arbeitssicherheit (EMF)	EU-Richtlinie in Vorbereitung C 230/03/EG	BGV B11	BGR B11, DIN VDE 0848 T- 1-3
Umweltsicherheit (EMF – Bevölkerung)	99/519/EG	26. BlmSchV	Anhang 1, 26. BlmSchV

Tab. 6.6.2: Rechtsgrundlagen und Regeln zum Schutz vor EMF (Bezeichnung der Vorschriften und Regeln siehe Literatur

Die BGVB 11 gilt nicht für die Exposition von Patienten bei gewollter medizinischer Einwirkung EMF, allerdings unterliegt das Bedienungspersonal dieser Medizingeräte dieser Unfallverhütungsvorschrift. Die BGVB 11 gilt auch dort nicht, wo die 26. BlmSchV zur Anwendung kommt, d.h. außerhalb der Betriebe sowie auf dem Betriebsgelände befindliche Wohnungen und Gesellschaftsbauten.

Im Entwurf der Richtlinie des Europäischen Parlamentes und des Rates über Mindestvorschriften zum Schutz der Arbeitnehmer vor Gefährdungen durch elektromagnetische Felder (→Literatur) ist folgendes Grenzwertkonzept vorgesehen:

- Expositionsobergrenzen, die nicht überschritten werden dürfen. Die Einhaltung dieser Grenzwerte schützt die Beschäftigten vor bekannten gesundheitsschädlichen Auswirkungen.
- Auslösewerte, bei deren Erreichen Maßnahmen ergriffen werden müssen, die ein Überschreiten dieser Expositionsgrenzwerte sicher verhindern.

Dieses Konzept ist identisch mit denen zum Schutz vor Gefährdungen durch physikalische Einwirkungen (Lärm, Vibration).

6.6.2 Arbeitsbedingte Belastungen (Gefährdungen)

Wirkungen EMF

Die Wirkung EMF auf den menschlichen Körper ist abhängig von der Intensität dieser Felder, der Frequenz und der Expositionsdauer. Aber auch individuelle Eigenschaften des Menschen, wie z.B. die Körpergröße haben Einfluss auf die Wirkung. Der Mensch besitzt kein Sinnesorgan für die Wahrnehmung EMF. Die Wirkungen EMF auf Personen lassen sich einteilen in direkte und indirekte Wirkungen.

Direkte Wirkungen (unmittelbar): EMF bewirken im menschlichen Körper Effekte, sowohl im niederfrequenten als auch im hochfrequenten Bereich. Im Bereich statischer und niederfrequenter EMF verhält sich der menschliche Körper wie ein elektrischer Leiter, sodass in Folge dieser Einwirkungen Körperströme fließen. Dadurch kann es zu Reizwirkungen (Muskel- und Nervenreizungen) kommen, in deren Folge Kopfschmerzen, Unwohlsein, Schlaflosigkeit, Reizbarkeit, Konzentrationsstörungen oder Veränderungen des Sehvermögens eintreten können [Wittneben] (= *Induktion*). Bei hochfrequenten Feldern (> 30 kHz) absorbiert der menschliche Körper einen Teil der Energie und wandelt diesen in Wärme um. Diese Gewebeerwärmung im menschlichen Körper wird auch als *Absorption* bezeichnet.

Indirekte Wirkungen (mittelbar): Hierbei handelt es sich um Feldwirkungen, die bei Kontakt einer Person mit elektrisch leitfähigen Gegenständen entstehen (→vgl. Kapitel 4.3) oder die aufgrund der Beeinflussung elektrischer/elektronischer Geräte, die Sicherheitsaufgaben zu erfüllen haben, schädigende Auswirkungen hervorrufen können, z.B. an Schutzeinrichtungen von Maschinen aber auch an medizinisch aktive Implantate wie Herzschrittmacher. Für letzteres ist besonders die Krafteinwirkung magnetischer Felder auf metallische Gegenstände verantwortlich, wie sie in der Industrie (bei Magnetabscheidern, bei Galvanik- und Elektrolysevorgängen) und in der Medizin (bei Kernspinntumographen mit supraleitenden Elektromagneten oder Permanentmagneten) auftreten.

Für Langzeitwirkungen einschließlich möglicher *karzinogener Wirkungen* aufgrund der Exposition gegenüber zeitvariablen elektrischen, magnetischen und elektromagnetischen Feldern gibt es zu Zeit keine schlüssigen wissenschaftlichen Beweise für einen kausalen Zusammenhang.

Technisch erzeugte Felder von Geräten dürfen bei den Beschäftigten keine Gesundheitsschädigungen hervorrufen. Diese Forderung gilt auch für Bevölkerung zum Schutz vor schädlichen Umwelteinwirkungen durch Nieder- und Hochfrequenzanlagen. Hierfür werden Grenzwerte festgelegt, die in den jeweiligen Frequenzbereich sowohl bei der elektrischen als auch der magnetischen Komponente der EMF nicht überschritten werden dürfen.

Grenzwertkonzept für EMF

Die maximal zulässige Exposition von Personen durch EMF wird in verschiedenen nationalen und internationalen Festlegungen geregelt. Unterschieden werden dabei so genannte Basisgrenzwerte und abgeleitete Grenzwerte.

Basisgrenzwerte für Exposition gegenüber EMF am Arbeitsplatz:

Im April 1998 hat die internationale Kommission für den Schutz vor nichtionisierter Strahlung Richtlinien zur Begrenzung der Exposition gegenüber EMF für Frequenzen bis zu 300 GHz veröffentlicht [Guidelines]. Diese so genannten Basiswerte (Basic Restriction) sind wissenschaftlich und medizinisch begründete Grenzwerte, die ein gesundheitliches Risiko ausschließen.

Messgröße	Einheit	Erläuterung
Basisgrößen:		
elektr. Stromdichte J	mA / m^2	Stromdichte im Körper, insbesondere im niederfrequenten Bereich, die Reizwirkung auf Muskel- und Nervenzellen bewirkt.
spez. Absorptionsrate SAR	W / kg	Maß für die vom Körpergewebe absorbierte hochfrequente Energie, die thermische Effekte im Körper auslöst (SAR>4 W / kg kann zu Gesundheitsgefährdungen führen)
spez. Absorptionsrate bei Impulsfeldern SA	J / kg	
Abgeleitete Größen:		
elektr. Feldstärke E (Effektivwert)	V / m	**E = F / Q** F – elektr. Feldkraft [N] Q – elektr. Ladung [C*] *) Coulomb
magn. Feldstärke H (Effektivwert)	A / m	**H = F / m** F – magn. Feldkraft [V] M – magn. Polstärke [Wb*] *) Weber
magn. Flussdichte B (Effektivwert)	T (Tesla)	**B = μ • H** H – magn. Feldstärke [A / m] μ – magn. Permeabilität [(V • s) / (A • m)]
Leistungsflussdichte S	W / m^2	**S = H • E** H – magn. Feldstärke [A / m] E – elektr. Feldstärke [V / m]

Tab. 6.6.3: Messgrößen für Grenzwerte der biologischen Wirkung von EMF

Basiswerte sind (→Tab. 6.6.3)

- die elektrische Stromdichte, die ein Maß für die Reizwirkung der EMF besonders im niederfrequenten Bereich ist,
- die spezifische Absorptionsrate, die ein Maß für die Beurteilung der Gewebeerwärmung durch EMF darstellt (die spezifische Absorptionsrate ist das Verhältnis von lokaler Wärmeleitung zur Masse des Gewebevolumens).

Basisgrenzwerte für die direkte Wirkung EMF am Arbeitsplatz enthält Tabelle 6.6.4.

Die körperspezifischen Basiswerte sind messtechnisch nur mit einem hohen Aufwand zu ermitteln. Daher wurden über mathematische Modelle messtechnisch leichter erfassbare abgeleitete Grenzwerte ermittelt.

Frequenzbereich	Elektrische Stromdichte [A/m²]	Spezifische Absorptionsrate SAR [W/kg] Ganzkörper	Kopf/Rumpf	Gliedmaßnahmen	SA [J/kg] -Impulsfelder-	Leistungsdichte S [W/m²]
0 -1 Hz	0,04	—	—	—	—	—
> 1 – 4 Hz	0,04/f	—	—	—	—	—
> 4 – 1000 Hz	0,01	—	—	—	—	—
> 1 – 100 kHz	f/100	—	—	—	—	—
> 0,1 – 10 MHz		0,4	10	20	—	—
> 0,01 – 10 GHz	—				0,01	*)
> 10 – 300 GHz	—	—	—	—	—	50

f – Frequenz in Hz bzw. kHz *) S = f/40 bei f = 0,4 – 2 GHz

Tab. 6.6.4: Basisgrenzwerte für direkte Wirkung am Arbeitsplatz (BGV B11)

Abgeleitete Grenzwerte für die Exposition gegenüber EMF am Arbeitsplatz:

Die abgeleiteten Grenzwerte geben die am Arbeitsplatz messbaren Feldstärken und Leistungsdichten an, die bei den Beschäftigten zu einer Absorption bzw. Induktion in Höhe der Basisgrenzwerte führen würde. Abgeleitete Grenzwerte sind (→Tab. 6.6.3)

- die elektrische Feldstärke, die ein Maß für die elektrische Komponenete der EMF ist,
- die magnetische Feldstärke und Flussdichte, die ein Maß für die magnetische Komponente der EMF darstellt,
- die Leistungsflussdichte als Maß für die elektrische und magnetische Komponente.

Abgeleitet Grenzwerte für EMF am Arbeitsplatz enthält die Unfallverhütungsvorschrift BGV B 11 – Elektromagnetische Felder –.

Expositionsbereich für EMF

In der BGV B 11 werden vier Expositionsbereiche gegenüber EMF unterschieden; für diese Bereiche existieren unterschiedliche Grenzwerte. Die Expositionsbereiche sind vom Arbeitgeber im Rahmen der Gefährdungsbeurteilung festzulegen (Berechnung, Messung, Herstellerangabe oder Vergleich mit anderen Anlagen). Die Einteilung dieser Bereiche erfolgt in Abhängigkeit von der Intensität der EMF (E bzw. H/B) und deren Frequenz.

Expositionsbereich 2 umfasst alle Bereiche, in denen es keine speziellen Zugangsregelungen gibt. Es handelt sich um alle Bereiche einer Arbeitsstätte, in denen eine Exposition durch EMF bestimmungsgemäß nicht zu erwarten ist. Zulässige Werte für den Expositionsbereich 2 betragen bei einer Frequenz von 50 Hz: E = 6,66 kV/m; B = 0, 424 mT.

Expositionsbereich 1 umfasst kontrollierte Bereich, in denen an elektrischen Betriebmitteln und Anlagen gearbeitet wird und die zulässigen Werte des Expositionsbereiches 2 überschritten werden. Zulässige Werte für den Expositionsbereich 1 betragen bei einer Frequenz von 50 Hz: E = 21,22 kV/m; B = 1,358 mT.

„Kontrolliert" bedeutet eine Zugangsregelung für Bereiche, die während des Betriebes betreten bzw. begangen werden müssen oder in denen sich Beschäftigte zur Durchführung von Arbeiten aufhalten.

Bereich erhöhter Exposition ist ein kontrollierter Bereich, in dem die Werte des Expositionsbereiches 1 überschritten werden. Zulässige Werte für den Bereich erhöhter Exposition betragen bei einer Frequenz von 50 Hz: E = 30 kV/m; B = 2,54 mT.

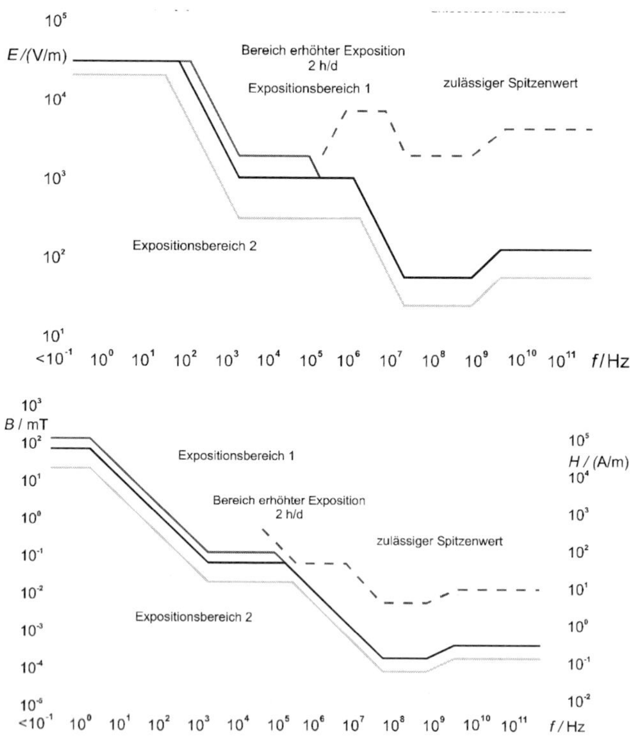

Abb. 6.6.1: Zulässige Werte für elektrische und magnetische Felder (BGV B11)

Gefahrbereich ist ein kontrollierter Bereich, in dem die Werte für den Bereich erhöhter Exposition überschritten werden.

Eine Übersicht der zulässigen Werte für elektrische und magnetische Felder in den einzelnen Expositionsbereichen enthält die Abb. 6.6.1.

6.6.3 Maßnahmen zum Schutz gegen EMF

Der Arbeitgeber hat auf der Grundlage der Beurteilung der Expositionsbereiche Maßnahmen festzulegen, dass für die Beschäftigten weder unzulässige Expositionen noch unzulässige indirekte Wirkungen durch EMF auftreten. Erforderliche Schutzmaßnahmen für die Expositionsbereiche von EMF enthält Tabelle 6.6.5.

innerhalb Expositionsbereich 2	- keine Maßnahmen erforderlich (jedoch können indirekte Wirkungen auftreten, wie z.B. bei Personen mit aktiven Körperhilfsmitteln)
> Expositionsbereich 2 (Expositionsbereich 1, Bereich erhöhter Exposition, Gefahrbereich)	- Reduzierung der Leistung einer Anlage - Abstand zur Quelle bei magnetischen Feldern - Abschirmung der Quelle bei elektrischen Feldern mit leitfähigem Material (? Abb. 6.6.2) - Begrenzung der Aufenthaltsdauer im Expositionsbereich - Erarbeitung einer Betriebsanweisung - Unterweisung der Beschäftigten
> Expositionsbereich 1 (Bereich erhöhter Exposition)	- Bereich bestimmen und dokumentieren - Sicherheitskennzeichnung (? Abb. 6.6.3) - Expositionszeitbegrenzung (Frequenzbereich 0 Hz – 91 kHz auf 2 Stunden; hochfrequente Felder < 6 Minuten pro Tag) - Sicherung des Bereiches gegen unbefugtes Betreten
Gefahrbereich	- Trennung Beschäftigter / Quelle durch Schutzeinrichtungen (Verriegelung mit Zuhaltung) - Einsatz persönlicher Schutzausrüstung (z.B. HF-Schutzkleidung, Mikrowellen-Schutzbrillen) - Sicherheitskennzeichnung

Tab. 6.6.5: Schutzmaßnahmen für Expositionsbereiche EMF (exemplarisch)

In der berufsgenossenschaftlichen Regel BGR B 11 sind zahlreiche Hilfen für die praktische Arbeit enthalten, wie z.B. zur Durchführung von Messungen und zur Erarbeitung von Betriebsanweisungen.

Der Arbeitgeber muss ferner nach § 9 BGV B 11 Prüfungen durch Sachkundige vornehmen lassen

- vor der ersten Inbetriebnahme (diese kann auch durch eine entsprechende Prüfbescheinigung des Herstellers nachgewiesen werden),
- nach einer wesentlichen Änderung oder Instandsetzung,

– in bestimmten Zeitabständen (als Richtwert gilt eine Prüffrist von 12 Monaten).

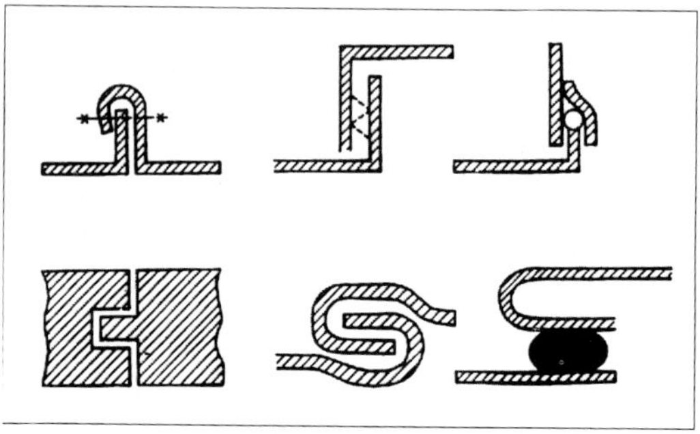

Abb. 6.6.2: Beispiele für Verbindungen von Abschirmteilen gegen elektrische Felder

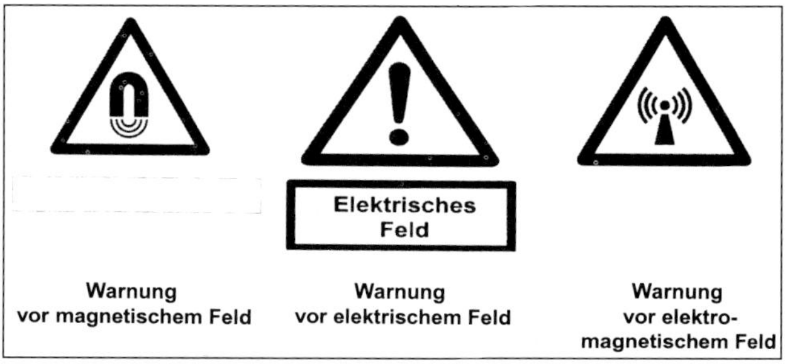

Abb. 6.6.3: Elektromagnetische Felder – Warnschilder

Zur Erstellung von Gutachten über mögliche Gesundheitsbeeinträchtigungen durch EMF empfiehlt die Strahlenschutzkommission nur „Sachverständige EMF" zu beauftragen, die Mindestanforderungen an die Ausbildung, der Berufserfahrung und die Einweisung durch einen anerkannten Sachverständigen nachweisen können [vgl. Empfehlung SSK, 2003]. Aufgaben des „Sachverständigen EMF" ist es

– Expositionen messtechnisch und/oder rechnerisch zu bestimmen,
– Feldquellen zu ermitteln und die wesentlichen Eigenschaften der EMF zu benennen,
– Expositionen mit den jeweiligen frequenzabhängigen Grenzwerten zu vergleichen,
– ggf. Maßnahmen zum Schutz vor EMF vorzuschlagen.

Angaben für Anlagen in Bereichen erhöhter Exposition und in Gefahrbereichen zu feldrelevanten Änderungen und Prüfprotokolle sind während der Betriebszeit der Anlage zugänglich und mindestens 10 Jahre nach Außerbetriebstellung der Anlage aufzubewahren.

Literatur

Richtlinie des Rates vom 3. 5. 1989 zur Angleichung der Rechtsvorschriften der Mitgliedsstaaten über die elektromagnetische Verträglichkeit (1989/336/EWG)

Richtlinie des Europäischen Parlaments und des Rates über Mindestvorschriften zum Schutz von Sicherheit und Gesundheit der Arbeitnehmer vor der Gefährdung durch physikalische Einwirkungen (EMF) – in Vorbereitung – (Entwurf 12/2002)

Empfehlung des Rates vom 12. 7. 1999 zur Begrenzung der Exposition der Bevölkerung gegenüber elektromagnetischen Feldern – 0 Hz – 300 GHz (1999/519/EG)

Gesetz über elektromagnetische Verträglichkeit von Geräten (EMVG) vom 18. 9. 1998, zuletzt geändert durch Art. 230 der Verordnung vom 25. 11. 2003 (BGBl. I S. 2304)

26. VO zur Durchführung des Bundesimmissionsschutzgesetzes (Verordnung über elektromagnetische Felder – 26. BImSchV) vom 16. 12. 1996 (BGBl. I S. 1966)

Grenzwerte und Vorsorgemaßnahmen zum Schutz der Bevölkerung vor EMF. Empfehlung der Strahlenschutzkommission; BAnz. Nr. 224 vom 30. 11. 2001, S. 24 345

Anforderungen an Sachverständige für die Bestimmung der Exposition gegenüber EMF. Empfehlung der Strahlenschutzkommission, Bonn 2003
http://www.ssk.de

BGV B 11: Elektromagnetische Felder

BGR B 11: Elektromagnetische Felder

DIN VDE 0843 T. 1 – T. 3: Sicherheit in elektromagnetischen Feldern –
T. 1 – Definitionen, Mess- und Berechnungsverfahren,
T. 2 – Schutz von Personen im Frequenzbereich von 30 kHz – 300 GHz,
T. 3 – Schutz von Personen mit aktiven Körperhilfsmitteln im Frequenzbereich 0 Hz – 300 GHz

DIN 32 780 – 100: Schutzkleidung; Schutz gegen hochfrequente elektromagnetische Felder im Frequenzbereich 80 Hz bis 1 GHz

DIN EN 50 361 Grundnorm zur Messung der spezifischen Absorptionsrate (VDE 0848 T. 361) (SAR) in Bezug auf die Sicherheit von Personen in EMF von Mobiltelefonen (300 MHz – 3 GHz)

DIN EN 50 364 Begrenzung der Exposition von Personen gegenüber (VDE 0848 T. 364) EMF von Geräten, die im Frequenzbereich 0 Hz – 10 GHz betrieben werden

DIN EN 61 000 – 6 – 1: Elektromagnetische Verträglichkeit (EMV) – Störfestigkeit für (VDE 0839 T. 6 – 1) Wohnbereich, Geschäfts- und Gewerbebereich sowie Kleinbetriebe

DIN EN 61 000 – 6 – 3: EMV – Störaussendung für Wohnbereich, Geschäfts- (VDE 0839 T. 6 – 3) und Gewerbebereich sowie Kleinbetriebe.

Elektromagnetische Felder an Anlagen, Maschinen und Geräten
BIA-Report H. 6, 2003

Wittneben, Volker: Elektromagnetische Felder. Sicherheitsingenieur Heft 1/1999, S. 28, Dr. Curt Haefner Verlag, Heidelberg

Guidelines for limiting expose to timevarying electric, magnetic and electromagnetic fields (up to 300 GHz)
Health Physics 74 (1998), Nr. 4 S. 494–522

7 Arbeitsmittel und Anlagen

Inhaltsverzeichnis

7.1 Grundlagen

Rechtsvorschriften

Die Rechtsvorschriften für die Sicherheit und den Gesundheitsschutz von Arbeitsmitteln und Anlagen sind in Abhängigkeit vom Lebenszyklus (→Abb. 7.1.1) anzuwenden. Danach werden unterschieden:

- Konstruktion, Bau und Ausrüstung (*Inverkehrbringen*),
- Beschaffung, Inbetriebnahme, Einsatz und Gebrauch sowie Außerbetriebnahme nach Nutzungsende (*Bereitstellung und Benutzung*).

Inverkehrbringen

Anforderungen an das Inverkehrbringen von technischen Arbeitsmitteln und Verbraucherprodukten regelt seit 1. 5. 2004 das *Geräte- und Produktsicherheitsgesetz* (GPSG). Dieses Gesetz führt die Inhalte des Gerätesicherheitsgesetzes (GSG) und des Produktsicherheitsgesetzes (ProdSG) zusammen. Das GPSG unterscheidet folgende Arten von Produkten:

Technische Arbeitsmittel: Verwendungsfertige Arbeitseinrichtungen, z. B. Maschinen, Werkzeuge, Geräte, die bestimmungsgemäß ausschließlich bei der Arbeit verwendet werden, außerdem auch Schutzrüstungen, die nicht Teil von Arbeitseinrichtungen sind, sowie bestimmte Teile von technischen Arbeitsmitteln.

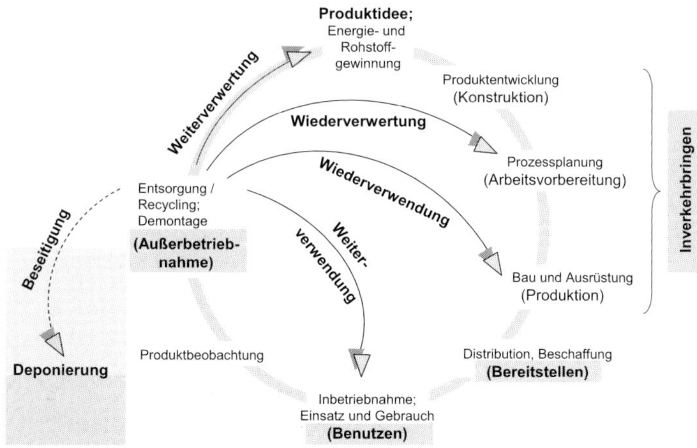

Abb. 7.1.1: Produktlebenszyklus technischer Arbeitsmittel (in Anlehnung an VDI 2243)

Verbraucherprodukte: Gebrauchsgegenstände und sonstige Produkte, die für Verbraucher bestimmt sind und unter vernünftigerweise vorhersehbaren Bedingungen durch Verbraucher benutzt werden, also z.B. Haushaltgeräte, Sportgeräte, Spielzeug.

Das GPSG gilt auch für *gebrauchte Produkte,* allerdings nur für solche, die zur unmittelbaren Verwendung geeignet sind, ohne dass sie vorher instandgesetzt oder wieder aufgearbeitet werden müssen und für die Errichtung und den Betrieb *überwachungsbedürftiger Anlagen*, die gewerblich oder wirtschaftlichen Zwecken dienen oder durch die Beschäftige gefährdet werden können.

Danach dürfen Produkte nur in den Verkehr gebracht werden, wenn sie den in Rechtsverordnungen festgelegten Sicherheits- und Gesundheitsschutzanforderungen entsprechen und/ oder so beschaffen sind, dass bei bestimmungsgemäßer Verwendung aber auch bei Fehlanwendungen, die vorhersehbar sind, Sicherheit und Gesundheit der Verwender oder anderer Personen nicht gefährdet werden.

Es wird auch bestimmt, dass beim Inverkehrbringen erforderliche Informationen über das sicherheitsgerechte Aufstellen, Verwenden und Instandhalten der Geräte und Produkte bereit gestellt werden müssen, z.B. durch eine mitgelieferte Gebrauchsanleitung (Betriebsanleitung).

Die bisherigen Verordnungen zum Gerätesicherheitsgesetz (z.B. 9. GSGV – MaschinenVO) gelten ohne inhaltliche Veränderungen weiter, lediglich die Bezeichnungen wurden angepasst (neu: 9. GPSGV – MaschinenVO).

Die Verordnungen zum GPSG werden durch harmonisierte europäische Normen untersetzt, die Konformitätsvermutung auslösen (→Normenverzeichnisse der einzelnen GPSGV, z.B. Verzeichnis M für Maschinen – 9. GPSGV).

Ein Ausschuss für technische Arbeitsmittel und Vorbraucherprodukte wird als „Regelungsausschuss" für die Erarbeitung von nationalen Normen und technischen Spezifikationen im nicht harmonisierten Bereich tätig werden.

Die rechtlichen Regelungen für das Inverkehrbringen dieser Produkte sind größtenteils europäisch harmonisiert (mit Ausnahme der überwachungsbedürftigen Anlagen für entzündliche, leicht- oder hochentzündliche Flüssigkeiten).

Bereitstellung und Benutzung

Anforderungen an das Bereitstellen und Benutzen aller Arbeitsmittel, an den betrieblichen Explosionsschutz und an den Betrieb überwachungsbedürftiger Anlagen regelt auf Grund des § 14 GPSG und der §§ 18 und 19 Arbeitsschutzgesetz (ArbSchG) die *BetriebssicherheitsVO* (BetrSichV); danach sind

Arbeitsmittel: Werkzeuge, Geräte, Maschinen oder Anlagen,

Anlagen: mehrere Funktionseinheiten, die zueinander in Wechselwirkung stehen und deren sicherer Betrieb wesentlich von diesen Wechselwirkungen bestimmt wird; insbesondere überwachungsbedürftige Anlagen im Sinne des § 2 (7) GPSG.

Die BetriebssicherheitsVO enthält ein Schutzkonzept, das auf alle von Arbeitsmitteln ausgehenden Gefährdungen anwendbar ist.

Die BetriebssicherheitsVO wird durch Technische Regeln untersetzt, die gefährdungsbezogen aufgebaut sind und deren Anwendung Vermutungswirkung auslösen. Abgeleitet aus der Struktur des Ausschusses für Betriebssicherheit werden folgende Gruppen von Regeln erarbeitet:

- Allgemeines und Grundlagen,
- Werkzeuge und Geräte,
- Maschinen,
- Anlagen,
- Brand- und Explosionsschutz,
- Aufzugsanlagen,
- Druckgeräteanlagen.

Bis zur Fertigstellung des Regelwerkes der BetriebssicherheitsVO gelten die Betriebs- und Prüfanforderungen der Unfallverhütungsvorschriften für Arbeitsmittel und für die überwachungsbedürftigen Anlagen die bisherigen Technischen Regeln (z.B. TRA ... für Aufzüge; TRbF ... für brennbare Flüssigkeiten) weiter.

Gefährdungsbeurteilung für Arbeitsmittel

Sichere Bereitstellung und Benutzung: Die BetriebssicherheitsVO (BetrSichV) konkretisiert die Verpflichtung des Arbeitgebers nach § 5 Arbeitsschutzgesetz, eine Gefährdungsbeurteilung durchzuführen nach dem „Stand der Technik“. Anliegen der Gefährdungsbeurteilung nach § 3 BetrSichV ist die Ermittlung der Gefährdungen

- die mit der Benutzung der Arbeitsmittel selbst zu berücksichtigen sind,

aber auch

- die sich aus den Wechselwirkungen zwischen verschiedenen Arbeitsmitteln, mit Arbeitsstoffen und der Arbeitsumgebung ergeben.

Im Ergebnis dieser ganzheitlichen Gefährdungsbeurteilung sind dann die erforderlichen Maßnahmen für die sichere Bereitstellung und Benutzung der Arbeitsmittel festzulegen.

Explosionsschutz: Der Arbeitgeber muss ferner beurteilen

- das Auftreten von explosionsfähigen Atmosphären (Wahrscheinlichkeit und Dauer),
- die Zündquellen, einschließlich möglicher elektrostatischer Aufladung (Wahrscheinlichkeit),
- das Ausmaß der zu erwartenden Auswirkung von Explosionen.

Diese Gefährdungsbeurteilung erfolgt hinsichtlich des Auftreten von explosionsfähigen Atmosphären nach der GefahrstoffVO, hinsichtlich der Zündquellen und des Ausmaßes nach der BetrSichV (→Kapitel 7.2.2)

Prüfung von Arbeitsmitteln: Gemäß § 3 BetrSichV beinhaltet die Gefährdungsbeurteilung auch die Art, den Umfang und die Fristen erforderlicher Prüfungen zu ermitteln; ebenso ist festzulegen, welche Personen oder Stellen mit der Prüfung beauftragt werden sollen.

Arten und Verfahren: Detaillierte Ausführungen zur Beurteilung der Arbeitsbedingungen im Betrieb und zur Beurteilung der Produktsicherheit bei Konzeption und Bau (→Kapitel 3.1) sowie zur Rangfolge von Arbeitsschutzmaßnahmen (→Kapitel 3.3).

Überwachung des Inverkehrbringens von Produkten

Behörden der Bundesländer: Die Überwachung des Inverkehrbringens von Produkten liegt bei den Gewerbeaufsichtsämtern bzw. den Ämtern für Arbeitsschutz und Sicherheitstechnik. Das Geräte- und Produktsicherheitsgesetz (GPSG) fordert von diesen Behörden, dass sie das Inverkehrbringen der Produkte und die in Verkehr gebrachten Produkte in koordinierter Weise auf der Basis systematischer Überwachungskonzepte wirksam überwachen. Sie sollen dabei u.a. auch Informationen darüber, welche Produktgruppen und welche Hersteller(länder) in der Vergangenheit durch Mängel auffällig geworden sind, berücksichtigen. Im § 8 GPSG sind neben den Aufgaben auch die

Befugnisse der zuständigen Behörde genannt, um Gefährdungen durch Produkte abzuwenden (z.B. Verbot des Ausstellens, Anordnung von Produktprüfungen, Verpflichtung der Hersteller / der Einführer / der Händler zur Mitlieferung von Warnhinweisen, Warnung der Öffentlichkeit, Anordnung des Rückrufs, Sicherstellung gefährlicher Produkte).

Werden Sicherheitsmängel an Produkten festgestellt, sind im § 9 GPSG die Meldeverfahren festgelegt, um zu erreichen, dass die Öffentlichkeit bzw. sonst Betroffene die entsprechenden Informationen erhalten.

BAuA: Bei der Veröffentlichung von Informationen (§ 11 GPSG) hat die Bundesanstalt für Arbeitsschutz und Arbeitsmedizin (BAuA), die im Gesetz als „beauftragte Stelle" bezeichnet wird, eine zentrale Funktion. Sie ist die Stelle, die von den Behörden der Bundesländer über die von ihnen getroffenen Maßnahmen zur Untersagung des Inverkehrbringens bzw. zum Rückruf von gefährlichen Produkten unterrichtet werden muss und die diese Informationen auswertet sowie sie an die entsprechenden Stellen im Inland (Bundesministerium für Wirtschaft und Arbeit, andere Bundesministerien, zuständige Ministerien der Länder, andere zuständige Behörden) sowie an die zuständigen Stellen der Kommission der Europäischen Gemeinschaft weiterleitet.

Die Bundesanstalt ist ebenso zuständig dafür, Informationen über gefährliche Produkte, die sie aus anderen Ländern der Europäischen Union oder von der Kommission der Europäischen Gemeinschaften erhält, an die zuständigen Bundesressorts weiterzuleiten.

Zugelassene Überwachungsstelle: Im Abschnitt 5 des GPSG sind Anforderungen an überwachungsbedürftige Anlagen genannt. Neben den Befugnissen der Länderbehörden wird im § 17 GPSG bestimmt, dass die Prüfung der überwachungsbedürftigen Anlagen grundsätzlich durch zugelassene Prüfstellen zu erfolgen hat. Diese Stellen werden von den Länderbehörden als Prüfstelle für einen bestimmten Anlagenbereich an das BMWA benannt und im Bundesanzeiger als Überwachungsstelle bekannt gemacht. Vorher muss die Prüfstelle akkrediert werden, wo u.a. die Unabhängigkeit der Stelle, die erforderliche Organisationsstruktur, die Kompetenz des Personals und die notwendigen Mittel und Ausrüstungen einer Begutachtung unterzogen werden. Diese zugelassenen Überwachungsstellen, die ein organisationsbezogenes Überwachungssystem haben, lösen bis 31.12. 2005 das bisherige personenbezogene Überwachungssystem der Technischen Überwachungs-vereine (TÜV) ab.

Prüfungen beim Bereitstellen und Benutzen von Arbeitsmitteln und Anlagen

Arbeitgeber: Er hat nach § 10 BetriebssicherheitsVO (BetrSichV) sicherzustellen, dass grundsätzlich alle vorgeschriebenen Prüfungen durchgeführt werden. Dies umfasst Prüfungen

- nach der Montage, wenn die Sicherheit der Arbeitsmittel von den Montagebedingungen abhängen,
- vor der ersten Inbetriebnahme,
- nach jeder Montage auf einer neuen Baustelle oder einem neuen Standort,
- bei Schäden verursachenden Einflüssen, die zu gefährlichen Situationen führen können,
- nach außergewöhnlichen Ereignissen mit schädigenden Auswirkungen auf die Sicherheit,
- nach Instandsetzungsarbeiten, die die Sicherheit der Arbeitsmittel beeinträchtigen können.

Diese Prüfungen dürfen nur von hierzu befähigten Personen durchgeführt werden.

Der Arbeitgeber muss die Ergebnisse der Prüfungen aufzeichnen und mindestens bis zur nächsten Prüfung aufbewahren.

Befähigte Person: Person, die durch ihre Berufsausbildung, ihre Berufserfahrung und ihre zeitnahe berufliche Tätigkeit über die erforderlichen Fachkenntnisse zur Prüfung der Arbeitsmittel verfügt (§ 2 (7) BetrSichV). Die Prüfung von **Arbeitsmitteln** darf nur von befähigten Personen durchgeführt werden, die für die jeweiligen Arbeitsmittel die erforderlichen Kenntnisse und Erfahrungen besitzen. Überwachungsbedürftige Anlagen mit geringen Gefährdungspotential, z. B. Druckbehälter mit einem Druckinhaltsprodukt (→ Kapitel 7.3), können auch von befähigten Personen geprüft werden.

Zugelassene Überwachungsstelle: Vorgeschriebene oder angeordnete Prüfungen an **überwachungsbedürftigen Anlagen** dürfen grundsätzlich nur noch von zugelassenen Überwachungsstellen durchgeführt werden, die die Anforderungen nach § 17 GPSG erfüllen (→ Überwachung des Inverkehrbringens von Produkten).

Prüfungen an überwachungsbedürftigen Anlagen umfassen
- Prüfungen von Inbetriebnahme (§ 14 BetrSichV),
- wiederkehrende Prüfungen des Zustandes der Anlage in bestimmten Fristen (§ 15 BetrSichV),
- angeordnete Prüfungen durch die zuständige Behörde, wenn hierfür ein besonderer Anlass besteht (z. B. nach Schadensfall),
- Prüfungen besonderer Druckgeräte (§ 17 BetrSichV).

Über das Ergebnis der Prüfungen sind Prüfbescheinigungen zu erteilen durch die zugelassenen Überwachungsstellen.

Zuständige Behörde: Die Behörde kann in Verbindung mit der Prüfung von **Arbeitsmitteln** verlangen, dass ihr die Aufzeichnungen der Prüfungen nach § 10 BetrSichV auch am Betriebsort zur Verfügung gestellt werden.

Für einige Arten von **überwachungsbedürftigen Anlagen** gibt es einen Erlaubnisvorbehalt (§ 13 BetrSichV). Der Erlaubnis der zuständigen Behörde unterliegen u.a. Dampfkesselanlagen, die befeuerte überhitzungsgefährdete Druckgeräte zur Erzeugung von Dampf oder Heißwasser mit einer Temperatur von > 110°C beinhalten.

Die zuständige Behörde kann für überwachungsbedürftige Anlagen im Einzelfall eine außerordentliche Prüfung anordnen, wenn hierfür ein Anlass besteht (§ 16 BetrSichV).

Eine Übersicht zu Arten von Prüfungen und zum Erlaubnisvorbehalt überwachungsbedürftiger Anlagen (→Tab. 7.1.1).

Anlagenart / Art der erforderlichen Prüfung	Erlaubnisvorbehalt	vor Inbetriebnahme	nach Änderung	Wiederkehrend	außerordentlich angeordnet
Dampfkessel-, Druckbehälter-, Füllanlagen und Leitungen nach § 1 (2) 1 BetrSichV	- Dampfkesselanlagen (Diagramm 5) - Füllanlagen für Druckgase in ortsbewegl. Druckgeräten (Füllkapazität > 10 kg/h)	Prüfung durch ZÜS (bP) = f (Gefahrenpotential) d.h. abhängig von der Kategorie + Diagramm	Prüfung durch ZÜS (bP)	Prüfung durch ZÜS (bP) äußere 1-5 / innere 3-5 / Festigkeit 5-10 Jahre = f (Gefahrenpotential)	ZÜS zuständige Arbeitsschutzbehörde kann bei besonderen Anlässen (z.B. nach Schadensfall, bei Verdacht auf sicherheitstechnische Mängel) Prüfungen anordnen
Aufzüge nach § 1 (2) a BetrSichV	-	- (CE)	Prüfung durch ZÜS	ZÜS alle 2 Jahre	
Aufzüge nach § 1 (2) b BetrSichV	-	Prüfung durch ZÜS	Prüfung durch ZÜS	ZÜS alle 4 Jahre	
Aufzüge nach § 1 (2) c-e BetrSichV	-	Prüfung durch ZÜS	Prüfung durch ZÜS	ZÜS alle 2 Jahre	
Anlagen in explosionsgefährdeten Bereichen nach § 1 (2) 3 BetrSichV	-	Prüfung durch bP	Prüfung durch bP bei Instandsetzung von explosionsschutzabhängigen Geräte: hersteller, ZÜS oder eine von ihr BP	Prüfung durch bP alle 3 Jahre	
Anlagen zur Lagerung, Abfüllung und Beförderung von brennbaren Flüssigkeiten nach § 1 (2) 4 BetrSichV	-Lageranlagen x1 > 10.000 l -Füllanlagen x1 > 1000 l/h -Tankstellen x1 -Flugfeldbetankungsanlagen x1 -Entleerungsstellen x2 > 1000 l/h	Prüfung durch ZÜS	Prüfung durch ZÜS	Prüfung durch ZÜS alle 5 Jahre	Legende: - Keine Prüfung bP befähigte Person ZÜS zugelassene Überwachungsstelle x1 leicht- und hochentzündliche Flüssigkeiten x2 entzündliche Flüssigkeiten

Tab. 7.1.1: Prüfungen überwachungsbedürftiger Anlagen (Betr.SichV)

7.2 Arbeitsmittel

Arbeitsmittel und Anlagen können Unternehmensziel sein, wenn sie im Betrieb konzipiert, gebaut und in den Verkehr gebracht werden.

Unternehmerische Aufgaben sind dann die Realisierung der Anforderungen, sichere Produkte in den Verkehr zu bringen.

Arbeitsmittel und Anlagen werden vorwiegend dazu benutzt, Arbeitsaufgaben durchzuführen, indem hierfür erforderliche Arbeitsgegenstände und sonstige Materialien bearbeitet, transportiert, umgeschlagen oder gelagert werden. Unternehmerische Aufgaben sind dann die Realisierung der Anforderungen, sichere Arbeitsmittel und Anlagen bereitzustellen und zu benutzen.

Für beide Aufgaben existieren Anforderungen an Arbeitsmittel in Rechtsvorschriften, die größtenteils europäisch harmonisiert sind; eine Übersicht zu europäischen und nationalen Rechtsvorschriften sowie zu ausgewählten technischen Regeln (→Tab. 7.2.1).

Regelungsgegenstand	**Rechtsgrundlagen**		**Technische Regeln**
	europäisch	**national**	
Produktsicherheit	1973/23/EWG 1993/68/EWG 1998/37/EG	1. GPSGV 3. GPSGV 9. GPSGV	DIN EN 60529 DIN EN 61140 DIN EN 11688 DIN EN ISO 12100 DIN EN 12417
Arbeitssicherheit	1989/655/EWG 1995/63/EG 2001/45/EG	BetrSichV BGV D6 BGV D27 BGV D36	TR (in Vorbereitung) BGG 921 BGI 545 BGI 521

Tab. 7.2.1: Rechtsgrundlagen und Regeln für die Sicherheit Technischer Arbeitsmittel (Bezeichnung der Vorschriften und Regeln siehe Literatur)

7.2.1 Anforderungen an Beschaffenheit und Inverkehrbringen

Grundlagen

Inverkehrbringen: Im Sinne des Geräte- und Produktsicherheitsgesetzes (GPSG) ist Inverkehrbringen jedes Überlassen eines Produktes an einen anderen, unabhängig davon, ob das Produkt neu, gebraucht, wieder aufgearbeitet oder wesentlich verändert worden ist. Die Einfuhr in den Europäischen Wirtschaftsraum steht dem Inverkehrbringen eines neuen Produktes gleich (§ 2(8) GPSG).

Beschaffenheit: Das GPSG bestimmt nur solche Arbeitsmittel in den Verkehr zu bringen, die die Sicherheit und die Gesundheit der Verwender oder Dritter oder sonstiger in den Rechtsvorschriften aufgeführten Rechtsgüter bei bestimmungsgemäßer Verwendung oder vorhersehbarer Fehlanwendung nicht gefährden. Diese Anforderungen werden in Verbindung mit dem Inverkehrbringen durch grundlegende Beschaffenheitsanforderungen präzisiert, die in europäischen Richtlinien festgelegt und im GPSG und dessen Verordnungen in nationales Recht überführt sind (→Tab. 7.2.1). Diese Beschaffenheitsanforderungen werden durch Normen ausgefüllt (→Abb. 7.2.1). Bei der Anwendung harmonisierter Normen mit Konformitätsvermutung in Bezug auf einzelne Verordnungen bzw. europäische Richtlinien kann der Inverkehrbringer davon ausgehen, dass die grundlegenden Beschaffenheitsanforderungen an Sicherheit und Gesundheit erfüllt sind.

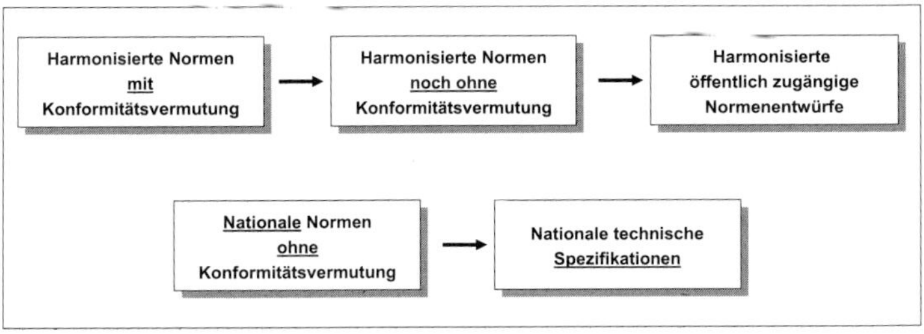

Abb. 7.2.1: Struktur des Technischen Regelwerkes

Die Vermutung der Konformität von harmonisierten Normen in Bezug auf einzelne Harmonisierungsrichtlinien ist dann gegeben,

- wenn die harmonisierten Normen als solche im Amtsblatt der EU veröffentlicht worden sind und
- wenn diese harmonisierten Normen in einzelstaatliche Normen umgesetzt wurden (DIN EN).
- Nur sofern keine harmonisierten Normen vorliegen, können und dürfen nationale technische Normen und Spezifikationen als wichtig und hilfreich für die sachgerechte Umsetzung der grundlegenden Sicherheits- und Gesundheitsanforderungen (Vermutung der Konformität) angesehen und verwendet werden.

Die Beschaffenheitsanforderungen werden in Verbindung mit einer Gefahrenanalyse (Risikobeurteilung →Kapitel 3.1) im Rahmen des konstruktiven Entwicklungsprozesses realisiert.

Sicherheitsgerechte Konstruktion

Güte der Konstruktion:

Konstruieren heißt, für eine gestellte Aufgabe eine möglichst befriedigende technische Lösung zu finden. Eine solche Lösung liegt dann vor, wenn die Gesamtgüte einer Konstruktion möglichst groß ist und dabei die verschiedenen Teilgüten (→Abb. 7.2.2) Wirtschaftlichkeits-, Zuverlässigkeits-, Gestaltungs- und Umweltgüte in einem optimalen Verhältnis zueinander stehen.

Aus arbeitssicherheitlicher Sicht besteht eine möglichst befriedigende technische Lösung in einer sicherheitsgerechten Konstruktion, also maximaler *Sicherheitsgüte*, doch muss die Sicherheitsgüte stets als Bestandteil der übrigen Teilgüten gesehen werden. Oft decken sich die Maßnahmen zur Erhö-

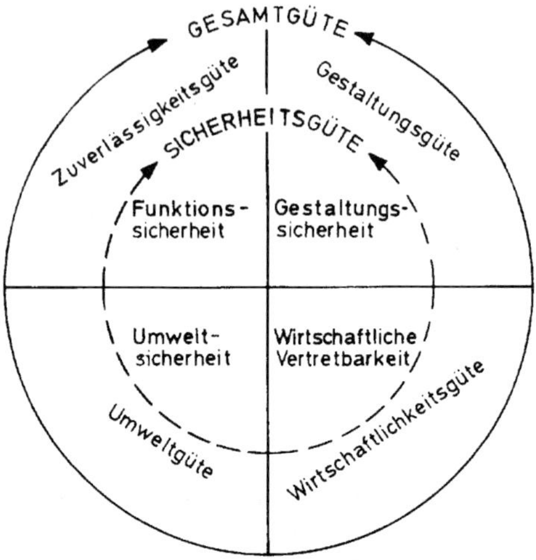

Abb. 7.2.2 Sicherheitsgüte im Rahmen der Gesamtgüte einer Konstruktion

hung aller Teilgüten, doch kann es auch zu Prioritätskonflikten kommen, die Kompromisse erforderlich machen.

Wirtschaftlichkeitsgüte: Wirtschaftlichkeitsgüte ist das ökonomische Verhältnis des Aufwandes zur Leistung bei der Herstellung und beim Betrieb eines Bauteiles oder technischen Systems.

Zuverlässigkeitsgüte: Zuverlässigkeitsgüte ist die Eigenschaft eines Bauteils oder eines technischen Systems, die vorgegebenen Anforderungen unter bestimmten Betriebsbedingungen während einer bestimmten Zeitspanne oder Funktionszahl zu erfüllen.

Der Zuverlässigkeitsgüte kommt für die neuzeitliche Prozess- und Produktionstechnik große Bedeutung zu. Dies geht daraus hervor, dass in Werken mit hohem Mechanisierungs- und Automatisierungsstand die Instandhaltungskosten mehr als 10% des Bruttoumsatzes betragen können. Gerade *Instandhaltungsarbeiten* sind besonders gefährlich und weisen hohe Unfallhäufigkeit auf. Außerdem birgt jede Störung die Möglichkeit eines Unfalls in sich. Daher muss die Zielrichtung der Konstruktionsforschung gleichzeitig im Sinne einer Erhöhung der Arbeitssicherheit darin bestehen, technische Arbeitsmittel störungsfreier zu machen und die Lebensdauer ihrer Bauteile zu verlängern.

Die Gewinnung von Aussagen über die Zuverlässigkeit eines Bauteils oder technischen Systems ist für die Qualitätsbezeichnung und -beurteilung in wirtschaftlicher und arbeitssicherheitlicher Hinsicht notwendig. Angaben über die Zuverlässigkeit eines Bauteils oder technischen Systems werden mit Hilfe der *Wahrscheinlichkeitsrechnung* gewonnen. Als Datenmaterial können Ergebnisse auf dem Versuchsstand wie auch Erhebungen über betriebliche Störfälle herangezogen werden. Versuchsergebnisse haben den Vorteil, dass die Belastungsbedingungen genau festzustellen sind, während den Erhebungen über betriebliche Störfälle oft sehr unterschiedliche Betriebsbedingungen zugrundeliegen.

Die Gesamtzuverlässigkeit eines technischen Systems ergibt sich aus dem Produkt der Zuverlässigkeitswahrscheinlichkeit der einzelnen Bauteile (→Abb 7.2.3). Dabei erhöhen *redundante Systeme* die Zuverlässigkeit. Der Ausdruck „Redundanz" stammt aus der Nachrichtentechnik und bezeichnet in einer Nachricht das Vorhandensein überflüssiger Elemente, die keine zusätzliche Information liefern, sondern nur die Grundinformation stützen, also die Übertragung sicherer machen. In Analogie hierzu wird in der Konstruktionstechnik in einem redundanten Systemen bei Ausfall eines Bauteils ein ersetzendes Bauteil wirksam. Zu unterscheiden ist aktive Redundanz (Ersatz ohne Umschaltung, z. B. zwei ständig laufende Pumpen, obwohl nur eine der beiden Pumpen zur Erfüllung der verlangten Leistung notwendig ist) und passive Redundanz (Ersatz durch Zuschaltung, z. B. einer Ersatzpumpe automatisch oder von Hand).

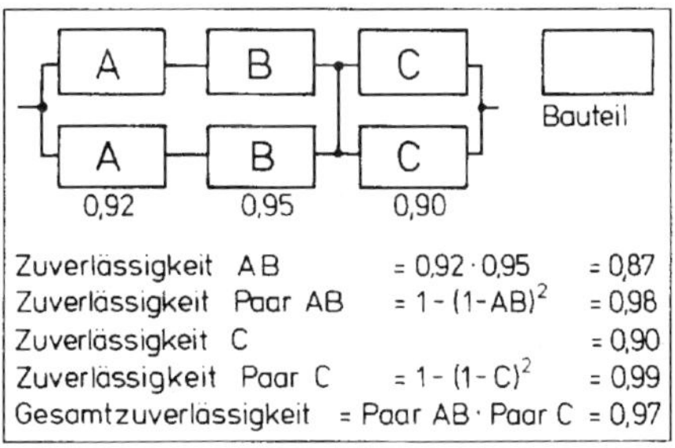

Abb. 7.2.3: Beispiel zur Berechnung der Zuverlässigkeit eines redundanten Systems

Gestaltungsgüte: (Ergonomie- und Ästhetikgüte): Gestaltungsgüte ist der Grad der Anpassung eines Bauteils oder technischen Systems an physisch und psychisch bedingte Eigenschaften des Menschen und an sein ästhetisches Empfinden.

Umweltgüte: Umweltgüte ist der Grad der Vermeidung umweltschädigender Einflüsse durch ein Bauteil oder technisches System.

Sicherheitsgüte: Sicherheitsgüte ist der Grad des Schutzes vor Gefährdungen durch ein Bauteil oder technisches System.

In gleicher Weise, wie Arbeitssicherheit in das Arbeitssystem integriert ist, so ist Sicherheitsgüte in den 4 genannten Konstruktionsteilgüten enthalten. Entsprechend sind Funktions-, Gestaltungs- und Umweltsicherheit zu unterscheiden; außerdem müssen sicherheitliche Anforderungen an die Konstruktion wirtschaftlich vertretbar sein.

Es bedeuten:

Funktionssicherheit: Sicherheit vor Gefährdungen durch mangelnde Funktion eines Bauteils oder technischen Systems.

Gestaltungssicherheit: Sicherheit vor Gefährdungen durch mangelhafte Anpassung eines Bauteils oder technischen Systems an die physisch und psychisch bedingten Eigenschaften des Menschen.

Umweltsicherheit: Sicherheit vor Gefährdungen durch schädliche Einflüsse eines Bauteils oder technischen Systems auf die inner- und außerbetriebliche Umwelt.

Wege sicherheitsgerechten Konstruierens: Vor Beginn der Konstruktion sind die für einen bestimmten Zeitraum oder für eine bestimmte Zahl von Funktionen notwendigen sicherheitstechnischen Anforderungen festzulegen. Auf der Grundlage einer Gefahrenanalyse, mit der alle vom geplanten Arbeitsmittel angehenden Gefährdungen / Risiken ermittelt werden, legt der Konstrukteur die erforderlichen Maßnahmen, in der in der Sicherheitstechnik angewendeten Gestaltungsrangfolge, fest (→Kapitel 3.1).

Dabei werden **Gestaltungsprinzipien** für die angestrebte Sicherheit angewendet:

1. Nach dem Prinzip der *ständigen Sicherheit* (safe life) sind Bauteile und Funktion so beschaffen, dass während der vorgesehenen Einsatzzeit ein Versagen nicht eintritt. Dies wird erreicht durch Klärung der Außeneinflüsse, ausreichend sichere Bemessung auf Grund bewährter Rechenverfahren (z.B. von Seilen an Aufzügen), Herstellungs- und Montagekontrolle, Bauteiluntersuchung, Funktionskontrolle unter erhöhten Lastbedingungen sowie geplantes rechtzeitiges Auswechseln besonders beanspruchter Bauteile. Die Verfolgung dieses Prinzips erfordert Erfahrung und großen Aufwand an Voruntersuchungen und Prüfmitteln, wie die Sicherheitstechnik in Raumfahrt und Reaktortechnik beweist. Trotzdem bleibt für das gefährliche Versagen eines Bauteils oder technischen Systems in der Regel ein geringes, oft nicht quantifizierbares Restrisiko. Absolute Sicherheit lässt sich also nur angenähert erreichen.

2. Nach dem Prinzip der versagenden *Sicherheit* (fail safe) wird ein Nachlassen der Sicherheit einkalkuliert, aber Vorsorge getroffen, dass eine Gefährdung nicht eintritt.

Bei der Planung jeder Konstruktion muss genau überlegt werden, ob diese ihrem Zweck besser nach dem Prinzip der ständigen Sicherheit oder dem Prinzip der versagenden Sicherheit gerecht wird. Entscheidungskriterien sind u.a. technische Möglichkeiten, Wirtschaftlichkeitsfragen, Übersehbarkeit des

Risikos, vor allem aber Größe und Zumutbarkeit des Unfallrisikos. So wird man beispielsweise eine Hochdruckpipeline im allgemeinen nach dem Prinzip der ständigen Sicherheit auslegen, also Wandstärke und Schweißnähte so bemessen, dass ein Zerknall ausgeschlossen ist. In bewohnten Gebieten wird man jedoch häufig zusätzlich ein Schutzrohr vorsehen, um dem dort größeren Schadensrisiko vorzubeugen. Hier wird also nach der kalkulierten versagenden Sicherheit konstruiert.

Entscheidet sich der Konstrukteur für das Prinzip der versagenden Sicherheit, so muss er in der Regel ein Schutzsystem verwenden, z. B. in Form optischer und akustischer Gefahrensignale in Verbindung mit Vorrichtungen zum Außerbetriebsetzen einer gefährlichen Anlage. Zu beachten ist, dass durch das Schutzsystem keine neuen Gefahren entstehen dürfen; z. B. werden bei elektrischen Anlagen durch den PEN-Leiter (früher „Nullung“ genannt) nicht nur Unfälle verhindert, sondern auch erst möglich. Der Konstrukteur muss sich also überlegen, ob nicht ein anderes Schutzsystem (im Beispiel: Fehlerstromschutzschaltung) geeigneter oder ob nicht besser das Prinzip der ständigen Sicherheit (im Beispiel: Schutzisolierung) anzuwenden ist.

Integrierte Sicherheitstechnik liegt vor, wenn Schutzeinrichtungen in die Konstruktion und Funktion eines Arbeitsmittels direkt einbezogen werden. Beispiel: Unfallschutz – Lichtschranke an einer Presse, die den Schutz der Beschäftigten vor Verletzungen bewirkt und gleichzeitig als Steuerorgan funktioniert. Additive Sicherheitskonstruktion liegt vor, wenn Schutzeinrichtungen und Konstruktionen nachträglich zugefügt werden. Integrierte Sicherheitskonstruktion hat Vorrang vor Additiver. Ist additive Konstruktion unumgänglich, so ist darauf zu achten, dass sie zu keinem Arbeitserschwernis führt und nicht beseitigt oder außer Funktion gesetzt werden kann.

Gestaltungsrangfolge der konstruktiven Maßnahmen zum Abbau von arbeitsmittelspezifischen Gefährdungen umfasst

1. Beseitigung oder Minimierung der Gefährdung (inhärent sichere Konstruktion),
2. Ergreifen von Schutzmaßnahmen gegen nicht zu beseitigende Gefährdungen (technische und ergänzende Schutzmaßnahmen),
3. Unterrichtung der künftigen Benutzer über verbleibende Gefährdungen (Benutzerinformation in Form von Hinweisen z. B. auf eine erforderliche Ausbildung und den Einsatz persönlicher Schutzausrüstungen).

Aktivitäten vor dem Inverkehrbringen

Der Hersteller/Inverkehrbringer hat nachzuweisen, dass das Arbeitsmittel den geforderten Beschaffenheitsanforderungen entspricht und alle zutreffenden Richtlinien eingehalten wurden. Daher sind zusätzliche Aktivitäten zu ergreifen, ehe die Arbeitsmittel im gesamten europäischen Wirtschaftsraum in

Verkehr gebracht werden können. Die nachfolgenden Aktivitäten treffen für alle Produkte/Arbeitsmittel zu, werden aber exemplarisch am Beispiel des Arbeitsmittels „Maschine" beschrieben.

Technische Dokumentation (TD): Die TD ist der Nachweis über die durchgeführten Sicherheitsmaßnahmen (Erfüllung der grundlegenden Sicherheits- und Gesundheitsanforderungen). Der Inhalt einer TD nach Anhang V der MaschinenVO (9. GPSGV) ist in Abb. 7.2.4 enthalten. Die TD muss im Betrieb verfügbar sein (für Maschinen und Sicherheitsbauteile nach Anhang IV 9.GPSGV →s. Baumusterprüfung, muss eine solche Dokumentation vorhanden sein, für alle anderen Maschinen muss sie kurzfristig erstellt werden können).

Technische Dokumentation

gemäß Anhang V der Maschinenrichtlinie

- Gesamtplan der Maschine sowie Steuerkreisläufe
- Pläne mit Berechnungen und Versuchsergebnissen für die Überprüfung der Übereinstimmung der Maschine mit den grundlegenden Sicherheits- und Gesundheitsanforderungen (Anhang I)
- Liste der Normen und anderer technischer Spezifikationen, die bei der Konstruktion der Maschine berücksichtigt wurden
- EG-Zeichen (CE) bei Übereinstimmung der Maschine mit den grundlegenden Sicherheits- und Gesundheitsanforderungen
- Beschreibung der Lösungen, die zur Verhütung der von der Maschine ausgehenden Gefahren gewählt werden
- Exemplar der Betriebsanleitung der Maschine
- Ergebnisse geforderter Prüfungen und sonstige Zertifikate

Abb. 7.2.4: Inhalt einer Technischen Dokumentation für Maschinen

Mit dieser Dokumentation muss die Rückverfolgung der Maschinen gewährleistet werden. Die TD ist auf Verlangen vollständig oder teilweise dem Benutzer der Maschine oder einer Behörde zur Verfügung zu stellen. Beim Hersteller/Inverkehrbringer ist diese Dokumentation mindesten 10 Jahre nach der Herstellung oder bei der Serienherstellung des letzten Exemplars der Maschine aufzubewahren.

Konformitätserklärung (KE): Als KE wird das Verfahren bezeichnet, bei dem der Hersteller (oder ein in der Gemeinschaft niedergelassener Bevollmächtigter, z.B. Importeur) erklärt, dass die in den Verkehr gebrachte Maschinen allen einschlägigen grundlegenden Sicherheits- und Gesundheitsanforderungen entspricht.

Mit der Unterzeichnung der Erklärung ist der Hersteller berechtigt, auf der Maschine das CE-Kennzeichen anzubringen.

Bevor dies geschieht, muss sich der Hersteller vergewissert haben, dass
- eine technische Dokumentation,
- bei Serienfertigung eine Zusammenstellung der intern getroffenen Maßnahmen zur Gewährleistung der Übereinstimmung der Maschine mit den zutreffenden Bestimmungen

vorhanden sind und verfügbar bleiben.

Ein Muster einer KE für verwendungsfertige Maschinen (→Abb. 7.2.5).

Die EG-KE ist zwingend vorgeschrieben für
- Maschinen und auswechselbare Ausrüstungen nach Anhang II A der 9. GPSGV;
- Sicherheitsbauteile nach Anhang II C der 9. GPSGV.

Für Maschinen, die in eine andere Maschine eingebaut werden, ist eine *Herstellererklärung* nach Anhang II B der 9.GPSGV zu erarbeiten. Diese Erklärung muss den Hinweis enthalten, dass die Inbetriebnahme solange untersagt ist, bis festgestellt wurde, dass die Maschine, die in die betreffende Maschine/Bauteil eingebaut werden soll, den Bestimmungen der 9. GPSGV entspricht.

Konformitätsbewertung: Die KE-/Herstellererklärung setzt eine Konformitätsbewertung voraus, für das verschiedene Verfahren ausgewählt werden können. Für die Verfahren der Konformitätsbewertung wurde ein Modulsystem zur Prüfung der Maschinen auf ihre Übereinstimmung mit den Anforderungen der 9. GPSGV, je nach dem Gefährlichkeitsgrad der Maschine, festgelegt. Diese Verfahren (EG-Richtlinie 93/465/EWG) ergeben sich aus den einzelnen Modulen bzw. deren Kombination (Konformitätsbewertungsverfahren 1–7). Die Bewertung ist durch den Hersteller/Inverkehrbringer (bei Maschinen ohne Baumusterprüfung) oder einen Zertifizierer/gemeldete Stelle (Maschinen mit Baumusterprüfung oder freiwillige Prüfung) vorzunehmen. Das Modulsystem und die einzelnen Verfahren sind in →Abb. 7.2.6 dargestellt. Die Konformitätsbewertung ist der wichtigste Schritt zur CE-Kennzeichnung der Maschine.

KONFORMITÄTSERKLÄRUNG

Wir ....

(Name des Anbieters)

....

(Anschrift)

erklären in alleiniger Verantwortung, daß das Produkt,

....

(Bezeichnung, Typ, Modell, Los-, Chargen- oder Seriennummer, möglichst Herkunft und Stückzahl)

auf das sich diese Erklärung bezieht, mit der / den folgenden Norm(en) oder normativen Dokument(en) übereinstimmt.

....

(Titel und / oder Nummer sowie Ausgabedatum der Norm(en) oder der anderen normativen Dokumente)

(falls zutreffend) **Gemäß den Bestimmungen der Richtlinie** ....

.... (Ort und Datum der Ausstellung)

.... (Name und Unterschrift oder gleichwertige Kennzeichnung des Befugten)

Abb. 7.2.5: Muster einer Konformitätserklärung nach DIN EN 45014

Welches Verfahren gewählt wird, liegt im Ermessen des Hersteller / Inverkehrbringers, allerdings mit der Einschränkung, bei geforderter Baumusterprüfung das Modul B einzubeziehen (Verfahren 3–6).

Bei den Verfahren 2–7 wird der Konformitätsnachweis durch eine neutrale Stelle (gemeldete Stelle) erbracht.

CE-Kennzeichnung (Comunaute Européenne – Europäische Gemeinschaft): Das CE-Kennzeichen (→ Abb. 7.2.7) zeigt an, dass die Maschine die grundlegenden Anforderungen der zutreffenden Gesetze und Verordnungen des europäischen geregelt, d.h. harmonisierten Bereiches erfüllt, und dass der Hersteller ein Konformitätsbewertungsverfahren durchgeführt hat.

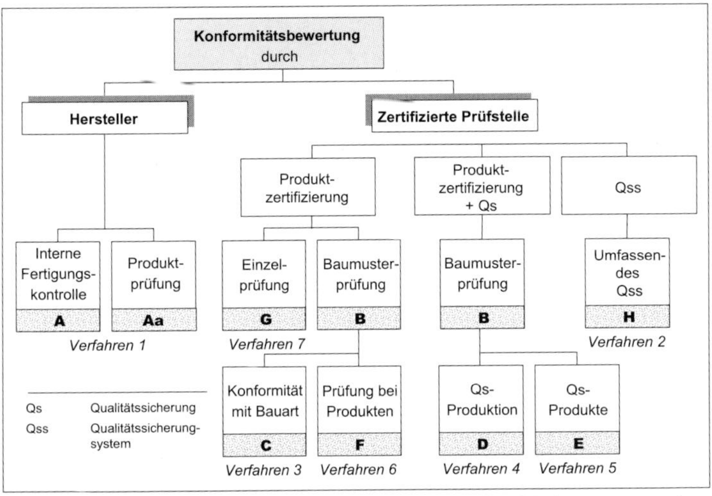

Abb. 7.2.6: Übersicht über Module und Verfahren der Konformitätsbewertung nach 93/465/EWG

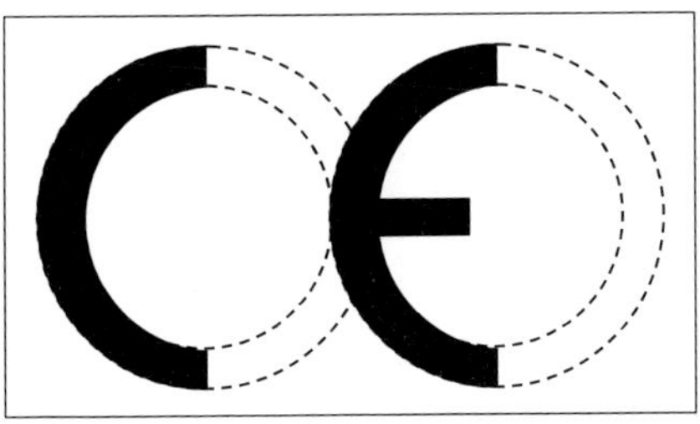

Abb. 7.2.7: CE-Kennzeichen

Die CE-Kennzeichnung ist Pflicht und muss durch den Hersteller/Inverkehrbringer durchgeführt werden. Voraussetzungen für das Anbringen des CE-Zeichens sind daher:

- Erfüllung der zutreffenden grundlegenden Sicherheits- und Gesundheitsanforderungen (Anhang I der 9. GPSGV),
- Konformitätsbewertung,
- Konformitätserklärung,
- Technische Dokumentation.

Fällt eine Maschine unter mehrere Gesetze und Verordnungen bzw. Richtlinien, die eine CE-Kennzeichnung erfordern, wird mit der CE-Kennzeichnung angegeben, dass die Maschine den Anforderungen **aller** zutreffenden Rechtsgrundlagen entspricht.

Das CE-Kennzeichen darf grundsätzlich nur an verwendungsfertigen Maschinen angebracht werden, d.h. dass z.B. Sicherheitsbauteile nach Anhang IV der 9. GPSGV keine CE-Kennzeichnung haben dürfen. Die missbräuchliche Verwendung der CE-Kennzeichnung ist verboten (GPSG).

Der Hersteller darf auf seinem Produkt sowohl das CE-Kennzeichen als auch das GS-Kennzeichen (geprüfte Sicherheit) anbringen, wenn das Konformitätsverfahren nicht sachidentisch mit dem Zertifizierungsverfahren für die GS-Genehmigung ist. Sachidentisch heißt, dass das gleiche Zertifizierungsverfahren zu Anwendung kommt und die gleichen Beschaffenheitsanforderungen bestehen; in diesem Fall sollte auf das freiwillige GS-Zeichen verzichtet werden.

Baumusterprüfung (BMP): Als BMP wird das Verfahren bezeichnet, nach dem eine gemeldete Stelle (Prüfstelle nach Anhang 9. GPSGV) feststellt und bescheinigt, dass die Bauart einer Maschine den einschlägigen Sicherheits- und Gesundheitsanforderungen nach Anhang I 9. GPSGV entspricht.

Eine Baumusterprüfung ist bei „gefährlichen Maschinen“ und „Sicherheitsbauteilen“ nach Anhang IV der 9. GPSGV erforderlich. Die differenzierte Vorgehensweise bei der Baumusterprüfung zeigt Abb. 7.2.8.

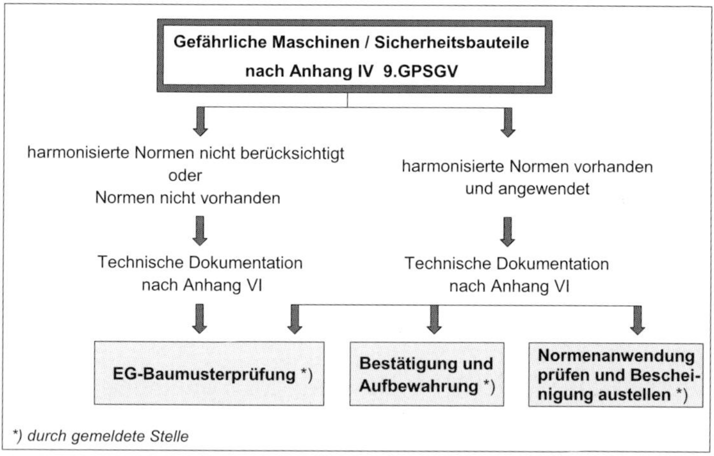

Abb. 7.2.8: Vorgehensweise bei der Baumusterprüfung

Baumusterprüfung ist eine Zertifizierung der Konformität der Maschine mit den grundlegenden Sicherheits- und Gesundheitsanforderungen durch eine gemeldete Stelle, die die Übereinstimmung der Maschine mit verzeichneten

Normen und normativen Dokumenten aufzeigt. Entspricht die Bauart der Maschine den Bestimmungen, so stellt die Stelle eine EG-Baumusterbescheinigung aus. Diese Bescheinigung enthält die Ergebnisse der Prüfung, die ggf. an sie geknüpften Bedingungen sowie die zur Identifizierung des zugelassenen Baumusters erforderlichen Beschreibungen und Zeichnungen.

Betriebsanleitung: Die Betriebsanleitung ist Bestandteil der TD, die dem Benutzer der Maschine vom Inverkehrbringer zur Verfügung gestellt werden muss. Mit der Betriebsanleitung soll dem Benutzer ein sicheres Aufstellen/ Anordnen und Betreiben der Maschine in allen Betriebszuständen ermöglicht werden. Mindestinhalte der Betriebsanleitung enthält →Abb. 7.2.9. Die Betriebsanleitung muss sowohl in einer Amtssprache der EU abgefasst sein als auch in der Sprache des Verwendungslandes der Maschine. Für die sichere

Betriebsanleitung

- Maschinenkennzeichnung, wartungsrelevante Hinweise (z.B. Anschrift des Importeurs, Anschriften von Servicewerkstätten usw.),
- bestimmungsgemäße Verwendung,
- der oder die Arbeitsplätze, die vom Bedienungspersonal eingenommen werden können,
- Angaben für
  - die Inbetriebnahme,
  - die Verwendung,
  - die Handhabung und den Transport (mit Angabe des Gewichts der Maschine sowie ihrer verschiedenen Bauteile, falls sie regelmäßige getrennt transportiert werden müssen)
  - die Installation,
  - die Montage und Demontage,
  - das Rüsten,
  - die Instandhaltung, einschließlich der Wartung und die Beseitigung von Störungen im Arbeitsablauf (gefahrlose Durchführung),
- Angaben zur Geräuschemission,
- erforderlichenfalls Einarbeitungshinweise,
- erforderlichenfalls die wesentlichen Merkmale der Werkzeuge, die an der Maschine angebracht können,
- die Anleitung muß erforderlichenfalls auf sachwidrige Verwendung hinweisen,

Abb. 7.2.9: Mindestinhalte einer Betriebsanleitung [98/37/EG]

Benutzung der Maschine durch die Beschäftigten wird empfohlen, nur die Teile der Betriebsanleitung, die für das sichere Einrichten, Inbetriebnehmen, Betreiben, Instandhalten und Außerbetriebnehmen relevant sind, den Beschäftigten zur Verfügung zu stellen und darüber hinaus durch weitere Hinweise, die aus der Arbeitsaufgabe, Arbeitsumgebung, der gewählten Transportorganisation u.a. resultieren, zu ergänzen. Diese ständig benötigten Informationen sind dann in Form einer *Betriebsanweisung* zusammenzufassen und bilden die Grundlage für die regelmäßige Unterweisung der Beschäftigten (→Abb. 7.2.10) zum sicheren Benutzen der Maschine in allen Betriebszuständen.

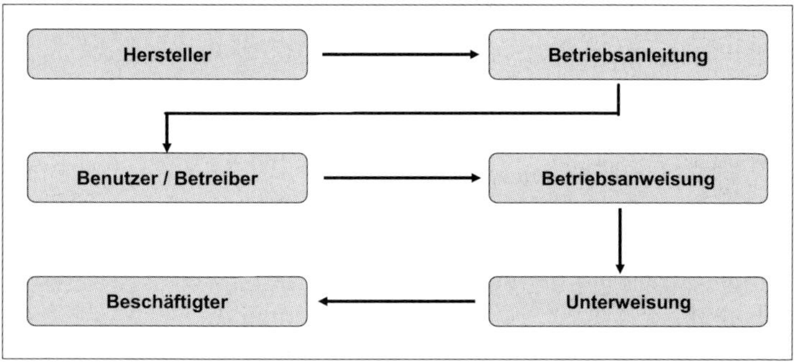

Abb. 7.2.10: Informationskette zur Nutzung von Betriebsanleitungen

7.2.2 Anforderungen an das Bereitstellen und Benutzen

Grundlagen

Schutzkonzept: Rechtsgrundlage für die sichere Benutzung von Arbeitsmitteln ist neben dem Arbeitsschutzgesetz (u.a. Grundpflichten des Arbeitgebers, Beurteilung der Arbeitsbedingungen, angemessene und ausreichende Unterweisung) die BetriebssicherheitsVO (BetrSichV). Das Schutzkonzept der BetrSichV basiert auf folgenden Bausteinen

- Gefährdungsbeurteilung für Arbeitsmittel,
- „Stand der Technik" als einheitlicher Sicherheitsmaßstab,
- auf die jeweiligen Gefährdungen abgestimmten Schutzmaßnahmen und erforderliche Prüfungen.

Aus diesem Schutzkonzept lassen sich die jeweiligen Arbeitgeberpflichten beim Bereitstellen und Benutzen von Arbeitsmitteln ableiten:

1. Ermitteln der Gefährdungen, die mit der Benutzung des Arbeitsmittels verbunden sind und deren Bewertung. Dabei sind die Wechselwirkungen der Arbeitsmittel untereinander oder mit Arbeitsstoffen oder der Arbeitsumgebung mit zu berücksichtigen.

2. Festlegen geeigneter Maßnahmen nach dem „Stand der Technik", damit Sicherheit und Gesundheit der Beschäftigten gewährleistet ist. Hierbei sind ergonomische Anforderungen zwischen Arbeitsmittel, Arbeitsplatz, Arbeitsorganisation, Arbeitsablauf und Arbeitsaufgabe zu berücksichtigen.
3. Festlegen der Art, des Umfangs und der Fristen erforderlicher Prüfungen.

Der „Stand der Technik" als Beurteilungsmaßstab wird künftig in den technischen Regeln zur BetrSichV festgeschrieben werden. Bis dahin können das Vorschriften- und Regelwerk der Unfallversicherungsträger zugrunde gelegt werden.

Gefährdungsbeurteilung, Prüfungen von Arbeitsmitteln: (→ Kapitel 7.1).

Bereitstellen von Arbeitsmitteln durch Arbeitgeber

Definition: Bereitstellen umfasst alle Maßnahmen, damit den Beschäftigten nur den RechtsVO entsprechende Arbeitsmittel zur Verfügung gestellt werden. Bereitstellen umfasst auch Montagearbeiten, wie den Zusammenbau eines Arbeitsmittels einschließlich der für sichere Benutzung erforderlichen Installation, z.B. für die Ver- und Entsorgung mit Energie, Material, Hilfsmitteln, Abfällen.

Beschaffenheit: Der Arbeitgeber darf den Beschäftigten erstmalig nur Arbeitsmittel bereitstellen, die

- Rechtsvorschriften entsprechen, durch die Gemeinschaftsrichtlinien der Europäischen Union in deutsches Recht umgesetzt wurden (harmonisiertes Recht →Kapitel 7.1 – Rechtsvorschriften),

  oder
- wenn solche Rechtsvorschriften keine Anwendung finden (z.B. bei Altmaschinen), den sonstigen Rechtsvorschriften (Bau und Ausrüstung nach Unfallverhütungsvorschriften), mindestens jedoch den Anforderungen des Anhang I der BetrSichV.

Der Anhang I der BetrSichV enthält

- allgemeine Mindestvorschriften für Arbeitsmittel, z.B. dass kraftbetriebene Arbeitsmittel mit Befehlseinrichtungen zum sicheren Stillsetzen des gesamten Arbeitsmittels ausgerüstet sein müssen,
- zusätzliche Mindestvorschriften für mobile Arbeitsmittel, die selbstfahrend oder nichtselbstfahrend sind, z.B. mobile selbstfahrende Arbeitsmittel müssen gegen unerlaubtes Ingangsetzen gesichert werden können,
- zusätzliche Mindestvorschriften für Arbeitsmittel zum Heben von Lasten, z.B. Arbeitsmittel müssen mit einem deutlich sichtbaren Hinweis auf die zulässige Tragfähigkeit versehen sein.

Arbeitsmittel, die durch Arbeitgeber bereitgestellt werden, müssen also die Beschaffenheitsanforderungen erfüllen, die zum Zeitpunkt ihres erstmaligen Inverkehrbringens galten, mindestens jedoch die Anforderungen des Anhang I BetrSichV.

Auswahl: Zur Erfüllung der geltenden Anforderungen sind bei der Bestellung und Auswahl von Arbeitsmittel die Sicherheitsfragen frühzeitig zu integrieren, d. h. bereits beginnend bei der Ausschreibung und bei der Anfrage auf Bestellung. Daher ist die Fachkraft für Arbeitssicherheit in den Prozess der Bestellung von Arbeitsmitteln einzubeziehen. Die Abnahme des Arbeitsmittels nach der Montage und dem Probelauf und deren Freigabe obliegt ohnehin der Fachkraft. Einen Algorithmus zur Auswahl sicherer und gesundheitsgerechter Arbeitsmittel im unternehmerischen Beschaffungsprozess (→Tab. 7.2.2).

Beratung durch Fachkraft für Arbeitssicherheit; Betriebsarzt	1	**Ausschreibung / Anfrage für Bestellung TAM** • konkrete Leistungsparameter für verwendungsfertiges TAM (u.a.Vibrations-, Geräuschemission); • einzuhaltende Sicherheitsanforderungen (Vorschriften*) und harmonisierte Normen; • bereitzustellende Dokumente (Konformitätserklärung, evtl. Ergebnis der Baumusterprüfung, Betriebsanleitung, evtl. Technische Dokumentation)
Mitwirkung durch Fachkraft für Arbeitssicherheit; Betriebsarzt	2	**Angebote für TAM** • Bewertung der Angebote • Prüfung der Sicherheitsanforderungen • evtl. Vertragsverhandlungen
	3	**Auftragsschreiben / Bestellung** • Bestätigung der Sicherheitsanforderungen • schriftliche Bestellung (vgl. 1)
Prüfung durch Fachkraft für Arbeitssicherheit; Betriebsarzt	4	**Lieferung** • Prüfung der auftragsgemäßen Lieferung
Abnahme durch Fachkraft für Arbeitssicherheit;	5	**Montage, Probelauf, Abnahme** • Montage nach Betriebsanleitung; • Gefährdungsbeurteilung des TAM, des Arbeitssystems; • Ableitung von zusätzlichen Sicherheitsanforderungen
Unterweisung durch Arbeitgeber/ Führungskraft	6	**Benutzen** • Erarbeiten einer Betriebsanweisung • Einweisung / Unterweisung • Erhaltung des Sicherheitsniveaus

*) bei Bestellung in Deutschland : deutsche Rechtsvorschriften (z. B. GPSG + entsprechende Verordnung)
bei Bestellung im Ausland : EU-Richtlinien (z. B. 98/37/ EG Maschinenrichtlinie)

Tab. 7.2.2: Auswahl und Bereitstellung TAM

Benutzung von Arbeitsmitteln durch Beschäftigte

Definition: Benutzen umfasst alle ein Arbeitsmittel betreffenden Maßnahmen, wie Erprobung, Ingangsetzen, Wartung, Prüfung, Sicherheitsmaßnahmen bei Betriebsstörungen, Um- und Abbau sowie Transport (§ 2 BetrSichV).

Anforderungen: Der Arbeitgeber darf nur solche Arbeitsmittel zur Benutzung zugänglich machen, die für den vorgesehenen Verwendungszweck geeignet sind. Gleichzeitig ist er verpflichtet auch den konkreten Arbeitsplatz und die Körperhaltung, die die Beschäftigten bei der Benutzung der Arbeitsmittel einnehmen müssen, zu berücksichtigen (§ 4 BetrSichV). Die hierfür festgelegten Maßnahmen müssen Sicherheit für die Beschäftigten während der gesamten Benutzungsdauer gewährleisten.

Unterrichtung: Die Beschäftigten sind vor Beginn der Arbeit zu unterrichten; dies betrifft besonders

- angemessene Information zu den Gefährdungen, die sich aus den in ihrer Arbeitsumgebung vorhandenen Arbeitsmitteln ergeben, auch wenn sie diese Arbeitsmittel selbst nicht benutzen,

  und
- Betriebsanweisungen für die bei der Arbeit benutzten Arbeitsmittel. Betriebsanweisungen müssen Angaben enthalten über die Einsatzbedingungen, über absehbare Betriebsstörungen und über die zur Benutzung der Arbeitsmittel vorliegenden Erfahrungen (§ 9 BetrSichV).

Unterweisung: Der Arbeitgeber hat die Beschäftigten über Sicherheits- und Gesundheitsschutz bei der Arbeit während der Arbeitszeit ausreichend und angemessen zu unterweisen. Er hat erforderliche Maßnahmen zu treffen, damit

- die Beschäftigten, die Arbeitsmittel benutzen, eine angemessene Unterweisung, besonders über die mit der Benutzung verbunden Gefährdungen erhalten

  und
- die mit der Durchführung von Instandsetzungs-, Wartungs- und Umbauarbeiten beauftragten Beschäftigten eine angemessene spezielle Unterweisung erhalten.

Mindestvorschriften: Für die Benutzung der Arbeitsmittel sind Mindestanforderungen zur Verbesserung der Sicherheit und des Gesundheitsschutzes der Beschäftigten im Anhang 2 BetrSichV festgelegt. Dieser Anhang enthält

- allgemeine Mindestvorschriften, z. B., dass bei der Benutzung der Arbeitsmittel angemessene Beleuchtung gewährleistet ist,

  und
- Mindestanforderungen für die Benutzung von Arbeitsmitteln
  - zum Heben von Lasten,
  - für zeitweilige Arbeiten an hochgelegenen Arbeitsplätzen, insbesonders Gerüste, Leitern und Seile,
  - die mobil selbstfahrend und nichtselbstfahrend sind.

Explosionsschutz beim Einsatz von Arbeitsmittel

Rechtsvorschriften: Beschaffenheitsanforderungen für das Inverkehrbringen von Geräten (Maschinen, Betriebsmittel, stationäre und ortsbewegliche Vorrichtungen, Steuerungs- und Ausrüstungsteile) zum bestimmungsgemäßen Einsatz in explosionsgefährdeten Bereichen, gilt die *ExplosionsschutzVO – 11. GPSGV*, die die Richtlinie 94/9/EG des Europäischen Parlaments und des Rates vom 23. 3. 1994 national umsetzt.

Für den Einsatz und das sichere Benutzen technischer Arbeitsmittel, Geräte und Schutzsysteme in explosionsgefährdeten Bereich gilt die *BetriebssicherheitsVO – BetrSichV –* , die die Richtlinie 99/92/EG des Europäischen Parlaments und des Rates vom 16.12.1999 national umsetzt. Die BetrSichV enthält Mindestvorschriften zur Verbesserung der Sicherheit und des Gesundheitsschutzes der Beschäftigten, die durch gefährliche explosionsfähige Atmosphäre gefährdet werden können sowie Kriterien für die Auswahl von Geräten und Schutzsystemen. Anlagen in explosionsgefährdeten Bereichen nach § 1 (2) Nr. 3 BetrSichV zählen auch zu den überwachungsbedürftigen Anlagen in Deutschland.

Für die stoffliche Komponente (explosionsfähiges Gemisch) gilt ferner *die Änderung der GefahrstoffVO – GefStoffV –* im Artikel 6 der VO zur Rechtsvereinfachung im Bereich der Sicherheit und des Gesundheitsschutzes bei der Bereitstellung von Arbeitsmitteln und deren Benutzung bei der Arbeit, der Sicherheit beim Betrieb überwachungsbedürftiger Anlagen und der Organisation des betrieblichen Arbeitsschutzes vom 27. 9. 2002. Im Anhang V, Nr. 8 „Brand- und Explosionsgefahren" sind Aussagen zur Beurteilung der Brand- und Explosionsrisiken, deren Dokumentation sowie Schutzmaßnahmen gegen Brand- und Explosionsgefahren enthalten.

Explosionsschutzdokument: Im § 6 (1) BetrSichV wird der Arbeitgeber verpflichtet, vor Aufnahme der Arbeit
- unabhängig von der Zahl der Beschäftigten,
- im Rahmen seiner Pflichten nach § 3 BetrSichV (Gefährdungsbeurteilung),
- ein Dokument zu erstellen (Explosionsschutzdokument),
- und das Dokument auf dem letzten (aktuellen) Stand zu halten.

Das *Explosionsschutzdokument* nach § 6 BetrSichV stellt die Grundlage für das Ableiten der erforderlichen Explosionsschutzmaßnahmen dar. Ist die Bildung einer gefährlichen explosionsfähigen Atmosphäre nicht sicher auszuschließen, sind im Rahmen der Gefährdungsbeurteilung
- die Dauer und Wahrscheinlichkeit des Auftretens gefährlicher explosionsfähiger Atmosphären,
- die Wahrscheinlichkeit des Vorhandenseins, der Aktivierung und das Wirksamwerden von Zündquellen,
- das Ausmaß der zu erwartenden Auswirkungen von Explosionen

zu erfassen.

Die Beurteilung der Explosionsgefahr erfolgt sowohl aus der Sicht der Stoffe (Stoffdaten, wie untere und obere Explosionsgrenze, Flammpunkt brennbarer Flüssigkeiten (→ Abb. 7.2.11), Korngrößenverteilung bei brennbaren Stäuben, Zündtemperatur) als auch möglicher Zündquellen (z.B. heiße Oberflächen, mechanisch erzeugte Funken, offene Flammen, elektrostatische Aufladung).

	GefStoffV / BetrSichV	
	Flammpunkt	**Gefährlichkeitsmerkmale**
nicht wasserlöslich	< 0°C	hochentzündlich
	< 21°C	leichtentzündlich
	≤ 21 - 55°C	entzündlich
	-	-
wasserlöslich	< 0°C	hochentzündlich
	< 21°C	leichtentzündlich
	≥ 21 - ≤ 55°C	entzündlich

Abb. 7.2.11: Einstufung brennbarer Flüssigkeiten nach dem Flammpunkt

Explosionsgefährdete Bereiche werden nach der Häufigkeit und der Dauer des Auftretens von gefährlicher explosionsfähiger Atmosphäre in Zonen eingeteilt (→ Abb. 7.2.12).

Explosionsfähige Atmosphäre besteht durch					
brennbare Gase, Dämpfe o. Nebel			brennbare Stäube		
ständig, häufig oder langzeitig	gelegentlich	selten und kurzzeitig	ständig, häufig oder langzeitig	gelegentlich	selten und kurzzeitig
Zone 0	Zone 1	Zone 2	Zone 20	Zone 21	Zone 22

Abb. 7.2.12: Zoneneinteilung explosionsgefährdeter Bereiche [Anhang 3 BetrSichV]

Die erforderlichen Explosionsschutzmaßnahmen (→ Anhang 4 BetrSichV) sind nach folgender Rangfolge auszuwählen und anzuwenden:

- Vermeidung explosionsfähiger Atmosphäre u.a. Substitution brennbarer Stoffe, Inertisierung, Konzentrationsbegrenzung eines explosionsfähigen Gemisches (→ Abb. 7.2.13);
- Vermeidung wirksamer Zündquellen im Normalbetrieb und im Störfall u.a. Zuordnung der Geräte und Schutzsysteme zu Zonen explosionsgefährdeter Bereiche (→ Abb. 7.2.14);

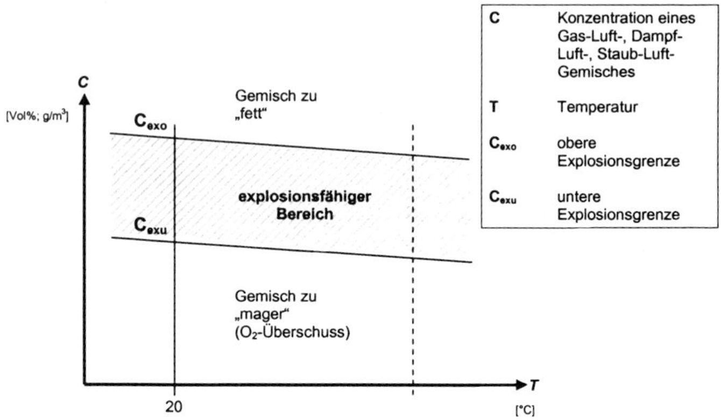

Abb. 7.2.13: Konzentrationsbegrenzung eines explosionsfähigen Gemisches

Zone explosionsgefährdeter Bereiche					
Zone 0	**Zone 1**	**Zone 2**	**Zone 20**	**Zone 21**	**Zone 22**
Kennzeichen der dafür optimal geeigneten Betriebsmittel					
II 1 G	**II 2 G**	**II 3 G**	**II 1 D**	**II 2 D**	**II 3**
Kennzeichen ebenfalls dafür zulässiger Betriebsmittel					
–	**II 1 G**	**II 1 G** **II 2 G**	**–**	**II 1**	**II 1 D** **II 2 D**

Gerätegruppe II	(geeignet für allgemeine Anwendung, ausgenommen im Bergbau unter Tage)
Kategorie 1, 2 oder 3	(Zuverlässigkeit apparativer Zündschutzmaßnahmen)
Kennbuchstabe G oder D	(G für gasexplosionsgefährdete Bereiche; D für staubexplosionsgefährdete Bereiche)

Abb. 7.2.14: Auswahl explosionsgeschützter Arbeitsmittel/Geräte Gruppe II (11. GPSGV und Anhang 4 B BetrSichV)

- Verminderung der Explosionsauswirkung u.a. Explosionsdruckentlastungstechnik, Entkopplung, d.h. Absperrung von Anlagenteilen (z.B. Verbindungsrohre) durch Ventile oder Schieber, um das Übergreifen von Explosionen auf andere Anlagenteile zu verhindern (→Abb. 7.2.15).
- Ergänzende organisatorische Maßnahmen u.a. Zuständigkeiten, Arbeitsfreigaben, Unterweisungen, Prüfung der Anlagen durch befugte Personen (Arten, Zeiträume), Wirksamkeitskontrolle der Explosionsschutzmaßnahmen sowie Festlegen von Rettungswegen, Vorsehen von Sicherheitsbeleuchtung, Kennzeichnung explosionsgefährdeter Bereiche.

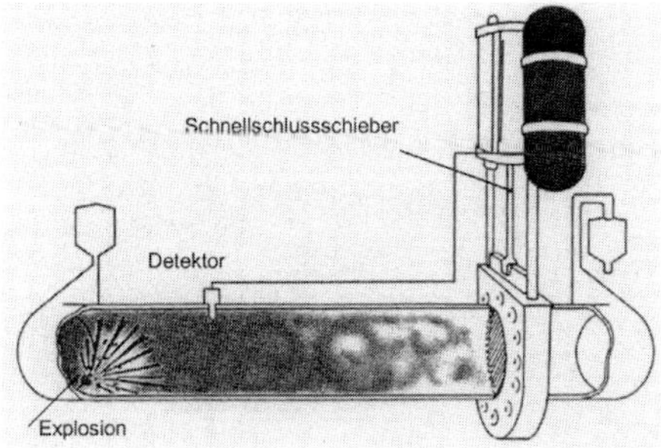

Abb. 7.2.15: Explosionstechnische Entkopplung mittels Schnellschlussschieber

Inhalt des Explosionsschutzdokumentes (→Tab. 7.2.3); als Anhänge zum Dokument sind die Ergebnisse der Gefährdungsbeurteilung, die Arbeitsstoff-

1.	Bezeichnung der Arbeitsstätte / Arbeitsbereiche
2.	Örtliche betriebliche Verhältnisse, die explosionsfähige Atmosphäre beeinflussen u.a. Verfahrensabläufe, Arbeitstätigkeiten (z.B. Probenahme), Größe der Räume, Belüftungsverhältnisse, Art und Anzahl möglicher Austrittsstellen, Ablagerungsflächen für Stäube
3.	Eingesetzte Arbeitsstoffe u.a. Art und Menge, sicherheitstechnische Kenngrößen, Freisetzungsverhalten, ... auf der Grundlage von Sicherheitsdatenblättern und weiteren Herstellerinformationen der brennbaren Stoffe
4.	Ergebnisse der Gefährdungsbeurteilung (§ 3 BetrSichV)
4.1	Zoneneinteilung der explosionsgefährdeten Bereiche (→ Anhang 3 BetrSichV)
4.2	Vorhandene Zündquellen und deren Wirksamkeit im Hinblick auf das Zündinitial
5.	Explosionsschutzmaßnahmen – Erfüllung der Mindestanforderungen nach § 6(2) Nr. 4 und Anhang 4 A Nr. 2 + 3 BetrSichV
5.1	Vermeidung explosionsfähiger Atmosphäre (primär)
5.2	Vermeidung wirksamer Zündquellen (sekundär)
5.3	Verminderung der Explosionsauswirkung durch konstruktive Maßnahmen (tertiär)
5.4	Ergänzende organisatorische Maßnahmen (zusätzlich)
6.	Grafische Darstellung der explosionsgefährdeten Bereiche der Arbeitsstätte (Lageplan) und Ergebnisübersicht
7.	Verantwortlicher / Erarbeiter des Dokumentes, Erstellungsdatum, Unterschrift

Tab. 7.2.3: Inhalt des Explosionsschutzdokuments

liste und die festgelegten Maßnahmen für die explosionsgefährdeten Bereich der Arbeitsstätte beizufügen (→ Tab. 7.2.4).

Explosionsgefährdete Bereiche der Arbeitsstätte	Explosionsgefahr durch		Zoneneinteilung						Explosionsschutz-maßnahmen
	Gase, Dämpfe, Nebel	Stäube	0	1	2	20	21	22	
Lackiererei	X				X				Belüftungsanlage gesteuert über Sensor zur Konzentrationsmessung ($\leq 0{,}5\ c_{exu}$)
⋮									

Tab. 7.2.4: Ergebnisübersicht – Gefährdungsbeurteilung

7.3 Spezielle Anforderungen an überwachungsbedürftige Anlagen

7.3.1 Grundlagen

Charakterisierung

Die nachfolgend beschriebenen Anforderungen an überwachungsbedürftige Anlagen gelten **zusätzlich** zu den Anforderungen an Arbeitsmittel (Anlagen sind nach der BetriebssicherheitsVO – BetrSichV Arbeitsmittel). Daher gelten für überwachungsbedürftige Anlagen sowohl die Ausführungen des Kapitels 7.1 (Rechtsstruktur, Gefährdungsbeurteilung, Überwachung des Inverkehrbringens und Prüfungen) als auch die des Kapitels 7.2 (Anforderungen an Arbeitsmittel).

Überwachungsbedürftige Anlagen, sind solche Anlagen, die wegen der erhöhten Gefährdung durch Druck, Explosion, Brand und Absturz überwacht werden müssen. Zum Schutz der Beschäftigten aber auch Dritter vor diesen Gefährdungen hat der Gesetzgeber für das Inverkehrbringen, die Errichtung, die Inbetriebnahme, den Betrieb und Änderungen dieser Anlagen besondere Vorschriften erlassen. (→§§ 2(7), 14 – 18 GPSG und §§ 12 – 23 BetrSichV).

Eine Übersicht zu europäischen und nationalen Rechtsvorschriften sowie zu ausgewählten technischen Regeln (→Tab. 7.3.1).

Die BetrSichV löst die bisherigen Verordnungen für überwachungsbedürftige Anlagen nach § 2(2a) GSG ab:
- DampfkesselVO (DampfkV),
- DruckbehälterVO (DruckbehV),
- AufzugsVO (AufzV),

Regelungsgegenstand	Rechtsgrundlagen		Technische Regeln
	europäisch	national	
Produktsicherheit	1987/404/EWG 1994/9/EG	6. GPSGV 11. GPSGV	DIN EN 286 DIN EN 1127 DIN EN 12874
	1995/16/EWG	12. GPSGV	DIN EN 81 TR A 1100
	1975/324/EWG 1994/1/EG	13. GPSGV	in Vorbereitung
	1997/23/EG	14. GPSGV	DIN EN 1515 DIN EN 1984
Arbeitssicherheit	1999/92/EG	BetrSichV	TR (in Vorbereitung)

Tab. 7.3.1: Rechtsgrundlagen und Regeln für die Sicherheit überwachungsbedürftiger Anlagen (Bezeichnung der Vorschriften und Regeln siehe Literatur)

- VO über elektrische Anlagen in explosionsgefährdeten Bereichen (ElexV),
- AcetylenVO (AcetV),
- VO über brennbare Flüssigkeiten (VbF),
- GetränkeschankanlagenVO
- VO über Gashochdruckleitungen.

Inhaltlich wurden aber Teile der acht Verordnungen in die BetrSichV übernommen. Allerdings sind einige Anlagenarten, die bisher überwachungsbedürftig waren, nicht mehr im Anwendungsbereich der BetrSichV.

Die technischen Regeln für die acht außer Kraft gesetzten Verordnungen zu den überwachungsbedürftigen Anlagen werden schrittweise durch den Ausschuss für Betriebssicherheit (§ 24 BetrSichV) überarbeitet und an die BetrSichV angepasst. Die bestehenden Regeln können bis zur Ablösung durch neue technische Regeln weiter angewendet werden (§ 27(6) BetrSichV).

Überwachungsbedürftige Anlagen (Übersicht)

Anlagen nach § 1(2) BetrSichV müssen überwacht werden, wie
- Dampfkesselanlagen,
- Druckbehälteranlagen,
- Füllanlagen für Gase,
- Druckleitungen mit gefährlichen Medien

hinsichtlich der *Gefährdungen durch Druck*;

- Aufzugsanlagen für Personen- und Güterbeförderung

hinsichtlich der *Gefährdungen durch Absturz*;

- Anlagen in explosionsgefährdeten Bereichen

– Anlagen für entzündliche, leicht – entzündliche oder hochentzündliche Flüssigkeiten, d.h.
  - Lageranlagen > 10.000 Liter,
  - Füllanlagen > 1.000 Liter pro Stunde,
  - Tankstellen und Flugfeldbetankungsanlagen,
  - Entleerstellen

hinsichtlich der *Gefährdung durch Brände und Explosionen.*

Die Beschaffenheitsanforderungen von Dampfkessel-, Druckbehälter-, Füllanlagen, Druckleitungen, Aufzugsanlagen und Anlagen in explosionsgefährdeten Bereichen sind harmonisiert, d.h. durch einschlägige EG – Richtlinien geregelt. National geregelt werden daher nur Maßnahmen, die nach dem Inverkehrbringen erforderlich sind. Damit ist eine eindeutige Trennung in Beschaffenheitsvorschriften einerseits und betriebliche Regelungen andererseits vorgenommen worden.

Generelle Betreiberpflichten

Die Betreiber überwachungsbedürftiger Anlagen haben folgende Pflichten zu erfüllen:

– Anlagen müssen nach dem Stand der Technik montiert, installiert und betrieben werden. Bei der Einhaltung dieses Standes sind die technischen Regeln für überwachungsbedürftige Anlagen zu berücksichtigen.
– Dampfkessel, Füllanlagen, Lageranlagen, Füllstellen, Tankstellen und Flugfeldbetankungsanlagen bedürfen der Erlaubnis der zuständigen Behörden (Gewerbeaufsicht oder Landesamt für Arbeitsschutz und technische Sicherheit) bei deren Montage, Installation, Betrieb, wesentlichen Veränderung der Bauart oder der Betriebsweise, welche die Sicherheit der Anlage beeinflussen (§ 13 BetrSichV). Die Erlaubnis ist schriftlich zu beantragen; dem Antrag sind alle Unterlagen für die Beurteilung der Anlage und eine gutachtliche Stellungnahme einer zugelassenen Überwachungsstelle beizufügen.
– Die Anlagen sind vor Inbetriebnahme und nach wesentlichen Veränderungen sowie wiederkehrend zu prüfen. Diese Prüfungen sind in Abhängigkeit vom Gefährdungspotential der Anlage (z.B. zulässiger Druck) von zugelassenen Überwachungsstellen oder befähigten Personen durchzuführen.
– Der Betreiber einer überwachungsbedürftigen Anlage hat die Prüffristen der Gesamtanlage und der Anlagenteile auf der Grundlage einer sicherheitstechnischen Bewertung zu ermitteln. Bei der Festlegung der Prüffristen dürfen die im § 15 BetrSichV genannten Höchstfristen nicht überschritten werden. Der Betreiber hat die Prüffristen innerhalb von sechs Monaten nach Inbetriebnahme der Anlage der zuständigen Landesbehörde mitzuteilen.
– Unfälle im Zusammenhang mit der Anlage, bei denen Menschen getötet oder verletzt worden sind und Schadensfälle, bei dem Bauteile oder si-

cherheitstechnische Einrichtungen versagt haben oder beschädigt worden sind, hat der Anlagenbetreiber unverzüglich der zuständigen Landesbehörde anzuzeigen (§ 18 BetrSichV).

7.3.2 Überwachungsbedürftige Anlagen mit dem Gefährdungspotential Druck – Druckgeräte

Anlagenart

Druckgeräte sind Behälter, Rohrleitungen, Ausrüstungsteile mit Sicherheitsfunktion und druckhaltenden Ausrüstungsteilen.

Druckbehälter: Ein geschlossenes Bauteil, das zur Aufnahme von unter Druckstehenden Fluiden (Gase, Dämpfe und Flüssigkeiten, die für die drucktragenden Ausrüstungsteile bestimmt sind) ausgelegt und gebaut ist, einschließlich der direkt angebrachten Teile bis hin zur Vorrichtung für den Anschluss an andere Geräte. Ein Behälter kann mehrere Druckräume aufweisen.

Rohrleitungen: Leitungsbauteile zur Durchleitung von Fluiden, die für den Einbau in ein Drucksystem miteinander verbunden sind. Zu den Rohrleitungen zählen Rohre oder Rohrsysteme, Rohrformteile, Ausrüstungsstücke, Ausdehnungsstücke, Schlauchleitungen oder andere druckhaltende Teile. Wärmeaustauscher aus Rohren zum Kühlen oder Erhitzen von Luft sind Rohrleitungen gleichgestellt.

Ausrüstungsteile mit Sicherheitsfunktion: Einrichtungen, die zum Schutz des Druckgerätes bei einem Überschreiten der zulässigen Grenzen bestimmt sind.

Druckhaltende Ausrüstungsteile: Einrichtungen mit einer Betriebsfunktion, die ein druckbeaufschlagtes Gehäuse aufweisen.

Dampfkessel: Eingeschlossenes Bauteil, das für Dampf- bzw. Heißwassererzeugung eingesetzt wird. Dampfkesselanlagen sind Druckgeräte im Sinn der Druckgeräterichtlinie 97/23/EG.

Gefährdungen

Hauptgefährdung eines Druckgerätes ist bei unzulässigem Druck der Zerknall. Ursachen können ferner Werkstoffmängel und -beschädigungen, Versagen von Überdruckventilen sowie Ansatz von Kesselstein und Wassermangel bei Dampfkesselanlagen sein. Dabei können bei Druckgeräten mit gefährlichen Fluiden (Fluid Gruppe 1) Gase, Dämpfe und Flüssigkeiten freigesetzt werden, die toxisch, explosionsgefährlich oder entzündlich sind.

Beschaffenheitsanforderungen

Allgemeine Anforderungen: Druckgeräte dürfen nur in Betrieb genommen werden,

- wenn die Anforderungen der europäisch harmonisierten Verordnungen 6. GPSGV (87/404/EWG) für einfache Druckbehälter oder 14. GPSGV (97/23/EG) für Druckgeräte erfüllt sind

  oder
- wenn die Geräte nicht den Geltungsbereich der 6./14. GPSGV unterliegen (z.B. bei bestehenden Druckgeräten), müssen sie mindestens dem Stand der Technik entsprechen.

Der Stand der Technik für die Druckgeräte ist in harmonisierten Normen (u.a. europäische Kesselnormen DIN EN 12952 und DIN EN 12953) oder den bestehenden Technischen Regeln für Dampfkesselanlagen (TRD) und für Druckbehälter (TRB) festgeschrieben.

Einteilung der Druckgeräte: Rechtsgrundlagen für die Einstufung von Druckbehältern und Rohrleitungen sind die 6. GPSGV (87/404/EWG), die 14. GPSGV (97/23/EG), die BetrSichV und die GefStoffV.

Danach wird das Gefährdungspotential für Druckgeräte eingeteilt nach

- der Gruppe der Fluide in

  Gruppe 1: explosionsgefährlich; hoch- leicht- und entzündlich; sehr giftig, giftig; brandfördernd,

  Gruppe 2: alle Fluide, die nicht in Gruppe 1 eingestuft werden,
- dem maximalen Druck der Geräte PS in bar,
- dem inneren Volumen des Druckbehälters V in Liter (l),
- dem Produkt aus maximalem Druck und Volumen PS x V in bar x l,
- der Nennweite der Druckleitung DN (die Nennweite ist nicht der Außendurchmesser oder die Gewindegröße; sie steht aber näherungsweise mit den Fertigungsmaßen in Verbindung. Der Zahlenwert ist gerundet und dimensionslos),
- dem Produkt aus Nenndurchmesser der Rohrleitung und dem maximalen Druck DN x PS in bar.

Auf Grund der genannten Parameter werden Druckgeräte in die Kategorien I ... IV nach Anhang II der Richtlinie 97/23(EG (14. GPSGV) eingeteilt. Für die verschiedenen Gruppen von Fluiden und Arten von Druckgeräten (Druckbehälter, Dampfkessel und Rohrleitungen) sind Diagramme 1–9 erstellt worden, aus denen die Überwachungsbedürftigkeit, die Art und Personen/Stellen der erforderlichen Prüfungen abgeleitet werden:

- *Diagramm 1*: Druckbehälter für gefährliche Gase und Dämpfe – Fluid Gruppe 1 (→Abb. 7.3.1).

  Geltungsbereich für Kategorien: V > 1 l **und** PS x V > 25 bar x l **oder** PS > 200 bar. Druckgeräte nach Artikel 3(3) 97/23/EG werden nach nationalen Vorschriften hergestellt und dürfen kein CE-Zeichen tragen.

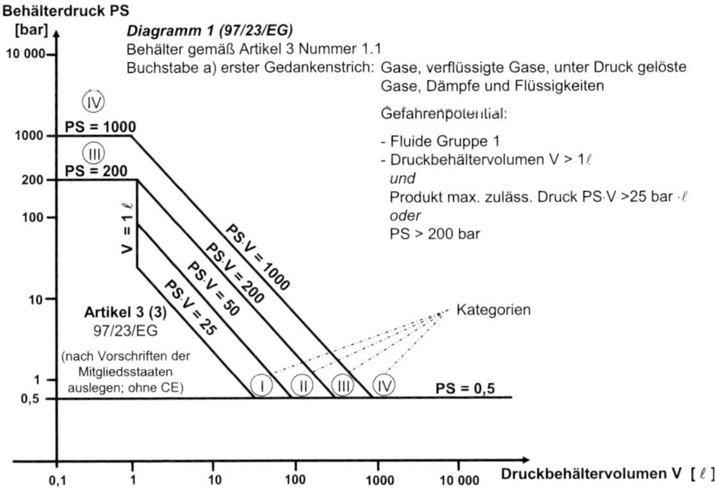

Abb. 7.3.1: Einstufung von Druckgeräten nach 97/23/EG – Diagramm 1

- *Diagramm 2:* Druckbehälter für sonstige Gase und Dämpfe – Fluid Gruppe 2.
  Geltungsbereich für Kategorien: V > 1 l **und** PS x V > 50 bar x l **oder** PS > 1.000 bar.
- *Diagramm 3:* Druckbehälter für gefährliche Flüssigkeiten (Dampfdruck darf bei T_{max} höchstens 0,5 bar über dem Atmosphärendruck von 1013 mbar liegen) – Fluid Gruppe 1.
  Geltungsbereich für Kategorien: V > 1 l **und** PS x V > 200 bar x l **oder** PS > 500 bar.
- *Diagramm 4:* Druckbehälter für sonstige Flüssigkeiten – Fluid Gruppe 2.
  Geltungsbereich für Kategorien: PS > 10 bar **und** PS x V > 10.000 bar x l **oder** PS > 1.000 bar.
- *Diagramm 5:* Druckgeräte (überhitzungsgefährdet) zur Erzeugung von Dampf- und Heißwasser – Dampfkesselanlagen und Schnellkochtöpfe.
  Geltungsbereich für Kategorien: T > 110 °C **und** V > 2 l **und** PS > 0,5 bar.
- *Diagramm 6:* Rohrleitungen für gefährliche Gase und Dämpfe – Fluid Gruppe 1.
  Geltungsbereich für Kategorien: DN > 25.
- *Diagramm 7:* Rohrleitungen für sonstige Gase und Dämpfe – Fluid Gruppe 2.
  Geltungsbereich für Kategorien: DN > 32 **und** PS x DN > 1.000 bar.
- *Diagramm 8:* Rohrleitungen für gefährliche Flüssigkeiten –Fluid Gruppe 1.
  Geltungsbereich für Kategorien: DN > 25 **und** PS x DN > 2.000 bar.

- *Diagramm 9:* Rohrleitungen für sonstige Flüssigkeiten – Fluid Gruppe 2. Geltungsbereich für Kategorien: PS > 10 bar **und** DN > 200 und PS x DN 5.000 bar.

Betriebsbestimmungen

Allgemeine Anforderungen: Druckgeräte müssen nach dem Stand der Technik montiert, installiert und betrieben werden (§ 12 BetrSichV). Der Stand der Technik wird künftig in den vom Ausschuss für Betriebssicherheit erarbeiteten Regeln zu entnehmen sein, die vom BMWA im BArbBl. veröffentlicht werden. Bis zu diesem Zeitraum gelten die vorhandenen Technischen Regeln für Druckbehälter (TRB) und für Dampfkesselanlagen (TRD) weiter, d.h. die TRB 700 gilt für den Betrieb von Druckbehältern.

Betreiberpflichten: Druckgeräte sind während des Betriebes in einem ordnungsgemäßen Zustand zu erhalten, zu überwachen, notwendige Instandsetzungs- und Wartungsarbeiten sind unverzüglich vorzunehmen und die den Umständen nach erforderlichen Sicherheitsmaßnahmen sind zu treffen. Ein Druckgerät darf nicht betrieben werden, wenn Mängel vorhanden sind, durch die Beschäftigte oder Dritte gefährdet werden können.

Erlaubnisvorbehalt: Die Montage, Installation, der Betrieb und wesentliche Änderungen der Bauart oder der Betriebsweise, die die Sicherheit der Anlage beeinflussen, von Dampfkesselanlagen und Füllanlagen bedürfen der Erlaubnis der zuständigen Landesbehörde.

Erlaubnispflichtig sind **Dampfkesselanlagen**, die befeuerte oder anderweitig beheizte überhitzungsgefährdete Druckgeräte zur Erzeugung von Dampf oder Heißwasser mit einer Temperatur > 110 °C beinhalten und die in der Kategorie IV (Diagramm 5) eingestuft sind.

Erlaubnispflichtig sind **Füllanlagen** mit Druckgeräten zum Abfüllen von Druckgasen in ortsbewegliche Druckgeräte zur Abgabe an andere mit einer Füllkapazität > 10 kg/h.

Prüfungen vor Inbetriebnahme: Druckgeräte sind vor Inbetriebnahme und nach wesentlichen Veränderungen zu prüfen. Diese Prüfungen sind in Abhängigkeit vom Gefährdungspotential durch zugelassene Stellen oder durch befähigtes Personal durchzuführen (→Tab. 7.3.2).

Einfache Druckbehälter nach der 6. GPSGV (87/404/EWG) können von befähigten Personen geprüft werden, sofern das Produkt aus maximal zulässigem Druck PS und dem Volumen V = 200 bar x l beträgt. Erst nach diesen Prüfungen dürfen Druckgeräte in Betrieb genommen werden.

Wiederkehrende Prüfungen: Druckgeräte sind in bestimmten Fristen wiederkehrend durch zugelassene Überwachungsstellen auf den ordnungsgemäßen Zustand zu prüfen. Die Prüffristen sind vom Betreiber im Rahmen einer sicherheitstechnischen Bewertung oder einer Gefährdungsbeurteilung zu ermitteln und der zuständigen Behörde binnen 6 Monaten zu melden. Die ermittelten Prüffristen müssen sich im Rahmen vorgegebener Höchstfristen bewegen.

Diagramm	Zugelassene Überwachungsstelle	Befähigte Person
	Kategorie der Druckgeräte	
1	III und IV bei > 1 bar	I , II oder III , IV = 1 bar
2	II und III bei > 1 bar	I , II und III = 1 bar
3	II < 500 bar , > 1.000 , III	I , II = 500 bar , = 100 bar x I
4	I > 500 bar und < 1.000 , II	I > 500 bar , = 1.000 bar x I
5	III und IV	I und II
6	II und III > 2.000	PS x DN < 2.000 (nicht sehr giftige Fluide)
7	PS x DN > 2.000 , II und III	PS x DN < 2.000
8	I, II und III	-
9	I und II	-

PS - max. zulässiger Druck [bar]
DN - Nennweite der Rohrleitung [-]

Tab. 7.3.2: Prüfungen vor Inbetriebnahme von Druckbehältern und Rohrleitungen nach § 14(3) BetrSichV

Für Druckgeräte gelten folgende maximale Prüffristen (§ 15 BetrSichV):
- Druckbehälter: Innere Prüfung alle 5 Jahre, Festigkeitsprüfung alle 10 Jahre, Äußere Prüfung alle 2 Jahre.
- Dampfkessel: Innere Prüfung alle 3 Jahre, Festigkeitsprüfung alle 9 Jahre, Äußere Prüfung jährlich.
- Rohrleitungen: Innere Prüfung alle 5 Jahre, Festigkeitsprüfung alle 5 Jahre.

Prüffristen für besondere Druckgeräte (§ 17 BetrSichV), wie Schalldämpfer, Fahrzeugbehälter, Druckgeräte aus Glas, ... (→Anhang 5 BetrSichV).

7.3.3 Überwachungsbedürftige Anlagen mit dem Gefährdungspotential Absturz – Aufzugsanlagen

Anlagenarten

Aufzugsanlagen sind alle Anlagen, die zur Personen- oder Güterbeförderung zwischen festgelegten Zugangs- oder Haltestellen bestimmt sind und deren

Lastaufnahmemittel in einer senkrecht oder gegen die Waagerechte geneigten Fahrbahn bewegt werden oder mindestens teilweise geführt sind. Auch verfahrbare Fassadenbühnen gelten teilweise als Aufzüge.

Nach § 1(2) Nr. 2 BetrSichV sind **überwachungsbedürftige** Aufzugsanlagen
- *Aufzüge nach der europäischen Richtlinie 95/16/EG (12. GPSGV)*
  (= Hebezeuge, die Gebäude oder Bauten dauerhaft bedienen und zwischen festgelegten Ebenen mittels eines Fahrkorbes verkehren, der zur Personenbeförderung und / oder Güterbeförderung oder bei Erreichbarkeit von Bedienelementen vom Fahrkorb aus nur zur Güterbeförderung bestimmt ist, und an einem räumlich festgelegten Fahrverlauf fortbewegt werden).
- *Maschinen nach der europäischen Richtlinie 98/37/EG (9. GPSGV)*
  (= Maschinen zum Heben von Personen, bei denen die Gefahr des Absturzes aus einer Höhe von > 3m besteht).
- *Personen- und Umlaufaufzüge*
  (Aufzugsanlagen, die ausschließlich zur Personenbeförderung bestimmt und so eingerichtet sind, dass Fahrkörbe an zwei endlosen Ketten aufgehängt sind und während des Betriebes ununterbrochen bewegt werden).
- *Bauaufzüge mit Personenbeförderung*
  (Aufzugsanlagen zur Personen- und Güterbeförderung, deren Förderhöhe und Haltestellenanzahl dem Baufortschritt angepasst werden kann).
- *Mühlen-Bremsfahrstühle*
  (Aufzugsanlagen zur Personen- und Güterbeförderung, bei denen der Antrieb über eine Aufwickeltrommel, die über ein Steuerteil für die Aufwärtsfahrt an eine Friktionsscheibe gedrückt und für die Abwärtsfahrt von einem Bremsklotz abgehoben wird).

Keine überwachungsbedürftigen Aufzüge (im Vergleich zur AufzugsVO vom 19.6.1998, die am 1.1. 2003 aufgehoben wurde) sind
- *Güteraufzüge* (Aufzugsanlagen ausschließlich für die Güterbeförderung),
- *Behindertenaufzüge* mit einer Absturzhöhe bis zu drei Metern (Aufzugsanlagen ausschließlich für die Behindertenbeförderung entlang einer vertikalen oder dem Treppenverlauf folgenden Fahrbahn).

Gefährdungen

Im Vordergrund des Unfallgeschehens in Verbindung mit Aufzügen stehen Einklemmunfälle, doch ist das Einklemmen von Füßen zwischen der Vorderkante des Fahrfußbodens und der Schachtwand deutlich zurückgegangen, da Personenaufzüge eine Fahrkorbtür haben müssen. Ein weiterer Schwerpunkt besteht aus Unfällen im Zusammenhang mit zu befördernden Lasten. Mangelnde Sicherung, Umfallen und Wegrollen der Last, aber auch verbotswidrige Lastenbeförderung, standen hier im Vordergrund. Zahlreich sind auch Unfälle durch Stolpern in oder aus nicht immer bündig stehenden Fahrkörben. Auch das versagen mechanischer Teile von Aufzugsanlagen war häufig die Ursache von Unfällen oder gefährlichen Störungen. Dabei versagen insbesondere Triebwerksteile (Wellen, Schneckenräder, Treibscheiben) und Bremsen (Bruch oder Festsetzen der Bremsbackenbetätigungen, so dass die Bremse nicht einfallen konnte). Auch traten Unfälle infolge unsachgemäßer Behandlung der Fahrkörbe auf.

Besonders unfallträchtig sind die Umlaufaufzüge, die wegen ihrer großen Förderleistung und ihrer geringen Betriebs- und Unterhaltungskosten vor allem im norddeutschen Raum verbreitet sind. Die Unfälle ereignen sich vorwiegend beim Ein- und Aussteigen, aber auch bei verbotswidrigem Transport von Lasten.

Beschaffenheitsanforderungen

Aufzugsanlagen dürfen nur in Betrieb genommen werden,
- wenn die Anforderungen der 12. GPSGV (VO über das Inverkehrbringen von Aufzügen) oder der 9. GPSGV (Maschinen VO) erfüllt sind
  oder
- wenn die Anlagen nicht den Geltungsbereich der 9./12. GPSGV unterliegen (gilt für Personen- und Umlaufaufzüge, Bauaufzüge mit Personenbeförderung, Mühlen-Bremsfahrstühle sowie für bestehende Aufzüge und Maschinen zum Heben von Personen), müssen sie mindestens dem Stand der Technik entsprechen.

Der Stand der Technik für die jeweiligen Aufzugsanlagen ist in harmonisierten Normen (u.a. DIN EN 12159 für Bauaufzüge mit Personenbeförderung, DIN EN 81-1 und -2 für Personen- und Lastenaufzüge) oder den bestehenden Technischen Regeln für Aufzüge (u.a. TRA 500 für Personen-Umlaufaufzügen) festgeschrieben.

Betriebsbestimmungen

Allgemeine Anforderungen: Aufzugsanlagen müssen nach dem Stand der Technik montiert, installiert und betrieben werden (§ 12 BetrSichV). Der Stand der Technik wird künftig in den vom Ausschuss für Betriebssicherheit erarbeiteten und vom BMWA im BArbBl. veröffentlichten technischen Regeln zu entnehmen sein; bis zu diesem Zeitpunkt gelten die vorhandenen Technischen Regeln für Aufzüge (TRA) weiter, d.h. die TRA 007 gilt für den Betrieb von Aufzugsanlagen.

Betreiberpflichten: Die wesentlichen Pflichten des Betreibers während des Betriebs bestehen außer den allgemeinen Pflichten in folgendem:
- Wartungszugänge und Notausgänge zum Fahrschacht sowie die Zugänge zum Triebwerk und zu den zugehörigen Schalteinrichtungen sind unter Verschluss zu halten.
- Zu befördernde Lasten sind zu sichern zwecks Vermeidung der Gefährdung mitfahrender Personen und der Beschädigung der Anlage.

- In der Nähe des Triebwerkes ist ein Schild mit Anweisungen über den ordnungsgemäßen Betrieb einschließlich Wartung anzubringen.
- Auf außer Betrieb gesetzte Aufzügen ist durch Hinweisschilder auf den Fahrzeugtüren hinzuweisen. Außerdem sind an außer Betrieb gesetzten Personen-Umlaufaufzügen die Fahrschächte abzusperren.
- Auf Notrüfe aus einem Fahrkorb muss in angemessener Zeit reagiert werden und die Befreiungsmaßnahmen müssen sachgerecht durchgeführt werden.

Erlaubnisvorbehalt: Aufzugsanlagen bedürfen **keiner** Erlaubnis der zuständigen Behörde.

Prüfung vor Inbetriebnahme: Aufzugsanlagen dürfen erst nach der Abnahme durch eine zugelassene Überwachungsstelle in Betrieb genommen werden.

Ausgenommen von dieser Prüfung sind Aufzüge im Anwendungsbereich der 12. GPSGV.

Prüfungsschwerpunkte sind u.a.
- Zuverlässigkeit der Türverschlüsse von Fahrschächten.
- Zuverlässigkeit der Sperr- und Bremsfangvorrichtung des Lastaufnahmemittels oder des Gegengewichtes.
- Funktionssicherheit der Geschwindigkeitsbegrenzer.
- Aufsetzen von Fahrkorb und Gegengewicht durch Puffer. Dabei dürfen keine gefährlichen Verzögerungen auftreten.
- Gefahren durch Fehler und Ausfälle der Bauteile elektrischer Sicherheitsschaltungen.

Wiederkehrende Prüfungen: Aufzugsanlagen müssen spätestens nach 2 Jahren wiederkehrend durch eine zugelassene Überwachungsstelle geprüft werden.

Für Aufzugsanlagen, die Maschinen im Sinne der 9. GPSGV sind, gilt eine Prüffrist von spätestens alle 4 Jahre.

Zwischen diesen Prüfungen sind Aufzugsanlagen daraufhin zu prüfen, ob sie ordnungsgemäß betrieben werden und ob sich die Tragmittel in einem ordnungsgemäßen Zustand befinden.

7.3.4 Überwachungsbedürftige Anlagen mit dem Gefährdungspotential Brand und Explosion – Anlagen in explosionsgefährdeten Bereichen und Anlagen entzündlicher, leicht- oder hochentzündlicher Flüssigkeiten

Anlagen in explosionsgefährdeten Bereichen

Anlagen: Geräte, Schutzsysteme oder Sicherheits-, Kontroll- oder Regelvorrichtungen (Komponenten).

Explosionsgefährdeter Bereich: Bereich, in dem gefährliche explosionsfähige Atmosphäre auftreten kann.

Geräte: Maschinen, Betriebsmittel, stationäre oder ortsbewegliche Vorrichtungen, Steuerungs- und Ausrüstungsteile sowie Warn- und Vorbeugungssysteme, die eigene potentielle Zündquellen aufweisen.

Schutzsysteme: Vorrichtungen zum stoppen angelaufener Explosionen oder zum begrenzen des von einer Explosion betroffenen Bereich.

Komponenten: Bauteile, die für den sicheren Betrieb von Geräten und Schutzsystemen erforderlich sind.

Ausführungen zum Explosionsschutz bei Arbeitsmitteln (→Kapitel 7.2.2).

Anlagen entzündlicher, leicht- oder hochentzündlicher Flüssigkeiten

Anlagen: Lager-, Füllanlagen, Tankstellen und Flugfeldbetankungsanlagen sowie Entleerungsstellen.

Lageranlagen: Räume oder Bereiche, in denen in ortsfesten oder ortsbeweglichen Behältern entzündliche, leicht- oder hochentzündliche Flüssigkeiten mit einem Gesamtrauminhalt von > 10.000 Litern gelagert werden.

Füllanlagen: Ortsfeste Anlagen zur Befüllung von Transportbehältern mit entzündlichen, ... Flüssigkeiten mit einer Umschlagkapazität > 1.000 Liter je Stunde

Tankstellen: Ortsfeste Anlagen zur Versorgung von Land-, Wasser- und Luftfahrzeugen mit entzündlichen, ... Flüssigkeiten, einschließlich der Lager- und Vorratsbehälter.

Flugfeldbetankungsanlagen: Anlagen oder Bereiche auf Flugfeldern, in denen Kraftstoffbehälter von Luftfahrzeugen befüllt werden.

Entleerstellen: Anlagen oder Bereiche, die dazu bestimmt sind, dass in ihnen mit entzündlichen, ... Flüssigkeiten gefüllte Transportbehälter entleert werden mit einer Umschlagskapazität > 1.000 Litern je Stunde.

Gefährdungen

Anlagen in explosionsgefährdeten Bereichen: Statistiken über Explosionen und damit zusammenhängende Unfälle werden nicht geführt. Es ist lediglich bekannt, dass derartige Unfälle überdurchschnittlich schwer sind.

Berichte der letzten Jahre über Gasexplosionen lassen erkennen, dass sich diese häufig auf Räume konzentrieren, in denen aus Leitungen und Gasflaschen Gas unkontrolliert ausströmen konnte. Auch waren zentrale Müllaufbereitungen und Ölbunker besonders betroffen.

Die bekannt gewordenen Staubexplosionen werden beim BIA dokumentiert. Für diesen Bereich ergibt sich folgendes Bild:

Unter den Staubgruppen war Holz am stärksten beteiligt. Die höchsten Unfallzahlen sind den Nahrungs- und Futtermitteln zuzuordnen, es folgen Metalle, Kohle / Torf und Kunststoffe.

Zündquellen waren vorwiegen: mechanische Funken, Glimmnester, mechanische Erwärmung, elektrostatische Entladung, Feuer, heiße Oberfläche, Selbstentzündung, Schweißarbeiten, elektrische Betriebsmittel.

Betroffene Anlagen waren vorwiegend Silos und Bunker, Entstaubungsanlagen und Abschneider, Mahl- und Zerkleinerungsanlagen, Förderanlagen, Trockner, Feuerungsanlagen, Mischanlagen, Schleif- und Poliermaschinen, Siebanlagen.

Anlagen entzündlicher, leicht- oder hochentzündlicher Flüssigkeiten: Aus der Statistik des Hauptverbandes der gewerblichen Berufsgenossenschaften geht hervor, dass die angezeigten Unfälle, die durch entzündliche Flüssigkeiten verursacht werden, zahlenmäßig von Jahr zu Jahr ohne feste Tendenz variieren, während die Zahl der Unfälle durch entzündliche verflüssigte Gase gestiegen ist. Einzelberichte zeigen, dass sich fast alle Unfälle durch Explosion oder einfaches in Brand geraten von entzündlichen Flüssigkeiten ereignet. Die Unfälle sind überdurchschnittlich schwer. Häufig ist dabei leichfertiger Umgang mit Feuer Ursache von Explosionen und Bränden, z.B. durch Außerachtlassen von Sicherheitsmaßnahmen in Gefahrenbereichen. Durch Rauchen und Schweißen in solchen Bereichen werden besonders viele Unfälle ausgelöst. Zahlreiche Unfälle haben sich auch durch Einatmen von gefährlichen Gasen beim Säubern von Tanks und sonstigen Behältern, in denen Flüssigkeiten gelagert waren, ereignet.

Beschaffenheitsanforderungen

Anlagen in explosionsgefährdeten Bereichen dürfen erstmalig und nach wesentlichen Veränderungen nur in Betrieb genommen werden,

- wenn die Anforderungen der europäisch harmonisierten Verordnung 11. GPSGV (94/9/EG) erfüllt sind

  oder

- wenn die Anlagen nicht dem Geltungsbereich der 11. GPSGV unterliegen, müssen sie mindestens dem Stand der Technik entsprechen.

Anlagen entzündlicher, leicht- oder hochentzündlicher Flüssigkeiten dürfen nur in Betrieb genommen werden, wenn sie den sonstigen Rechtsvorschriften, mindestens dem Stand der Technik entsprechen. Für diese Anlagen liegen keine europäisch harmonisierten Verordnungen mit Beschaffenheitsanforderung vor.

Der Stand der Technik für Anlagen in explosionsgefährdeten Bereichen ist in harmonisierten Normen (u.a. DIN EN 1127 und DIN EN 12874) oder in der Explosionsschutz-Regel (BGR 104) festgeschrieben.

Für Anlagen entzündlicher, leicht- oder hochentzündlicher Flüssigkeiten ist in bestehenden Technischen Regeln für brennbare Flüssigkeiten (TRbF) der Stand der Technik festgelegt, u.a. in der TRbF 20 Läger und TRbF 50 Rohrleitungen.

Betriebsbestimmungen

Allgemeine Anforderungen: Anlagen müssen auch nach dem Stand der Technik betrieben werden. Der Stand der Technik für beide Anlagenarten ist sowohl in der BetrSichV festgelegt als auch künftig in den vom Ausschuss für Betriebssicherheit angepassten Regeln, die vom BMWA im BArbBl. veröffentlicht werden. Bis zu diesem Zeitpunkt gelten die vorhandenen Technischen Regeln, die BGR 104 für den Bereich Explosionsschutz und die Technischen Regeln für brennbare Flüssigkeiten (TRbF) weiter (§ 27(6) BetrSichV).

Betreiberpflichten für Anlagen in explosionsgefährdeten Bereichen: Diese Betreiberpflichten nach der BetrSichV (99/92/EG), wie Vermeidung gefährlicher explosionsfähiger Atmosphäre und von Zündquellen sowie Begrenzung der Auswirkungen von Explosionen (→Kapitel 7.2.2).

Betreiberpflichten für Anlagen im Bereich brennbarer Flüssigkeiten: Diese Betreiberpflichten nach der BetrSichV und den TRbF betreffen die Erhaltung, Überwachung und ggf. die Instandsetzung der Anlagen, um einen ordnungsgemäßen Zustand sicherzustellen. Für die Überwachungsbedürftigkeit dieser Anlagen gibt es Volumen- oder volumenbedingte Einschränkungen in der BetrSichV für

- Lageranlagen > 10.000Liter Rauminhalt,
- Füllstellen und Entleerstellen > 1.000 Liter je Stunde Umschlagkapazität.

Anlagen mit geringerem Rauminhalt bzw. Volumenstrom fallen nicht unter die Bedürftigkeit im Sinne der BetrSichV.

Erlaubnisvorbehalte: Erlaubnispflichtig durch die zuständige Behörde sind

- Anlagen für **leicht- oder hochentzündliche** Flüssigkeiten, wie
  - Tankanlagen > 10.000 Liter Rauminhalt,
  - Füllstellen > 1.000 Liter je Stunde Umschlagkapazität,
  - Tankstellen und Flugfeldbetankungsanlagen; für diese Anlagen sind keine gutachtlichen Stellungnahmen der zugelassenen Überwachungsstelle erforderlich,
- Flugfeldbetankungsanlagen für entzündliche Flüssigkeiten.

Prüfung vor der Inbetriebnahme von Anlagen in explosionsgefährdeten Bereichen: Vor Inbetriebnahme von Geräten, Schutzsystemen sowie von Sicherheits-, Kontroll- und Regelungsvorrichtungen nach der europäischen Richtlinie 94/9/EG (11. GPSGV) sind diese durch eine **befähigte Person** zu prüfen. Sind diese Anlagen instand gesetzt worden, so dürfen sie erst wieder in Betrieb genommen werden, nachdem die zugelassene Überwachungsstelle diese Anlage überprüft hat und entweder eine Prüfbescheinigung erstellt oder die Anlage mit einem Prüfzeichen versehen hat.

Prüfung vor der Inbetriebnahme von Anlagen im Bereich brennbarer Flüssigkeiten: Vor der Inbetriebnahme (auch bei wesentlichen Veränderungen) muss eine **zugelassene Überwachungsstelle** den Zustand der Anlage hinsichtlich Montage, Installation, Aufstellung und sicherer Funktion geprüft haben. Dies betrifft

- Tankanlagen > 10.000 Liter Rauminhalt,
- Füllanlagen > 1.000 Liter je Stunde Umschlagkapazität,
- Tankanlagen und Flugfeldbetankungsanlagen.

Wiederkehrende Prüfungen: Anlagen sind in bestimmten Fristen wiederkehrend durch zugelassene Überwachungsstellen auf den ordnungsgemäßen und sicheren Zustand zu prüfen. Die Prüffristen betragen für

- Geräte, Schutzsysteme sowie Sicherheits-, Kontroll- und Regelungsvorrichtungen in explosionsgefährdeten Bereichen spätestens alle 3 Jahre; die mit der Überwachungsstelle festgelegten Prüffristen müssen der Behörde nicht mitgeteilt werden,
- Tankanlagen, Füllanlagen, Tankstellen und Flugfeldbetankungsanlagen spätestens alle 5 Jahre.

Die Prüfungen sind schriftlich zu bescheinigen, die Prüfergebnisse sind aufzubewahren.

Literatur

Richtlinie des Rates vom 19. 2. 1973 zur Angleichung von Rechtsvorschriften der Mitgliedsstaaten betreffend elektrische Betriebsmittel zur Verwendung innerhalb bestimmter Spannungsgrenzen (73/23/EWG)

Richtlinie des Rates vom 20. 5. 1975 zur Angleichung von Rechtsvorschriften der Mitgliedsstaaten über Aerosolpackungen (73/324/EWG); Änderung 94/1/EG

Richtlinie des Rates vom 25. 6. 1987 zur Angleichung von Rechtsvorschriften der Mitgliedsstaaten für einfache Druckbehälter (87/404/EWG); Änderung 93/68/EWG

Richtlinie des Rates vom 30. 11. 1989 über Mindestvorschriften für Sicherheit und Gesundheitsschutz bei Benutzung von Arbeitsmitteln durch Arbeitnehmer bei der Arbeit (89/655/EWG)

Richtlinie des Europäischen Parlaments und des Rates vom 23. 3. 1994 zur Angleichung der Rechtsvorschriften der Mitgliedsstaaten für Geräte und Schutzsysteme zur bestimmungsgemäßen Verwendung in explosionsgefährdeten Bereichen (94/9/EG)

Richtlinie des Europäischen Parlaments und des Rates vom 29. 6. 1995 zur Angleichung der Rechtsvorschriften der Mitgliedsstaaten über Aufzüge (95/16/EG)

Richtlinie des Rates vom 5. 12. 1995 zur Änderung der Richtlinie 89/655/EWG über Mindestvorschriften für Sicherheit und Gesundheitsschutz bei Benutzung von Arbeitsmitteln durch Arbeitnehmer bei der Arbeit (95/63/EG)

Richtlinie des Europäischen Parlaments und des Rates vom 29. 5. 1997 zur Angleichung der Rechtsvorschriften der Mitgliedsstaaten über Druckgeräte (97/23/EG)

Richtlinie des Europäischen Parlaments und des Rates vom 22. 6. 1998 zur Angleichung der Rechts- und Verwaltungsvorschriften der Mitgliedsstaaten für Maschinen (98/37/EG)

Richtlinie des Europäischen Parlaments und des Rates vom 16. 12. 1999 über Mindestvorschriften zu Verbesserung des Gesundheitsschutzes und der Sicherheit der Arbeitnehmer, die durch explosionsfähige Atmosphäre gefährdet werden können (99/92/EG)

Richtlinie des Europäischen Parlaments und des Rates vom 27. 6. 2001 zur Änderung der Richtlinie 89/655/EWG über Mindestvorschriften für Sicherheit und Gesundheitsschutz bei Benutzung von Arbeitsmitteln durch Arbeitnehmer bei der Arbeit (2001/45/EG)

Gesetz über technische Arbeitsmittel und Verbraucherprodukte (Geräte- und Produktsicherheitsgesetz – GPSG) vom 6. 1. 2004, Berichtigung vom 11. 2. 2004 (BGBl. I S. 219)

VO über das Inverkehrbringen elektrischer Betriebsmittel zur Verwendung innerhalb bestimmter Spannungsgrenzen (1. GPSGV) vom 11. 6. 1979, zuletzt geändert durch Art. 10 des Gesetzes vom 6. 1. 2004, Berichtigung vom 11. 2. 2004 (BGBl. I S. 219)

MaschinenlärminformationsVO (3. GPSGV) vom 18. 1. 1991, zuletzt geändert durch Art. 12 des Gesetzes vom 6. 1. 2004 (BGBl. I S. 2)

VO über das Inverkehrbringen von einfachen Druckbehältern (6. GPSGV) vom 25. 6. 1992, zuletzt geändert durch Art. 13 des Gesetzes vom 6. 1. 2004 (BGBl. I S. 2)

MaschinenVO (9. GPSGV) vom 12. 5. 1993, zuletzt geändert durch Art. 16 des Gesetzes vom 6. 1. 2004 (BGBl. I S. 2)

ExplosionsschutzVO (11. GPSGV) vom 12. 12. 1996, zuletzt geändert durch Art. 18 des Gesetzes vom 6. 1. 2004 (BGBl. I S. 2)

AufzugsVO (12. GPSGV) vom 17. 6. 1998, zuletzt geändert durch Art. 19 des Gesetzes vom 6. 1. 2004 (BGBl. I S. 2)

AerosolpackungsVO (13. GPSGV) vom 27. 9. 2002, zuletzt geändert durch Art. 20 des Gesetzes vom 6. 1. 2004 (BGBl. I S. 2)

DruckgeräteVO (14. GPSGV) vom 27. 9. 2002, zuletzt geändert durch Art. 21 des Gesetzes vom 6. 1. 2004 (BGBl. I S. 2)

Gesetz über die Durchführung von Maßnahmen des Arbeitsschutzes zur Verbesserung der Sicherheit und des Gesundheitsschutzes der Beschäftigten bei der Arbeit (Arbeitsschutzgesetz – ArbSchG) vom 7. 8. 1996, zuletzt geändert durch Art. 2b des Gesetzes vom 23. 4. 2004 (BGBl. I S. 602)

VO über Sicherheit und Gesundheitsschutz bei der Bereitstellung von Arbeitsmitteln und deren Benutzung bei der Arbeit, über Sicherheit beim Betrieb überwachungsbedürftiger Anlagen und über die Organisation des betrieblichen Arbeitsschutzes (BetriebssicherheitsVO – BetrSichV) vom 27. 9. 2002, zuletzt geändert durch Art. 22 des Gesetzes vom 6. 1. 2004 (BGBl. I S. 2)

VO zum Schutz vor gefährlichen Stoffen (GefahrstoffVO – GefStoffV) vom 15. 11. 1999, zuletzt geändert durch Art. 2 der Verordnung vom 25. 2. 2004 (BGBl. I S. 328)

BGV D 6 Krane

BGV D 27 Flurförderzeuge

BGV D 36 Leitern und Tritte

DIN EN 81 Sicherheitsregeln für die Konstruktion und den Einbau in Aufzüge

DIN EN 286 Einfache unbefeuerte Druckbehälter für Luft und Stickstoff

DIN EN 1127 Explosionsfähige Atmosphäre; Explosionsschutz

DIN EN 1515 Flansche und ihre Verbindungen, Schrauben und Muttern

DIN EN 1984 Industriearmaturen; Schieber aus Stahl

DIN EN ISO 11 688 T.1 und T.2 Akustik; Richtlinien für die Gestaltung lärmarmer Maschinen und Geräte

DIN EN ISO 12 100 T.1 und T.2 Sicherheit von Maschinen; Grundbegriffe, allgemeine Gestaltungsleitsätze

DIN EN 12 159 Bauaufzüge zur Personen- und Materialbeförderung mit senkrecht geführten Fahrkörben

DIN EN 12 417 Sicherheit von Werkzeugmaschinen; Bearbeitungszentren

DIN EN 12 874 Flammendurchschlagssicherungen, Leistungsanforderungen, Prüfverfahren und Einsatzgrenzen

DIN EN 12 952 T.1 – T.16 Wasserrohrkessel und Anlagenkomponenten

DIN EN 12 953 T.1 – T.13 Großwasserraumkessel

DIN EN 50 014 Elektrische Betriebsmittel für explosionsgefährdete Bereiche; Allgemeine Bestimmungen

DIN EN 50 281 T.1 und T.2 Elektrische Betriebsmittel zur Verwendung in Bereichen mit brennbaren Stäuben durch Gehäuse

DIN EN 60 079 T.10 Elektrische Betriebsmittel für gasexplosionsgefährdete Bereiche; T.10: Einteilung der explosionsgefährdeten Bereiche

DIN EN 60 529 Schutzarten durch Gehäuse (IP - Code)

DIN EN 61 140 Schutz gegen elektrischen Schlag; Gemeinsame Anforderungen für Anlagen und Betriebsmittel

DIN VDE 0848 T.5 Sicherheit in elektromagnetischen Feldern; T.5: Explosionsschutz

TRA 007 Betrieb von Aufzügen

TRA 500 Personen-Umlaufaufzüge

TRA 1100 Technische Regeln für Aufzugsanlagen, Bauaufzüge mit Personenbeförderung

TRB 700 Betrieb von Druckbehältern

TRbF 20 Technische Regeln für brennbare Flüssigkeiten; Läger

TRbF 50 Technische Regeln; Rohrleitungen

BGR 104 Regeln für das Vermeiden der Gefahr durch explosionsfähige Atmosphäre

BGI 521 Leitern sicher benutzen

BGI 545 Gabelstaplerfahrer

BGG 921 Auswahl, Unterweisung und Befähigungsnachweis von Kranführern

Gefährdungsbeurteilung Explosionsschutz und Explosionsschutzdokument entsprechend BetrSichV vom 19. 2. 2003

Mitteilung 1/2003 des Landesinstituts für Arbeitsschutz und Arbeitsmedizin des Freistaates Sachsen

Teil 1: http://sn.osha.de/publications/mitteilungshefte/2003/mnr01-03/t1-mitt-ex.pdf

Teil 2: http://sn.osha.de/publications/mitteilungshefte/2003/mnr01-03/t2-gefana.pdf

8 Arbeitsstätten

Inhaltsverzeichnis

8.1 Grundlagen

Rechtsvorschriften

Rechtliche Regelungen für das Einrichten und Betreiben von Arbeitsstätten sind auf der Grundlage des Artikels 137 EG-Vertrag (→Kapitel 2.5) größtenteils europäisch harmonisiert. Eine Übersicht der Rechtsgrundlagen und technischen Regeln für Arbeitsstätten (→Tab. 8.1.1).

Regelungsgegenstand	Rechtsgrundlagen		Technische Regeln
	europäisch	national	
Einrichten und Betreiben von Arbeitsstätten (Arbeitssicherheit)	89/391/EWG	ArbSchG	
	89/654/EWG 92/57/EWG, Anhang IV 92/58/EWG	ArbStättV	TR für ArbStättV (in Vorbereitung) ASR (gelten zunächst fort)
	90/270/EWG	BildscharbV	DIN EN ISO 9241
	92/57/EWG	BaustellV	RAB

Tab. 8.1.1: Rechtsgrundlagen und technische Regeln für Arbeitsstätten (Bezeichnung der Vorschriften und Regeln siehe Literatur)

Arbeitsschutzgesetz (ArbSchG): Auf der Grundlage des § 18 ArbSchG – Verordnungsermächtigungen – hat die Bundesregierung mit Zustimmung des Bundesrates die ArbeitsstättenVO erlassen.

Bei der Wahrnehmung der Aufgaben des Ausschusses für Arbeitsstätten sind die allgemeinen Grundsätze des § 4 ArbSchG zu berücksichtigen.

ArbeitsstättenVO (ArbStättV): Die ArbStättV vom 20. 3. 1975 wurde nach mehreren Änderungen am 25. 8. 2004 außer Kraft gesetzt. Die Detailregelungen dieser VO (ebenso die der ASR) gelten als gesicherte arbeitswissenschaftliche Erkenntnisse bis zur Erarbeitung und Bekanntmachung von „Regeln für Arbeitsstätten" fort.

Im Jahre 2004 erfolgte die Novellierung der ArbeitsstättenVO im Rahmen einer Artikelverordnung Arbeitsstätten mit

- Artikel 1: Verordnung über Arbeitsstätten,
- Artikel 2: Änderung der Allgemeinen Bundesbergverordnung,
- Artikel 3: Aufhebung der Verordnung über besondere Arbeitsschutzanforderungen bei Arbeiten im Freien in der Zeit vom 1. November – 31. März,
- Artikel 4: Inkrafttreten der Artikelverordnung, Außerkrafttreten der ArbStättV vom 20. 3. 1975.

Geändert hat sich damit die Struktur des Arbeitsstättenrechts (→Abb. 8.1.1).

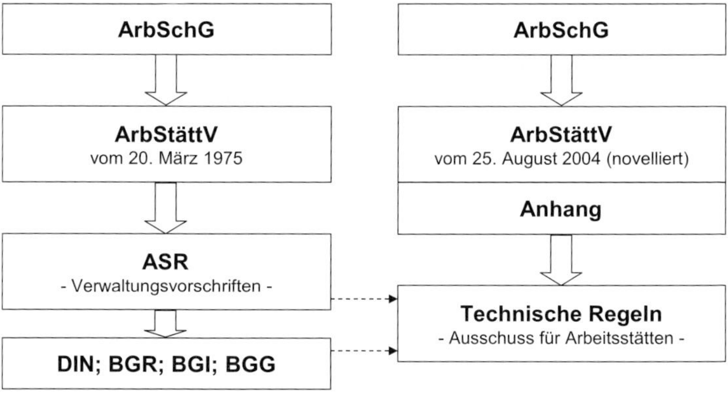

Abb. 8.1.1: Struktur des Arbeitstättenrechts im Vergleich

Ziel der Novellierung des Arbeitsstättenrechts ist deren Anpassung an die Konzeption des Arbeitsschutzgesetzes und damit an die der europäischen Arbeitsschutz-Richtlinien. Danach werden in der Verordnung Schutzziele und nur allgemein gehaltene Anforderungen festgeschrieben. In einem Anhang zur Verordnung erfolgen dann grundlegende Konkretisierungen der allgemeinen Anforderungen für das Einrichten und Betreiben von Arbeitsstätten. Für die Anwendung in der Praxis werden ferner von einem „Ausschuss für Arbeitsstätten" unverbindliche Technische Regeln erarbeitet, die sukzessiv die bisherigen Arbeitsstätten-Richtlinien (ASR) ablösen. Diese „Technischen Regeln für Arbeitsstätten“ werden vom Bundesministerium für Wirtschaft und Arbeit (BMWA) amtlich bekannt gegeben. Bis zur Überarbeitung der ASR und der Bekanntgabe der Technischen Regeln durch das BMWA gelten die ASR fort, längstens jedoch sechs Jahre nach Inkrafttreten der novellierten ArbStättV (§ 8 ArbStättV).

Wie schon die bisher geltende ArbStättV dient auch die novellierte Fassung der nationalen Umsetzung der EG-Arbeitsstättenrichtlinie 89/654/EWG (erste Einzelrichtlinie zur Rahmenrichtlinie Arbeitsschutz 89/391/EWG).

Über einen gleitenden Verweis wird die EG-Sicherheitskennzeichnungsrichtlinie 92/58/EWG in staatliches Recht umgesetzt (bisher über die Unfallverhütungsvorschrift „Sicherheits- und Gesundheitsschutzkennzeichnung am Arbeitsplatz“ – BGV A 8).

BildschirmarbeitsVO (BildscharbV): Die Verordnung über Sicherheit und Gesundheitsschutz bei der Arbeit an Bildschirmgeräten enthält u.a. Mindestanforderungen an den Arbeitsplatz und die Arbeitsumgebung bei Bildschirmarbeit. Dazu werden im Anhang der BildscharbV Anforderungen genannt, die durch Regelwerke konkretisiert werden.

BaustellenVO (BaustellV): Anliegen dieser Verordnung ist die Verbesserung von Sicherheit und Gesundheitsschutz der Beschäftigten auf Baustellen. In der novellierten Arbeitsstättenverordnung sind im Abschnitt 5.2 „Zusätzliche Anforderungen an Baustellen“ enthalten. Mit der novellierten ArbStättV wird auch der Anhang IV der EG-Baustellenrichtlinie national umgesetzt, der im

- Teil A „Allgemeine Mindestvorschriften für Arbeitsstätten auf Baustellen“,
- Teil B „Besondere Mindestvorschriften für Arbeitsplätze auf Baustellen“

enthält.

Termini und Definitionen

Die novellierte ArbStättV unterscheidet ebenso wie die bisherige ArbStättV bei der Begriffsbestimmung „Arbeitsstätte“ zwischen

- Einrichtungen, die Arbeitsstätten sind
  und
- Einrichtungen, die zu Arbeitsstätten gehören.

Arbeitsstätten sind

1. Orte in Gebäuden oder im Freien, die sich auf dem Gelände eines Betriebes oder einer Baustelle befinden und die zur Nutzung für Arbeitsplätze vorgesehen sind,
2. andere Orte in Gebäuden oder im Freien, die sich auf dem Gelände eines Betriebes oder einer Baustelle befinden und zu denen Beschäftigte im Rahmen ihrer Arbeit Zugang haben.

Zur Arbeitsstätte gehören auch
1. Verkehrswege, Fluchtwege, Notausgänge,
2. Lager-, Maschinen- und Nebenräume,
3. Sanitärräume (Umkleide-, Wasch- und Toilettenräume),
4. Pausen- und Bereitschaftsräume,
5. Erste-Hilfe-Räume,
6. Unterkünfte.

Zur Arbeitsstätte gehören auch Einrichtungen, soweit für diese in dieser Verordnung besondere Anforderungen gestellt werden und sie dem Betrieb der Arbeitsstätte dienen.

Die ArbStättV gilt für die Sicherheit und den Gesundheitsschutz der Beschäftigten beim Einrichten und Betreiben von Arbeitsstätten.

Einrichten: Bereitstellung und Ausgestaltung der Arbeitsstätte, dass insbesondere umfasst
1. bauliche Maßnahmen oder Veränderungen,
2. Ausstatten mit Maschinen, Anlagen, Mobiliar, anderen Arbeitsmitteln sowie Beleuchtungs-, Lüftungs-, Heizungs-, Feuerlösch- und Versorgungseinrichtungen,
3. Anlegen und Kennzeichnen von Verkehrs- und Fluchtwegen, Kenzeichnen von Gefahrenstellen und brandschutztechnischen Ausrüstungen,
4. Festlegen von Arbeitsplätzen.

Betreiben: Benutzung und Instandhaltung der Arbeitsstätte.

Die ArbStättV gilt nicht für Arbeitsstätten
1. in Betrieben, die dem Bundesberggesetz unterliegen,
2. im Reisegewerbe und Marktverkehr,
3. in Transportmitteln, sofern diese im öffentlichen Verkehr eingesetzt werden,
4. für Felder, Wälder und sonstige Flächen, die zu einem land- oder forstwirtschaftlichen Betrieb gehören, aber außerhalb seiner bebauten Fläche liegen.

Für die aus dem Anwendungsbereich der ArbStättV herausgenommenen Bereiche gilt aber der Nichtraucherschutz.

Nichtraucherschutz am Arbeitsplatz

Grundlagen: Nach § 5 ArbStättV wird der Arbeitgeber verpflichtet, erforderliche Maßnahmen zum Schutz der nichtrauchenden Beschäftigten in Arbeitsstätten vor den Gesundheitsgefahren durch Tabakrauch zu treffen.

Arbeitsbedingte Gefährdungen: Im Tabakrauch sind krebserzeugende Verbindungen enthalten, die auch für Passivraucher gefährlich sind. Außerdem bewirkt Tabakrauch negative sensorische Reaktionen, wie Augen- und Nasenreizungen.

Tabakrauch hat lange Verweilzeiten in der Raumluft (z.B. sind nach 2 Stunden noch 50% der anfänglichen Konzentrationen von Stickoxiden und Rauchpartikel vorhanden).

Maßnahmen: Am Wirkungsvollsten ist es, im Rahmen von Betriebsvereinbarungen zwischen Arbeitgeber und Arbeitnehmervertretungen festzulegen

– ein Rauchverbot für Arbeits- und Sozialräume

oder

– eine Trennung rauchender und nichtrauchender Beschäftigter.

Lüftungstechnische Maßnahmen, die über die Erhöhung der Luftrate die Raumluftqualität in Raucherbereichen zwar erhöht (vgl. hierzu auch ASR 5, wo zusätzlich 10 m^3 pro Stunde und Person Außenluftstrom die Belastung von Tabakrauch kompensieren soll), erzielen weder den geforderten Schutz der nichtrauchenden Beschäftigten noch sind sie wirtschaftlich vertretbar.

In den folgenden Kapiteln werden exemplarisch Gestaltungshinweise für das sichere Einrichten und Betreiben von einzelnen Bestandteilen der Arbeitsstätte gegeben.

8.2 Arbeitsräume

Grundlagen

Arbeitsräume: Die Vorbereitung, Durchführung und Kontrolle von Arbeitsaufgaben ist größtenteils an ein in Bauwerken (Gebäuden) liegenden Raum, den Arbeitsraum gebunden, um unabhängig von Witterungseinflüssen Arbeitstätigkeiten auszuführen. Arbeitsräume gewährleisten die zur Ausführung einer Arbeitsaufgabe erforderlichen Ausführungsbedingungen (Arbeitsumweltbedingungen).

Arbeitsbedingte Gefährdungen

Gefährdungen für die Beschäftigten können in Arbeitsräumen hervorgerufen werden durch ungenügend gestaltete Fußböden, wenn diese nicht rutschhemmend ausgeführt und uneben sind, wodurch die Gefahr des Ausgleitens oder Stolperns besteht.

Auch durch die Lage und Anordnung von Türen und Toren im Arbeitsraum können Gefährdungen auftreten, z.B. bei gleichzeitiger Nutzung durch Fahr- und Personenverkehr, durch geöffnete Tür- und Torflügel, die Verkehrswege oder Arbeitsplätze unzulässig einengen und in Verbindung mit Rettungswegen, wo die Türen in Fluchtrichtung aufschlagen und von Hand geöffnet werden müssen.

Zu kleine Raumabmessungen in Verbindung mit freier Raumlüftung, zu geringe Sicherheitsabstände z.B. bei Transporten, ungenügende Beleuchtung und Raumklimate können Ursachen für Unfälle oder negative Belastungen der Beschäftigten in Verbindung mit dem Aufenthalt in Arbeitsräumen sein.

Maßnahmen

Raumgrundfläche und -höhe: Arbeitsräume müssen eine ausreichende Grundfläche und eine, in Abhängigkeit von der Größe der Grundfläche der Räume, ausreichende lichte Höhe aufweisen, so dass die Beschäftigten ohne Beeinträchtigung ihrer Sicherheit, ihrer Gesundheit oder ihres Wohlbefindens ihre Arbeit verrichten können.

Die Mindestgrundfläche für Arbeitsräume soll mindestens 8 m^2 betragen; in Abhängigkeit von der Grundfläche des Arbeitsraumes werden folgende Mindesthöhen empfohlen (→Tab. 8.2.1).

Grundfläche des Arbeitsraumes in m^2	**Lichte Höhe des Raumes in m**
8 bis 50	≥ 2,50
> 50 bis 100	≥ 2,75 *)
> 100 bis 2000	≥ 3,00 *)
> 2000	≥ 3,25 *)

*) *für Verkaufs- und Büroräume und Arbeitsräume mit überwiegend leichter oder sitzender Tätigkeit ist eine Reduzierung um 0,25 m möglich.*

Tab. 8.2.1: Mindestraumhöhen für Arbeitsräume

Mindestluftraum: Die Größe des notwendigen Luftraumes ist in Abhängigkeit von der Art der körperlichen Beanspruchung und der Anzahl der Beschäftigten sowie der sonstigen anwesenden Personen zu bemessen.

Nach dem Grad der physischen Beanspruchung der Beschäftigten bei der Arbeit sollen Arbeitsräume mit freier Lüftung einen Mindestluftraum aufweisen, der durch Betriebseinrichtungen nicht verringert werden darf (→Tab. 8.2.2).

Türen und Tore: Die Lage, Anzahl, Abmessungen und Ausführungen von Türen und Toren müssen sich nach der Art und Nutzung der Arbeitsräume richten. Dabei sind folgende Anforderungen zu erfüllen:

- Durchsichtige Türen müssen in Augenhöhe gekennzeichnet sein.
- Pendeltüren und -tore müssen durchsichtig sein oder ein Sichtfenster haben.

Art der Tätigkeit	Mindestluftraum pro Person in m^3	Beispiele
überwiegend sitzender Tätigkeit	12	Büroarbeit; Montage kleinerer Teile
überwiegend nicht sitzender Tätigkeit	15	maschinelle Metallbearbeitung; Transport leichter Lasten
schwerer körperlicher Arbeit	18	Transport schwerer Lasten von Hand, Schmieden großer Teile

Tab. 8.2.2: Mindestluftraum für ständig anwesende Beschäftigte

- Bestehen durchsichtige oder lichtdurchlässige Flächen von Türen und Toren nicht aus bruchsicherem Werkstoff und ist zu befürchten, dass sich die Beschäftigten beim Zersplittern verletzen können, sind diese Flächen gegen Eindrücken zu schützen.
- Schiebetüren und -tore müssen gegen Ausheben und Herausfallen gesichert sein. Türen und Tore, die sich nach oben öffnen, müssen gegen Herabfallen gesichert sein.
- In unmittelbarer Nähe von Toren, die vorwiegend für den Fahrzeugverkehr bestimmt sind, müssen gut sichtbar gekennzeichnete, stets zugängliche Türen für Fußgänger vorhanden sein. Diese Türen sind nicht erforderlich, wenn der Durchgang durch die Tore für Fußgänger gefahrlos möglich ist.
- Kraftbetätigte Türen und Tore müssen sicher benutzbar sein. Dazu gehört, dass sie
  a) ohne Gefährdung der Beschäftigten bewegt oder zum Stillstand kommen können,
  b) mit selbsttätig wirkenden Sicherungen ausgestattet sind,
  c) auch von Hand zu öffnen sind, sofern sie sich bei Stromausfall nicht automatisch öffnen.
- Besondere Anforderungen gelten für Türen im Verlauf von Fluchtwegen. Die maximale Entfernung (Luftlinie) von jeder Stelle des Arbeitsraumes zu den Ausgängen bestimmen Lage und Anzahl von Türen und Toren (→ Tab. 8.2.3).

  Die Ausgänge müssen ins Freie führen oder in Treppenhäuser, die aber Rettungswege im Sinne der Bauordnung (BauO) sind, bzw. in andere Brandabschnitte.

  Lage, Anzahl, Abmessungen und Ausführung von Türen und Toren (→ASR 10/1; ASR 10/5; ASR 10/6 und ASR 11/1-5).

Räume	Maximal zulässige Entfernung in m
a) Räume (ausgenommen b-f)	35
b) Brandgefährdete Räume ohne Sprinkleranlagen (oder vergleichbaren Sicherheitsmaßnahmen)	25
c) Brandgefährdete Räume mit Sprinkleranlagen (oder vergleichbaren Sicherheitsmaßnahmen)	35
d) Giftgefährdete Räume	20
e) Explosionsgefährdete Räume	20
f) Explosivstoffgefährdete Räume	10

Tab. 8.2.3: Entfernung von Türen und Toren in begehbaren Räumen (ASR 10/1)

Fußböden: Die Oberflächen der Fußböden, Wände und Decken müssen so beschaffen sein, dass sie den Erfordernissen des Betreibens entsprechen und leicht zu reinigen sind. An Arbeitsplätzen müssen die Fußböden unter Berücksichtigung der Art des Betriebes und der körperlichen Tätigkeit eine ausreichende Dämmung gegen Wärme und Kälte sowie eine ausreichende Isolierung gegen Feuchtigkeit aufweisen (→ASR 8/1).

Fußböden in Arbeitsräumen dürfen ferner keine Unebenheiten, Stolperstellen oder gefährliche Schrägen aufweisen. Sie müssen gegen Verrutschen gesichert, tragfähig, trittsicher und rutschhemmend sein (→Kapitel 4.2.3.2).

Decken, Wände: Ihre Oberfläche muss sich in Räumen leicht reinigen oder erneuern lassen. Lichtdurchlässige Wände müssen aus bruchsicherem Werkstoff bestehen oder so gegen die Arbeitsplätze und Verkehrswege abgeschirmt sein, dass Beschäftigte nicht mit den Wänden in Berührung kommen und beim Zersplittern der Wände verletzt werden können (→ASR 8/4).

Dächer: Aus nicht durchtrittsicherem Material bestehende Dächer dürfen nur betreten werden, wenn Einrichtungen vorhanden sind, die ein Abstürzen verhindern (→ASR 8/5).

Fenster, Oberlichter: Fenster und Oberlichter müssen von den Beschäftigten sicher öffnen, schließen, verstellen und arretieren lassen. Sie dürfen nicht so angeordnet sein, dass sie in geöffnetem Zustand eine Gefahr für die Beschäftigten darstellen.

Fenster und Oberlichter müssen so ausgewählt oder ausgerüstet und eingebaut sein, dass sie ohne Gefährdung der Ausführenden und anderer Personen gereinigt werden können.

Feuerlöscheinrichtungen: In Arbeitsräumen müssen je nach Brandgefahr der in den Räumen vorhandenen Einrichtungen und Materialien, die zum Löschen möglicher Entstehungsbrände erforderlichen Feuerlöscheinrichtungen vorhanden (→Tab. 8.2.4) und erforderlichenfalls mit Brandmeldern und Alarmanlagen ausgestattet sein. Die Löscheinheiten (LE) sind nach DIN EN 3 in Feuerlöscharten, Größe der Löscher und Anzahl umzurechnen (vgl. auch BGR 133).

Grundfläche in m²	**Löschmitteleinheiten (LE)**		
	geringe Brand-gefährdung	**mittlere Brand-gefährdung**	**große Brand-gefährdung**
50	6	12	18
100	9	18	27
200	12	24	36
300	15	30	45
400	18	36	54
500	21	42	63
600	24	48	72
700	27	54	81
800	30	60	90
900	33	66	99
1000	36	72	108
je weitere 250	6	12	18

Tab. 8.2.4: Anzahl der in Arbeitsstätten bereitzustellenden Löschmitteleinheiten (ASR 13/1,2)

Beleuchtung und Sichtverbindung: Arbeitsräume müssen ausreichend Tageslicht erhalten, Sichtverbindung nach außen haben und mit einer angemessenen künstlichen Beleuchtung ausgestattet sein (→ Kapitel 6.5; ASR 7/1; ASR 7/3 und ASR 7/4).

Raumtemperatur: In Arbeits-, Pausen-, Bereitschafts-, Sanitär-, Kantinen- und Erste Hilfe-Räumen muss während der Arbeitszeit unter Berücksichtigung der Arbeitsverfahren, der körperlichen Beanspruchung der Beschäftigten und des spezifischen Nutzungszwecks des Raumes eine gesundheitlich zuträgliche Raumtemperatur bestehen (→ Kapitel 6.4; ASR 6/1,3).

Fenster, Oberlichter und Glaswände müssen je nach Art der Arbeit und der Arbeitsstätte eine Abschirmung der Arbeitsstätten gegen übermäßige Sonneneinstrahlung ermöglichen.

Lüftung: In Arbeitsräumen muss unter Berücksichtigung der Arbeitsverfahren, der körperlichen Beanspruchung und der Anzahl der Beschäftigten sowie der sonstigen anwesenden Personen ausreichend gesundheitlich zuträgliche Atemluft vorhanden sein (→ ASR 5).

Sicherheits- und Gesundheitsschutzkennzeichnung: Diese Kennzeichnung ist einzusetzen, wenn Risiken für Sicherheit und Gesundheit nicht durch technische oder organisatorische Maßnahmen vermieden oder ausreichend begrenzt werden können (→92/58/EWG).

8.3 Arbeitsplätze

Grundlagen

Arbeitsplätze: Arbeitsplätze sind Bereiche von Arbeitsstätten, in denen sich Beschäftigte bei der von ihnen auszuübenden Tätigkeit regelmäßig über einen längeren Zeitraum oder im Verlauf der täglichen Arbeitszeit nicht nur kurzfristig aufhalten müssen (§ 2 ArbStättV).

Bewegungsfläche: Die freie unverstellte Fläche am Arbeitsplatz soll so bemessen sein, dass sich die Beschäftigten bei ihrer Tätigkeit ungehindert bewegen können. Für jeden Beschäftigten soll am Arbeitsplatz eine freie Bewegungsfläche von 1,5 m^2 zur Verfügung stehen. Ist dies nicht möglich, muss den Beschäftigten in der Nähe des Arbeitsplatzes eine andere ausreichend große Bewegungsfläche zur Verfügung stehen.

Anordnung der Arbeitsplätze: Sie sind so in der Arbeitsstätte anzuordnen, dass Beschäftigte

- sie sicher erreichen und verlassen können,
- sich bei Gefahr schnell in Sicherheit bringen können,
- durch benachbarte Arbeitsplätze, Transporte oder Einwirkungen von außerhalb nicht gefährdet werden.

Arbeitsbedingte Gefährdungen

Ungenügend gestaltete Arbeitsplätze haben falsche Körperhaltungen und damit oft Zwangshandlungen zur Folge, die über einen längeren Zeitraum zu Gesundheitsschäden führen können. Zwangshaltungen entstehen durch falsch angeordnete Betätigungselemente, Arbeitsflächen und Arbeitshöhen sowie durch ungenügend gestalteten Beinraum und Bewegungsräume. Besonders häufig werden Anforderungen der Instandhaltung, insbesonders der Instandsetzung (Reparatur) vernachlässigt. Dies betrifft vorrangig die rückseitige Zugänglichkeit von Arbeitsmitteln, bei deren Instandhaltung die Beengtheit zu ungünstigen Körperhaltungen führt. Die Folge ist dann vorzeitige Ermüdung, wodurch Unfallgefährdungen erhöht werden.

Maßnahmen

Gestaltungsgrundlagen: Für die maßlich-räumliche Arbeitsplatzgestaltung sind entscheidend

- die Körpermaße des Menschen,
- der Bewegungsbereich (besonders in Verbindung mit taktilen Arbeitsverrichtungen),
- der Sehbereich (in Verbindung mit visuellen Handlungen) →Abb. 8.3.1.

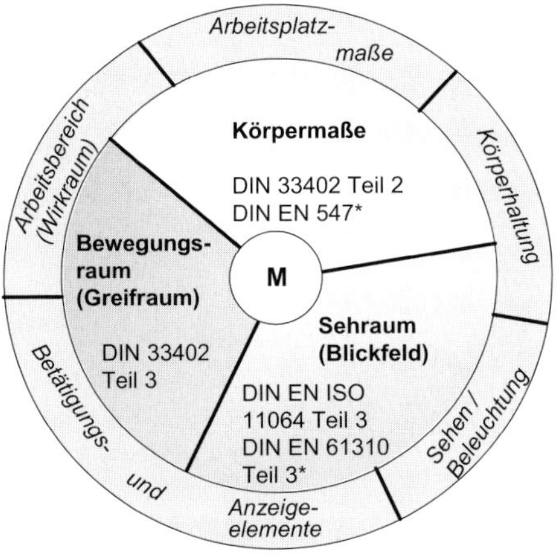

Abb. 8.3.1: Gestaltungsgrundlagen für Arbeitsplätze

Arbeitsplätze sind hinsichtlich der **Körpermaße** so zu gestalten, dass die Beschäftigten mit den großen Körpermaßen überall hinpassen (z.B. Beinraumhöhe und -tiefe), diejenigen mit den kleinen Körpermaßen überall hinreichen (z.B. Erreichbarkeit von Betätigungselementen). Daher sind Arbeitsplätze entsprechend der Arbeitsplatzbelegung (Männer und/oder Frauen) nach Perzentilen (Prozenten) der jeweiligen Benutzergruppe zu gestalten. Bei der Arbeitsplatzgestaltung werden Bereiche zwischen dem 5. und 95. Perzentil berücksichtigt. Das 5. Perzentil steht für die Körpermaße „klein", d.h. nur 5 % aller Personen haben geringere Körpermaße (z.B. Körperhöhen); das 95. Perzentil repräsentiert das Körpermaß „groß", d.h. nur 5% aller Personen haben größere Körpermaße. So gestaltete Arbeitsplätze sind für 90 % der Beschäftigten optimal geeignet.

Der **Bewegungsbereich** ist für die Ausführung von Arbeitsoperationen entscheidend. Aufgrund der erforderlichen Genauigkeit von Arbeitsoperationen und der Häufigkeit werden Arbeitsbereiche (AB 1...3) festgelegt →Abb. 8.3.2.

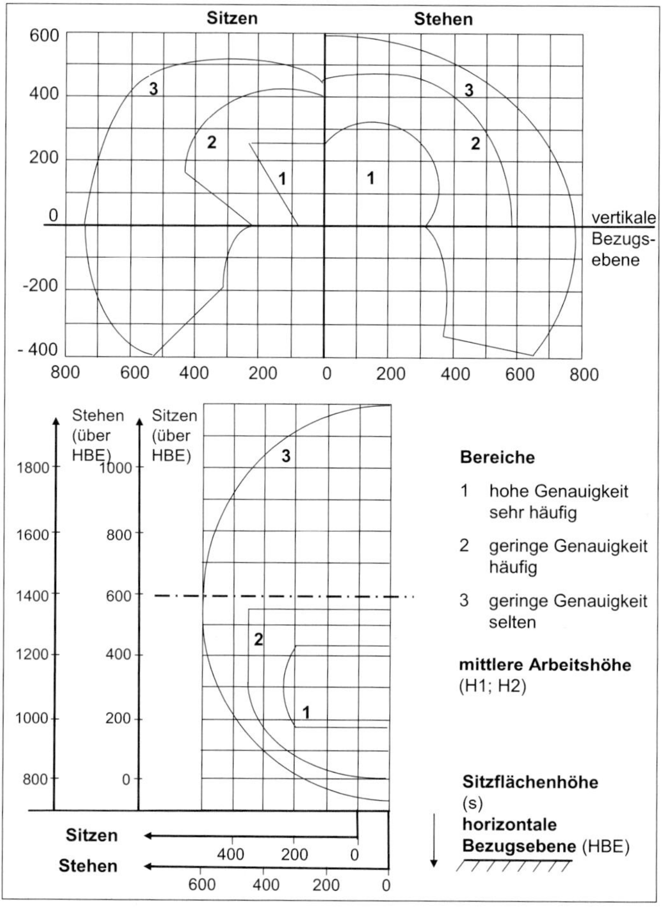

Abb. 8.3.2: Horizontale und vertikale Arbeits-/Bewegungsbereiche für Sitz- und Steharbeitsplätze (in mm)

Der **Sehbereich** (visueller Wahrnehmungsbereich) ist für die Anordnung sowohl der Arbeitsplatzflächen als auch von Arbeitsplatzausrüstungen (Anzeigeelementen) bestimmend. Der Sehbereich wird in vertikale und horizontale Ebenen eingeteilt und für den

- Bereich der häufigen Wahrnehmung (optimales Sehfeld),
- Bereich der weniger häufigen Wahrnehmung (maximales Sehfeld)

festgelegt →Abb. 8.3.3.

Körperhaltung	Erklärung der Maße
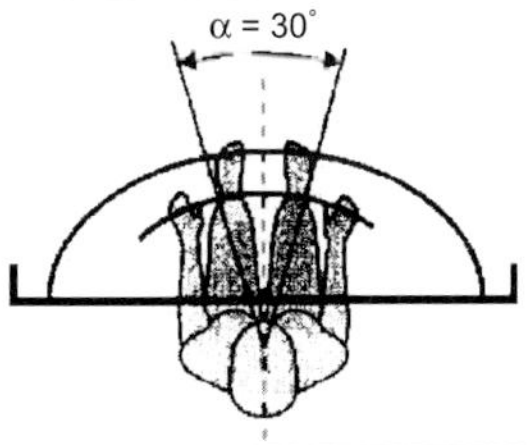	α = Blickfeld für häufige Tätigkeits- und Beobachtungen innerhalb des Arbeitsbereichs ohne Erfordernis von Kopf- und Körperbewegungen
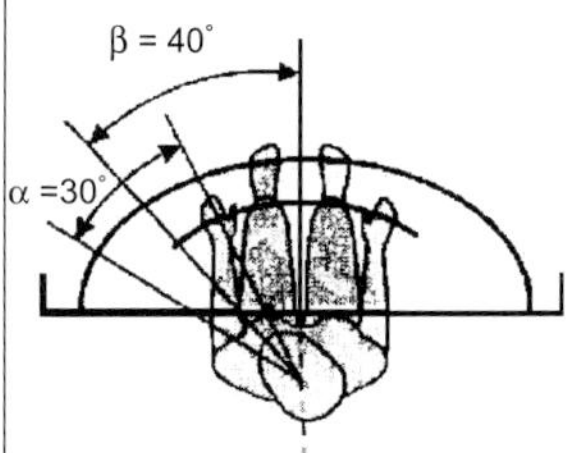	α = Blickfeld (Augenbewegungen) β = Kopfbewegungswinkel (links) $\frac{\alpha}{2} + \beta$ = Blickfeld (links) für gelegentliche Tätigkeit und Beobachtung innerhalb des Arbeitsbereiches mit Kopfbewegung aber ohne Notwendigkeit von Körperbewegung
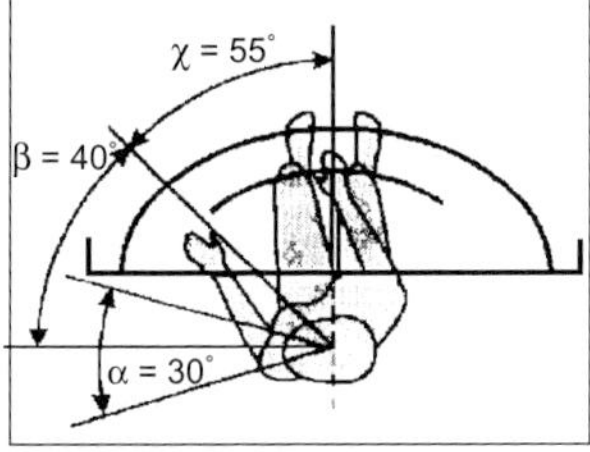	α = Blickfeld (Augenbewegungen) β = Kopfbewegungswinkel (links) χ = Winkel für ausgedehnte Kopf- und Körperbewegungen (links) $\frac{\alpha}{2} + \beta + \chi$ = Blickfeld (links) nur für seltene Beobachtung und gelegentliche leichte Tätigkeiten, wenn das Drehen des Kopfes und Körpers zulässig ist

Abb. 8.3.3: Horizontale Sehbereiche unter Berücksichtigung von Augen-, Kopf- und Körperbewegungen (DIN/EN/ISO 14 738)

Handarbeitsplätze: Ausgehend von diesen Gestaltungsgrundlagen werden die horizontalen und vertikalen Maße am Arbeitsplatz in Abhängigkeit von den Anforderungen der Arbeitsaufgabe (hoch, mittel, gering) bestimmt (→Tab. 8.3.1). Dabei kann es sich je nach dem Arbeitsplatztyp um Sitz-, Steh- oder kombinierte Sitz-Steharbeitsplätze handeln.

Hauptmaße für die Gestaltung von **Sitz- und Steharbeitsplätzen** sowie kombinierte Sitz- und Steharbeitsplätze enthalten die Abb. 8.3.4 und Tab. 8.3.1 Sitzgelegenheiten an Arbeitsplätzen sollen nach ASR 25/1 dem Arbeitsablauf und der Handhabung der Arbeitsplatzeinrichtungen entsprechen und unfallsicher sein. Können aus betrieblichen Gründen keine Sitzgelegenheiten unmittelbar am Arbeitsplatz aufgestellt werden, sind in der Nähe der Arbeitsplätze Sitzgelegenheiten einzurichten.

Zur Bestimmung von H_1 und H_2

Arbeitsanforderungen	Beispiele	Arbeitshöhe H_1 (sitzend) Perzentil 5. F	5. M	95. F	95. M	H_2 (stehend) Perzentil 5. F	5. M	95. F	95. M
Hohe Anforderungen an die - visuelle Kontrolle - feinmotorische Koordination	Justagearbeiten, visuelle Kontrolltätigkeiten, montieren kleinster Einzelteile	400	450	500	550	1110	1200	1250	1350
Mittlere Anforderungen an die - visuelle Kontrolle - feinmotorische Koordination	Verdrahtungsarbeiten, montieren kleiner Teile mit geringem Kraftaufwand	300	350	400	450	1000	1100	1150	1250
Geringe Anforderungen an die - visuelle Kontrolle - feinmotorische Koordination	Sortierarbeiten, Verpackungsarbeiten, montieren schwerer Werkstücke mit erhöhtem Kraftaufwand	250		350		900	1000	1050	1150

Zur Bestimmung von Z und U

Maßbuchstabe	5. Perzentil F	5. Perzentil M	95. Perzentil F	95. Perzentil M
Z_{min}	140	140	195	180
U	385	435	470	515

Zur Bestimmung von D, W, T_1, T_2, G, I und B

Maße	Sitzarbeitsplatz	Steharbeitsplatz
Lateraler Freiraum D	≥ 1000	
Sagittaler Freiraum W	≥ 1000	
Beinraumtiefe T_1	≥ 350	≥ 80
Fußraumtiefe T_2	≥ 550	≥ 150
Höhe des Beinfreiraums G	≤ 350	-
Höhe des Fußfreiraums I	-	≥ 120
Beinraumbreite B	≥ 550	-

Tab. 8.3.1: Maßtabelle zu Abb. 8.3.4 nach DIN 33 406 (Maße in mm)

Neben der Festlegung der internen Arbeitsplatzmaße sind an den Handarbeitsplätzen auch Bewegungsfreiräume erforderlich (→ lateraler und sagitaler Bewegungsfreiraum D und W, Tab. 8.3.1 und Abb. 8.3.4).

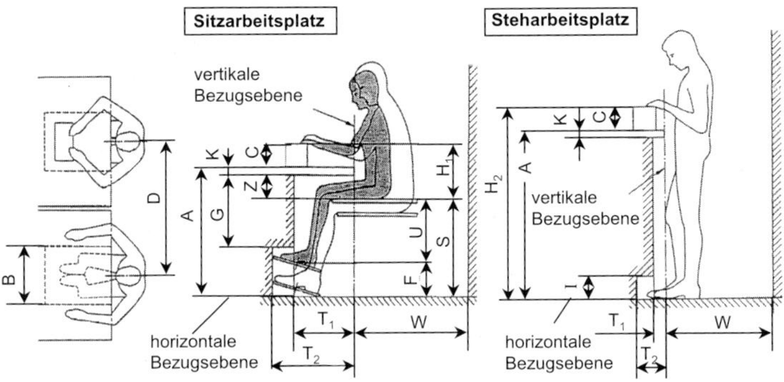

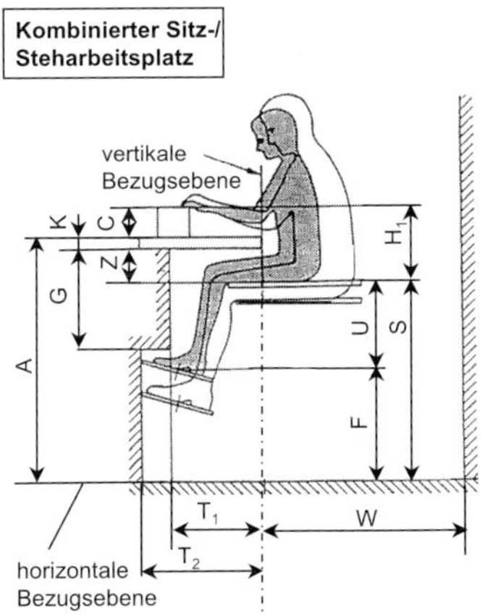

Maßangabe	Bezeichnung
S	Sitzhöhe (Sitzflächenhöhe)
H_1	Arbeitshöhe (Sitzarb.-platz)
H_2	Arbeitshöhe (Steharb.-platz)
A	Arbeitsflächenhöhe
C	Arbeitsstellenhöhe
K	Konstruktionsmaß
F	Fußstützenhöhe
U	Unterschenkelfreiraum
Z	Höhe Oberschenkelfreiraum
G	Höhe des Beinfreiraumes
I	Höhe des Fußfreiraumes
T_1	Beinraumtiefe (Kniebereich)
T_2	Fußraumtiefe (Fußbereich)
B	Beinraumbreite
D	Bewegungsfreiraum (lateral)
W	Beweg.-freiraum (sagittal)

Abb. 8.3.4: Arbeitsplatzmaße nach DIN 33 406

Bildschirmarbeitsplätze: Nach der BildschirmarbeitsVO (BildscharbV) sind dies Arbeitsplätze mit einem Bildschirmgerät, der ausgestattet sein kann mit

- Einrichtungen zu Erfassung von Daten,
- Software, die den Beschäftigten bei der Ausführung ihrer Arbeitsaufgaben zur Verfügung steht,
- Zusatzgeräten und Elementen, die zum Betreiben oder Benutzen des Bildschirmgerätes gehören, oder
- sonstigen Arbeitsmitteln

sowie die unmittelbare Arbeitsumgebung.

Spezielle Arbeitgeberpflichten der BildscharbV umfassen

- eine Beurteilung der Bildschirmarbeitsplätze, um mögliche Gefährdungen des Sehvermögens, körperliche Probleme (Zwangshaltungen) und psychische Belastungen auszuschließen oder zu begrenzen,
- eine Unterweisung und Unterrichtung hinsichtlich gesundheits- und sicherheitsrelevanter Maßnahmen sowie zum Pausenregime an den Bildschirmgeräten.

a = Sehentfernung zum Bildschirm ca. 600 mm (500 bis 700 mm)

b = Sehentfernung zum Manuskripthalter ca. 500 mm

c = Arbeitstischhöhe ca. 720 mm (von 680 bis 760 mm höhenverstellbar)

d = Beinraumhöhe > 550 mm

e = Fußraumhöhe > 350 mm

f = Fußauflagenhöhe ca. 150 mm

g = Beinraumtiefe > 650 mm

h = Sitzflächenhöhe ca. 400 mm (von 350 bis 500 mm höhenverstellbar)

x = Augenhöhe über Bildschirmoberkante 50 mm

1 = Arbeitsbereich für hohe Genauigkeit u. große Häufigkeit d. Betätigungen

2 = Arbeitsbereich für geringe Genauigkeit und mittlere Häufigkeit d. Betätigungen

3 = Arbeitsbereich für geringe Genauigkeit und seltene Betätigungen

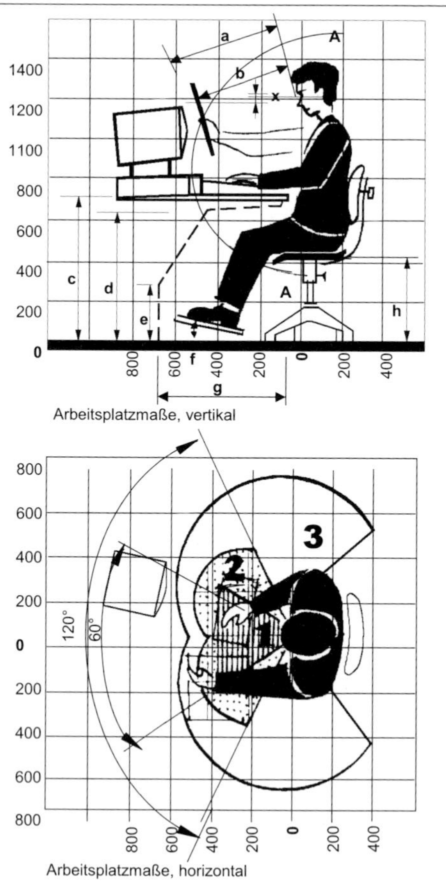

Abb. 8.3.5: Arbeitsplatzmaße für Bildschirmarbeitsplätze

Für die maßliche Gestaltung von Bildschirmarbeitsplätzen gelten die Gestaltungsgrundlagen für Arbeitsplätze. Empfohlene Maße für die Gestaltung von Bildschirmarbeitsplätzen (→Abb. 8.3.5) und die Anordnung von Beleuchtungsanlagen (→Abb. 8.3.6).

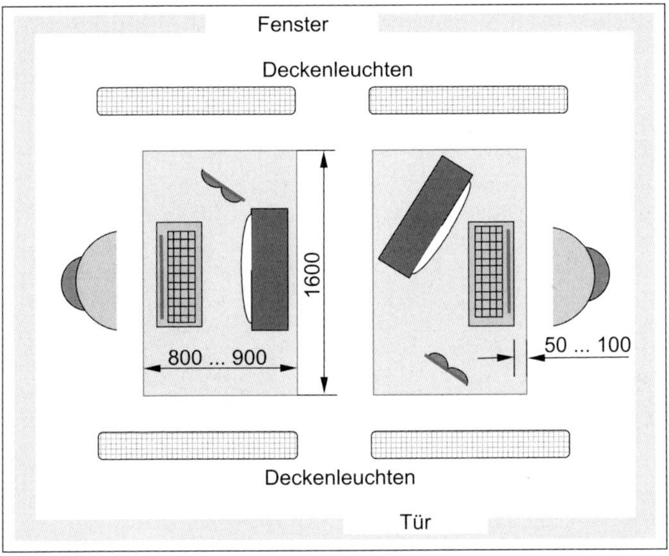

Abb. 8.3.6: Arbeitsplatzabmessungen und Anordnung von Beleuchtungsanlagen

Maschinenarbeitsplätze: Maschinenarbeitsplätze werden nach DIN EN ISO 14738 als Sitzarbeitsplatz, Steharbeitsplatz, Sitz-, Steharbeitsplatz in angehobener Sitzposition oder mit Stehhilfe gestaltet. Auch hierfür gelten die Gestaltungsgrundlagen Körpermaße, Bewegungs- und Sehbereich.

Besondere Anforderungen können bei Maschinenarbeitsplätzen an die Flächen und Räume bestehen, die zur sicheren Ausführung aller erforderlichen Arbeitstätigkeiten bei der bestimmungsgemäßen Verwendung der Maschine erforderlich sind (= Funktionsflächen und -räume). Funktionsflächen und -räume am Arbeitsplatz werden benötigt für die

- Ausführung der Arbeitsaufgabe, wie z.B. das Einrichten und Bedienen Technischer Arbeitsmittel (Maschinen, Anlagen), das Montieren von Arbeitsgegenständen (= Bedienfläche);
- Ausführung von Wartungs- und Pflegearbeiten (= Wartungsfläche);
- Instandsetzungs-(Reparatur-)arbeiten an den Arbeitsplatzausrüstungen bzw. Arbeitsmitteln (= Reparaturfläche);

– Versorgung der Arbeitsplätze mit Material, Vorrichtungen, Werkzeugen, Prüfmitteln sowie Entsorgung von Werkstücken und Abfall einschließlich des Abtransportes von Fertigerzeugnissen (= Ablage- und Bereitstellfläche).

Ein Beispiel für einen Maschinenarbeitsplatz mit Funktionsflächen zur sicheren Ausführung von Arbeitstätigkeiten (→Abb. 8.3.7).

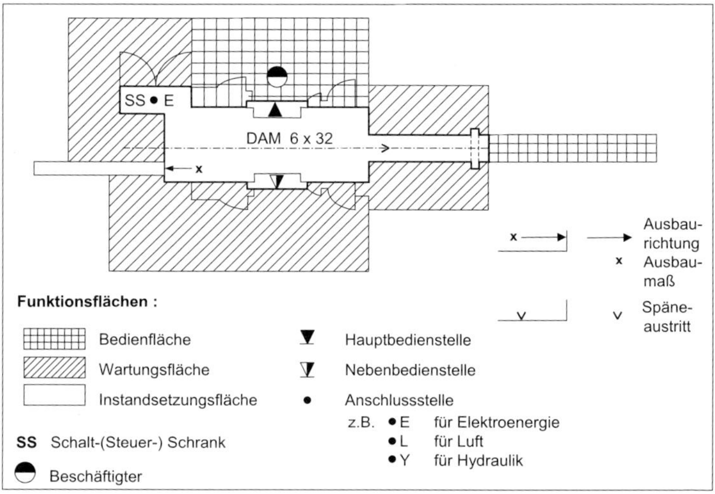

Abb. 8.3.7: Funktionsflächen eines Maschinenarbeitsplatzes (ohne Ablageflächen). Beispiel: 2-D-Modell eines Mehrspindeldrehautomat DAM 6 x 32.

Arbeitsplätze in Leitzentralen: Auslegung und Maße von Arbeitsplätzen (→DIN EN ISO 11064-4).

8.4 Baustellen

Grundlagen

Für die Sicherheit und den Gesundheitsschutz der Beschäftigten auf Baustellen gelten zusätzliche Anforderungen. Dies betrifft insbesondere die

ArbeitsstättenVO/Anhang Abschnitt 5: Die Beschäftigten müssen

– sich gegen Witterungseinflüsse geschützt umkleiden, waschen und wärmen können,

- über Einrichtungen verfügen, um ihre Mahlzeiten einnehmen und gegebenenfalls auch zubereiten zu können,
- in der Nähe der Arbeitsplätze über Trinkwasser oder ein anderes alkoholfreies Getränk verfügen können.

Bei Arbeiten mit besonderen Gefährdungen für die Beschäftigten, wie z.B.
- Arbeiten an erhöhten Standorten,
- Ausschachtungs- und Brunnenbauarbeiten,
- Arbeiten bei denen Sauerstoffmangel auftreten kann,
- Arbeiten auf Einzelarbeitsplätzen mit erhöhter Gefahr

müssen besondere Sicherheitsvorkehrungen getroffen werden.

BaustellenVO: Diese Verordnung enthält Anforderungen an Arbeiten auf Baustellen, wo Beschäftigte verschiedener Arbeitgeber gleichzeitig oder nacheinander Arbeiten ausführen. Die BaustellenVO wird durch Regeln zum Arbeitsschutz auf Baustellen (RAB) untersetzt, die im BArbBl. bekannt gemacht werden.

Baustelle im Sinne der BaustellV ist der Ort (Gelände), auf dem ein Bauvorhaben ausgeführt wird. Dabei ist ein Bauvorhaben nach § 1 (3) BaustellV das Vorhaben, eine oder mehrere bauliche Anlagen zu errichten, zu ändern oder abzubrechen einschließlich zugehöriger Vorbereitungsarbeiten.

Unfallverhütungsvorschrift BGV C22 „Bauarbeiten“: Die Vorschrift enthält Bestimmungen zur Vermeidung von Gefahren bei Bauarbeiten, Montage-, Abbrucharbeiten, Arbeiten in Baugruben und Gräben sowie an oder vor Erd- und Felswänden, Bauarbeiten unter Tage, Arbeiten in Bohrungen und Rohrleitungen.

Arbeitsbedingte Gefährdungen

Das Unfallgeschehen im Baubereich ist doppelt so hoch im Vergleich zu anderen Wirtschaftszweigen. Besondere Gefahrensituationen ergeben sich auf Baustellen aus den sich ständig ändernden Verhältnissen, den Witterungseinflüssen, dem Termindruck und insbesondere daraus, dass die Arbeiten von Beschäftigten verschiedener Arbeitgeber ausgeführt werden. Dies stellt besondere Anforderungen an die Koordination und Abstimmung bezüglich der zu treffenden Schutzmaßnahmen.

Maßnahmen

Als Veranlasser eines Bauvorhabens trägt der Bauherr die Verantwortung. Daher ist er zur Einleitung und Umsetzung baustellenspezifischer Arbeitsschutzmaßnahmen sowohl bei der Planung eines Bauvorhabens als auch bei der Koordinierung der Bauausführung verpflichtet. Zur Erfüllung dieser Aufgaben muss der Bauherr nach Sachkunde und Erfahrung geeignete Entwurfsverfasser beauftragen. Damit wird die Verantwortung im Arbeitsschutz neben der des Auftragnehmers für die Errichtung eines Bauwerkes (Arbeitgeber) erweitert.

Die BaustellenVO ergänzt das Arbeitsschutzrecht für Baustellen um folgende Pflichten des Arbeitgebers:

– *Berücksichtigung der allgemeinen Grundsätze* nach § 3 (3) BaustellV bei der Planung der Ausführung eines Bauvorhabens. Zu beachten ist auch der An-

1. Bezeichnung und Ort der Baustelle: ....
Straße/Nr.: ....
PLZ/Ort: ....

2. Name und Anschrift des Bauherren:
....
....
....

3. Name und Anschrift des anstelle des Bauherren verantwortlichen Dritten:
....
....
....

4. Art des Bauvorhabens:
....

5. Koordinator(en) mit Name und Anschrift (Telefon, ggf. Fax, e-mail)

- für die Planung der Ausführung: ....

- für die Ausführung des Bauvorhabens: ....

6. Voraussichtl. Beginn und Ende der Arbeiten:
von .... bis ....

7. Voraussichtl. Höchstzahl der gleichzeitig Beschäftigten auf der Baustelle: ....

8. Voraussichtl. Zahl der Arbeitgeber und Unternehmer ohne Beschäftigte :
....

9. Bereits ausgewählte Arbeitgeber und Unternehmer ohne Beschäftigte:
1. ....
2. ....
3. ....
4. ....
5. ....
6. ....
7. ....
8. ....
9. ....
10. ....
(weitere Angaben ggf. als Anlage)

---------------- --------------- ----------------------------
(Ort/Datum) *(Name)* *(Unterschrift)*
(Bauherr oder anstelle des Bauherren verantwortlicher Dritter)

Verteiler:
1x zuständige Behörde
1x Baustellenaushang
1x Bauherr

Abb. 8.4.1: Muster für Vorankündigung eines Bauvorhabens (Anhang I BaustellV)

Gelb (u. Rot):	Brennbare Gase
Schwarz (Gelb u. Schwarz):	Nichtbrennbare Gase
Orange:	Säuren
Violett:	Laugen
Braun (u. Rot):	Brennbare Flüssigkeiten
Schwarz (Braun u. Schwarz):	Nichtbrennbare Flüssigkeiten
Blau:	Sauerstoff

Die Wirksamkeit von Sicherheitskennzeichnung und Kennfarben hängt wesentlich von einer umfassenden und sich wiederholenden Unterrichtung der betroffenen Personen ab.

Literatur

Richtlinie des Rates vom 12. 6. 1989 über die Durchführung von Maßnahmen zur Verbesserung der Sicherheit und des Gesundheitsschutzes der Arbeitnehmer bei der Arbeit (1989/391/EWG)

Richtlinie des Rates vom 30. 11. 1989 über Mindestvorschriften für Sicherheit und Gesundheitsschutz in Arbeitsstätten (1989/654/EWG)

Richtlinie des Rates vom 29. 5. 1990 über die Mindestvorschriften bezüglich der Sicherheit und des Gesundheitsschutzes bei der Arbeit an Bildschirmgeräten (1990/270/EWG)

Richtlinie des Rates vom 24. 6. 1992 über die auf zeitlich begrenzte oder ortsveränderliche Baustellen anzuwendenden Mindestvorschriften für die Sicherheit und den Gesundheitsschutz (1992/57/EWG)

Richtlinie des Rates vom 24. 6. 1992 über Mindestvorschriften für die Sicherheits- und/oder Gesundheitsschutzkennzeichnung am Arbeitsplatz (1992/58/EWG)

Gesetz über die Durchführung von Maßnahmen des Arbeitsschutzes zur Verbesserung der Sicherheit und des Gesundheitsschutzes der Beschäftigten bei der Arbeit (Arbeitsschutzgesetz – ArbSchG) vom 7. 6. 1996, zuletzt geändert durch Art. 2 b des Gesetzes vom 23. 4. 2004 (BGBl. I S. 602)

VO über Arbeitsstätten (ArbeitsstättenVO – ArbStättV) vom 20. 3. 1975, außer Kraft gesetzt am 25. 8. 2004 (BGBl. I S. Nr. 44, S. 2179)

ArtikelVO Arbeitsstätten; Artikel 1 Verordnung über Arbeitsstätten (ArbeitsstättenVO – ArbStättV) vom 12. 8. 2004 (BGBl. Nr. 44, S. 2179)

VO über Sicherheit und Gesundheitsschutz bei der Arbeit an Bildschirmgeräten (BildschirmarbeitsVO – BildscharbV) vom 4. 12. 1996, zuletzt geändert durch Art. 304 der Verordnung vom 25. 11. 2003 (BGBl. I S. 2304)

VO über Sicherheit und Gesundheitsschutz auf Baustellen (BaustellenVO – BaustellV) vom 10. 6. 1998 (BGBl. I S. 1283)

BGV A8 Sicherheits- und Gesundheitsschutzkennzeichnung am Arbeitsplatz

BGV C22 Bauarbeiten

Regeln zum Arbeitsschutz auf Baustellen (RAB)
- RAB 30 Geeigneter Koordinator
- RAB 31 Sicherheits- und Gesundheitsschutzplan – SIGE-Plan
- RAB 32 Unterlage für spätere Arbeiten

Arbeitsstätten-Richtlinien ASR
- ASR 5 Lüftung
- ASR 7/1 Sichtverbindung nach außen
- ASR 7/3 Künstliche Beleuchtung

- ASR 7/4 Sicherheitsbeleuchtung
- ASR 8/1 Fußböden
- ASR 8/4 Lichtdurchlässige Wände
- ASR 8/5 Nicht durchtrittssichere Dächer
- ASR 10/1 Türen und Tore
- ASR 10/5 Glastüren, Türen mit Glaseinsatz
- ASR 10/6 Schutz gegen Ausheben, Herausfallen und Herabfallen von Türen und Toren
- ASR 11/1-5 Kraftbetätigte Türen und Tore
- ASR 12/1-3 Schutz gegen Absturz und herabfallende Gegenstände
- ASR 13/1,2 Feuerlöscheinrichtungen
- ASR 17/1,2 Verkehrswege
- ASR 18/1-3 Fahrtreppen und Fahrsteige
- ASR 20 Steigeisengänge
- ASR 25/1 Sitzgelegenheiten
- ASR 29/1-4 Pausenräume
- ASR 34/1-5 Umkleideräume
- ASR 35/1-4 Waschräume
- ASR 37/1 Toilettenräume
- ASR 39/1,3 Mittel und Einrichtungen zur Ersten Hilfe
- ASR 41/3 Künstliche Beleuchtung für Arbeitsplätze und Verkehrswege im Freien
- ASR 45/1-6 Tagesunterkünfte auf Baustellen
- ASR 47/1-3,5 Waschräume auf Baustellen
- ASR 48/1,2 Toiletten und Toilettenräume auf Baustellen

BGR 133 Ausrüstung von Arbeitsstätten mit Feuerlöschern

BGI 561 Treppen

DIN EN 3 T. 1 – 6 Tragbare Feuerlöscher

DIN EN 547 T. 1 – 3 Sicherheit von Maschinen; Körpermaße des Menschen

DIN EN ISO 11 064 – T Ergonomische Gestaltung von Leitzentralen; Auslegung und Maße von Arbeitsplätzen

DIN 18 064 Treppen, Begriffe

DIN 18 065 Gebäudetreppen, Hauptmaße

DIN 18 225 Industriebau; Verkehrswege in Industriebauten

DIN 24 530 Treppen aus Stahl

DIN 33 402 Körpermaße des Menschen

DIN 33 406 Arbeitsplatzmaße im Produktionsbereich

DIN 33 414 Ergonomische Gestaltung von Warten; Sitzarbeitsplätze – Begriffe; Grundlagen, Maße

VDI 2199 Empfehlungen für bauliche Planungen beim Einsatz von Flurförderzeugen

LASI – Information „Nichtraucherschutz am Arbeitsplatz“ in s.i.s. 12/2003, S. 587–588

Lehder, G. (Hrsg.); Uhlig, D. (1998): Betriebsstättenplanung
Verlagsgesellschaft W. E. Weinmann, Filderstadt

Opfermann, R.; Streit, W. (LB): Arbeitsstätten , 3. Aufl. 1998,
Forkel Verlag, Heidelberg

SIGEPLAN, Leitfaden zur Erstellung eines Sicherheits- und Gesundheitsschutzplanes
Arbeitsgemeinschaft der Bauberufsgenossenschaften, 1998

9 Arbeitsverfahren

Inhaltsverzeichnis

9.1 Grundlagen

Termini und Definition

Arbeitsverfahren: Art und Weise der Veränderung eines Arbeitsgegenstandes mittels Stoff- und Energieumwandlung im Sinne der Arbeitsaufgabe, in Anwesenheit von Beschäftigten (Arbeit ist immer mit menschlicher Leistung verbunden). Arbeitsverfahren sind gekennzeichnet durch das Zusammenwirken der Beschäftigten mit Arbeitsmitteln und Arbeitsgegenständen bei zeitlich und örtlich fortschreitenden Arbeitsablauf in einer Arbeitsstätte.

Arbeitsverfahren können zur Herstellung (Fertigung und Montage), für Recycling (Demontage und Wiederverwendung/Wiederverwertung) von Erzeugnissen aber auch zur Ausführung von Dienstleistungen eingesetzt werden.

Fertigungsverfahren: Verfahren zur Herstellung von geometrisch bestimmten festen Körpern; sie schließen die Verfahren zur Gewinnung erster Formen aus dem formlosen Zustand, z.B. Urformen) zur Veränderung dieser Form sowie zur Veränderung der Stoffeigenschaften ein (→ DIN 8580). Fertigungsverfahren können von Hand oder mittels Maschinen und anderen Fertigungseinrichtungen in der Industrie oder im Handwerk ausgeführt werden. Fertigungsverfahren verändern bewusst den Ausgangszustand von Arbeitsgegenständen. Nach DIN 8580 werden Fertigungsverfahren in 6 Hauptgruppen eingeteilt:

1. *Urformen:* Fertigen eines festen Körpers aus formlosem Stoff durch Schaffen des Zusammenhaltens, z.B. Gießen.
2. *Umformen:* Fertigen durch bildsames (plastisches) Ändern der Form eines festen Körpers, z.B. Formpressen, Tiefziehen.
3. *Trennen:* Fertigen durch Ändern der Form eines festen Körpers durch örtliches Aufheben des Zusammenhaltens, z.B. Sägen, Drehen, Bohren, Brennschneiden.

4. *Fügen:* Zusammenbringen von 2 oder mehr Werkstücken geometrisch bestimmter fester Formen oder von ebensolchen Werkstücken mit formlosem Stoff, z.B. Schweißen, Kleben, Tränken.
5. *Beschichten:* Aufbringen einer fest haftenden Schicht aus formlosem Stoff auf ein Werkstück, z.B. Galvanisieren, Aufdampfen.
6. *Stoffeigenschaftsändern:* Fertigen eines festen Körpers durch Umlagern, Aussondern oder Einbringen von Stoffteilchen, z.B. Härten, Magnetisieren.

Diese Hauptgruppen werden nach DIN 8580 weiter untergliedert in Fertigungsgruppen und -untergruppen.

Bei der Durchführung von Arbeits- und Fertigungsverfahren können unterschieden werden:

Hauptverfahren/-prozesse, d.h. am Arbeitsgegenstand erfolgt eine Wertschöpfung, z.B. durch spanlose Umformung eines Werkstückes,

Hilfsverfahren/-prozesse, d.h. der Arbeitsgegenstand verändert sich nicht, es erfolgt keine Wertschöpfung, z.B. durch den Transport von Werkstücken zwischen Bearbeitungsmaschinen. Solche Prozesse sind zur Aufrechterhaltung der Hauptverfahren erforderlich, indem Arbeitsgegenstände örtlich und zeitlich verlagert werden (innerbetrieblicher Transport und Lagerung) oder zur Erhaltung der Funktionsfähigkeit von Arbeitsmitteln und Arbeitsstätten (Instandhaltung).

Arbeitsgegenstände: Im Sinne der Arbeitsaufgabe durch die Beschäftigten zu veränderndes Objekt (z.B. Werkstück, Rohstoff, Baugruppe). Die Veränderung kann durch Verfahren der Be- und Verarbeitung, Montage oder Demontage in Verbindung mit Verfahren des Transportes, Umschlages und der Lagerung erfolgen, bei denen die Erscheinungsformen des Arbeitsgegenstandes in Form, Masse und/oder Stoffeigenschaft verändert werden. Arbeitsgegenstände und die Veränderung im Sinne der Arbeitsaufgabe ist zentraler Gegenstand der Arbeitsverfahren und damit das wichtigste Element eines Arbeitssystems.

Arbeitssystem: System, welches das Zusammenwirken eines einzelnen oder mehrerer Beschäftigten mit Arbeitsmitteln beinhaltet, um die Funktion des Systems innerhalb der Arbeitsumgebung unter den durch die Arbeitsaufgabe vorgegebenen Bedingungen zu erfüllen (DIN EN ISO 6385).

Anliegen

Arbeitsverfahren, ein weiterer Objektbereich neben Arbeitsmitteln (→Kapitel 7) und Arbeitsstätten (Kapitel 8), müssen sicher und gesundheitsgerecht gestaltet werden.

Ausgangspunkt für die Auswahl eines geeigneten Arbeitsverfahrens sind Festlegungen

- zur *Art der Arbeitsaufgabe*, d.h. was soll hergestellt oder montiert bzw. welche Dienstleistung soll ausgeführt werden,
- zum *Ablauf der Arbeitsaufgabe*, d.h. wie soll das Erzeugnis hergestellt oder montiert bzw. wie soll die Dienstleistung durchgeführt werden.

Die sichere Gestaltung von Arbeitsverfahren, die durch das Zusammenwirken von Beschäftigten mit Arbeitsmitteln in einer Arbeitsstätte gekennzeichnet sind, umfasst

- den Verfahrensvollzug,
- die Auswahl und den Einsatz von Arbeitsmitteln,
- die Erscheinungsformen der Arbeitsgegenstände,
- den Arbeitsplatz und die Arbeitsumgebung (Arbeitsstätte),
- die Betriebszustände,
- die Befähigung der Beschäftigten für das Verfahren.

Rechtsgrundlagen

Rechtliche Regelungen für die Sicherheit der Beschäftigten bei der Durchführung von Arbeitsverfahren sind teilweise europäisch harmonisiert (= Arbeitssicherheit).

Eine Übersicht ausgewählter Rechtsvorschriften und technischer Regeln (→Tab. 9.1.1).

Regelungsgegenstand	Rechtsgrundlagen		Technische Regeln
	europäisch	national	
Vorbereitung und Durchführung von Arbeitsverfahren	89/391/EWG	ArbSchG	-
	89/655/EWG	BetrSichV	Anhänge 1-4 TR (in Vorbereitung)
	90/269/EWG	LasthandhabV	BAuA – Empfehlung (⇨ Kapitel 6)
	2002/54/EG	BioStoffV	TRBA 100 TRBA 210
	98/24/EG	GefStoffV	TRGS 519 TRGS 525
		BGV C8	BGR 206
		BGV C 22	BGI 656
		BGV D1	BGI 553 und 554
		BGV D25	BGR 205

Tab. 9.1.1: Rechtsgrundlagen und technische Regeln für die Sicherheit von Arbeitsverfahren (Bezeichnung der Vorschriften und Regeln siehe Literatur)

Im *Arbeitsschutzgesetz (ArbSchG) und den Verordnungen zum ArbSchG* sind allgemeine Arbeitgeberpflichten festgelegt, die auch für die Vorbereitung und Durchführung von Arbeitsverfahren gelten.

Im § 4 ArbSchG wird gefordert, „die Arbeit so zu gestalten, dass eine Gefährdung für Leben und Gesundheit (der Beschäftigten) möglichst vermieden und die verbleibende Gefährdung möglichst gering gehalten wird". Deutlicher wird im Zusammenhang mit der Gefährdungsbeurteilung auf die Sicherheit von Arbeitsverfahren hingewiesen. Im § 5 (3) ArbSchG heißt es u. a. „eine Gefährdung kann sich ergeben durch die Gestaltung von *Arbeits- und Fertigungsverfahren*, ..."

Regelungen zu Teilgebieten der Arbeitsverfahren umfassen u. a.

- die Benutzung von Arbeitsmitteln zur Herstellung oder zum Transport von Gütern, Stoffen und Materialien (BetrSichV),
- den Umgang mit Stoffen und deren chemischen und biologischen gesundheitsgefährlichen Eigenschaften (GefStoffV; BioStoffV),
- die manuelle Handhabung von Lasten (LasthandhabV),
- sonstige Einwirkungen durch die Spezifik des Arbeitsverfahrens, wie physikalische, mechanische und psychische Einwirkungen.

Im *Vorschriften- und Regelwerk der Unfallversicherungsträger* sind sowohl allgemeine Arbeitgeberpflichten enthalten als auch detaillierte Anforderungen für die Sicherheit spezieller Arbeitsverfahren und Arbeitstätigkeiten.

In der BGV A1 sind Unternehmerpflichten zum Schutz der Gesundheit der Versicherten genannt. Im § 7 BGV A1 ist ausgeführt „Bei der Übertragung von Aufgaben an Versicherte hat der Unternehmer je nach Art der Tätigkeit zu berücksichtigen, ob die Versicherten befähigt sind, die ... bei der Aufgabenerfüllung zu beachtenden Bestimmungen und Maßnahmen einzuhalten."

Detaillierte Anforderungen an die Sicherheit bei der Durchführung von Arbeitsverfahren sind in den Unfallverhütungsvorschriften der Arbeitsfelder

- BGV C „Betriebsart/Tätigkeiten", z. B. BGV C22 „Bauarbeiten",
- BGV D „Arbeitsplatz/Arbeitsverfahren", z. B. BGV D1 „Schweißen, Schneiden und verwandte Verfahren".

Auch im berufsgenossenschaftlichem Regelwerk sind Sicherheitshinweise für die Ausführung von speziellen Arbeiten enthalten, u. a.

- BGR 111 Arbeiten in Küchenbetrieben,
- BGR 117 Arbeiten in Behältern und engen Räumen,
- BGR 221 Arbeiten in der Gummiindustrie,
- BGI 504-21 Kältearbeiten,
- BGI 504-41 Arbeiten mit Absturzgefahr,
- BGI 530 Hochbauarbeiten.

9.2 Arbeitsbedingte Gefährdungen

Charakteristik

Aus der Definition des Begriffes Arbeitsverfahren ist zu ersehen, dass Arbeitsverfahren charakterisiert sind durch das Zusammenwirken der Beschäftigten mit Arbeitsgegenständen unter Benutzung verschiedener Arbeitsmittel an einem Arbeitsplatz oder Arbeitsbereich, in einer bestimmten Arbeitsumgebung, um eine vorgegebene Arbeitsaufgabe zu erfüllen. Bei der Analyse und Bewertung der arbeitsbedingten Gefährdungen und Belastungen in Verbindung mit der Durchführung von Arbeitsverfahren sind daher diejenigen zu erfassen, die sich ergeben aus

- den einzelnen beteiligten Systemelementen, wie Arbeitsmittel, Arbeitsplatz, Arbeitsstoff,
- den Wechselwirkungen der Elemente des Arbeitssystems untereinander.

Die bei der Ausführung einer Arbeitsaufgabe wirkenden Gefährdungen und Belastungen sind in die Vorbereitung und Durchführung von Arbeitsverfahren einzubeziehen und durch geeignete Maßnahmen zu vermeiden oder zu vermindern.

Arten arbeitsbedingter Gefährdungen und Belastungen

Gefährdungen und Belastungen für die Beschäftigten bei der Durchführung von Arbeitsverfahren, technologischen Prozessen einschließlich einzelner Arbeitsgänge, Verfahrensschritte oder -stufen ergeben sich insbesondere durch

- Wechselwirkungen der eingesetzten Arbeitsmittel mit Arbeitsstoffen und der Arbeitsumgebung, z.B. Einsatz von Arbeitsmitteln in gefährlicher explosionsfähiger Atmosphäre,
- Prozessparameter wie Druck, Temperatur,
- Transportvorgänge, z.B. mit Flurförderzeugen,
- Arbeiten in großer Höhe, unter Tage oder unter Wasser,
- herabfallende Teile bei Abbrucharbeiten, Holzeinschlag,
- ungünstige Wettererscheinungen bei Arbeiten im Freien,
- Temperaturstrahlung und sonstige belastende Klimate,
- Stäube, Gase, Dämpfe und Nebel am Arbeitsplatz,
- Lärm und Vibration bei Arbeiten mit technischen Arbeitsmitteln,
- elektrischen Strom bei Arbeiten an oder mit elektrischen Betriebsmitteln,
- Lichtbögen bei Schweißarbeiten,
- ungenügende Sichtverhältnisse infolge der Anordnung von Arbeitsplatzausrüstungen,
- physische Belastung durch manuelles Bewegen von Lasten,
- psychische Belastung infolge Unter- oder Überforderung bei der Ausführung von Arbeitstätigkeiten.

Diese Gefährdungspotentiale sind bei den Arbeitsverfahren sehr unterschiedlich, wie Unfallzahlen belegen [UNFALLSTATISTIK 2002].

Das betrifft zum einen die *Art der Arbeitsverfahren*, d.h. werden Haupt- oder Hilfsprozesse durchgeführt. Die Anzahl der tödlichen Arbeitsunfälle betrug im Jahre 2002 in der gewerblichen Wirtschaft ca. 20% im Bereich der Fertigung, beim innerbetrieblichen Transport hingegen aber 28% und bei Instandhaltungsprozessen 23% an den tödlichen Arbeitsunfällen.

Zum anderen betrifft dies auch die einzelnen *Verfahrensgruppen*. An erster Stelle der meldepflichtigen Arbeitsunfälle in der gewerblichen Wirtschaft stehen mit 9% Arbeiten mit/an Maschinen (z.B. Maschinen- und Kfz-Mechaniker), gefolgt von Bauarbeiten (z.B. Maurer und Zimmerer) mit 8% (allerdings mit fast 12% Anteil an den tödlichen Unfällen) und Ausbauarbeiten (z.B. Klempner und Dachdecker) mit 8% (und 10% Anteil an den tödlichen Arbeitsunfällen).

Gefährdungsbeurteilung

Im § 5 ArbSchG – Gefährdungsbeurteilung – wird explizit darauf hingewiesen, dass sich Gefährdungen auch ergeben können durch ... „die Gestaltung von Arbeits- und Fertigungsverfahren, Arbeitsabläufen ...“. Aufgrund der Komplexität der Gefährdungs- und Belastungssituationen bei der Durchführung von Arbeitsverfahren ist es neben der Gefährdungsbeurteilung nach ArbSchG auch erforderlich, spezifische Beurteilungen je nach der Art des Arbeitsverfahrens mit einzubeziehen, wie z.B. die Gefährdungsbeurteilungen

- beim Einsatz von Arbeitsmitteln nach § 3 BetrSichV,
- bei der Verwendung gefährlicher Arbeitsstoffe nach § 7 GefStoffV,
- bei Arbeiten mit biologischen Arbeitsstoffen nach §§ 6 und 7 BioStoffV,
- bei Arbeiten an Arbeitsplätzen mit Bildschirmgeräten nach § 3 BildscharbV.

Im Ergebnis der Gefährdungsbeurteilung (→Kapitel 3.1) sind Maßnahmen in der im Arbeitsschutz üblichen Gestaltungsrangfolge (→Kapitel 3.3) festzulegen.

Diese Maßnahmen des Arbeitsschutzes müssen daher vorrangig prozessorientiert angewendet werden.

9.3 Maßnahmen

Sichere Arbeitsverfahren werden präventiv in der Phase der Vorbereitung von Arbeitsverfahren (Arbeitsvorbereitung) gestaltet und durch Maßnahmen des Arbeitsschutzes in der Phase der Durchführung ergänzt.

Vorbereitung von Arbeitsverfahren

Die Auswahl des für die Ausführung der jeweiligen Arbeitsaufgabe geeigneten Arbeitsverfahrens erfolgt im Rahmen der Arbeitsvorbereitung.

Arbeitsvorbereitung umfasst alle Maßnahmen einschließlich der Bereitstellung aller erforderlichen Unterlagen für den Arbeitsgegenstand, die Beschäftigten und die Arbeitsmittel mit dem Ziel, durch Planung, Steuerung und Kontrolle für die Fertigung von Erzeugnissen und die Gestaltung von Arbeitsabläufen jeder Art ein Optimum aus Aufwand und Arbeitsergebnis zu erreichen.

Traditionell sind dem Begriff Arbeitsvorbereitung die Arbeitsplanung und Arbeitssteuerung zugeordnet [WIENDAHL, 1983].

Arbeitsplanung umfasst alle einmalig auftretenden Planungsmaßnahmen, welche unter ständiger Berücksichtigung der Wirtschaftlichkeit und der Sicherheit die fertigungsgerechte Gestaltung eines Erzeugnisses oder die ablaufgerechte Gestaltung einer Dienstleistung sichern.

Arbeitssteuerung umfasst alle Maßnahmen, die für eine der Arbeitsplanung entsprechende Auftragsabwicklung erforderlich sind, wobei die Aufträge zum richtigen Termin bei kurzen Durchlaufzeiten und hoher Kapazitätsauslastung erledigt werden sollen. Zu den Aufgaben der Arbeitssteuerung gehört damit die eindeutige Vorgabe, wieviel, wann, wo und durch wen herzustellen ist.

Entsprechend diesem Verständnis erfolgen in der Arbeitsplanung Vorentscheidungen zu Arbeitsgegenständen, Arbeitsmitteln und Arbeits-/Fertigungsverfahren. Im Ergebnis entsteht der Arbeitsplan mit Daten z.B. zur Herstellung eines Erzeugnisses. Die Arbeitssteuerung enthält die für eine der Arbeitsplanung entsprechende Auftragsabwicklung. In diesen beiden Bestandteilen der Arbeitsvorbereitung wird also die Auswahl und das Zusammenwirken der Elemente des betreffenden Arbeitsystems festgelegt.

Dieses vorhandene Planungssystem ist um gefährdungs- und belastungsrelevante Faktoren zu erweitern.

Für die *Integration von Sicherheit und Gesundheitsschutz* in die Arbeitsvorbereitung ist zu klären, welche gefährdungs- und belastungsrelevanten Informationen für welche Prozessschritte zur Verfügung zu stellen sind, damit Sicherheit und Gesundheitsschutz als Kriterium in die Entscheidungsprozesse der Arbeitsplanung und -steuerung einbezogen wird. Faktoren, die als Entscheidungskriterium Sicherheit und Gesundheitsschutz in die Arbeitsvorbereitungsphasen mit einzubeziehen sind u.a. (→auch Kapitel 9.2)

- chemische, physikalische und biologische Stoffeigenschaften (z.B. toxisch, brand- und explosionsgefährlich),
- arbeitsmittelspezifische Eigenschaften (z.B. Eignung für das Arbeitssystem),

- arbeitsumgebungsspezifische Einflüsse (z.B. Lärm, Vibration, Strahlung),
- Leistungsfähigkeit und Belastungsgrenzen der Beschäftigten,
- arbeitsgegenstandsspezifische Eigenschaften (z.B. Form, Gewicht),
- Gefährdungen, die sich aus den Wechselwirkungen der Elemente (Arbeitsmittel, Arbeitsgegenstand, Arbeitsplatz, Arbeitsumgebung, Arbeitsablauf) des jeweiligen Arbeitssystems ergeben.

Beispiel für Integration – Schritte der Arbeitsplanung

1. Aufgabenstellung (Herstellung, Recycling, Dienstleistung, ...)
2. Festlegung der Ausgangs- und Hilfsmaterialien nach technisch-technologischen sowie **chemisch, physikalischen und biologischen** Eigenschaften,
3. Auswahl der Arbeitsverfahren für Haupt- und Hilfsprozesse auch auf der Grundlage einer **Gefährdungsbeurteilung**,
4. Festlegung des Arbeitsablaufes (Arbeitsvorgänge und Reihenfolge) unter Beachtung **physischer und psychischer Belastung** der Beschäftigten,
5. Auswahl der Arbeitsmittel (Maschinen, Transportmittel, ...) und Fertigungsmittel (Vorrichtungen, Werkzeuge und Prüfmittel) auch nach den **sicherheitstechnischen Beschaffenheitsanforderungen**,
6. Ermittlung der Vorgabezeiten (Auftrags-, Belegungs-, Rüst-, Grund-, Verweilzeiten) auch unter Beachtung von **Pausenzeiten, Erholungszeiten, Expositionszeitbegrenzungen**,
7. Erarbeitung des Arbeitsplanes (Werkstückdaten, Arbeitsmitteldaten, Lohngruppen, ...) und Ergänzung um die Erarbeitung von **Betriebsanweisungen**, Auswahl erforderlicher **persönlicher Schutzausrüstungen**, ...

Modelle zur Einbeziehung von sicherheitsrelevanten Informationen in Systeme und Prozesse der Arbeitsplanung (→LEHDER, G.; MÜLLER, B.H.; VORATH, B.J. u.a., 2000).

Durchführung und Kontrolle von Arbeitsverfahren

Die Durchführung und Kontrolle von Arbeitsverfahren sind an die Elemente des Arbeitssystems gebunden; die dabei auftretenden gefährdungs- und belastungsrelevanten Faktoren sind durch Maßnahmen des Arbeitsschutzes abzubauen:

- Abbau von arbeitsbedingten Unfallgefährdungen (→Kapitel 4),
- Abbau von arbeitsbedingten Erkrankungen (→Kapitel 5),
- Abbau von arbeitsbedingten physischen und psychischen Belastungen (→Kapitel 6).

Für die sichere Bereitstellung und Benutzung von Arbeitsmitteln einschließlich Anlagen (→Kapitel 7), für das sichere Einrichten und Betreiben von Arbeitsstätten (→Kapitel 8).

Sichere Gestaltung von Arbeits-/Fertigungsverfahren am Beispiel von

- Hauptprozessen, wie Gießen, Schweißen, Biotechnologie,
- Hilfsprozessen, wie innerbetrieblicher Transport und Instandhaltung (→LEHDER, G.; SKIBA, R., 2001).

Literatur

Richtlinie des Rates vom 12. 6. 1989 über die Durchführung von Maßnahmen zur Verbesserung der Sicherheit und des Gesundheitsschutzes der Arbeitnehmer bei der Arbeit (89/391/EWG)

Richtlinie des Rates vom 30. 11. 1989 über Mindestvorschriften für Sicherheit und Gesundheitsschutz bei Benutzung von Arbeitsmitteln durch Arbeitnehmer bei der Arbeit (89/655/EWG)

Richtlinie des Rates vom 29. 5. 1990 über Mindestvorschriften bezüglich der Sicherheit und des Gesundheitsschutzes bei der manuellen Handhabung von Lasten, die für die Arbeitnehmer insbesondere eine Gefährdung der Lendenwirbelsäule mit sich bringt (90/269/EWG)

Richtlinie des Rates vom 7. 4. 1998 zum Schutz von Gesundheit und Sicherheit der Arbeitnehmer vor der Gefährdung durch chemische Arbeitsstoffe bei der Arbeit (98/24/EG)

Richtlinie des Europäischen Parlaments und des Rates vom 18. 9. 2000 über den Schutz der Arbeitnehmer gegen Gefährdungen durch biologische Arbeitsstoffe bei der Arbeit (2000/54/EG)

Gesetz über die Durchführung von Maßnahmen des Arbeitsschutzes zur Verbesserung der Sicherheit und des Gesundheitsschutzes der Beschäftigten bei der Arbeit (Arbeitsschutzgesetz – ArbSchG) vom 7. 8. 1996, zuletzt geändert durch Artikel 26 des Gesetzes vom 23. 4. 2004 (BGBl. I S. 602)

VO über Sicherheit und Gesundheitsschutz bei der Bereitstellung von Arbeitsmitteln und deren Benutzung bei der Arbeit, über Sicherheit beim Betrieb überwachungsbedürftiger Anlagen und über die Organisation des betrieblichen Arbeitsschutzes (BetriebssicherheitsVO – BetrSichV) vom 27. 9. 2002, zuletzt geändert durch Art. 22 des Gesetzes vom 6. 1. 2004 (BGBl. I S. 2)

VO über Sicherheit und Gesundheitsschutz bei der Arbeit an Bildschirmarbeitsplätzen (BildschirmarbeitsVO – BildscharbV) vom 4. 12. 1996, zuletzt geändert durch Art. 304 der Verordnung vom 25. 11. 2003 (BGBl. I S. 2304)

VO über Sicherheit und Gesundheitsschutz bei der manuellen Handhabung von Lasten bei der Arbeit (LastenhandhabungsVO – LasthandV) vom 4. 12. 1996, zuletzt geändert durch Art. 303 der Verordnung vom 25. 11. 2003 (BGBl. I S. 2304)

VO über Sicherheit und Gesundheitsschutz bei Tätigkeiten mit biologischen Arbeitsstoffen (BioStoffV) vom 27. 1. 1999, zuletzt geändert durch Art. 305 der Verordnung vom 25. 11. 2003 (BGBl. I S. 2304)

VO zum Schutz vor gefährlichen Stoffen (GefahrstoffVO – GefStoffV) vom 15. 11. 1999, zuletzt geändert durch Art. 2 der Verordnung vom 25. 2. 2004 (BGBl. I S. 328)

BGV A 1 Grundsätze der Prävention

BGV C 8 Gesundheitsdienst

BGV C 22 Bauarbeiten

BGV D 1 Schweißen, Schneiden und verwandte Verfahren

BGV D 25 Verarbeiten von Beschichtungsstoffen

TRBA 100 Schutzmaßnahmen bei gezielten Tätigkeiten mit biologischen Arbeitsstoffen in Laboratorien

TRBA 210 Abfallsortieranlagen; Schutzmaßnahmen

TRGS 519 Asbest-, Abbruch-, Sanierungs- oder Instandhaltungsmaßnahmen

TRGS 525 Umgang mit Gefahrstoffen in Einrichtungen zur humanmedizinischen Versorgung

BGR 205 Herstellung von Beschichtungsstoffen

BGR 206 Desinfektionsarbeiten im Gesundheitsdienst

BGI 553 Lichtbogenschweißen

BGI 554 Gasschweißen

BGI 654 Dacharbeiten

DIN ISO 6385 Grundsätze der Ergonomie für die Gestaltung von Arbeitssystemen

DIN 8580 Fertigungsverfahren; Einleitung

DIN 8583 Fertigungsverfahren; Druckumformen/Freiformen

DIN 8588 Fertigungsverfahren; Zerteilen

DIN 8589 Fertigungsverfahren; Spanen

DIN 8590 Fertigungsverfahren; Abtragen

DIN 8591 Fertigungsverfahren; Zerlegen

DIN 8592 Fertigungsverfahren; Reinigen

LEHDER, G.; MÜLLER, B. H. u. VORATH, B.-J. u.a.
Entwicklung von Modellen zur Einbeziehung von sicherheits-, gestaltungs- und belastungsrelevanten Elementen in Systeme und Prozesse der Arbeitsplanung
Verbundprojekt des Bundesministerium für Bildung und Forschung, 2000
(ISBN 3-9804874-6-6)

LEHDER, G.; SKIBA, R. (2001): Taschenbuch betriebliche Sicherheitstechnik, 4. Auflage. Erich Schmidt Verlag, Bielefeld

UNFALLSTATISTIK 2002

WIENDAHL, H. (1989): Betriebsorganisation für Ingenieure, 3. Auflage.
Carl-Hauser-Verlag, München

10 Persönliche Schutzausrüstungen (PSA)

Inhaltsverzeichnis

10.1 Allgemeines über PSA

Persönliche Schutzausrüstungen sind Vorrichtungen und Mittel, die zur Abwehr und Minderung von Gefahren für Sicherheit und Gesundheit einer Person bestimmt sind und von dieser am Körper oder an Körperteilen gehalten oder getragen werden. Sie sind nach dem Geräte- und Produktsicherheitsgesetz den Technischen Arbeitsmitteln gleichgestellt und werden im Einzelnen in der 8. VO zum Geräte- und Produktsicherheitsgesetz behandelt, durch die die Richtlinie 89/686/ EWG über das Inverkehrbringen persönlicher Schutzausrüstung in deutsches Recht umgesetzt wird. Die VO gilt nicht für persönliche Schutzausrüstung, die für die Bundeswehr, den Zivilschutz, die Polizei oder im Privatbereich zum Schutz gegen Witterungseinflüsse, Feuchtigkeit, Wasser und Hitze, zur Selbstverteidigung oder zur Rettung von Schiffs- und Flugzeugpassagieren bestimmt ist. Rechtsvorschriften und ausgewählte technische Regeln für das Inverkehrbringen und Benutzen von persönlichen Schutzausrüstungen (→Tab. 10.1.1).

Persönliche Schutzausrüstung darf nur in den Verkehr gebracht werden, wenn sie den grundlegenden Anforderungen für Sicherheit und Gesundheitsschutz nach Anhang II der Richtlinie 89/686/EWG entspricht. Folgende allgemeine Anforderungen an persönliche Schutzausrüstungen sind besonders wichtig:

- Sie muss den Träger möglichst wirksam und genügend lange schützen.
- Sie darf im Einsatz keine Gefahren oder Störungen verursachen.
- Sie muss gut passen, unkompliziert zu handhaben, bequem und möglichst leicht sein.

- Sie muss lagerfähig und alterungsbeständig sein.
- Sie muss hygienisch und hautverträglich sein.
- Sie muss einfach zu warten und leicht zu reinigen sein. Sie darf dadurch ihre schützende Wirkung nicht verlieren.
- Das Aussehen soll möglichst ansprechend sein.

Regelungsgegenstand	**Rechtsgrundlagen**		**Technische Regeln**
	europäisch	**national**	
Produktsicherheit	89/686/EWG Änderungen: 93/68/EWG 93/95/EWG 96/58/EG	8. GPSGV	DIN EN 352 DIN EN 340 DIN EN 388
Arbeitssicherheit	89/656/EWG	PSA-BV	BGR 192 BGR 193 BGR 197

Tab. 10.1.1: Rechtsgrundlagen und technische Regeln für persönliche Schutzausrüstungen (Bezeichnung der Vorschriften und Regeln siehe Literatur)

Der persönlichen Schutzausrüstung müssen Informationen mit allen erforderlichen Angaben beigefügt werden, u.a. über Wartung, Desinfizierung, Schutzklasse, Ersatzteile, Verfallszeit und Bedeutung etwaiger Markierungen.

Persönliche Schutzausrüstung muss die CE-Kennzeichnung besitzen. Voraussetzung hierfür sind Konformitätsprüfung und -erklärung. Hinsichtlich der Prüfung werden drei Kategorien je nach Schutzzweck unterschieden:

Kategorie I, Schutz vor geringfügigen Risiken: Die Konformität wird durch den Hersteller selbst geprüft. Unter diese Kategorie fällt einfache persönliche Schutzausrüstung, bei der der Benutzer selbst die Wirksamkeit gegenüber geringen Risiken beurteilen kann, z.B. Gartenhandschuhe, Fingerhüte, Handschuhe bei Temperaturen bis zu 50 °C, Schutzausrüstung gegen übliche Witterungseinflüsse, schwache Stöße und geringfügige Schwingungen sowie Sonnenbrillen. Kennzeichnung: CE, zusätzliche Angabe der beiden letzten Ziffern des Anbringungsjahr möglich.

Kategorie II, Schutz vor mittleren Risiken: Durch eine entsprechend zugelassene (notifizierte) Stelle ist eine EU-Baumusterprüfung durchzuführen. Unter diese Kategorie fällt der größte Teil der im Betriebgetragenen persönlichen Schutzausrüstung, z.B. Schutzhandschuhe, Sicherheits- und Schutzschuhe, Schutzbrillen, Gehörschützer usw. Kennzeichnung: CE + die beiden letzten Ziffern des Anbringungsjahres.

Kategorie III, Schutz vor großen Risiken, z.B. tödlichen Gefahren und irreversiblen Schäden; Verwendung von komplexer Schutzausrüstung: Vorgeschrieben ist außer der Baumusterprüfung ein Qualitätssicherungsverfahren bei der Herstellung der persönlichen Schutzausrüstung. Entweder überprüft dabei eine zugelassene Stelle stichprobenartig die Endprodukte oder der Hersteller prüft nach einem eigenen Qualitätsüberwachungsverfahren seine Fertigung, wobei eine zugelassene Stelle das Verfahren genehmigen und überwachen muss. Unter diese Kategorie fallen z.B. Atemschutzgeräte, Absturzsicherungen und persönliche Schutzausrüstung bei Arbeiten unter gefährlicher Spannung.

In der Konformitätserklärung wird die Übereinstimmung mit Anhang II der Richtlinie 89/686/EWG sowie mit den einschlägigen harmonisierten Normen bescheinigt. Die entsprechenden Unterlagen sind zu hinterlegen.

Einzelheiten über die Kategorisierung von persönlicher Schutzausrüstung enthält ein entsprechender Leitfaden (BArbBl. 1996 Nr. 4 S. 46–51).

Harmonisierte Normen werden vom BMWA im BArbBl. veröffentlicht.

Bei der Auswahl bestimmter Fabrikate hat es sich bewährt, unterschiedliche Modelle durch die betroffenen Verwender erproben zu lassen, bevor größere Mengen bestellt werden.

Die Schutzwirkung persönlicher Schutzausrüstung ist wesentlich davon abhängig, ob die zur Verfügung gestellte persönliche Schutzausrüstung auch tatsächlich getragen wird. Die Zahl der Unfälle ist sehr groß, die sich durch Tragen persönlicher Schutzausrüstung hätte verhindern oder abmildern lassen.

Nach der PSA-BenutzungsVO muss der Arbeitgeber erforderlichenfalls Schulungen für die Benutzer von persönlicher Schutzausrüstung durchführen und eine Gebrauchsanweisung zur Verfügung stellen. Auch ist er für Instandhaltung und hygienischen Zustand der persönlichen Schutzausrüstung verantwortlich.

Pflichten des Arbeitgebers: Nach § 29 BGV A 1 hat der Arbeitgeber (Unternehmer) geeignete persönliche Schutzausrüstungen zur Verfügung zu stellen und diese in ordnungsgemäßem Zustand zu halten, wenn durch betriebsmäßige Maßnahmen nicht ausgeschlossen ist, dass die Versicherten Unfall- und Gesundheitsgefahren ausgesetzt sind. In den nach BGV A 1 und anderen Vorschriften bezeichneten Pflichtfällen hat er die persönliche Schutzausrüstung kostenlos zu verausgaben.

Es empfiehlt sich, dass seitens der Betriebsleitung festgelegt wird, bei welchen Tätigkeiten welche persönliche Schutzausrüstung zu tragen ist. Derartige Entscheidungen sollen Gefährdungen und Zumutbarkeit berücksichtigen und im Einvernehmen mit dem Betriebsrat getroffen werden. Bei der

Auswahl der persönlichen Schutzausrüstung sind nach Richtlinie 89/656/ EWG folgende Gesichtspunkte zu berücksichtigen:

1. Die Untersuchung und Abwägung von Risiken, die anderweitig nicht zu verhindern sind.
2. Die Definition der erforderlichen Eigenschaften der persönlichen Schutzausrüstung unter Berücksichtigung der jeweiligen Arbeitsplatzbedingungen, der abzuwehrenden Gefahren, der ergonomischen Anforderungen und gesundheitlichen Erfordernisse.
3. Die Bewertung der entsprechend verfügbaren persönlichen Schutzausrüstung im Vergleich zu der unter 2. genannten Eigenschaften.

Pflichten der Beschäftigten: Die Versicherten sind verpflichtet, kostenlos bereitgestellte persönliche Schutzausrüstung zweckentsprechend zu tragen und sorgsam zu behandeln (§ 30 BGV A 1). Wird kostenlos bereitgestellte persönliche Schutzausrüstung nicht getragen, so ist der Arbeitgeber im Wiederholungsfall berechtigt, einen Arbeitsplatzwechsel anzuordnen oder den Betroffenen zu kündigen. Es empfiehlt sich, derartige Vorkommnisse im Arbeitsvertrag zu regeln. Ist das Nichttragen von persönlicher Schutzausrüstung ursächlich für einen Unfall, so ist der Arbeitgeber nicht zur Lohnfortzahlung verpflichtet.

Literatur

RICHTLINIE 89/686/EWG für das Inverkehrbringen von persönlichen Schutzausrüstungen v. 21. 12. 1989

RICHTLINIE 89/656/EWG für die Benutzung persönlicher Schutzausrüstungen v. 30. 11. 1989

8. VO zum Geräte- und Produktsicherheitsgesetz über das Inverkehrbringen von persönlicher Schutzausrüstung v. 1992. Neufassung v. 20. 2. 1997, zuletzt geändert durch Art. 15 des Gesetzes vom 6. 1. 2004 (BGBl. I S. 2)

VO über Sicherheit und Gesundheitsschutz bei der Benutzung persönlicher Schutzausrüstungen bei der Arbeit (PSA-BenutzungsVO) v. 4. 12. 1996 (BGBl. I S. 1841)

BGV A 1: Grundsätze der Prävention

DIN EN 340 Schutzkleidung; Allgemeine Anforderungen

DIN EN 352 Gehörschützer; Allgemeine Anforderungen

DIN EN 388 Schutzhandschuhe gegen mechanische Risiken

MEHLEM, P. (LB): Persönliche Schutzausrüstungen – Arten, Eigenschaften, Bezugsquellen. Verlag TÜV Rheinland, Köln

NOETEL, K.-H. (L. B.): Handbuch persönliche Schutzausrüstung. Ecomed-Verlagsgesellschaft, Landsberg

10.2 Kopfschutz

Der Kopfschutz soll den Kopf vor allem vor mechanischen Verletzungen schützen und wird in Form von Schutzhelmen, Anstoßkappen und Haarnetzen gewährleistet.

Anforderungen: Schutzhelme müssen folgenden Grundanforderungen genügen:

Durchdringungsfestigkeit: Sie muss hoch sein. Auftreffende Gegenstände müssen nach Möglichkeit seitlich abgelenkt werden.

Stoßdämpfung: Die Innenausstattung (Tragband, Schweißband, Innenpolster, Nackenband) muss elastische und plastische Eigenschaften besitzen, so dass nur ein geringer Teil der Aufschlagsenergie auf den Schädel übertragen wird.

Sitz: Ein Schutzhelm darf nicht beim Bücken herunterfallen oder bei Wind wegfliegen. Dies wird z.B. erreicht durch Erhöhung der Reibung zwischen Kopfband und Kopf oder durch Anbringen eines Kinnriemens.

Schutz gegen Nässe: Bei Regen und Nässe ist ein Schutzhelm mit eingeformter Wasserrinne und heruntergezogenem Nackenteil zu verwenden.

Farbe: Für Schutzhelme und Anstoßkappen sind möglichst helle Farben zu benutzen, damit der Träger in der Umgebung kenntlich ist. Durch Verwendung verschiedener Farben kann die Betriebsfunktion des jeweiligen Trägers gekennzeichnet werden (z.B. Aufsicht, Elektriker, Schlosser, Besucher). Bewährt haben sich auch horizontal umlaufende selbstklebende Farbkennstreifen.

Werkstoff: Die Schutzhelmschalen bestehen in der Regel aus folgendem Material:

- Metall, vor allem Aluminium. Vorteile: gute Hitzeformbeständigkeit, keine Feuchtigkeitsaufnahme, keine Versprödung. Nachteile: schwer, geringe chemische Beständigkeit, Metallspritzer schmelzen durch.
- Duroplaste, z.B. textilverstärktes Phenol (F-Pf), glasfaserverstärkter Polyester (GF-VP). Vorteile: hohe UV-, Alterungs- und Wärmeformbeständigkeit, hoher Schmelzpunkt ($> 1000^2$), gute chemische Beständigkeit. Nachteil: verhältnismäßig schwer.
- Thermoplaste, z.B. Polyethylen (PE), Acrylnitril – Butadien – Styrol – Copolymere (ABS), Polyamid (PA), Polycarbonat (PC), glasfaserverstärktes Polycarbonat (GF-PC). Vorteile: Leicht, gut zu verarbeiten. Nachteile: Wärmeformbeständigkeit und Schmelzpunkte gering (150–230 °C). Chemische Beständigkeit nur bei Polyethylen (außer gegen Öle und Fette) gut.

Festigkeit und Elastizität von Schutzhelmen verändern sich bei einigen Herstellungsstoffen nach längerem Gebrauch, besonders bei Thermoplasten. Die Schutzwirkung der Schutzhelme wird also unter Umständen nach einiger Zeit beeinträchtigt. Unter Berücksichtigung auch des mechanischen Verschleißes und hygienischer Anforderungen ist im allgemeinen ein Wechsel der Schutzhelme nach etwa 4–5 Jahren erforderlich. Auch können sich nach starker Beanspruchung plastische Bestandteile des Helms so verformen, dass ein Auswechseln des Helms unumgänglich ist.

Bei Arbeiten unter einer Steinbruchwand sind seewasserbeständige Leichtmetall- oder Aluminiumhelme mit Kinnriemen und breitem umlaufenden Band vorgeschrieben.

Schutzhelme werden auch in Kombination mit anderer persönlicher Schutzausrüstung angeboten, z.B. mit Augen- und Nackenschutz oder mit Atemschutzgeräten.

Kennzeichnung: An Schutzhelmen müssen sich außer der CE-Kennzeichnung folgende Angaben befinden: Angewendete Norm (DIN EN 397), Namen oder Zeichen des Herstellers, Jahr und Quartal der Herstellung, Typ und Größe oder Größenbereich (auch auf der Innenausstattung).

Industriehelme können zusätzlich durch folgende Angaben gekennzeichnet werden: – 20 °C oder – 30 °C Schutz gegen niedrige Temperaturen; + 150 °C Schutz bei hohen Temperaturen; 440 Vac Elektrische Isolierung gegen 440 V Wechselstrom; LD Gestaltfestigkeit bei seitlicher Beanspruchung; MM Schutz gegen Spritzer von geschmolzenem Metall.

Anstoßkappen: Die neuerdings vielerorts verwendeten Anstoßkappen bieten keinen genügenden Schutz vor herabfallenden Gegenständen und können daher Schutzhelme nicht ersetzen.

Haarnetze und Hauben: Sie sollen verhindern, dass lange Haare in bewegte Maschinenteile geraten, wodurch schwere Verletzungen entstehen können. Hauben werden vielfach auch zum Schutz gegen Staub, Dämpfe und Flüssigkeiten getragen.

Literatur

DIN EN 397: Industrieschutzhelme. 443: Feuerwehrhelme. 812: Industrie-Anstoßkappen

BGR 193: Benutzung von Kopfschutz

10.3 Augenschutz

Der Schutz der Augen vor mechanischen, optischen, chemischen und thermischen Schädigungen wird durch Augenschutzgeräte gewährleistet. Darunter fallen: Schutzbrillen, Augenschutzgeräte mit Gesichtsschutz (Schutzschilde, Schutzschirme, Schutzhauben) und Schutzmasken. Ein Augenschutzgerät besteht aus einem Tragkörper (Fassung, Traghilfe, Verbindungselementen und ggf. zusätzlichen Erweiterungsteilen).

Die Schutzwirkung von Augenschutzgeräten ist in erster Linie durch folgende Eigenschaften gegeben: Schutz gegen Funken, schwere Entflammbarkeit, Elastizität, Bruchfestigkeit, Kratzfestigkeit, Splitterbindung, Schutz gegen Beschlagen, Beständigkeit gegen chemische Stoffe und erff. Strahlen, Schutzumfang (besonders auch seitwärts), Gewicht und Korrosionsbeständigkeit eventuell vorhandener Metallteile.

Darüber hinaus sollen Augenschutzgeräte, besonders Brillen, gefällig wirken, nicht drücken und nicht unbequem sein. Sie dürfen keine Kanten, Spitzen, Grate usw. besitzen, müssen formbeständig von – 10 °C bis + 50 °C und gut belüftbar sein. Das Gesichtsfeld darf möglichst wenig eingeschränkt werden.

Zu unterscheiden sind der äußeren Form nach Gestellbrillen, Korbbrillen, Schutzvorstecker, Schutzschilde, Schutzschirme und Schutzhauben (→Beispiele in BGR 192).

Tragkörper: Ein Tragkörper muss folgende Kennzeichnung besitzen: Identifikationszeichen des Herstellers, Prüfstellenzeichen, Kennzahl für den Gefährdungsbereich und erff. Kennbuchstabe für die mechanische Festigkeit.

Für die Kennzeichnung des Gefährdungsbereichs gilt:

Keine Zahl: mechanische Risiken, Gefährdungen durch Schweißen, ultraviolette, sichtbare und infrarote Strahlung (nicht: Laserstrahlung)

3 Tropfende und spritzende Flüssigkeiten
4 Staub mit einer Korngröße $> 5\ \mu m$
5 Gase, Dämpfe, Nebel, Rauche und Staub mit einer Korngröße $\leq$ 5mm
8 Lichtbogen bei Kurzschluss in elektrischen Anlagen
9 Metallspritzer

Für die Kennzeichnung der mechanischen Festigkeit gilt:

- F Stoß mit kleiner Energie (45 m/s)
- B Stoß mit mittlerer Energie, Schutzschirme, Schutzschilde (120 m/s)
- A Stoß mit hoher Energie, nur Schutzschirme (190 m/s).

Sichtscheibe: Sie kann aus folgenden Werkstoffen bestehen:

Glas, nur für Sichtscheiben mit Filterwirkung. Vorteile: kratzfest; besonders beständig gegen angreifende chemische Stoffe. Nachteile: geringe Bruchfestigkeit; mangelnder Funkenschutz, daher für Schweißarbeiten nicht zulässig; optische Eigenschaften im allgemeinen mäßig; beschlägt schnell; schwerer als Kunststoff.

Einscheiben-Sicherheitsglas für Sicherheitssichtscheiben, gehärtetes Glas. Vorteile: elastischer als Glas, bruch- und kratzfest. Nachteile: beschlägt schnell; mangelnder Schutz gegen Funken und flüssiges Metall, das grießartiges Zerspringen des Glases bewirkt.

Verbund-Sicherheitsglas und Glas-Kunststoff-Kombination für Sicherheitsscheiben. 2 Scheiben aus Glas oder Kunststoff werden mit Hilfe einer zwischenliegenden elastischen Folie verklebt. Vorteile: kratzfest; bindet Splitter gut. Nachteile: nicht druckfest; keine Korrektionsgläser möglich.

Kunststoff für Sicherheitssichtscheiben. Je nach verwendeter Kunststoffart unterschiedliche Eigenschaften. Vorteile: im allgemeinen leicht, federnd und hohe optische Güte; guter Funkenschutz u.a. gegen flüssiges Metall; beschlägt weniger; sehr hohe Bruchfestigkeit; je nach Kunststoffart auch Schutz gegen angreifende Chemikalien möglich. Nachteil: oft mangelnde Kratzfestigkeit, letztere kann durch Spezialbehandlung jedoch wesentlich verbessert werden.

Verspiegelung.

Die Sichtscheibe muss folgende Informationen enthalten: Schutzstufe (nur für Filter), Identifikationszeichen des Herstellers, optische Klasse (nicht bei Vorsatzscheiben), Zertifizierungszeichen, Kurzzeichen für mechanische Festigkeit, erff. Kurzzeichen für Nichthaften von Schmelzmetall.

Nach der *optischen Güte* (nach prismatischen, sphärischen und astigmatischen Brechwerten) werden folgende Güteklassen unterschieden:

1 Hohe Anforderungen (immer bei Vorsatzscheiben erforderlich, daher dort nicht angegeben)
2 Durchschnittliche Anforderungen
3 Niedrige Anforderungen.

Die Schutzstufenangabe für Schweißer-, Ultraviolett-, Infrarot- und Sonnenschutzfilter besteht aus zwei durch einen Strich verbundenen Zahlen.

Die erste Zahl (Vorzahl) bedeutet:

2 Ultraviolett-Schutzfilter, beeinträchtigte Farberkennung
3 Ultraviolett-Schutzfilter, gute Farberkennung
4 Infrarot-Schutzfilter
5 Sonnenschutzfilter ohne Infrarot-Anforderung
6 Sonnenschutzfilter mit Infrarot-Anforderung.

Die Schutzstufen (zweite Zahl) ergeben sich aus der Lichtdurchlässigkeit des Filters (→Abb. 10.3.1).

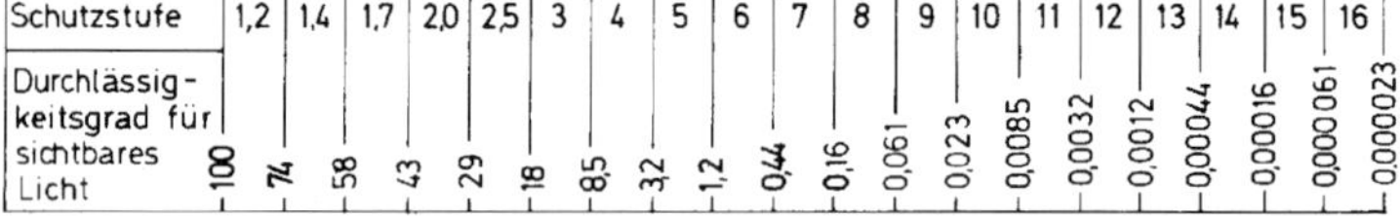

Abb. 10.3.1: Filterschutzstufen in Abhängigkeit vom Durchlässigkeitsgrad für sichtbares Licht (nach DIN EN 169)

Schweißerschutzfilter mit veränderbarer Schutzstufe können mit zunehmender Lichtstärke auf elektro-optischem Wege die Lichtdurchlässigkeit verringern. Um Schädigungen der Augen zu vermeiden, muss dabei die Schaltzeit von Hell nach Dunkel möglichst kurz sein. Erff. sind zusätzliche Informationen auf der Sichtscheibe enthalten (→DIN EN 379).

Die Wahl der Schutzstufe eines Schweißerschutzfilters ist von folgenden Faktoren abhängig: Gasverbrauch des Schweiß- und Schneidbrenners, Stromstärke, Grundwerkstoff, Position des Schweißers zur Flamme, Beleuchtungsgüte am Arbeitsplatz und persönliche Blendempfindlichkeit. Die Filterdichte muss subjektiv so angepasst werden, dass der Schweißer die Schweißstelle gerade noch beobachten kann. Als Anhalt für die Wahl der Schutzstufen kann gelten: Schutzhelfer: 1,2–1,7; Gasschweißen oder -schneiden: 2–8; Lichtbogenschweißen mit umhüllten Elektroden: 9–14; Schutzgasschweißen: 9–15; Plasmaschneiden: 5–13, Plasmaschweißen 5–10.

Die Kurzzeichen für *mechanische Festigkeit* bedeuten:

– mechanische Grundfestigkeit
S Erhöhte mechanische Festigkeit, Prüfung mit Stahlkugel 44 g, v = 5,1 m/s
F Stoß mit kleiner Energie, Prüfung mit Stahlkugel 0,88 g, v = 45 m/s
B Stoß mit mittlerer Energie, Prüfung mit Stahlkugel 0,88 g, v = 120 m/s
A Stoß mit hoher Energie, Prüfung mit Stahlkugel 0,88 g, v = 190 m/s

Laserschutzfilter werden außerdem gekennzeichnet durch Laserbetriebsart (D = Dauerstrich, I = Impuls, R = Riesenimpuls, M = Modemgekoppelter Impuls) und Wellenlänge, gegen die das Filter schützt.

Literatur

DIN EN 166: Persönlicher Augenschutz – Anforderungen. 169: Persönlicher Augenschutz – Filter für das Schweißen und verwandte Techniken – Transmissionsanforderungen und empfohlenen Verwendung. 170: dgl. für Ultraviolettfilter. 171: dgl. für Infrarotfilter. 207: Persönlicher Augenschutz – Filter und Augenschutz gegen Laserstrahlen. 379: Anforderungen an Schweißerschutzbrillen mit umschaltbarem Transmissionsgrad und Schweißer-Schutzfilter mit zwei Lichttransmissionsgraden

BGR 192: Benutzung von Augen- und Gesichtsschutz

GÖTTE, T. u. VON DER BANK, N.: Industrieschutzhelme – Alterung und Gebrauchsdauer. Die BG , Heft 7/1999, S. 384, Erich Schmidt Verlag, Berlin

SUTTER, E. (1990): Alles über Augenschutz. Information und Wirkungsweise der Augenschutzgeräte. Wirtschaftsverlag NW, Bremerhaven

10.4 Gehörschutz

Persönlicher Schallschutz ist dann einzusetzen, wenn die sonstigen Möglichkeiten des Lärmschutzes ausgeschöpft sind.

Gehörschutz ist nach BGV B 3 zur Verfügung zu stellen, wenn der Beurteilungspegel $L_{Ar} \geq 85$ dB (künftig nach der europäischen Richtlinie 2003/10/EG ab 80 dB (A) oder 135 dB (C)) und Tragepflicht besteht bei $L_{Ar} \geq 90$ dB (bzw. ab 85 dB (A) oder 137 dB (C)).

Folgende Arten von Gehörschützern werden unterschieden:

- *Gehörschutzstöpsel.* Sie werden im Gehörgang oder in der Ohrmuschel getragen. Sie bestehen aus elastischem Kunststoff, Watte oder plastischer Masse. Sie werden vor Gebrauch geformt, fertig geformt geliefert oder als Otoplastiken dem Gehörgang individuell angepasst.
- *Kapselgehörschützer:* Sie werden über die Ohren gesetzt. Zur Wahrnehmung von Signalen, Sprachen usw. und zum besseren Richtungshören können Kapselgehörschützer mit einer elektroakustischen Ausrüstung versehen werden, die schwache Signale und Geräusche bis auf weniger als 85 dB (A) verstärkt.
- *Schallschutzhelme:* Sie bedecken neben der Ohrmuschel auch Teile des Kopfes. Damit wird verhindert, dass Luftschall auf die Schädelknochen trifft und zum Innenohr fortgeleitet wird.
- *Schallschutzanzüge:* Sie werden bei Schallpegeln $\geq$ 130 dB (A) verwendet, da bei derartigen Schallpegeln der gesamte Körper gefährdet ist.

Mit Gehörschutzstöpseln und -kapseln werden Schalldämmwerte von etwa 20–40 dB erreicht. Die Schalldämmwerte sind in der Regel für höhere Frequenzen besser als für niedrige (→Abb. 10.4.1).

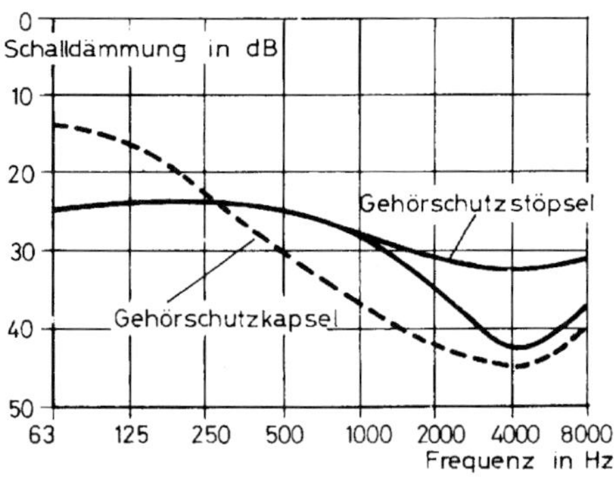

Abb. 10.4.1: Typische Schalldämmkurven von Gehörschutzarten

Kriterien zur Auswahl von Gehörschutz sind

- CE-Kennzeichnung,
- Beurteilungspegel, Frequenz, Impulshaltigkeit des Schalls,
- Notwendigkeit der Kommunikation,
- Tragekomfort (Masse, individuelle Anpassung, Andruckkraft, ...),
- Arbeitsumgebung und körperliche Beanspruchung,
- Vereinbarkeit mit anderen persönlichen Schutzausrüstungen.

Auswahlverfahren nach dem HML-Check

Folgende Schritte sind bei diesem in der Praxis häufig verwendeten Auswahlverfahren zu beschreiten:

1. Zuordnung des Geräusches nach dem Frequenzbereich in die Geräuschklassen I – HM (hochfrequente – high – und mittelfrequente – medium – Geräusche (> 350 Hz)) oder Geräuschklasse II – L (tieffrequente – low – Geräusche (60 ... 350 Hz)).
2. Ermittlung des Beurteilungspegels L_{Ar} nach BGV B 3
3. Auswahl des zutreffenden Gehörschutzes aus der BIA-Positivliste. Es ist bei dem jeweiligen Einsatzbereich des Gehörschutzes (z.B. 97–112 dB (A) im HM-Bereich und 95–110 dB (A) im L-Bereich) darauf zu achten, dass der vorhandene Beurteilungspegel möglichst in der Mitte des Gehörschutz-Einsatzbereiches liegt (für das Beispiel bedeutet dies: HM-Bereich $\rightarrow L_r$ = 104/105 dB (A), L-Bereich $\rightarrow L_r$ = 102/103 dB (A)).

Weitere Auswahlverfahren für Gehörschutz [BIA-Handbuch]

- Oktavband-Methode: Verfahren geht von dem Oktavband-Schalldruckpegel des Geräusches am Arbeitsplatz aus.
- HML-Methode: Verfahren berücksichtigt den A- und C-bewerteten Pegel am Arbeitsplatz.
- SNR-Methode (Single Number Rating): Verfahren geht von den am Ohr wirksamen Beurteilungspegel aus – Einzahl-Schalldämmungs-Kennwort.

Literatur

DIN EN 352 Gehörschützer; Sicherheitstechnische Anforderungen und Prüfungen; – 1 Kapselgehörschützer; – 2 Gehörschutzstöpsel; – 3 Gehörschützer in Kombination mit Industriehelmen; – 4 Pegelabhängige dämmende Kapselgehörschützer

DIN EN 458 Gehörschützer; Empfehlungen für Auswahl, Einsatz, Pflege und Instandhaltung

BGR 194 Einsatz von Gehörschützern

BIA-Handbuch – Sicherheit und Gesundheitsschutz am Arbeitsplatz, Ergänzbare Sammlung der Sicherheitstechnischen Informations- und Arbeitsblätter für die betriebliche Praxis. Hrsg.: Berufsgenossenschaftliches Institut für Arbeitsschutz (BIA) des HVBG, 2. Auflage 2003, Erich Schmidt Verlag, Berlin

10.5 Atemschutz

Atemschutzgeräte dienen dem Schutz vor gefährlichen Gasen, Dämpfen und Schwebstoffen. Gerät und Atemwege des Benutzers werden durch einen Atemanschluss miteinander verbunden. Üblich sind Voll-, Halb- und Viertelmaske, filtrierende Halbmasken, Mundstückgarnituren, Atemschutzhaube, -helm und -anzug. Hinsichtlich der Einsatzmöglichkeiten lassen sich Filtergeräte (abhängig von der Umgebungsatmosphäre) und Isoliergeräte (unabhängig von der Umgebungstemperatur) unterscheiden (→Abb. 10.5.1).

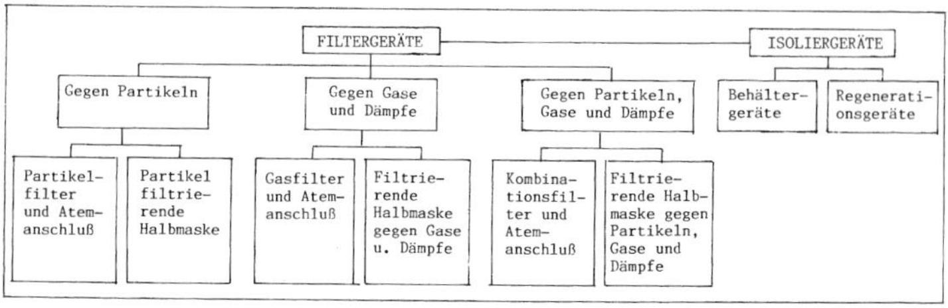

Abb. 10.5.1: Einteilung der Atemschutzgeräte nach DIN EN 133

Anforderungen: Verwendet werden dürfen nur Atemschutzgeräte mit CE-Kennzeichnung und Prüfstellenangabe. Voraussetzung hierfür ist u.a.: Baumusterprüfung und Anwendung eines Qualitätssicherungsverfahrens nach Richtlinie 89/686/EWG. Atemanschlüsse müssen luftabschließend anpassbar sein. Undichtigkeiten können tödliche Folgen haben. Außerdem sollen sie die Bewegungsfreiheit nicht wesentlich einschränken. Nach Möglichkeit soll auch eine akustische Verständigung bei angelegter Maske möglich sein.

Vor Beginn von Tätigkeiten unter Atemschutz ist in der Regel die hierfür erforderliche Eignung durch ärztliche Vorsorgeuntersuchung festzustellen. Vor Gebrauch von Atemschutzgeräten bedarf es der gründlichen Ausbildung.

Filtergeräte: In vorgeschalteten Filtern werden gefährliche Stoffe (Gase, Dämpfe, Partikel) zu einem sehr großen Teil oder ganz absorbiert.

Allgemeines: Filtergeräte sind abhängig von der Umgebungsatmosphäre, können also nur dort angewendet werden, wo genügend Sauerstoff vorhanden ist. Die Luft enthält normalerweise 21 Vol. % (= 23,1 Gew. %) Sauerstoff; sinkt ihr Sauerstoffgehalt unter 17 Vol. %, so besteht Lebensgefahr. Aus diesem Grunde bieten CO-Filter-Selbstretter im untertägigen Bergbau nur einen beschränkten Schutz vor Brandgasen.

Filter lassen in der Regel noch einen geringen Prozentsatz von schädlichen Stoffen durch. Der durchgelassene Anteil muss immer unterhalb der MAK-Wertgrenze liegen. Zu beachten ist auch, dass sich die Absorbtionsschicht im Filter in Abhängigkeit von Filteralter, Gebrauchsdauer und Konzentrationsbelastung erschöpft. Hinweise auf den Filter geben hier Auskunft.

Die Druckdifferenz am Filter darf aus Gründen der Erträglichkeit je nach Filterart und -klasse Höchstwerte, die in DIN EN 141 u. 143 festgelegt sind, nicht überschreiten. Diese Höchstwerte betragen bei einem Durchfluss von 30 l/min 0,6–2,8 mbar.

Die Verwendung von Masken hat gegenüber Mundstücken mit Nasenklemmen den Nachteil, dass bei nicht körpergerechtem Anliegen der Maske große

Mengen schädigender Stoffe eingeatmet werden können. Dies ist in der Praxis oft der Fall.

Zwecks Vermeidung von Undichtigkeiten am Maskensitz dürfen Filter mit einem Gewicht > 300 g nicht direkt an Halbmasken und > 500 g nicht direkt an Vollmasken und Mundstückgarnituren verwendet werden.

Filtergeräte mit Gebläse besitzen außer Atemanschluss und Filter ein batteriebetriebenes Gebläse, wodurch der filterbedingte Atemwiderstand herabgesetzt wird.

Filtrierende Halbmasken sind vollständige Atemschutzgeräte, die ganz oder zum Teil untrennbar mit der Maske verbunden sind. Sie sind einfach und preiswert, lassen sich jedoch nach Verbrauch nicht erneut verwenden.

Gasfilter (→DIN EN 14387) filtrieren schädliche Gase und Dämpfe aus der Umgebungsluft ab. Die Filterarten werden nach ihrem Hauptanwendungsbereich an folgende Gasfiltertypen eingeteilt:

A	(braun):	Organische Gase und Dämpfe mit Siedepunkt > 65 °C, z. B. von Lösemitteln
B	(grau):	Anorganische Gase und Dämpfe, z. B. Chlor, Schwefelwasserstoff, Cyanwasserstoff (Blausäure)
E	(gelb):	Schwefeldioxid, Chlorwasserstoff und andere saure Gase
K	(grün):	Ammoniak und organische Ammoniak-Derivate
Ax	(braun):	Niedrigsiedende organische Verbindungen, Siedepunkt ≤ 65 °C
Sx	(violett):	Sonderfälle, vom Hersteller festgelegt
NO	(blau)	Nitrose, Gase
Hg	(rot):	Quecksilber
CO	(schwarz):	Kohlenmonoxid

Die Farbkennzeichnung für den Gasfiltertyp besteht entweder aus einer entsprechenden Färbung des Filtergehäuses oder aus einem Farbring auf dem farbneutralen Filtergehäuse. Für filtrierende Halbmasken ist keine Farbkennzeichnung vorgeschrieben. Sie werden durch den Buchstabenvorsatz FF in Verbindung mit dem Buchstaben des Anwendungsbereichs gekennzeichnet. Das Zusatzzeichen S bedeutet: nur gegen feste Partikel, SL gegen feste Partikel und wässrige Aerosole.

Gasfiltertypen A, B, E und K werden nach ihrem Aufnahmevermögen in folgende Gasfilterklassen unterteilt:

1	Kleines Aufnahmevermögen:	≤ 0,1 Vol.-% =	1 000 ml/m^3
2	Mittleres Aufnahmevermögen:	≤ 0,5 Vol.-% =	5 000 ml/m^3
3	Großes Aufnahmevermögen:	≤ 1 Vol.-% =	10 000 ml/m^3

Für die anderen Filtertypen gelten Sonderregelungen (→BGR 190).

Die Kennzeichnung von Gasfiltern erfolgt durch folgende Angaben: Hersteller; Angabe Gasfilter; Typbezeichnung und Buchstabe des Gasfiltertyps; Gasfilterklasse; Monat/Jahr des Endes der Lagerfähigkeit.

Partikelfilter: Sie filtrieren aus der Umgebungsatmosphäre feste und flüssige Partikel. Zu unterscheiden sind folgende Filterklassen:

1 P Schutz gegen feste Partikel. Kleines Rückhaltevermögen, z.B. notwendig bei inerten Stoffen.

2 P Schutz gegen feste und flüssige Partikel. Mittleres Rückhaltevermögen,

z.B. notwendig bei mindergiftigen Partikeln.

3 P Schutz gegen feste und flüssige Partikel. Groûes Rückhaltevermögen, z.B. notwendig bei giftigen und sehr giftigen Partikeln.

Die Farbkennzeichnung der Filter ist weiß. Die Kennzeichnung erfolgt durch folgende Angaben: Hersteller; Angabe Partikelfilter; Typbezeichnung des Filters und Buchstabe der Partikelfilterklasse; DIN EN 143 und erff. Monat/Jahr der Lagerfähigkeit.

Kombinationsfilter (→DIN EN 141) filtrieren schädliche Gase und Dämpfe sowie Partikel aus der Umgebungsatmosphäre.

Gebläsefilter: Sie werden durch die Bezeichnungen TM (Turbo, Maske) und TH (Haube, Helm) gekennzeichnet.

Isoliergeräte: *Schlauchgeräte:* Sie machen den Träger unabhängig von der Umgebungsatmosphäre, Schlauchgeräte sind nur bei ortsgebundenen Arbeiten einzusetzen. Zu unterscheiden sind Frischluft- und Druckluft-Schlauchgeräte.

Bei Verwendung von *Frischluft-Saugschlauchgeräten* wird ein Luftzuführungsschlauch mit 25 mm lichter Weite benutzt. Die beiden Enden des Luftzuführungsschlauches sind mit Klauenkupplungen versehen. Das Ansaugen der Luft erfolgt durch Lungenkraft. Daher ist die Schlauchlänge auf 20 m begrenzt. Besonders wichtig ist die Dichtheit des Gerätes und des Atemanschlusses, damit keine schädigenden Gase eingeatmet werden können. Insofern ist die Schutzwirkung dieser Geräte nur beschränkt.

Bei Verwendung von *Frischluft-Druckschlauchgeräten* werden mindestens 80 l Atemluft/min über einen Luftzuführungsschlauch mit 25 mm lichter Weite (maximale Länge 20 m) mittels Gebläse o. dgl. zugeführt. Ein Atembeutel sorgt für Mengenausgleich an der Maske.

Bei Verwendung von *Druckluft-Schlauchgeräten* wird die Atemluft mit einem Überdruck von 3,5–10 bar bis an die Person geführt und dort der Druck reduziert. Die lichte Weite der Zuführungsschläuche beträgt bei einer maximalen Länge von 50 m mindestens 8 mm. Dadurch wird die Bewegungsfreiheit wesentlich erhöht. Wird Atemluft aus einer Druckflasche entnommen, muss an dieser ein akustisches Warnsignal angebracht werden, das bei Unterschreiten eines Druckes von 30 bar ertönt. Üblich sind auch Geräte mit einem Motorgebläse, wobei der Zuführungsschlauch 25 mm lichte Weite besitzt.

Behältergeräte: Üblich sind Pressluftatmer, in denen unter Druck stehende Pressluft eingeatmet wird (→Abb. 10.5.2). Auf dem Markt werden vor allem kleinere, tragbare Geräte angeboten, aus denen man bis etwa zu einer halben Stunde atmen kann. Pressluftgeräte eignen sich auch als Fluchtgeräte untertage, z.B. im Kalibergbau bei CO_2-Ausbrüchen.

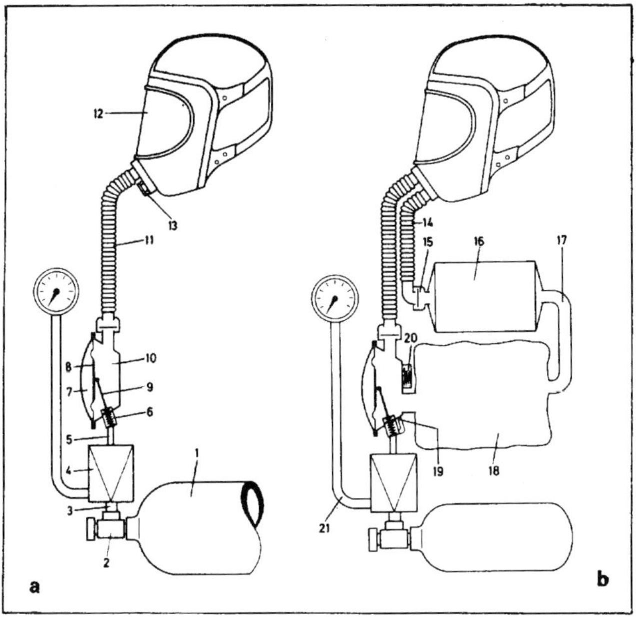

1. Druckgasbehälter
2. Flaschenventil
3. Hochdruckanschluß
4. Druckminderer
5. Verbindungsleitung
6. Lungengesteuertes Ventil
7. Lungenautomat
8. Membran
9. Hebelsystem
10. Steuerraum
11. Faltenschlauch
12. Atemschutzmaske
13. Ausatemventil
14. Faltenschlauch
15. Steuerventil
16. Regenerationspatrone für Bindung von CO_2
17. Verbindungsrohr
18. Atembeutel
19. Dosierungsdüse 1,5 l/min
20. Überdruckventil
21. Druckanzeiger

Abb. 10.5.2: Funktionsweise von Pressluftgerät (Druckluftatmer) (a) und Regenerationsgerät (b)

Regenerationsgeräte: Zu unterscheiden sind u.a. Sauerstoffschutzgeräte und Chemikal-Sauerstoffgeräte. Sauerstoffschutzgeräte haben einen eigenen Atmungskreislauf und machen den Träger bis zu etwa 4 Stunden von der Umgebung unabhängig. Das in der Atemluft angereicherte CO_2 wird in einer Regenerationspatrone absorbiert und der verbrauchte Sauerstoff aus der Druckflasche mit einer Regeldosierung von 1,5 l/min ersetzt (→ Abb. 10.5.2). Derartige Geräte sind teuer, kompliziert und müssen ständig gewartet werden. Sie haben ein Gewicht von etwa 12–13,5 kg und werden auf der Schulter getragen. Für den Umgang mit Regenerationsgeräten kommen nur Personen in Frage, die völlig gesund sind und ständig aus- und fortgebildet werden. Mit solchen Geräten sind die Grubenwehren im Bergbau ausgerüstet.

Für kurzzeitigen Einsatz (bis 30 min) eignen sich auch Chemikal-Sauerstoffgeräte. Dabei wird die Atemluft auf chemischen Wege vom CO_2 und Feuchtigkeit gereinigt, mit Sauerstoff auf der Basis KO2 oder Na ClO_3 angereichert und erneut eingeatmet.

Literatur

DIN EN 132 bis 149, 269 bis 271, 371, 372, 400 bis 405 und weitere Normen u. Normentwürfe. Einzelbenennungen n DIN-Verzeichnis oder BGR 190

BGI 693: Zertifizierte Atemschutzgeräte

BGR 190: Einsatz von Atemschutzgeräten

BRAUER, L. (LB): Handbuch Atemschutz. Ecomed Verlag Landsberg

10.6 Arm-, Hand- und Fingerschutz

Arm-, Hand- und Fingerschutz dienen dem Schutz vor mechanischen (Schnitt- und Stoßverletzungen), vor chemischen (Säuren, Laugen, Lösungen, Lösemittel usw.), physikalischen (Wärmestrahlung, Ultraviolett-Strahlung, Funken, heißen und kalten Gegenständen, kalter Umgebung, Vibration, Elektrizität, ionisierenden Strahlen usw.) und krankheitserregenden (Mikroorganismen) Einflüssen. Als Material wird Leder, Kunststoff, natürliches Gewebe oder auch Metall verwendet. Die Form von Arm-, Hand- und Fingerschutz richtet sich weitgehend nach den Anforderungen bei der jeweiligen Tätigkeit. Als Handschutz werden Schutzhandschuhe mit 2 oder mehr Fingern, Fäustlinge und Handleder verwendet. Fingerschützer werden sowohl als Fingerhüte einzeln angeboten (z. B. für die Bekleidungsindustrie) wie auch in die Handschuhe eingearbeitet.

Anforderungen: Jeder Arm- und Handschutz muss genau auf den jeweiligen Zweck zugeschnitten werden. Einerseits muss ein genügender Gefahrenschutz gewährleistet sein, andererseits muss je nach Arbeitsvorgang ein Mindestmaß an Tastfähigkeit erhalten bleiben.

Schutzhandschuhe dürfen nicht bei Arbeiten an rotierenden Gegenständen angezogen werden, da Gefahr besteht, dass über den Schutzhandschuh die

Hand von rotierenden Maschinenteilen erfasst wird, z.B. beim Festhalten des Bohrgestänges beim Anbohren von Gestein.

Kennzeichnung: Schutzhandschuhe müssen außer durch CE-Kennzeichnung, Prüfstellenangabe und zutreffender Prüfnorm mit folgenden Mindestangaben dauerhaft gekennzeichnet sein: Hersteller, Typ, Größe, Piktogramm, aus dem erkennbar ist, gegen welche Einwirkung der Handschuh schützt (→Abb. 10.6.1); außerdem Angaben der Leistungsstufe zu den einzelnen Eigenschaften, z.B. bei mechanischen Risiken zu Abrieb-, Schnitt-, Weiterreiß-, und Stichfestigkeit.

Piktogramm	Bedeutung z.B. Gefahrenklasse	Piktogramm	Bedeutung z.B. Gefahrenklasse
	Schutz gegen mechanische Gefahren		Schutz gegen Kälte
	Schutz gegen Schnitte und Stiche		Schutz gegen Hitze und Flammen
	Schutz gegen Elektrostatik		Schutz gegen ionisierende Strahlen
	Schutz gegen chemische Produkte		Schutz gegen radioaktive Kontamination durch Partikel
	Schutz gegen bakteriologische Kontamination		Schutz gegen Kettensägen

Abb. 10.6.1: Piktogramme zur Handschuhkennzeichnung (DIN EN 420)

Literatur

DIN EN 374: Schutzhandschuhe gegen Chemikalien u. Mikroorganismen. 381: Kettensägen. 388: Mechanische Risiken. 407: Hitze, Feuer. 420: Allgemeine Anforderungen. 421: Ionisiende Strahlen. 455: Medizinische Einmalhandschuh. 511: Kälte. 659: Feuerwehr. 1082: Metallringgeflecht. 60903/VDE 0682-331: Arbeiten unter Spannung. Für Schweißerhandschuhe gilt DIN EN 12477

BGR 195: Einsatz von Schutzhandschuhen

BGR 200: Benutzung von Stechschutzhandschuhen und Armschützern

10.7 Schwingungsschutz-Handschuh

Bei Arbeiten mit Handmaschinen kann zum Schutz vor mechanischen Schwingungen besonders bei hochfrequenten Schwingungen der Einsatz von Schwingungsschutz-Handschuhen als persönliche Schutzeinrichtung eine sinnvolle ergänzende Maßnahme sein.

Nach DIN EN 10818 haben Hersteller das Einsatzgebiet dieser Handschuhe sowie die Richtwerte der Dämpfung der Schwingungsübertragung bei der jeweiligen Frequenz anzugeben. Die Dämpfung beschreibt das Verhältnis der Schwingbeschleunigung auf der Handoberfläche zu dem Bezugspunkt auf dem Arbeitsmittel. Dabei bedeuten Werte > 1, dass durch den Schwingungsschutz-Handschuh eine Verstärkung der Schwingung auftritt, Werte < 1 stehen für eine Verminderung der übertragenen Schwingungen. Die Angabe von Richtwerten der Dämpfung (T_r) erfolgt nach DIN EN 10819 in Abhängigkeit vom Frequenzbereich:

T_{rt}: f $<$ 31,5 Hz (tieffrequente Schwingungen)
T_{rm}: f $\geq$ 31,5 Hz bis 200 Hz (mittelfrequente Schwingungen)
T_{rh}: f $>$ 200 Hz bis 1250 Hz (hochfrequente Schwingungen).

Erfahrungen zeigen, dass der Einsatz von Schwingschutz-Handschuhen im hochfrequenten Bereich gute Dämpfungseigenschaften hat (z.B. $T_{rh} = 0{,}59$), im Mittelfrequenzbereich geringe Dämpfung (z.B. $T_{rm} = 0{,}90$). Bei tieffrequenten Schwingungen ist aufgrund der großen Schwingwege eine Schwingungsminderung nur noch bedingt möglich.

Literatur

DIN EN 10819 Mechanische Schwingungen; Hand-Arm-Schwingungen; Verfahren für die Messung und Bewertung der Schwingungsübertragung von Handschuhen in der Handfläche

NEUGEBAUER, G. u. HARTUNG, E. (2002): Mechanische Schwingungen und Vibrationen am Arbeitsplatz. Verlag Technik Information, Bochum

10.8 Fußschutz

Fußschutz ist vorwiegend als Schutz gegen mechanisch, daneben aber auch chemisch, elektrisch oder thermisch bewirkte Verletzungen erforderlich.

Nach dem Umfang der Schutzwirkung werden entsprechend DIN EN 344-1 unterschieden:

1. *Sicherheitsschuhe.* Sie besitzen Zehenkappen, deren Schutzwirkung gegen mechanische Einwirkungen mit einer Prüfenergie von 200 J geprüft wird (→DIN EN 345-1).
2. *Schutzschuhe.* Sie besitzen Zehenkappen, deren Schutzwirkung gegen mechanische Einwirkungen mit einer Prüfenergie von 100 J geprüft wird (→DIN EN 346-1).
3. *Berufsschuhe.* Sie besitzen keine Zehenkappen (→DIN EN 347-1).

Unterschieden werden nach der Schuhform: Halbschuh, niedrige, halbhohe, hohe und oberschenkelhohe Stiefel.

Anforderungen: Die Anforderungen richten sich nach dem Einsatzbereich. Sofern Zehenkappen erforderlich sind, werden diese mit einer hinteren Kantenabdeckung versehen, damit bei Belastung kein Einschneiden in den Mittelfuß möglich ist. Die Sohlen werden erff. gegen Eintritt von Nägeln und sonstigen spitzen und scharfen Gegenständen mit einer besonderen Einlage durchtrittsicher gemacht. Der elektrische Durchgangswiderstand muss für leitfähige Schuhe (zur Verminderung von Zündgefahren durch elektrostatische Aufladung, wenn keine Gefahr eines elektrischen Schocks besteht) $\leq 10^5$ Ohm, für antistatische Schuhe (zur Verminderung von Zündgefahren durch elektrostatische Aufladung, wenn eine Gefahr eines elektrischen Schocks besteht) 10^5 bis 10^8 Ohm betragen. Der Schuhunterbau muss erff. gegen Kälte und Wärme isoliert werden. Im Fersenbereich muss das Energieaufnahmevermögen erff. $\geq$ 20 J betragen. Unter Prüfbedingungen darf innerhalb einer Stunde kein Wasserdurchtritt in den Schuh erfolgen. In den harmonisierten Normen ist bisher kein Prüfverfahren zur Ermittlung der Rutschfestigkeit der Sohle vorgesehen, da hierüber im Ausschuss keine Einigung erzielt werden konnte. Daher gilt zur Zeit in der Bundesrepublik Deutschland DIN 4843-100 für die Prüfung der Rutschhemmung auf einer neigbaren Ebene.

Schuhe müssen oben möglichst dicht abschließen, damit nicht Steine, glühende Teilchen usw. in die Schuhe geraten können. Erff. sind Gamaschen direkt über den Schuhen, aber unter den Hosenbeinen zu tragen, damit glühende Teilchen, die den Hosenstoff durchbrennen, ungehindert auf den Boden fallen können. Das Innere soll gegen Fußpilz imprägniert sein. Durch Einführung des Mehrweiten-Systems (Mondopoint, zu jeder Schuhgröße bzw. -länge verschiedene Breiten, →DIN 66 074-1–3) sind inzwischen die Schutzschuhe passgerechter, bequemer und sicherer geworden. Voraussetzung ist, dass der bekleidete Fuß mit Hilfe eines einfachen Gerätes nach Länge und größter Breite vermessen wird.

Kennzeichnung: Die Kennzeichnung der Schuhe erfolgt außer durch CE-Kennzeichnung und Prüfstellennummer in folgender Reihenfolge nach DIN EN 345-1, 346-1 und 347-1: Größe, Herstellerzeichen, Herstellungsdatum,

Herstellerland, Nummer der Norm und Symbol der Schutzfunktion oder Kategorie.

Die Symbole der Schutzfunktion bedeuten entsprechend den Prüfungen nach DIN EN 344-1: A = Antistatischer Schutz; C = Leitfähiger Schuh; CI = Kälteisolierung; E = Energieaufnahmevermögen im Fersenbereich; HI = Wärmeisolierung; HRO = Verhalten der Laufsohle gegenüber Kontaktwärme; P = Durchtrittsicherheit; WRU = Wasserdurchtritt und Wasseraufnahme.

Die zur Erleichterung der Kennzeichnung alternativ eingeführten Kategorien bedeuten:

Erstes Symbol: S = Sicherheitsschuh; P = Schutzschuh; O = Berufsschuh.

Zweites Symbol: B = keine Zusatzanforderung.

1 = Geschlossener Fersenbereich; Antistatik; Energieaufnahmevermögen im Fersenbereich. Bei Vorzahl 0 auch Kraftstoffbeständigkeit der Sohle.
2 = 1 + Schutz gegen Wasserdurchtritt und Wasseraufnahme.
3 = 2 + Durchtrittsicherheit; profilierte Sohle.
4 = Antistatik; Energieaufnahmevermögen im Fersenbereich. Bei Vorzahl 0 auch Kraftstoffbeständigkeit der Sohle.
5 = 4 + Durchtrittsicherheit; profilierte Sohle.

Sonderanfertigungen: Mehrkosten für das Anfertigen orthopädischer Sicherheits- und Schutzschuhe werden in vielen Fällen von Unfallversicherung, Kriegsopferfürsorge, Rentenversicherung und anderen zuständigen Stellen übernommen, sofern die Schuhe in einem Arbeitsbereich getragen werden müssen, in dem zwingend Sicherheitsschuhe vorgeschrieben sind.

Literatur

DIN EN 344: Anforderungen und Prüfverfahren für Sicherheits-, Schutz- und Berufsschuhe für den gewerblichen Gebrauch. 345: Sicherheitsschuhe. 346: Schutzschuhe. 347: Berufsschuhe

BGR 191: Benutzung von Fuß- und Beinschutz

HEID, H.: Die europäische Normung von Sicherheits-, Schutz- und Berufsschuhen. SiS, Heft 1/1999, S. 15, Kluge Verlag, Berlin

10.9 Hautschutz

Hauterkrankungen standen unter den meldepflichtigen Berufskrankheiten – Verdachtsfällen 2001 an erster Stelle (21 494 Meldungen, davon 1 533 anerkannt und davon 445 neue Unfallrenten).

Betrieblicherseits ist im Einzelfall zunächst zu prüfen, ob hautreizende Arbeitsstoffe durch hautfreundliche ersetzt werden können. Ist das nicht möglich, so können die o.g. persönlichen Schutzausrüstungen oder Hautsalben helfen. Letztere sind in Form von Sprühmitteln und Salben auf dem Markt und

sollen die Haut vor aggressiven und krebserregenden Stoffen schützen, z.B. gegen Teer, Kalk, Zement, Lösemittel, Kühlschmierstoffe, Säuren und Laugen. Hautsalbe muss gegenüber dem Schadstoff undurchlässig und hautverträglich sein. Sie darf die Hautfunktion, insbesondere die Schweißabgabe, nicht beeinträchtigen. Ferner soll sie leicht verstreichbar, schnell eintrockenbar und gut abwaschbar sein. Zu beachten ist, dass die Hautreinigung nach der Arbeit mit auf die Dauer verträglichen Mitteln erfolgen muss. Lösemittel, Benzin, Benzol, Soda usw. sind hierfür nicht geeignet. Zu empfehlen sind warmes Wasser, milde Seife und reizlose Handwaschpaste. Auch erfordert die Anwendung von Hautschutzmitteln nach der Reinigung eine sorgsame Pflege der Haut (→DICKE u.a. 1996).

Literatur

BGI 658: Hautschutz in Metallbetrieben

BGR 197: Benutzung von Hautschutz

DICKE, W., MEHLEM, P. u. FUNK-STENDAL, I. (1996): Alles über Hautschutz, Hautreinigung, Einsatz, Produktübersicht. Wirtschaftsverlag NW, Bremerhaven

10.10 Schutz vor Absturz

Sicherheitsgeschirr: Bei absturzgefährdeten Arbeiten muss, wenn andere technische Maßnahmen gegen Absturz nicht möglich sind, Sicherheitsgeschirr eingesetzt werden. Darunter fallen:

1. *Auffanggurte:* Sie bestehen aus mehreren Gurten vom Oberschenkel zur Schulter mit rückseitiger, z.T. auch vorderseitiger Fangöse.
2. *Haltegurte:* Sie dienen vorwiegend dazu, Beschäftigte von einer Absturzkante fernzuhalten. Sie eignen sich auch bei Arbeiten an Masten, Leitern usw., wenn das Halteseil um ein Konstruktionsteil straff gespannt wird. Als Auffangeinrichtung sind Halteseile nicht geeignet.
3. Feuerwehr-Sicherheitsgurte: Spezialgurte für den Feuerwehreinsatz. Sie besitzen 2 Fangösen und 1 Sicherungsseil.
4. *Verbindungsmittel* zwischen Gurt und Anschlagpunkt, z.B. Sicherheitsseil, Halteriemen, Fangleine. Als Anschlag ist auch eine horizontal in einer Führungsschiene bewegliche Einrichtung verwendbar.
5. *Sonstige Geräte,* z.B. Falldämpfer – z.T. im Karabiner-, Höhensicherungsgeräte (automatische Seilaufspulgeräte mit Fallbremse), Steigschutz (in Führungsschiene laufende Fangvorrichtung mit Sperrklinke, die bei Absturz einrastet), Abseilgeräte. Die Benutzung von Auffang- oder Haltegurten ist nur in Verbindung mit Falldämpfern statthaft.

Rettungsgeschirre: Sie sind notwendig zum Bergen von Personen, die sich aus eigener Kraft nicht retten können, z.B. bei Arbeiten in Behältern.

Anforderungen: Jedes Sicherheits- und Rettungsgeschirr ist so sicher wie dessen schwächstes Glied. Mechanische Festigkeit muss für alle Teile gleichmäßig gewährleistet sein. Die Geräte, vor allem Gurtschlösser und Seile, müssen regelmäßig, mindestens einmal jährlich, auf Verschleiß untersucht werden. Auffang- und Haltegurte müssen eng anliegen. Das Führungsseil darf nur wenige Zentimeter Spiel haben, damit kein harter Fall in das Seil erfolgen kann. Es dürfen nur Abseilgeräte verwendet werden, die die CE-Kennzeichnung besitzen und Angaben über Typ, Hersteller, Seriennummer und Herstellerjahr enthalten. Außerdem ist eine Betriebsanleitung mitzuliefern.

Literatur

DIN EN 341: Persönliche Schutzausrüstung gegen Absturz. Abseilgeräte. 353-1: Steigschutzeinrichtungen mit fester Führung. 353-2: Mitlaufende Auffanggeräte an beweglicher Führung. 354: Verbindungsmittel. 355: Falldämpfer. 358: Haltegurte. 360: Höhensicherungsgeräte. 361: Auffanggurte. 362: Verbindungselemente. 363: Auffangsysteme. 364: Prüfverfahren. 365: Gebrauchsanleitung u. Kennzeichnung

BGR 198: Einsatz von persönlichen Schutzausrüstungen gegen Absturz

BGR 199: Einsatz von persönlichen Schutzeinrichtungen zum Halten und Retten

10.11 Ganzkörperschutz

Der gesamte Rumpf wird durch besondere Anzüge oder Teile, wie Hosen, Jacken, Schürzen usw., geschützt. Je nach Zweck sind besondere Erfordernisse zu erfüllen. Als Wasser- und Schlechtwetterschutz wird Gummizeug oder ähnliches Material verwendet. Kunststoff wird bei erwünschter Säurefestigkeit benutzt. Winterschutzanzüge sind mit wärmedämmendem Material gefüttert. Bei Strahlenschutzanzügen werden dem Stoff Blei- oder Bariumverbindungen beigefügt. Besondere Ausführungen sind in Wärmebetrieben notwendig. Hier muss das Material die Wärmestrahlen reflektieren und brandsicher sein. Dies wird z.B. durch metallische Gewebe erreicht. In Kältebetrieben können, wenn eine Fütterung nicht ausreicht, mittels Batterien beheizte Schutzanzüge notwendig werden (Hitze- und Kälteschutzkleidung →Kapitel 6.4). Zu Warnzwecken (z.B. Kranfahrer, Bergleute, Straßenarbeiter) können Schutzkleidung oder einzelne Teile mit auffälligen Farben (gelb, orange, phosphoreszierend) und lichtreflektierenden Streifen versehen werden. Warnwesten haben sich besonders bewährt. Für Spezialzwecke gibt es weitere Arten von Schutzkleidung, z.B. isolierende Elektriker-, Schweißer- und Stechschutzkleidung.

Anforderungen: Ganzkörperschutz darf die Bewegungsfreiheit nicht wesentlich einengen. Das Material darf nicht oder nur schwer entflammbar sein. Zu beachten ist, dass alle zu diesem Zweck imprägnierten Textilien den Schwerentflammbarkeitseffekt nach einiger Zeit vor allem durch die Reinigung verlieren. Die Abfuhr des durch den menschlichen Körper gebildeten Wasserdampfes muss durch genügende Wasserdampfdurchlässigkeit der Schutzkleidung und Möglichkeiten zur Kleidungsventilation gewährleistet sein.

Bei Arbeiten an Maschinen müssen Schutzkleidung und Arbeitsanzug am Körper anschließen, insbesondere Ärmelbündchen am Handgelenk. Die Arbeitskleidung darf keine lose flatternde Teile haben. Ärmel sind nach innen aufzukrempeln.

Literatur

DIN EN 340: Schutzkleidung; Allgemeine Anforderungen

Weitere Normen für unterschiedliche Schutzzwecke →DIN-Katalog

BGR 189: Regeln für den Einsatz von Schutzkleidung

BGR 196: Regeln für den Einsatz von Stechschutzbekleidung

MÜLLER-STEINECK, E.: Das Brennverhalten von Schutzanzügen und die Europäische Normung. Die BG, Heft 1/2000, S. 6, Erich Schmidt Verlag, Berlin

11 Erste Hilfe

Grundlagen

Von einer raschen und sinnvollen Ersten Hilfe nach Unfällen hängt wesentlich der Heilungsverlauf ab. Nicht oder unsachgemäß behandelte leichte Verletzungen führen oft nach einiger Zeit zu Komplikationen, insbesondere Blutvergiftungen, Wundstarrkrampf usw. Darum muss auch die leichte Verletzung sorgfältig möglichst vom Sanitäter oder einer sonstigen Fachkraft behandelt werden. Nach schweren Unfällen ist besondere Sorgfalt bei der Ersten Hilfe notwendig, da hiervon häufig das Überleben abhängt.

Maßnahmen

Ersthelfer: Jeder Betrieb oder Betriebsteil muss über ausgebildete Ersthelfer verfügen. Für die Erste Hilfe müssen nach BGV A1 bei bis zu 20 anwesenden Versicherten ein Ersthelfer, bei mehr als 20 anwesenden Versicherten in Verwaltungs- und Handelsbetrieben 5%, sonst 10% der Beschäftigten zur Verfügung stehen. In kleinen Betrieben und in schwach besetzten Schichten muss wenigstens ein ausgebildeter Ersthelfer vorhanden sein. Die Ausbildung erfolgt in einer von den Unfall- Versicherungsträgern nach Anhang 3 BGV A1 ermächtigten Ausbildungsstätte in der Ersten-Hilfe; die Kosten des Kurses tragen die Berufsgenossenschaften. In Betrieben mit weiblichen Beschäftigten ist darauf zu achten, dass genügend weibliche Ersthelfer ausgebildet werden. In Abständen von 2 Jahren sind Fortbildungskurse durchzuführen. Ist mit besonderen Unfallgefahren zu rechnen, so ist eine Zusatzausbildung erforderlich.

Flucht- und Rettungsplan: Der Arbeitgeber hat nach § 4 (4) ArbeitsstättenVO für die Arbeitsstätte einen Flucht- und Rettungsplan aufzustellen, wenn Lage, Ausdehnung und Art der Nutzung dies erfordern. Der Flucht- und Rettungsplan ist auszulegen oder auszuhängen. In angemessenen Zeitabständen ist entsprechend dem Plan zu üben.

Rettungstransportmittel: Für den Transport von Verletzten sind Krankentragen und bei beengten Betriebsverhältnissen erff. Rettungstücher, Schleifkörbe, Tragsäcke, Rettungsgurte und -leinen bereitzustellen.

Erste-Hilfe-Räume: Räume oder vergleichbare Einrichtungen müssen entsprechend der Unfallgefahren oder der Anzahl der Beschäftigten, der Art der ausgeübten Tätigkeit sowie der räumlichen Größe der Betriebe vorhanden sein (§ 6 ArbStättV). Sie müssen an den Eingängen als solche gekenntzeichnet und für Personen mit Rettungstransportmitteln leicht zugänglich sein.

Sanitäter: In Betrieben mit mehr als 1500 Versicherten muss mindestens ein Betriebssanitäter zur Verfügung stehen. Wenn Schwere und Zahl der Unfälle den Einsatz von Sanitätspersonal erfordern, muss ein Sanitäter bereits in einem Betrieb mit mehr als 250 Versicherten zur Verfügung stehen. Auf Baustellen ist ein Sanitäter bei mehr als 100 Versicherten erforderlich. Betriebssanitäter müssen eine Fachausbildung für den Sanitätsdienst durch eine vom Unfallversicherungsträger anerkannte Stelle nachweisen können und in angemessenen Zeiträumen fortgebildet werden (BGV A1). Als Betriebssanitäter dürfen nur Personen eingestellt werden, die an einer Grundausbildung und an dem Aufbaulehrgang für den betrieblichen Sanitätsdienst teilgenommen haben.

Sanitätsraum: Der Arbeitgeber muss nach BGV A1 mindestens einen Sanitätsraum zur Verfügung stellen, wenn mehr als 1000 Arbeitnehmer oder bei Vorliegen besonderer Unfallgefahren mehr als 100 Arbeitnehmer oder auf einer Baustelle mehr als 50 Arbeitnehmer beschäftigt sind. Sanitätsräume sollen getrennt nach Geschlechtern angelegt sein und sind zu kennzeichnen. Sie müssen mit einer Krankentrage leicht erreichbar und mit den erforderlichen Einrichtungen und Mitteln ausgestattet sein (→BGI 662).

Verbandmittel: Nach BGV A1 müssen die Verbandmittel jederzeit leicht zugänglich und gegen schädigende Einflüsse, insbesondere Verunreinigungen, Nässe und hohe Temperaturen geschützt sein. Der Inhalt muss erff. ergänzt oder erneuert werden. Die Anzahl der bereitzustellenden Verbandkästen ergibt sich aus der →Tabelle. 11.1. Der Inhalt eines Verbandkastens ist in ASR 39/1,3 festgelegt. Falls es die betrieblichen Verhältnisse erfordern, sind Krankentragen, Krankentransport-Hängematten, Rettungstücher usw. bereitzustellen. Sofern eine Schockbekämpfung, eine Absaugung der Luftwege und eine künstliche Beatmung über längere Zeit erforderlich werden können, müssen entsprechende Geräte zur Verfügung stehen. Die Arbeitsplätze sollen im Umkreis von 100 m oder höchstens eine Geschoßhöhe entfernt sein. Die Kennzeichnung der Verbandkästen erfolgt durch weißes Kreuz auf grünem Hintergrund; entsprechende Hinweisschilder erhalten weiße Pfeile auf grünem Hintergrund. Verbandkästen sind zum Aufbewahren von Medikamenten nicht geeignet (→BGI 512). Mittel und Einrichtungen zur Ersten Hilfe müssen regelmäßig auf Vollständigkeit und Verwendungsfähigkeit überprüft werden.

Durchgangsarzt: Für die ärztliche Erstuntersuchung des Verletzten werden von den Unfallversicherungsträgern bestimmte Ärzte ermächtigt, die für die Beurteilung von Verletzungen besonders fachkundig sind. Der Verletzte ist verpflichtet, nach der Erste-Hilfe-Leistung den Durchgangsarzt aufzusuchen, wenn mit einer Arbeitsunfähigkeit zu rechnen ist.

Aufzeichnungen: Jede Erste-Hilfe-Leistung muss im Verbandbuch eingetragen werden.

Betriebsart	Zahl der Beschäftigten	Kleiner	Großer
		Verbandskasten	
Verwaltungs- und Handelsbetriebe	1–50	1	
	51–300		1
	ab 301 für je 300 weitere Beschäftigte zusätzlich ein großer Verbandkasten		2
Herstellungs-, Verarbeitungs- und vergleichbare Betriebe	1–20	1	
	21–100		1
	ab 101 für je 100 weitere Beschäftigte zusätzlich ein großer Verbandkasten		2
Baustellen und baustellenähnliche Einrichtungen	1–10	1	
	11–50		1
	ab 51 für je 50 weitere Beschäftigte zusätzlich ein großer Verbandkasten		2

Hinweise: Statt eines großen Verbandkastens können auch 2 kleine Verbandkästen benutzt werden. Bei Tätigkeiten im Außendienst auf Baustellen und baustellenähnlichen Einrichtungen (Werkstattwagen, Einsatzfahrzeuge) kann auch der Kraftwagen- Verbandkasten als kleiner Verbandkasten verwendet werden.

Tab. 11.1: Anzahl der bereitzuhaltenden Verbandkästen nach ASR 39/1,3

Aushang: An gut sichtbaren Stellen ist eine Anleitung zur Ersten Hilfe bei Unfällen auszulegen (BGI 509 in Heftform) oder auszuhängen (BGI 510-1 u. 2 als Plakat). Darin müssen auch die erforderlichen betrieblichen Angaben enthalten sein, z.B. Brandmeldung an, nächster Verbandkasten, nächste Trage, Name und Beschäftigungsort des zuständigen Ersthelfers, nächste Ärzte für Erste Hilfe, nächstes Krankenhaus. Bestehen spezielle Gefahren im Betrieb, so sind die sich darauf beziehenden Anleitungen zur Ersten Hilfe ebenfalls an gut sichtbarer Stelle auszulegen oder auszuhängen; die Angaben sind aktuell zu halten.

Unterweisung: Der Unternehmer muss den Versicherten über das Verhalten bei Unfällen vor Beginn der Arbeit und danach mindestens einmal jährlich unterweisen.

Literatur

VO über Arbeitsstätten (ArbeitsstättenVO – ArbStättV) v. 12. 8. 2004 (BGBl. I Nr. 44, S. 2179)

BGV A1: Grundsätze der Prävention

ASR: 38/2 – Sanitätsraum; 39/1,3: Mittel und Einrichtungen zur Ersten Hilfe

BGI 509 Erste-Hilfe im Betrieb

BGI 510-1/2 Aushang Erste-Hilfe

BGI 511-1/2Verbandbuch

BGI 512 Erste-Hilfe-Material.

BGI 662 Sanitätsräume in Betrieben

GATZ, J. K. (1981): Ersthelfer-, Aus-, Fort- und Weiterbildung. BG S. 758–763

LUDEWIG, R., u. LOHS, K., (1991): Akute Vergiftungen. Ratgeber für toxikologische Notfälle, 8. Aufl. Fischer Verlag, Stuttgart

ZYLMANN, E. (1992): Erste Hilfe im Feuerwehrdienst 8. Aufl. Die Roten Hefte Nr. 19. Kohlhammer Verlag, Stuttgart

12 Arbeitszeitschutz

Inhaltsverzeichnis

12.1 Anliegen

Das Arbeitszeitgesetz (ArbZG), das die europäische Richtlinie 93/104/EG national umgesetzt, regelt den Arbeitszeitschutz der Beschäftigten durch Begrenzung der höchstzulässigen täglichen Arbeitszeit, durch Festsetzung von Mindestruhepausen während der Arbeit und Mindestruhezeiten zwischen Beendigung und Wiederaufnahme der Arbeit sowie durch eine Arbeitsruhe an Sonn- und Feiertagen. Das ArbZG enthält auch Schutzvorschriften zur Nachtarbeit.

Mit dem Gesetz soll der Gesundheitsschutz der Beschäftigten praktikabler gestaltet und Rahmenbedingungen für flexible und individuelle Arbeitszeitmodelle verbessert werden; allerdings bleibt es beim Grundsatz des Acht-Stunden-Tages. Mindestnormen für Ruhezeiten und Ruhepausen werden ebenfalls als gesundheitliche Mindestnormen festgelegt.

Der Arbeitszeitschutz besteht seit seiner Einführung im Jahre 1918/1919 und seiner weiteren Ausgestaltung im Jahr 1923 im Kern aus der gesetzlich werktätigen Regelarbeitszeit, der höchstzulässigen Arbeitszeit, den Mindestruhepausen und der Mindestruhezeit. Im Jahr 1938 wurde eine Arbeitszeitverordnung verabschiedet, die bis zum Jahr 1994 geltendes Recht in Deutschland war.

12.2 Arbeitszeitrhythmus

Grundlagen

Hinsichtlich des Arbeitszeitrhythmus werden folgende Grundtypen unterschieden:

Gleitende Tagesarbeitszeit mit Blockzeit für die Anwesenheit aller Betriebsangehörigen, z. B. mögliche Arbeitszeit von 7–19 Uhr, Blockzeit 9–15 Uhr. Arbeitsstundenausgleich ist in der Regel monatsweise unter Beachtung von

Stundenhöchstgrenzen für die Übertragung auf die nächste Periode möglich. Die gleitende Arbeitszeit hat sich überall dort bewährt, wo sie im Arbeitsablauf möglich und mit Hilfe der Steckuhr oder ähnlicher Vorrichtungen kontrolliert wird. Leistungssteigerung, besseres Betriebsklima und bessere Anpassung an die Verkehrsverhältnisse in Ballungsgebieten sowie bessere Berücksichtigung privater Bedürfnisse sind u.a. die Vorteile.

Feste Tagesarbeitszeit, z.B. von 7.30–16.00 Uhr mit einer halben Stunde Mittagspause. Dieser Typ von Arbeitszeit hat sich überall dort bewährt, wo gleitende Arbeitszeit aus betrieblichen Gründen nicht möglich ist.

Wechselschichtrhythmus: Zurzeit arbeiten in der Bundesrepublik Deutschland etwa 15% der Beschäftigten in Wechselschicht. Am häufigsten ist die auf Werktage beschränkte Arbeit in Früh- und Spätschicht. Im Dienstleistungsbereich, z.B. in Krankenhäusern und Postbetrieben, und in hochautomatisierten Betrieben ist im allgemeinen das durchlaufende Dreischichtensystem üblich, in dem 4 oder 5 Schichtgruppen wechselnd tätig sind.

Nachtarbeit ist als feste Arbeitszeit und im Wechselschichtrhythmus üblich. Von den 36,6 Mio. Erwerbstätigen in Deutschland arbeiten ca. 2,67 Mio. Menschen (etwa 7%) ständig oder regelmäßig nachts; hiervon sind ca. 29% Frauen und 71 % Männer (BGAG, 2002).

Arbeitsbedingte Gefährdungen

Die Auswirkungen des Arbeitszeitrhythmus auf Leistung, Fehlverhalten und Unfalldisposition sind um so größer, je stärker die Arbeitszeit von der biologisch bedingt im Tagesverlauf sich ändernden individuellen Leistungsbereitschaft abweicht.

Gleitende Tagesarbeitszeit hat insofern die größten Vorteile. Entsprechend ist eine positive Auswirkung der Gleitzeit auf das Unfallgeschehen zu vermuten und hinsichtlich der Wegeunfälle nachgewiesen (WERNER u.a. 1979 S. 66).

Feste Tagesarbeitszeit ist im Allgemeinen der Leistungsbereitschaftskurve noch verhältnismäßig gut angepasst. Bei ihr hat der Zeitpunkt des Beginns der Arbeit wesentliche Bedeutung, auch mit Rücksicht auf erhöhte Gefährdung in der Dunkelheit. W. WILD u. H. THEIS (Glückauf 1967 S. 833) konnten z.B. auf einer Steinkohlenzeche nachweisen, dass bei Verschieben des Schichtbeginns von 6 auf 7 Uhr die relative Unfallhäufigkeit um 24% sank. Aus Statistiken des Unfallgeschehens lässt sich ableiten, dass die tägliche Arbeitszeit 8 Stunden nicht überschreiten sollte, da nach der 8. Stunde die Wahrscheinlichkeit eines Arbeitsunfalls signifikant ansteigt (BGAG, 2002).

Wechselschichtrhythmus kann aus technischen, wirtschaftlichen und sozialen Gründen erforderlich sein. Er bewirkt eine Diskrepanz zwischen dem

Rhythmus der optimalen natürlichen Leistungsbereitschaft und der Schichtzeit. Bei einem Wechsel zwischen Früh- und Spätschicht sind wesentliche Gefährdungsunterschiede nicht zu erwarten, besonders dann nicht, wenn die gleiche Schicht über lange Zeit belegt wird.

Nachtarbeit: Durch Nachtarbeit (von 23 bis 6 Uhr) bedingte Einflüsse auf den Menschen sind von erheblicher Bedeutung, weil hier Schichtrhythmus und optimale natürliche Leistungsbereitschaft extrem auseinanderfallen. Besonders deutlich wird dies beim plötzlichen Wechsel von der Tagschicht zur Nachtschicht. Umfangreiche Forschungsarbeiten haben ergeben, dass der Mensch sich zwar dem veränderten Lebensrhythmus anzupassen sucht, die Anpassung jedoch nicht vollkommen gelingt. Im Wesentlichen hindern ihn daran zwei Einflussgrößen:

- *Soziale Einflüsse:* Der abweichende Rhythmus der Familie, die tägliche Lärmbelästigung und das Tageslicht erschweren den Tagesschlaf. Außerdem empfinden die auf Nachtschicht arbeitenden Personen die verringerten Kontaktmöglichkeiten zur Umwelt als nachteilig und brechen daher den Schlaf häufig vorzeitig ab.
- *Zeitbewusstsein:* Bei verändertem Tagesrhythmus verändert sich nicht das biologisch bedingte Zeitbewusstsein, das den natürlichen Tagesrhythmus entscheidend diktiert.

Eine vollständige Anpassung an einen veränderten Lebensrhythmus kann beim Menschen nur erfolgen, wenn soziale Einflüsse und Zeitbewusstsein sich ebenfalls ändern. Dies ist z.B. nach Flugreisen in Gegenden mit anderer Ortszeit nach einigen Tagen der Fall.

Die Nachtschicht hat also stets den Charakter eines unnatürlichen Eingriffs in das biologische und soziale Gleichgewicht des Menschen. Entsprechend zeigen sich die Folgen der nicht normalen Lebensweise bei der Mehrheit der Schichtarbeiter in gestörtem Wohlbefinden, erhöhter gesundheitlicher Anfälligkeit, Schlafstörungen, Gereiztheit, Appetitlosigkeit, Leistungsnachlass usw. Nicht selten muss die Nachtarbeit aus gesundheitlichen Gründen nach einiger Zeit aufgegeben werden.

Auch steigt in der Nachtschicht der prozentuale Anteil des Fehlverhaltens an der Gesamtzahl der Handlungen.

Maßnahmen

Gleitende Tagesarbeitszeit: Sie ist überall dort einzuführen, wo sie vom Arbeitsablauf möglich ist, da sie hinsichtlich Wohlbefinden, Leistung und Arbeitssicherheit optimal ist.

Feste Tagesarbeitszeit: Der Arbeitsbeginn soll möglichst nicht vor 7 Uhr liegen. Für die Mittagspause ist auf gute Entspannungsmöglichkeiten zu achten.

Wechselschichtrhythmus: Über den optimalen Wechsel zwischen Früh-, Spät- und Nachtschicht gehen die Meinungen sehr auseinander.

Für *eingestreute Nachtschichten* spricht: Der Mensch erholt sich schneller. Diese Form wird oft als gesellschaftlich am erträglichsten empfunden. Nach herrschender arbeitsmedizinischer Auffassung ist diese Schichtverteilung mit den geringsten gesundheitlichen Nachteilen verbunden. Ungeklärt ist jedoch, wie sich eingestreute Nachtschichten auf das Unfallgeschehen auswirken.

Für *wöchentlichen Schichtwechsel* spricht: Gegenüber dem eingestreuten Wechsel wird der Arbeitsrhythmus als natürlicher empfunden. Gegenüber dem monatlichen Wechsel wird ein wöchentlicher Wechsel aus Gründen praktischer Bedürfnisse oft als geeigneter angesehen. Diese Form des Schichtwechsels ist heute am häufigsten anzutreffen.

Für *monatlichen Schichtwechsel* spricht: Der Mensch stellt sich bis zu einem gewissen Grade um und gewöhnt sich an den Rhythmus. Viele erfahrene Praktiker sind der Auffassung, dass monatlicher Schichtwechsel aus Gründen der Leistung und auch der Unfallverhütung dem wöchentlichen Wechsel vorzuziehen ist.

Nachtarbeit: Zu prüfen ist zunächst, ob die Begründung zur Notwendigkeit von Nachtschichten stichhaltig ist. Gefährliche Arbeiten sollen möglichst nicht in Nachtschicht durchgeführt werden. Besonders gefährdete Personengruppen sind von der Nachtarbeit auszuschließen. Hierzu gehören gesetzlich Jugendliche. Außerdem sollen Arbeitnehmer im Alter bis 25 und über 50 Jahre sowie krankheitsanfällige (besonders magenkranke) Personen nicht auf Nachtschicht arbeiten. Wechselschichten sind permanenten Nachtschichten vorzuziehen.

Vorschriften: Für Schicht- und Nachtarbeiter gelten die Schutzvorschriften des Arbeitszeitgesetzes. Danach ist die Arbeitszeit der Nacht- und Schichtarbeitnehmer nach den gesicherten arbeitswissenschaftlichen Erkenntnissen über die menschengerechte Gestaltung der Arbeit festzulegen. Als Nachtarbeitnehmer gelten Personen, die auf Grund ihrer Arbeitszeitgestaltung normalerweise Nachtarbeit in Wechselschichten oder Nachtarbeit an mindestens 48 Tagen im Jahr leisten.

Die werktägliche Arbeitszeit der Nachtarbeitnehmer kann auf bis zu 10 Stunden verlängert werden, wenn innerhalb von sechs Kalendermonaten oder innerhalb von 24 Wochen im Durchschnitt 8 Stunden werktägliche Arbeitszeit nicht überschritten werden. Durch Tarifvertrag und Betriebsvereinbarung kann eine Arbeitszeit über 10 Stunden ohne Ausgleich zugelassen werden, wenn in die Arbeitszeit regelmäßig und in erheblichem Umfang Arbeitsbereitschaft oder Bereitschaftsdienst fällt.

Nachtarbeitnehmer sind berechtigt, sich auf Kosten des Arbeitgebers vor Beginn der Beschäftigung und danach alle drei Jahre, im Alter über 50 Jahre jährlich, arbeitsmedizinisch untersuchen zu lassen. Der Nachtarbeitnehmer hat einen Rechtsanspruch auf Umsetzung auf einen geeigneten Tagesarbeitsplatz, wenn

- seine Gesundheit nach arbeitsmedizinischer Feststellung gefährdet ist,
- im Haushalt des Arbeitnehmers ein Kind unter 12 Jahren lebt, das nicht von einer anderen im Haushalt lebenden Person betreut werden kann,
- der Arbeitnehmer einen schwerpflegebedürftigen Angehörigen zu versorgen hat, der nicht von einem im Haushalt lebenden Angehörigen versorgt werden kann,

sofern dem nicht dringende betriebliche Erfordernisse entgegenstehen.

Wenn keine tarifrechtlichen Ausgleichsregelungen bestehen, hat der Arbeitnehmer als Ausgleich für die Nachtarbeit Anspruch auf eine angemessene Zahl bezahlter freier Tage oder einen angemessenen Lohnzuschlag.

Literatur

RICHTLINIE des Rates vom 23. 11. 1993 über bestimmte Aspekte der Arbeitsplatzgestaltung (93/104/EG)

ARBEITSZEITGESETZ (ArbZG) v. 6. 6. 1994, zuletzt geändert durch Art. 4 b des Gesetzes vom 24. 12. 2003 (BGBl. I S. 3002)

HAHN, H. (1988, 1993): Nacht- und Schichtarbeit I u. II. BAU Bericht Fa 2, 4. Aufl. u. Fa 5., 3. Aufl. Wirtschaftsverlag NW, Bremerhaven

RUTENFRANZ, J. u. KNAUTH, P. (1989): Schichtarbeit und Nachtarbeit. Probleme – Formen – Empfehlungen. Bayer. Staatsministerium f. Arbeit und Sozialordnung, München

STREICH, W. (1986): Bilanz der Schichtarbeitsforschung. BAU Bericht Fb 458. Wirtschaftsverlag NW, Bremerhaven

WERNER, E. u.a. (1979): Arbeitszeit und Unfallgeschehen. BAU Bericht 216. Wirtschaftsverlag NW, Bremerhaven

BGAG-Report 1/2001: Lage und Dauer der Arbeitszeit, HUBG, 2002

12.3 Arbeitszeitdauer

Grundlagen

Die Häufigkeit von Fehlverhalten wird u.a. beeinflusst durch den Ermüdungsgrad und die hiermit zusammenhängenden Folgeerscheinungen, z.B. Verminderung der Reaktionsgeschwindigkeit und Koordinationsfähigkeit. Ermüdung ist ein reversibler Zustand, in dem infolge vorausgegangener Beanspruchungen Minderungen der Leistungsfähigkeit eines Organs oder Organismus auftreten.

Die Arbeitsermüdung ist eine Funktion

- der vorausgegangenen Beanspruchung, die sich aus der Größe und Zeitdauer der physischen und psychischen Belastung und den Erholungsmöglichkeiten (Pausengestaltung) ergibt;
- der augenblicklichen Kondition, die sich vor allem aus persönlich bedingter Leistungsfähigkeit und aus biologisch bedingten Rhythmen, besonders dem täglichen Rhythmus der Leistungsbereitschaft, ergibt.

Arbeitsbedingte Gefährdungen

Unter normalen Verhältnissen treten während einer achtstündigen Arbeitszeit bei üblicher Belastung, günstiger Pausengestaltung und Anpassung an den täglichen natürlichen Rhythmus der Leistungsbereitschaft eine nicht übermäßige Ermüdung und damit keine wesentlich erhöhte Unfallneigung auf.

Normale Verhältnisse liegen aber oft nicht vor. Auch darf nicht übersehen werden, dass die Belastung auf dem Hin- und Rückweg zur Arbeit bei den heutigen Verkehrsverhältnissen in vielen Fällen sich stressartig auswirkt und Ermüdungserscheinungen begünstigt. Auch die Art der Freizeitgestaltung kann wesentlichen Einfluss auf die physisch und psychisch bedingte Unfallgefährdung während der Arbeitszeit haben.

Überstunden: Von arbeitssicherheitlicher Bedeutung ist die Frage, ob Überstunden das Unfallgeschehen beeinflussen.

HETTINGER (1970 S. 230) untersuchte auf einem Werk der Eisen und Stahl erzeugenden Industrie, auf dem durchschnittlich 20,5 Überstunden/Person und Monat verfahren wurden, diese Frage. Er fand, dass bei leichter und mittelschwerer Arbeit keine wesentliche anormale Beeinflussung des Unfallgeschehens durch Überstunden festzustellen war. Dagegen zeigte sich bei Schwerarbeitern, dass die Überstundengruppe 30% mehr Unfälle hatte als die Gruppe ohne Überstunden, obwohl nur etwa 11% mehr Überstunden verfahren wurden. Bei schwerer Arbeit steigt also während der Überstundentätigkeit das Unfallrisiko. Ähnliche Ergebnisse sind von anderen Betrieben (→H. REHHAHN SiS 1978 S. 62) und aus der Landwirtschaft (→R. KRETSCHMANN, BG 1977 S. 14) bekannt. Natürlich hat auch die Art der Überstunden Bedeutung. Eine Doppelschicht hat nicht die gleiche Wirkung wie täglich eine Überstunde oder eine zusätzlich eingelegte Schicht. Entscheidend für die Unfallhäufigkeit der Überstundentätigkeit ist der Grad der physischen und psychischen Erschöpfung, also die Größe des Erholungsdefizits.

R. BEHRENS (Zbl. Arbmed. 1957 S. 81) hat Überstundentätigkeit und Unfallhäufigkeit über ein Jahr verglichen (→Abb. 12.3.1). Obwohl die Angaben der Unfallhäufigkeit nur in absoluten Zahlen vorliegen, ist nach dem Kurvenverlauf wahrscheinlich, dass Überstunden und relative Unfallhäufigkeit miteinander in Beziehung stehen. Die vergleichsweise eingezeichnete Kurve des Gesamtkrankenstandes untermauert diese Auslegung. Während die Krankenspitze im Februar durch eine Grippewelle ausgelöst wurde und entsprechend keine Beziehung zum Unfallgeschehen erkennen lässt, ist die Septemberspitze offensichtlich durch vorausgegangene Überarbeitung verursacht.

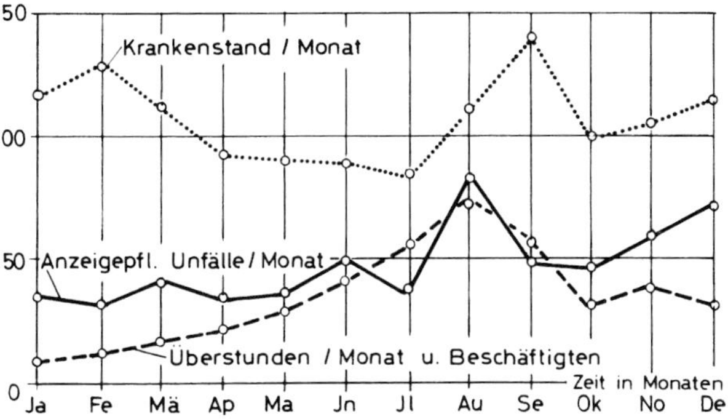

Abb. 12.3.1: Beziehungen zwischen Krankenstand, Unfällen und Überstunden (verändert nach R. BEHRENZ, Zbl. Arbmed. ArGsch. 1957 S. 83)

H. ANTON (SiS 1972 S. 320) ging an Hand von Bauarbeiterunfällen der Frage nach, ob die Länge der Arbeitszeit Einfluss auf das Fehlverhalten und damit auf das Verschulden bei Wegeunfällen (Verkehrsunfällen) hat. Seine Erhebungen ergaben, dass bei normaler Arbeitszeit an den vorausgegangenen Tagen Eigen- und Fremdverschulden etwa gleich waren und mit zunehmender Arbeitszeit und damit verbundener Überbeanspruchung der prozentuale Anteil der Unfälle mit Eigenverschulden wesentlich zunahm.

Als gesichert gelten folgende Angaben:

- Je schwerer (physisch und psychisch) und länger die Überstundenarbeit im Anschluss an eine Normalschicht ist, um so stärker wirkt sie unfallfördernd.
- Je länger die Überstundentätigkeit im Anschluss an eine Normalschicht ist, um so größer ist die Wahrscheinlichkeit eines schweren oder tödlichen Unfalls gegenüber einem leichten Unfall.
- Zusätzlich an sonst arbeitsfreien Tagen eingelegte Schichten können unfallfördernd sein, wenn dadurch ein Erholungsdefizit aufgebaut wird.
- Über einen längeren Zeitraum sich ständig erstreckende Überstundenarbeit führt zu Gesundheitsschäden und wirkt damit unfallfördernd.
- Erhebliche Überstundenarbeit ist aus Sicherheits- und Leistungsgründen unwirtschaftlich.

Maßnahmen

In Bezug auf die Arbeitszeitdauer müssen sich Maßnahmen zur Verringerung des Unfallrisikos im wesentlichen auf folgende Punkte konzentrieren:

- Vermeidung von Überstunden in erster Linie bei schwerer körperlicher Arbeit. Dies gilt besonders für Überstunden im Anschluss an eine 8-Stunden-Schicht.
- Verkürzung der Arbeitszeit als Ausgleich für zu hohe Belastung, z.B. durch ungünstige Klimaeinflüsse.

Beide Gesichtspunkte werden weitgehend im Vorschriftenwesen berücksichtigt. Bestimmungen über die Dauer von Arbeitszeit enthält das Arbeitszeitgesetz von 1994. Es gilt für Arbeiter über 18 Jahre und Angestellte, soweit sie nicht in leitender Stellung tätig sind. Unter Arbeitszeit ist die Zeit von Beginn bis Ende der Arbeit ohne Ruhepause zu verstehen. Im Bergbau gilt als Arbeitszeit die Schichtzeit.

Arbeitszeit: Die regelmäßige werktägliche Arbeitszeit darf 8 Stunden nicht überschreiten. Abweichungen bis 10 Stunden sind gestattet, wenn innerhalb von 6 Monaten oder 24 Wochen im Durchschnitt 8 Stunden Arbeitszeit werktäglich nicht überschritten werden. Normale Arbeitszeit am Samstag gilt nicht als Überstundentätigkeit (Bundesarbeitsgericht 1 ABR 90/79 v. 28. 7. 1981). Nach beendigter täglicher Arbeitszeit ist eine ununterbrochene Ruhezeit von mindestens 11 Stunden zu gewähren.

Von diesen Grundsatzregelungen sind durch Tarifvertrag oder auf Grund eines Tarifvertrages in einer Betriebsvereinbarung Abweichungen möglich, sofern diese aus betrieblichen Gründen erforderlich sind und die Gesundheit der Arbeitnehmer nicht gefährdet wird. U.a. ist eine Überschreitung der Arbeitszeit über 10 Stunden ohne Ausgleich möglich, wenn in die Arbeitszeit regelmäßig und in erheblichem Umfang Arbeitsbereitschaft oder Bereitschaftsdienst fällt. Auch kann ein anderer Ausgleichszeitraum festgelegt oder die Arbeitszeit an höchstens 60 Tagen im Jahr auf bis zu 10 Stunden ohne Ausgleich verlängert werden. Die Ruhezeit nach der Arbeitszeit darf auf 9 Stunden reduziert werden, wenn die Art der Arbeit dies erfordert und die Kürzung der Ruhezeit ausgeglichen wird.

Sonntagsarbeit: Das Arbeitszeitgesetz sieht vor, Sonn- und Feiertage „als Tage der Arbeitsruhe und der seelischen Erhebung der Arbeitnehmer zu schützen" (§ 1 Abs. 2 ArbZG). Entsprechend dürfen Arbeitnehmer an Sonn- und Feiertagen von 0 bis 24 Uhr nicht beschäftigt werden. In mehrschichtig arbeitenden Betrieben mit regelmäßiger Tag- und Nachtschicht ist eine Vor- und Zurückverlegung von Beginn und Ende der Ruhezeit bis zu 6 Stunden möglich, wenn eine 24stündige Ruhezeit gewährleistet ist. Für Kraftfahrer und Beifahrer kann der Beginn der 24stündigen Ruhezeit um bis zu 2 Stunden vorverlegt werden.

Sonntagsarbeit ist in folgenden Fällen gestattet, sofern diese Arbeit nicht werktags möglich ist: Not- und Rettungsdienst; Behandlung, Pflege und Betreuung von Personen; Gaststättenbetrieb; Theater, Film usw.; Veranstaltungen von Kirchen, Verbänden, Parteien; Sport- und Fremdenverkehrsveranstaltungen; Nachrichtenwesen; Ausstellungen, Messen, Volksfeste; Verkehrsbetriebe; Versorgungsbetriebe; Landwirtschaft; Bewachungsgewerbe; Instandhaltung, soweit hierdurch der regelmäßige Fortgang des Betriebs oder die Wiederaufnahme des vollen werktägigen Betriebs bedingt ist; zur Verhütung des Verderbens von Naturerzeugnissen oder Rohstoffen oder des Misslingens von Arbeitserzeugnissen; zur Vermeidung einer Zerstörung oder erheblichen Beschädigung von Produktionseinrichtungen. In Bäckereien und Konditoreien dürfen sonntags Arbeitnehmer bis zu 3 Stunden mit der Herstellung und dem Austragen oder Ausfahren von Konditorwaren und an diesem Tag zum Verkauf kommenden Bäckerwaren beschäftigt werden.

Für eine Beschäftigung an einem Sonntag ist ein Ersatzruhetag innerhalb von 2 Wochen, für eine Beschäftigung an einem auf einem Werktag fallenden Feiertag ist ein Ersatzruhetag innerhalb von 8 Wochen zu gewähren. Durch Tarifvertrag oder auf Grund eines Tarifvertrages in einer Betriebsvereinbarung sind in bestimmten Grenzen Abweichungen möglich. Bundesregierung und Landesregierungen sind zu weiteren Ausnahmen durch Rechtsverordnungen ermächtigt. Auch die Aufsichtsbehörde kann weitgehende Ausnahmen zulassen, besonders wenn diese einem dringenden öffentlichen Bedürfnis entsprechen.

Außergewöhnliche Fälle: Von den Bestimmungen des Arbeitszeitrechtsgesetzes darf genehmigungsfrei zu einem großen Teil abgewichen werden bei vorübergehenden Arbeiten in Notfällen, die unabhängig vom Willen der Betroffenen eintreten und deren Folgen nicht auf andere Weise zu beseitigen sind, besonders wenn Rohstoffe oder Lebensmittel zu verderben oder Arbeitserzeugnisse zu misslingen drohen. Ferner sind von einem großen Teil der Bestimmungen genehmigungsfreie Abweichungen bei vorübergehender Beschäftigung einer geringen Zahl von Arbeitnehmern zulässig, wenn bei Nichterledigung das Ergebnis der Arbeiten gefährdet oder einen unverhältnismäßigen Schaden zur Folge haben würde, außerdem bei Forschung und Lehre, unaufschiebbaren Vor- und Abschlussarbeiten sowie unaufschiebbaren Arbeiten zur Behandlung, Pflege und Betreuung von Personen oder Behandlung und Pflege an einzelnen Tagen, wenn dem Arbeitgeber andere Vorkehrungen nicht zumutbar sind.

Pflichten des Arbeitgebers: Der Arbeitgeber muss das Arbeitszeitgesetz, für den Betrieb geltende Rechtsverordnungen, Tarifverträge und Betriebsvereinbarungen an geeigneter Stelle auslegen oder aushängen. Der Arbeitgeber ist verpflichtet, die über die 8stündige Arbeitszeit hinausgehende Arbeitszeit der Arbeitnehmer aufzuzeichnen und mindestens 2 Jahre aufzubewahren.

Hinsichtlich der Arbeitszeit der Beschäftigung von Jugendlichen und von Müttern →Kapitel 13.

Literatur

ARBEITSZEITGESETZ (ArbZG) v. 6. 6. 1994, zuletzt geändert durch Art. 4b des Gesetzes vom 24. 12. 2003 (BGBl. I S. 3002)

WEIDINGER, M., HOFF, A. u. HUTH, B. (1989): Beispielsammlung humaner Arbeitssysteme. BAU Bericht Fb 605. Wirtschaftsverlag NW, Bremerhaven

ZMARZLIK, J. u. ANZINGER, R. (1995): Kommentar zum Arbeitszeitgesetz. Verlag Recht u. Wirtschaft, Heidelberg

12.4 Pausen

Grundlagen

Pausen sind zur körperlichen und geistigen Erholung von Beanspruchungen und zum Erhalt der Leistungsfähigkeit erforderlich. Zu unterscheiden sind: betrieblich festgesetzte, im Arbeitsablauf sich ergebende und willkürlich eingelegte Pausen, ferner pausenartig wirkende Tätigkeiten.

Der Erholungswert von Pausen innerhalb einer Schicht ist eine Funktion der vorausgegangenen Beanspruchung und der Länge, Verteilung und Anzahl der Pausen.

Arbeitsbedingte Gefährdungen

Mangelnde Möglichkeiten zur Erholung besonders nach schwerer Arbeit und die dadurch bewirkte Erschöpfung vermindern die Leistung und erhöhen Fehlverhalten und Unfallrisiko, wie statistisch nachweisbar ist (BG 1977 S. 15).

Maßnahmen

Da in der Praxis die Pausengestaltung weitgehend von organisatorischen Bedingungen abhängig ist, kann nicht immer eine für die Erholung optimale Pausenregelung erfolgen. Als Anhalt gilt Folgendes:

Ist nur eine Pause in der Schicht möglich, wird diese am günstigsten nach etwa zwei Drittel der Arbeitszeit festgesetzt. Sind zwei Pausen möglich, so sind nach dem ersten Drittel eine Pause, nach dem zweiten Drittel eine längere Pause anzustreben.

Optimale Leistungsverhältnisse und minimale Ermüdung werden mit zusätzlichen Kurzpausen, besonders bei stark beanspruchender Arbeit, erreicht. Einmal erfolgt die Regeneration des Körpers durch mehrere kleine Pausen besser als durch eine große; zum anderen kann der psychologische Effekt von Bedeutung sein, dass die Leistungsbereitschaft in Erwartung einer nahen Pause steigt.

In der Praxis tritt oft die Frage auf, wie groß Erholungszuschläge in Abhängigkeit von der Dauer und Schwere der Arbeit sein müssen. Die Übersicht (→Bild) gibt hierfür Richtwerte, weitere Beispiele befinden sich in REFA (1978).

Ruhepausen: Nach dem Arbeitszeitgesetz sind den Arbeitnehmern bei einer Arbeitszeit von > 6 bis 9 Stunden mindestens 30 Minuten, bei einer Arbeitszeit von > 9 Stunden mindestens 45 Minuten im voraus feststehende Ruhepausen zu gewähren. Die Ruhepausen können in Zeitabschnitte von jeweils mindestens 15 Minuten aufgeteilt werden. In Schicht- und Verkehrsbetrieben können durch Tarifvertrag oder Betriebsvereinbarung statt dessen Kurzpausen von angemessener Dauer festgelegt werden.

Ruhezeit: Die Beschäftigten müssen nach Beendigung der täglichen Arbeitszeit eine ununterbrochene Ruhezeit von mindestens 11 Stunden haben (§ 4 ArbZG).

Literatur

ARBEITZEITGESETZ (ArbZG) v. 6. 6. 1994, zuletzt geändert durch Artikel 4 b des Gesetzes vom 24. 12. 2003 (BGBl. I S. 3002)

LAURIG, W. (1981): Belastung, Beanspruchung und Erholungszeit bei energetisch-muskulärer Arbeit. BAU Bericht 272. Wirtschaftsverlag NW Bremerhaven

REFA (1978): Methoden des Arbeitsstudiums Bd. 2, 6. Aufl. Hanser Verlag München

13 Schutz bestimmter Personengruppen

Inhaltsverzeichnis

13.1 Schutz beschäftigter Kinder und Jugendlicher

Grundlagen

Jugendliche sind Heranwachsende im Alter zwischen Kind und Erwachsenem. Sie besitzen noch nicht die volle körperliche Leistungsfähigkeit Erwachsener (→Abb. 13.1.1).

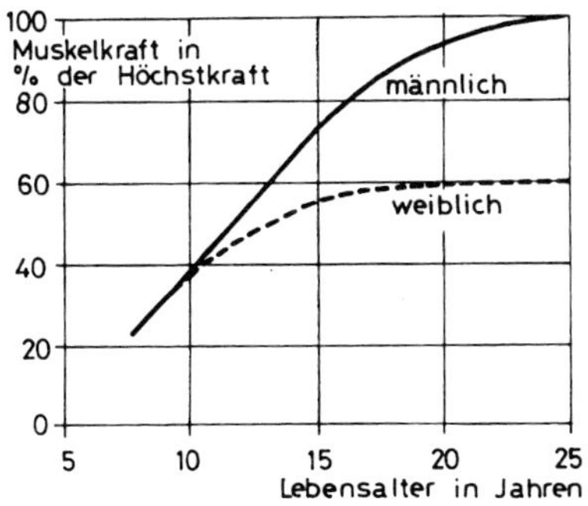

Abb. 13.1.1: Muskelkraft in Abhängigkeit vom Lebensalter (errechnet nach Werten im Schrifttum von T. HETTINGER, Zentralbl. Arbsch. 1958 S. 185)

Bei gleicher Arbeit müssen Kinder und Jugendliche oft größere Anstrengungen unternehmen als Erwachsene, weil die Griffbereiche von Kindern und Jugendlichen noch nicht ihre Endgröße erreicht haben. Maximale Kurzleistung wird mit Wachstumsende erreicht, maximale Dauerleistung erst wesentlich später. Hinzu kommt, dass die Labilität der Körperfunktionen von Kindern und Jugendlichen deren Leistungsfähigkeit beschränkt. Überbeanspruchungen können daher eher als bei Erwachsenen zu Schädigungen führen. Bemerkenswert ist, dass sowohl die Entwicklungsgrößen der verschiedenen Altersstufen wie auch die Körperendgrößen gegenüber früheren Generationen zunehmen (Akzeleration). Zur zeit beträgt der durchschnittliche jährliche Zuwachs der Körperendgröße in Mitteleuropa etwa 1 mm. Pubertät und Entwicklung werden körperlich, aber auch geistig-seelisch vorverlegt. Nach H. W. JÜRGENS (ArbSch. 1975 S. 255) ist in naher Zukunft mit einer Verlangsamung und in weiter Zukunft mit einem Aufhören des Akzelerationstrends zu rechnen.

Kinder und Jugendliche sind bei der Arbeit wegen ihrer Unerfahrenheit besonders gefährdet. Sie nehmen weit größere Risiken in Kauf als ältere, erfahrene Beschäftigte. Die Folge ist bei Jugendlichen ein überproportionaler Anteil an den Unfällen der Gesamtbelegschaft. Jugendliche müssen ein den Gefahren angepasstes Verhalten erst noch entwickeln, zumal für den Jugendlichen die neue betriebliche Umgebung noch ungewohnt ist.

Hinzu kommt, dass Kinder und Jugendliche ihrer Natur nach in einem stärkeren Abhängigkeitsverhältnis zu den Vorgesetzten stehen als Erwachsene und sich daher gegen Mängel von Sicherheit und Gesundheitsschutz nur schwer wehren können.

Maßnahmen

Gute Ausbildung und systematische Einführung in den Betrieb mit seinen Gefahren können hier unfallhemmend wirken. Da der Jugendliche sich noch in einer vegetativ-labilen Phase befindet, ist auch auf psychischem Gebiet sinnvolle Anleitung notwendig. Es geht vor allem darum, Wissen über Gefahren zu vermitteln und arbeitssichere Gewohnheiten zu erzeugen, ferner zur Rücksicht gegenüber anderen und sich selbst zu erziehen.

Der Gesetzgeber hat zum Schutz von Kindern und Jugendlichen 1938 das Jugendarbeitsschutzgesetz, das 1976 eine neue Fassung erhielt, und 1998 die KinderarbeitsschutzVO erlassen. Als Kinder gelten Personen bis zum Alter von 15 Jahren (= bis zum 15. Geburtstag). Jugendlicher ist, wer 15, aber noch nicht 18 Jahre (= 18. Geburtstag) alt ist. Auf Jugendliche mit Vollzeitschulpflicht sind die für Kinder geltenden Vorschriften anzuwenden.

Beschäftigung von Kindern: Die Beschäftigung von Kindern ist grundsätzlich verboten. Dies gilt nicht für Tätigkeiten zum Zwecke der Beschäftigungs- oder Arbeitstherapie, im Rahmen eines Betriebspraktikums während der Vollzeitschulpflicht oder in Erfüllung einer richterlichen Weisung. Die Arbeiten müssen leicht und geeignet sein.

Nach Vollendung des 13. Lebensjahres ist die Beschäftigung mit Einwilligung der Personensorgeberechtigten mit Arbeiten möglich. Dabei dürfen Sicherheit, Gesundheit und Entwicklung der Kinder, ihr Schulbesuch, ihre Beteiligung an Maßnahmen der Berufswahlvorbereitung oder Berufsausbildung und ihre Fähigkeit, dem Unterricht mit Nutzen zu folgen, nicht nachteilig beeinflusst werden. Die Kinder dürfen nicht mehr als 2 Stunden täglich, in landwirtschaftlichen Familienbetrieben nicht mehr als 3 Stunden täglich, nicht zwischen 18 und 8 Uhr und nicht vor oder während des Schulunterrichts beschäftigt werden. Jugendliche dürfen während der Schulferien für höchstens 4 Wochen/Kalenderjahr erwerbstätig sein.

Kinder über 13 Jahre und vollzeitschulpflichtige Jugendliche dürfen nur mit folgenden Arbeiten beschäftigt werden: Austragen von Zeitungen, Prospekten usw., Tätigkeiten in Haushalt und Garten in privaten und landwirtschaftlichen Haushalten, Botengänge, Betreuung von Kindern und zum Haushalt gehörenden Personen, Nachhilfeunterricht, Betreuung von Haustieren, Einkaufstätigkeiten mit Ausnahme des Einkaufs von Alkohol und Tabak, in landwirtschaftlichen Betrieben, Handreichungen beim Sport, Tätigkeiten bei Veranstaltungen der Kirchen, Vereine und Parteien.

Die Beschäftigungen müssen leicht und geeignet sein. Als leicht gelten manuelle Handhabungen von Lasten regelmäßig bis maximal 7,5 kg oder gelegentlich bis maximal 10 kg. Ausgenommen sind von dieser Regelung vollzeitschulpflichtige Jugendliche. Die Körperhaltung darf nicht so ungünstig sein, dass sie physisch belastend ist. Unfallgefahren, insbesondere bei Arbeiten an Maschinen oder bei der Betreuung von Tieren, müssen erkennbar und vermeidbar sein. Der Arbeitgeber hat die Personensorgeberechtigten der beschäftigten Kinder über Gefahren sowie Sicherheits- und Gesundheitsschutzmaßnahmen zu unterrichten. Die Aufsichtsbehörde kann nach Anhörung des Jugendamtes Ausnahmen bewilligen, z.B. für Theater- und Musikaufnahmen, Film- und Fotoaufnahmen.

Kinder, die der Vollzeitschulpflicht nicht mehr unterliegen, dürfen nur mit leichten und für sie geeigneten Tätigkeiten bis zu 7 Stunden/Tag und 35 Stunden/Woche beschäftigt werden.

Im Übrigen gelten weitgehend die Vorschriften für Jugendliche.

Beschäftigung Jugendlicher: Das Jugendarbeitsschutzgesetz gilt nicht für geringfügige Hilfeleistungen aus Gefälligkeit, auf Grund familienrechtlicher Vorschriften, in Einrichtungen der Jugendhilfe und in Einrichtungen zur Eingliederung Behinderter. Es gilt ferner nicht für den Schulunterricht und für die Beschäftigung durch die Personensorgeberechtigten im Familienhaushalt.

Jugendliche dürfen nicht mehr als 8 Stunden/Tag und 40 Stunden/Woche beschäftigt werden. Die Beschäftigung darf nur an 5 Tagen/Woche erfolgen. Die beiden wöchentlichen Ruhetage sollen möglichst aufeinander folgen. Bei Arbeitszeitausfall durch Feiertage an Werktagen oder verkürzte Arbeitszeit an einzelnen Werktagen kann unter bestimmten Bedingungen die tägliche Arbeitszeit auf 8 Stunden erhöht werden. In der Landwirtschaft dürfen Jugendliche über 16 Jahre während der Erntezeit bis zu 9 Stunden/Tag und 85 Stunden/Doppelwoche beschäftigt werden.

Für den Besuch der Berufsschule ist der Jugendliche freizustellen. Der Arbeitgeber darf Jugendliche und berufsschulpflichtige Personen, die über 18 Jahre alt sind, vor einem vor 9 Uhr beginnenden Unterricht und an einem Berufsschultag mit mehr als 5 Unterrichtsstunden (Dauer einer Unterrichtsstunde mindestens 45 Minuten) nicht beschäftigen. Desgleichen gilt für Berufsschulwochen im Blockunterricht mit mindestens 25 Unterrichtsstunden an 5 Tagen. Der Arbeitgeber hat den Jugendlichen für die Teilnahme an Prüfungen und am Arbeitstag vor der schriftlichen Abschlussprüfung freizustellen.

Die Ruhepausen von Jugendlichen müssen mindestens 30 Minuten bei einer Arbeitszeit von mehr als 4. bis 6 Stunden und 60 Minuten bei einer Arbeitszeit von mehr als 6 Stunden betragen. Als Ruhepause gilt eine Arbeitsunterbrechung von mindestens 15 Minuten. Länger als 4. Stunden dürfen Jugendliche nicht ohne Ruhepause beschäftigt werden.

Die Schichtzeit (tägliche Arbeitszeit + Ruhepausen) darf 10 Stunden, im Bergbau unter Tage 8 Stunden, im Gaststättengewerbe, in der Landwirtschaft, in der Tierhaltung, auf Bau- und Montagestellen 11 Stunden nicht überschreiten. Die Freizeit muss zwischen den täglichen Arbeitszeiten mindestens 12 Stunden betragen.

Jugendliche dürfen nur in der Zeit von 6–20 Uhr beschäftigt werden. Jugendliche über 16 Jahre dürfen im Gaststätten- und Schaustellergewerbe bis 22 Uhr, in mehrschichtigen Betrieben bis 23 Uhr, in der Landwirtschaft ab 5 Uhr oder bis 21 Uhr, in Bäckereien und Konditoreien ab 5 Uhr (im Alter über 17 Jahre ab 4 Uhr) beschäftigt werden. Von diesen Beschäftigungszeiten sind zahlreiche Abweichungen möglich.

An Samstagen, Sonn- und Feiertagen dürfen Jugendliche nicht beschäftigt werden. Hiervon sind zahlreiche Ausnahmen möglich, z.B. in der Landwirtschaft, in Gaststätten und bei der Krankenpflege. Am 25. Dezember, 1. Januar, ersten Ostertag und 1. Mai dürfen Jugendliche auch nicht ausnahmsweise beschäftigt werden.

Der Urlaub beträgt für Jugendliche, die zu Jahresbeginn noch nicht 16 Jahre alt sind, 30 Werktage, für Jugendliche, die zu Jahresbeginn noch nicht 17 Jahre alt sind, 27 Werktage und sonst 25 Werktage. Jugendliche, die unter Tage beschäftigt sind, erhalten einen Zuschlag von 3 Tagen.

Das Jugendarbeitsschutzgesetz sieht auch im Wege von Tarifvertrag und Betriebsvereinbarung zahlreiche Ausnahmemöglichkeiten vor, z.B. über Ruhepausen, Schichtzeit und Sonntagsarbeit.

Jugendliche dürfen nicht beschäftigt werden mit Arbeiten, die ihre Leistungsfähigkeit übersteigen, bei denen sie sittlichen Gefahren ausgesetzt sind, ferner nicht mit Arbeiten, die mit von ihnen nicht erkennbaren oder nicht abwendbaren Gefahren verbunden sind oder bei denen die Gesundheit durch Hitze, Kälte, Nässe, Lärm, Erschütterungen, Strahlen, Gefahrstoffe oder biologische Arbeitsstoffe gefährdet wird. Ausnahmen sind zum Erreichen des Ausbildungszieles unter Aufsicht eines Fachkundigen und bei Unterschreitung der Luftgrenzwerte möglich. Akkordarbeit – auch bloße Tätigkeit in Akkordgruppen – und Fließarbeit mit vorgegebenem Arbeitstempo sind ebenfalls verboten. Ausnahmen sind möglich.

Pflichten des Arbeitgebers: Bei der Beschäftigung von Kindern und Jugendlichen hat der Arbeitgeber bei der Einrichtung und Unterhaltung der Arbeitsstätte einschließlich der Maschinen, Werkzeuge und Geräte und bei der Regelung der Beschäftigung die Vorkehrungen und Maßnahmen zu treffen, die zum Schutz der Jugendlichen gegen Gefahren für Leben und Gesundheit sowie zur Vermeidung einer Beeinträchtigung der körperlichen oder seelisch-geistigen Entwicklung der Jugendlichen erforderlich sind. Hierbei sind das mangelnde Sicherheitsbewusstsein, die mangelnde Erfahrung und der Entwicklungsstand der Jugendlichen zu berücksichtigen und die allgemein anerkannten sicherheitstechnischen und arbeitsmedizinischen Regeln sowie die sonstigen gesicherten arbeitswissenschaftlichen Erkenntnisse zu beachten.

Vor Beginn der Beschäftigung hat der Arbeitgeber die mit der Beschäftigung verbundenen Gefahren zu beurteilen. Die Betreffenden sind über die Unfall- und Gesundheitsgefahren sowie über die Einrichtungen und Maßnahmen zur Abwendung dieser Gefahren zu unterweisen. Die Unterweisungen müssen in angemessenen Zeitabständen, mindestens aber halbjährlich, wiederholt werden.

Mit der Beschäftigung eines Jugendlichen darf nur begonnen werden, wenn er innerhalb der letzten 14 Monate von einem Arzt untersucht ist. Ausgenommen sind ungefährliche Arbeiten bis zu 2 Monaten Dauer. Innerhalb eines Jahres hat eine Nachuntersuchung zu erfolgen. Legt der Jugendliche die Bescheinigung nicht nach Ablauf des Jahres vor, so muss ihn der Arbeitgeber innerhalb eines Monats unter Hinweis auf das Beschäftigungsverbot schriftlich zur Vorlage der Bescheinigung auffordern. Der Arbeitgeber darf den Jugendlichen nur weiterbeschäftigen, wenn dieser spätestens 2 Monate nach Ablauf des ersten Beschäftigungsjahres die Bescheinigung über die Nachuntersuchung vorlegt. Der Arzt kann weitere Nachuntersuchungen anordnen; auch der Jugendliche kann sich nach Ablauf eines Jahres erneut untersuchen lassen.

Straf- und Bußgeldvorschriften: Mit Rücksicht auf die sozialpolitische Bedeutung des Kinder- und Jugendarbeitsschutzes sind für Verstöße hohe Strafen vorgesehen. Ordnungswidrigkeiten können mit einer Geldbuße bis zu 30 000 DM geahndet werden. Bei vorsätzlicher Gefährdung oder beharrlichen Gesetzesverstößen ist eine Freiheitsstrafe bis zu einem Jahr möglich. Bei Fahrlässigkeit beträgt die Freiheitsstrafe bis zu 6 Monaten oder Geldstrafe bis zu 180 Tagessätzen.

Literatur

GESETZ zum Schutz der arbeitenden Jugend (Jugendarbeitsschutzgesetz – JArbSchG) v. 1938. Neufassung v. 12. 4. 1976, zuletzt geändert durch Art. 38a des Gesetzes vom 24. 12. 2003 (BGBl. I S. 2954)

VO über das Verbot der Beschäftigung von Personen unter 18 Jahren mit sittlich gefährdenden Tätigkeiten v. 3. 4. 1964, zuletzt geändert durch die Verordnung vom 8. 10. 1986 (BGBl. I S. 1634)

VO über die ärztlichen Untersuchungen nach dem Jugendarbeitsschutzgesetz (JugendarbeitsschutzuntersuchungsVO – JArbSchUV) v. 16. 10. 1990 (BGBl. I S. 2221)

VO über den Kinderarbeitsschutz (KinderarbeitsschutzVO – KindArbSchV) v. 23. 6. 1998 (BGBl. I S. 1508)

BGI 624: Jugendliche

ZMARZLIK, J. u. ANZINGER, R. (1998): Jugendarbeitsschutzgesetz. 5. Aufl. Verlag Vahlen, München

13.2 Schutz beschäftigter Frauen

Grundlagen

Mehr als ein Drittel der Erwerbstätigen sind Frauen mit steigender Tendenz der Beschäftigung.

Geschlechtlich bedingte Unterschiede: Die wesentlichen physischen und psychischen Unterschiede der Frau gegenüber dem Mann sind im Durchschnitt folgende: Geringere Körpergröße (durchschnittlich 10 cm), geringeres Körpergewicht (durchschnittlich 10 kg), Muskeln weniger ausgebildet und trainierbar (→Abb. 13.2.1), mehr Fettanteil, abweichender Körperbau und abweichende Proportionen der einzelnen Körpergliedmaßen, kleineres Herzvolumen und geringeres Luftaufnahmevermögen der Lunge, größere Anfälligkeit gegenüber gefährlichen Stoffen, stärkere Leistungsschwankungen in-

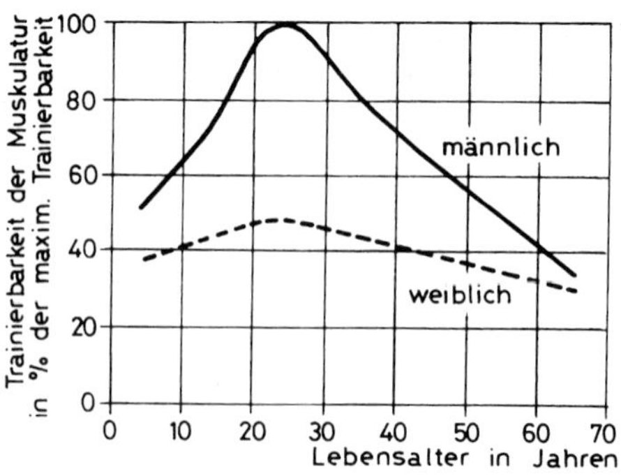

Abb. 13.2.1: Trainierbarkeit der Muskulatur in Abhängigkeit vom Lebensalter (nach T. HETTINGER, Z. angew. Phys. einschl. Arbphys. 1958 S. 371)

folge Monatszyklus, Schwangerschaft und Wechseljahre. Die Unterschiede wirken sich u.a. aus: Geringere körperliche Leistungsfähigkeit bei schwerer Arbeit, schnellere Ermüdung, langsamere Erholung, jedoch größere Geschicklichkeit bei leichter Arbeit.

Im Betrieb ist die Leistungsbereitschaft bei Frauen stärker von äußeren und begleitenden Umständen abhängig als bei Männern. Dazu kommt, dass Frauen durch Monatszyklus, Schwangerschaft und Wechseljahre zusätzlichen biologisch bedingten Belastungen ausgesetzt sind, die sich auch psychisch auswirken können. Frauen haben es – z.T. als Folge von Erziehung, Ausbildung und außerberuflicher Mehrbelastung – in vielen Berufen schwerer als Männer, sich durchzusetzen und werden daher oft benachteiligt.

Unfallgeschehen: Die Unterschiede in der Art der Beschäftigung und die physisch-psychischen Abweichungen zwischen Mann und Frau haben wesentlichen Einfluss auf das Unfallgeschehen. Die Häufigkeit der einzelnen Unfalltypen der Frauen weicht von der der Männer ab, außerdem ist das durchschnittliche Unfallrisiko der Frauen vorwiegend arbeitsplatzbedingt wesentlich geringer als bei Männern. Einzelheiten →Kapitel 3.2 unter Geschlecht.

Maßnahmen

Grenzen der Gleichberechtigung: Durch das Grundgesetz (Art. 3 Abs. 2) sind Frau und Mann rechtlich gleichgestellt. In Art. 3 Abs. 3 ist garantiert, dass wegen seines Geschlechts niemand benachteiligt oder bevorzugt werden darf. Diesen Rechtsnormen widersprechen nicht Schutzvorschriften, die ihre Ursache in objektiven biologischen oder funktionalen Unterschieden der Geschlechter haben. Insofern sind, wie das Bundesverfassungsgericht bereits 1956 entschied, Vorschriften, die der biologischen Besonderheit der Frau im Rahmen ihres Arbeitsverhältnisses schützend Rechnung tragen, mit dem Grundgesetz vereinbar.

Bei Entscheidungen im Einzelfall bereitet die pauschale Abgrenzung nach biologischen und funktionalen Unterschieden oft Schwierigkeiten. Insgesamt hat sich dabei gezeigt, dass der individuellen Eignung für eine bestimmte Tätigkeit unabhängig vom Geschlecht bisher zu wenig Bedeutung zugemessen wurde, z.B. beim Heben und Tragen von Lasten und bei der Nachtarbeit.

Arbeitseinsatz: Erfahrungsgemäß bevorzugen Frauen Arbeitsplätze, an denen ihre physischen und psychischen Eigenarten berücksichtigt werden und ihre Interessen zur Entfaltung kommen können, so bei Arbeiten, die Geschicklichkeit erfordern oder ihren außerbetrieblichen Aufgaben nahestehen, z.B. in Berufen mit sozialem Charakter, in der Textilindustrie und im Handel. Frauen eignen sich auch für Tätigkeiten mit technischen Fachkenntnissen, sofern sie hierfür ausgebildet wurden und die Arbeitsvorgänge sie nicht physisch überlasten. Frauen dürfen vorwiegend aus gynäkologischen Gründen nicht zu schweren Arbeiten herangezogen werden. Zur Vermeidung von Gesundheitsschäden durch Heben und Tragen von Lasten bei Frauen (→Kapitel 6.3).

Angenehme Arbeitsumgebung, insbesondere kollegiales Arbeitsklima, gute Licht- und Farbgestaltung, haben für Frauen größere Bedeutung als für Männer. Auch ist darauf zu achten, dass die zur Verfügung gestellte persönliche Schutzausrüstung das natürliche Schönheitsempfinden der Frau berücksichtigt.

Die Beschäftigung von Frauen ist bei verschiedenen Arbeiten nach den Vorschriften wegen der Möglichkeit gesundheitlicher Schädigungen insbesondere durch körperliche Überbeanspruchung eingeschränkt oder verboten, z.B. im Bergbau, in Steinbrüchen, Keramik-Betrieben, Ziegeleien, beim Schweißen in engen Räumen usw.

Arbeitszeit und Pausen: Arbeitszeit und Pausen sind im Arbeitszeitgesetz geschlechtsneutral festgelegt (→Kapitel 12). Schwangere Frauen, müssen sich nach der ArbeitsstättenVO während der Pausen in einem geeigneten Raum ausruhen können.

Literatur

ARBEITSZEITGESETZ (ArbZG) v. 6. 6. 1994, zuletzt geändert durch Art. 4 b des Gesetzes vom 24. 12. 2003 (BGBl. I. S. 3002)

VO über Arbeitsstätten (ArbeitsstättenVO – ArbStättV) v. 12. 8. 2004 (BGBl. I Nr. 44 S. 2179)

GESETZ zum Schutz der Beschäftigten vor sexueller Belästigung am Arbeitsplatz (Beschäftigungsschutzgesetz – BeschSchG) v. 24. 6. 1994 (BGBl. I S. 1412)

13.3 Schutz beschäftigter Mütter

Grundlagen

Anliegen der Bestimmungen des Gesetzgeber ist es, berufstätige Mütter und das werdende Kind vor Gesundheitsschädigungen bei der Arbeit und Überbeanspruchungen, vor finanziellen Nachteilen sowie dem Verlust der Arbeitsstelle im Zusammenhang mit der Schwangerschaft und Geburt zu schützen.

Maßnahmen

Der Gesetzgeber hat zum Schutz der erwerbstätigen Mutter 1968 das Mutterschutzgesetz erlassen, das eine Neufassung erhielt. Danach und nach der MutterschutzrichtlinienVO müssen für werdende und stillende Mütter Vorkehrungen und Maßnahmen zum Schutze von Leben und Gesundheit geschaffen werden.

Werdende Mütter sollen dem Arbeitgeber ihre Schwangerschaft einschließlich voraussichtlichen Tags der Entbindung mitteilen, sobald ihr Zustand bekannt ist. Der Arbeitgeber muss die Aufsichtsbehörde entsprechend benachrichtigen. Der Arbeitgeber darf die Mitteilung der werdenden Mutter Dritten nicht unbefugt bekannt geben.

Sofern Gefahren durch Gefahrstoffe, biologische Arbeitsstoffe oder physikalische Schadstoffe bei Tätigkeiten von werdenden oder stillenden Müttern entstehen können, muss der Arbeitgeber Ausmaß und Dauer der Gefährdung beurteilen und erforderlichenfalls Schutzmaßnahmen ergreifen. Die Ergebnisse der Beurteilung und die zu ergreifenden Maßnahmen sind dem Personalrat/Betriebsrat und allen beim Arbeitgeber beschäftigten Arbeitnehmerinnen mitzuteilen.

Für Sitzgelegenheiten zu kurzem Ausruhen wie überhaupt Gelegenheit zu kurzen Unterbrechungen der Arbeit muss gesorgt sein. Nach § 6 ArbeitsstättenVO ist es schwangeren Frauen und stillenden Müttern während der Pausen und, soweit es erforderlich ist, auch während der Arbeitszeit zu ermöglichen, sich unter geeigneten Bedingungen hinzulegen und ausruhen zu können.

Stillende Mütter haben Anspruch auf die zum Stillen erforderliche Zeit. Durch die Stillzeit darf kein Verdienstausfall eintreten.

In Betrieben mit mehr als drei weiblichen Beschäftigten ist ein Abdruck des Mutterschutzgesetzes auszuhändigen oder auszulegen.

Werdende Mütter dürfen u.a. nicht beschäftigt werden:

- Wenn nach ärztlichem Zeugnis Leben oder Gesundheit von Mutter oder Kind bei Fortdauer der Beschäftigung gefährdet sind.
- Mit schweren körperlichen Arbeiten. Dazu gehören u.a. Arbeiten, bei denen regelmäßig Lasten von mehr als 5 kg Gewicht oder gelegentlich Lasten von mehr als 10 kg Gewicht von Hand gehoben, bewegt oder befördert werden.
- Auf Beförderungsmitteln nach Ablauf des 3. Schwangerschaftsmonats.
- Mit Arbeiten, bei denen ständiges Stehen erforderlich ist, sofern der 5. Schwangerschaftsmonat vollendet ist und die Beschäftigung täglich 4 Stunden überschreitet.
- Mit Arbeiten, bei denen häufig unnatürliche Körperhaltungen erforderlich werden, z.B. strecken, beugen, hocken und bücken, und mit Arbeiten, die hohe Fußbeanspruchung erfordern.
- Mit Arbeiten, bei denen sie erhöhten Unfallgefahren, insbesondere auszugleiten, zu fallen oder abzustürzen, ausgesetzt sind.
- Mit Arbeiten, bei denen sie infolge ihrer Schwangerschaft im besonderen Maße der Gefahr, an einer Berufskrankheit zu erkranken, ausgesetzt sind

oder bei denen eine Gefahr für die werdende Mutter oder Gefahr der Leibesfrucht besteht.

- Mit Akkord- oder Fließarbeit vorgeschriebenem Arbeitstempo, mit Mehrarbeit, in der Nacht zwischen 20 und 6 Uhr und an Sonn- und Feiertagen; Ausnahmen sind möglich.

6 Wochen vor und 8 Wochen (bei Mehrlingsgeburten 12 Wochen, bei Frühgeburten 12 Wochen + vor der Geburt entgangene Freistellungszeit) nach der Entbindung sind im Einverständnis mit der werdenden Mutter Ausnahmen möglich. Sofern die Mütter berufstätig waren, erhalten sie dann Mutterschaftsgeld. Frauen, die Anspruch auf Mutterschaftsgeld haben, erhalten für die Zeit der Schutzfristen sowie für den Entbindungstag vom Arbeitgeber einen Zuschuss zum Mutterschaftsgeld.

Ab 2001 ist eine Teilzeitbeschäftigung bis zu 30 Stunden/Woche in Unternehmen mit mehr als 15 Beschäftigten möglich. Das Erziehungsgeld geht hierdurch nicht verloren. Bei Kündigung zu Ende des Erziehungsurlaubes sind die gesetzlichen oder vereinbarten Kündigungsfristen zu beachten.

Für den Anspruch auf bezahlten Erholungsurlaub und dessen Dauer gelten die Ausfallzeiten wegen mutterschutzrechtlicher Beschäftigungsverbote als Beschäftigungszeiten. Hat die Mutter ihren Urlaub vor Beginn der Beschäftigungsverbote nicht oder nicht vollständig erhalten, so kann sie nach Ablauf der Fristen den Resturlaub im laufenden oder im nächsten Urlaubsjahr beanspruchen.

Literatur

Gesetz zum Schutz der erwerbstätigen Mutter (Mutterschutzgesetz – MuSchG) vom 20. 6. 2002, BGBl. I S. 2318

VO zur ergänzenden Umsetzung der EG-Mutterschutz-Richtlinie (MutterschutzrichtlinienVO – MuSchRiV) vom 15. 4. 1997, BGBl. I S. 782

VO über Arbeitstätten (ArbeitsstättenVO-ArbStättV) u. 12. 8. 2004 (BGBl. I Nr. 44, S. 2179)

EBNER, J. (1999): Mutterschutz, Erziehungsgeld, Erziehungsurlaub. 2. Auflage Bund-Verlag, Frankfurt

MEISE, P. G. u. SOWKA, H. (1999): Mutterschutz- und Erziehungsurlaub. 5. Auflage Verlag Vahlen, München

13.4 Schutz ausländischer Beschäftigter

Grundlagen

Ausländische Beschäftigte in deutschen Betrieben haben grundsätzlich die gleichen Rechte und Pflichten wie deutsche Beschäftigte.

Aufgrund einer EG-Verordnung über die Freizügigkeit innerhalb der Europäischen Gemeinschaft bedürfen EU-Angehörige für die Beschäftigung im Bundesgebiet keiner Arbeitserlaubnis. Nicht-EU-Angehörige benötigen dagegen für eine Beschäftigungsaufnahme eine Aufenthaltsgenehmigung und eine Arbeitserlaubnis (Arbeitnehmer-Entsendegesetz- AEntG). Die deutschen Arbeitsschutzvorschriften gelten für Unternehmer und Beschäftigte von ausländischen Betrieben, die in Deutschland arbeiten; das gilt ebenfalls für die Unfallverhütungsvorschriften auch dann, wenn die Unternehmer keinen Unfallversicherungsträger angehören.

Für diese Unternehmen gilt § 7 (1) AEntG. Danach finden die in Rechts- und Verwaltungsvorschriften enthaltenen Regelungen zu Sicherheit, Gesundheitsschutz und Hygiene am Arbeitsplatz auf ein Arbeitsverhältnis zwischen einem im Ausland ansässigen Arbeitgeber und seinen im Inland beschäftigten Arbeitnehmern zwingend Anwendung.

Maßnahmen

Aufgrund der beschriebenen Rechtslage sind die Maßnahmen des Arbeitsschutzes zum Abbau von arbeitsbedingten Gefährdungen und Belastungen auf der Grundlage einer Gefährdungsbeurteilung auch für ausländische Beschäftigte festzulegen.

Besonderheit betreffen vor allem bei ausländischen Beschäftigten Schwierigkeiten mit der deutschen Sprache; damit verbunden existieren oft Probleme mit *Unterweisungen.* Arbeitgeber haben dic Versicherten bei der Arbeit zu unterweisen, insbesondere über die mit ihrer Arbeit verbundenen Gefährdungen und Maßnahmen zur Verhütung entsprechend § 12 (1) ArbSchG und § 4 BGV 1; für Beschäftigte in einer Arbeitnehmerüberlassung entsprechend § 12 (2) ArbSchG. Diese Unterweisung muss in verständlicher Art und Weise durchgeführt werden, was besonders für ausländische Beschäftigte zutreffend ist. Diese Unterweisung schließt auch Erste-Hilfe-Maßnahmen ein.

In Fällen mit sprachlichen Verständigungsproblemen sind, wenn möglich, Dolmetscher oder sprach- und fachkundige Mitarbeiter einzubeziehen. Schriftliche Ausarbeitungen für Unterweisungen in verschiedenen Sprachen liegen bei den Unfallversicherungsträgern vor.

Betriebsanweisungen sowie Flucht- und Rettungspläne sind erforderlichenfalls in den Sprachen ausländischer Beschäftigter zu erstellen.

Literatur

EWG-VO 1408/71 zur Anwendung der Systeme der sozialen Sicherheit auf Arbeitnehmer und Selbständige sowie deren Familienangehörigen, die innerhalb der Gemeinschaft zu- und abwandern; EWG-VO 574/72 Durchführung EWG-VO 1408/71

Gesetz über zwingende Arbeitsbedingungen bei grenzüberschreitenden Dienstleistungen (Arbeitnehmer-Entsendegesetz – AEntG) vom 26. 2. 2001, BGBl. I S. 1046

13.5 Schutz deutscher Beschäftigter im Ausland

Grundlagen

Die Globalisierung der Weltwirtschaft bringt es mit sich, dass deutsche Arbeitnehmer in ausländischen Tochtergesellschaften, Joint-Venture-Unternehmen oder im Rahmen von Montagearbeiten im Ausland tätig werden. Da dieser Einsatz auch über den Rahmen der Europäischen Gemeinschaft hinausgeht, besteht das Erfordernis eines Unfallversicherungsschutzes für die Beschäftigten bei diesen Arbeiten (Auslandsversicherungsschutz).

Maßnahmen

EU-Staaten: Für Beschäftigte in den Staaten der Europäischen Union gilt die „VO über die Freizügigkeit innerhalb der Europäischen Gemeinschaft" – 1408/71. Danach besteht der deutsche Versicherungsschutz fort, wenn die Aufenthaltsdauer ≤ 12 Monate beträgt (mit der Möglichkeit einer weiteren Verlängerung). Bei Aufenthaltsdauern > 12 Monate gilt dann der Versicherungsschutz des jeweiligen Landes, in dem die Beschäftigung erfolgt.

Staaten mit SV-Abkommen: Für Staaten, mit denen die Bundesrepublik Deutschland ein zweiseitiges Sozialversicherungs-(SV)-abkommen abgeschlossen hat, gilt der deutsche Versicherungsschutz für die jeweils abgeschlossene Dauer (in der Regel 12–36 Monate mit der Möglichkeit einer Verlängerung); solche Staaten sind u.a. Israel, Herzegowina, Schweiz, Türkei, Jugoslawien, Kroatien und Mazedonien.

Staaten ohne SV-Abkommen: Für Staaten, mit denen die Bundesrepublik Deutschland kein SV-Abkommen abgeschlossen hat, gilt § 4 SBG IV. Danach besteht deutscher Versicherungsschutz, wenn die

- Entsendung eines Beschäftigten im Rahmen eines in Deutschland bestehenden Beschäftigungsverhältnisses erfolgt

  und

- Dauer der Tätigkeit im Voraus vertraglich oder durch die Art der Beschäftigung (z.B. Montage) zeitlich begrenzt ist.

Auslandsversicherung: In allen anderen Fällen, wenn der Versicherungsschutz in den vorgenannten Regelungen nicht (mehr) möglich ist, kann eine Auslandsversicherung auf Antrag bei dem zuständigen Unfallversicherungsträger abgeschlossen werden.

Solche Fälle können z.B. betreffen

- die Entsendung eines Beschäftigten zu ausländischen Tochtergesellschaften oder Joint-Venture-Unternehmen, mit denen die Beschäftigten einer Anstellungsvertrag haben,

- zeitlich nicht begrenzte Entsendung von Beschäftigten in Nicht-Abkommen-Staaten,
- die Entsendung in EU-Staaten oder Abkommen-Staaten, soweit die o.g. Rahmenbedingungen nicht mehr vorliegen.

Die Rechtsgrundlage für diesen Versicherungsschutz ist § 140 ff. SGB VII.

Literatur

EWG-VO 1408/71 zur Anwendung der Systeme der sozialen Sicherheit auf Arbeitnehmer und Selbständige sowie deren Familienangehörigen, die innerhalb der Gemeinschaft zu- und abwandern; EWG-VO 574/72 Durchführung EWG-VO 1408/71

Gesetz über zwingende Arbeitsbedingungen bei grenzüberschreitenden Dienstleistungen (Arbeitnehmer-Entsendegesetz – AEntG) vom 26. 2. 1996 (BGBl. I S. 227)

Neuntes Buch – Sozialgesetzbuch SGB IX – Rehabilitation und Teilnahme behinderter Menschen in der Fassung vom 19. 6. 2001, zuletzt geändert durch Art. 1 des Gesetzes vom 23. 4. 2004 (BGBl. I S. 606)

Siebtes Buch – Sozialgesetzbuch SGB VII – Gesetzliche Unfallversicherung vom 7. 8. 1996, zuletzt geändert durch Art. 3 des Gesetzes vom 23. 4. 2004 (BGBl. I S. 606)

13.6 Schutz älterer Beschäftigter

Grundlagen

Das Altern ist ein lebensbedingter Prozess, der individuell unterschiedlich ist. Der Grad des Alterns ist eine Funktion des tatsächlichen Lebensalters und des jeweiligen physischen (z.B. Gesundheit) und psychischen (z.B. Lebenseinstellung) Zustandes der betreffenden Person.

Das Nachlassen bestimmter Fähigkeiten erfolgt im Durchschnitt zeitlich unterschiedlich. Z.B. lassen die Muskelkräfte ab etwa 25 Jahre nach, Geschicklichkeitsleistungen erst ab etwa 35 Jahre, geistige Leistungen noch später. Auch sind Höhe, Gipfel und Nachlassen der Leistungen nach Geschlechtern z.T. abweichend. Insgesamt liegt der Gipfel der physischen Leistung etwa im

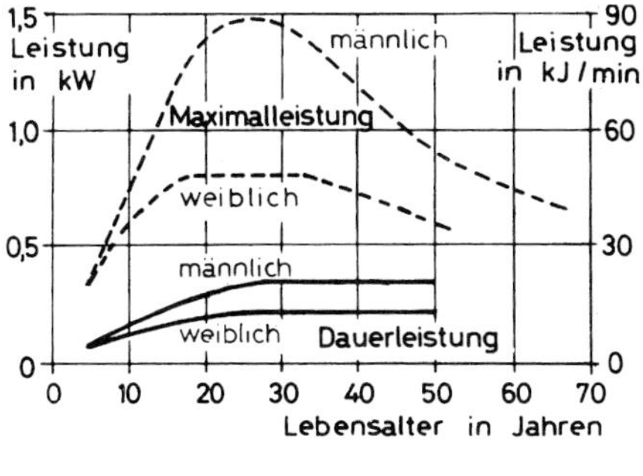

Abb. 13.6.1: Maximal-und Dauerleistung bei 3–5 Minuten Hochleistung in Abhängigkeit vom Lebensalter (verändert nach E. A. MÜLLER 1960, Forschungsbericht Land NW Nr. 1031 S. 401)

Alter von 25 Jahren (→ Abb. 13.6.1). Der Gipfel verschiebt sich um so mehr zum Alter hin, je stärker eine geistige Leistung bei der betreffenden Tätigkeit verlangt wird. Bei Personen mit einer guten Ausgangsintelligenz ist im allgemeinen kein Nachlassen geistiger Fähigkeiten bis zum 50. Lebensjahr festzustellen.

Mit zunehmendem Alter treten in der Regel folgende für die Arbeitssicherheit wesentlichen Veränderungen auf:

Physische Veränderungen: Die Muskelkräfte und entsprechend die Fähigkeit zu schwerer körperlicher Leistung lassen nach. Erschöpfung von der Arbeit tritt schneller ein. Zur Erholung sind längere Zeiträume notwendig. Dies gilt auch für Genesungszeiten nach Verletzungen.

Die Leistungsfähigkeit der Sinnesorgane geht ebenfalls zurück. Die Fähigkeit, hohe Töne zu hören, geht verloren. Akkommodationsfähigkeit (→ Abb. 13.6.2) und Dunkeladaption gehen zurück. Der ältere Mensch braucht mehr Licht. Ungünstiges Klima, besonders große Hitze, werden im Alter schlechter ertragen. Die Behaglichkeitstemperatur erhöht sich um 1–2 °C; Reaktionsfähigkeit und -geschwindigkeit lassen nach.

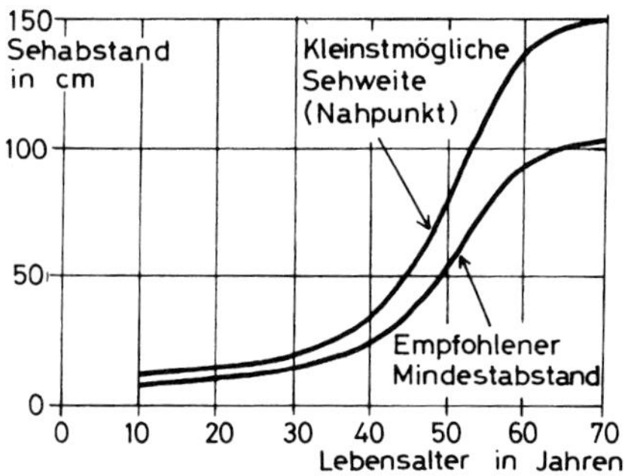

Abb. 13.6.2: Akkommodationsvermögen des Auges in Abhängigkeit vom Lebensalter (verändert nach H. SCHOBER 1964: Das Sehen. Bd. II. VEB Verlag Leipzig)

Die Umstellung auf Arbeitsplatzveränderungen und Änderungen im zeitlichen Arbeitsablauf (Schichtwechsel) wird schwieriger. Die Leistungsbereitschaft von Frauen fluktuiert in den Wechseljahren stark.

Psychische Veränderungen: Geistige Aufnahmefähigkeit, Initiative, Phantasie und Wendigkeit lassen nach, Depressionen nehmen zu, doch bleibt im Regelfall die Intelligenz bis in das hohe Alter erhalten.

Die Persönlichkeitsreife nimmt zu, dazu gehören insbesondere Verantwortungsbewusstsein, Zuverlässigkeit, Beständigkeit und Ausgeglichenheit. In kritischen Situationen ist der ältere Beschäftigte überlegter und gelassener.

Das unfallfördernde Nachlassen der physischen und teilweise auch psychischen Fähigkeiten wird durch Erfahrung über Gefahren sowie durch Tätigkeiten auf Arbeitsplätzen mit geringerem Unfallrisiko bei Männern bis zum Rentenalter voll kompensiert. Bei Frauen steigt die Unfallhäufigkeit ab einem Lebensalter von 45 Jahre wieder an.

Maßnahmen

Beschäftigte mit einem Lebensalter über 50 Jahre sind von schwerer körperlicher Arbeit, taktgebundener schwerer Fließarbeit und von solcher, die große Reaktionsfähigkeit erfordert, zu befreien.

Arbeitsplätze mit ungünstigem Klima sind für ältere Beschäftigte ungeeignet. Auf gute Ausleuchtung ihrer Arbeitsplätze ist besonders zu achten. Ältere Beschäftigte sollen möglichst wenig den Arbeitsplatz und den zeitlichen Verlauf der Schicht wechseln.

Ältere erfahrene Beschäftigte sind besonders für Tätigkeiten geeignet, bei denen Verantwortungsbewusstsein und Zuverlässigkeit erforderlich sind, z.B. bei Abnahmen, Kontrollen, Aufsichtstätigkeiten usw. Soweit pädagogische Veranlagung vorhanden ist, eignen sich ältere Beschäftigte auch zur Ausbildung von Neulingen und jüngeren Belegschaftsmitgliedern.

Ältere Beschäftigte müssen zur gesundheitlichen Überwachung angehalten werden, besonders, wenn Beschwerden eintreten.

Eine gute Leistung muss auch anerkannt werden. Notwendige altersbedingte Versetzungen oder vorzeitige Beendigung betrieblicher Tätigkeit ist mit menschlicher Rücksichtnahme durchzusetzen. Oft ist auch eine Teilzeitbeschäftigung sinnvoll.

Literatur

SCHMIDT, H. G. (1976): Altersadäquater Arbeitseinsatz. Zbl. Arbmed. Nr. 7 S. 133–135

13.7 Schutz der in Heimarbeit Beschäftigten

Grundlagen

Die in Heimarbeit Beschäftigten (Heimarbeiter, Hausgewerbetreibende mit nicht mehr als zwei fremden Hilfskräften und Gleichgestellte) sind wegen der Eigenart des Heimarbeitsgewerbes nicht nur allgemein sozialen Missständen, sondern speziell auch besonderen Gefahren ausgesetzt. Sicherheit und Gesundheitsschutz am Heimarbeitsplatz werden durch die weitgehend fehlende Aufsicht und die Hektik in Konjunkturzeiten oft nicht genügend berücksichtigt.

Maßnahmen

Zum Schutz der in Heimarbeit Beschäftigten hat der Gesetzgeber das Heimarbeitsgesetz erlassen.

Auftraggeberpflichten: Wer Heimarbeit aus- oder weitergibt, muss die Heimarbeiter vor Aufnahme der Beschäftigung über die Art und Weise der zu verrichtenden Arbeit, die Unfall- und Gesundheitsgefahren sowie über die Maßnahmen und Einrichtungen zur Abwendung dieser Gefahren unterweisen. Die Durchführung dieser Unterweisung bedarf der schriftlichen Bestätigung durch den Heimarbeiter. Außerdem muss der Auftraggeber dafür sorgen, dass zur Verwendung überlassene Arbeitsmittel und -stoffe Leben und Gesundheit des Heimarbeiters nicht gefährden. Sind für die Durchführung der Gefahrenabwehr besondere Vorschriften anzuwenden, muss der Auftraggeber dem Gewerbeaufsichtsamt und der Polizeibehörde Name und Arbeitsstätte der von ihm mit Heimarbeit Beschäftigten anzeigen.

Auftragnehmerpflichten: Die Arbeitsstätten der in Heimarbeit Beschäftigten müssen so beschaffen, eingerichtet und gehalten sein und Heimarbeit muss so ausgeführt werden, dass keine Gefahren für Leben, Gesundheit und Sittlichkeit der Beschäftigten und ihrer Mitarbeiter entstehen. Dazu gehören nicht nur allgemein Sauberkeit, Ordnung und sicherheitsgerechte technische Arbeitsmittel, sondern auch spezielle arbeitssicherheitliche Erfordernisse bei bestimmten Arbeiten.

Freie Mitarbeit: Freie Mitarbeiter, die Aufträge im Wege von Werkverträgen von Firmen übernehmen, fallen nicht unter das Heimarbeitsgesetz. Derartige Personen sind selbst verpflichtet, die Arbeitsschutzvorschriften einzuhalten. In den letzten Jahren hat sich besonders die „Teleheimarbeit" ausgebreitet, bei der im EDV-Bereich für die Software- und Drucksatzherstellung Werkverträge mit Einzelpersonen abgeschlossen werden. Die Arbeitsschutzproblematik liegt hier vor allem in der zeitlichen Überbeanspruchung von verheirateten Frauen mit Kindern, die solche Arbeiten erfahrungsgemäß preiswert übernehmen (GOLDMANN u. RICHTER 1988).

Literatur

HEIMARBEITSGESETZ (HAG) v. 14. 3. 1951, zuletzt geändert durch Art. 82 des Gesetzes vom 23. 12. 2003 (BGBl. I S. 2848)

1. RECHTSVO zur Durchführung des Heimarbeitsgesetzes (1. RVHAG) v. 27. 1. 1976, zuletzt geändert durch Art. 302 der Verordnung vom 25. 11. 2003 (BGBl. I S. 2304)

GOLDMANN, M. u. RICHTER, G. (1988): Teleheimarbeit von Frauen. Parlament. Staatssekretärin f. d. Gleichstellung v. Frau u. Mann in Nordrhein-Westf. Nr. 7, Düsseldorf

13.8 Schutz der Schwerbehinderten

Grundlagen

Die bei ihrer Erwerbsfähigkeit Geminderten haben es bei der Ausübung ihrer beruflichen Tätigkeit infolge ihrer Behinderung nicht nur schwerer, ihre Aufgaben zu erfüllen, sie sind auch wegen ihrer geringeren Wendigkeit erhöhten Gefahren ausgesetzt.

Maßnahmen

Schwerbehinderte sind nach dem Schwerbehindertengesetz Personen, die körperlich, geistig oder seelisch behindert und infolge ihrer Behinderung in ihrer Erwerbsfähigkeit um mindestens 50% gemindert sind. In bestimmten Fällen können Personen, die in ihrer Erwerbsfähigkeit um weniger als 50%, aber wenigstens 30% in ihrer Erwerbsfähigkeit gemindert sind, den Schwerbehinderten gleichgestellt werden.

Nach dem SGB IX ist der Arbeitgeber verpflichtet, bei Vorhandensein einer bestimmten Zahl von Arbeitsplätzen – in der Regel 16 – Schwerbehinderte einzustellen. Der Anteil der durch Schwerbehinderte besetzten Arbeitsplätze soll in der Regel mindestens 6% betragen. Bei Unternehmen > 100 Beschäftigten beträgt der Anteil 5%; bei großen Unternehmen sind Vereinbarungen zwischen Arbeitgeber und Betriebsrat über eine angemessene Anzahl zu treffen. Bei der Berechnung zählen Auszubildende nicht mit. Bei der Besetzung freier Arbeitsplätze hat der Arbeitgeber zu prüfen, ob Schwerbehinderte beschäftigt werden können. Bewerbungen von Schwerbehinderten sind mit dem Vertrauensmann der Schwerbehinderten zu erörtern und mit seiner Stellungnahme dem Betriebs- oder Personalrat mitzuteilen. Solange der Arbeitgeber die vorgeschriebene Zahl Schwerbehinderter nicht beschäftigt, muss er für jeden unbesetzten Pflichtplatz eine monatliche Ausgleichsabgabe entrichten. Beim BMWA besteht zur Förderung der Eingliederung Schwerbehinderter in Arbeit, Beruf und Gesellschaft ein Ausgleichsfond für überregionale Maßnahmen.

Das Gesetz gewährt dem Schwerbehinderten u.a. besonderen Kündigungsschutz und begründet für den Arbeitgeber erhöhte Fürsorgepflichten.

Schwerbehinderte müssen so beschäftigt werden, dass sie ihre Fähigkeiten und Kenntnisse möglichst voll verwerten und weiterentwickeln können. Bei innerbetrieblichen Maßnahmen der beruflichen Bildung sind sie zur Förderung ihres beruflichen Fortkommens bevorzugt zu berücksichtigen. Die Teilnahme an außerbetrieblichen Bildungsmaßnahmen ist in zumutbarem Umfang zu erleichtern.

Nach § 81 (4) SGB IX haben die schwerbehinderten Menschen gegenüber ihren Arbeitgebern einen Anspruch auf behinderungsgerechte Einrichtung und Unterhaltung der Arbeitsstätte einschließlich der Betriebsvorrichtungen, Maschinen und Gerätschaften. Der Arbeitsplatz ist mit den erforderlichen technischen Arbeitshilfen auszustatten. Die Verpflichtung zu den beiden letzten Punkten besteht nicht, soweit ihre Durchführung wegen unverhältnismäßig großer Aufwendungen für den Arbeitgeber unzumutbar wäre oder Arbeitsschutzvorschriften entgegenstehen. Die Einrichtung von Teilarbeitsplätzen ist zu fördern.

Der Arbeitgeber hat einen Beauftragten zu bestellen, der ihn vertritt. Seine Hauptaufgabe besteht in der Überwachung der dem Arbeitgeber obliegenden Verpflichtungen.

Literatur

NEUNTES Buch – Sozialgesetzbuch (SGB IX – Rehabilitation und Teilnahme behinderter Menschen v. 19. 6. 2001, zuletzt geändert durch Art. 1 des Gesetzes vom 23. 4. 2004 (BGBl. I S. 606)

GRÖNINGER, K. u. THOMAS, W. (LB): Schwerbehindertengesetz. Kommentator Verlag, Frankfurt

ROHMERT, W. u. LESSER, W. (1995): Der rollstuhlgerechte Arbeitsplatz. Bd. 12 Schriftenreihe Zentralbl. Arbmed. Arbsch. u. Ergonomie. Haefner Verlag, Heidelberg

WIELAND, K. (1992): Technische Arbeitshilfen. – Handbuch zur ergonomischen und behinderungsgerechten Gestaltung von Arbeitsplätzen. BAU Bericht Fa 18. Wirtschaftsverlag NW, Bremerhaven

13.9 Schonarbeitsplatz

Grundlagen

Häufig kann ein Verletzter seine bisherige Arbeit auch nach einem leichten Unfall nicht mehr verrichten, wäre aber noch auf einem anders gearteten, meist nicht so anstrengenden Arbeitsplatz einsatzfähig, ohne dass nach ärztlicher Begutachtung zu befürchten ist, dass die Arbeit die Heilung behindert. Solche Arbeitsplätze nennt man Schonarbeitsplätze.

Die Einrichtung und Benutzung von Schonarbeitsplätzen hat folgende Vorteile:

Für den *Betrieb:*

- Einsparung von Arbeitskraft und damit finanzieller Gewinn.
- Ermöglichung von Informationsaustausch und Ausbildung auf entsprechenden Schonarbeitsplätzen (z.B. Postverteilung, Prüfung technischer Geräte usw.).

Für den *Betroffenen:*

- Möglichkeit zur Weiterbildung und zum Kennenlernen anderer Arbeiten. Damit Qualifikationszuwachs.
- Psychische Förderung des Heilungsprozesses durch Verbleiben im üblichen Lebensrhythmus.
- In Betrieben, die Arbeitssicherheitsprämien bezahlen: Finanzielle Besserstellung.

Maßnahmen

Die Beschäftigung auf Schonarbeitsplätzen darf nur unter bestimmten Voraussetzungen erfolgen:

Der Schonarbeitsplatz darf den Heilungsprozess des Verletzten nicht negativ beeinflussen. Nach Möglichkeit soll er zum Heilungsprozess beitragen. Es ist daher notwendig, dass in vertrauensvoller Zusammenarbeit zwischen Betriebsleitung, Fachkräften für Arbeitssicherheit, Betriebsrat und Betriebsarzt solche Schonarbeitsplätze geschaffen werden. Hier ist besonders eine gemeinsame Besichtigung von Nutzen.

Vor allen der Betriebsarzt muss genau über die Eigenarten und Anforderungen jedes zur Verfügung stehenden Arbeitsplatzes unterrichtet sein.

Der Schonarbeitsplatz darf kein Arbeitsplatz aus Gefälligkeit sein, sondern muss betrieblich produktiven Wert besitzen und damit auch dem Verletzten das Gefühl des „Gebrauchtwerdens" geben.

Die Beschäftigung auf einem Schonarbeitsplatz darf nur mit Einwilligung des Betriebsarztes und des Betroffenen erfolgen. Da durch die Lohnfortzahlung der materielle Anreiz entfällt, muss eine entsprechende Motivation zum Weiterarbeiten vorhanden oder erzeugt werden. Solche Motivationen sind z.B. der Reiz einer interessanten neuen Beschäftigung, die Gewährung einer Prämie oder der Nichtentzug einer Arbeitssicherheitsprämie.

Die Bereitstellung von Schonarbeitsplätzen muss gut organisiert sein. In der betrieblichen Praxis ergeben sich sehr unterschiedliche Möglichkeiten zur Festlegung von Schonarbeitsplätzen, z.B.: Einsatz bei Revisionen, bei der Vermessung, bei der Postverteilung, im Konstruktionsbüro, bei Inventurarbeiten, Arbeitsplatz- und Arbeitszeitanalysen, Mitwirken bei der Brandschutzkontrolle, leichte Beschäftigung in der Verwaltung (z.B. Führen von Karteien, Listen usw.). Welcher Arbeitsplatz im einzelnen in Frage kommt, hängt von der Mentalität und Qualifikation des Betroffenen sowie der Art der Verletzung ab.

Nach § 193 Abs. 1 SGB VII ist arbeitsunfähig, wer seine bisherige oder eine ähnlich geartete Tätigkeit nicht mehr ausüben kann. Bei Tätigkeiten auf Schonarbeitsplätzen handelt es sich in der Regel nicht um ähnlich geartete Tätigkeiten. Daher sind Unfälle mit mehr als 3 Kalendertagen Arbeitsausfall auch bei anschließender Tätigkeit auf einem Schonarbeitsplatz in der Regel meldepflichtig.

14 Sicherheitsgerechtes Verhalten der Beschäftigten

Inhaltsverzeichnis

14.1 Grundlagen

Neben technisch-technologischen Maßnahmen zur Gestaltung von Arbeitssystemen (→Kapitel 7–10) ist das Ausprägen von sicherheits- und gesundheitsgerechten Verhalten der Beschäftigten bei der Ausführung von Arbeitsaufgaben eine weitere Voraussetzung für die Sicherheit von Arbeitssystemen. Sicheres Verhalten der Beschäftigten im konkreten Fall ist dann gegeben, wenn eine Übereinstimmung von Arbeitsanforderungen aus der Arbeitsaufgabe und den *physischen und psychischen Leistungsvoraussetzungen* der Beschäftigten gegeben ist (→ Kapitel 6.1 und 6.2).

Das Ausprägen der Leistungsvoraussetzungen für eine konkrete Arbeitsaufgabe heißt, die *Leistungsfähigkeit* der Beschäftigten durch qualifikatorische Maßnahmen auf das Niveau der Arbeitsanforderungen zu bringen und gleichzeitig die *Leistungsbereitschaft* durch Motivation zu erhöhen.

Sicherheitsgerechtes Verhalten der Beschäftigten bei der Arbeit verfolgt die Zielstellung nach Erhaltung und Förderung ihrer Gesundheit.

Mit dem Ausprägen sicherheitsgerechten Verhaltens sollen
- mögliche Fehlhandlungen der Beschäftigten bei der Arbeit ausgeschlossen werden (*human error*),
- Sicherheit und Zuverlässigkeit technischer Systeme durch menschliche Eingriffe erhöht werden (*human reliability*).

Literatur

BURKHARDT, F. (1981): Information und Motivation zur Arbeitssicherheit. Universum Verlagsanstalt, Wiesbaden

HOYES, C. (1980): Psychologische Unfall- und Sicherheitsforschung. Kohlhammer Verlag, Stuttgart

KRÜGER, W. (1983): Arbeitssicherheit als berufspädagogisches Problem. BAU Bericht 343. Wirtschaftsverlag NW, Bremerhaven

LUCZAK, H. u. VOLPERT, W., Hrsg. (1997): Arbeitswissenschaft. Schaeffer-Poeschel Verlag, Stuttgart

NOLD, H. (1993): Psychologie der Arbeitssicherheit. Lywis Verlag u. Design Riedstadt

RENGGLI, F. (1994): Wege zu sicherem Verhalten. Universum Verlagsanstalt, Wiesbaden

ROHMERT, W. u. RUTENFRANZ, J., Hrsg. (1983): Praktische Arbeitsphysiologie. 3. Aufl. Thieme Verlag, Stuttgart

ULICH, E. (1994): Arbeitspsychologie. 3. Aufl. Schaeffer-Poeschel Verlag, Stuttgart

UNDEUTSCH, U. (1986): Sicherheitspsychologie. In: PETERS, O. u. MEYNA, A.: Handbuch der Sicherheitstechnik Bd. 2 S. 129 – 156

14.2 Grundsätze der Verhaltensbeeinflussung

Die überwiegende Zahl der Unfälle beruht auf Fehlverhalten der Betroffenen. Dabei ist Fehlverhalten ein zusammenfassender Überbegriff. Für die Maßnahmenfindung ist es wichtig zu wissen, welche tieferen Ursachen das Fehlverhalten hat. Bei einer repräsentativen Untersuchung von Unfällen in der Textilindustrie ergaben sich beispielsweise folgende Ursachen des unmittel baren Fehlverhaltens:

Laufende Maschinen gewartet	10%
Persönliche Schutzausrüstung nicht benutzt	47%
Schutzvorrichtung nicht benutzt	1%
Vorschriften nicht beachtet	13%
Mit Arbeitskollegen mangelhaft verständigt	2%
Aufmerksamkeit ungenügend	84%
Sonstige Mängel im Verhalten	3%

Dabei muss die Klasse „Aufmerksamkeit ungenügend“ mit Vorbehalt gesehen werden, da ungenügende Aufmerksamkeit tiefere Wurzeln hat, z. B. solche psychischer und physischer Überforderung. Die Anforderungen an den Arbeitsplatz übersteigen in diesen Fällen das Können des dort Beschäftigten. Auch lässt sich nicht graduell festlegen, wie groß Aufmerksamkeit sein muss, um einen bestimmten Unfall zu vermeiden.

Wenn das Fehlverhalten die überwiegende Zahl der Unfälle zumindest mitverursacht, so folgt daraus, dass durch Verhaltensbeeinflussung auch Unfälle vermieden werden können. Zu bedenken ist jedoch, dass die auf dem Wege des unmittelbaren Verhaltens gewährte Sicherheit von Natur aus stets beschränkt ist. In der Regel ist es nur eine Frage der Wahrscheinlichkeit, wie häufig neben richtigem Verhalten ein Fehlverhalten auftritt. Beispielsweise lässt sich nie ganz ausschließen, dass an einem Übergang über eine Werksbahn jemand von einem Zug erfasst wird und dadurch einen Unfall erleidet. Darum hat immer die das Verhalten ausschließende sicherheitstechnische Lösung Vorrang, im Beispiel ein kreuzungsfreier Übergang in Form eines Fußgängertunnels.

Sind wir aber auf eine verhaltensgebundene Lösung angewiesen, so müssen wir mit geeigneten Mitteln versuchen, die Wahrscheinlichkeit des Fehlverhaltens möglichst gering zu halten. Dies geschieht, indem für die betreffende Arbeit geeignete Personen gefahren- und sicherheitsbewusst werden, z.B. durch eine zielgerechte Ausbildung, und gefahren- und sicherheitsbewusstes Handeln zur Gewohnheit wird. Folgendes (→Abb. 14.2.1) ist zu unterscheiden:

Voraussetzungen für ein sicherheitsgerechtes Verhalten:

1. Information über Gefahren: Der Beschäftigte wird gefahrenbewusst. Gefahrenbewusstsein ist der Besitz von Kenntnis über Gefahren. Beispiel: Ein Beschäftigter wird über die Gefahren beschädigter Leitern (Absturz!) aufgeklärt. Er wird informiert, was er mit beschädigten Leitern zu tun hat.

2. Motivation zu sicherheitsgerechtem Verhalten: Der Beschäftigte wird sicherheitsbewusst, d.h. er wird gewillt, sich sicherheitsgerecht zu verhalten.

   Beispiel: Ein Beschäftigter, der die mit defekten Leitern verbundenen Gefahren kennt, wird sich nicht immer diesen erkannten Gefahren entsprechend verhalten. Er wird, wie wir aus täglicher Praxis wissen, trotzdem oft noch beschädigte Leitern benutzen. Er muss also beeinflusst (motiviert)werden, eine solche Leiter nicht zu benutzen, z.B. durch Ansprechen des Geltungsbedürfnisses (der Fachmann benutzt keine beschädigten Leitern), durch finanziellen Anreiz (Arbeitssicherheitsprämie), durch Hinweis auf die Folgen eines Unfalls (Abschreckung, oft nicht sehr wirksam) usw.

3. Auswahl, Training, Ausbildung: Damit eine vorgegebene Arbeitsanforderung sicherheitsgerecht erfüllt werden kann, muss der Beschäftigte hierfür geeignet sein, d.h. er muss aus der Sicht der Arbeitssicherheit die erforderlichen Fähigkeiten (Eigenschaften von menschlichen Organen)und Fertigkeiten (erlernte und eingeübte Verhaltensweisen)besitzen. Eine systematische Anpassung des Beschäftigten an seine Arbeitsaufgabe erfolgt durch entsprechende Ausbildung, d.h. es müssen die erforderli-

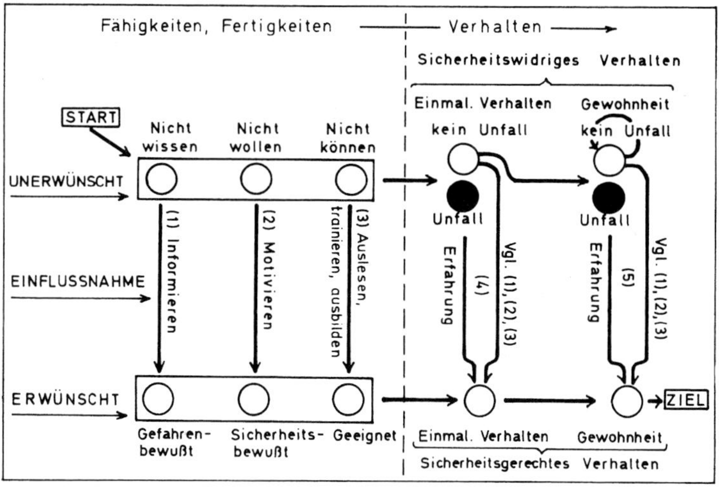

Abb. 14.2.1: Modell zur Verhaltensbeinflussung.

chen Fähigkeiten durch Training und die erforderlichen Fertigkeiten durch Lernen und Einüben erworben werden.

Um bestimmte Arbeitsaufgaben sicherheitsgerecht zu erfüllen, kann auch eine Personalauswahl notwendig sein, z.B. Auswahl von Schwindelfreien für Höhenarbeiten, Auslese von Farbtüchtigen für Tätigkeiten, bei denen Farbsignale zu unterscheiden sind.

Sicherheitsgerechtes Verhalten:

1. Ein sich einmalig sicherheitswidrig verhaltender Beschäftigter wird sich sicherheitsgerecht verhalten, wenn er entweder aus der Erfahrung eines Unfalls lernt oder, falls kein Unfall eintritt, wenn er entsprechend informiert, motiviert, ausgebildet oder ausgewählt wird. Beispiel: Ein Beschäftigter, der von einer schadhaften Leiter heruntergefallen ist, benutzt zukünftig derartige Leitern nicht mehr. Dagegen ein Beschäftigter, der beim Benutzen einer schadhaften Leiter keinen Unfall erleidet, wird eine schadhafte Leiter in der Regel auch zukünftig benutzen. Deshalb muss er verstärkt über die Gefahren belehrt und zu sicherheitsgerechtem Verhalten motiviert werden. Die sicherheitsgerechte Verhaltensweise ist im Wege der Ausbildung zu lernen und einzuüben.

2. Beim Vorliegen einer sicherheitswidrigen Gewohnheit gilt sinngemäß das Gleiche wie unter Ziffer 1. Entscheidend ist dabei, dass die zum sicherheitswidrigen Verhalten führende Grundeinstellung überwunden und damit eine sicherheitsgerechte Gewohnheitsbildung möglich wird.

14.3 Gefahrenbewusstsein (Information)

Grundlagen

Kenntnisse über Gefahren lassen sich gewinnen aus eigenen Erkenntnissen und Erfahrungen sowie aus Informationen über Erkenntnisse und Erfahrungen anderer und aus entsprechender Anleitung (Instruktion).

Erfahrung über Gefahren muss jeder Mensch sammeln. Sie beginnt beim Kind (z.B. Feuer ist heiß, die Nadel pieckst)und wird im Arbeitsleben fortgesetzt (z.B. bestimmte Maschinen haben Tücken, bestimmte Hebel können zurückschlagen, wer beim Schweißen keinen Augenschutz trägt, hat später Beschwerden usw.).

Der Weg zum Gefahrenbewusstsein über die eigene Erfahrung kann abgekürzt werden, indem fremde Erkenntnisse und Erfahrungen durch Information einschließlich Instruktion nutzbar gemacht werden.

Maßnahmen

Zahlreiche Gesetze und Vorschriften verlangen die Unterweisung der Beschäftigten über Unfall- und Gesundheitsgefahren und Maßnahmen zu ihrer Abwehr. So wird z.B. im § 4 BGV A1 festgestellt, dass eine solche Unterweisung vom Unternehmer oder seinem Beauftragten vor der Beschäftigung und danach in angemessenen Zeitabständen, mindestens jedoch einmal jährlich, durchzuführen ist. Für Jugendliche hat diese Unterweisung nach dem Jugendarbeitsschutzgesetz mindestens halbjährlich zu erfolgen.

Auch für die Information gilt das Wirtschaftlichkeitsprinzip: Mit einem möglichst geringen Aufwand soll wirksam informiert werden. Dabei muss die jeweilige Zielgruppe treffsicher angesprochen werden. Jedes Problem fordert eine spezifische Lösung, zu der die folgenden Grundsätze eine Hilfe sein sollen:

- Vor Information und Instruktion überlegen, was man vermitteln will und welche Mittel hierfür geeignet sind.
- Im richtigen Augenblick informieren. Ein müder Mitarbeiter ist nur noch beschränkt aufnahmefähig. Daher ist die beste Zeit im allgemeinen der Schichtbeginn. Geeignete Gelegenheiten wahrnehmen, z.B. nach Unfällen oder Schadensfällen, bei Betriebsversammlungen, beim Einführen neuer Arbeitsverfahren usw.
- Vorrangig dort unterweisen, wo ein Erfolg zu erwarten ist, z.B. bei Neulingen oder an besonders gefährlichen Arbeitsorten. Unfall zum Anlass einer Unterweisung nehmen.
- Information auf den zu Informierenden zuschneiden. Sich seiner Sprache bedienen. Ein Hochofenarbeiter ist anders anzusprechen als sein Hüttendirektor.

- Notwendige Schutzbehandlung genau und vollständig umreißen. Notwendiges Verhalten begründen. Beispiel: Falsch: Passen Sie bitte beim Lösen des Autoklavendeckels auf, dass ihnen nichts passiert. Richtig: Beim Lösen des Autoklavendeckels kann Ihnen heißes Wasser oder Heißdampf entgegenspritzen. Daher beim Öffnen seitwärts stellen und langsam mit Schutzhandschuh erste Flügelmutter lösen. Dampf ablassen. Erst dann weitere Flügelmuttern lösen.
- Anschaulich und einprägsam informieren. Experimente durchführen. Merkworte und Schlagwortbegriffe bilden. Informationen aktuell anbieten. Verpacken in Humor.
- Bei komplizierten Vorgängen schrittweise informieren und instruieren. Auf den Intelligenzgrad des zu Unterweisenden Rücksicht nehmen.
- Informationen wiederholen. Dabei möglichst bei der Wiederholung ein anderes Mittel benutzen, z.B. nach mündlicher Unterweisung Bilder oder Fragebogen usw.
- Wenn möglich, bei der Unterweisung mitarbeiten (vormachen, nachmachen)oder mitdenken lassen (fragen, falsche Antworten richtigstellen, Aufgaben stellen, programmierten Unterricht durchführen usw.).
- Die Wirksamkeit von Information und Instruktion muss von Zeit zu Zeit geprüft werden, z.B. durch Prüfung des Lernerfolges sowie durch Feststellung, ob das entsprechende Fehlverhalten und einschlägige Unfälle zurückgehen.
- Informieren auch über Maßnahmen zur Verminderung der Folgen von Unfällen, z.B. über Unfallbenachrichtigung, Rettungswege, Erste Hilfe usw.

14.4 Sicherheitsbewusstsein (Motivation)

Der Slogan „Gefahr erkannt – Gefahr gebannt“ ist – strenggenommen – nicht richtig. Die erkannte Gefahr – also das Gefahrenbewusstsein – ist lediglich eine Vorstufe zu sicherheitsgerechtem Verhalten. Erst wenn das Unfallrisiko der Arbeit im Verhalten auch berücksichtigt wird, also neben dem Gefahrenbewusstsein sicherheitsbewusst gehandelt wird, kann sich die Arbeitssicherheit verbessern.

Der Schritt vom Gefahrenbewusstsein zum Sicherheitsbewusstsein erfolgt durch Verhaltensbeeinflussung zum „Sicher-arbeiten-wollen“, also durch die Motivation. Das Problem der Anwendung geeigneter Motivationsinhalte besteht darin, solche zu finden, die bei möglichst geringem Aufwand möglichst weitgehend und andauernd unerwünschte Gegenmotivationen ausschalten und damit ein sicherheitsbewusstes Verhalten erzeugen.

Dazu ist es nicht unbedingt erforderlich, ein auf die Arbeitssicherheit negativ wirkendes Motiv durch ein positiv wirkendes zu ersetzen, z.B. Gleichgültigkeit durch Geltungsdrang, sondern auch ein an sich negativ wirkendes Motiv positiv umzufunktionieren, z.B.: Der Unternehmer scheut sich aus Kostengründen bei bestimmten gefährlichen Arbeiten kostenlos Schutzhandschuhe auszugeben. Erst, als ihm klar (gemacht)wird, dass sich durch kostenlose Ausgabe der Schutzhandschuhe und der dadurch vermiedenen Schnittverletzungen und entsprechenden Unfallkosten die Gesamtkosten verringern, gibt er Schutzhandschuhe aus.

Regelkreis des Verhaltens: Zur Bildung von Verhaltensweisen kommt es wie folgt (→Abb. 14.4.1):

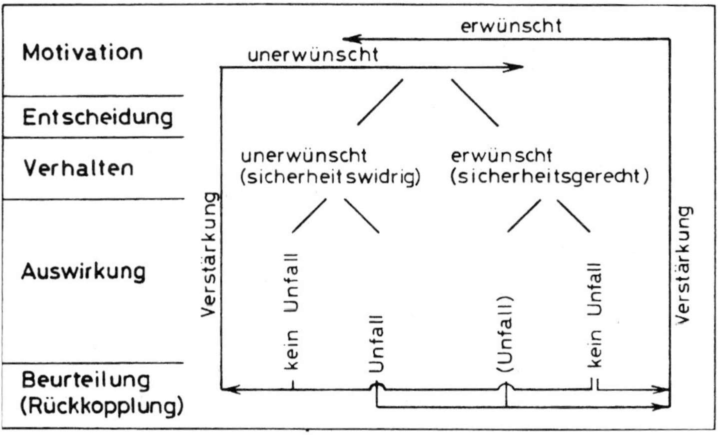

Abb. 14.4.1: Modell zur Bildung von Verhaltensweisen.

Verschiedene *Motivationsinhalte* wirken unter dem Gesichtspunkt der Arbeitssicherheit als gegenläufige Kräfte. Die *Entscheidung* ergibt sich als Kräftekomponente aus den verschiedenen Motivationseinflüssen und bestimmt entsprechend das *Verhalten.* Dieses kann sicherheitswidrig und sicherheitsgerecht sein. Als *Auswirkung* des Verhaltens können sich Unfallfreiheit wie auch ein Unfall ergeben. Beim sicherheitswidrigen Verhalten kann ein Rückkopplungseffekt über die Beurteilung der Verhaltenswirkung eintreten. Tritt kein Unfall ein, so wird dies als Erfolg gewertet und stärkt die unerwünschte Motivation für die nächste Entscheidung. Nach mehreren gleichartigen Entscheidungen wird dann eine sicherheitswidrige Verhaltensweise zur Gewohnheit, lediglich bei dem seltenen Ereignis eines Unfalls erfolgt eine erwünschte Motivation zum sicherheitsbewussten Verhalten. – Bei der Entscheidung zum erwünschten sicherheitsgerechten Verhalten tritt ebenfalls ein Rückkoppelungseffekt ein. Die Auswirkung „kein Unfall“ kann als Erfolg gewertet werden und die erwünschte Motivation verstärken. Nach mehreren gleichartigen Entscheidungen wird dann ein sicherheitsgerechtes Verhalten zur Gewohnheit. Häufig wirkt aber auch die Auswirkung „kein Unfall" in dem Sinne, dass das Gefahrenbewusstsein nachlässt und schließlich das Risiko in Kauf genommen wird. Es findet also mit der Zeit eine zwangsläufige Hinwendung zu sicherheitswidrigem Verhalten statt.

Aus der schematischen Darstellung zur Bildung von Verhaltensweisen und der obigen Erläuterung geht hervor:

1. Die Arbeitssicherheit erhöht sich, indem die Motivation zu sicherheitsgerechtem Verhalten das Übergewicht erhält.

2. Die zwangsläufige Verschiebung der Motive zu nicht sicherheitsbewusstem Verhalten kann nur durch entsprechende Gegenmotivation wieder ausgeglichen werden. Praktisch heißt das: Motivieren hat nur Sinn, wenn es wiederholt wird.

Eine zwangsläufige Verschiebung zum sicherheitswidrigen Verhalten erfolgt deswegen, weil ein Unfall ein *seltenes* und ein *negatives* Ereignis ist. Weil es selten ist, erwarten wir es weniger (warum muss es gerade mich erwischen?). Außerdem verdrängt der Mensch das Denken an die Möglichkeit eines Unfalls, weil ein Unfallerlebnis negativen Charakter hat, also mit unserem natürlichen Wunschdenken nicht vereinbar ist. Das Sicherheitsbewusstsein lässt also mit der Zeit nach.

Dazu kommt die Tatsache, dass risikoreiches Verhalten oft weniger anstrengend und bisweilen auch als positiv empfunden wird und Ansehen verschafft. Dies dürfte wohl auf einem alten menschlichen Instinkt beruhen, der früher unter natürlichen Lebensbedingungen notwendig war. Heute muss dieser Instinkt durch die Vernunft ausgeglichen werden. Wenn der Instinkt also sagt, hier verhält man sich wie ein Feigling, muss dem ein stärkeres Motiv entgegengesetzt werden, z.B. der Drang als Fachmann zu gelten, um dessen Ansehen zu genießen. Diese Gegenmotivation zu erzeugen, ist Aufgabe der arbeitssicherheitlichen Verhaltensbeeinflussung.

Nach R. FEHLAUER (Mod. Unfallverh. 6, 1962 S. 13) besteht die Förderung der sicheren Arbeitsgewohnheit in folgenden Grundsätzen:

1. Verstärkung der positiven Seite sicherheitsgerechten Arbeitens. Beispiel: Anerkennung sicherheitsgerechten Verhaltens.

2. Beseitigung der negativen Seite sicherheitsgerechten Arbeitens. Beispiel: „Du bis kein Feigling".

3. Verstärken der negativen Seite sicherheitswidrigen Arbeitens. Beispiel: Hinweis auf Folgen von möglichen Unfällen: „Karl lag damit 4 Wochen im Krankenhaus".

4. Beseitigung der positiven Seite sicherheitswidrigen Verhaltens. Beispiel: Geltungsdrang durch risikoreiches Verhalten als unfachlich disqualifizieren.

Motivinhalt: Grundsätze der Verhaltensbeeinflussung für die Arbeitssicherheit sind:

- Die Motivation muss in das Wunschdenken des Menschen eingebaut werden (positive Verhaltensbeeinflussung). Die Abschreckungsmethode ist im allgemeinen an Wirksamkeit der positiven Verhaltensbeeinflussung unterlegen.

  Beispiel: Prämien für unfallfreies Arbeiten (Anerkennung, Besitz- und Geltungsdrang)wirken besser als Bestrafung für Unfallverschulden (Besitzschmälerung, keine Anerkennung).
- Die jeweils stärksten positiven Motive müssen für das Sicherheitsbewusstsein nutzbar gemacht werden.
- Motivationen müssen ansprechend angeboten werden.

Die Erfolgsaussichten der Verhaltensbeeinflussung werden um so größer, je mehr es gelingt, diese Grundsätze zu verwirklichen.

Die Wirksamkeit von Motiven für sicherheitsgerechtes Verhalten im Betrieb kann sich örtlich und zeitlich stark unterscheiden. Schließlich ist sie auch abhängig vom persönlich erreichten Lebensstandard und vom Alter.
Zu Zeiten der Existenzbedrohung (Krieg, Nachkriegszeit, Wirtschaftskrise) steht im Vordergrund

- Sicherung des Arbeitsplatzes (Furcht vor Entlassung),
- das Verhältnis zum Vorgesetzten (Entscheidung über Entlassung).

Nach existenzbedrohenden Zeiten und bei Berufsanfängern verlagert sich das Gewicht auf den

- Erwerbssinn (Geld; Konsumnachholbedarf, Existenzerweiterung).

In Wohlstandszeiten wie oft auch bei älteren Menschen stehen neben dem Gelderwerb an der Spitze der Motivationsrangordnung:

- Möglichkeiten zur Selbstentfaltung bei der Arbeit,
- Gesellschaftliche Anerkennung und Anerkennung der geleisteten Arbeit.

Weitere wichtige Motive, die in der Arbeitssicherheit auf das Verhalten positiv wie negativ wirken und daher im speziellen Fall Bedeutung haben können, sind:

- Geltungsdrang, Ehrgeiz (eine Auszeichnung erhalten, der Erste sein, besser als der andere gelten usw.).
- Bestreben, Schmerzen und körperliche Nachteile zu vermeiden (Schocktherapie).
- Bestreben, Bestrafungen zu entgehen.
- Bestreben, schön zu wirken (zu beachten bei persönlicher Schutzausrüstung besonders bei Frauen).
- Bestreben, Gesundheit zu erhalten („komm gut heim").

- Vermeidung körperlicher und geistiger Anstrengungen: sicherheitswidriges Verhalten technisch erschweren, sicherheitsgerechtes Verhalten und entsprechende Gewohnheitsbildung fördern.

Ebenso wie bei Informationen kann eine Motivation wirksamer werden, wenn sie aktuell verpackt und in Sprache und Form an die jeweilige Zielgruppe angepasst wird.

14.5 Mittel der Information und Motivation

Information und Motivation greifen ineinander über. Beispielsweise eine erkannte Gefahr (Information!)legt nahe, sie im Verhalten zu berücksichtigen (Motivation: Unannehmlichkeit vermeiden usw.). Daher sollen in folgendem auch Mittel der Information und Motivation zusammen behandelt werden.

Welches Mittel der Information und Motivation im Einzelfall zu benutzen ist, hängt in erster Linie von Zielstellung und -gruppe ab, nicht zuletzt aber auch von den für den speziellen Zweck zur Verfügung stehenden Möglichkeiten. Jedes Informations- und Motivationsmittel hat seine besonderen Wirkungen, auf die in folgendem im einzelnen eingegangen wird. Nach Durchführung gezielter Informationen und Motivationen darf die Erfolgskontrolle nicht vergessen werden.

Literatur:

ZINK, J. u. ALBERT, R. (1993): Mit Qualitätszirkeln zu mehr Arbeitssicherheit. Universum Verlagsanstalt, Wiesbaden

TREFZ, P. (1986): Kommunikations- und Werbemittel in der betrieblichen Sicherheitsarbeit. BG S. 500–505, 558–592, 658–663

STROBEL, G., WITTMANN, M. u. NOETEL, K.-H. : Motivation zum Tragen von Persönlicher Schutzausrüstung. Die BG Heft 8/1997, S. 402, Erich Schmidt Verlag, Berlin

14.5.1 Plakate

Grundlagen

Die Verwendung von Plakaten in der Unfallverhütung ist weit verbreitet. Ihr besonderer Vorteil liegt darin, dass sie verhältnismäßig geringe Kosten verursachen, hinsichtlich der Gestaltung viele Möglichkeiten eröffnen, durch die Vervielfältigung eine weite Verbreitung erhalten und fast überall benutzt werden können. Ihre große Anwendungsbreite ist aber auch ein Nachteil, weil Plakate darum oft ungenügend konkret sind.

Über die Wirksamkeit von Unfallverhütungsplakaten gibt es bisher nur wenige Untersuchungen. Danach wirken Plakate dort am besten, wo sie am stärksten auf die konkrete Situation zugeschnitten sind (UNDEUTSCH 1966). Allgemein gehaltene Plakate haben meist nur eine geringe Informations- und Motivationswirkung für die Unfallverhütung. Die Wirkung kann wesentlich erhöht werden, wenn anderseitig gezielt Information, Motivation und erff. Ausbildung hinzukommen.

Maßnahmen

In der Regel wird die Wirkung von Plakaten durch folgende Maßnahmen erhöht:

Problembezogenheit: Je aktueller und glaubwürdiger das Problem und je genauer die Darstellung auf das Problem zugeschnitten ist, um so besser die Wirkung. In diesem Zusammenhang haben sich kleine gelbe aufklebbare Hinweisschilder bei Beanstandung von sicherheitswidrigen Zuständen bewährt (→Abb. 14.5.1).

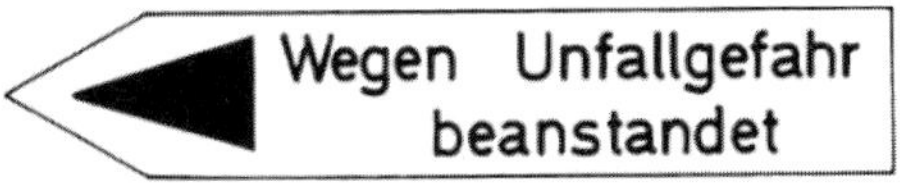

Abb. 14.5.1: Dieses kleine Hinweisplakat in grell gelber oder oranger Farbe, an auffälliger Stelle von der Fachkraft für Arbeitssicherheit aufgeklebt, bewirkt sofortige Reaktion. Es ist problembezogen, informiert eindeutig über die Gefahr und wirkt stark motivierend. Niemand möchte nämlich gern negativ auffallen.

Kongruenz zwischen Idee und Gestaltung: Eine geistvolle Idee bedarf einer treffsicheren Gestaltung. Bild und Text müssen übereinstimmen.

Trennung von Information und Motivation: Der Informationsgehalt eines Plakates kann nur zur Kenntnis der Gefahren beitragen. Um die Arbeitssicherheit zu erhöhen, muss durch das Plakat oder auf andere Weise für Motivation gesorgt werden. Umgekehrt: Ein motivierendes Plakat trägt nur dann zur Arbeitssicherheit bei, wenn es auch über Gefahren informiert oder für entsprechende Information auf andere Weise gesorgt ist.

Motivinhalt: Motivierende Plakate müssen auf das Wunschdenken des Menschen abgestellt sein, hier möglichst auf die höchstrangigen Motive (z.B. Geltungsbedürfnis, Lebensfreude, nicht: Abschreckung).

Ansprechende Gestaltung: Das Plakat muss in Form, Farbe und bildhafter Gestaltung ansprechend und der Inhalt des Plakates leicht verständlich sein.

Plakative Gestaltung: Ein Plakat muss großflächig wirken, sich auf das Wesentliche beschränken, darf nur wenig Text enthalten und muss aus einiger Entfernung gut im Vorbeigehen erkennbar sein.

Aufhängung: Plakate müssen dort aufgezogen werden, wo sie auch gesehen werden. Das kann beispielsweise an der Werktür sein, aber auch als „Miniplakat" auf der Lohnabrechung.

Auswechseln von Plakaten: Plakate müssen etwa alle 14 Tage ausgewechselt werden. Wichtige sicherheitliche Ziele sind mit mehreren unterschiedlich gestalteten Plakaten zu verfolgen.

Literatur:

UNDEUTSCH, U. (1966): Psychologische Analyse von Unfallverhütungsplakaten. Hauptverband der gewerblichen Berufsgenossenschaften. Selbstverlag, Bonn

MEIER, O. (1981): Vom Sinn und Unsinn der Sicherheitsplakatwerbung – eine Effizienzanalyse. BG S. 6–10

14.5.2 Schilder

Grundlagen

Schilder sollen über Gefahren informieren und gleichzeitig zu sicherheitsgerechtem Verhalten motivieren. Sie werden vor allem dort angebracht, wo besonders große Gefahren auftreten und die Gefahren technisch durch Ausschluss von Verhalten nicht beseitigt werden können. Ihr Vorteil besteht darin, dass sie überall möglich und in der Regel billig herstellbar und anbringbar sind. Andererseits werden sie oft übersehen oder nicht beachtet.

Maßnahmen

Für Verbot, Warnung, Gebot und Rettungshinweise ist möglichst die nach BGV A8 festgelegte Sicherheitskennzeichnung zu benutzen. Bei der Anfertigung spezieller Sicherheitsschilder mit Beschriftungen ist darauf zu achten, dass die Buchstabenhöhe, -dichte und -stärke dem Sehabstand angepasst ist. Auf Verbotsschildern ist anzugeben, wer verbietet. Nach Möglichkeit ist auch der Grund des Verbots anzugeben, z. B. „Vorsicht! Ätzende Dämpfe! Explosionsgefahr". Oder: „Rauchen verboten! Explosionsgefahr". Schilder müssen im unmittelbaren Blickfeld aufgestellt werden und genügend beleuchtet sein, damit sie nicht übersehen werden. Schilder sind in bestimmten Zeitabständen zu reinigen und beschädigte Schilder zu erneuern.

14.5.3 Optische und akustische Gefahrensignale

Grundlagen

Unter Gefahrensignalen sind Warn- und Notsignale zu verstehen. Der Zweck optischer und akustischer Gefahrensignale besteht darin, Aufmerksamkeit zu erregen, sobald eine über das Niveau der allgemeinen Betriebsgefahren hinausgehende Gefahr vorliegt.

Akustische Gefahrensignale (→ DIN EN 457) werden als Summer, Sirenen, Klingeln, Glocken, Hupen usw. benutzt und sind überall dort von Vorteil, wo ihr Geräusch unüberhörbar ist, andererseits nicht stört, z.B. die Nachbarschaft des Betriebes. Da akustische Signalanlagen aus allen Richtungen gehört werden, ist in tageshellen Betrieben hier ein wesentlicher Vorteil gegenüber optischen Signalanlagen vorhanden.

Optische Gefahrensignale (→DIN EN 842) sind gebräuchlich als Signalanlagen im Verkehr, als rote Warnlampen an gefährlichen technischen Geräten, Blinklichtanlagen, Leuchtfeldtafeln usw. Optische Gefahrensignale werden bevorzugt in Betrieben mit hohen Hörschallpegeln und an Arbeitsplätzen mit geringen Beleuchtungsstärken, z.B. im Bergbau, verwendet.

Maßnahmen

Akustische Gefahrensignale müssen, damit sie sicher hörbar sind, den Störschallpegel um mindestens etwa 15 dB (A)überschreiten. Bei einem Störschallpegel > 110 dB (A)sind akustische Gefahrensignale nicht mehr sinnvoll. Auch zeitlicher Verlauf und Frequenzzusammensetzung des Gefahrensignals sollen sich möglichst vom Störschallpegel unterscheiden. Für pulsierende akustische Gefahrensignale sind Frequenzen zwischen 0,2–5 kHz geeignet. Die Bedeutung des akustischen Gefahrensignals muss eindeutig sein.

Während akustische Gefahrensignale den Umständen entsprechend unterschiedlich sein können, ist in DIN 33 404-3 als einheitliches Notsignal – z.B. zur Warnung vor Bränden, toxischen Stoffen, Explosionsgefahr oder Strahlung – ein Heulton vorgesehen, der innerhalb einer Sekunde von 1200 Hz auf 500 Hz fällt und dann bis zum erneuten Abfallen unhörbar ansteigt.

Optische Gefahrensignale: Blinklichtanlagen mit gelbem Licht sind im allgemeinen Signalen mit Dauerlicht vorzuziehen, wie ja bereits aus dem Autoverkehr bekannt ist. Wenn möglich, sind stets zwei optische Gefahrensignale anzubringen. Versagt die eine Lampe, brennt immer noch die andere. Dies ist bei Signalanlagen in Stellung „Rot“ besonders wichtig.

Nicht immer zu verwirklichende Voraussetzung für die Wirksamkeit eines optischen Gefahrensignals ist die Notwendigkeit, dass es im Sichtbereich des zu Warnenden liegen muss. Deshalb ist häufig eine Kombination von akustischen und visuellen Gefahrensignalen sinnvoll, z.B. akustischer Hinweis auf eine unbestimmte Gefahr, die dann mit Hilfe von Kontrolllämpchen visuell spezifiziert wird.

14.5.4 Leuchtbilder

Grundlagen

Leuchtbilder gibt es in Form von unvertonten Bildschauen (meist Einzeldiapositiven), Tonbildschauen (vertonte Einzeldiapositive und Diapositivbänder), unvertonten Filmen und Tonfilmen einschließlich Videofilmen. Leuchtbilder eignen sich infolge ihrer zahlreichen inhaltlichen und technischen Gestaltungsmöglichkeiten besonders gut als Mittel zur Information und Motivation. Der allgemeine Vorteil besteht besonders gegenüber dem Plakat darin, dass Diapositivserien und Filme lebhaft gestaltet werden können und dadurch anziehend wirken. Dafür muss der Nachteil in Kauf genommen werden, dass eine Leuchtbildvorführung in der Regel nur von einem begrenzten Personenkreis besucht werden kann und der Vorführraum im allgemeinen abgedunkelt werden muss.

Unvertonte Bildschauen (Diapositive oder Folien)eignen sich besonders für individuell anzupassende Vorträge. Der gesprochene Begleittext kann variiert werden, ebenfalls die Standzeit der Dias oder Folien. Außerdem spricht – vorausgesetzt ein guter Redner – der persönliche Vortrag mehr an als ein vertonter Text. Nachteilig ist, dass Vortragende erforderlich sind, die mit der Problematik des Dargestellten vertraut sein müssen. Außerdem sind pädagogisch-rhetorische Befähigung notwendig.

Tonbildschauen eignen sich besonders für ständige Schulungen, z.B. von Neulingen. Der gekoppelte Ton ersetzt oft einen Ausbilder. Nachteilig ist vor allem die mangelnde Möglichkeit individueller Anpassung. Dieser Nachteil lässt sich z.T. jedoch durch eine anschließende mündliche Ergänzung und Diskussion ausgleichen. Gegenüber dem Film besteht der Vorteil, dass Tonbildschauen einprägsamer sind. Sie haben sich in der Praxis bewährt.

Filme: Unvertonte Filme und Tonfilme einschließlich Videofilme haben den Vorteil, dass sie Bewegungsabläufe wiederzugeben vermögen; dies ist bei Tonbildschauen nicht möglich. Andererseits wirken Filme zwar wegen der sich ständig wandelnden Bilder interessanter, sind aber in der Regel nicht so einprägsam wie Tonbildschauen.

Maßnahmen

Beim Anfertigen von Bildschauen sowie Filmen ist besonders auf folgendes zu achten (SCHUBERT 1972).

Allgemeine Gesichtspunkte: Sich nach Inhalt und Gestaltung auf das Wesentliche beschränken. Bilder möglichst plakativ gestalten. Erforderlichenfalls Hinweispfeile anbringen. Im Tontext dürfen nur Informationen gebracht werden, die auch im Bild dargestellt sind. Fehler und falsche Verhaltensweisen sollen nur dargestellt werden, wenn dies sachlich unumgänglich ist und sofort folgend das richtige Verhalten gezeigt wird. Komplexe Handlungsfolgen oder Sachverhalte müssen in Einzelbilder aufgegliedert werden, zu denen nur ein kurzer Kommentar gegeben wird.

Unvertonte Bildschauen: Besser wenige gute als viele Diapositive zeigen. Ein kurzer Lichtbildvortrag kommt meist besser an als ein langer. Bildschauen eignen sich besonders gut als Zusammenfassung am Ende von Vorträgen. Auf Folien lassen sich auch während des Vortrages durch Beschriften Zusammenhänge entwickeln. Das Schriftbild darf eine Höhe von 7 mm nicht unterschreiten.

Die Vorführungen möglichst mit Humor würzen. Das lockert auf, ist einprägsam, spricht sich herum – im übrigen hat der Vortragende die Lacher auf seiner Seite.

Tonbildschauen: Die zeitliche Länge soll nach Erfahrungen von SCHUBERT (1972) 7–12 Minuten (ohne Unterbrechung)nicht überschreiten. Dabei sollen nicht mehr als 3–4 Teilthemen behandelt werden. Keine durchschnittliche Standzeit von mehr als 9 Sekunden benutzen. Die optimale Standzeit liegt bei etwa 6 Sekunden. Bei kürzeren Standzeiten wirken Tonbildschauen zwar interessanter, ihr Informationsgehalt haftet jedoch weniger.

Filme: Besondere Möglichkeiten der Film- und Videotechnik nutzen, z.B. durch Dehnung von besonders interessanten Bewegungsabläufen. Hierzu wird in schnellerer Bildfolge aufgenommen als später wiedergegeben bzw. mit Hilfe der Videotechnik gedehnt. Einprägsamkeit erhöhen, indem bei entscheidenden Informations- und Motivationsstellen das Bild besonders betont wird oder die gleiche Information bzw. Motivation visuell und akustisch immer wiederholt und unterstrichen wird.

Literatur:

SCHUBERT, G. u. SCHUBERT, U. (1972): Wirksame Information durch Tonbildschauen – eine empirische Untersuchung. BAU Bericht F 28. Wirtschaftsverlag NW, Bremerhaven

SILLER, E. u. LABITZKE, G. (1990): Der Arbeitssicherheitsfilm im internationalen Vergleich. Siching, Nr. 12 S. 30–34

14.5.5 Gespräch, Vorbild, Experiment

Grundlagen

Gepräch: Das unmittelbar gesprochene Wort gibt wirksame Möglichkeiten, über Gefahren individuell zu informieren sowie Personen und Personengruppen eindringlich zu motivieren. Hier kann sich der Persönlichkeitseinfluss stark entfalten. Daher ist das richtige Wort im richtigen Moment ein ganz vorzügliches Mittel der Information und Motivation. Vorteilhaft ist der geringe Aufwand. Auch die Betriebsnähe („von Mitarbeiter zu Mitarbeiter") ist für die Wirksamkeit von positiver Bedeutung, vor allem für die Motivation. Es bedarf jedoch zu solchen Gesprächen, Vorträgen usw. in Sicherheitsfragen geschulter Fachkräfte. Auch ist der Personenkreis zahlenmäßig begrenzt.

Persönliches Vorbild: Das Verhalten von Vorgesetzten hat im Betrieb oft eine noch stärkere Wirkung als das gesprochene Wort. Ein Vorgesetzter, der durch sein Handeln oder Unterlassen glaubhaft macht, dass sicherheitsgerechtes Verhalten zum Leistungsdenken gehört, und diese Einstellung auch zum Beurteilungsmassstab für seine Mitarbeiter macht, kann damit eine wesentliche verhaltensbestimmende Wirkung in seinem Verantwortungsbereich erreichen.

Experiment: Typische Gefahrensituationen lassen sich durch Experimentalversuche einprägsam zeigen.

Maßnahmen

Richtiges Verhalten der Mitarbeiter anerkennen. Dadurch wird das Interesse an sicherheitsgerechtem Verhalten gestärkt. Bei nicht sicherheitsgerechtem Verhalten muss die Kritik konstruktiv sein.

Möglichst nicht vor versammelter Mannschaft kritisieren. Sich nach den Gründen falschen Verhaltens erkundigen. Mit Argumenten diskutieren. Schon Eugen Roth sagte:

> „Ein Mensch weiß aus Erfahrung: Lob
> kann kurz und bündig sein, ja grob.
> Doch Tadel selbst von milder Sorte
> braucht kluge, sorgsam ausgewählte Worte."

Information und Motivation möglichst in den normalen Informationsfluss einbauen, z.B. bei sonstigen betrieblich notwendigen Unterweisungen und Besprechungen. Dabei ist feste Diskussionsführung notwendig, da sonst Gefahr besteht, dass durch „Zerreden" negative Motivation erzeugt wird.

Wesentliches muss von Unwesentlichem unterschieden werden. Als besonders wirksam hat sich die angeleitete Erarbeitung zum Erkennen von Sicherheitsdefiziten und deren Ursachen sowie von Maßnahmen der Gefahrenabwehr erwiesen. Dies kann in Kleingruppen und Sicherheitszirkeln geschehen.

Ständiges Drohen mit Strafen zerstört das Vertrauensverhältnis, doch sollte, wenn unumgänglich, auch einmal hart durchgegriffen werden.

Kurzvorträge sind wirksamer als langatmige Ausführungen. Immer überlegen, ob das jeweilige im Vortrag behandelte Problem auch für den Hörerkreis geeignet ist, – sonst nicht darüber sprechen. Möglichst eine Diskussion an den Vortrag anschließen lassen. Hier können Zweifel beseitigt werden; im übrigen belebt jede Diskussion.

Als Vorgesetzter im Betrieb ebenfalls persönliche Schutzausrüstung benutzen.

Betriebliche Möglichkeiten für Experimentalvorführungen nutzen, z.B. Wirkung von persönlicher Schutzausrüstung (ein Autorad fährt über einen Sicherheitsschuh); Wirkung von Schleichströmen (Kabelbrände), Feuergefährlichkeit von bestimmten Stoffen, Entzündbarkeit von Stoffen durch Funkenflug beim Schweißen, Wirkung elektrostatischer Aufladung usw. Leider wird von diesen instruktiven Mitteln zu wenig Gebrauch gemacht. Gute Experimentalbelehrungen erfordern allerdings auch eine sorgfältige Vorbereitung.

Literatur:

ZINK, J. u. RITTER, A. (1993): Sicherheitsgruppen einführen und verankern. Universum Verlag, Wiesbaden

RITTER, A. (1993): Sicherheitsbesprechungen richtig moderieren. Universum Verlag, Wiesbaden

14.5.6 Betriebsanleitung, Betriebsanweisung, Unterweisung

Eine *Betriebsanleitung* enthält Angaben des *Herstellers* einer Einrichtung, eines verwendungsfertigen Erzeugnisses, von Stoffen oder Zubereitungen zum bestimmungsgemäßen Betreiben bzw. Verwenden. Insofern handelt es sich um eine *Gebrauchsanweisung* im Sinne des Geräte- und Produktsicherheitsgesetzes oder eine Benutzerinformation. Zu jeder Maschine muss der Hersteller eine leicht verständliche Originalbetriebsanleitung mit einer Übersetzung dieser Betriebsanleitung in der Sprache des Verwendungslandes mitliefern. Lediglich für das Fachpersonal des Herstellers kann die Wartungsanleitung in einer einzigen von diesem Personal verstandenen Sprache abgefasst sein. Die Betriebsanleitung muss dieselben Angaben wie bei der Maschinenkennzeichnung und alle Angaben für eine sichere Verwendung enthalten. Erforderlichenfalls muss sie auch auf vorhersehbare Störfälle und Gefahren bei unsachgemäßer Verwendung hinweisen sowie Rückschlüsse aus den bei der Benutzung von Arbeitsmitteln gegebenenfalls gesammelten Erfahrungen enthalten. Außerdem muss die Betriebsanleitung die notwendigen Pläne sowie erforderlichenfalls Angaben über Lärm und Vibrationen enthalten (→Anhang I Maschinen-Richtlinie 98/37/EG, 3. u. 9. VO zum GPSG).

Betriebsanweisungen sind Anweisungen und Angaben des *Betreibers* bzw. Verwenders von Einrichtungen, technischen Erzeugnissen, Arbeitsverfahren, Stoffen oder Zubereitungen an seine Mitarbeiter, um Unfälle, Gesundheits- und Umweltschäden zu verhindern (BGI 578). Oft ist die Betriebsanweisung Grundlage der Unterweisung. Die Erstellung einer Betriebsanweisung ist eine allgemeine Pflicht des Arbeitgebers. Eine Betriebsanweisung muss erff. folgende Gesichtspunkte behandeln:

- Geltungsbereich,
- Gefahren für Mensch und Umwelt,
- Schutzmaßnahmen und Verhaltensregeln,
- Verhalten bei Störungen und Unfällen,
- Instandhaltung (Inspektion, Wartung und Instandsetzung),
- Entsorgung,
- Folgen der Nichtbeachtung der Betriebsanweisung.

Besonders wichtig ist es, dass Betriebsanweisungen in einer verständlichen, auf den Arbeitnehmer zugeschnittenen Form erstellt werden. Nach § 87 Abs. 1 BetrVG unterliegt die inhaltliche Gestaltung einer Betriebsanweisung der Mitbestimmung durch den Betriebsrat.

Eine *Unterweisung* bezieht sich in erster Linie auf den Arbeitsplatz einschließlich aller dort vorhandenen Arbeitsmittel und -stoffe. Insofern kann eine Betriebsanweisung Bestandteil der Unterweisung sein. Letztere erfolgt jedoch immer mündlich. Nach § 4 BGV A1 und weiteren Vorschriften ist der Unternehmer verpflichtet, den Beschäftigten über Gefahren am Arbeitsplatz und Maßnahmen zur Gefahrenabwehr vor Arbeitsbeginn und danach in angemessenen Abständen, mindestens jedoch einmal jährlich, zu unterweisen und dies zu dokumentieren. Nach dem Jugendarbeitsschutzgesetz muss die Unterweisung mindestens halbjährlich erfolgen, nach § 20 Abs. 2 GefahrstoffVO sind Inhalt und Zeitpunkt der Unterweisung schriftlich festzuhalten und vom Unterwiesenen zu quittieren. Inhaltlich muss sich eine Unterweisung nicht nur auf die Information über Gefahren und deren Abwendung beziehen (Wissen und Können), sondern ebenfalls Motivation (Wollen) zu sicherheitsgerechtem Verhalten und erff. notwendigen Fertigkeiten vermitteln. Empfehlenswert ist ein Vorgehen entsprechend BGI 527:

1. Begrüßung – angenehme Atmosphäre schaffen.
2. Thema nennen und begründen – Bezug zum Arbeitsplatz herstellen.
3. Gezielt informieren.
4. Mitarbeiter aktivieren – diskutieren, offene Fragen stellen.
5. Mitarbeiter verpflichten – ein bestimmtes, sicherheitsgerechtes Verhalten vereinbaren.
6. Teilnahme bestätigen lassen.

Weitere Einzelheiten: →BGI 527, BGI 578, BGI 704 und für Gefahrstoffe TRGS 555 sowie DIN EN 62079.

Literatur:

BETRIEBSVERFASSUNGSGESETZ (BetrVG) vom 15. 1. 1972, neugefasst am 25. 9. 2001, zuletzt geändert durch Art. 5 (2) des Gesetzes vom 18. 5. 2004 (BGBl. I S. 974)

DIN EN 62079 Erstellen von Anleitungen; Gliederung, Inhalt und Darstellung

TRGS 555: Betriebsanweisung und Unterweisung nach § 20 GefahrstoffVO

BGI 527: Sicherheit durch Unterweisung

BGI 578: Sicherheit durch Betriebsanweisungen

BGI 704: Unterweisen

BEIMEL, M. u. MAIER, L. (1988): Optimierung von Gebrauchsanweisungen. BAU Be richt Fb. 464. Wirtschaftsverlag NW, Bremerhaven

BUSSMANN, J. u. MÖHRING, H. (1995): Arbeitssicherheitsunterweisungen effizient moderieren. Wirtschaftsverlag NW, Bremerhaven

SCHNEIDER, H. (1995): Unterweisung. 4. Aufl. Universum Verlagsanstalt, Wiesbaden

SEEGER, O. W. (1993): Handlungsanleitungen, arbeitsplatzübergreifende Betriebsanweisungen, ergänzende Merkblätter. Bd. 7 Schriftenreihe Arbeitssicherheit. Arbeitgeberverband Metall, Köln

SEEGER, O. W. (1993 a): Arbeitsplatzspezifische Betriebsanweisungen. Bd. 8 Schriftenreihe Arbeitssicherheit. Arbeitgeberverband Metall, Köln

Hinweis: Muster für Betriebsanweisungen und Unterweisungen, z. T. als Folien oder als Software, sind bei einigen Berufsgenossenschaften und Verlagen sowie anderen Organisationen erhältlich

Interaktive Arbeitssicherheitsunterweisung (1999); CD-Rom, BG Feinmechanik und Elektrotechnik, Köln

14.5.7 Schriftsatz

In Werkszeitschriften, Merkblättern, kleinen Sicherheitsbroschüren, Sicherheitsbriefen, Aushängen usw. gibt es weitere Möglichkeiten, über arbeitssicherheitliche Probleme zu referieren. Bei geschickter Darstellung erhöht sich die Wirksamkeit. Zu achten ist darauf, dass das Wesentliche kurz und konkret geschildert wird und die Illustration durch Bilder und Skizzen reichhaltig ist.

Für Werkszeitschriften eignen sich auch Sicherheitswettbewerbe, in denen z.B. festgestellt werden muss, was an einem bestimmten Ort oder in einer bestimmten Situation richtig oder falsch ist. Dabei muss es sich stets um realistische Situationen aus dem Aufgabengebiet der Angesprochenen handeln. Für betriebliche Führungskräfte ist wiederum – ihren Vorkenntnissen und Aufgaben entsprechend – die genaue Behandlung des Fachproblems erforderlich.

Eine Sonderstellung nimmt das „programmierte Lernen" ein, durch das der Lernende zum Mitdenken und zur Kontrolle seines Wissensstandes gezwungen wird. Wiederholt hat sich gezeigt, dass bei der Anwendung programmierten Lernens der Lehrstoff sich bedeutend besser eingeprägt hat als mit Hilfe konventioneller Methoden. Das programmierte Lernen kann auch in mündlicher Form und an Hand von Tonbildschauen und Tonfilmen erfolgen.

14.5.8 Verwarnung, Bestrafung

Eine Bestrafung ist zwar unbeliebt und von der Wirkung her oft umstritten, aber dennoch in manchen Fällen unumgänglich. Sie kommt vor allem dann in Frage, wenn Hinweise und Ermahnungen zu sicherheitsgerechtem Verhalten keine Wirkung haben und mutwillig gegen Sicherheitsvorschriften verstoßen wird. Der Grund der Bestrafung muss dem Bestraften eindeutig mitgeteilt werden, möglichst auch, warum sein Verhalten gefährlich ist. Die Bestrafung kann direkt durch eine Geldbuße, aber auch indirekt in anderer Form erfolgen, z.B. durch Ablehnung von Vergünstigungen, Zuweisung eines anderen Arbeitsplatzes oder Hinauszögerung von Gehaltsverbesserungen.

14.5.9 Arbeitssicherheitsprämie

Grundlagen

Arbeitssicherheitsprämien sind Prämien für unfallfreies Arbeiten. Sie bauen auf Motive, die in der Hauptsache den materiellen Gewinn (Geld, Sachwerte) als Anreiz haben, daneben aber auch durch den Wettbewerbsgedanken Ehrgeiz und Anerkennung zum Motiv haben können.

Bewirkt werden soll vordergründig ein Rückgang der Unfälle nach Häufigkeit und Schwere. Dabei ist zu bedenken, dass Unfälle Auswirkungen der Gefährdung sind. Letztere ist wiederum Folge des Standes der Arbeitssicherheit.

Durch Prämien soll also letzten Endes die Arbeitssicherheit erhöht werden. Dies kann vor allem geschehen, indem Prämien beeinflussen:

1. Die Aufsicht, damit sie sich verstärkt um Gewährung von Arbeitssicherheit kümmert.
2. Die Belegschaft. Einzelperson und Gruppe sollen am Arbeitsplatz verstärkt auf Gefahren achten, Mängel aufdecken, selbst beseitigen oder auf Beseitigung drängen. Ferner sollen sich die Personen sicherheitsgerechter verhalten, z.B. persönliche Schutzausrüstung tragen. In folgendem sollen die wesentlichen Typen der Prämiensysteme besprochen werden.

Gruppenprämie: Zu unterscheiden ist zwischen progressiver und degressiver Gruppenprämie.

Bei der progressiven Gruppenprämie erfolgen für unfallfreies Arbeiten Zuschläge zur Ausgangsprämie.

Beispiel: Wenn eine Gruppe 28 000 Stunden = ca. 5 Monate unfallfrei gearbeitet hat, werden 1 000,– € an die Gruppe fällig. Gelingt es der Gruppe, im Anschluss daran nochmals 28 000 Stunden unfallfrei zu arbeiten, erhält sie zum Betrag der vorausgegangenen Periode 100,– € Zuschlag. Bei einem Unfall beginnt die Stundenzahl mit 20 % der erreichten Zeit neu.

Weiteres Beispiel: Jedes Gruppenmitglied erhält eine Geldprämie, wenn die Gruppe frei von anzeigepflichtigen Unfällen bleibt, und zwar: bei Erreichen von 3 Monaten 10,– €, 6 Monaten 20,– €, 1 Jahr 40,– €, für jedes weitere Halbjahr 40,– €.

Das System ist auf das Streben von Rekorden („Ehrgeiz") neben dem Streben nach materieller Anerkennung ausgerichtet. Die gegenseitige Kontrolle in der Gruppe ist hier groß, weil die materielle Einbuße aller Gruppenmitglieder durch einen Unfall erheblich ist. Andererseits ist bei diesem Verfahren auch die Gefahr der Nichtmeldung eines Unfalls aus Furcht vor Prämienverlust und Gruppendruck ausgeprägt.

Bei der degressiven Gruppenprämie erfolgen bei Unfällen Abschläge von der Ausgangsprämie.

Beispiel: In einem großen Werk werden etwa 30 Personen zu Gruppen (Meistereien) zusammengefasst. Als Prämie wird 45,– € /6 Monate und Person festgelegt. Für jeden anzeigepflichtigen Unfall wird die Prämie um 2,– € gekürzt. Beruht der Unfall auf grob fahrlässigem Verhalten des Verletzten, so wird die Prämie für die betreffende Person gestrichen. Die beste Gruppe wird vom Werk mit einer Urkunde an alle Gruppenmitglieder ausgezeichnet. Die Urkunde wird vom Werksdirektor persönlich übergeben.

Nicht immer lassen sich Gruppen zu etwa 30 Personen bilden. Bei Betrieben mit größeren und kleineren Meistereien und sehr unterschiedlichen Gefahren müssen die Prämien differenziert werden.

Die Prämie kann auch über das gesamte Werk, besonders bei kleineren Betrieben, berechnet werden (z.B. 100,– € Grundprämie; 2, € je Unfall weniger). Der Gruppendruck ist in der Regel dabei schwächer, je größer das Werk (man kennt sich nicht gegenseitig) ist; auch lässt die Wirkung des Prämiensystems schneller nach (Prämie wird zur „Sozialleistung").

Statt Geld können auch Sachwerte zur Prämierung herangezogen werden. Meist ist das nicht so zugkräftig, andererseits wirkt der „Druck" der Familie dann motivierend mit (bei Wecker, Teller, Schüssel usw.).

Eine Sonderform der Gruppenprämie besteht darin, die Ausschüttung der Prämie an das Unterschreiten der durchschnittlichen Unfallbelastung eines vorausgegangenen Zeitabschnitts zu binden. So wurde beispielsweise in einer Meisterei mit ca. 80 Beschäftigten eine Prämie von 25,– € /Vierteljahr fällig, wenn in diesen Vierteljahr die durchschnittliche Unfallbelastung der letzten 3 Jahre um mindestens 50% unterschritten wurde.

In einigen Fällen wurde für die Aufsicht die Prämie verdoppelt. Dadurch sollte die Verantwortung der Aufsicht für die Unfallverhütung unterstrichen werden.

Die wesentlichen Wirkungen der Gruppenprämie auf die Arbeitssicherheit sind folgende:

- Die Zahl der anzeigepflichtigen Unfälle, insbesondere der mit 4-bis 14tägigem Arbeitsausfall, geht zurück. Nach praktischen Erfahrungen in Betrieben erfolgt eine Reduzierung um 10–50% der Unfälle bei begleitenden weiteren Maßnahmen zur Erhöhung der Arbeitssicherheit, in günstigen Fällen sogar noch darüberhinaus (→Abb. 14.5.2).

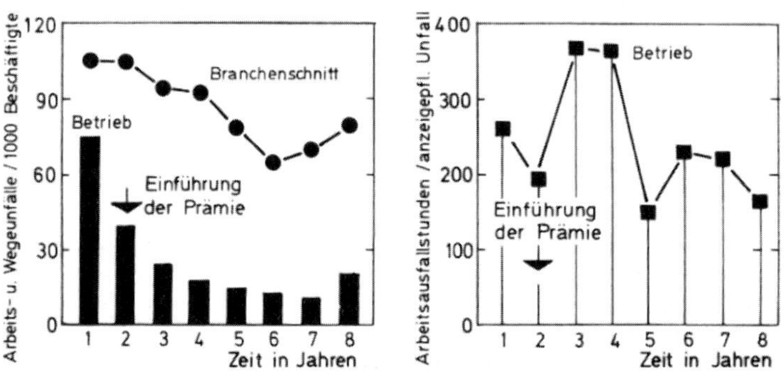

Abb. 14.5.2: Entwicklung von Unfallhäufigkeit und Arbeitsausfallzeit nach Einführung einer Arbeitssicherheitsprämie auf einem Großkraftwerk (nach K. BARTELS 1977).

- Die Zahl der nicht anzeigepflichtigen Unfälle steigt zunächst an, sinkt aber in der Regel später wieder.

- Unfallmeldungen werden nicht nur unterdrückt, die Unfallereignisse nehmen auch echt ab. Entsprechend gehen die Verbandsbucheintragungen zurück. Die Arbeitssicherheit wird also erhöht. Die Höhe des Unfallrückgangs hängt wesentlich davon ab, welche Maßnahmen vor allem zur Information über Gefahren und deren Beseitigung begleitend durchgeführt werden.
- Die anfängliche Erhöhung der durchschnittlichen Zeit des Arbeitsausfalls sinkt in der Regel nach einiger Zeit. Letzteres deutet auf eine Erhöhung der Arbeitssicherheit hin.
- Die durch die Prämien bewirkte allgemeine Motivation zu sicherheitsgerechtem Verhalten bewirkt auch einen Rückgang der Wegeunfälle, selbst wenn diese in das Prämiensystem nicht eingeschlossen werden (→G. HOPPE, Verh. Deutsch. Ges. f. Arbsch. 9, 1966 S. 68).
- Gruppenprämien lassen auch manchmal nach längerer Zeit an Wirksamkeit nach. Sie müssen dann ausgesetzt oder geändert werden.

Immer wieder tritt die Frage auf, ob auch solche Unfälle anzurechnen sind, auf die die Belegschaft keinen Einfluss hat (z. B. ein Zerknall eines Behälters wegen Werkstoffmängel). In der Praxis werden Unfälle nicht angerechnet, wenn sie auf ein Versäumnis des Arbeitgebers oder auf ein nicht vorauszusehendes Ereignis im Betriebsablauf beruhen. Über Streitfälle sollte immer ein Schiedsgericht, das mit ungerader Zahl von Personen besetzt ist, unanfechtbar entscheiden. Sonst besteht Gefahr, dass der Arbeitsfriede unter dem Prämiensystem leidet.

Wettbewerbsprämie: Zwischen mehreren Betrieben oder Betriebsabteilungen wird ein Wettbewerb veranstaltet. Derjenige Betrieb, der den stärksten Rückgang der Unfälle gegenüber dem vorausgegangenen Jahr erreicht, erhält eine Prämie, die auf die zugehörigen Belegschaftsmitglieder umgelegt wird. Bei diesem Verfahren wird der Wettbewerbsgedanke betont. Sofern geeignete Mittel, z. B. Plakate, Zähltafeln über Unfälle, Instruktionen, den Wettbewerb begleiten, kann großer Unfallverhütungserfolg erreicht werden.

Stichprobenprämie: In jeder Woche wird aus der Mitarbeiterkartei eine Karte gezogen, und der Betreffende am Arbeitsplatz aufgesucht. Trägt er die betrieblich festgelegte und vorgeschriebene persönliche Schutzausrüstung und ist sein Arbeitsplatz frei von sicherheitswidrigen Zuständen, die der Betreffende zu vertreten hat, so erhält er eine Prämie (Beispiel: 50,– €), andernfalls geht er leer aus.

Der Vorteil dieses Verfahrens liegt darin, dass es in der Regel nicht so aufwendig ist wie Gruppenprämien. Dafür ist die Wirkung im allgemeinen auch geringer. Zu bedenken ist, dass mit Hilfe der Stichprobenprämie nur eine Motivation zum Tragen von persönlicher Schutzausrüstung und zum Achten auf sicherheitswidrige Zustände am Arbeitsplatz bewirkt wird, das sicherheitsgerechte unmittelbare Verhalten bei der Arbeit jedoch weniger erfasst werden kann. Auf die Meldung von Unfällen und auf die Zeit des Arbeitsausfalls nach einem Unfall hat die Stichprobenprämie keinen Einfluss.

Aufsichtsprämie: Verschiedentlich wurde nur der Aufsicht eine Prämie gezahlt. Man ging dabei von der Annahme aus, dass die Aufsicht wesentlichen Einfluss auf die Unfallhäufigkeit habe. Diese Annahme bestätigte sich jedoch nicht. Die Prämie hatte keinen wesentlichen Einfluss auf die Unfallhäufigkeit.

Kosten: Den Kosten der Arbeitssicherheitsprämie stehen die Kosten der vermiedenen Unfälle und die Rückvergütungen der Berufsgenossenschaft gegenüber. Bei sinnvoll angewandten Prämien sind die Kosten der Unfallprämie geringer als die der vermiedenen Unfälle + Berufsgenossenschafts-Rückvergütung. Die Schwierigkeit liegt hier allerdings in der Erfassung der vermiedenen Unfälle, so dass Berechnungen – z.B. auf der Grundlage von nicht ausgefallenen Arbeitsstunden – immer eine gewisse Unsicherheit anhaftet. Die Fachkraft für Arbeitssicherheit sollte trotzdem eine solche Überschlagsrechnung durchführen, da sie ein gutes Mittel ist, den Unternehmer zur Sicherheitsarbeit zu motivieren (→O. ALBERT, BG 1966 S. 346 u. Siching. 1977 Nr. 12 S. 34).

Maßnahmen

Zu beachten ist bei der Anwendung von Arbeitssicherheitsprämien:

Prämienverfahren: Die Prämienhöhe muss ein konkreter Gewinnanreiz sein. Dabei kann erfahrungsgemäß eine Sachprämie einen geringeren Wert als eine Geldprämie haben (GERBER 1986). Die Bedingungen müssen erfüllbar sein. Die Besonderheiten des betreffenden Unternehmens sind zu berücksichtigen.

Begleitmaßnahmen: Prämiensysteme bedürfen, da sie nur motivierend wirken, sorgfältig geplanter Begleitmaßnahmen. Insbesondere muss konkret über Gefahren an den betreffenden Arbeitsplätzen und Möglichkeiten über die Abwendung dieser Gefahren informiert werden.

Die Einführung eines Prämienverfahrens mit den notwendigen Begleitmaßnahmen erfordert einen erheblichen organisatorischen Einsatz, der jeweils vorher mit der Kapazität der zuständigen Stellen abgestimmt werden muss.

Information über Prämienstand: Während der Laufzeit des Prämienverfahrens muss die Belegschaft ständig über den Stand der Prämie informiert werden (→Abb. 14.5.3). Das Berechnungsverfahren muss einfach und verständlich sein.

Ärztliche Versorgung: Organisatorisch ist sicherzustellen, dass die ärztliche Versorgung der von Unfällen Betroffenen nicht durch das Prämienverfahren berührt wird. Die Belegschaft ist darauf hinzuweisen, dass jeder Unfall prämienunschädlich in das Verbandbuch einzutragen und erff. ein Arzt aufzusuchen ist.

Aushändigung der Prämie: Prämien sollen möglichst durch Führungskräfte persönlich ausgehändigt werden. Das ist werbewirksamer und wird von einigen Mitarbeitern aus persönlichen Gründen („Handgeld") als angenehm empfunden. Die Aushändigung muss zu einem günstigen Zeitpunkt erfolgen, z.B. in der Vorkarnevalszeit oder vor dem Sommerurlaub, nicht jedoch mit dem Weihnachtsgeld zusammen.

Stand der Unfälle und der Unfallprämie

im laufenden Unfallprämienjahr vom 1. Juli–30. Juni ereignete sich

bis heute | | | **1** | Unfälle

Nach Abzug von 2,– € je Unfall von der Höchstprämie sind auszuzahlen

| | **9** | **8** | €

Abb. 14.5.3: Beispiel für eine Tafel, die Unfall- und Prämienstand anzeigt.

Grenzen der Wirksamkeit: Sicherheitswidrige Verhaltensweisen, die zu einem erheblichen Zeitgewinn führen und zu diesem Zweck bewusst durchgeführt werden (z.B. aus Gründen der Erhöhung des Akkordlohnes), sind durch Arbeitssicherheitsprämien besonders schwer zu beeinflussen. In diesen Fällen muss nach Möglichkeiten gesucht werden, technisch und organisatorisch den Arbeitsablauf so zu ändern, dass sicherheitsgerechtes Verhalten begünstigt wird.

Literatur:

BARTELS, K. (1977): Über die Wirksamkeit von Arbeitssicherheitsprämien. BAU Bericht 163. Wirtschaftsverlag NW Bremerhaven 1977. Kurzfassung in: Die BG, Heft 3/1978, S. 214, Erich Schmidt Verlag, Berlin

BLOHM, K. H. (1973): Innerbetriebliche Wettbewerbe als Mittel zur Unfallverhütung. Berufsgenossenschaft d. chem. Industrie. Selbstverlag, Heidelberg

GERBER, M. (1986): Arbeitssicherheitsprämien – betriebliche Erfahrungen und Folgerungen für die Praxis. Siching, Nr. 3 S. 24–28

RANFT, D. u. MATTKE, U.: Grundregeln für die Gestaltung von Wettbewerbssystemen. Die BG, Heft 1/1996, S. 15, Erich Schmidt Verlag, Berlin

SCHULZ, G. (1985): Nutzen Arbeitssicherheitsprämien? Siching, Nr. 3 S. 24–29

SCHULZ, U. (1995): Grundlagen des berufsgenossenschaftlichen Beitragsverfahrens. Bonus-Malus-Systeme der gewerblichen Berufsgenossenschaften. Hauptverband d. gewerbl. Berufsgen, Sankt Augustin

14.5.10 Preisausschreiben, Vorschlagswesen

Grundlagen

Preisausschreiben: Es soll in Form von Bilderrätseln (sicherheitswidriges Verhalten usw. erkennen), Silbenrätseln, Sicherheitsquizen usw. in erster Linie der Information über Unfallgefahren dienen. Die Wirkung derartiger Preisausschreiben auf die Arbeitssicherheit ist schwer messbar, doch muss angenommen werden, dass ein Preisausschreiben durch die Vermittlung von Kenntnissen zur Verbesserung der Arbeitssicherheit wesentlich beitragen kann.

Vorschlagswesen: Es eröffnet die Möglichkeit, die Erfahrungen der Mitarbeiter vor allem mit technischen Arbeitsmitteln, mit denen sie ständig umgehen, für die Verbesserung der Arbeitssicherheit nutzbar zu machen. Dies kann sowohl unmittelbar durch Arbeitssicherheitsvorschläge wie auch mittelbar durch Vorschläge zur Verbesserung der Produktivität (Erhöhung der Leistung, Senkung der Kosten, Verbesserung der Qualität, Erleichterung der Arbeit)erfolgen. Das Vorschlagswesen regt im übrigen dazu an, sich über Funktion und Sicherheit der technischen Arbeitsmittel sowie die Gefahren bei ihrer Bedienung Gedanken zu machen.

Maßnahmen

Preisausschreiben: Außer dem notwendigen materiellen Anreiz muss es betriebsspezifisch, einfach und übersichtlich sein, damit sich möglichst viele Belegschaftsmitglieder daran beteiligen. Leider werden Quize oft dazu benutzt, die Leistungen des Unternehmens für die Sicherheit herauszustellen, z.B. mit der Frage nach der Zahl der Sicherheitsbeauftragten usw. Es muss jedoch angestrebt werden, typische Gefahren zu zeigen.

Vorschlagswesen: Die Unternehmensleitung muss ihr besonderes Interesse am Vorschlagswesen zeigen. Mitarbeiter müssen genügend informiert und motiviert werden, am betrieblichen Vorschlagswesen teilzunehmen. Eine schnelle und sachgerechte Bearbeitung des Vorschlags muss gewährleistet sein.

Als materieller Anreiz muss eine angemessene Geld- oder Sachprämie in Aussicht stehen. Innerhalb eines Unternehmens muss die Bewertung nach einheitlichen Grundsätzen erfolgen, in der Regel nach einem Punktsystem (→Siching. 1972 S. 548).

Der Urheber eines brauchbaren Vorschlages muss besonders geehrt werden, z.B. durch die Werksleitung, in der Werkszeitung, Betriebsversammlung, per Anschlag und durch Berücksichtigung von Gehaltsverbesserungen, Beförderungen usw. Auch ein nicht brauchbarer, aber gut gemeinter Vorschlag bedarf zumindest einer Anerkennung, z.B. Dank durch Werksleitung schriftlich oder mündlich. Nicht jeder Anlauf führt sofort zum Ziel.

Manche Vorgesetzte empfinden Verbesserungsvorschläge aus ihrem Aufsichtsbereich als Kritik. Dies kann sich sehr hemmend auswirken. Hier sollte die Unternehmensleitung aufklärend eingreifen.

14.6 Befähigung der Beschäftigten

Ein bei einem Menschen vorhandenes Gefahren- und Sicherheitsbewusstsein bedeutet noch nicht, dass der Betreffende auch physisch und psychisch in der Lage ist, den Sicherheitsanforderungen am Arbeitsplatz nachzukommen. Der Beschäftigte kann eine Arbeitsfunktion nur dann ohne Gefahr für Leben und Gesundheit erfüllen, wenn hierfür einerseits die Arbeit technisch und organisatorisch den menschlichen Fähigkeiten angepasst wird, andererseits vom Menschen her die erforderliche Eignung vorliegt oder geschaffen wird, d.h. die Befähigung (Fähigkeit und Fertigkeit)des Beschäftigten aufgabengemäß ist.

14.6.1 Erwerb von Fähigkeiten

Grundlagen

Fähigkeit: Dies ist in Bezug auf eine Aufgabenstellung eine Eigenschaft eines Organs oder mehrerer Organe des Menschen. Fähigkeiten können physischer und psychischer Natur sein. Zu unterscheiden sind anlagebedingte Fähigkeiten, die sich nicht verändern lassen, z.B. Körpergröße oder Farbenblindheit, und solche, die durch Training einer bestimmten Aufgabe angepasst werden können, z.B. Muskelkräfte.

Training: Dies ist eine allmähliche Anpassung vorhandener Fähigkeiten an vorgegebene Anforderungen.

Physisches Leistungstraining ist ein Training von Körperorganen mit dem Ziel, physische Fähigkeiten zu verbessern. Es besteht in erster Linie aus Kreislauf- und Muskeltraining. Im Laufe des Trainings nehmen Leistung zu und Energieverbrauch ab, nachdem eine Anlaufphase, z.B. die „Muskelkaterphase", überwunden ist (→Abb. 14.6.1).

Psychisches Leistungstraining ist Training von Körperorganen mit dem Ziel, psychische Fähigkeiten zu verbessern, z.B. die Konzentrationsfähigkeit oder die Speicherfähigkeit von Informationen.

Arbeitsbedingte Gefährdungen

Sind die für einen Arbeitsablauf erforderlichen Fähigkeiten des dort Beschäftigten nicht vorhanden, so können aus folgenden Gründen Gefährdungen auftreten:

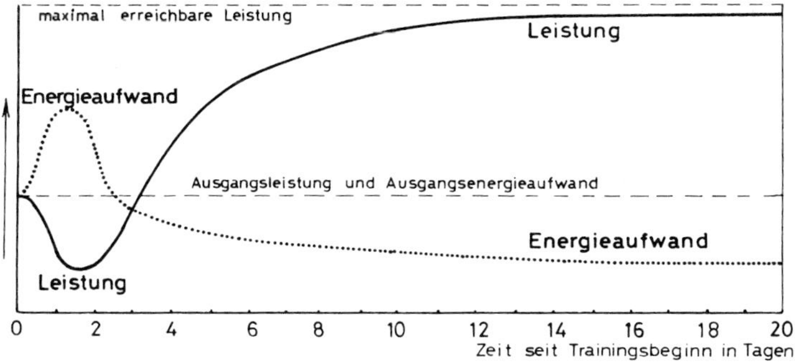

Abb. 14.6.1: Energieaufwand und Leistungstraining in Abhängigkeit von der Trainingsdauer.

- Personen werden nicht entsprechend ihren anlagemäßig bedingten Fähigkeiten beschäftigt. Beispiele: Ein Farbenblinder kann nicht rote und grüne Schaltzeichen an der Schalttafel unterscheiden. Er ist daher an solchen Schalttafeln als Überwachungswart physisch ungeeignet. Dagegen ist eine Beschäftigung als Maschinenwart möglich, sofern nicht farbige Schaltzeichen verwendet werden. Oder: Ein Bewerber für die Bedienung einer Schaltwarte ist der geistigen Belastung in Form notwendiger Koordinationsanforderungen (aus Signalen die richtigen Schlüsse ziehen) auf Grund mangelnder Intelligenzanlage nicht gewachsen. Bei schwerer Arbeit im Kolonnenbetrieb sind seine Leistungen jedoch vorzüglich.
- Die anlagebedingten Fähigkeiten wurden ungenügend trainiert. Beispiel: Muskelzerrung infolge Überhebens.
- Beim unsachgemäßen Training erfolgte eine Überbeanspruchung. Diese Gefahr ist besonders in den ersten Tagen beim physischen Training groß. Beispiel: Anpassung an Hitzearbeiten.

Der trainierte Mensch ist nicht so unfallgefährdet wie der untrainierte, sein Reaktionsvermögen ist im Gefährdungsfall im allgemeinen besser; Schäden infolge von Überbeanspruchung sind bei ihm seltener.

Maßnahmen

Die Maßnahmen lassen sich aus den Gefahrenursachen herleiten:

Fähigkeitsgemäßer Einsatz: Zunächst müssen beim Einsatz von Beschäftigten die anlagemäßig bedingten Fähigkeiten soweit wie möglich berücksichtigt werden. Dies liegt nicht nur im Interesse der Arbeitssicherheit, sondern auch der Arbeitszufriedenheit und einer bestmöglichen betrieblichen Leistung.

Training: Reichen die Fähigkeiten zur Erfüllung einer bestimmten Anforderung nicht aus, so ist zunächst zu prüfen, ob diese Anforderung menschengerecht ist und ob sie nicht durch organisatorische und technische Maßnahmen besser dem Menschen angepasst werden kann. Ist dies nicht durchführbar, bleiben nur die Möglichkeiten der Eignungsauswahl (→14.6.3) oder des Trainings, in manchen Fällen auch beides.

Während des Trainings ist vor allem auf folgendes zu achten:
- Die Trainingsmethode muss auf das vorliegende Arbeitserfordernis und den entsprechenden Personenkreis, z.B. auch auf Geschlecht und Alter, genau zugeschnitten sein.
- Der Trainingsanreiz ist menschengerecht zu dosieren. Ist er zu gering, ist ein Trainingserfolg nicht zu erwarten. Ist er zu stark, können gesundheitsschädigende Überbeanspruchungen auftreten.
- Die betreffenden Belegschaftsmitglieder müssen im Training bleiben. Bei Beschäftigungsunterbrechung kann je nach dessen Dauer ein erneutes Training erforderlich werden. Die volle Leistung kann dann nicht sofort verlangt werden.

14.6.2 Erwerb von Fertigkeiten

Grundlagen

Fertigkeit: Dies ist in Bezug auf eine Aufgabenstellung eine durch Lernen und Üben erworbene Verhaltensweise. Diese kann physischer und psychischer Art sein.

Lernen und Üben ist der Erwerb von Fertigkeiten. Mögliche Wege sind:
- Aktives Einüben zusammen mit dem Ausbilder.
- Zuschauendes Lernen und späteres Einüben bei der Arbeit.
- Information aus Büchern, Filmen usw. und späteres Einüben bei der Arbeit.

Im Regelfall ist das aktive Einüben die wirtschaftlichste Art des Erwerbs von Fertigkeiten.

Arbeitsbedingte Gefährdungen

Sind die für einen Arbeitsvorgang erforderlichen Fertigkeiten eines Beschäftigten nicht vorhanden, so können Gefährdungen aus folgenden Gründen auftreten:
- Überbeanspruchung des Beschäftigten, weil die geforderten Fertigkeiten individuell oder grundsätzlich nicht erreichbar sind.
- Ungenügender Ausbildungsstand.
- Mangelnde Motivation, Erlerntes und Eingeübtes sicherheitsgerecht auszuführen.

Das Unfallrisiko eines Neulings ist um so größer, je weniger er für seine Aufgabe durch Lernen und Üben vorbereitet ist. Durch mangelnde Fertigkeit verursachte Unfälle treten z.B. auf bei:

- gefährlichen Geschicklichkeitsbewegungen, z.B. beim Beschneiden von Fleisch in Fleischfabriken.
- Bewegungen, die gefährliche Folgen haben können, z.B. Bedienen von Krananlagen.
- Informationskoordination, wobei gefährliche Fehlschlüsse möglich sind, z.B. am Überwachungsschaltpult einer komplizierten technischen Anlage.

Maßnahmen

Fertigkeitsgemäßer Einsatz: Wie beim Training ist auch hier darauf zu achten, dass der Beschäftigte seinen Fertigkeiten entsprechend beschäftigt wird.

Lernen und Üben: Ist bei vorgegebenen Arbeitsanforderungen die Fertigkeit ungenügend, so muss sie erlernt und eingeübt werden, bei qualifizierten Tätigkeiten oft in Zusammenhang mit einer Personalauswahl.

Für die beim Lernen notwendigen Informationen gelten die in Abschnitt 14.3 genannten Grundsätze.

Das Einüben gefährlicher Tätigkeiten muss immer unter fachkundiger Anleitung erfolgen. Dabei müssen die für die Sicherheit wesentlichen Vorgänge so lange eingeübt werden, bis sie Gewohnheit sind. Üblicherweise erfolgt das Einüben in folgenden Teilschritten:

1. Arbeitsablauf und dessen Zusammenhänge erklären und begründen.
2. Erforderliche Tätigkeit erklären und begründen.
3. Tätigkeit vormachen und wiederholen.
4. Tätigkeit durch den Auszubildenden durchführen und wiederholen lassen.
5. Erste Erfolge des Auszubildenden anerkennen, erforderlichenfalls sein Verhalten korrigieren und so lange unter Kontrolle halten, bis die notwendigen Fertigkeiten beherrscht werden.

Vor praktischen Tätigkeiten, bei denen Dritte oder auch die ausführenden Personen selbst stark gefährdet werden können, empfiehlt sich die Verwendung von Simulatoren. Die Ausbildung von Piloten und Raumfahrern erfolgt beispielsweise weitgehend auf diese Art.

14.6.3 Eignung

Grundlagen

Eignungsauswahl: Sie ist eine Auswahl von Beschäftigten nach deren Fähigkeiten und Fertigkeiten unter dem Gesichtspunkt der Arbeitsanforderungen.

Aus der Sicht der Arbeitssicherheit soll dadurch eine Verringerung der Gefährdung und der dadurch bewirkten Unfallhäufigkeit erreicht werden. Letztere kann individuell und situativ verursacht sein.

Unfäller: Dies ist eine Person, die bei gleichem örtlich bedingten *Unfallrisiko persönlichkeitsbedingt* eher zu Unfällen neigt als andere Personen.

Arbeitsbedingte Gefährdungen

Bei Untersuchungen der Unfälle eines Jahres von Personen mit etwa gleichem örtlich bedingten Unfallrisiko zeigt sich, dass einige Belegschaftsmitglieder mehrere Unfälle erlitten haben. Diese Feststellung berechtigt zunächst grundsätzlich nicht zu der Annahme, dass die Belegschaftsmitglieder mit mehreren Unfällen „Unfäller" sein müssen. Nach den Gesetzmäßigkeiten der Statistik – hier nach der für seltene Ereignisse geltenden Poisson-Verteilung bzw. genauer nach einer negativen Binomialverteilung (→BURKARDT 1970 S. 388 und HEIM 1971 S. 13) – ist damit zu rechnen, dass bei größeren Belegschaftszahlen bei gleichem Unfallrisiko einige Mitarbeiter mehrere Unfälle zu verzeichnen haben. Entscheidend ist jedoch die Feststellung, ob die empirisch gefundene Verteilung „Zahl der Unfälle/Person" der theoretisch zu erwartenden zufallsbedingten Verteilung folgt oder nicht. In der Mehrzahl der Untersuchungen zeigte sich eine Abweichung der statistisch ermittelten von der theoretisch zu erwartenden Verteilung der Unfälle/Person, womit das Vorhandensein von Unfällern bestätigt wird.

Auch lässt sich nachweisen, dass über mehrere Jahre hinweg bestimmte Beschäftigte bei gleicher örtlich bedingter Gefährdung eine höhere Unfallhäufigkeit haben als andere. So berichtet R. KRETSCHMANN (BG 1977 S. 14) davon, dass in der Landwirtschaft bei chronisch kranken Menschen die Unfallhäufigkeit etwa doppelt so hoch ist wie bei gesunden Menschen. Ähnliche Ergebnisse liegen über Alkoholiker vor.

Die zuerst von MARBE (1923, 1926)aufgestellte These, dass es Unfäller auf Grund persönlichkeitsgebundener Merkmale gibt, kann als gesichert gelten. Nur ist zu berücksichtigen, dass im Gegensatz zur These von K. MARBE in der Regel die Arbeitsplatzbedingungen eine größere Bedeutung für eine erhöhte Gefährdung haben als die persönlichkeitsbedingten Eigenschaften der dort Beschäftigten.

Welche Eigenschaften kennzeichnen Unfäller? Bisher konnten nur wenige Zusammenhänge zwischen Unfällern und personenspezifischen Merkmalen aufgedeckt werden. So konnte festgestellt werden, dass Personen mit hohen Unfallzahlen häufiger gesellschaftlich abweichendes Verhalten aufweisen (Aggressivität, Straffälligkeit, Verschuldung, Alkoholsucht usw.), sich häufiger zuviel selbst zutrauen (risikohaftes Verhalten)und allgemein eher zu Fehlverhalten neigen als Personen ohne Unfallneigung. Im übrigen hat sich ergeben, dass die Zusammenhänge z. B. zwischen Risikobereitschaft, Risikoverhalten, Leistungsbereitschaft und Unfallhäufigkeit sehr komplex sind.

Maßnahmen

Unfällerauslese: Eine allgemeine Auslese von Unfällern scheitert an folgen den Schwierigkeiten:

- An geeigneten Testverfahren. Da Beziehungen zwischen Persönlichkeitsmerkmalen und Unfallneigung bisher nur in geringem Umfang nachgewiesen werden konnten, ist es schwierig, geeignete Tests für die Auslese von Unfällern (z. B. bei der Einstellung) zu entwickeln. Bisher weisen solche Tests zu große Voraussagefehler auf.
- An den Forderungen unserer Gesellschaftsordnung. Es ist sozial wenig sinnvoll und auch nur ausnahmsweise durchsetzbar, allgemein Unfäller aus dem Betriebsleben auszusondern.

Anforderungsprofil: In jedem Betrieb gibt es Arbeiten mit verschiedenem arbeitsortbedingtem Gefahrenniveau und entsprechend mit verschiedenen arbeitssicherheitlichen Anforderungen. Für die Unfallverhütung ist es erfolgversprechend, durch systematische Beurteilung oder Testverfahren zu gewährleisten, dass „der richtige Mann am richtigen Ort" arbeitet. Solche Anforderungen können z. B. physische und psychische Belastbarkeit, Reaktions-fähigkeit, Handgeschick, Intelligenz, affektive Reife und soziale Anpassung sein. Für die Übernahme besonders gefährlicher Tätigkeiten, z. B. das Fahren von Flurfördermitteln oder Bedienen gefährlicher Maschinen, sind systematische Beurteilungen des Ausbildungsstandes und des charakterlichen Verhaltens der betreffenden Personen oder die Anwendung von Testverfahren sehr zu empfehlen.

Manche Tests können vom ausgebildeten Laien durchgeführt werden, z. B. die Prüfung der Sehschärfe und der Farbenblindheit. Viele Tests bedürfen jedoch bei Ausarbeitung und Durchführung des Fachmanns, insbesondere des Mediziners, Psychologen, Soziologen und Technikers. Auch eine fachgerechte Prüfung ist ein Test für eine bestimmte Anforderung.

Literatur:

HEIM, H. (1971): Individuelle Risikobereitschaft und Unfallneigung – Literaturexpertise. Bericht des Bundesinstituts für Arbeitsschutz F 53. Selbstverlag, Koblenz

MARBE, K. (1923): Über Unfallversicherung und Psychotechnik. Prakt. Psychol. 4 S. 257–263

MARBE, K. (1926): Praktische Psychologie der Unfälle und Betriebsschäden. Verlag Oldenbourg, München

14.7 Sozialpsychologische Einflüsse

Für das verhaltensbedingte Unfallgeschehen sind neben den geistigen Persönlichkeitsmerkmalen – Intelligenz, Motivation, Emotion (Freude, Gereiztheit, Nervosität, Haß, Stolz usw.) – auch die sozialpsychologischen Einflüsse von Bedeutung, ua.:

- persönliche und familiäre Sorgen,
- Schwierigkeiten im Verhältnis zu Vorgesetzten,
- Schwierigkeiten im Verhältnis zu Kollegen,
- mangelndes Betriebsklima,
- Unzufriedenheit mit der Art der Tätigkeit.

Unter diesen Einflüssen lassen sich die aus der Intimsphäre stammenden praktisch betrieblicherseits nicht ändern. Dagegen bestehen Einflussmöglichkeiten auf betrieblich bedingte sozialpsychologische Wechselbeziehungen. Beispielsweise wirkt sich ein gutes Betriebsklima, das fast immer mit guter Organisation einhergeht, auf die Arbeitssicherheit genauso wie auf die Leistung und damit auf den gesamten wirtschaftlichen Erfolg eines Unternehmens aus.

Literatur:

SOMMER, H. (1990): Das Betriebsklima. Siching, Nr. 12 S. 36–42

Anhang

Anhang I Ausstattung von Arbeitsschutzstellen

Fachkräfte für Arbeitssicherheit: Ingenieure, Techniker und Meister je nach betrieblichen Verhältnissen. Qualifikation und Einsatz entsprechend BGV A6 (künftig BGV A2 → Kapitel 2.6.5).

Hilfspersonal: Erff. Sachbearbeiter, Gerätewarte, Helfer, Schreibkräfte, erff. auch Spezialkräfte, z. B. Messtechniker, Psychologe, Pädagoge.

Räume: Betriebsnahe Büroräume, Schulungsräume.

Geräte: *Foto- und Videoausrüstung*, u. a.: Fotoapparat mit Zubehör, Dia-Projektor, Video-Anlage, Tageslichtschreiber, Projektionswand.

Rechentechnik – PC, Drucker

Gasspürgeräte je nach Bedarf, mindestens jedoch Balgengasspürgerät mit Glasröhrchen.

Messgerät für explosionsfähige Atmosphäre: Explosimeter o. ä.

Staubmessgeräte: Gravimeter, Thyndalloskop o. ä.

Messgeräte für elektrische und magnetische Felder.

Messgeräte für ionisierende Strahlen: Dosisleistungsmesser.

Beleuchtungsstärkemesser: Luxmeter.

Lärmmessgeräte: mindestens Schallpegelmesser und Lärmdosimeter.

Klimamessgeräte: mindestens Thermometer, Hygrometer (oder Aspirationspsychrometer), erff. auch Wärmestrahlenmessgerät (Steradiometer), Anemometer und Barometer.

Fachbücher (Auswahl, → auch Angaben zu den einzelnen Abschnitten):

AUTORENKOLLEKTIV (2003): Wörterbuch Arbeitssicherheit und Gesundheitsschutz. 10. Aufl. Universum Verlagsanstalt, Wiesbaden

BIA-HANDBUCH (LB). Erich Schmidt Verlag, Berlin

JÄGER, W., Hrsg. (LB): Betriebliche Arbeitssicherheit Ecomed Verlagsgesellschaft, Landsberg

INTERNATIONAL LABOUR OFFICE (1983): Encyclopaedia ofoccupational heath and safety. 2. Bd. ILO, Genf/Schweiz

KRAUSE, H. u. ZANDER, E., Hrsg. (LB): Arbeitssicherheit. Haufe Verlag, Freiburg

LEHDER, G. (Hrsg.) u. UHLIG, D. (1998): Betriebsstättenplanung. Verlagsgesellschaft Weinmann, Filderstadt

UHLIG, D. (Hrsg) (2004): Technische Arbeitsmittel. Verlagsgesellschaft Weinmann, Filderstadt

LEHDER, G. u. SKIBA, R. (2000): Taschenbuch Betriebliche Sicherheitstechnik. 4. Aufl. Erich Schmidt Verlag, Berlin

MEHLEM, P. (LB): Persönliche Schutzausrüstung. Verlag TÜV Rheinland Köln

SCHMATZ/NÖTHLICHS (LB): Sicherheitstechnik. Erich Schmidt Verlag, Berlin.

SCHRIFTENREIHEN DER BAuA in Dortmund. Wirtschaftsverlag NW, Bremerhaven

SCHRIFTENREIHE ARBEITSSICHERHEIT. IG Metall Selbstverlag, Frankfurt

Fachzeitschriften (→auch Mitteilungsblätter der einzelnen Träger der gesetzlichen Unfallversicherung):

ARBEITSSCHUTZ AKTUELL – SICHER IST SICHER. Erich Schmidt Verlag, Berlin

ARBEIT UND GESUNDHEIT. Herausgegeben vom Hauptverband der gewerblichen Berufsgenossenschaften, Sankt Augustin. Universum Verlagsanstalt, Wiesbaden

BUNDESARBEITSBLATT. Herausgegeben vom Bundesminister für Wirtschaft und Arbeit. Kohlhammer Verlag, Stuttgart

ZEITSCHRIFT FÜR ARBEITSWISSENSCHAFT. Herausgegeben von der Gesellschaft für Arbeitswissenschaft in Verbindung mit dem Verband für Arbeitsstudien (REFA) Dr. Otto Schmidt Verlag, Köln

DIE BG. Herausgegeben vom Hauptverband der gewerblichen Berufsgenossenschaften, Sankt Augustin. Erich Schmidt Verlag, Berlin

SICHERHEITSBEAUFTRAGTER. Haefner Verlag, Heidelberg

SICHERHEITSINGENIEUR. Haefner Verlag, Heidelberg

SICHERHEIT + MANAGEMENT. GIT Verlag, Darmstadt

TECHNISCHE ÜBERWACHUNG. Herausgegeben von der Vereinigung der technischen Überwachungsvereine Essen. VDI Verlag, Düsseldorf

ZENTRALBLATT FÜR ARBEITSMEDIZIN, ARBEITSSCHUTZ, PROPHYLAXE UND ERGONOMIE. Herausgegeben von der BAuA, Dortmund. Fischer Verlag, Heidelberg

ARBEITSMEDIZIN, SOZIALMEDIZIN, PRÄVENTIVMEDIZIN. Genter Verlag, Stuttgart

Vorschriften: Gewerbeordnung, 7. Buch Sozialgesetzbuch, Geräte- und Produktsicherheitsgesetz und Verordnungen, Arbeitssicherheitsgesetz, Arbeitsschutzgesetz, ArbeitsstättenVO, ASR, Arbeitszeitgesetz, GefahrstoffVO, BetriebssicherheitsVO usw. Diese und andere Vorschriften enthält vollständig die Loseblattsammlung von SCHMATZ/ NÖTHLICHS, Erich Schmidt Verlag, Berlin (s.o.).

Berufsgenossenschaftliches Vorschriften und Regelwerk. Heymanns Verlag, Köln.

DIN-, EN-, ISO-Normen, VDI-Richtlinien, VDE-Bestimmungen, soweit einschlägig.

Anhang II Unfall- und Berufskrankheitenzahlen

Jahr	Summe Bundesrepublik	Von Sp. 2 Straßenverkehr	Arbeit	Häuslicher Bereich	Schüler, Stud., Kinder in Tagesstätten	Einwohner in der Bundesrepublik in 1000
1	2	3	4	5	6	7
1950	21 279	6 314	6 429			49 989
1955	29 637	12 791	6 017	6 412		52 382
1960	31 174	14 406	4 893	8 122		55 433
1965	35 044	15 753	4 784	9 837		56 619
1970	38 997	19 193	4 262	11 045		60 651
1971	38 447	18 753	4 588	10 810		61 302
1972	37 673	18 811	4 082	10 930	357	61 672
1973	35 654	16 302	4 011	11 502	325	61 976
1974	32 756	14 614	3 616	10 750	316	62 054
1975	33 283	14 870	3 137	11 060	341	61 618
1976	31 659	14 820	3 154	9 727	319	61 531
1977	30 416	14 978	2 970	9 224	327	61 400
1978	29 991	14 662	2 825	8 755	328	61 327
1979	28 374	13 222	2 822	7 744	237	61 359
1980	27 692	13 041	2 597	7 625	209	61 566
1981	26 435	11 674	2 450	7 832	179	61 682
1982	26 711	11 608	2 196	7 472	196	61 638
1983	26 183	11 732	2 059	6 820	211	61 423
1984	23 650	10 199	1 918	6 366	162	61 049
1985	20 968	8 400	1 795	6 222	182	61 020
1986	21 078	8 948	1 536	5 749	124	61 140
1987	19 517	7 967	1 524	5 401	133	61 315
1988	19 778	8 213	1 605	5 430	125	61 441
1989	20 070	7 995	1 515	5 580	88	62 104
1990	20 653	7 906	1 558	6 050	71	63 248
1991	29 582	11 300	1 496	9 510	89	80 275
1992	28 173	10 631	1 752	9 016	130	80 980
1993	26 785	9 949	1 867	8 396	105	81 100
1994	25 122	9 814	1 712	6 854	125	81 368
1995	23 818	9 454	1 596	6 728	132	81 568
1996	23 549	8 758	1 523	6 891	133	81 832
1997	21 963	8 549	1 403	6 230	140	82 030
1998	22 482	7 792	1 287	5 588	137	82 015
1999	19 895	7 749	1 293	5 863	142	82 087
2000	20 328	7 588	806	5 944	19	82 188
2001	20 014	7 028	780	5 905	14	82 433

Tödliche Unfälle *in der Bundesrepublik Deutschland und Einwohner (Sp. 2, 3, 5 u. 7 nach Stat. Jb.; Sp. 4 u. 6 nach Unfallverhütungsbericht BMWA Sp. 6 enthält auch Wegeunfälle).*

Jahr	Meldepflichtige			Tödliche		
	Arbeitsunfälle	Wegeunfälle	Berufskr. Verdachtsfälle	Arbeitsunfälle	Wegeunfälle	Berufskrankheiten
1	2	3	4	5	6	7
1950	1 258 220	86 582	37 551	6 429	806	511
1955	2 179 834	244 925	51 348	6 017	1 843	373
1960	2 711 078	283 605	33 727	4 893	1 716	291
1965	2 655 363	255 297	27 467	4 784	1 809	272
1970	2 391 757	255 480	25 960	4 262	1 852	168
1971	2 337 926	221 592	27 200	4 588	1 879	219
1972	2 237 366	213 468	30 273	4 082	1 825	195
1973	2 221 286	228 542	32 827	4 011	1 695	179
1974	1 989 315	186 827	36 124	3 644	1 374	201
1975	1 760 713	171 520	38 296	3 137	1 400	187
1976	1 828 743	188 179	43 197	3 154	1 373	161
1977	1 809 810	186 432	48 189	2 970	1 305	179
1978	1 817 510	194 291	45 484	2 825	1 357	169
1979	1 901 602	233 674	45 471	2 822	1 261	179
1980	1 917 211	195 595	45 114	2 597	1 197	204
1981	1 763 167	197 613	42 654	2 450	1 187	219
1982	1 593 446	176 316	37 366	2 196	1 043	207
1983	1 510 924	162 794	35 354	2 069	1 020	168
1984	1 517 008	158 151	35 413	1 918	978	229
1985	1 536 090	178 538	37 457	1 795	831	208
1986	1 581 423	169 590	44 708	1 576	767	264
1987	1 568 813	185 538	47 265	1 524	725	275
1988	1 578 995	174 202	51 747	1 605	755	285
1989	1 601 847	173 285	54 467	1 515	742	300
1990	1 672 480	187 835	57 751	1 558	714	1 440
1991	2 016 153	245 127	68 858	1 496	730	1 382
1992	2 069 422	262 196	85 721	1 752	910	1 702
1993	1 932 407	266 949	108 989	1 867	973	2 192
1994	1 903 557	246 414	97 923	1 712	956	2 389
1995	1 813 982	268 732	91 561	1 596	942	2 489
1996	1 657 556	260 192	93 861	1 523	842	2 396
1997	1 598 972	239 970	88 797	1 403	885	2 185
1998	1 585 364	249 484	85 787	1 287	810	2 040
1999	1 560 063	248 324	83 738	1 293	855	2 043
2000	1 513 723	235 117	81 542	1 153	820	1 886
2001	1 395 592	234 115	76 612	1 107	767	1 904

Arbeitsunfälle, Wegeunfälle und Berufskrankheiten *in der Bundesrepublik Deutschland (Sp.2–7 nach Unfallverhütungsbericht BMWA Sp. 5 u. 6 seit 1994 Tod innerhalb von 30 Tagen nach Unfall. Sp. 7: bis einschl. 1989 nur Todesfälle von Berufserkrankten ohne Rentenbezug).*

Jahr	Meldopflichtige			Tödliche		
	Arbeits-unfälle	Wege-unfälle	Berufskr. Verdachts-fälle	Arbeits-unfälle	Wege-unfälle	Berufs-krank-heiten
1	2	3	4	5	6	7
1950	879 146	69 150	35 262	3 564	696	482
1955	1 701904	209 678	48 620	3 665	1 641	352
1960	2 262 929	248 474	31 502	3 021	1 536	254
1965	2 223 316	217 141	25 606	3 018	1 602	228
1970	2 008 342	215 684	22 851	2 696	1 608	147
1971	1 951 000	189 000	24 300	2 982	1 663	197
1972	1 868 546	181 808	27 422	2 706	1 614	177
1973	1 854 677	193 100	29 795	2 691	1 505	147
1974	1 627 880	156 055	32 762	2 449	1 194	182
1975	1 406 998	140 782	34 980	2 069	1 258	172
1976	1 471 240	155 223	39 711	2 049	1 190	1 894
1977	1 456 301	155 059	44 477	1 989	1 149	1 829
1978	1 454 617	161 256	41 470	1 927	1 199	1 961
1979	1 524 928	193 375	41 168	1 996	1 114	1 788
1980	1 541 214	161 292	40 866	1 807	1 048	1 932
1981	1 397 976	161 442	38 303	1 689	1 048	1 788
1982	1 228 317	139 178	33 137	1 492	916	1 783
1983	1 144 814	128 523	30 716	1 406	898	1 557
1984	1 153 321	125 902	31 235	1 319	849	1 558
1985	1 166 468	141 367	32 844	1 204	705	1 299
1986	1 212 064	135 101	39 706	1 069	671	1 548
1987	1 211 517	149 677	42 625	1 057	637	1 455
1988	1 234 634	141 914	46 280	1 130	646	1 363
1989	1 262 374	140 872	48 975	1 098	664	1 281
1990	1 331 395	155 817	51 105	1 086	627	1 391
1991	1 587 177	195 667	61 156	1 062	650	1 317
1992	1 622 732	204 155	73 568	1 310	781	1 570
1993	1 510 745	204 755	92 058	1 414	813	2 040
1994	1 489 360	191 387	83 847	1 250	829	2 255
1995	1 415 381	205 925	78 429	1 196	808	2 327
1996	1 266 458	196 517	82 349	1 120	748	2 272
1997	1 221 530	179 734	77 310	1 004	735	2 071
1998	1 198 608	184 310	74 470	948	695	1 933
1999	1 185 382	187 559	72 722	651	326	1 930
2000	1 144 262	177 347	71 172	510	315	1 785
2001	1 060 625	176 420	66 784	509	302	1 794

Arbeitsunfälle, Wegeunfälle und Berufskrankheiten *in gewerklichen Bereich der Bundesrepublik Deutschland (nach Unfallverhütungsbericht BMWA Sp. 7 bis einschl. 1975 nur Todesfälle von Berufserkrankten ohne Rentenbezug).*

Jahr	Meldepflichtige			Tödliche		
	Arbeitsunfälle	Wegeunfälle	Berufskr. Verdachtsfälle	Arbeitsunfälle	Wegeunfälle	Berufskrankheiten
1	2	3	4	5	6	7
1950	244 412	1 324	87	2 222	9	6
1955	307 424	2 685	609	2 036	33	9
1960	277 273	2 623	781	1 664	37	23
1965	249 777	2 550	487	1 511	47	31
1970	228 898	2 571	524	1 321	42	16
1971	222 803	2 374	518	1 348	40	18
1972	210 939	2 200	478	1 133	38	15
1973	203 833	2 424	421	1 085	37	21
1974	199 897	2 254	361	967	40	12
1975	198 858	2 354	400	871	28	12
1976	199 605	2 678	470	895	47	10
1977	197 063	2 588	470	802	31	10
1978	202 240	2 833	653	716	31	16
1979	204 452	3 011	769	633	34	7
1980	204 301	2 843	866	612	29	15
1981	195 609	2 640	1 060	563	34	9
1982	199 324	3 012	1 168	520	27	9
1983	193 854	2 693	1 475	498	25	10
1984	190 349	2 755	1 365	460	24	8
1985	197 456	2 845	1 706	445	26	8
1986	190 892	2 222	2 095	389	19	6
1987	184 249	1 927	1 574	358	19	1
1988	175 537	2 202	1 835	363	25	2
1989	171 568	2 158	1 775	330	14	4
1990	176 911	2 578	1 661	350	20	6
1991	199 491	4 491	2 295	336	17	6
1992	194 709	4 096	3 963	309	26	42
1993	184 833	5 421	7 307	324	52	103
1994	176 462	3 685	4 722	340	28	87
1995	162 501	4 148	4 222	270	31	73
1996	153 120	4 355	3 615	250	20	57
1997	145 872	3 987	3 481	284	28	44
1998	141 963	3 744	3 516	247	30	51
1999	138 306	3 989	3 540	196	27	43
2000	133 434	3 785	3 598	204	31	50
2001	122 114	3 779	3 129	216	21	63

Arbeitsunfälle, Wegeunfälle und Berufskrankheiten in der Landwirtschaft *der Bundesrepublik Deutschland (nach Unfallverhütungsbericht BMWA Sp. 7 bis einschl. 1992 nur Todesfälle von Berufserkrankten ohne Rentenbezug).*

Jahr	Meldepflichtige			Tödliche		
	Arbeitsunfälle	Wegeunfälle	Berufskr. Verdachtsfälle	Arbeitsunfälle	Wegeunfälle	Berufskrankheiten
1	2	3	4	5	6	7
1950	134 618	16 108	2 202	643	104	23
1955	170 506	32 562	2 119	316	169	12
1960	170 876	32 508	1 444	208	143	14
1965	182 270	35 606	1 374	255	160	13
1970	154 517	37 225	2 585	245	202	5
1971	155 534	30 653	2 462	249	166	10
1972	158 003	29 468	2 373	243	173	3
1973	162 758	33 018	2 611	235	153	11
1974	161 538	28 518	3 001	228	140	7
1975	154 857	28 384	2 916	197	114	4
1976	157 898	30 278	3 016	210	136	4
1977	156 446	28 785	3 242	179	125	6
1978	160 653	30 202	3 361	182	127	5
1979	172 222	37 288	3 534	193	113	13
1980	171 696	31 460	3 382	178	120	15
1981	169 582	33 531	3 291	198	105	9
1982	165 805	34 126	3 061	184	100	9
1983	172 256	31 578	3 160	165	97	4
1984	173 338	29 494	2 813	139	105	12
1985	172 166	34 326	2 907	146	100	8
1986	178 467	32 267	2 907	118	77	7
1987	173 047	33 934	3 066	111	69	12
1988	168 824	30 086	3 632	112	84	5
1989	167 905	30 255	3 717	87	64	7
1990	164 174	29 440	4 985	122	67	6
1991	229 485	44 969	5 407	98	63	17
1992	251 981	53 945	8 190	133	103	24
1993	235 809	56 726	9 624	119	108	49
1994	237 735	51 342	9 354	122	99	47
1995	236 100	58 659	8 910	130	103	89
1996	237 978	59 320	7 897	153	74	67
1997	231 570	56 249	8 006	115	122	70
1998	244 793	61 430	7 801	92	85	56
1999	236 375	56 776	7 476	63	30	70
2000	236 027	53 985	6 772	69	24	51
2001	212 853	53 916	6 699	39	20	47

Arbeitsunfälle, Wegeunfälle und Berufskrankheiten im Bereich der öffentlichen Hand *der Bundesrepublik Deutschland (nach Unfallverhütungsbericht BMWA Sp. 7: bis einschl. 1992 nur Todesfälle von Berufserkrankten ohne Rentenbezug).*

Jahr	Meldepflichtige			Tödliche		Aufwand. Unfallvers. in Mrd. DM	
	Schul-unfälle	Wege-unfälle	Berufskr. Verdachts-fälle	Schul-unfälle	Wege-unfälle	Schule	Beruf
1	2	3	4	5	6	7	8
1950						–	0,6
1955						–	1,1
1960						–	1,8
1965						–	3,3
1970						–	4,9
1971						–	5,2
1972	452 662	72 498	14	43	314	0,07	5,8
1973	517 659	79 895	44	34	291	0,11	6,5
1974	566 920	79 862	9	40	276	0,14	7,3
1975	599 581	85 219	19	33	308	0,18	8,2
1976	655 284	89 308	12	24	295	0,20	8,9
1977	731 174	92 787	22	38	289	0,23	9,5
1978	750 540	96 796	54	19	309	0,25	9,8
1979	801 017	107 059	72	30	207	0,28	10,7
1980	874 023	107 320	66	25	184	0,32	11,4
1981	878 677	102 362	86	19	160	0,35	11,6
1982	885 912	102 688	102	26	170	0,38	11,9
1983	889 077	104 154	73	20	191	0,40	11,9
1984	908 002	99 772	98	21	141	0,42	12,2
1985	904 094	101 506	92	18	164	0,44	12,5
1986	881 969	94 423	85	5	119	0,36	12,8
1987	897 810	94 137	90	21	112	0,37	13,2
1988	902 057	92 292	73	19	106	0,37	13,7
1989	884 182	89 036	96	19	69	0,36	14,2
1990	879 163	90 298	141	6	65	0,36	15,6
1991	977 129	105 920	163	14	75	0,40	18,8
1992	1 217 928	118 379	162	16	114	0,50	20,6
1993	1 289 485	126 619	169	14	91	0,56	22,0
1994	1 343 003	125 425	95	13	112	0,62	22,9
1995	1 338 643	135 707	92	25	107	0,63	23,7
1996	1 369 534	141 575	58	18	115	0,64	23,7
1997	1 439 713	148 258	90	20	120	0,67	23,6
1998	1 481 248	151 970	105	18	119	0,69	23,4
1999	1 512 084	151 280	84	22	120	0,70	23,3
2000	1 463 423	140 275	85	19	93	0,70	23,7
2001	1 441 817	141 995	68	14	106	0,71	24,3

Unfälle und Berufskrankheiten der Schüler, Studenten und Kinder *in Tageseinrichtungen: Sp. 2–6 und Aufwand für die Unfallversicherung: Sp. 7 u. 8 (nach Unfallverhütungsbericht BMWA).*

Jahr	Arbeitsunfälle / 1000 Vollarbeiter Meldepflichtige Unfälle				Tödliche
	Gewerbl. Berufsgen.	Land-wirtsch. Berufsgen.	Öffentliche Hand	Schnitt	Schnitt
1	2	3	4	5	6
1950	86	40	48	66	0,33
1955	121	55	59	97	0,27
1960	133	60	55	109	0,20
1965	118	78	61	106	0,19
1970	103	90	50	94	0,17
1971	100	91	58	94	0,18
1972	95	92	58	91	0,17
1973	93	93	57	89	0,16
1974	84	94	56	82	0,15
1975	77	94	53	76	0,13
1976	76	94	51	75	0,13
1977	76	93	51	74	0,12
1978	75	97	50	74	0,11
1979	77	98	52	75	0,11
1980	76	100	51	75	0,10
1981	70	96	51	69	0,10
1982	62	100	50	64	0,09
1983	59	99	52	62	0,08
1984	58	98	51	61	0,08
1985	57	103	51	60	0,07
1986	52	97	53	55	0,05
1987	52	96	51	55	0,05
1988	52	94	49	54	0,06
1989	52	94	48	54	0,05
1990	52	99	49	54	0,05
1991	53	89	46	54	0,04
1992	54	89	48	55	0,05
1993	51	81	46	52	0,05
1994	50	78	47	51	0,05
1995	47	75	46	48	0,04
1996	40	73	47	43	0,04
1997	40	69	46	42	0,04
1998	39	67	49	42	0,04
1999	39	68	46	41	0,04
2000	37	65	48	40	0,04
2001	35	61	44	37	0,04

Arbeitsunfälle / 1000 Vollarbeiter *in der Bundesrepublik Deutschland (nach Unfallverhütungsbericht BMWA).*

Jahr	Vollarbeiter Bundes-republik (1000)	Neue Arbeits-unfall-renten	Neue Berufs-krank-heiten-renten	Neue Wege-unfall-renten	Verletzte im Straßen-verkehr	Zuge-lassene Kraftfahr-zeuge (1000) (1. Juli)
1	2	3	4	5	6	7
1950	19 183				150 416	1 950
1955	22 575				371 160	5 265
1960	24 883	94 881	7 529	18 360	454 960	8 004
1965	24 951	88 895	6 464	17 086	433 490	12 168
1970	25 504	77 935	5 173	17 584	531 795	16 783
1971	24 827	76 833	5 374	16 056	518 059	18 028
1972	24 668	72 030	5 488	14 652	528 527	19 025
1973	24 965	68 887	5 580	13 843	488 075	20 072
1974	24 288	67 825	6 072	12 894	447 064	20 424
1975	24 301	61 590	6 104	11 896	457 797	21 011
1976	24 458	59 278	6 474	11 745	480 581	22 108
1977	24 340	58 993	7 581	12 166	508 157	23 309
1978	24 668	56 408	7 248	12 171	508 644	23 530
1979	25 236	59 371	6 446	14 807	486 441	26 295
1980	25 597	57 873	6 235	12 253	500 463	27 116
1981	25 448	57 501	6 120	12 726	475 944	27 858
1982	24 967	55 362	5 652	13 333	467 188	28 452
1983	24 555	51 341	4 792	11 209	489 210	29 122
1984	25 072	50 284	4 407	11 351	466 033	29 905
1985	25 616	49 681	3 971	11 168	422 095	30 618
1986	28 532	48 883	3 779	10 721	443 217	31 748
1987	28 654	47 337	3 760	10 765	424 622	32 762
1988	29 169	46 192	4 048	9 724	448 223	33 764
1989	29 760	43 707	4 400	8 716	449 397	34 704
1990	30 717	43 027	4 452	8 410	448 158	35 748
1991	37 126	43 791	5 049	9 077	505 535	37 362
1992	37 456	45 619	5 918	10 515	516 797	42 000
1993	37 105	48 424	6 401	11 727	506 591	45 228
1994	37 015	46 646	7 237	11 333	516 415	46 486
1995	37 622	46 338	7 587	11 298	512 141	47 486
1996	38 442	46 341	8 005	12 172	493 158	48 342
1997	38 074	38 393	7 867	10 148	501 094	49 019
1998	37 587	34 811	6 379	9 234	497 319	49 586
1999	37 759	33 001	5 993	8 836	516 835	49 763
2000	37 802	30 834	5 570	8 254	511 577	51 365
2001	37 553	29 201	5 750	7 700	501 752	53 190

Vollarbeiter, neue Renten, Verletzte im Straßenverkehr *und zugelassene Kraftfahrzeuge in der Bundesrepublik Deutschland (Sp. 2–5 nach Unfallverhütungsbericht BMWA Sp. 6 u. 7 nach Stat. Jb.)*

Stichwortverzeichnis

B

C

D

E

H

I

J

K

L

M

N

O

P

Q

R

S

T

U

V

W

Z